珍藏本
纪念版

汉译世界学术名著丛书

看得见的手

——美国企业的管理革命

〔美〕小艾尔弗雷德·D.钱德勒 著

重武 译

王铁生 校

SINCE 1897 商务印书馆 The Commercial Press

2017年·北京

Alfred D. Chandler, Jr.

THE VISIBLE HAND

The Managerial Revolution in American Business

本书根据美国哈佛大学贝尔纳普出版社 1977 年版译出
与哈佛大学出版社协议出版

汉译世界学术名著丛书
（120年纪念版·珍藏本）
出 版 说 明

2017年2月11日，商务印书馆迎来120岁的生日。120年前，商务印书馆前贤怀揣文化救国的理想，抱持“昌明教育，开启民智”的使命，立足本土，放眼寰宇，以出版为津梁，沟通中西，为中国、为世界提供最富智慧的思想文化成果。无论世事白云苍狗，潮流左右激荡，甚至战火硝烟弥漫，始终践行学术报国之志，无改初心。

迻译世界各国学术名著，即其一端。早在20世纪初年便出版《原富》《天演论》等影响至今的代表性著作，1950年代后更致力于外国哲学和社会科学经典的译介，及至1980年代，辑为“汉译世界学术名著丛书”，汇涓为流，蔚为大观。丛书自1981年开始出版，历时三十余年，迄今已推出七百种，是我国现代出版史上规模最大、最为重要的学术翻译工程。

丛书所选之书，立场观点不囿于一派，学科领域不限于一门，皆为文明开启以来，各时代、各国家、各民族的思想与文化精粹，代表着人类已经到达过的精神境界。丛书系统译介世界学术经典，引领时代思想，为本土原创学术的发展提供丰富的文化滋养，为推动中国现代学术和现代化进程做出了突出的贡献。

为纪念商务印书馆成立120周年，我们整体推出“汉译世界学术名著丛书”120年纪念版的珍藏本，寄望既利于文化积累，又便于研读查考，同时向长期支持丛书出版的译者、编者和读者致以敬意。

两甲子后的今天，商务印书馆又站在了一个新的历史时间节点上。我们不仅要铭记先辈的身影和足迹，更须让我们的步伐充满新的时代精神。这是商务人代代相传的事业，更是与国家和民族的命运始终紧密相连的事业。我们责无旁贷，必须做好我们这代人的传承与创造，让我们的努力和成果不仅凝聚成民族文化的记忆，还能成为后来人可以接续的事业。唯此，才能不负前贤，无愧来者。

商务印书馆编辑部

2017年10月

出版说明

本书作者小艾尔弗雷德·D.钱德勒教授是美国著名的企业史学家，任教于美国哈佛大学、约翰·霍普金斯大学、麻省理工学院等校，著有经济和企业史书籍多种，如《策略与结构：美国工业企业史中的组成部分》(1962年)、《皮尔·杜邦和现代公司的创建》(1971年，合著)。本书初版于1977年，是作者的主要著作，美国《纽约书刊评论》誉之为"……对经济学和公司历史研究的一个重大贡献"。初版后仅四年已五次重印。

本书通过食品工业、烟草工业、化学工业、橡胶工业、石油工业、机器制造业和肉类加工业中的大量史料，论证了现代大型联合[①]工商企业的诞生乃是市场和技术发展的必然结果。作者认为，凡是进行大批量生产和大批量分配相结合并在产品流程中可以协调的那些工业，必然会产生现代的这种工商企业，因为管理协调的"看得见的手"[②]比亚当·斯密所谓的市场协调的"看不见的手"[③]更能有效地促进经济的发展，同时也更能增强资本家的竞争能力；现代工商企业的管理体制取代了市场机制而协调着货物从原料供应，经过生产和分配，直至最终消费的整个流程。作者通过大量史

① 本书译为"结合"，英文为 integrated。
② 或译为"有形之手"。
③ 或译为"无形之手"。

料论证了高效率的销售组织对于保证企业顺利发展的极端重要性，阐述了管理的变革对生产发展的促进作用，并指出，随着生产的扩大，客观上又要求管理进行变革。

作者认为，“经理阶层支配”的现代工商企业在本质上已不同于传统的资本主义企业；资本主义国家的宏观干预似乎可以防止经济衰退和危机等。这类观点显然都是错误的。但是，作者对经济管理等问题所作的一些分析，特别是所收集的大量史料，对于了解和研究美国经济、研究企业管理及其历史发展，对于当前我国的经济体制改革，仍都有一定的参考价值。因此特予译出，以飨读者。

目　录

前言:看得见的手*

本书的书名即已指出其主题,但不是其重点或目的。本书的目的信息是考察正在变化中的美国的生产和分配过程,以及生产和分配的管理方式。为达此目的,本书讨论的重点是从事生产和分配的工商企业。因为由支薪经理所管理的大企业,已取代了传统的家族小公司而成为管理生产和分配的主要工具,所以本书将特别着重阐述现代工商企业及其经理人员的兴起。本书是关于企业机构和管理阶层的历史。

这里要探讨的主题是:现代工商企业在协调经济活动和分配资源方面已取代了亚当·斯密的所谓市场力量的无形的手。市场依旧是对商品和服务的需求的创造者,然而现代工商企业已接管了协调流经现有生产和分配过程的产品流量的功能,以及为未来的生产和分配分派资金和人员的功能。由于获得了原先为市场所执行的功能,现代工商企业已成为美国经济中最强大的机构,经理人员则已成为最有影响力的经济决策者集团。因此,在美国,随着现代工商企业的兴起,出现了所谓经理式的资本主义。

---

* "看得见的手"是亚当·斯密理论"看不见的手"的对称。按照斯密的说法,凡是追求自身利益的人,都好像被一只看不见的手引导着去增进各自的最大利益,其结果是造成了社会全体的利益。提出这一理论旨在反对政府对自由放任的干预。——译者

现代工商企业的定义

现代工商企业的定义很好下。如图 1 所示，它有两个特点：它包含许多不同的营业单位，且由各层级支薪的行政人员所管理。

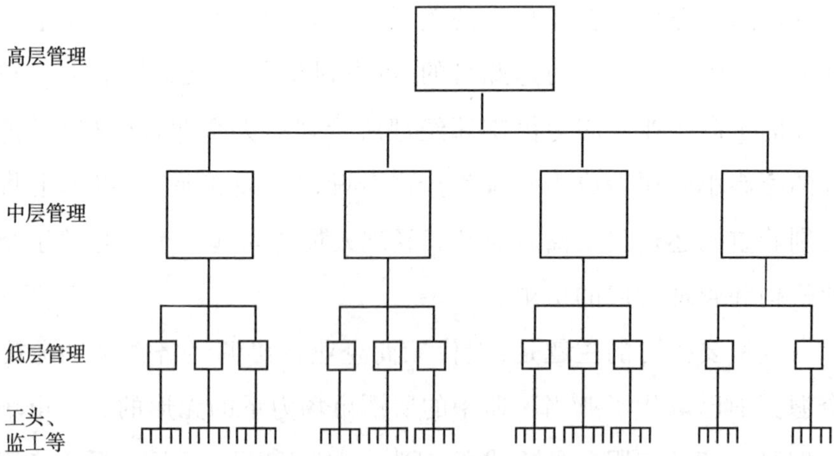

图 1　现代工商企业的基本层级结构

（每一方块代表一办事处）

现代多单位企业内的每个单位都有自身的管理办事处。每个单位由专职的支薪经理所管理。它有一套自己的会计账簿，账目的检查清算可与总企业分开来进行。从理论上说每个单位都是作为独立的企业而运转的。

反之，美国传统的公司是单一单位的企业。在此种公司内一个或少数所有者是在一个办事处内经营其商店、工厂、银行或运输公司的。通常此种类型的公司只掌管一种经济职能,经营单一的产品系列,且仅在一个地区内经营。在现代公司兴起之前,这种小规模的、由个人拥有和经营的企业的各项活动是由市场和价格机制来协调和控制的。

现代企业则将许多单位置于其控制之下,经营于不同地点,通常进行不同类型的经济活动,处理不同类型的产品和服务。这些单位的活动和它们之间的交易因而被内部化,它们是由支薪雇员而非市场机制所控制并协调的。

因此,现代工商企业雇用各种层次的中、高层支薪经理来管理并协调在其控制下的各单位的工作。这些中、高层经理乃形成一个完全新的企业家阶层。有些传统的单一单位的企业所雇用经理的活动与现代工商企业最低层经理的活动类似。农场、工厂、商店和银行的所有被聘的支薪雇员在管理或帮助其经营。随着单一单位内部工作量的增加,这些管理人员又雇用其下属——工头、监工和助手——来监督工作队伍。但是直到1840年,美国还没有出现中层经理人员,也就是说,还没有这样一种经理人员,他们监督其他经理工作,并向同样亦是支薪的高级行政人员的经理提出报告。当时几乎所有的高层经理都是企业的所有者,他们不是合伙人就是主要股东。

因而,由一组支薪的中、高层经理人员所管理的多单位企业即可适当地称之为现代企业。此种企业在1840年的美国尚不存在。到第二次世界大战时,这类公司已在美国经济的许多部门中成为占优势的企业机构。到了20世纪中期,这些企业雇用了数百甚至数千名中、高层经理来监督数以百计的工作单位,而每个单位则雇用了几十个或成千上万个工人。这类企业为几十个或几十万个股东所有，它们每年的营业额都以十亿美元计。即使是在本地的或地区性的市场上经营的较小的工商企业里亦有中、高层经理人员。一种机构在如此短促的时间内变得如此重要，而且如此普及，这在世界史上实属罕见。

为这种具有如此重大的历史意义和时代意义的机构阶层的兴起作一番描述及分析，对于研究美国经济的历史学家来说，乃是一种引人入胜的挑战。由于此种机构定义明确，且最近才出现，因而学者在回答历史学家的一些特殊问题（诸如这种现代企业兴起的时间、地点和方式）时，就不致有什么困难。他可以精确地记录何时、何地和何种方式下这些新机构首次出现，以及随后又持续成长。这样，他就可以把经济人的新亚种——支薪的经理人员的兴起作成资料，并记录下已在美国生产和分配管理中成为标准了的实践和程序的发展。一旦他能回答出何时、何地和何种方式等历史问题，也就可以解释何以这个机构第一次出现后，接着就变得如此地强有力的原因了。

这场挑战特别吸引人之处，是因为迄今尚未有人进行过此项研究。尽管此种机构的历史具有极其巨大的意义，却没有得到阐明。学者对其历史发展极少注意。1930 年以前，经济学家只是勉强地承认其存在，此后他们对大型工商企业抱着高度怀疑的态度。许多基本经济理论仍然基于下述假设，即：受市场看不见的手所调节的传统小企业乃是或至少应该是生产和分配过程的管理者。依此理论，完全竞争只存在于单一单位的企业之间，且依然是协调经济活动和分配经济资源最有效的方式。现代多单位企业通过其协调和管理的行动,只会带来不完全竞争和资源的误置。因为许多经济学家长期以来就视现代工商企业为歪门邪道,甚至是一种弊端,所以很少有人会自惹麻烦去考察其起源。对他们来说,单是追求垄断势力这一点就完全可以提供足够的解释了。

直到最近,历史学家也很少对现代工商企业管理阶层的兴起进行集中而有系统的研究。他们宁愿研究个人,而不愿研究机构。事实上,美国的一般历史书上除了现代工商企业创始者外,绝少有生意人出现过。历史学家早就被企业家所吸引,却甚少注意这些企业家所创立的新机构,其管理方式和所实现的功能,以及在创立者退出这个舞台后其企业继续竞争和成长的方式。与此相反,他们一直在争论这些创业先辈是强盗企业家还是工业政治家,亦即是好人还是坏人。多数历史学家和经济学家一样,对那些人所创立的企业抱着不信任态度,也认为他们是坏蛋。可是,同样这批历史学家,对那些其行动深深影响美国经济持续发展的新的经理阶层,却极少下好坏的价值判断。

近年来,经济学者和历史学者已经对这些现代经济机构给予愈来愈多的注意。经济学者如爱德华·梅森、卡普兰、加尔布雷思、威廉森、鲍莫尔、马里斯、彭罗斯和艾夫里特、蒙森等人,都跟在小伯利和米恩斯的开拓性研究工作之后,研究了现代工商企业的营运和活动。可是他们都不想研究其历史发展,致使他们的著作未能对经济理论产生重大影响。公司基本依然被看作是一生产单位,因而公司的理论即是生产的理论。

有历史癖好的经济学家则仅仅是刚开始研究机构变迁及其对工业组织的影响。诺思是这个领域里的创新者。① 在他和兰斯·

戴维斯合写的著作里，扼要地提出了一种极为有用的机构变迁理论，并将它应用到美国经济成长上。在与罗伯特·托马斯共同进行的研究中，他揭示了工业组织的改变是如何影响西方世界的发展的。诸思及其同事的著作以这种全面性的历史观来检验、支持并提高其理论。可是他们至今还未能集中精力对任一特定经济机构的历史发展作出详尽的分析。

研究美国经验的历史学者也已转到机构的研究上。像威伯、莫顿·凯勒、海斯、本森等等学者都曾对政治、经济和社会组织的改变着的性质进行了仔细的观察。他们在最近被一美国史分析家称之为"新机构主义"的领域中进行了开拓性的研究工作。[②]可是，几乎没有一个历史学者曾进行如下的尝试，即对某个单一机构从开始至完全成长的全过程加以描述。也没有人写过现代工商企业的兴起经过及随之而来的经理式资本主义的标志。

本书试图通过集中研究一特定时期和一组特定企业以填补这一空白。本书的重点放在19世纪40年代到20世纪20年代这段时期，当时正是美国的农业经济和乡村经济转变为工业经济和城市经济的时代。在这几十年里，美国经历了生产和分配过程中革命性的改变。我仔细考察了这段时期内实现生产和分配过程改变的一些单位——包括运输、通讯和金融——被管理和协调的方式。我不打算描述这些单位或组织内劳动力所完成的工作和工人的抱负。我也不想评价现代工商企业对现有政治和社会结构的影响。我在广泛论述政治、人口和社会的发展时，仅仅涉及直接影响企业实现生产和分配过程的方式的那些发展。

几个一般论点

本书是一部历史。它按年代而论述。书中充满了关于人、事、特殊过程、政策、步骤和改变着的技术及市场等等的详细记载。本书力图实现作为历史学者的基本职责,即使记录正确可靠。这些记录则依次作为书中所提的一般通则的基础。里面的数据并不是被挑选来检验和证明某种假设或一般理论的正确。我希望,这些事实除了能适用于和此处所提出的一般通则有关的问题以外,对怀有其他问题和关切的学者亦能有用。

在我进入复杂的历史经验前,明智的做法似乎是,首先扼要列出使本书主旨更精确的一般论点。这些论点在开始时可以指出现代工商企业的某些特性,并说明为什么管理上的有形的手取代了市场机制的看不见的手。我把这些论点提出来,以作为相互关联的机构发生变化的复杂历史过程的导引。

第一个论点是,当管理上的协调比市场机制的协调能带来更大的生产力、较低的成本和较高的利润时,现代多单位的工商企业就会取代传统的小公司。

这一论点直接起源于现代工商企业的定义。此种企业的产生和持续发展是靠设立或购进一些在理论上可以独立运转的经营单位而来,换句话说,就是把以前由几个经营单位进行的活动及其相互交易内部化。

此种内部化给扩大了的企业带来了许多好处。③由于单位间交易之例行化,交易成本即降低。由于生产单位和采购及分配单位的管理连结在一起，获得市场和供应来源信息的成本亦降低。最重要的是，多单位的内部化使商品自一单位至他单位的流量得以在管理上进行协调。对商品流量的有效安排，可使生产和分配过程中使用的设备和人员得到更好的利用，从而得以提高生产率并降低成本。此外，管理上的协调可使现金的流动更为可靠稳定，付款更为迅速。此种协调所造成的节约，要比降低信息和交易的成本所造成的节约大得多。

第二个论点是，在一个企业内把许多营业单位活动内部化所带来的利益，要等到建立起管理层级制以后才能实现。

此种利益只有当一群经理人员被集合在一起，执行先前由价格和市场机制执行的功能时才能实现。传统的单一单位的企业的活动是由市场机制所控制和协调的，而现代工商企业内生产和分配单位则由中层经理人员控制和协调。高层经理人员除了评价和协调中层经理人员的工作外，还取代市场而为未来的生产和分配调配资源。为了执行这些职能，经理人员不得不采用新的管理方法，这些方法很快就成了美国企业的标准经营方法。

因此，管理层级制的存在是现代工商企业的一个显著特征。如果没有此种经理人员的存在，多单位企业只不过是一些自主营业单位的联合体而已。建立此种联合体是为了控制各单位间的竞争，确保企业的原料来源，确保成品和服务的销路。各个自主单位的所有者和经理共同采购、定价、确定生产和市场政策。如果没有经理人员，这些政策则由立法和仲裁机构而不是由管理机构所决定并实施。此种联合体通常可以稍为降低信息和交易成本，但不能经由生产率的提高来降低成本。它们无法提高管理协调的功能,而此种功能才是现代工商企业的最重要的功能。

第三个论点,现代工商企业是当经济活动量达到这样一个水平,即管理上的协调比市场的协调更有效率和更有利可图时,才首次在历史上出现的。

经济活动量的增加是与新技术和市场的扩大同时来到的。新技术使前所未有的产品的产出和转运成为可能。扩大的市场则是吸收此种产出所必不可少的。因此现代工商企业首先是在这样一些部门和工业中出现、成长并继续繁荣,这些部门和工业具有新的先进技术,而且具有不断扩大的市场。反之,在那些技术并不能造成产出的急剧增加、市场依然是小而专的部门和工业中,管理的协调并不比市场的协调更为有利。因而在那些领域里,现代工商企业的出现就较晚,而且发展较慢。

第四个论点是,管理层级制一旦形成并有效地实现了它的协调功能后,层级制本身也就变成了持久性、权力和持续成长的源泉。

用韦尔纳·桑巴特的话来说,现代工商企业开始具有了"其本身的生命"④。传统企业常是短命的,几乎全是合伙生意。其中一合伙人退休或去世,就得重新结伙或解散。如果儿子继承父亲产业,他会找新的合伙人。通常此种合伙制若有其中一人决定与其他生意人合作时,就会散伙。另一方面,用来管理新型多单位企业的层级制,则有持久性,它超越了工作于其间的个人或集团的限制。当一名经理去世、退休、升职或离职时,另一个人已作好准备,他已受过接管该职位的培训。因而人员虽有进出,其机构和职能却保持不变。

第五个论点是，指导各级工作的支薪经理这一职业，变得越来越技术性和职业化。

在这个新的管理阶层内，正如其他需要专门技术的管理阶层一样，选拔与晋升变得越来越依赖培训、经验和表现，而不是家族关系或金钱。随着现代工商企业的出现，企业家第一次得以想象一种沿着等级阶梯向上擢升的职业生涯。在此种企业里，经理的培训时间越来越长久，培训愈来愈正式化。不同企业内从事相同活动的经理人员通常都接受有相同类型的训练，就读于相同类型的学校。他们阅读相同的书刊，参加相同的协会。如果把他们与传统的小商业公司的雇主和经理人员相比，他们的职业性质更接近于律师、医生和牧师。

第六个论点是，当多单位工商企业在规模和经营多样化方面发展到一定水平，其经理变得越加职业化时，企业的管理就会和它的所有权分开。

现代工商企业的兴起使所有权和管理权之间的关系具有了新的内容，从而为美国经济带来了一种新型的资本主义。多单位公司兴起之前，老板管理公司，管理者即为老板。即使是合伙关系，其资本股权还是为少数个人或家族所掌握。这些公司依然是单一单位的企业，极少雇用两三个以上的经理。因此，传统的资本主义公司称之为个人企业并不为过。

可是，现代工商企业从它出现的第一天起，家族或其合伙人所能提供的经理人员就不敷需要了。有些公司里，企业创始者及其最亲密的合伙人（和家族）一直掌有大部分股权。他们与经理人员维持紧密的私人关系，且保留高阶层管理的主要决策权，特别是在有关财务政策、资源分配和高阶层人员的选拔方面。这种现代工商企业可称之为企业家式或家族式的企业。这种公司所支配的一种经济或一种经济的某些部门可以视之为企业家式或家族式资本主义的系统。

当企业的创立和发展需要大笔外来资金时,所有权和管理权之间的关系就会有所不同。提供资金的金融机构通常在公司的董事会上派有兼职代表。在这种企业里,支薪经理必须和银行及其他金融机构的派出代表分享高阶层管理的决策权,尤其是在大笔资金的筹集和动用方面。这种公司所控制的该经济或部门通常可看成是金融资本主义的一种形式。

许多现代工商企业既不是由银行家也不是由家族所控制。所有权变得极为分散。股东并不具备参与高阶层管理的影响力、知识、经验或义务。支薪经理人员既管理短期经营活动,也决定长远政策。他们支配了中低阶层和高阶层的管理。这种被经理人员所控制的企业可以称之为经理式的企业,而此种公司占支配地位的经济系统则可称之为经理式资本主义。

随着家族和金融家控制的企业在规模和厂龄方面的增长,它们就变成了经理式企业。除非所有者或金融机构的代表成了该企业的专职经理,否则他们不具备在高阶层决策中起支配作用所需要的信息、时间和经验。作为董事会成员,他们诚然具有否决权。他们可以否决,可以用其他职业经理取代高层经理,但很少能提出正面的可供选择的方案。到最后,在董事会兼职的所有者与金融家和公司的关系也等同于一般的股东了,公司只是其收入来源,而不是可管理的企业。由于客观形势的需要,他们乃把日常的经营管理和未来的计划工作交由职业管理人员负责。因此,在美国经济的许多部门和工业中,经理式资本主义很快就取代了家族式的或金融式的资本主义。

第七个论点是,在作出管理决策时,职业经理人员宁愿选择能促使公司长期稳定和成长的政策,而不贪图眼前的最大利润。

对支薪经理人员而言,公司之持续存在对其职业是至关重要的生涯。他们的主要目标是确保其设备能连续使用和得到原料。他们远比老板(股东)更愿意减少甚至放弃眼前的股息,以维持其组织长远的活力。他们关心的是保障供应来源和销路,发展新产品和服务,以便更充分地利用现有设备和人员。这种扩充又会导致增加更多的工人和设备。如果利润很高,他们宁愿再投资于企业而不愿作为股息而支出。就这样,经理人员要维持其组织被充分利用的愿望乃变成了一种使企业进一步发展的持续力量。

第八个也是最后一个论点是,随着大企业的成长和对主要经济部门的支配,它们改变了这些部门乃至整个经济的基本结构。

必须强调指出,这种新的经理式企业并没有取代市场而成为决定商品和服务生产的主要力量。有关商品流量的当前决策以及有关资源分配的长远决策,其依据分别为对当前的和对长远的市场需求的估计。以前,从原料的生产,经由各个生产过程,直到卖给最终消费者,商品和服务的流量,要由市场来协调和连接,新企业所做的只是取代了市场的这种协调和连接职能。凡是进行了这种取代的地方,生产和分配便集中在少数几个大企业手中。最初,这种情况只出现在技术革新和市场扩大使产量高速度、大幅度增长的少数经济部门或工业。但随着技术的发展和市场的扩大,通过管理进行的协调在越来越多的经济部门取代了市场的协调。到20世纪中叶,在美国的主要经济部门中,少数大量生产、大量零售和大量运输的企业的支薪经理人员,已经在协调通过生产和分配过程的商品的日常流量,并为未来的生产和分配调配资源。这时,美国企业界的管理革命乃告实现。⑤

这些基本论点可分为两部分。前三个论点有助于说明现代工商企业的起源,也就是说明了现代工商企业出现的原因、时间、地点和方式。后五个论点涉及现代工商企业的持续成长,也就是说明了为什么这种企业一旦建立起来,就会不断发展并保持其支配地位。当管理层级制能够比市场机制更有效率地控制和协调许多经济活动时,新机构就出现了。它不断发展,使得越来越多的职业经理阶层能够被充分雇用。可是它的兴起与扩展仅限于那些技术和市场能够使管理协调比市场协调更有利的工业和部门。由于这些领域乃是美国经济的中心,而职业经理人员又正是在这些领域中取代了家族、金融家或他们的代表而成为决策者,现代美国资本主义于是成为经理式的资本主义。

当然,历史现实要比所提出的这些论点复杂得多。即使在现代工商企业以及新的经理阶层已占支配地位的不同部门和工业中,它们的出现、成长及壮大的方式都是不同的。不同的需要和机会使得管理工作的特殊本质在各个部门和各种工业中都不一样。经理和所有者之间的特定关系也各不相同。当管理层级制一旦完全建立,其后果发展也因不同的工业和部门而各异。

虽然如此,这些差异可以视之为单一主题上的变化。在新技术和扩大了的市场能经由生产和分配过程能以空前速度提供产品和劳务时，管理上的有形的手就取代了市场力量的无形的手。由此可见，现代工商企业乃是为了适应 19 世纪下半叶美国技术革新的迅猛步伐以及不断增长的消费需求，而在管理机构方面出现的一种反应。

第一部分　传统的生产和分配过程

历史事件的研究，往往得追溯至事件发生以前，尤以机构变革的研究工作为然。要研究现代工商企业历史，必须先研究这种企业出现以前的，即通过管理的协调比市场协调能带来更高的生产率和更有利可图以前的生产和分配过程的方式开始。我们必须搞清楚导致机构兴起及持续成长的特定条件。对此种特定条件的仔细审察，是分析这种变革不可忽略的工作。

因此，我们首先来考察从 18 世纪 90 年代到 19 世纪 40 年代之间不断改变的生产和分配过程，也就是从宪法生效，为国民经济提供了法律和政治基础的时候开始，直到生产上广泛使用煤炭这种新能源，以及铁路和电报为运输和通讯提供迅速、可靠、全天候服务的年代为止。我们先从通常被视为商业的分配中的变化着手，然后再着重研究生产管理。

虽然，美国的经济在 1790 到 1840 年间迅速增长，但从事经济活动的公司，其规模和内容却没有什么变化。随着人口从 390 万增加到 1 710 万，以及美国人开始横越大陆往西迁徙，所生产及分配的货物总量，以及与此有关的交易总数乃大量增加。然而实现此过程及交易的公司，却依然是传统的单一单位公司。这些公司的数量以惊人的速度增长，其活动方式也正如亚当·斯密所预测的那样，日益趋向专业化。然而这些公司仍由他们的老板管理。他们遵循传统的商业习惯，以传统的方式经营其企业。19 世纪 40

年代以前，美国企业界很少出现组织上的创新。

为什么会如此呢？只要生产和分配过程依赖于传统的能源——人力、畜力及风力，就不会产生改革的压力。这种能源无法创造庞大的生产量和交易量，无需建立大型的经理式企业，或者发展新的公司形态及策略。慢吞吞的生产，以及在经济领域内慢吞吞流动的货物，意味着个人拥有并经营的小企业就足以处理生产及分配过程中每一环节上的最高日常活动量。

第一章　传统的商业企业

机构上的专业化和市场协调

在宪法批准后的半个世纪中，美国商业和生产中的生意企业都日趋专业化。这个趋势在商业中尤其显著。随着商业的发展和商业活动的日渐专业化，也就相应地日益依赖市场机制以协调这些活动。18 世纪 90 年代，一般的商人（他们曾经支配了殖民地时代的经济）仍然是大的分配商，他们买卖各种产品，执行所有的基本商业功能。他们身兼出口商、批发商、进口商、零售商、船东、银行家和承保人。不过到了 19 世纪 40 年代，这些工作就分由不同形态的专业化公司经办了。银行、保险公司和一般的货运业者都已出现。商人开始专门经营一项或两项货品：棉花、食品、小麦、布匹、五金或药品等。他们越来越趋于担任单一的功能：零售商、批发商、进口商或出口商。

经济的扩展和生产的专业化使从事经济活动的商业企业数量激增。18 世纪 90 年代东部港口的少数商人掌握了大部分本地市场以外的贸易，但是到了 19 世纪 40 年代，则有数以千百计彼此不相熟识的商人，控制着规模大得多的各式各样货品的流动。他们把原料从生产者那里，通过各种生产和分配过程，以达到最终消费者那里。商人的动机不外是在每一笔交易中赚取利润，但此种动机却足以保证经济运转的成功。正如亚当·斯密所指出，虽然每一个商人“只期待达到自己目标，他……被一只无形的手所引导而完成了原非其本意欲达到的目的”。① 斯密接着指出，“事实上每个人在追求其个人利益的同时，他对社会的贡献，往往比他真正有意去做的贡献，还来得有效”。

虽然经济扩展使商业企业的活动走上专业化，但公司的内部组织及经营或交易方法并不因此而有多大改变。18 世纪 90 年代美国商人所赖以做生意的方法和程序，依然全部是几世纪前英国商人、荷兰商人和意大利商人所发明并改善得甚为完美的那一套。斯图尔特·布鲁奇在他有关 18 世纪 90 年代巴尔的摩的商人——奥利弗家族的研究中指出，奥利弗家族和威尼斯商人的活动性质有“显著的”相似性。奥利弗家族的“公司组织形式、人员管理、记账和投资方法、对 15 世纪的威尼斯商人而言，都是一目了然的”。② 18 世纪 90 年代的美国人和 14 世纪 90 年代的意大利人都是采用合伙的生意方式，也同样以复式簿记法记账。其未收账款和存货栏都是用显眼字母表示。他们所出售的货品，有些是自己的，有些则是替别人代售而收取标准佣金的，他们也请船长和货运管理员为他们代销。美国商人也沿用被荷兰人和英国人加以完善的一些制度。诸如实行市场交易的汇兑，颇为复杂的信贷办法，商法的观念及运用等。③

19 世纪 40 年代以前，美国人所继承的这一套方法已足够应用。为了适应迅速扩充的经济和联邦政体的需要，美国人对商法有所调整。他们逐渐使用英国人于 16 世纪为了促进海外贸易及殖民地而发展起来、并于 18 世纪时用来管理码头、自来水厂等辅助性设施或公用设施的股份公司形式。对传统的形式进行了改善,但是,商业资本主义(它适应于12世纪、13世纪地中海沿岸贸易的增长和市场经济的到来而发展起来)的惯例、方法及制度,基本上并没有改变。19世纪40年代以前,美国并没有发生经营方式的革命。大的转变要等到新技术和新市场来到(它使大量生产和大量分配成为可能)时才会发生。这种机构上的改变有助于20世纪经理式资本主义的出现,其重要性及革命性实不亚于500年前随着商业资本主义的兴起而带来的变革。

殖民地世界的一般商人

1790年,一般商人仍然支配着经济。在这种经济中,家族仍然是基本的经营单位。最常见的是家族农场。1790年,在3 930 000美国人中,只有202 000人住在超过2 500人的城镇和村庄中,而在2 881 000个工人中,有2 069 000人是在农场做工。④只是在南部,作物是由奴隶劳工种植,才使主要农产品的生产不再是单纯的家务事。在作物生产中,只是在大种植园才出现了经理阶层。

家庭外部的少数制造业,则由小工场的手工业者来操作。在城镇里,手工业者通常有一两个学徒或雇工帮忙,他们通常被当做家人看待。在稍大一点的港口,有造船者、制造蜡烛者、制造绳索者和酿酒者。萨姆·巴斯·沃纳是这样描述革命前夕的费城的:"城镇经济的核心成分是单人工场。大多数的费城人都单独工作或有一两名助手"。⑤

土地以外的资源也在开发,但规模很小。虽然缅因州和北卡罗来纳州具有固定供应木材给皇家海军和西印度群岛的贸易，伐木业依然是土地开发的副产品。当地农民提供制造桅杆和桶板以及用于修建房屋教堂、仓库及其他建筑物的房梁、盖屋板、镶板等所需的大部分木材。殖民地在弗吉尼亚州的惟一煤矿，年产量还不到1 000吨。⑥除了部分铁以外，所有的金属都来自进口。"炼铁场"是当时开采业和制造业中最大的企业，其作业包括开采矿石，把木材转化成木炭，提炼矿石或生铁，再把生铁煅烧成熟铁。这些炼铁场在经营上和南方殖民地的稻米及烟草种植园有很多相似之处：远离城镇，工作受季节影响，使用订立契约的仆役和不固定的奴隶等等。

这些生产单位的活动都要通过沿河城镇及港口的商人的生意交往而协调。坐商分配并出售这些小企业的产品并提供原料、工具和设备，因而这种一揽子服务的商人支配了当时的经济。⑦他们经营出口、进口、批发并零售所有种类的产品。即使是对经常性的客户供货，他们也是先将货物购进作为己有之后，再行出售，而非单纯转手。对于其他港口的商人而言，他们又是特派员或代理商，接受他们寄售货品并从中抽取固定佣金。

这种一般的坐商，其行为有如社会的出资者并负责货物的运输和分配，他们向主要农作物和制造品的运输者提供短期贷款，给种植园主、农场主和手工业者提供长期贷款，使他们得以开发土地和改善设备。他们常和别的商人合作，安排运货所需的船只，也常和别的合伙人共同拥有这些船只。他们也和别的商人一起承担这些船只和货物的保险。他们也常共同修建码头。在所居住的港口城镇里，他们或是独资或和别人合资，资助酒厂、蜡烛厂、绳索厂、造船厂——家庭工场手工业以外的那些制造业。

在所有这些活动中，殖民地的商人在私交上对多数有关人员都深为了解。他们尽可能从家族里物色伦敦、西印度群岛和北美殖民地的代理商。假如不能通过家族成员或完全可靠的合伙人来寄售货品或安排货品的销售和采购，他们就依靠船长或船货的管理人(他们是海外货船上的授权代理人)从事远地的交易。即使如此，后者通常也是他们的儿子或侄子等。这些商人及其城镇的其他坐商都互相认识，他们共同承担保险，拥有船只。他们也和造船厂、绳索厂以及当地的手工业者相往来，他们满足于人员和生意上的需要。不仅如此，他们也熟识种植园主、农场主、乡村店主和渔民、伐木者以及同自己有买卖往来的人。

在巴尔的摩和查尔斯顿之间，几乎没有什么港口有坐商，因而发展出一种不大一样的商业格局。⑧在马里兰和弗吉尼亚以及在略往南的地方，种植园主直接向英国商人购买货物。伦敦的经纪人为他们办理烟草和稻米的销售。同时代购所需的货品。这些种植园主又转而为毗邻的小种植园提供同样的服务。18 世纪中叶烟草的种植向内陆移动时，苏格兰的商人开始派遣代理商设立永久性的店铺，在当地收购烟叶，并向高地的农场主和种植园主出售经过加工的烟丝。在更往南的地方，查尔斯顿和萨凡纳的坐商则以北方商人同样的方式，开始从事当地的贸易活动。

随着政治独立的来临，这种个人的家族商业世界也开始发生变化。与英国的分裂破坏了原有的贸易格局，并为美国商人打开了新的领域，包括波罗的海沿岸、东地中海及爱琴海沿岸、中国、印度和东印度群岛。人口的持续增加和西至肯塔基及田纳西，北到缅因，西南到佐治亚迅速扩张的领土以及沿海港口的日趋成长，都大大扩展了国内的市场。法国革命战争爆发后，自从独立革命以来就中断了的欧洲及西印度群岛的贸易又开始繁荣。然而对美国经济的影响而言，比法国政治革命更重要得多的是在英国进行着的产业革命。几乎一夜之间使美国成为原料的主要供应地，而且也是接纳机器制造的新纺织品的主要市场。这种新贸易的来临，是造成商业企业专业化和商业活动非个人化的惟一的最重要因素。

商业中的专业化

即使没有棉花和纺织品的繁荣，商业企业的走上专业化也势必会在1790年的50年后在美国出现。独立革命以前，纽约、费城和其他大城镇的货品分配已经出现了专业化。商人和小店主的区别越来越明显。前者仍然兼营零售和批发，但小店主则只经营零售，且只从商人而非国外进货。⑨ 1790年，商人开始按某些产品系列的贸易进行专业化。在新英格兰，可能还有中部的某些州，随着家庭式外包加工制度的开始实行以及简单机器的首次采用，制造业也在走向专业化。⑩ 早在18世纪90年代以前，业主们已经将输往西印度群岛和其他远方市场的鞋子、靴子，甚至家具外包给农民或城里的居民制造。尽管如此，美国商业界的迅速重新调整和扩充，专业化商业机构的迅速发展，其直接原因还是前所未有的棉花的大量出口和机器制造的新纺织品的进口。

虽然早在18世纪90年代已经可以感觉到棉花对美国商业的

影响，但直到1815年以后，这种影响才完全显现出来。法国大革命和拿破仑战争使古老的西印度群岛及欧洲的运输业持续繁荣至1807年。接下来的八年，除了1810年和1811年的短暂时期外，禁运、贸易限制和战争实际上切断了所有的贸易。战争和战时的商业活动使新兴且意义重大的棉花贸易黯然失色。

英国的新式棉纺机器一加入生产，美国即迅速有所反应。[11] 1786年美国开始对棉花实行商业化种植。到了1793年，即伊莱·惠特利发明轧棉机的那一年，棉花的年出口量已达到48.8万磅。1801年为2 090万磅，1807年为6 620万磅，到了1810年（在该年，贸易限制曾暂时取消），则为8 380万磅。1815年出口了8 300万磅，总值为1 750万美元。1825年，输出的金额为3 700万美元，到了1840年，则增加到6 400万美元。1821年到1850年间，美国供应英国全年所需原棉的75％以上。与烟草、大米、糖以及小麦等原有作物出口额的增长相比，棉花出口数量和价值形成了强烈的对照。例如烟草的出口，在1815年是800万美元，而到了1840年则不过是1 000万美元而已。

棉花把商业化的农业带到南方的广大地区，那里由于气候和土壤的关系，不适合别种作物的生长。不仅如此，棉花在南方的向西移动比小麦在北方的向西移动整整早了1世纪。当时，因为运输工具的缺乏，使得威士忌、马匹、猪和骡子运往东部或欧洲的成本昂贵，下密西西比河流域棉花种植场的开辟，正好为西部新垦地的农民提供了一个重要的新市场。[12]

南方商业化农业的发展，加速了东部商业走向专业化。前所未有的大量的棉花贸易，使纽约成为全国首屈一指的大城市，并造成一揽子服务的一股商人的急剧没落。⑬棉花的交易渐由专业的公司来经营，他们不采取买进的方式(除非做投机生意)，而宁可向客户支取固定的服务佣金。由于国际性供需力量所造成的价格波动无法控制，他们以及其他正在走向专业化的商人便不愿意冒买进货品的风险，而宁可收取更保险的5%的佣金。美国商人由此开始在多数情况下不是为自己，而是为佣金出售货品。

最早从事棉花交易的，都是新兴的、而非原有的商人。⑭在纽约，起初他们是英国纺织公司出售布匹和安排采购原棉的代理商。不久就有年轻人加入。这些人大多是新英格兰人，他们在棉花交易中开始其商业生涯。新英格兰人也有到南部去的，他们和棉花港口及内地新城镇——哥伦布、奥古斯诺、梅肯、蒙哥马利、杰克逊和纳切兹——的本地商人都成为不久前才开发的阿拉巴马和佐治亚的肥沃黑土带及沿密西西比河低地的种植场主的贸易代理人。

虽然佣金公司和商业公司的区别常常不很明显，统计数字却显示出佣金公司在对外贸易上的重要性。⑮根据1840年的统计资料，在商业发达的路易斯安那，登记从事国外贸易的公司中，佣金式的公司有381家，而商业公司只有24家。在纽约(商品贸易占主要地位)，佣金公司有1 044家，而商业公司有469家，在波士顿(该处的对外贸易极不重要)，有241家商业公司，佣金公司只有123家。到了1840年，一些专业化程度不高的老公司也集中业务于棉花或一些别的商品，并以佣金方式进行交易。

从种植业者到制造业者之间的一连串新起中间人之中，第一个就是棉花代理人。⑯他不仅要为种植场主的作物执行推销工作，还得为他们采购各种供应品，并向他们提供信用贷款。彼此的关系密切，而且属于一种私人关系。为采购种植场的供应品、设备和家庭用品，代理人在当地市场进行采购，通常还一年两次到纽约及东北部其他的商业中心采购。至于为种植场主在无固定买主的国际市场上推销其作物时，代理人则直接卖给制造业者的经纪人，或者以寄售的方式，用船装运到邻近的沿河或沿海港口，或纽约及其他沿海城市，甚至利物浦和欧洲其他港口，给那里的中间商人。这些中间商人，接着又直接出售或寄卖给美国和英国的制造业者，或通常再转手给另一组的中间商人。此外，代理人还安排谷物的运输，支付保险费、仓贮费和运费。必要的话，也支付税金、码头费等费用。在这些不同的交易中，他抽取佣金，并且在买卖过程中，通常要解决有关信用贷款的事项。

分配系统也可以说是一种信用贷款的网络，以在运输途中的作物为信用贷款的保证。大部分的棉花交易都是预付订金的。棉花移动的方向刚好与其预付订金的方向相反。在美国这边，正如代理商的历史研究者，哈罗德·伍德曼所指出，“任何人只要手上握有棉花，就可以轻易地从他愿意托售的商人那里拿到订金。这个商人也许是在内地，在港口城市或在北方，甚至在欧洲”。至于英国这边，1833 年一位佣金商曾说过，除非预付订金，否则根本不可能有棉花来寄售。[17] 这些订金通常是经手作物价值的 2/3 到 3/4。订金的支付本身就带有风险，因为如果棉花的价格在运输过程中下跌(在年度收成以后，往往出现这种情况)，这时候预付订金的公司只好赔钱出售。

信用贷款是一套复杂的制度，依据期票和汇票等传统工具。种植场主、代理人、河港和海港的商人，他们都很少用现金，而是利用期票或可交换的汇票付款，票期是 60 天、90 天或甚至 120 天。利息是 7%或 8%。假如订金的支付是在作物交货前，则通常都是开出期票，如果期票已到期但实际的交易尚未发生，则票期可以更改。如果是在交货时付款的话，那就开出由提供信用贷款的公司承付的汇票。假如牵涉到需把英镑兑换成美元，那就更复杂了。一桩涉及两名中间商人的简单买卖，可能会有多至四次交易和四种不同的期票发生。伍德曼以密西西比一位种植场主人威廉·约翰逊和他的代理商——新奥尔良的华盛顿·杰克逊公司间的业务过程，为我们提供了一个鲜明的实例：

> “1844 年到 1845 年那段期间，约翰逊的一部分棉花是交由新奥尔良公司的利物浦分公司，托德·杰克逊公司在利物浦销售。在他的棉花装上开往新奥尔良的船以后，约翰逊就向华盛顿·杰克逊公司领取货物的订金，这是第一张可贴现的国内期票。新奥尔良的公司把货装船后，就向利物浦的公司支领其付给约翰逊的订金，于是又出现了第二张可贴现的票据。而托德·杰克逊公司在利物浦把货物卖出以后，就寄出一张扣除订金后的余额的英镑支票。新奥尔良的公司将这张英镑支票卖给银行，换成当地的货币，并再开付给约翰逊一张支票，补足订金外的余额。”⑱

旧式的坐商在新兴的棉花贸易中，所起的最重要作用就是订金的支付和票据的贴现。有些人确实很快就成了财务专家。那些最有财力者，通过为棉花贸易筹措资金而成为当时最有影响的商人。其中以利物浦和伦敦的英国公司居多。他们高踞从密西西比到隆巴德街的银行信贷长链之端。

在重要港口，交易数量已经大得足以容许另一种专业形态的公司出现——经纪公司。它们并不隶属于一组特定的委托人,而只是将棉花买卖双方凑到一起,并从中支取佣金。[19]掮客和代理人之间最大的不同是,前者并不像后者本身从事买卖,或更精确地说,他本人并不以自己的名义和人订立合同。掮客的功能是在帮助代理人或其他商人或制造厂代理商取得为装满船仓或订单所需的棉花或处理一笔大交易后的零星货品。

当农垦的前哨队向西越过山脉进入密西西比河流域时,一个使食品(玉米、猪肉、威士忌)、棉花、小麦和其他谷物由西部向南部及东部移动的,稍为不同的网络也渐渐形成。在这一带土地上从事开垦的,不是少数的大种植场,而是许许多多的小农场。而乡村的小店主,也取代大种植场的代理人,成为内地和海港城市之间的中间商,数量占中间商的第一位。[20]这些小店主是革命以前弗吉尼亚的苏格兰代理人的以及散布在殖民地时代宾夕法尼亚及新英格兰内地的小店主的经济上的继承者。他们为农人销售,采购产品,就如代理人为种植场主所做的一样。不同于代理人的是,他们基本上是以买进再售出的方式来做买卖。

早期西部垦拓时代,作物的输出和货品的流入各沿着不同的路线进行。烟草、大麻、铅条和农产品是顺河而下,经由新奥尔良到东部。而加工品则是往西越过山脉到匹兹堡再进入俄亥俄。小店主(在早期甚至有农民)是随同他们的作物一起南下的。但他们很快就和新奥尔良以及其他沿河城市——辛辛那提、路易斯维尔、圣路易斯、孟菲斯纳什维尔——的佣金商人谈妥有关他们的作物的接纳和出售,或再转手,以及有关预付订金、汇寄货款等事项。[21]小店主也和棉花种植场的代理人一样,通常一年要到东部两次,采购加工品、咖啡、茶、糖及其他食品以补充存货。他们在当地要为西部的货品安排运输及沿途转运地点的仓贮、转运、装卸等复杂工作。这些西部的小店主，在信贷方面很快就更多地依赖出售供应品的东部批发商，而较少依赖接纳其货品的佣金公司。

随着19世纪20年代中期伊利运河的通航和随后十年俄亥俄和宾夕法尼亚运河系统的完成，便出现了一种新的交易方式，同时也造就了另一批经营作物交易和转运的中间商。1830年以前，密西西比河流域只生产少量的小麦，而烟草、大麻、杂粮、马和骡子是当地出口的大宗。自从运河提供了一条横过寒冷地区的捷径后（经由新奥尔良运送的小麦和面粉常会腐烂或变酸），小麦产量直线上升。克利夫兰在1839年内收进了280万蒲式耳（一蒲式耳等于35.238升）的小麦和面粉，比新奥尔良多出87%。[22]同期的纽约，其小麦的流入量也三倍于新奥尔良。

谷物交易专业化的格局和棉花及杂粮相同，但因为在1840年以前其数量较少，以致没有棉花那么系统化和专业化。克利夫兰、布法罗及其他的沿湖城镇，包括新兴的小镇芝加哥，都已成为与新奥尔良及其他棉花港口同样重要的转运中心。与棉花的买卖一样，对在运输途中货品预付订金及支票贴现的做法，在为作物流动筹措资金方面发挥了关键性作用。西部的面粉厂主、小店主和本地商人在沿湖城镇（特别是布法罗）都建有自己的仓库，而农民们有时候也委托这些城镇的佣金公司和专业化程度较高的运输公司代售他们的谷物。他们于是拿到订金期票，他们常以贴现方式兑换成现金。布法罗的商人们然后就将谷物运到罗切斯特的面粉厂，或是将谷物及面粉送到纽约的商人——如伊利·哈特公司，苏伊丹和萨奇公司，或肖托和梅勒和斯凡佛公司——处，他们通常都是些已付过订金的公司。只要最后的买主还没有确定，货物就会送到东部的一家佣金公司或特约代理人处，以便最后成交。[23]这个代理人也可能把货物运到利物浦或里约热内卢的佣金公司处，以寄售的方式在外国市场上销售。这些把货物装运到海外的商人就从诸如巴林家族的国际商业银行那里收到预付订金款项。谷物贸易和棉花贸易不同的是，它主要的销售地是在美国，因而它是靠美国资本，而非英国的资本筹款。而且直到 19 世纪 50 年代铁路和电报使它发生根本的改变以前，谷物买卖从来没有充分定型地建立起来。相反，棉花买卖的进行方式则相当稳定地持续了几十年。

经营把农产品从内地送到东部和欧洲的专业化公司，是和经营将制成品及主要商品送到沿海城市再运至内地的专业公司同时发展的。1815 年以后，制成品——布匹、金属、五金和药品——的进口已经达到可观的数量。经济的发展也使得对热带和半热带地区国家所生产的咖啡、茶、糖及糖蜜以及欧洲生产的酒、酒精等的需求量大为增加。[24]在 1815 年以前，许多出口棉花的佣金公司也从欧洲和西印度群岛进口多种不同的货品。但是随着贸易新格局的发展，它们也渐渐地专门从事棉花的出口和少数专业化程度更高的货品的进口。[25]至于一般货品的进口，则逐渐让位给专业的进口商经营。这些进口商直接从欧洲采购并转售给本地的制造厂、零售商和批发商。和出口商不同，他们把经手的货品先买进作为己有后再行售出，而不只是赚取佣金或接受寄售。

费城内森·特罗特的经验提供了一个新兴专业进口商的好例子。[26]特罗特在 1802 年加入一家家族式的合伙公司时，该公司仍然进口和出口许多种类的货物。在拿破仑战争时代,该合伙公司专门从欧洲进口布匹、毛毡、皮革和金属,其中有许多又被重新装船卖到西印度群岛和拉丁美洲。这家公司也装运糖、蜜糖、朗姆酒和咖啡到美国其余各州及欧洲。到了1816年,当内森接管该公司后,开始专门进口单一种类的货品——铁、铜和其他金属。他直接从英国和北欧进口。当地方开征关税使价格提高时,他转而在美国本土采购。他也出售一些加工过的产品给零售商和批发商。但是他的交易对象大部分是传统的手工艺者(铁匠、锡匠和铜匠),即开始按制造单一的产品系列(火炉、炉栅、熔炉、灯饰、瓦斯固定架和蒸汽机)而实行专业化的工匠,以及新型的工匠(瓦匠、水管匠)等。在其他地区的金属贸易业中,下列公司的发展大致和特罗特的经历相同:纽约的安森·G.菲尔普公司,詹姆斯·布尔曼公司,约瑟夫·约翰逊公司和费城的戴维·里夫斯公司及艾尔弗雷德·亨特公司。㉗

1815年以后,东部的海港城市出现了一种新型的专业化中间商人。这些称为包商的人不同于进口商,他们在国内采购货品,并比进口商更进一步,把货品卖给来自南部和西部的大种植场代理人和小店主。按照1829年纽约州立法机关的报告所描述,包商是"一种介于中间的商人,即介于批发商、进口商和零售商之间"。㉘他们"从拍卖场,批发交易处,进口批发货品,以及其他可以合理地买到货品的地方大批买下货品"。他们把大批货品弄成不同大小的包装,以适合本地零售业者、乡下的小店主和每半年来采购一次的大种植场代理人等的需要。

从上面的引文可以看出,包商的兴起和利用拍卖以销售进口货物有着密切联系。[29]横越大西洋的贸易随着1812年战争的结束而重新开始，这使英国的纺织品大量倾销到纽约，较小量倾销到别的港口，从而引起了大规模的拍卖。在费城和波士顿，当地基础巩固的商人利用地方和州政府的法令限制了拍卖方式的应用。但在纽约相同的企图却失败了。由于19世纪20年代大拍卖盛行，致使纽约成为全国的贸易中心，并吸引了众多的包商前往该市。虽然拍卖原是为了出售纺织品，但后来也被运用到别的主要贸易上。1821到1830年的十年间，纽约的拍卖金额达到1.6亿美元，相当于该港口进口金额的40%，或全国进口金额的1/5左右。比如说在1820年，纽约所拍卖的1 040万美元的货品中，有700万是纺织品(其中有70万是美国制造的)；190万是杂货、五金和药品；100万是从远处来的茶叶、丝绸和瓷器，以及40万大部分来自欧洲的酒和酒精。[30]到了19世纪的30和40年代，包商们开始不再那么依赖拍卖，而直接向制造厂代理人采购。先是向国内的生产者，接着又扩展到国外。

查阅一下城市的年鉴，更可以看出东部各港口的专业化公司在19世纪40年代的市场销售和分配活动方面居于何等重要的地位。也能看出包商在哪个行业里最具影响力。比如道格特出版的1846年纽约市年鉴表明：纽约的衣料业和杂货业的专业化商业公司分别为318家和221家，居第一位和第二位。接下来是瓷器、玻璃和陶器业有146家，五金共有91家，药品业83家、酒类和酒精业82家、丝绸和奢侈品有74家，而钟表业则有40家。[31]在衣料业、杂货业、瓷器、玻璃和陶器业，包商比进口商——即把货品先买进作为己有，然后再出售，非只赚取佣金的商人——多，而在药品业、酒类及酒精业方面，两者差不多。另一方面，进口商仍继续支配着五金、奢侈品及服装的买卖。所有40家钟表业者都是进口商。对其他城市的年鉴也进行一番查阅之后，可以看出，直到19世纪50年代以前，包商和进口商都集中在纽约、费城和巴尔的摩等东部口岸。

正是通过这许多方式，使沿河城市和沿海城市的包商、进口商、代理商、掮客和佣金代理人等的非个人化世界取代了殖民地时代商人们的个人化世界。棉花首先开始了这一转变。这种新作物的大量出口，为本国无法生长和制造的成品、食物和饮料等的大量进口提供了所需的资金。由专业化的中间商人所组成的网络控制着进出国门及横越海洋的庞大货物流。几乎每一个内地的种植场、农场及村庄都和东部成长中的城市及欧洲的制造中心有着直接的商业上的联系。数百万英亩的农作物在每年秋季都要长途跋涉数千英里的水路。曼彻斯特的布匹、伯明翰的五金、瑞典的铁、中国的茶和巴西的咖啡都定期运送到广大地区上的城镇和村庄；这些地区几年以前都还是荒山野地。

这个迅速完成的大陆商业网络几乎完全受市场机制协调。非为当地消费而生产的货物，通过一系列的市场交易和有形转运而流通于国内及国际的经济领域。棉花从种植场运到沿河城市（孟菲斯、纳切兹、汉特斯维尔、蒙哥马利和奥古斯塔），经由海岸城市（新奥尔良、莫比尔、萨凡纳、查尔斯顿）而到达东北部的港口（纽约和波士顿），再经由欧洲的港口（利物浦、勒阿弗尔、汉堡）最后送到新英格兰、旧英格兰和欧洲的纺织厂，而且通常并不到此终了。其间至少需要进行四次交易（在大农场、代理商、制造商的代理人、制造商之间)，而且通常还不止此数。食品类从西部到东部和南部也是经由类似的网络。谷物从西北部的农场经由乡下店铺，至内地的城镇、沿河或沿湖港口及东部海港，乃至海外，也是通过大致相同的交易和转运方式。制造品的流通也涉及一批在欧洲城市、美国海港和沿河城镇中相似的购买者、出售者和装运者。提供信用贷款和货款的支付则需要一套不同的且更复杂的交易行为和流程。

19 世纪头十年的农业经济里，货物的流通与作物的种植和收成情况密切相关。经营商业买卖和安排作物出口及制成品进口的商人们都须加以注意，以便在每笔交易或销售中获取利润。19 世纪 40 年代的美国经济为亚当·斯密所精辟论述的不受限制的市场经济的作用，提供了一个可信的注释。

金融业和运输业中的专业化

19 世纪头十年贸易的发展，使得商业企业在集资和商品运输方面也步销售及分配的后尘而走向了专业化。金融和运输中的专业化与分配中的专业化不同，它导致了一种重要机构的发展，即股份公司的成长。和商人建立贸易公司时的情况一样，商人还是以合伙公司作为合法的形式，经营运输和集资的业务。只是在他们认为吸收大量资本来成立银行，修建收费道路、运河以改善金融服务和运输服务是有利可图时，他们才会组织股份公司。最初，他们把股份公司看成是“符合公众利益的私人企业”的适当合法形式。[32]他们利用股份公司来提供基本的、专业性的辅助服务，以支持有利可图的商业活动。当地方上投于股份公司的资本不敷提供这些服务时，商人们就毫不迟疑地向公众来源寻求资金。

金融的专业化是其他商业活动专业化的自然副产物。随着交易的扩大，旧有的一般坐商通常都转向金融业。有的则专门从事更遥远地区的交易，尤其是对中国、印度和东印度群岛的贸易。这类贸易数量虽小，但货品价值很高，这使他们得以继续沿用旧的商业格局。在 1812 年战争以后的几年内，波士顿的帕金斯家族、福布斯家族和李家族，以及纽约的格里斯沃尔德家族、豪兰德家族、格林尼尔家族等都仍然从这种异国风情的贸易中赚取可观的利润。对大多数一般商人而言，旧方式已经无利可图。他们都经历了罗得岛的布朗家族同样的经历而受到损失。詹姆斯·B. 赫吉斯曾这样描述，“有关布朗家族和伊夫家族从 1815 到 1838 年的装运利润的经历是每况愈下的，是一段渐趋没落和衰败的凄惨经历”。[33]

对很多人来说，较有利的选择是转而倾全力于金融业。约翰·雅各布·阿斯特、拿撒尼尔·普赖姆、斯蒂芬·吉拉德、萨缪尔·华德、普罗维登斯的布朗家族和巴尔的摩的布朗家族等都是从一般的坐商渐渐地转而为对别的商人提供信贷和支票贴现的服务。[34]在这以后，甚至像特罗特等成功的专业化商人也经营银行业务。到了 19 世纪 20 年代，较年轻的人也以专业的私人银行家和掮客身份进入商界。至于纽约的菲奇公司、费城的托马斯·比德尔公司和巴尔的摩的奥里奇·勒曼公司则一开始就专门从事银行业务，而非从一般的商业公司转业而来。

然而到了 1815 年以后，美国经济界最强有力的金融家，还是那些曾经控制最具影响力的合伙贸易公司的人，他们出口棉花并且也在较小程度上兼营进口制成品到美国。这些公司为预付订金提供信贷，这对于棉花贸易的资金调配来说是必不可少的。由于英国是金融中心。具有较大的资本资源，这些公司大多是英国的而不是美国的公司。最先是利物浦的一些公司，诸如克罗普和本森公司；克劳德和克拉夫公司；博尔顿·奥格登公司；及拉思伯恩公司。[35] 1820 年以后，伦敦一些居领导地位的公司，像巴林兄弟公司，托马斯·威尔逊公司，乔治·怀尔兹公司及托马斯·威金斯公司等也加入了这一行业。惟一的一家以美国人为主的公司（后来成为重要的英美商人银行家之一）是巴尔的摩的布朗家族公司，但它的主要合伙人却住在利物浦。

商人和商人银行家为地区间和国际性的贸易活动筹措资本，而股份公司形态的银行则为当地的需要提供服务。通过把地方上的资本吸收到州政府认可的银行里，商人于是扩大了长期贷款的来源。这种贷款以抵押担保或甚至个人的本票（但要有合伙人的签名）为凭据。因此美国早期的商业银行主要是长期和中期资本的供应者，而不是短期商业贷款的提供者。正如一位英国评论家在 1837 年曾就美国的银行写道："他们的常态对我们来说是例外，而我们的常态则是他们的例外。他们愿意要的是基于个人担保和不动产的借据，而对于以商人和制造厂发送给消费者的在途商品为依据的期票却不感兴趣"。[36] 此外，州政府认可的银行所发行的钞票更成为美国的标准通货。因为美国政府一直到 1862 年几乎没有发行纸币，而硬币的数量也非常有限，并且期票也不像欧洲那样广为使用，在欧洲，期票是被当做基本的交换媒介来使用的。美国银行提供不同的服务。它们是可以放心存款的地方。当土地及容易脱手的资产以外的投资机会很有限的时候,可以买进它们的股票作为一种投资。最后,成立股份银行以后,当地的商人可以把提供专业化金融服务的日常工作交给通常被称为出纳员的支薪雇员去处理。

对这类服务的需求使得股份银行很快就遍布全国各地。第一家是1781年准许成立的费城的北美银行。1790年,又有六家股份银行在美国的大港口——纽约、费城、波士顿、巴尔的摩和查尔斯顿——开始营业。国会在1791年通过亚历山大·汉密尔顿的提案,设立由联邦核准的、以费城为总部的银行,并在大城市设立分行。18世纪90年代,出现了一个申请核准而成立银行的高潮,并于1811年当美国第一银行的认可有效期后再度出现。在1811年到1815年之间,银行的数目从88家增加到206家。[37]随着1815年以后经济的扩张,银行数目继续猛增。先是1816年就有40家银行被核准,到了1820年,总共有了307家。19世纪20年代后期到30年代早期,正是美国第二银行提供卓越服务的时期。这期间银行的数目逐渐停止增加。然而在那20年里,由于当地的银行业务的扩展而促进了全美各地一些更专业化的金融机构(包括储蓄银行和信托公司)的建立。[38]

到了1830年,美国第二银行不仅为当地提供高质量的银行服务,而且还在全国范围内,事实上是在国际范围内开展业务。在一个短时期内,它曾经在为国内贸易和国际贸易的发展而筹措资金的竞争中,明显地战胜了它的对手——商人银行家。它所以能够如此,是因为它是惟一具有许多分支机构的商业机构——1830年它在全国各地有22个分行。没有别的机构能在如此庞大的规模上开展业务。商人银行家彼此之间通常也有合伙关系,但他们很少在三个以上的商业中心开展业务。商人银行家仍然几乎全靠通过其代理人,其他的支取佣金的商人来处理他们在远方港口的业务。

1823年担任第二银行总裁的尼古拉斯·比德尔,他充分理解利用其分行为美国贸易筹措资金的价值。他认识到由于各地分行业已形成一个管理网络,因此,各分行在费城总行的控制和监督下,通过一系列的结算交易,可以使资金和信贷在全国顺利调动。他于1832年对国会的一个委员会描述新奥尔良分行的业务活动时,说明了上述调动是如何完成的:

> "在西部做生意的一般程序是把产品送到新奥尔良,并且在出售后得到货款支票。这些支票被不同的分行收进并汇至新奥尔良的分行。而当一些西部分行开出的支票经由交易过程而到达大西洋岸的一些分行时,这些西部分行就以它们积存于新奥尔良分行的资金支付给大西洋岸的那些分行,而新奥尔良分行也把北部商人或制造业者在新奥尔良购买产品时所开出的支票,付给大西洋岸的分行。这样一来,也就完成了整个业务活动的循环。这一事例说明了新奥尔良分行所完成的大量业务。"㊴

国外业务的处理方式也大致相仿。英国和欧洲支付给美国棉花及其他商品的款项通常都存在伦敦商人银行家的银行,作为美国商人在海外采购的资金和信贷来源。第二银行是早期对金融流动加以管理协调而获得高度成功的例子。这种协调使比德尔能够把国内的票据交换金额从1823年的每月180万美元增加到1828

年的每月502万美元，以及1832年的每月2 260万美元。与此同时，该银行也支配了全国的对外票据交换业务。[40]

然而第二银行却是短命的。由于它对经济力量的集中控制而且是联邦政府银行，这就使它的活动甚至存在本身都在政治上成为大问题。1823年，安德鲁·杰克逊否决了一项使该银行在1836年再度核准成立的议案。这次否决，也许有助于杰克逊的再度当选总统，却敲响了美国第二银行的丧钟。它于1836年结束营业以后，商人，尤其是专业的商人银行家继续对远途贸易筹措资本。而各州的股份银行则继续为当地居民和国内贸易提供服务，其数量从1834年的506家增加到1840年的901家。1837年和1839年的经济恐慌摧毁了包括托马斯·威尔逊公司、乔治·怀德公司和托马斯·维金公司在内的几家英国的商人银行后，巴林家族和布朗家族及少数几家幸存者掌握了大部分为美国进出口活动筹措资本的业务。[41]

美国保险公司的历史和各州股份银行的历史是密切相关的。通过把资金吸收到保险股份公司里，坐商、进口商、出口商和日渐增加的专业船运公司乃得以享受较低廉的保险费率。同时，新保险公司的支薪雇员（评估员和检查员）能够专门处理此种事业中技术性较强及日常性的工作。和银行一样，保险公司也提供了以抵押作基础的长期贷款的资金来源，他们的股票也被当做投资对象。保险公司的数量增加迅速。美国第一家接受船只及其船货投保的股份公司设立于1792年。到了1800年，美国已有12家海事保险公司，1807年则有40家。[42]和银行情形一样，保险公司的数量在19世纪20年代大致保持稳定，纽约占了20家左右，其他的港口少些。几乎所有的公司都只处理当地的货主和船东的生意。火险的发展较迟。在1835年纽约大火灾以前,火险业务一直局限在地方的小范围,常常由海事保险公司兼办。至于人寿保险,在19世纪40年代中期第一家互助人寿保险公司成立以前,美国只有少数几家公司经营此业。直到全国开始迅速工业化和城市化以后,经营人寿保险才成为一项有意义的事业。

在共和国早期,商人对运输公司和金融机构都是同等看待的。最初有一些交通工具,为促进商业活动提供必要的服务。收费道路和运河公司的建立,使有可能吸收所需的资本以改善现有道路。而当所吸收的资本不足以完成新的私有道路时,美国的商人们很快地就转向地方政府,州政府和联邦政府寻求所需的资金。另一方面,他们很少建议政府经营收费道路和运河上的公共运输工具。这类企业一直都由私人和合伙公司经营,而不是股份公司所经营。

殖民地时代惟一的公共运输工具(也就是对全部使用者提供服务,完全专业化的客运和货运的工具)是少数渡船、驿马车和篷车。驿马车很少载货,主要是载人和邮件,完全没有固定的时刻表。篷车队更是不定时。驾车的人通常都住在乡间小镇,也替店铺主把货运到大港埠,他们就一直呆在那里,直到城里的商人有货物要运送到他原来的小镇。这种方式一直沿袭到19世纪30年代早期。甚至费城这样的城市(该城的广大腹地有当时全国最好的收费道路系统为其提供服务)也不例外。

由于道路相当稀少,而且旅行时又颠簸不堪,使大部分旅客和几乎所有的货物都靠水路运送。因而公共运输工具最可观的增长,是出现在水运公司的发展中。在殖民地时代,除了少数渡船,水道上并没有公共交通工具。自己拥有或与人共有船只的商人常常将舱位“出租”给别的商人。前者并不和别的商人签订货运合同,而只是在舱位有剩余时,他们才运送其他商人的货物。此外,18世纪时,行船并无固定的时刻表,也无固定的航线。他们通常航行于地区之间,譬如在新英格兰或中部的殖民地与西印度群岛之间,或在这些殖民地与英国或南欧之间。只要有生意可做,这些船只就从这些地区的一个港口驶向另一个港口。㊸

随着横越大西洋贸易的发展,这些船只乃变成“定期商船”它们航行于诸如纽约与利物浦,或费城与伦敦这样一些港口之间。㊹由于船只成为定期的商船,商人们开始用租赁、而不是制造或购买船只的办法,来满足他们运货的需要。他们很快就依赖定期商船的代理人或拥有并经营数艘船舶的管理人的服务。㊺这些船舶管理人和商人商定各项细节,接纳并载运货物,确定航线以及海关和码头费用的支付办法等。这些服务,在棉花贸易上发展得非常迅速而且有效,以致到了19世纪20年代,那些经营向利物浦提供棉花的主要商业公司,都不再拥有它们自己的船只了。㊻

固定一条商船行驶某条航线的做法,很快就导致了开辟一条定期的航线。1818年1月,几个拥有四艘定期商船、从事棉花和纺织品贸易的亲密伙计,决定在纽约和利物浦间开辟一条定期定时的固定航线。这样黑球航运公司马上就有了它的仿效者。到了1822年,另有两家航运公司来往于纽约和利物浦之间。而在此前一年,已有一家航运公司来往于费城及利物浦之间。不久以后,定期班轮也航行于港口之间,从纽约和费城往南到查尔斯顿、萨凡纳、莫比尔和新奥尔良,往北则到新英格兰的一些港口。开辟这些航线的商人很快就成为航运专家，有的则把他们在这些航线上的利益卖给其他拥有并经营商船的专家们。

直到19世纪40年代，轮船才开始航行于外洋。它们最初只航行于河流、湖泊和海湾，并且载客轮船多少具有定期航班的性质，虽然密西西比河上不定期的商船是很普遍的。[47]因为轮船是一项新的具有专利权的发明，所以，早期船运公司的创办人多为发明者和他们的资助人，而商人则很少见。全国第一家轮船公司就是它的发明者罗伯特·富尔顿和他的资助人罗伯特·利文斯顿在1807年于克莱蒙特号试航哈得孙河成功以后建立的。他们两人成功地在纽约维持了几年的垄断，但未能阻止西部水域的竞争，他们的一艘轮船于1813年在西部水域完成了从匹兹堡到新奥尔良的处女航。

1815年以后，西部河流的轮船急剧增加，1817年有14艘轮船（总共3 290吨）。仅仅三年后就增加到69艘轮船（总共13 890吨）。即使在1824年最高法院于吉本斯对奥格登的案件里结束了富尔顿—利文斯顿的垄断以前，轮船已经出现在长岛海峡和其他东部海峡、海湾和河流；在较小的程度上也出现于伊利湖。最高法院判决以后，轮船公司在东部进入了一个繁荣时期，科尼利厄斯·范德比尔特的公司是最富有进取精神的公司之一，他在上述有名的案件以前，是吉本斯的一条来往于纽约和新不伦瑞克的轮船船长。随着19世纪20年代和30年代运河的开凿，出现了类似的运河商船公司（当然是以马和骡子、而不是以蒸汽为动力的船只）。

由于开凿运河和修建收费道路，使美国人越来越依赖政府的资金。[48]早期新英格兰和中部各州的收费道路是由私人公司建造和维护的。但稍后在南部及西部，以及宾夕法尼亚州，则是由州政府出资修建和维护这种收费道路。1820 年以前开凿的少数几条运河——其中最重要的是连接波士顿和梅里马克的米德尔塞克斯运河以及连接普罗维登斯和伍斯特的布莱克斯通运河——也是由私人出资开凿和维护。一直到 1825 年，纽约的连接东部和西部水域的巨大的伊利运河完成后，运河的开凿在美国才成为很普及的事业。继此之后，其他大西洋港口的商人们也开始坚持要有他们自己的与西部连接的水路。西部的商人们则要把五大湖和俄亥俄河及密西西比河连接起来。由于费用太高，利用当地的资本，即使是通过公司的联营也不敷新需，所以宾夕法尼亚、马里兰、弗吉尼亚和俄亥俄各州的新运河系统几乎全部是由州政府和港口城市的政府出资兴建的。它们的经营也就由这些政治机构的代表来管理。只有政府具有筹措所需资金的足够信用，因为它们偿还债券利息的能力是建立在税收的权力上，而私人公司则不同，它们的偿还能力只是建立在预期的、通过提供通行权而获取的利润上。不过一个重要的例外是宾夕法尼亚州东部所凿的运河系统，通过该系统可将无烟煤运送到弗吉尼亚州东部。经营此项方案的私人公司所以能够吸引投资者，是因为人们并不是根据预期的通行费的利润，而是着眼于他们对该区天然资源的控制来考虑问题的。

除了运煤用运河外，开凿并维护运河及收费道路的私人公司，很少自行经营使用这些设施的运输工具。州政府也从不进行此项经营。利用这些新道路的驿马车及篷车公司和殖民时代的有所不同，但运河商船公司的经营方式则和别的船运公司大同小异。有些有固定的时刻表，有些则是在装满后才启程。最早的运河商船公司原是由需要利用这些设施来运输其货物的商人们所组成，但很快就为专家所拥有并经营。哈里·沙伊伯是这样描述俄亥俄运河上的运输业者：“他们是只从事运输业务的人，包括只有一两艘船只的小规模经营者和大船队的拥有者，他们和伊利运河、宾夕法尼亚干流和河流上的一些船运公司，共同安排固定的直达运输”。[49]

这些专业化的辅助性企业——商人银行家或股份银行；保险公司，收费道路及运河公司；船只管理人；定期航运公司；以及运输公司——共同促进着货物在经济中的流通。它们使商人在处理一系列的产品和职能时，更易于趋向专业化，并能更有效地执行其专业化工作。它们有助于当时全世界最有效率的“交易部门”之一（借用道格拉斯·诺思的说法），得以产生。交易的次数、货物的流通量和载运的速度及距离都是历史上前所未有的。[50]在人口急速增长的前提下保持美国的人均收入，这个部门的效率必然在这方面起过重要的作用。[51]它在维持这个国家在1840年以前的数十年中持续的经济发展方面，也必然是不可缺的。

然而以现代的标准来看，当时货物的流通和分配实在谈不上什么效率。为了把一批货物从生产者那里送到最终消费者手中，往往需要经过许多次的交易和转运。货物流通的速度缓慢且不稳定。货物运输仍然得取决于捉摸不定的风向和天气。一艘船能够准时启程，但谁也无法预测到达的准确时间。一趟横越大西洋的旅程需要花费从三个星期到三个月的时间。在夏天、春天及秋天，干旱和洪水会延误河流和运河的船期。除了南部以外，冬天的冰冻会使全国的货物运输瘫痪好几个月。大雪甚至会使最大的城市与外界中断关系好几天，而大雨则会使内地较小的城镇和村庄在泥泞里困上好几个星期。

更重要的是，和几个世纪以来的情况相同，货物的运输仍然要依赖风力和畜力。传统的运输技术几乎没有提供改善的机会。1840 年时，驿马车、运河船只或帆船的速度，以及这些设备的货物运载量，都无法经由改善设计而使之大量增加，蒸汽动力在 1840 年才开始应用到陆上运输（全国第一条铁路一直到 19 世纪 30 年代才开始营运）。而轮船仍然只能在平静的河流、港湾和湖泊里使用。它们在技术上还不够先进，以致还不能在沿海和横越大西洋的贸易上使用。在 1840 年，90％以上的邮寄路线还是要依赖马匹的。[52]当时的新技术，还未能使在一定距离内载运一定数量货物的速度，从古老的束缚中解放出来。而此种束缚，又限制了一家商业企业所能处理的业务量。

管理商业中的专业化企业

由于经济中货物流通的速度和数量受到了这些技术上的限制，因而即使是经济的迅速扩张及其新造成的商业活动的专业化也并没有使商业企业本身的内部出现专业化。扩展的经济也没有导致几个营运单位合并成为单一的大公司。管理层级制尚未出现。企业的规模并没有扩张到超出传统的限制。它的内部管理仍沿袭传统的方式。因此，虽然由于流通量的增加，使美国商业的现有方法、手段和制度有所改进和修正：可是并未能刺激而发明出一套新的方法、手段和制度。

直到1840年以后很久，合伙公司仍然是商业企业的标准合法形式，而复式簿记法也仍是基本的会计制度。合伙公司通常是家族的事情，由两三名亲密合伙人组成。它是一种契约的安排，当其中一名伙伴退休、死亡或决定参加别的公司或吸收另一名伙伴时，它的组成就要改变。一家合伙公司通常都是由一次航运或一次投机买卖组成。而且一个人也可能同时参加好几家合伙公司。合伙公司在所有的生意形态上都得到了应用，从乡下小店铺直到控制英美贸易的大商业银行。

当时最有势力的公司是国际性的连锁合伙公司。例如布朗家族，他们在利物浦由布朗·希普尔公司代表，纽约则有布朗兄弟公司，费城是布朗和鲍恩公司，巴尔的摩则有亚历山大·布朗父子公司。奥格登集团在纽约的代表是奥格登和弗格森公司，在利物浦则由博尔顿和奥格登公司代表。[53]所有这些连锁合伙公司的名称和组织都随着时间而在不断改变。甚至像约翰·雅各布·阿斯特的美国皮货公司（它是美国少数几家股份商业公司之一）也还是保持合伙公司的形态。阿斯特在该公司拥有绝大多数的股份。他的伙伴们则根据股份的多少分享利润。在股份公司里，合伙人的契约安排都有特定的期限，通常是五年。以美国皮货公司为例。各合伙人和持有的股份份数，于每次重组时都要变更一次，除非是建立提供附属性服务公司而需要筹措资本（如银行、保险公司、收费道路公司和运河公司），美国的商人们还没有感到有必要成立一种合法的、只承担有限责任的公司形态，公司具有永久的生命，并有能力发行证券。甚至股份公司还依然保持单一单位的小公司形态，且以高度个人的方式进行经营。19世纪40年代的商业资本主义的特点是，老板就是经理，而经理也是老板。

甚至在纽约（该城在 1840 年是世界上最活跃的商业中心之一），事业的压力也没有大到使一个商人感到有必要把他的工作委托出去。斯科维尔是纽约的一名商人，也是他那阶层的一名记录者，他通过记录非常忙碌的一天的活动，描述了一名商人的活动步调和内容：

> "早晨很早起床，用过早餐，到城里商业区公司的账房，拆阅信件——外出到海关、银行或别的地方办些事情，一直到十二点，然后到迪尔摩尼哥饭店吃午餐并喝一杯酒；或是到唐宁的馆子吃些生蚝；签发支票，处理一下财务问题，直到下午一点半；到证券交易所；回账房，一直呆到晚饭时间。在过去还实行'夜晚营业'的时代，那就留在商业区，直到十点或十一点，然后回家，上床睡觉。"[54]

在账房——意大利人最先如此称呼商人的办公室——内部进行生意的方式和 14 世纪威尼斯或佛罗伦萨进行生意的方式大致相同。全部人员就是几名男性职员。[55]有二到三名抄写员，一名记账员，一名现金保管员和一名信得过的管理员，当老板们不在时就由他处理事情。重要的事务通常是由合伙人负责处理。在格里斯沃尔德公司（纽约早期最活跃的合伙公司之一）里，一个兄弟负责货物的采购和装运，另一个则负责财务工作。在这种办公室里，工作的组织和协调，利用个人间的日常对话就可以很容易地安排妥当。[56]

合伙老板们的工作，当然是介绍并处理有关货物的采购、销售和装运等的交易。和本地商人的交易是在账房里或者在商人的交易所进行洽谈，后者乃是指定给商人谈生意的地方。至于那些需要在远方商业中心进行的交易，合伙人就只有依靠其联络人，商人与联络人订有契约，后者以佣金方式进行工作。假如该合伙公司还拥有或租有船只，则由船长或船货管理员（他们通常拥有股份并且是该次航运或投机生意的合伙人）负责进行交易。虽然商人们在给联络人、船长或船货管理员的信里写上又长又仔细的指示，但他们对远方港口或海上代理人的活动和决策实在无能为力。信件要几个星期，有时要好几个月才能到达目的地。只有身临其境的当事人才知道如何应付当地变化多端的市场条件。因此之故，几个世纪以来，代理人的挑选一直是商人们最重要的决策之一。由于可靠和诚实比商业上的聪敏更为重要，即使是比较专业化的商人也仍然宁可挑选他们的儿子或女婿或长期熟识的人充当代理人或合伙人，处理远方城市的生意。

19 世纪早期的商业专业化，的确使商人的工作轻松些了。他比老式的一般商人要进行更多的交易，要和更多的供应者和顾客打交道，但是，这些交易大部分都属于同一类，而他们与之打交道的对象也大部分是同一行业的人。交易越来越走上规则化和系统化。获得少数几个港口有关单一交易的信息，要比获得许多港口内许多交易的信息来得容易。专业化因此使交易和信息的费用得以降低。

一个商人的会计制度的职能是记录他所进行的交易。1840 年时最进步的会计方法仍然是意大利的复式簿记——500 年来只有稍许改变的一套方法。殖民地时代的商人，其会计作业和 19 世纪更为专业化的商业公司的主要区别是，后者的庞大交易额使其更小心翼翼地保存其账簿。

另外还采用了三种标准的账簿。[57]实际的交易在发生时就记录在日记账、材料账或耗损账内。每个月末，这些数字就转到流水账，把付出的金额或卖出的货物总额记到贷方栏里，而把收进的金额或货物总额记到借方栏里。这个按时间记下的交易记录又再转到分类账里适当的账目下，包括“风险”或航程的账目、“船只”账目、“商品”账目等，以及那些和公司有交易来往的个人或公司的账目。通常还有“货物”账目，记些小数量的杂项货物，也有些页数记载“应收票据”、“应付票据”和“出售佣金”等项目。在标准的日记账中，合伙人的家具和财产也要记在资产表里。[58]分类账大多于每年年终时通过“利润和损耗结算”而“清账”。通常在每次航程结束或合伙公司解散时，都要进行这种结算。所产生的每个合伙人的利润乃按照他们在公司的股份比例而开列出来。

传统形态的公司，其会计账目所提供的不仅是该公司财务交易的历史记录，也是进行良好的日常管理不可缺少的信息。在一本 18 世纪末叶被广泛采用的会计教科书上，曾这样写道：“一个商人……应该通过检查他的账簿而得知，他欠谁的钱，谁欠他的钱，他购买了什么商品，他出售了哪些商品；他在出售上所得的收益或损失，他手头有多少现款；他原来有多少存货；从那时以来有了什么变化，现在的存款有多少”。[59]假如他是个代理人，那么，有关他的委托人的会计应该显示出“他收到了哪些受委托的商品，他是怎样出售的，他从中赚取了多少利润，他的雇主还有哪些商品在他手上，或在债务人手上”。

经由对账簿的查对，一个商人可以知道他营运时的收入和支出,以及手头所有的营业资本,但他很难算出他的纯利润或纯损耗。只有利用很多相关的会计账目,譬如从特定的“投机买卖”账目、商品账目、船只账目里,他才能算出他在某一次投机买卖、某一种商品或某一艘船只上的支出。比方说,巴尔的摩的奥利弗公司用标准的方式,在投机买卖账目里,记下货物、保险和装货的费用。[60]他们的商品账目则记下买进和卖出的价格,通常也包含某些开支在内。所有这三项账目——投机买卖、船只和商品——都分别作损益结算。这些商人并不想算出诸如把咖啡从拉丁美洲某个港口运到巴尔的摩的精确成本。所以,19世纪早期,甚至中期的会计教科书里,事实上都没有提到成本会计和固定资本核算,而是几乎集中全部精力叙述记录财务交易的适当方法,这也就不足为奇了。[61]

当时商人之所以不致力于分析成本,原因之一是成本的消息对他们的商业决策没什么影响。因为商品的价格起伏不定,研究过去一年的记录,对来年的收益并没有多大帮助。价格取决于当时的供需情况。市场可能一下子就饱和,而货源也可能忽然枯竭。商人所需要的商业信息来自外部的来源而非内部的记录。引用斯图尔特·布鲁奇的话说:“经验远不及新的商情来得重要”。[62]

由此可见,19世纪早期的商人只是在降低信息和交易的成本方面有所建树,而对于传统的会计作业则没什么改进,更谈不上发展一套新的会计作业了。[63]较古老的商业城市的交易所已经为交易的进一步惯例化订立了规矩和通则。新商业中心的商人沿袭早期美国交易所的方式,组织他们自己的交易所。而那些早期的美国交易所则是几世纪以前荷兰和英国交易所的翻版。定期班轮的成功,则要归功于商人们对新商情的需要。商人要求更快的邮政服务,而自从杰克逊总统任内邮政系统进行改革以后,邮政服务一直有所改善。[64]19 世纪 30 年代,一些航运和商业公司也都在不同的沿海处建立自己的旗语通信制度,以便把进港船只上的信息送到港口里的账房。

商业上对更迅速、更廉价的信息的要求也反映在美国报纸的内容上。[65]一直到 1815 年为止,为数不多的报纸中,政治性报刊多于商业性报刊。随着报社数量的增加,它们也开始为商业新闻增辟版面。除了刊登船期、出售、拍卖和价格的消息外,还刊登商人的广告,说明待售商品的型号、数量和价格。有些报纸的名称表明商业已经成为它们的主要功能:纽约有《商业新闻报》、《贸易新闻报》和《商业报》及《商业新闻》;费城有《北美商报》和《商业海事报》。在 19 世纪 30 年代,上述的三个城市和巴尔的摩、新奥尔良都出版了现行价格表和船期表。与 16 世纪早期在阿姆斯特丹印行的一样,这些刊物刊登了甚多种类的商品价格和当地港口的船期。

美国商人,在采用并改进建立了很久的商业制度和程序之际,也降低了交易和信息的成本,并进一步减低了在美国的产品分配成本。改善了的市场机制使得市场力量的“无形之手”能更有效地协调并监督经济领域内的货物流通。美国商人并不感到有必要改变老式的做生意的方式。

管理金融业和运输业中的专业化企业

美国商人在管理专业化的运输和金融公司方面稍微具有自己

的创新，虽然他们的作业方式和英国及荷兰的前辈并没有太大的不同。他们继续以合伙公司的方式经营私人银行和船运公司，而内部的各种记账方式也和商业公司一样。但是，他们比英国人更进了一步，他们用股份公司的方式来进行需要大量吸收资本的事业。在这种公司里，负管理责任的不是老板，而是一两位支薪的专职经理。

在股份公司的银行里，出纳员(有时候是总经理)是一名专职的管理人员。从一开始他就负责日常的例行工作——处理提款、支付或收取利息，偿还票据及贷款等。最初是由董事会(它由地方上的商人和制造业者所组成)和出纳员商议后，在需要进行业务判断和抉择的事情上作出决策。这些决策包括发放抵押贷款和其他证券，或者甚至发出以在途商品为保证的贴现汇票。[66]但因为董事会的成员们都忙于自己的事情，这些决策很快就转由董事会中的一些会员来制定，它们一个礼拜或常常一个月才开一次会。成立这些委员会是为了审查贴现、票据交换、红利等。不久，专职的出纳员或总经理接管了贷款、红利等的处理，而各委员会则逐渐成为仅仅行使批准手续的机构。

因为银行的出纳员和总经理要对别人的金钱负责，他们必须对他们企业的财务情况，具有比作为董事的商人更精确和连贯的了解。传统的复式簿记法已证明非常适合记录银行的交易。[67]流水账为每天的交易提供按日的记录，分类账则为每个和银行有来往的个人分别列出账目，此外，它还为存款、提款、贴现、贷款、交换票据、别家银行的票据，存于别家银行的金额，已交付的股金、硬币及其他储备金、现款、利润和亏损以及红利等列出独立账目。银行的工作已不只是进行年度平衡，而是要进行月度平衡。在19世纪的初期年代里，月度平衡工作已被汇总成表格的形式。州的立法也鼓励银行账目制成系统的表格和会计稽核。比如马萨诸塞州早在1792年就规定它辖区内的银行每半年要向州长和州议会提交报告。1806年，国会规定要提交月度报表。[68]但是银行虽然很注意它们的会计账目，却似乎不曾利用这些信息来作出政策决定，如硬币或其他储备金的增减，票据的扩充或缩减或甚至改变抵押单据和商业票据间的混合使用等。这些决策看来完全取决于对当时商业条件的估计和对借款人及市场的了解程度。

1840年以前，保险公司的管理和上面所说的银行管理大致相同。他们也发现复式簿记足以满足他们的需要。[69]日记账、流水账和分类账记录缴付保险费和领取保险金的个人。它们还记录对别家公司投资或贷款的金额，还有“灾害登记簿”，详列每一件重大案件的细节。由于逐月对公司的情况进行了解不太必要，而州政府也不要求提交月度报表，所以，它们就没有像银行那样定期汇总并提交会计报表。

和银行一样，保险公司也是由支薪的经理管理，通常有一名总经理、秘书和监察人。[70]这些人比银行的出纳员更早取得作出重要决策的权力。因为规定保险费率需要专业知识。为了帮助提供这些信息，纽约的保险公司在1820年组织了美国第一家保险业公会，为纽约和世界上其他港口间的船只、货物，甚至预期的运输收入规定保险费率。别的城市的保险业者很快也有了他们的保险业公会。按照罗伯特·G.阿尔比恩的描述，这些保险业公会在决定费率时，尽最大力量取得“可能得到的最新信息，因为那是做生意所必不可少的”。利用这些信息,保险公司的管理人员能够考虑船只的船龄和条件、船东的信誉和其他与规定费率有关的因素。与银行业相比,保险业的成功更依赖外部信息,而非详细的内部会计资料。

19 世纪前半叶营业的所有金融机构中,美国第二银行的管理是最复杂的。它所管理的不是一个而是多个单位。它的为数众多的分行使它成为美国商业界第一家现代工商企业的典型。它在为美国长途贸易筹措资本中起着支配作用的那一段短暂的时期里,经营着在当时来看,数量极为庞大的生意。1832 年 1 月,这家银行对房地产抵押和其他的个人担保的贷款额,已高达 4 970 万美元。[71]它当月的国内票据交换金额达到 1 670 万美元。它还拥有价值 210 万美元的没收来抵押的房地产。1833 年 1 月,它从贷款和国内票据交换获得的月度利润为 180 万美元。它一个月所做的生意比一些主要的商业公司一年所做的生意还要大。比如当时全国最大的布朗家族商业公司,它的连锁单位中的五个最大合伙人的总利润在 1831 年和 1832 年分别是 391 465 美元和 393 541 美元。

尽管生意做得很大,它的管理却只需少数人就能胜任。第二银行的董事长尼古拉斯·比德尔只有两名助理。[72]一名审查并协调银行票据交换的业务,另一名则负责处理呆账和未还贷款,以及所没收的抵押贷款的房地产。比德尔和自己的这两位支薪经理监督 22 家分行出纳员的工作。这些出纳员也是支薪经理,他们的录用和解职都由比德尔决定。总行的少数经理要审查每周由各分行出纳员送来的详细文件,根据对他们所获得信息的评估而采取措施。比德尔在和助理协商以后，再和董事们开会并为整个银行订立几条总政策。他并不和各地方上的董事会接触，后者和当地的出纳员一起工作，管理各地的分行。这些自主的董事会可以、事实上也常常自行其是。当时最大最有势力的金融机构所经营的生意额还没有大到需要建立管理层级制。

运输业也是一样。如同上面所强调的，19 世纪早期出现了两种形态的运输企业：公共的运输公司，负责货物和包裹的运送，以及收费道路和运河公司，修建路线并维护路线的通行。第一种是由合伙公司所经营，第二种则是由股份公司或州政府经营。一直到 19 世纪 40 年代，帆船、轮船、运河船只、驿马车和篷车的投资额都非常少，只需要少数几个同伙人合资就已足够。路易斯·亨特曾经指出，在密西西比河和其他西部的水域，“铺设一英里铁路的费用，足以支付一艘中等大小、设备完善的新轮船。”⑬ 在 1840 年，标准的密西西比河轮船约值三万美元，而最大最考究的则可高至六万美元。哈得孙河和长岛海峡的轮船的原始价格也大致如此。在科尼利厄斯·范德比尔特的船队里，最大、装潢最考究的船只差不多要六万美元。⑭ 河流和海峡轮船上的船员，包括一名船长和一名大副（船上仅有的两名管理人员）和平均 20 名水手。有时候也可多达 50 名船员，其中一半是旅客的服务员。亨特估计，一艘密西西比河轮船一年的经营费用相当于船只原始价格的一又四分之一倍到两倍。⑮ 横越大西洋航线的船舶中，最昂贵的快速坚固邮船的原始价格要略高于河流和海峡的轮船。罗伯特·阿尔比恩估计，19 世纪 20 年代，一艘邮船的造价约三万美元。到 19 世纪 30 年代，一艘邮船的造价超过了四万美元，而到了 19 世纪 40 年代末期，则将接近十万美元大关。[76]横越大西洋帆船的水手人数较多，而经营费用也比航行于河流和海峡的轮船为高。至于运河上载货的平底船和邮船，其人员和经营费用则少多了。最考究的运河邮船，加上全套设备，价格是1 500美元。它的人手是七名船员及两匹拖拉的马。[77]驿马车和篷车的建造和经营费用更低。

一般来说，河流、湖泊、海湾和海峡上的轮船，海洋帆船和运河上由马拖拉的船只，其船东常不只一人。在1830年，密西西比河上的多数轮船有二至四个船东（占56.8%，只有一名船东的占18.9%，船东有五人或五人以上的占24.3%）。[78]沿岸与横越大西洋的商船的情形也差不多。河流和海洋的船东通常是河港和海港的商人，他们因拥有船只而受惠不少。船长通常也是船东之一，船运公司的营业经理也是，而如果是不定期的货船，则货物管理员也是一名船东。

19世纪40年代以前，这些运输公司所经营的船只或车辆都比较少。大部分的载货帆船、轮船，甚至运河船只都是不定期的，只是在装满后才启程，但所行驶的路线倒还相当固定。所有水域上的定期商船公司都是很松散的组织。在密西西比河，参加商船公司的船只仍各归自己的船东所有，并且除了在维持一商定的时刻表这一点而外，都是各自为政。[79]即使是时刻表也是一再修改。在东部，于19世纪30年代受到范德比尔特严重挑战的哈得孙河轮船协会，也是个类似的组织。这些航运公司在一条航线上行驶的船只很少有超过三或四艘的。后来成为全国最成功、最大的轮船船业经营者的范德比尔特很少同时经营四艘以上的船只。[80]横越大西洋的定期商船公司，通常有四艘船只参加营运，但有时候也多至八艘。[81]

运河上，有些运输业者拥有一打或一打以上的船只。然而购买并经营这样一支船队的费用往往少于购买并经营一艘轮船或一英里铁路所需的费用。[82]只有极少数的商船公司属于永久性的企业，因为合伙人换来换去，而且船只也在为不同的航线和交易服务。传统的复式簿记不能充分满足他们的经营需要。整个19世纪的上半叶，一般用途的船只都是由个人的小公司所经营，它们的管理方式和其他的商业公司颇相类似。

另一方面，建筑和经营陆上交通——收费道路和运河——则需要投入大量的金钱和人力。而运河又比收费道路需要更多得多的资本，更专门的技术和管理。修凿一条运河，需要一名职业工程师计划它的路线，估计其成本，监视其施工，而一旦完工后，还得修理和维持其通航。负责施工的工程师经常要向一个董事会或州政府的运河委员会提出报告。在他规划出路线并估算出成本后，通常他还要劝说董事会或委员会签订合同。然后就要监督承包商进行施工。后者是由公司或州政府雇来的。[83]

19世纪40年代以前，即使是最大的收费道路和运河也是由小的承包商所修建，他们原来都是地方上的农民、商人，甚至一些自由职业者。他们雇用当地的劳工修建整个工程项目的一两小段工程。[84]只是在修凿切萨皮克运河和俄亥俄运河时才使用了相当数量的进口劳工。19世纪30年代中期，有些小承包商已经朝专业化发展，只要哪里有工程进行，他们就走到哪里。他们和当时的商人及运货商一样，为生意奔走四方。研究俄亥俄运河系统历史的史学家这样写道："承包商通常组成合伙公司，而一个人在对不同工程的分别投标中,可以具有不同的合伙人”。[85]

经营收费道路或运河所需的劳动力和经营资本,比修建时要少得多。收费员和水闸管理员及其他经营人员通常都直接由公司的董事会或州政府的委员会管理;维修人员则向一名支薪经理报告,后者通常是一名受过训练的工程师,他再向董事会或委员会负责。[86]

全国最早完成的运河之一、也是最大的伊利运河的管理方式为其他运河树立了榜样。由纽约州议会委派、并向议会负责的五位运河委员组成一个委员会负责管理该运河。五人中的三人是执行委员,每人专门负责运河三个地理区段中的一个。第四名是州政府的审计员,通常是一位极重要的政治家,他控制并安排州政府拨下的经费的使用。第五名没有特定的职务。这些委员规定船只和货物的通行费用及规则,负责人员的雇用以及修建和维护运河所需资金的调度。不过关于新建项目的筹措资本以及利润的处理事宜则由一个以州政府审计员为首的运河基金委员会负责。一直到 1840 年为止,除了维修和施工人员以外,所有的雇员都要向审计员报告。用最近的运河史学家罗纳德·E.萧的话来说,这些收费员、船舶检查员、水闸管理员的职责是要使审计员“了解运河的破损情况,修理的进度。运河在地方银行的存款余额,与地方当局的冲突,对规则的侵犯和施行惩罚的情形”。[87]

雇员们必须向审计员报告现金的收入和支出情形。运河委员会显然没有对收费员和其他职员所保存的会计账目发展出一套系统的报告或审查制度。有一名委员曾在 1833 年对审计员愤怒地抱怨道:“我不相信在公共经费开支的历史上还能找到像这么一个缺乏制度和责任的事例”。[88]经营管理人员和维修人员之间的关系也没有明确的规定。由五至十人组成的一个或两个维修小组要对专门负责该区段的执行委员报告。同时，运河工程师及其下属驻地技师（每一区段有一名）则负责重要的施工和维修。

1841年，当审计员——该职位一向是由一些杰出的政治家，诸如威廉·L.马西、赛拉斯·赖特和阿扎赖亚·C.弗拉格所担任——被解除其所负的监督责任时，伊利运河的管理才发生了惟一的一次重要改变。这个责任转交给一个运河局来承担。该局由一名局长和四名助理所组成。[89]但即使是这个小团体的成员和运河工程师及其下属三名区段驻地技师（他们共同组成了运河的管理力量），都经常在变动。运河的这些职位一直都被当做执政党任意赏赐的官职。萧曾经强调指出：“州政府每一次政治权力的更迭，都会把一批新人——工程师、收费员、过磅员、船舶检查员、监察员和水闸管理员等——带到整条运河上来”。[90]

宾夕法尼亚和俄亥俄运河系统的管理，以及马里兰州的切萨皮克运河和俄亥俄运河的管理，都和伊利运河的管理差不多。[91]在宾夕法尼亚，委员是选出来的，而在俄亥俄州和马里兰州则是委派的。在宾夕法尼亚和俄亥俄运河系统里，管理人员（收费员、水闸管理员等等）和维修人员由一名负责运河的三四个主要地理区段中一个区段的执行委员监督。而在切萨皮克运河和俄亥俄运河系统，除了维修人员的负责人以外，所有人员都要向负责每个地理区段的“主管”报告。维修人员则直接向委员报告。与伊利运河一样，这些运河也缺乏系统的会计报告和审查制度。没有一条大的运河具有正式的内部组织结构，因为委员们可以很容易地和管理及维修运河的少数经理人员直接交谈。同时因为所有运河上的职位都和伊利运河的情况一样，被视为政治上的照顾，所以没有一个州的主要运河系统曾培养出一批有经验的工作者，更不用说职业的经理干部了。

但即使是更有效率的劳动力，或更庞大且组织更完善的管理机构，也无法增加运河系统的载运量和速度。更有系统的会计核算和监督也许可以降低经营和维修的成本，从而得以稍微减少收费额。良好的管理也许可以减少货物运输时的某些耽误。但是运河船只的大小和速度却受制于一组牲畜的拖曳力量。它们很少能维持每小时四英里的速度，这么慢的速度无需周密规划的时刻表和管理。此外，干旱、洪水和冰冻等气候因素，远比任何管理上的差错和低效率的工作要更经常地、时间也更长地全部或部分中止运河的运输。对安全和高效率的铁路运输绝对不可缺少的良好的内部组织结构，对运河和水路运输来说，就远不是那么必不可少的了。

除了对远地贸易筹措资本的情况以外，银行业和运输业一样，不需要、也没有机会背离传统的作业方式。在为远地贸易筹措资本时，由于利用分行，使得几个营业单位的活动和它们之间的交易得以内部化。但只有美国银行由于具有联邦政府特许证这一特殊地位，以及与联邦政府的特别关系，因而能够利用管理上的方便，协调大量资金的流动，而为经济领域内商品和最终产品的流通筹措资本。因为此种协调涉及在二至四个月内付款的票据记账交易，所以，不受当时——19 世纪 30 年代——缓慢且不稳定的邮件寄送的影响，那时从华盛顿寄邮件到新奥尔良，至少需时两个星期。[92]虽然如此,但这种协调只有一个具备了大量资金来源的全国性机构才能办得到。当时新出现的、专业化的商业银行中最大的一家并不感到设立由支薪职员管理的分行是必要的或有利可图的。他们仍然和几世纪以来的商业公司一样,依靠连锁的合伙公司和其他商人为他们处理远地的金融交易。这些专业化的辅助性运输企业及金融企业,和原有的将货物分配于全国各地的、日趋专业化的商业公司一样,尚未具备产生类似于具有许多单位和各阶层经理人员的现代工商企业的条件。

商业中机构变化的技术限制

因此,商业、金融业和运输业中企业的专业化,乃是美国宪法批准后的前半个世纪内,美国经济中管理结构的历史的主流。专业化结束了殖民地时代一般商人的个人化的商业世界,而代之以佣金式商人非个人化的商业世界。虽然在安排特定的运货和销售,特别是在扩大信用贷款的使用方面,个人之间的关系仍有其重要性,但是进口商、出口商、包商、拍卖商、银行出纳员、保险业者和掮客等,每天打交道的却都是一些与他们并没有什么个人关系的买家和卖家。一个商人很少能认得,位于一长串中间商、运输业者和金融业者——他们使货物得以在经济领域中不断流通的人——两端的生产者和消费者。

因此,伴随着这种专业化而出现的,是对非个人化的市场协调功能的依赖。在18世纪90年代和19世纪40年代之间,这种协调机制得到了稳步改善。随着商业中心的扩大,它们的生意人也建立了与沿海大港埠相类似的交易所。它们的报纸充满了商业信息,它们的商人也得到了日益增多的专业化辅助性企业——银行、保险公司、船运公司和货运公司——的服务。专业化降低了信息和交易的成本,也降低了为流通于美国经济领域内的货物筹措资本和运输它们的资本。

可是贸易和商业的扩大及专业化并没有导致机构上的创新。[93]现有的程序和作业方法已足够处理商业企业内部的活动及它们之间的交易行为。即使是当时最重大的机构方面的发展——广泛使用股份公司的形式,以便为银行、保险公司以及修建和经营运输道路筹措资本——也没有在企业内部和企业之间引起新的做生意的方法。这些股份公司由一两名支薪经理管理,他们与老板的代表,或者州政府的代表,或者董事会的代表,或者委员会的代表,保持着密切的个人接触。

工商企业之所以仍然保持小规模和个人式管理,是因为即使是最大的企业所有处理的事务,也没有多到需要一个庞大的永久性的管理层级制来为之服务,当时全国最大的金融公司和最有权力的经济机构、美国第二银行的全面管理,也只需要尼古拉斯·比德尔及其两名助手就已足够。在最长和运输最繁忙的运河上,只有运河工程师和勉强算在内的运河管理员可视为中层经理。1840年以前,任何从事货物分配的企业,其余全部活动只要两三人就可胜任。

现代多单位的工商企业在1840年以前之所以未能出现,乃是由于技术上的原因。稳定增长的人口正在扩散到整个大陆,经济领域中的贸易量也随之增加,但贸易的进行速度却没有随之增加。

结果是，随着人口的增加及扩散，经营各种生意的单位在数量上急剧增长且日益专业化，各单位之间的交易次数也大量增加。但在一定时间内，每个单位所能处理的货物量和交易次数却基本上没有提高。只要货物在经济领域内的移动仍然是利用传统的能源——风力和畜力，一家单独的企业所需处理的事务数量，就不会大到需要在公司内部把各种活动进一步细分，也不会需要把几个小单位的工作内部化到一个较大的企业中来。

从理论上说，在货物的移动数量和速度方面所存在的技术限制，并不一定会限制公司规模的扩大。在理论上说，由市场需求所产生的货物量，足以产生多单位的大企业。事实上，欧洲因为水上运输——不论是沿海航运或内地河运——比美国稳定和可靠，而且城市市场的规模较大且彼此距离更为靠近，已经开始出现把内部活动进一步细分以及把几个小单位加以一体化的公司。即使如此，多单位的大企业在 19 世纪 40 年代的欧洲仍然是凤毛麟角。而在农业经济的美国，城市规模较小，商业中心彼此又距离遥远，内地的运输在冬季还将封闭好几个月，在这样的情况下，货物缓慢移动的速度，仍然强烈地抑制着工商企业的成长和商业机构中改变的发生。

第二章　传统的生产企业

生产中机构变化的技术限制

直到19世纪40年代为止，由于同样的理由，在生产中也和在商业中一样，仍然保留着传统的企业形式。各种活动的数量并不大，老板们在管理他们的企业时没有什么困难。在农业、伐木业、采矿业、制造业和建筑业中，企业仍然是小规模的和个人经营方式的。它们几乎都是家族的事情。当它们获得法律形式时，它们就成了合伙公司。

在生产中，美国相对来说较少的劳力对企业规模的限制作用，要比对分配中企业规模的限制作用更大。理由很简单，生产一定数量的产品通常比分配同样数量的产品需要更多的劳力。在共和国早期，地理上的迅速扩大和增长意味着难于雇到工人而且工资支出较高。在农业中，除非是作物适合于奴隶劳工耕种的地区，农场的产量完全视一个家庭及少数雇来的帮手所能种植和收获的数量而定。① 至于制造业，不属于家庭成员的工人通常是学徒和学成的工匠，后者把工作视为将来成为独立生产者的一种磨炼。

然而生产技术上的限制看来比劳力不足是束缚企业成长的更重要的原因。直到19世纪40年代为止，农民几乎完全依赖传统的工具。造船工人，建造码头、房舍和商业建筑物的建筑工人，以及铁矿及其他矿石的采掘工人的情形也一样。在制造业中，一些简单的机器已经在很多工序上取代了工人，但这些机器赖以驱动的还是传统的能源。只要生产过程的动力仍然是人力、畜力、风力和水力，其产量就不至于大到需要在企业里设立低一级的小单位，或是需要一名支薪的经理来协调和监督这些小单位。在生产中也正如在分配中一样，现有的机构管理这些基本的过程是绰绰有余的。

在19世纪40年代以前，制造业者通过三种方式来扩大产量。手工业者增加学徒和工匠的人数。中间商把活分到邻近的家庭进行加工。其他的制造业者则利用以小河的水流为动力的简单机器。直到19世纪40年代为止，只有少数大型的工业企业具有整套集中供应动力和供热的机器、铸造炉或煅烧炉，且由大量以薪水为惟一收入的工人所操作。在那以前，只是在纺织工业中曾出现过相当数量的这种工厂——本书中将这样称呼这种大型工业企业。另一类具有相似性质的制造企业，则是为美国军队生产枪支的军用企业。纺织工厂通过利用大河流的水力来克服技术上的限制，军火制造商则因为军方为了在国内能自行供应武器而保证了他们的市场，因而即使得付出高昂的生产和分配成本也满不在乎。

工厂以前时期生产的扩充，1790～1840年

在1790年时，几乎所有生产或加工作物的家庭，它们的住所即是其工作场所。这些住家和工作场所不分的生产者中，最大的集团当然就是农民了，他们在1790年大约占了90%的劳动力。19世纪早期，那些生产作物供应市场的家庭农场，也生产自己的

许多食物，并自行制造自己所使用的家具、肥皂、碱液、蜡烛、皮革、布匹和衣服。②事实上，在家里制造的商品也卖给邻居和附近的城镇。当时的财政部长艾伯特·加勒廷在1810年时曾作过这样的估计，"美国的非城市居民所穿着和使用的布制品，包括袜子、房间用品和餐桌用的亚麻布，其中大约有2/3是家庭制业的产品"。③

至于沿海城市和内地的小城镇，从事制造业者大部分是住在店铺楼上或其附近的手工业者。④他们都从事某一专门的行业，比方布匹的制造或加工（分为纺纱工、织布工、裁缝、织袜工、手套、帽子和帆篷的制作工）；皮匠（制革工、鞋匠和马具制作工）；木工（家具制作工、二轮马车、篷车、马车的制作工、嵌板细工、制钟工等）；金属工匠（金匠、银匠、铜匠、锌匠、铁匠和锡匠，制枪业者和五金商）；或者是陶器制作者和玻璃器皿制作者。有些手工艺者，尤其是那些尚未自设店铺的工匠，在较温暖的月份就成为巡游者，挨村走户到处从事他们的行业。

那些不住在家里而聚居在城里的少数制造业者，大多数是从事建筑业的，他们建造房子、仓库、商业大楼、船只和码头。他们也是手工艺者——油漆匠、木匠、泥水匠，造船装配工、船上索具装配工、填塞船缝工等。他们的工作通常是由一位手艺高明的木匠或造船工所监督。在港口，则有制绳业和铜板压制业等为造船业提供辅助服务。这些行业和小城里的啤酒业、酿酒业和制糖业以及制革业一样，常常是在一个手艺高明的工匠带领下，少数几个工匠一起干活。

其他的工业则具有农村的性质，并和农业有着密切的关系。伐木业和碱液制造业基本上属于土地开垦过程的一部分。农民在冬天时就充当伐木工人，供应用于燃料所需的木柴，并为日益增长的海港需要以及西印度群岛的贸易提供木料。而居住在边境地区的农民也利用捕猎而获取一些易于出售的副产品。但是，直到约翰·雅各布·阿斯特的美国毛皮公司在1815年后扩充其业务以前，美国的大规模毛皮贸易是掌握在加拿大的英国人手里。1815年以后，阿斯特毛皮公司的猎捕范围遍及全美各地，但猎人的狩猎地区当时还没有农民在那里定居。

直到19世纪40年代为止，采掘业一直在小规模地进行。在宾夕法尼亚的无烟煤田开采以前，美国惟一大量采煤的区域是弗吉尼亚州詹姆斯河沿岸。⑤由许多租到矿坑的农民和种植场主进行开采。但是，早在18世纪90年代，已有少数大企业雇用40来个矿工（通常都是奴隶），由一两个工头监督。詹姆斯河沿岸煤矿的产量一直不高，多年来都是采用蒲式耳、而不是用吨来计量。在1790年以后的年代里，铁矿石开采仍然只是农村铁厂加工过程的一部分。这些大部分由奴隶和契约工人操作的炼铁厂，在纺织联合工厂出现以前，乃是美国最大的工业企业。位于密苏里、威斯康星和伊利诺斯等各州毗连地区的铅矿，是在政府的监督下出租给个人或合伙公司经营，他们很少雇用20个以上的工人。铜矿的开采直到1840年以后才开始，至于少量的金和银的开采则主要是由个人、而不是合伙公司经营。

在扩大制造业或加工业产量的三种方式——在现有的工场中增加传统的劳力，采用外包工制度以及使用机器或其他的资本设备——中，主要是采用第一种方式以满足本地市场的需求。1790年以后，手工业者一方面从不断增长的本地市场中获得好处，同时又得到了进入本地的纱、皮革和木材的供应点的通路，而且还可以从英国产品商那里轻易地得到布匹和金属。虽然他们的行业稍趋专业化，但他们还是通过雇用更多的以传统方法使用传统工具的学徒和工匠的方式来扩大他们的生产——制造西服、女装、帽子、家具、餐具、青铜器具、黄铜器具和锡合金器具等。在帆篷、绳索和玻璃制品、甜酒、威士忌、啤酒等行业中，也是同样情况。19 世纪 40 年代以前，新的机器在所有这些行业中都没有得到广泛的发展和采用。扩大了的工场仍然是小型的个人式企业。工作场所仍然是设在靠近或就在老板家里，老板负责学徒和工匠的膳宿。

建筑和施工企业也是采用同样的方式，以雇用和训练年轻工匠来满足不断增长的需求。⑥随着城市的发展，手艺高明的木工和泥水工常常同时签订一系列的建房合同，因而保留许多工匠和学徒在他们的指导下工作。⑦造船业的情形也一样，手艺高明的造船工负责召集并监督一群熟练的造船工、索具装配工、填塞船缝工。至于承担城市道路规划和铺设的承包商，他们的工作情况则和运河及收费公路和修建者大同小异。他们都是地方上的小承包者，雇用的也是地方上的劳工。他们的工人使用的也是传统的工具和技术。

当手工业者、造船业者和建筑业的承包商通过使用更多的学徒和工匠来扩大他们的生产以满足当地日益增长的需求时，供应远地市场的生产者，则利用在欧洲业已广泛使用的方法，将他们的工作外包给工人，让工人在家里进行加工。为了生产出所需的数量、手工业者或商人要购买原料——纱、皮革、布料、木材或金属，再分发给在自己家里加工的工人，等成品完工后予以收回，然后安排它们的销售，或者是直接卖给最近的大港口或商业中心的商人，或者更常见的是以佣金方式委托后者代售。18 世纪 90 年代，鞋子、草帽、花边、袜子及其他服装、织物、椅子、时钟柜和其他家具、梳毛刷、钉子等，都是通过外包到家的方式制造的。其中鞋子和椅子是供应远地市场最多的两种产品。

制鞋工业的历史最足以说明外包工制度是如何演变以满足日益增长的需求的。[8]从 18 世纪晚期直到 19 世纪 40 年代，供应西印度群岛市场、以后又供应南部和西部市场的鞋子都是在家庭里或农场里制造的。进入 19 世纪以后，越来越多的专业制鞋工人从商人或手艺高明的“科尔多瓦皮制造工人”外接受皮革、鞋线和其他供应品。这些制鞋工人就在附属于其住宅（通常是农场的某一建筑物）的小工场——所谓“亭子间工场”——里完成他们的任务。随着 19 世纪 20 年代需求的增加，外包商试图设立一种“中心工场”以便更有效率地管理和协调生产。[9]在中心工场里，皮革被切成鞋底用皮和鞋面用皮。后者被送出去给外包工人加工。作好的鞋面送回工场，再和鞋底一起送出去给另外的工人——“绱鞋工”，由他们最后完成整只鞋子。

在这种制度下，鞋子的制造完全靠手工，其制造的时间和速度依各人而定。研究制鞋工业历史的权威布兰奇·哈泽德写道：“一直到 40 年代，制鞋工人使用的主要仍是几世纪以来所用的手动工具。……这位家庭工人享有他所需要和希望的一切自主。当他准备好时他就到田里播种或割草，他高兴时也可以把自己的亭子间工场锁起来而出去钓鱼，或者当天气冷得无法在自己的小工场工作时，他就坐在厨房里阅读”。[10]在 40 年代，改进了的金属制成的机器开始取代旧式的传统工具，而到50年代，新发明的以蒸汽为动力的相当昂贵的制鞋机器，把工厂的生产形式带进了制鞋工业并且很快地结束了外包工制度。

在其他工业里，将货品发到家庭的外包工制度没有制鞋业那么普遍。皮革制造如马具和皮带一直在手工业者的工场里制造。服装制造业只是在1807年实行禁运和采用动力织机之间的那段时期才使用了外包工制。至于在椅子、柜子和其他木制品的制造中，外包工制持续了多次则不太清楚。在草帽和棕榈叶帽、女帽、手套等的制造中、外包工制的最简单形式——即让工人在家里完成整个产品——直到1840年后还持续了一段时间。[11]事实也正是这样，缝纫机的发明虽然使得外包工制度在制鞋业里销声匿迹，但它却在服装业里发展起来。在所有这些行业里，外包商通过1815年以后于东部海岸发展起来的批发网络，把制成品卖出以交换英国来的商品。[12]

和英国及欧洲大陆相比，美国更经常地使用机器而较少采用外包工制度以生产供应远地市场的货物。部分机器来自英国，但许多都是美国人——尤其是新英格兰人——自己发展起来的。不过直到19世纪40年代为止，这些机器都很简单，而且主要是用木头作的。金属只用在关键性的切割部位或发生摩擦的地方。所以，这些机器的制造和修理对当地的木匠、铁匠、锡匠或制造业者本身来说，都是很容易的事。这些机器的原始价格和维修费用都很低廉，几乎全都是以小河的流水为动力。但这些河流在冬天会结冰，春天会泛滥；而在夏天和早秋时又经常会干枯，所以，那些利用河流为动力的机器的生产量都很小，且会随季节而变化。

机器很早就被用到农场和林场的生产上。[13]早在1795年，奥利弗·埃文斯就在特拉华州的布兰迪万河上建造了一座能够连续作业的面粉厂，这座面粉厂每年能把十万蒲式耳的小麦碾磨成面粉。它雇有六个工人，这些工人的大部分时间都花在封死装满面粉的桶子。类似的面粉厂很快就出现在处于潮水涨落线上的城镇（那里的河流能接触到潮水）尤其在巴尔的摩和里士满，随着纽约运河和俄亥俄运河的通航，罗切斯特和布法罗在19世纪30年代和40年代凌驾一向领先的南部城市而成为全国首屈一指的面粉业中心。虽然产量已经增加，各面粉厂的规模仍很小，并且只在紧接着收获季节之后的一段时间内才开工。

机器也越来越多地在木材和伐木等行业中被采用，使用进口的或本地制造的锯子的锯木厂开始将产品卖给专业的经销商，经销商再将其转手作为燃料出售，或把加工过的木料供应当地的营造商或制造商。制造商利用以水为动力的刨机、压榨机和简单的切木机来制造护墙板、地板及各种光面板（镶板、壁炉架、门板、窗架等）、家具、时钟、纽扣、其他的衣饰以及斧头和锄头用的木柄、枪托、帽模和作鞋子用的机床。虽然这些产品大多是在冬天制造并供应当地的消费者，但是为远地交易而制造的数量也日益增加。

时钟的制造为木材加工业广泛使用机器的情形提供了一个鲜明的例子，这方面的先驱者是康涅狄格州普利茅斯的伊莱·特里。特里在发明了切割木制时钟机构的轮齿和切割小齿轮的簧片的机器以后，于1806年建立了一座20平方英尺的工场，利用“流过一个六平方英寸的洞口”的水流来运转机器。在他扩充了自己的工场并发展出更多的机器以后，10个男工和2个女工每年可生产

1 100台时钟，每台售价25美元和30美元。这些时钟的材料可以从邻近的森林和农场取得。只有少数的几种特殊木材——樱桃木和桃花心木——以及黄铜、玻璃要从外地运来。时钟里只有钟摆、摆锤和冠齿轮是用黄铜作的。⑭康涅狄格州的其他时钟制造业者很快也都仿效特里的做法。到了1820年，在布里斯托尔—利奇菲尔德—沃特伯里一带，类似的小型钟表制造厂每年生产15 000台时钟。类似的使用机器的小型生产企业也在椅子等家具类和纽扣、梳子、针线类的制造中发展起来。在新英格兰的南部，机器制造的产品常常取代了手工制造品。

我们可以从特里和其他人制造机器的方式，看出19世纪40年代以前木材加工业的生产规模，他们制造规格统一的木制零件并装配成机器。工作人手极少——通常是12人左右，动力来自小河流，材料则是就地取材，需由远地运来的极少数品种的材料需用量都很小。虽然工厂的产量已经大大超过单个的手工业者或若干名家庭手工业者的产量，但其交易仍然可以依赖几个小贩就能顺利进行。这些小贩驾着马车外出，一直远至西部的布法罗和南部的里士满，沿途卖给农民和杂货铺。到19世纪20年代，由于制造业者数量越来越多，虽然制钟业者和木材加工业者仍然利用小贩作为交易媒介，但越来越依赖当地的商人和远地的店主出售他们的货物和提供信用贷款。1840年，几乎所有的时钟都是通过纽约和东部其他大城市的佣金代理人和后来的批发商负责销售。

金属产品的制造和销售的情形，与木制品非常相似。纽扣、剃刀、餐具、门锁、水壶和平底锅，以及其他消费品，都是在小工场里制造，使用简单的、但专业化的切割机、压铸机和磨光机。⑮金属制造业者也是先通过小贩来销售，然后再转而通过纽约和东部其他港口的佣金代理人和批发商。

但在其他方面，他们和木材加工业者有所不同。拿材料来说，要从远处运来，因之成本较高。几乎他们所用的全部铜、锡和大部分的铁都来自海外。在新英格兰，作为农业经济中熟铁的最大消费者的铁匠，其所需材料，也得依赖进口。[16] 1832 年，缅因州 167 家铁匠中，有 161 家用的是从欧洲进口的铁。新英格兰最大的一些铁器工场——钉子、铁箍、铁丝、斧头、铁铲的制造者，在该年(即使臭名昭著的“讨厌税率”已于 1828 年生效，开始征收高税率)还从海外进口了他们所需材料的 70%。特拉华沙的制造业者也是同样的情况。直到 19 世纪 30 年代为止，这些铁器工场还是利用木炭加热他们进行加工的铁块，尽管当地已因木材供应枯竭而使成本不断提高。

美国当时生铁和熟铁的生产一直集中在宾夕法尼亚东部。它们的价格高昂，不仅是因为运输费用很高(铁矿开采很少在沿海地区进行)。生产者仍然完全沿袭古老的生产方法也是主要原因。[17] 正如彼得·特明所指出，“尽管在英国已经有很成功的新技术，1830 年的美国制铁工业几乎还完全以传统技术为基础”。[18] 生铁仍然利用木炭加热的鼓风炉制造，锻铁则利用水力驱动锤。甚至迟至 1832 年，美国许多生产铁的大农场还是与殖民地时代没有两样；坐落于偏僻的农村地区，在一片宽广的土地上，兼有炼铁所需的铁矿，制造木炭用的木材，以及用于锻制的水力。这些大农场的铁产量都很小，每座鼓风炉一星期的产量最多只有 25 到 30 吨。[19] 这些鼓风炉和煅烧炉在冬季严寒(河水冰冻)和夏季酷热(河水干涸)时,都要停工。

由于铁矿石供应的枯竭,铁厂经常要被放弃。而那些没有因此改业的老板,则只好到更偏远的地区开采矿石。鼓风炉通常随着矿石的开采而设在山区里,但是,煅烧炉则要和市场靠近。[20]虽然各种不同的制铁工人的技术已更为专业化,这些铁工厂还是生产各种各样的铁器。生产生铁的工厂同时也制作炉子和其他的铸铁产品,而生产熟铁的工厂则同时制钉子,铁丝,铁条,装配部件和铁板。[21]和几乎所有的制造业一样,生产和加工铁制品的仍然是小企业,并由个人经营。一般的鼓风炉、锻制厂,以及精整厂,很少有超过50名工人的。

1840年以前,只有织布厂才普遍拥有50名以上的固定工人。但即使是织布业,在1815年以前,并没有建立新型的制造企业,虽然在单个工厂中已配备了纺纱机和织布机。在此以前,只有纺纱利用了机器,织布仍然完全要用手来操作。虽然塞缪尔·斯莱特早在1790年就从英国把理查德·奥克赖特所设计的以水为动力的走锭纺纱机引进了罗得岛,但广泛使用却是很久以后的事。在1807年的禁运法案通过以前,只有15家棉纺纱厂开工生产。[22]这些工厂全部坐落在新英格兰的东南部,都以小河的水流为动力,而所有的纺纱机都是未加改进的奥克赖特式的。[23]劳动力来源则依靠当地的家庭,工厂老板雇用儿童照管机器,雇用成人做粗重的活。工厂以实物——棉纱、食物、日用品——向各家长支付报酬,再补充一些现金。纺纱厂最初把棉纱卖给当地的家庭用户和编织业者,后来也卖给波士顿、纽约、费城和巴尔的摩等地的佣金商人。这些纺纱工厂由合伙人共同经营管理,但通常是由一个老板经营。

1807年到1815年之间，因为禁运、贸易限制和战争，使通常从英国进口的棉纱和布匹都中断了，它造成了美国本土纺织业的繁荣。1809年，艾伯特·加勒廷指出，已经有62家纺纱厂投入生产，另有25家正在修建中，新英格兰东南部仍然是纺纱厂最密集的地区。[24]随着人口的往密西西比河谷迁移，对棉纱及棉布的需求，不仅仍然很大，且有向西移动的趋势。1806年布朗和阿尔米的普罗维登斯公司（一家经手斯莱特纺纱厂产品的商业公司）的产品销售额中，有16%是通过费城，有8%通过巴尔的摩。到了1808年，这两个百分率分别提高到30%和14%，与此同时，布朗和阿尔米的公司所贩运的以这些棉纱织成的布匹数量，也与日俱增。1814年，公司的全部产品中，有67%系通过费城出售。[25]为了满足对布匹的需求，斯莱特和其他纺纱厂主，开始把棉纱外包到家庭，以手织机来生产布匹。但到了1809年，为了更有效地监督生产作业，制造业者乃将工人集中到中心工场生产。[26]

不断增长的对布匹的需求，促使织布走向机械化。作为结果而产生的织布和纺纱合并于一个单一的工厂，导致了美国第一批大型工厂的诞生。[27]1814年，一名波士顿人，弗兰西斯·卡伯特·洛厄尔利用自己从英国走私来的动力织机的设计图，在马萨诸塞州沃尔瑟姆地方的查尔斯河畔建立了一座工厂。他用纺纱机纺出的纱供应自己的新式织布机。由于将这两个基本生产过程的一切活动合并于一个厂内，使洛厄尔的波士顿制造公司能够以远低于美国其他纺织业者的单位成本生产出更多得多的布匹。这家联合工厂最初的资本为10万美元（很快就增资到30万美元，接着又增资到60万美元），雇有300名工人，是当时全国所有的纺织厂无法望其项背的。由于规模庞大，工作人员酬劳的支付就必须有一定的规则，且不能再采用实物形态。按月以现金支付的工资成为工人的惟一收入来源。他们不能再像一般纺纱厂和其他小厂的工人那样，在农业中搞些兼职工作以贴补家用。

由于营业规模庞大，波士顿制造公司为了取得成功，不能光是依靠技术的创新。洛厄尔及其合伙人建立了一家机器工厂，以便制造并维修工厂所需的大量机器。为了确保所需的大量固定工人的供应，洛厄尔开辟了一个迄今未经利用的劳力供应来源，即那些已经结束了她们的学业，但尚未结婚的新英格兰的农村姑娘。为了提供前所未有的固定工资和购买大量棉花所需的营业资本，洛厄尔及其合伙人乃着手组织自己的股份公司，为的是要吸收波士顿商人的资金，这些人因为贸易限制和战争，正苦于无法继续他们的商业投资。至于产品的销售，波士顿制造公司则委托单独一家代理商处理。由于所销售额极为庞大，该代理商心甘情愿地只要求 1%的佣金。这家专营买卖的沃德公司和洛厄尔的合伙人有密切的关系，它通过纽约市日益扩大的布匹批发商网络，出售该工厂的大部分产品。虽然受到了 1816 年关税的适当保护，但当时美国许多纺织企业仍因竞争不过英国工厂的廉价产品而被淘汰，而洛厄尔的公司却能不费力地和英国工厂一争长短。

事实证明，联合工厂可获得高额利润，即使是在 1819 年经济恐慌后的不景气所引起的大减价时期，波士顿制造公司的年利润率仍高达 16%至 26%，从这点也可看出该工厂生产率之高。[28]该公司在经营了七年后，它的股东都收回了自己的全部原始投资而有余。

基于扩张的需要，洛厄尔的合伙者们，敏锐地察觉到，除了向美国现有工厂提供动力的查尔斯河、布莱克斯通河、布兰迪万河和斯库尔基尔河等小河流外，他们还需要一个更稳定和更强大的动力来源。为了使好几座联合工厂能保持运转，他们所需要做的不能局限于仅仅利用了一条大河，而是要把一切河床上可以产生水力的落差都利用起来。他们在梅里马克河沿岸选中了一处地方。该处原建有一条运河绕过一个 30 英尺落差的瀑布。他们把运河加宽到 60 英尺，加深至 80 英尺，并修建了一个全国最大的水车，无论冬、夏都能供应几座与他们在沃尔瑟姆修建的工厂同等规模工厂所需的动力。他们在该处建起了一座工业城，以洛厄尔为名。[29]

十年以后，资本额在 60 万美元到 100 万美元的全美最大股份公司之中，有 10 家都是利用流经洛厄尔市的水力系统。其他的制造业者也开始建立同样的联合工厂，以同样的技术利用梅里马克河、康涅狄格河、帕塞伊克河及其他大河入海时的巨大落差来提供动力。[30]雇用劳工的方式也大致相同，他们也组织股份公司，合伙人及其家族占有支配地位。[31]

然而这种工业场所毕竟有限。洛厄尔，曼彻斯特，劳伦斯，霍利奥克，斯普林菲尔德和帕特森等是美国为数不多的以水力为动力的工业城市中的几个。要等到燃烧无烟煤的蒸汽动力问世以后，新英格兰南部和中部各州才有类似的大型联合工厂出现。[32]塞缪尔·斯莱特——美国纺纱工业的奠基人很适时地于 1828 年在普罗维登斯建立了第一家以蒸汽为动力的联合工厂，在这以前，他和新英格兰南部大多数的纺织业者仍然是用手动织布机来加工所生产的棉纱。只是在能够用煤以生产廉价的蒸汽动力以后，新英格兰南部的企业才能和北部以河流为动力的工厂以及英国以蒸汽为动力的工厂进行有效的竞争。

棉纺织工业的发展为毛纺织业者树立了榜样，但对其他行业则不是这样。19 世纪 30 年代，毛纺织业的纺和织开始使用最初是以水力为动力的机器，然后则是以蒸汽为动力的机器。[33]第一家全面采用在沃尔瑟姆开发出来的技术的毛纺织工厂，于 1830 年在洛厄尔投入生产。

1832 年，财政部长路易斯·麦克莱恩批准对美国制造业进行调查，该项调查证实了在纺织业中生产工厂的集中化。[34]在麦克莱恩的报告中，列出的资产为 10 万美元或超过 10 万美元的 106 家制造公司中，有 88 家是纺织公司（其中有 10 家是制造毛织品的，有两家是棉织品和毛织品都制造）。有几家是制铁工厂，大多数仍是老式的"农场制铁场"（这些公司的资产包括土地、矿山、建筑物和机器）。这 106 家公司的最后六家是铁钉和铁箍、斧头、玻璃、纸张、面粉以及水力设备的制造者。工人超过 250 人的公司有 36 家，纺织公司占了 31 家。其他的五家中有三家制铁工厂，一家铁钉和铁箍工厂，一家斧头工厂。

假如考虑的是资本较小，工人人数也较少的大型工厂，则它们在 19 世纪 30 年代的部门分布情况也是一样。在 143 家资本介于 5 万到 10 万美元的公司中，数量最多的是纺织公司，其次是制铁工厂，它们所占比重和上述对 106 家资产超过 10 万美元的公司所进行的调查结果大致相同。在资产介于 5 万到 10 万美元的其他工业部门的公司中，包括匹兹堡的几家铁钉制造公司和一家蒸汽机制造厂，一家康涅狄格的枪支制造厂，特拉华的一家黑色火药公司和一家面粉公司，还有宾夕法尼亚的一家马具制造厂。假如再考察一下有 50 名工人以上的公司的部门分布情况(别的类目都没有包括这一项)，则大多数公司还是集中在纺织业，制铁业虽排第二，却落后一大截。报告表明，在不少工业中，只有一两家公司雇有 50 名以上的工人。雇有 50 名以上工人的公司达到三至七家的只有六种工业，它们是:装钉和印刷业有七家，制绳业有五家，造船业有五家，纽扣业有三家，制梳业有三家，玻璃业有三家(纽扣业和制梳业的公司，其工人是家庭工作者)。麦克莱恩报告里所列举的企业，绝大多数的资产仅有几千美元，工人数目以 10 到 12 人的为最多。

麦克莱恩的报告并不算完整。只包括了 10 个州，全在东北部(对俄亥俄州只有一简短且极不完整的说明)。虽然某些州的统计表非常仔细，尤其是缅因州、马萨诸塞州、罗得岛州、宾夕法尼亚州和特拉华州，但其他州的统计表，在资本额、雇用的工人数和其他资料方面都欠完善。尽管如此，该资料所包括的那些州，至 1850 年时，已集中了全美国 75%的制造业。许多有关个别公司的数据非常详细，提供了有关工资、原料来源，市场分布，使用动力的类型以及有关资产、营业资本和雇用人数等许多方面的丰富资料。此外，1830 年和 1840 年调查统计数字中的零散资料以及对个别公司和工业的研究，都支持 1832 年调查报告中所作的概括。虽然可以肯定有些拥有五万美元以上资产和超过 50 名工人的公司没有被列举进去，但看来不大可能会有什么新的资料，足以改变麦克莱恩报告所描绘的当时美国工业的形象。[35]

麦克莱恩报告还强调指出，尽管迟至1832年，美国的制造业仍然几乎全部以水为动力。假如把盛产煤炭的匹兹堡地区除外，在249家资本额为五万或超过五万美元的公司中，只有四家是以蒸汽为动力，另外有三家则是以蒸汽作为水力的辅助。至于在资产低于五万美元但具有或超过50名工人的公司中，则仅有一家公司以蒸汽为动力，即康涅狄格州的新不列颠的一家机器和制铁工厂。彼得·特明在他对蒸汽动力和水动力进行研究时，在麦克莱恩的报告中共找到100台蒸汽机，但其中多数是低马力的辅助用蒸汽机。㊱除了匹兹堡以外，利用风力和骡子力的公司，比用蒸汽的还多。㊲在绝大多数情况下，产生动力的水源是小溪而不是大河。这不仅意味着所产生的动力相当小，而且表示美国当时的许多机器还会因冰冻、干旱、洪水等而造成季节性停工。

麦克莱恩报告和其他资料来源所描绘的美国工业的图画是，它的生产是由许多不到50名工人的小单位所进行的，它所依赖的仍是传统的能源——水力、风力、畜力和人力。而原来在美国国内推销英国工厂产品的日益专业化的分配网络，则经手这些工厂产品在当地市场以外地区的销售。至于为未来生产和眼前生产的投资规模，则正如亚当·斯密所描述的那样，由千百个小生产者根据他们对市场信号的反应而作出的决策。1840年以前，传统的企业形式依然能够充分满足当时美国条件下的生产管理需要。

管理传统的生产

正如上面的描述所表明，生产的管理并不比商业的管理更复杂。以学徒和短工为劳力来源的手工业者、工匠、造船者、造屋者、酿酒者和炼油者,都觉得古老的会计方法已完全够用。和商人一样,他们也用复式簿记来记录自己的财务交易。不过他们花在改进市场信息和供应来源方面的心力,要比商人少得多。[38]

利用机器以扩充生产的制造业者的情况也是一样。他们简单的机器既不需要大量的投资,也用不着许多人工。只有少数的制造企业是全年开工。即使他们全年开工,也要受仍然占绝对优势的农业经济的季节性变化和惯例的严重影响。

外包工作的管理也是一样简单。美国的外包工组织或家庭加工制度,从来不曾像 16 世纪的佛罗伦萨或在 18 世纪的英国那样复杂。[39]工作很少有分工,都是整件产品在家里从头到尾做完。即使是大量采用外包工制度的制鞋业,工人所做的也不过是两种不同的工作:鞋面的成型和把鞋面钉到鞋底上。实行这种生产方法时,是由拥有原料并负责出售成品的商人和手工业者负责记账。他按双方议定的价格把发给工人的材料的价值记入借方的工人账目下,而把收回的成品的价值记入贷方。从账簿上可以看出,工人们常常为了必需的家用品和应缴回给业主的鞋子或服装而欠债,而用农产品来抵偿。[40]

与 18 世纪及 19 世纪早期的英国不一样,这些账目并未用来监督工人的活动。按照西德尼·波拉德的说法,它们只是用来"核查发给外包工人的材料、设备的租金(假如有的话)和缴回的成品的质量"。[41]在美国,业主并不太在意所发包出去的材料是否已被有效地加以利用。事实上,鞋匠们常常会有多余的皮革供他们自行制造和出售鞋子。织布业者的情形也差不多。[42]一个在 1815 年访问罗得岛的英国人曾感叹美国方法欠严密的性质。他极力主张棉纱的分配和布匹的收回都要在规定的日子进行,并且要采用在英国极为普遍的发出织布者执照的办法。[43]英国人的做法是实行中心工场,以便由一名监工监督工作。正如一名经售斯莱特工厂棉纱的商人在1809年向一位客户所指出:"我们已经发包出数百件棉纱在外面织布,但是在他们家里100部织布机所织的布匹,还不如10部织布机在一个工头直接监督下,由雇来的固定工人所织的多"。[44]

总而言之,在欧洲对产品的制造极为重要的家庭生产制度,并没有对美国工商企业的发展和它的管理产生什么影响。它诚然加强了按件计酬的传统,而且制鞋和织布的中心工场也和工厂具有某些类似之处。但是因为分配原料的业主只有很少的固定资本需要记账,而且也没有需要加以训练和监督的固定劳力,所以他的经营活动更像同时期的商人,而不像工厂的老板。

19世纪40年代以前,由于劳力的相对不足和持续使用传统技术,致使企业的生产量和发展规模都受到了很大的限制。40年代以前,只有极少数企业在生产或分配方面,具有足以和组成现代工商企业的众多经营单位中的一个单位的复杂程度要类似现代管理中最低阶层的单一单位的管理(见前言中的图1)。大农场可以使用奴隶来增加产量,它代表老式的生产形式。纺织厂通过发展大河水力的控制技术来增加产量,而枪支厂则依靠有保证的市场而得以为传统技术付出代价。它们两者乃是基本的新生产形式的开拓者。美国的大农场和早期的纺织厂及枪支厂,其规模和管理的复杂程度,都和欧洲最大的农场和工业企业几乎相等。对它们的经营加以分析，可以显示出在铁路出现以前，国内或国外最大的私人企业的管理的性质。这种分析着重指出的有限管理经验，已为后来的现代工商企业的缔造者所利用。

大农场——老式的大规模生产形式

一直到19世纪，无论是在美国还是欧洲，农业中的大规模企业，其数量要比工业中的大规模企业多。欧洲的大地主和他们的支薪的土地管理人或经理对工业管理的发展具有某些影响。㊺美国则不然。

其中的一原因也许是南部绝大多数的大农场主都是直接管理他们的财产。他们并不是不在场的地主，而欧洲却比比皆是。㊻他们雇用监工是为了帮忙，而不是像许多欧洲人那样，由监工代替他们来管理自己的产业。并且正如罗伯特·福盖尔和斯坦利·恩格曼所表明，许多大农场主都没有雇用一个住在农场的支薪监工。㊼

大农场主的管理工作并不复杂。对工人的严格监督只有在播种，初耕和收割时才有必要。在每年12月和3月之间播种之前，以及作物正在成长的夏季，大农场主通常把农场交给信得过的奴隶负责。事实上南部城镇的社交季节都是按这个心照不宣的日期安排的。

此外，以现代的标准来看，大农场的劳力并不算多，比同时期新英格兰的纺织厂还要少。一直迟至1850年，统计数字表明，只有1 479家大农场具有100名以上的奴隶。其中，有187家超过200名，56家超过300名，9家超过500名，2家超过1 000名。㊽通常大农场的奴隶中有1/3是10岁以下的小孩或老人,他们不能干一般的大田活;少数只能做些家事。因此,在1850年的南部,拥有300名可以全力干大田活的劳力——也就是说,和新英格兰第一家纺织联合工厂具有相同的劳力——的大农场还不到12家,并且很少大农场的资产超过了30万美元(奴隶的价值除外),而该数额只不过是波士顿制造公司在1815年开始生产时的资本额。

然而作为全国最先出现的支薪经理,大农场的监工在美国经济史上是相当重要的人物。从他们人数之多(在1850年有18 859名监工),可以看出很多大农场主认为自己需要有专人来帮助其处理管理上的事务。[49]在没有白人监工的地方,他们就依赖黑人工头来执行这些几乎全都是监督工人的工作。监工很少处理金钱和账目的事务,对复杂的机器也不了解。大农场主交给监工的一套"为了管好一个大农场"的成文规则,几乎全部是有关奴隶的管理和作物的处理。虽然农场上通常会有一些对作物进行初步加工的磨粉机或轧棉机,但那些指示很少提到有关机器维修的问题。正如威廉·K.斯卡巴勒所写的那样,这些规则要求的是"严格的纪律,辅以仁慈的待人,以及一套统一的,不偏颇的公平管理制度"。[50]监工应当了解他的领班或工头,甚至许多大田劳力的长处和短处。

大农场主和监工所监督的劳力组织,仍然是沿袭传统的形态。不管是古老的烟草和甜菜种植场,还是较新的棉花种植物,奴隶们都是在一个工头的领导下分成组来工作。[51]要分配给每个组必须在一天或甚至一周内完成的工作。尤其在播种时,各组的工作都要仔细加以协调。通常在稻米成长期间和棉花收获时期,要求配合和协调的工作较少,农场主就采用"按件工作制",给每个人派定当天的工作，并且只要完成派定的工作，就可以离开农地。不管是按件计（个人工作）或按日计（小组工作），作物的播种、照料和收割都遵循经过时间考验的程序。只是在播种和收获的关键时节，或作物受到暴风雨或洪水的威胁时，农场主、监工和工头才会有额外的工作。

不论是监工还是农场主本人都没有详细的财务账目。他们保有一本“农场记事簿”，记录出生、死亡，以及有如一本监工手册所写的：“每个人手的每天采集量；每一包棉花的等级、数量和重量，送到市场的时间；还有和作物有关的所有其他事件，天气，以及他认为有用的与农场有关的其他事情”。[52]农场记事簿就好比船上的航海日志，它的内容偶尔也要加以誊写或以系统的格式进行概括，监工或农场主很少能够对一段长时期内不同的人手，小组，或农地的产量进行分析比较。

在大部分大农场中，会计账簿通常是由农场代理人、而非农场主本人所保管。但有些农场主，当他和多名店主、代理人和银行家有账目往来时，则他也会具备一本相当精确的汇总账簿。这种复式簿记的账簿，与代理人及商人的账簿一样，只是记录对外的交易。与商人一样，农场主在记录他们的收入和支出时，把他个人及其家庭的开销都计算在内。在作年度结算，或为了纳税和出售农场而需估算财产时，农场主会制定一份清单，列有包括奴隶在内的财产粗略估计。少数农场主甚至要为这些估计收取7%的费用、并列在费用账内。然而这种会计核算上的混淆毕竟是少数。农场主并不会花许多精力去分析他们的总成本或生产一包棉花或一大桶糖的单位成本。一名研究农场经营的学者曾经写道，毫无疑问，对成本的分析必然是“假设的，而且从现有的记录也无法使之正确。农场主本身很少去考虑这些，他们通常对以现金的收入和支出为基础的最简单记录和盈亏数字就很感满意了”。[53]

这种对成本的漠不关心，并不意味着农场的管理很差。和同时期商业企业的情况相同，财务上的盈余或亏损很少取决于精确的成本计算。代理人销售作物的能力和监工生产作物的能力要更为重要得多。农场主对影响其作物的产量和质量的干旱、雨水、冰冻，以及决定国际市场价格的供需力量都无法控制。即使能够精确地估计出成本，农场主除了利用这种信息改种其他作物外，对他没有什么别的帮助。当原料价格下跌时，他也许可以少种些经济作物，多种些粮食作物。但他很少可能从一种经济作物换到另一种经济作物。假如有多余的资金可供投资，他通常是投资到土地和奴隶上。

因此，南部的大农场，虽然需要对它的劳动进行进一步分工，并协调不同的劳力的活动，未能对现代工商企业管理的发展产生什么影响。[54]与商业一样，农业中也是以传统的工具完成传统的工作，这意味着传统的组织方式已足敷应用。至于提高生产率或加快作物的生长过程，则又是农场主所无能为力的。

只是到了1850年以后，新技术的采用才改变了农业的作业方式。农场主于是转而采用大量生产的农业机器，新型肥料，以及新品种的作物和牲畜来增加每英亩地的产量，以取代原来的单纯增加人力的老方法。一旦内战导致奴隶制被废除以后，家庭农场利用新机器和新技术，一直是美国农业中的基本企业单位。长期以来，为个人所有而且由个人经营的企业形式，保持了它在农业生产过程中的特权。

纺织联合工厂——新式的大规模生产形式

和大农场的经营不同，当时最大的工业企业——纺织联合工厂——的管理问题，则已向人们提出了新的挑战。老板和经理处心积虑地力求增加产量和提高生产率，然而他们的管理方法仍拘泥于他们所起源的商业世界的那一套。从商业管理转换到工业管理，其步履是很慢的。

把制造布匹的所有生产过程，都联合于一家工厂之内，促进了每个具体过程中的创新。由于要使流程密切协调，首先受到重视的是使纺纱过程加快，以便棉纱能够供应织布机，并完全满足后者的需要。接着出现皮带装置，它比笨重而昂贵的铁齿轮传动装置能更快地传送动力。不久之后，翼锭精纺机（和后期的环锭纺纱机）也取代了速度转慢的走锭纺纱机。翼锭精纺机和环锭纺纱机不仅因为其速度比走锭纺纱机快得多因而使棉纱产量大增，而且更易于为童工和女工操作。不过在英国，由于纺纱和织布的过程没有联合，而且普遍使用男工，所以走锭纺纱机一直被延用到进入 20 世纪。[55]由于使生产过程联合而促成了生产速度的增加，使得 1812 年战争以后的 30 年，成为借用一位纺织业专家的话来说“美国纺织技术史上大发展的时代”。速度的加快，使每枚纱锭的产量几乎增加了 50%。[56]

组织上的革新则来得较慢。那些盖工厂的商人和管理工厂的商人，以及销售工厂产品的商人，都拘泥于传统的方式。虽然为了吸收资本而以股份公司的形态来建立这些制造企业，他们实际使用的仍然是合伙公司的管理方式。这些制造公司有一名专职的职员，通常是财务主任，他居住而且工作于波士顿或其他的商业中心。他本人也是大股东。[57]远处工厂的日常经营则由一位支薪的代理人或主管负责。对这名财务主任和董事会的成员而言。这位工厂代理人就好比运河区段的一位工程师或保险公司的一名监察员。他和大农场主的监工不同，不是帮助老板照顾整个企业的老板的私人亲密助手。财务主任和代理人保持联络的方式是通过代理人送来的账目和每周视察一次工厂。

因为工厂就是设计来加强通过生产过程的流量的协调的，所以，工厂代理人的行政工作相对来说是比较例行化的。不同的作业通常在不同的楼面进行。早期的工厂，原棉是进入底楼，而布匹成品则形成于顶层。[58]在第一层楼，原棉经过机器挑选和净化，卷到木质圆筒上，然后进行梳棉。如此处理过的棉花，用升降机送到二楼，纺成纱，再进行修整处理，上浆，刷过，干燥，然后就绕成卷或绕到一个大木管上。未经修整处理的棉纱、纬纱则绕到另一组大木管上。这些经纱（经过修整处理的棉纱）和纬纱接着就送至三楼织成布。织好的布又再送到另一层楼上，进行精整处理，再送到布匹房，加以修剪、计量和折叠。有些完工的布匹还要送到附近的漂白厂漂白。假如有设备，则还要加以染色，印花。必须强调指出，这种工厂是将不同的作业联合于一个厂内，而不是生产的进一步细分。

由此可见，每种作业是由工厂的一个分支单位在一个楼面上执行的，执行时，由两名或三名当时被称为工头或监工的人在场监督。机器操作者通常是女工，因为这种工作需要的是灵巧和某种用手操作的技术，而不是重体力劳动。这种工作比农场奴隶的工作还要单调得多。事实上，纺织工厂的工人，是美国最先出现的、工作速度完全不受季节变化影响的、人数相当多的一个集团。虽然厂房大，又有许多工人，工头却很容易严密监督工人的工作。工厂代理人也容易和监工保持密切的个人联系并留意材料在楼与楼间的流动。事实上，每当老板在同一地方设立新厂时，他们的代理人都能够兼顾两厂。

代理人所关心的几乎全是生产作业方面的事。和大农场的监工一样，他也要管理工人，他还必须具有机器方面的充分知识。詹姆斯·蒙哥马利，一位具有美国经验的英国纺织经理曾写道，工厂代理人必须"对这行业的所有细节都具备透彻的知识"。[59]蒙哥马利所说的细节是指技术方面的，而非管理方面的。他劝告代理人让他们的监工或工头放手去执行自己部门内的具体管理工作，甚至自行决定工人的雇用和解职以及工资的发放。蒙哥马利强调，代理人的工作应该是把精力集中于保持材料在厂内的稳定流动。他要"善于精打细算……。首先，要调节不同机器的运转速度；其次，要调整不同机器的设计；第三，要改变棉花的品质和棉纱的支数"。蒙哥马利大部分有关纺织工厂管理的论述，都是关于操作机器的方法。在对工人的管理方面，他的建议和大农场主写给他们的监工的规则很类似。蒙哥马利极力主张，为了确保在工厂内维持"友好的感情和相互的了解，一方面要避免过于宽大，另一方面又不得过于严厉；要让他（代理人）在一切问题的处理上能够坚强果断，但又不能傲慢，专横；——不能过于冷淡和目空一切，而要和蔼可亲和平易近人，但又不能过于亲密。”

在蒙哥马利关于工厂管理的论述里，没有提到会计。但工厂代理人要向财务主任呈交一组报表。在一名职员或簿记员的帮助下。他要记录工厂所收到的原棉数量，发货地点，运输方式以及经手的公司。[60]实际进行采购仍然是财务主任的职责。代理人还要记录织成的布匹数量，然后装运到公司的销售代理商处。

此外，工厂代理人也保有工资花名册。最初，多数工厂的工人都是实行计件工资。[61]但到了19世纪30年代，按日计酬的方式变得较为普遍。因为一天的工作量较易计算。梳棉工和织布工通常是按日计酬，而修整工和绕纱工则依然按件计酬。织布工则两者兼用。不管是按件计酬或按日计酬，工人都是按月领薪。这些按月的工资花名册最后送到财务主任处，后者保存了公司的财务账目。

财务主任的账目清楚地表明，这些工厂是由商人所经营，而且也是为了商人而经营的。[62]这些工厂的流水账和分类账和那些用于记录商业公司成品销售的流水账和分类账没有什么差别。他们依仗复式簿记法，并且日益采用“试算表”，每半年送交董事会一份。把这种以分类账结算得来的余额，记入四组账目，然后归结为“最终结算表”。四组账目中的一组是棉花的账目，另一组是布匹的账目。列入第一组账目的是支付棉花的金额，和手头现有棉花的金额。列入第二组账目的是尚未装运至交易公司的手头现有布匹的金额。第三组是“一般开支”账目，包括一切工资、所有的供应品和材料（包括汽油、淀粉、面粉、木材、打包、麻布、纸张，但不包括棉花），工厂所在地城镇内的运费，修理费用和各种杂项开支。列入第四组账目"收支差额"的是应付和应收款项。有些公司还设有税金、保险费、原棉运费等会计上特别账目。

所有这些资料最后都归结到"最终结算表"。记入贷方的是应收票据,手头现有棉花和布匹的金额,销售代理处出售的布匹金额,财产的价值(厂房、房屋、漂白间、机器和土地)。记入借方的是未付贷款,应付票据,最后,还有盈余和亏损(收入减掉一般开支和棉花的成本)。保罗·麦高尔德里克在审查了洛厄尔多家工厂的会计账册后,得出"一个强烈的印象,认为所估计的(棉花和布匹)市场价格(扣除一个作为防止布匹价格下跌的保险因素而任意规定的百分比)是依惯例计算的",而对资本设施的估价,则通常是依其进货价格设定。[63]

这些主要的纺织工厂——即使是那些从同一个公司租用它们的水力动力、通过同一个销售代理商出售成品,以及具有某些共同的股东的工厂——之间,并没有统一的会计作业。在登录折旧账时,董事会采用一套特定的、缺乏系统的方法,来减低厂房、机器和其他资产的账面价值。折旧额和折旧时间的长短则完全取决于董事会。有些工厂没有储备基金,供包括火灾、呆账和偶尔进行的更新,维修等意外事件使用,但有些工厂则没有设立。所有的纺织工厂在会计账上都没有设立盈余额的账目。而是记入盈余和亏损账目或意外事件基金账目下。正如麦高尔德里克所发现的那样,不同的公司对它们设在洛厄尔的工厂的固定资产,保险费、呆账和甚至红利(就像 1850 年以后铁路界的情况),来谋求会计问题和会计作业的统一和精确。

对会计缺少兴趣,表明纺织界的高阶层人士并不利用会计资料来帮助他们企业的管理。和商业公司的情形一样，会计只不过是过去交易的记录。直到19世纪50年代，老板和经理才开始利用会计资料来确定单位成本。[64]在那以前，他们只对主要成本（即制造商品所需的基本材料的费用加上基本工人的工资——译者）有明确的概念，对企业一般开支及固定资本费用则茫然无知。所有的工厂代理人几乎从来没有看过波士顿公司的会计账簿，而财务主任和兼职的董事长以及董事会的成员，则每隔半年才能看到一份公司的最新财务报表。[65]

就和大农场主的情况一样，纺织制造业者并不觉得有必要改善他们的成本数据。由于劳力和棉花的费用占了成本的绝大部分，他们并不急着再去计算间接的一般开支。麦高尔德里克估计，在全部材料费用中，棉花占了90%以上。[66]而制造业者对棉花的价格和对他们制成的布匹的价格一样，没有什么控制力。两者都取决于国际市场的供需情况。此外，财务主任和董事会越来越依赖其销售代理商在产量、质量和式样方面作出重大决策。[67]

这些销售代理商包括波士顿一些最有名的商业合伙公司。19世纪30年代，本杰明·沃德公司及其后继者，詹姆斯·佩奇公司（内森·阿普尔顿——波士顿制造公司和洛厄尔几家公司的缔造者之一是这两家公司的重要合伙人），劳伦斯公司，梅森和劳伦斯公司，米尔斯公司和弗朗西斯·斯金纳公司等，都是纺织品销售业中的佼佼者。每一家公司都同时兼任几家大工厂的独家销售代理商，通过他们于1815年以后建立的，而且仍以纽约为中心的分配网络来出售这些工厂的产品。[68]譬如梅森和劳伦斯公司，在纽约与105家公司有业务往来，在费城有16家；新奥尔良有15家，在其他一些城市也有几家。这些销售代理商向纺织公司提供营业资本所需的信贷，正如代理商对农场主以及其他中间商人对小店铺主和小工厂主的资助一样。他们也支付布匹成品的保险费和大部分运输费用。当然，销售条件也是由他们决定，包括回扣和付款期限。因此，他们不久就可以规定哪家工厂应该生产何种式样、多少数量和什么质量的布匹，那也没有什么值得奇怪的了。

由此可见，直到 1840 年以后很久，纺织工业的市场营销、生产、财务和采购等基本功能，都是由通常不属于一家企业的不同的人所控制。这些人很少住在同一个地方，并且至多每星期只有一次短暂的会面。换句话说，还不存在集中的管理，事实上，销售和生产分别由作为不同法人的两个企业在经营。当然，彼此间也有某些协调，因为销售公司的合伙人常常也是制造公司的董事。有时候，碰到像 J. K. 米尔斯这样的情况（他同时是制造公司和销售公司的老板），那就能将两者作为一个企业来管理了。但即使是米尔斯的这种情况，这种安排也证明只能是暂时的。更为普遍的现象是在 19 世纪 50 年代和 60 年代、从洛厄尔和劳伦斯的工厂来看，其代理人财务主任和销售代理商之间，经常发生冲突。[69]直到内战以后很久，在波士顿和其他地方的许多家工厂中，还没有出现由一组高阶层人员负责一家工业企业的基本活动——营销、制造、采购和财务——的情况。虽然纺织联合工厂是美国最早出现的大工厂，但新的纺织工业并没有给现代工业管理的发展带来什么影响。这在很大程度上因为传统的生意人并没有感到需要改变传统方式的压力。

然而纺织工厂毕竟是现代生产技术的先驱者。它们把制造一件产品的所有生产过程内部化并一体化于一家工厂内。这种一体化为以后的大量生产提供了一个基本的模式。根据以后的发展来看，这件事的意义在于：首先在美国出现的这种纺织联合工厂，乃是将几种生产过程加以内部化的结果，而不是对工业企业内的劳动实行专业化和进一步分工所造成的。

斯普林菲尔德兵工厂——现代工厂的另一种原型

19世纪30年代中期以前，美国国内惟一和亚当·斯密著名的别针工厂具有同样广泛的内部分工的工业企业只是少数几家枪支制造企业。即使在这些企业内，它们的一体化也先于专业化和进一步分工。只有把一支枪的各部分——枪栓、枪托、枪管——的制造上出现专业化。在为军队制造枪支的少数工厂中，马萨诸塞州斯普林菲尔德的美国陆军兵工厂是其中最重要的一个厂。该工厂有250名工人，是几十年来美国最大的金属制品工厂。由于它是美国最先广泛发展内部专业化的工厂，而金属制品工业又是最先产生许多现代工厂管理技术的工业，因此，兵工厂乃成为比纺织联合工厂更为重要的现代工厂的原型。

不过，如同美国第二银行的情况一样，兵工厂的组织和经营方式在美国都是独一无二的。它比美国第二银行具有和联邦政府更为密切的关系，至于私人商业公司就更难望其项背了。它的庞大市场是有保证的。和私人的金属制造企业相比，它能够、而事实上也在支付更多的燃料和稀缺原料的费用。作为国家军事组织的一部分，其经理和主管人是向陆军部兵工署和国会负责。最后，负责兵工厂的经营事务的一名军官，他具有当时美国商人完全外行的组织和官僚系统方面的常识。

尽管如此，斯普林菲尔德兵工厂的贡献，除了它特殊而且独一无二的条件外，还得归功于它的主管，罗斯韦尔·李上校的管理能力。[70]其他位于哈珀斯费里的联邦大兵工厂，他们的经营都还是沿用传统的手工业方式的个人管理。当李于1815年接管斯普林菲尔德兵工厂时，他首先把权力和责任集中在主管办公室，接着改组兵工厂的行政系统。他设计出一套控制方法并付诸实施，以确保在使用的材料上和产品的质量上均有人负责。同时也可以据此精确算出按件计酬的工资。

李利用这种会计的监督方法，监视并管理四个部门的工作——其中三个部门各有一组车间，这些车间制造金属和木质零件，另一个部门是中央大楼，是装配零件的地方。中央大楼同时还设有锻铁炉，浇铸炉和一个燃料室。在制造枪栓、枪管和枪托的车间里，劳动分工的情况于1815年以后急速增加。1815年，斯普林菲尔德兵工厂只有36种不同的专业工种，到1820年时，增加到86种，而到1825年，则达到了100种之多。[71]

每个车间有一名工头和一位检查员。他们当然还加上负责浇铸炉、锻铁炉以及枪支装配的几名工头，要向总军械士提出报告。这名总军械士直接向李负责武器的制造。李另外还有助理人员负责处理材料的采购和装运以及枪支成品的交货。通过这些手段，李乃能够对兵工厂施以有效的集中管理。

李利用两种方式监督生产并使完成的工作均有人负责。其一是通过周密的检查。每个工人在他所制作的每一件产品上挂上他的"个人标签",在总军械士助理检查并认可后,工人再把这标签挂到他的下一件产品上。检查员每个月要提交一份列有认可和拒收产品数量的报告。

第二种控制方法是通过会计核算,也就是说利用标准的复式簿记,记下企业内与生产有关的每一笔交易。总军械士和每一位工头都有一本日志簿,记有工人们所收到的木材、煤炭和供应品(切割用钢,锉子等)的数量和价值。这些数据每个月再誊到一本分类簿上,或称作摘要簿,借方列的是工人们所领到的各种材料的总额,贷方列的是工人们所生产的零件数量,待用的材料和废料数量。而每个工头又对在他监督下的每个工人备有一本类似的记录。在他的每月摘要簿里,贷方记的是每个工人所完成的件数,手头尚未完成的件数、废料、损耗和缴回的损坏工具。一位在1819年考察兵工厂工作情况的军官这样写道:"所有这些都必须和该工人的借方数额(他所领的材料)相等,否则他就要如数赔偿"。[72]此外,每个工人每周和每月都要提交一份报告,或称作"汇报",列明他手头的材料的数量和金额。每个月再由工头将他所管辖的车间或其他作业单位全体工人的汇报合并成表格的形式,而总军械士则再据此而编制一份全厂的汇总表格。通过这些报表,李可以详细审核每个分支单位的工作。正如上述1819年该军官的报告所指出,"完整的责任制已经建立并在全厂推行;如果发生任何差错,经由记录的比较即可发现,且能追溯其来源"。

李在斯普林菲尔德兵工厂所建立的会计核算和检查监督方法,无疑是19世纪40年代以前,美国所有的工厂中所采用的最复杂的方法。我们还不清楚李是如何具体运用这些数据来帮助他进行企业管理。他和自己的总军械士肯定要利用它们来监督并评估各部门工头，甚至各分支单位工人的工作情况。然而没有什么证据显示李曾经发展出计算制造一枝枪，一把刺刀或其他产品的精确单位成本的方法。至少今日的历史学家认为，计算这些数据对于分析兵工厂的工作成效是必需的。李也没有利用他的信息去改进内部的协调并加速材料在工厂内部的流通。在李接管兵工厂后的20年中，枪支的产量保持稳定，而且生产速度一直相当缓慢。[73]

尽管有这些缺点，在以后的各年中，斯普林菲尔德兵工厂所采用的组织上的创新即被应用到金属制品工厂的管理上，后者的生产过程包括制造和装配可互相交换的零件。对于后来闻名于世的"美国式的制造业制度"的发展来说，斯普林菲尔德兵工厂发展出的那一套制度和管理方法，和新的金属加工机器和工作母机具有同样的重要性。19世纪30年代中期和19世纪40年代，它们开始被应用到斧头、铲子和其他简单工具的生产上。到了19世纪50年代，它们又被应用到缝纫机和供应商业市场的枪支的制造上。[74]最后到了19世纪80年代，李设计出他的方法已超过了半个世纪，斯普林菲尔德兵工厂所发展出来的管理方法和程序，已为现代科学化的工厂管理的实践者们所吸收并加以改善。

现代的工厂管理(必须强调指出，它并不是现代大型多单位企业的管理)起源于美国斯普林菲尔德的兵工厂。虽然在1840年以后，该厂发展起来的管理方法和程序变得重要起来，但和当时的制造业者及其他生产者却没有什么关联。在美国生产中占绝大比重的小店铺、小工厂、农场以及大种植场等，对于内部的会计核算和盘存以及质量控制，并不感到什么需要。它们的产量小，工作步伐缓慢，老板可以轻易地实现对生产的管理。

技术束缚的解脱

直到19世纪40年代为止，兵工厂和纺织厂都只能算是例外。在所有其他的制造企业中，产量都没有大到需要实行劳动分工，也不需要将数种生产过程联合于一个企业之内。在美国，工厂扩大的限制，主要是技术上的；对这种大量生产的需求倒一直是存在的。事实上，曼彻斯特、伯明翰和欧洲其他工业城市的蒸汽动力工厂，就是为了满足这种需求。[75]

兵工厂所以能够成为大型的、实行进一步劳动分工的联合工厂，是因为它们有受到保证的市场，使它们付得起在生产和分配上的高昂成本。即使如此，和军方签订合同的私人制造业者，在履行合同方面和他们的偿付能力方面都有困难。[76]纺织制造业者所以能够建立大型联合工厂，是因为利用了大河的动力和木质设备以及皮带传动装置，而不是依靠铁质机器和齿轮传动装置。但是具备相当的落差、能供应水动力的地点毕竟不多。到了1840年，利用这种动力来源的工业企业相对来说还是很少，而经营这些企业的经理阶层人数则仍然屈指可数。

在所有的技术限制中，缺煤也许是阻碍美国工厂扩大的最重要因素。宾夕法尼亚东部无烟煤的开采消除了此项限制。[77]19世纪30年代，无烟煤的产量首次满足了工业的需要。在那以前，对集中了制造业的美国东北部而言，国内惟一的煤炭来源只是沿着詹姆斯河的若干煤矿的有限生产。宾夕法尼亚州东部无烟煤的价值在1812年战争期间首次得到了肯定。19世纪20年代，煤矿地区的所有者首先开始修凿通往无烟煤区的运河。随着斯库尔基尔、利哈伊流域和特拉华以及哈得孙运河的投入营运，无烟煤的产量才迅速增加。从1825年以前的几乎一无所有提高到1828年的91 100吨，1830年的290 600吨和1837年的1 039 000吨。这些煤炭先由运河运到纽约和费城，再用小型沿海船只转运到波士顿和较小的新英格兰诸港口。1831年，有563艘船只从费城运送了5.6万吨无烟煤到波士顿，到1836年，则有3 285艘船只运送了34.5万吨。19世纪30年代中期，无烟煤的价格从每吨约10美元跌到5美元以下，到19世纪40年代中期，年产量已经超过200万吨，而价格则跌到3美元一吨。因此，原来只是在海港城市被用于房屋和其他建筑物内取暖的无烟煤，现在则越来越多地用于工业用途了。

金属加工业和金属生产业是属于那些最先利用新燃料以扩大产量的工业。19世纪30年代早期，熟铁加工业者开始在斧头、铲子、铁丝和其他类似成品的成型上利用无烟煤。到了19世纪30年代的中期，制铁业者设计出利用无烟煤的反射炉来代替木炭加热，以水驱动的锻铁炉来制造熟铁条，铁板，铁棒等。第一座利用无烟煤的、生产生铁的鼓风炉于1840年开始送风。到了1849年，已经有60座这种新型的鼓风炉投入生产，到了1853年，更倍增到121座。1849年平均每座鼓风炉需劳力80人，其平均资本资产则为8.3万美元。[78] 1854年，美国所生产的铁，45%系用无烟煤生产，计30.3万吨，而利用木炭生产的为30.6万吨，利用烟煤生产的为 4.9 万吨。无烟煤的出现很快地使美国制造业者首次拥有丰富的铁的国内供应来源。

便宜的煤和铁使得多种金属加工业的工厂得以很快地扩大生产。不只是制造斧头、镰刀、锄头和犁的工厂的产量增加了，而且可以互相交换的零件的制造和装配，也首次被广泛应用于美国军方枪支生产以外的金属制品的制造上。门锁、保险箱、时钟、手表等都是在大型的，有各种部门的工厂内制造。在轻武器工业里，新的人员和新的公司——科尔特，雷明顿，夏普，劳伦斯和罗宾斯等人，以及温切斯特武器公司的创立者——都于 19 世纪 40 年代后期和 19 世纪 50 年代创立了大工厂，他们取代了旧式的私人承包商和兵工厂而成为此项工业的领导者。19 世纪 40 年代后期，制造业者首次开始在工厂采用可以互相交换的零件这一工艺来生产新近发明的机器，如缝纫机和收割机。所有这些工业对专业化机器的需求，几乎在一夜之间导致了美国机床工业的建立。到了 19 世纪 50 年代，奇科皮的艾姆斯制造公司，普罗维登斯的布朗和夏普公司以及费城的赛勒斯和班克罗夫特公司等，都是已经建立起的机器制造公司。[79]

到了 19 世纪中叶，其他工业的生产过程，也由于得到了煤、铁和机器的供应而发生转变。煤不仅向铸造和熔炼，以及精炼和蒸馏中的大量生产过程提供了不可或缺的热能，它还是产生蒸汽动力的廉价和有效的燃料。廉价的煤炭使得以蒸汽为动力的大工厂，能够建立在靠近市场及劳动力后备的商业中心里。在使用热能的工业里，工厂很快就在糖、酒精、啤酒、化学品、玻璃品、陶器、电镀制品的制造中取代了手工业者和工匠。[80]在不用热能的工业里，以煤为动力的蒸汽机促成了工业部门的重新分布。其中值得一提的例子，是沿着从新伦敦到朴次茅斯海岸所建起的一些纺织联合工厂。服装工业，木材工业和皮革工业中，随后也出现了联合工厂。由于煤炭提供了能源，使得工厂能够取代手工业者，小工厂老板和外包工制度，而成为美国许多工业的基本生产单位。

在内战爆发前的15年中，当煤炭的充分供应和煤炭利用技术的传入，造成了生产过程的基本变化时，铁路和电报也开始改变分配的过程，它们使中间商能够接纳并分配比以往大得多的货物量。生产和分配的这些变化，彼此又互相促进了对方的发展。工厂只有当进出的材料在数量上能够稳定且定时地流通，才能维持高水平的生产。而铁路则以前所未见的载运量运送这些新工厂的产品，供批发商和其他的推销业者进行分配。新的能源以及运输和通讯方面新的速度和规则性，促使业主们一体化他们的经营活动并进行进一步分工，同时雇用支薪经理监督并协调流通于其庞大企业内的货物。新形式的丰富能源以及革命性的新型运输和通讯手段的几乎同时出现，导致了美国商业上和工业上现代企业的兴起。

第二部分　运输与通讯中的革命

铁路与电报提供了迅速、定期及可靠的运输与通讯方式，这对于大量生产与分配来说是必不可少的，它们也是现代大工厂和营销企业的标志。具有同样重要意义的是，铁路及电报公司本身乃是美国最早出现的现代工商企业。它们最早大量雇用专职经理人员来协调、管理和评估分散于各地的营业单位的工作。由于这个原因，它们为随后的、在产品和服务的生产和分配中的一些企业——它们基于新的运输和通讯网络而建立它们自己的幅员辽阔的多单位的庞大公司——提供了最恰当的管理模式。

运输与通讯中新技术的发展史及企业采用这些新技术的过程是极为复杂且意义重大的。不仅需要对铁路、轮船、电车及电报、电话作一通盘介绍，且需对因应用这些运输及通讯技术而引起的管理制度的改革作一叙述和分析。因此，本书的第二部分将集中探讨这些新企业是如何筹措资本、如何组织及管理，彼此间如何竞争；以及如何扩张而成为有史以来未曾见过的最大企业。

在新的运输形式中，铁路是数量最多、活动最复杂、且影响最深远的一种。它们是现代工商企业管理方面的先驱，因此受到的注意也最多。至于轮船、电车、电报及电话等，其发展经过虽与铁路大同小异，但不如铁路那么引人注目。到了 20 世纪初期，这些雇有大批支薪经理，而且公司所有权和管理权明确分开的现代工商企业，已完全支配了美国的运输与通讯网络——这些网络对于即将来临的大量生产和大量分配以及现代工商企业在其他经济部门的兴起来说，乃是不可或缺的。

第三章　铁路:第一个现代工商企业

19世纪50年代～19世纪60年代

技术和组织的创新

现代工商企业进入铁路及电报系统是有其技术上及组织上的原因的。铁路公司是运输公司中最早修筑路线并拥有通行权,同时利用通行权以经营运输业者。电报公司也修辟线路、传送信息。至于修筑和维护运河及收费道路的企业(不论公营还是私营),极少自己经营船舶公司、驿车或邮务路线的。[①] 即使经营这些业务,它们的通行权也为许多其他独立的运输公司所共享。

但是,就铁路来说,如果要做到乘客及货物的安全运输并维持多少还说得过去的效率,即需小心调度和管理运输工具。最早的铁路运输工具是以马匹作为动力来源,因此可以允许其他个人或公司经营的运输工具利用他们的路线。[②] 但自从更迅速得多的蒸汽火车头开始取代马车,为了防止发生事故,车辆的调度必须由一个单独的总部加以管理。美国所有的铁路几乎均为单轨路线,所以对安全因素的考虑尤为重要。铁路经营者一度曾试图拖曳当地商人及货运公司所拥有的车辆,但车辆的调度及费用的计算和支付等都十分困难。至1840年,他们发觉管理调配自己独家拥有的车辆时,事情要好办些。其后直至设计出一套复杂的调度外来铁路车辆及收费办法时为止,全国性的快车公司及大货运公司都只行驶自己独家的车辆。

由于铁路不同于主要的运河系统,铁路公司既修筑铁路,又兼营铁路运输,因而使铁路成为私营而非公营的企业。在共和国成立初期,美国商人与货运公司极为支持政府修建和经营耗资极大的实行通行权办法的道路。③另一方面,这些商人很少建议(如果不是从未建议)政府经营运输业。但只有少数几条铁路在开始时为国营,至 1850 年时,除了极少数例外,也都转交私人企业经营。商人与货运商虽不相信政府能经营得好,但也害怕铁路为私人所垄断。因此,早期的路权特许一般都对这些新起的运输企业规定了极严密的立法监督。

直到 19 世纪 40 年代末期和 19 世纪 50 年代的第一次铁路繁荣期,铁路才开始对美国的企业机构产生重要的影响。在这以前,铁路的修建基本上并未改变原有的运输路线及方式,因为在 19 世纪 30 年代和 40 年代修建的早期铁路只是用来连接当时的商业中心和补充水运的不足。这些路线——由波士顿到附近的城市,如洛厄尔、纽伯里波特、普罗维登斯和伍斯特;由卡姆登到新泽西州的安博伊(连接纽约与费城);由费城到雷丁、费城到巴尔的摩和巴尔的摩到华盛顿——都非常短,很少有超过 50 英里的。

沿伊利运河两岸几个城市的铁路也是同样的情形。因为城市间的距离较远,所以西部和南部的铁路线要长些,但载运的乘客及货物量却较少。19 世纪 50 年代以前,计划连接东部和西部的铁路干线中,甚至还没有一条接近完工。1850 年以前仅有一条由伍斯特至奥尔巴尼的西部线连接了美国国内的两个重要区域。除了这条西部线外,其他路线均太短或营运情况不佳,不足以产生复杂的营运问题。

19 世纪 40 年代,铁路运输技术得到了迅速提高。铁路修筑、路基平整、隧道开凿以及桥梁建造的统一方法均有所发展,T 形铁轨也开始经常使用。到 19 世纪 40 年代末期,火车头已具备凸轮、水箱、驱动轮、转向滚轮及平衡杆等,乘客车厢也改为可两面乘坐的专车,可容纳 60 名乘客。货车、牲畜车、木材车及其他种类的运货车,除了车体较小以外,和 1 世纪后美国铁路上使用的这类货车没有什么差异。④

随着技术的进步,铁路变成深受大众喜爱的陆上交通运输方式。铁路不仅很快就吸引了原来经由运河和收费道路运送的乘客和贵重且质轻的货品,而且马上也开始吸引纺织品、棉花、谷物、煤及其他大宗运输的物品。事实上,北部一些最早修筑的铁路如波士顿、洛厄尔、雷丁的路线,均由纺织厂主和无烟煤矿主出资修建,用以代替以往运送货物到市场的、他们修建的运河,至于南部与西部的铁路则更是专为运送棉花与谷物而修建的。⑤在 19 世纪 40 年代的该十年中,新修筑的运河长度只有 400 英里,使全国运河的总长度将近 4 000 英里。同一时间内新修筑且参加营运的铁路长度却超过 6 000 英里,至 1850 年全国铁路的总长度已达到9 000英里。⑥

当美国度过了 19 世纪 30 年代末期和 19 世纪 40 年代初期长期经济萧条后,铁路的修筑开始进入高潮。新英格兰的铁路繁荣始于 19 世纪 40 年代中期,西部与南部则始于 19 世纪 40 年代末期 。在19世纪50年代的十年间,当时被废弃的运河超过了新修

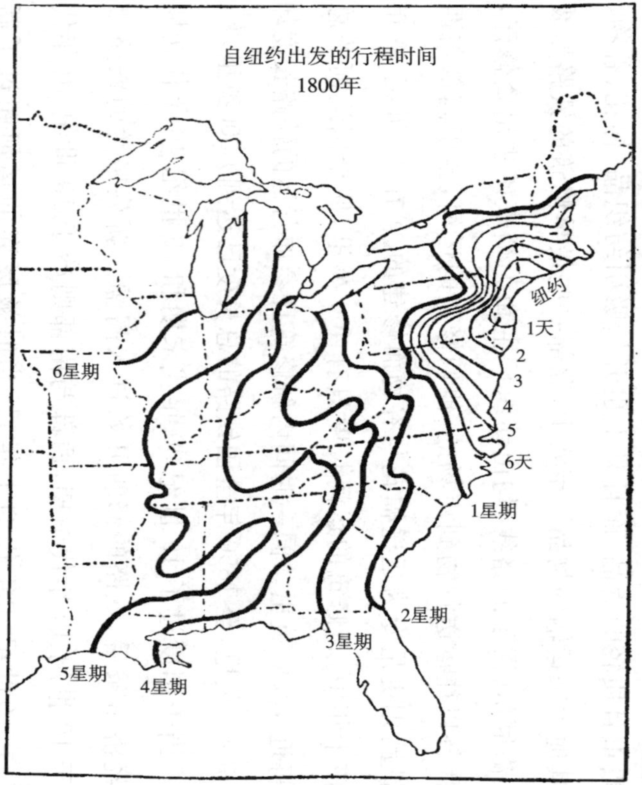
自纽约出发的行程时间
1800年
纽约
1天
2
3
4
5
6天
1星期
2星期
3星期
4星期
5星期
6星期

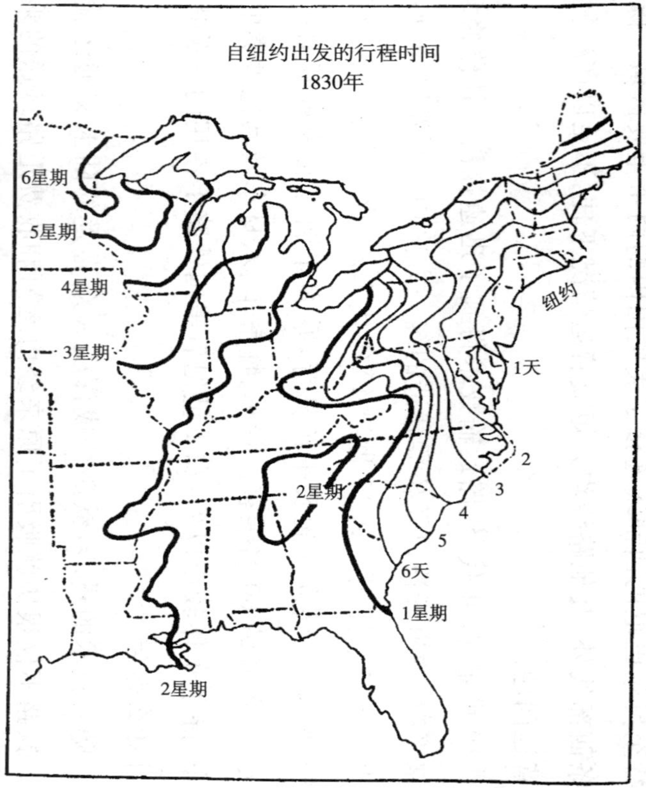
自纽约出发的行程时间
1830年
纽约
1天
2
3
4
5
6天
1星期
2星期
2星期
3星期
4星期
5星期
6星期

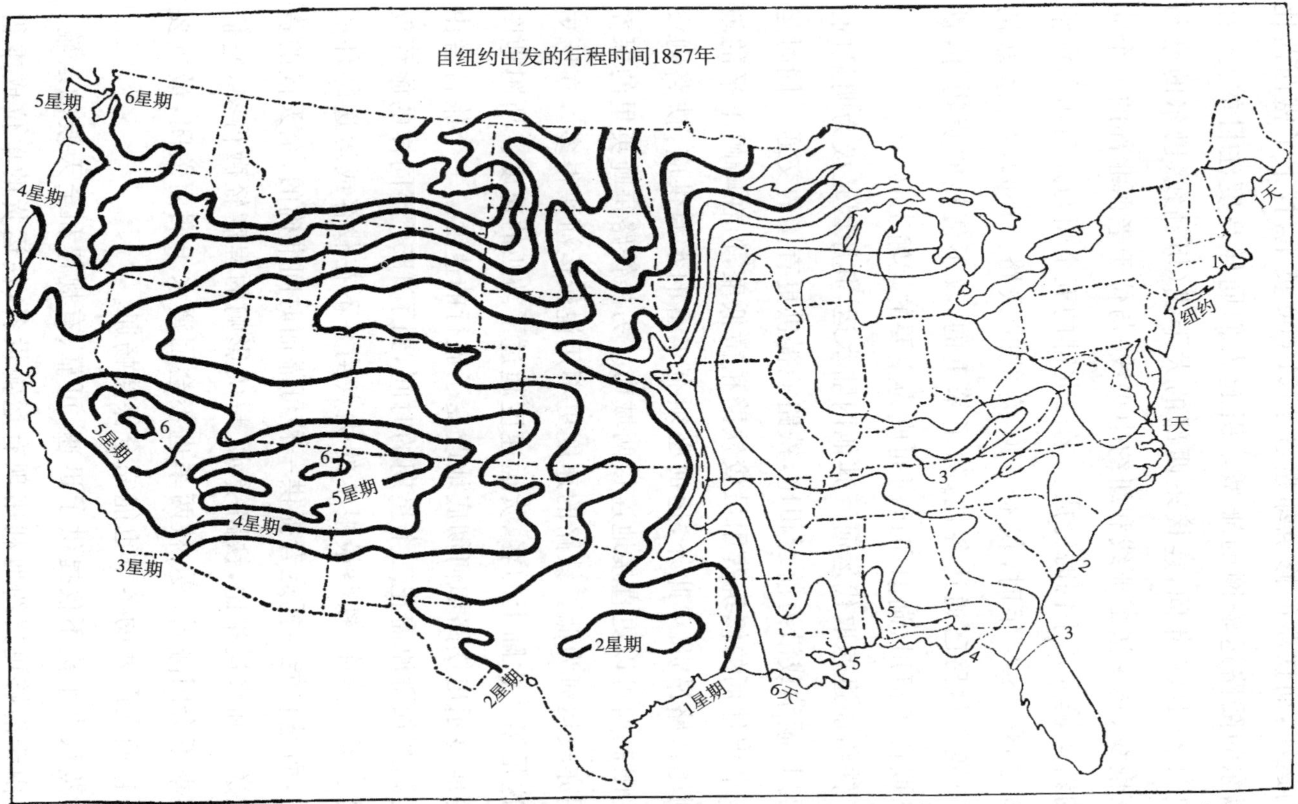

上述三图据查尔斯·波林的《美国历史地理图册》(华盛顿1932年)插图138A,B,C改编。

建的运河，而铁路的修筑却超过了 21 000 英里，打下了密西西比河以东的陆路运输网的雏型。引起人们同样高度注目的是：在 1851 年至 1854 年间，连接东西部的大干线（伊利线、巴尔的摩与俄亥俄线、宾夕法尼亚线和纽约中央线）与位于老西北部的一个完整的新运输网几乎同时完成。老西北部的五个州乃是河川与湖泊纵横之区，1849 年时，仅有 600 英里的铁路。1860 年，修好的 9 000 英里铁路已通达各地，除了笨重的、较不值钱的货物外，铁路已取代了河川、湖泊和运河而成为主要的运输工具。

铁路能迅速取代运河及其他内陆水运，其原因是极为明显的。与河川、湖泊或沿海航运相比，铁路能提供更直接的交通。同时运河在平坦地面的修筑费用虽较铁路稍微低廉，但在崎岖不平的地方则比铁路昂贵。[7] 此外，运河必须有丰富的水源供应，铁路则没有此限制而可以更直接地连接两城市。另外铁路每吨英里的保养费用亦较运河为低。铁路的速度更不用说较运河快得多。在历史上，这是第一次陆上的客、货运速度超过了马匹的速度。所附地图清楚地显示出铁路如何彻底地改变了旅行的速度。一个旅行者由纽约到芝加哥原需花三个星期的时间，到了 1857 年同样的旅程仅需要三天。然而，铁路最根本的优点倒并不在载客或运送邮件的速度，而是它能为托运者提供一种可靠而时间准确的、全天候的货物运送。和水运相比，铁路受水、旱灾影响的程度轻微得多，它们在春季不会因融雪，夏、秋两季也不会因溪水干涸而关闭，最重要的是它们在严寒的冬季也能完全保持畅通。

蒸汽火车头不仅提供了迅速、可靠、有规律和全天候的运输，同时由于能够更集约地利用现有运输设备，使运货的单位成本得以降低。同一路线上,在水运一次的同样时间内,铁路运输可以往返数次。1840年,当这种新型运输方法只是开始在技术上得到改良后,它的速度与准时行驶使铁路的潜力得以发挥,铁路每年每英里的货运量为水运货运量的50倍以上。即使在铁路问世的早期,斯坦利·莱格博特就曾写道:"以同样的资源成本,铁路至少可提供三倍于水运的货运服务——可能更接近五倍"。⑧

几条特定路线的竞争纪录支持前述的评估。20年来,由波士顿到新罕布什尔州的康科德,均取道米德尔塞克斯运河、梅里马克河及一些支运河,逆流需时五天,顺流需时四天。当1842年波士顿至洛厄尔的铁路延长到康科德后,单程时间即减至四小时。⑨新铁路线上往返两地运货四趟的时间,船运只能载一趟货。运河如要达到与铁路相同的运输量,则必须有四倍于铁路的载货空间,即使做到了这点,由于冬季结冰,运河的运输一年中须停顿四个月。

随着到康科德的铁路的完成,研究米德尔塞克斯运河的历史学家指出:"水运立刻注定要遭到失败;运河在1843年已入不敷出,末日已经来临"。⑩宾夕法尼亚州与俄亥俄州的州营大运河的末日也几乎同样迅速地来临。例如,俄亥俄运河1849年的纯收入为278 525美元,1855年锐减至93 421美元;到1860年,甚至出现了107 761美元的赤字。⑪伊利运河、切萨皮克运河及俄亥俄运河曾继续经营了一段时间,主要是西部到东部的笨重的货物——木材、煤及谷物。到19世纪70年代,谷物的运输亦被铁路取而代之。在19世纪50年代,密西西比州急速增长的贸易已多半由水运转移至铁路。⑫有史以来,还从未有过一种运输形式这么快地就为另一种运输形式所取代。

铁路旋风般的胜利导源于组织上及技术上的革新。技术使得迅速且全天候的运输得以实现;但安全、准时并可靠的客、货运以及机车、车皮、铁轨、路基、车站、调车房和其他设备的长期保养与修理,则有赖于相当规模的管理组织。这意味着需要雇用一群经理来监督在地理上极为广阔的范围内的各种职能活动;以及任命中、上层管理执行人员来监督、评估和协调负责日常经营活动的经理的工作。这也意味着各种崭新的内部管理程序以及会计和统计监督的形成。从此以后,由于铁路经营的需要,产生了美国企业管理上最初的管理层级制。

经营这些企业的人乃成为美国首批现代企业的管理者。所有权及管理权不久就行分开。建造铁路所需的资本大大超过了购置种植园、纺织厂甚至一个船队所需的资本,因此,单独一个企业家、家族或合伙人的小集团几乎不可能拥有铁路;同时如此众多的股东或其代理人也不可能亲自去经营铁路。管理工作不仅繁多而且复杂,需要特别的技巧及训练才能胜任,只有专职的支薪经理才是适当人选。只是在筹措资本、分配资金、制定财务政策,以及遴选高层经理人员时,股东或其代理人才对铁路的管理具有发言权。另一方面,几乎没有经理具有财力能在他们所管理的铁路中拥有即使是少量的股票。

由于铁路管理人员需要特殊的技能和训练,也由于管理层级制的存在,使得铁路经理们不同于种植园的监工或纺织厂代理人,他们把自己的工作视为终身事业。多数铁路经理均希望能终其一生,在此管理阶层中逐级擢升,如果在原来的铁路公司无法实现其愿望,则转换服务的公司。这种把工作视为终身事业的态度以及工作的专业性,使得铁路经理越来越把他们的工作看成一种专业职业。由于他们对本企业的持续繁荣承担有极其紧密的个人义务(即使他们不承担财政义务),因而他们终于在有关财务政策和用于未来经营的资源的分配方面,几乎具有和股东或其他代理人一样的发言权。这些对铁路经营影响重大的管理官员们开始掌握他们自己的命运。

美国新运输网的形成以及美国第一个现代工商企业和第一个现代管理阶层的演变,可按年代明确划分为两个阶段。此二阶段的外部变化对其内部的组织方面及管理方面的发展均有重要的影响。第一阶段始于19世纪40年代末期铁路开始繁荣之际,而延伸到19世纪70年代经济萧条的来临。在此阶段内(当然除了内战时期以外),运输网几乎在不断地扩张,在组织上也出现了引人注目的创新改革。至19世纪70年代经济萧条来到时,已投入使用的70 000英里的铁路,给全国提供了基本的陆上运输网,这个运输网一直被利用到20世纪汽车与飞机兴起时为止。19世纪70年代时,拥有500英里铁路以上的大的铁路公司已完成了一套错综而复杂的作业方法来协调和管理数千名职员的工作、价值数千万美元的铁路和设备以及价值数亿美元的运货。这时,各铁路公司相互间也作出了仔细的安排,使得从美国境内任何具有相当规模的城市运送货物至远地的另一商业中心时,均可一车到底不必转运。换句话说,货物装车后,在未到目的地之前,中途不需要重新装卸。

美国铁路史的第二阶段始于19世纪70年代的经济萧条至20世纪初期繁荣的头几年。虽然铁路的修筑仍在继续迅速进行,但这个阶段是铁路公司彼此竞争、合并的时代。至1900年，将近20万英里的铁路已投入使用。除了西部的一些铁路是沿着正在消失的拓荒边远地区修筑外，新建铁路大致不出原有的铁路网。事实上，从满足对当时铁路运输的需求来说，许多新铁路并不需要修筑。这种过度修筑铁路的情况乃是庞大的合并过程的结果，是经理们对日益加剧的竞争的反应。经理们所以采纳合并的策略，是由于他们希望将自己的铁路延伸到其服务地区的每一个商业中心，而不愿意依赖潜在的竞争者提供的客货运口岸。当进入20世纪时，全美铁路网系统实已全部完成，几个主要铁路系统的界线也已固定下来。直到20世纪下半叶，汽车、卡车和飞机又一次改变了美国的交通运输时为止，这些铁路系统营业的地区和方式基本上没有变化。几十年来，这些合并了的铁路系统一直是世界上最大的企业组织。

经营电报与电话的现代工商企业的早期历史和铁路方面的情况十分相似。当铁路横跨大陆而延伸时，电报也在完成此项壮举。电报发明于1844年，1847年开始应用于商业上。铁路经理们很快便发现了电报在保证火车安全及效率上所能发挥的非常宝贵的功用，电报的创办人也知道，铁路提供了惟一的便利的通行权。由于电报线路的修筑较铁路简单且价廉，电报线于1861年首先通达太平洋岸。不到数年功夫，50 000英里电报线已投入使用。20年后，根据1880年的统计数字，该年共在29.1万英里的电报线上发出了3 170.3万封电报。[13]

电话的商业化发生于19世纪80年代，最初只是用来弥补电报的不足，且几乎仅限于当地的短程通话。因此，当铁路通过加速邮件的递送而改善人们的通讯方法之际,电报与电话的相继出现使得美国境内大多数地区的联络能够更快地进行——几乎达到一瞬间的速度。

创设、拥有并经营这些新通讯工具的企业不久便在广大的地区上建立了许多据点。要协调向全国每一角落传送的大量信息,需要建立较铁路运输更严格的内部管理。至1866年,全国的电报网控制在一家企业——西部联盟公司——手里,这是不足为奇的。而且其管理和会计作业与铁路大同小异,这是很自然的。当19世纪90年代电话网开始扩展时,先驱者——贝尔集团——通过美国电话及电报公司(该公司制造和经营当地的和长途的通话设备)而掌握了对这一"直通交往"工业的控制。现代化通讯和现代化运输一样,需要进行迅捷且量多的作业,因此,促成了大规模管理企业的出现和随之而来的垄断经营。

铁路对建筑业和金融业的影响

任何有关美国现代工商企业史的详细分析均应特别注意19世纪50年代。19世纪40年代虽已出现某些初步的迹象,但直到19世纪50年代,生产与分配过程才开始对运输和通讯新形式的迅速发展及新能源——煤——的大量使用有了明显的反应。19世纪50年代,铁路和电报企业开始设计组织结构和会计程序,此二者乃是现代公司经营的核心。在该期间内,铁路建筑的需求也导致了美国金融业和建筑业的根本改革。在探讨铁路与电报对于运输、通讯、生产和分配所造成的更广泛的影响之前,似应先谈谈铁路是如何促使纽约市成为美国资本市场的中心，且如何导致建筑业的改革的。

铁路在19世纪50年代对金融媒介人和建筑承包商的需求之殷是前所未有的。铁路修筑较运河修筑需要更多得多的资本。1815年至1860年间修筑运河的总经费为1.88亿美元，其中73%是由州政府和地方政府出售公债筹集的资金所提供的。⑭私营铁路公司的股票投资至1859年已超过11亿美元，其中将近7亿是铁路公司在前10年中累积下来的。在该期间内，许多大型铁路正在同时修筑。1850年以前，美国最大的铁路企业为伍斯特至奥尔巴尼的西部线，耗资800万美元。而在1849年到1854年的短时期内，30条以上的大型铁路先后竣工，其中多条较西部线耗资更多。如连伊利、宾夕法尼亚、巴尔的摩、俄亥俄和纽约中央线的东西干线，耗资1 700万至3 500万美元。⑮又如西部的中部密歇根线、南部密歇根线及中部伊利诺斯线等，耗资1 000万至1 700万美元不等。经过西、南部较偏僻地区的其他一些线，资本额也很少有低于200万美元的，且动辄超过500万美元。与此相比较而言，同一时期内只有少数较大的纺织厂、炼铁厂和金属加工厂的资本额超过了100万美元。事实上，在19世纪50年代仅有41家纺织厂的资本额达到或超过25万美元，而且这些工厂还都是资本累积了30年以上的老厂。⑯

铁路是美国第一批由外部获得大量资本的私人企业。新英格兰的纺织厂、宾夕法尼亚州的炼铁厂和金属加工厂均由波士顿或费城或在当地筹集资本。用于运河的州政府和市政府公债，则经由大的商号、美国第二银行和运河官员赴欧访问时向海外发售。

随着19世纪40年代末期铁路繁荣期的来到,修筑铁路的资本不可能再像以前一样向居住于铁路沿线的农场主、商人或制造商筹募,也无法再由铁路董事长到欧洲的货币市场去募集。这种情形在阿利根尼山脉以西的地区尤为突出,因为这些地区都是刚开发的屯垦区。在同一时间内修筑这么多大型铁路的资金势必向东部的老商业中心筹募。不久就只有欧洲一些最大的金融团体才能提供如此庞大的资本。

19世纪40年代末期,那些筹集铁路资金的人越来越多地来到纽约市。美国第二银行于1836年停业后,波士顿即取代费城而成为当时修筑中型铁路的主要资本来源。如19世纪40年代修建新英格兰的铁路、西部最早的一些铁路和费城附近的铁路时,均有赖于波士顿提供资本。但到了1847年,波士顿商人能够用于投资的剩余资本极少,因而导致其利率高于纽约市。至19世纪50年代早期,即使最大、最繁华的马萨诸塞州修筑铁路亦需依赖纽约的资本。⑰

与此同时,欧洲人在经历了多年来以1848年法国大革命达于顶峰的政治上的动荡不安,及自19世纪30年代末期以来的经济萧条后,第一次开始在美国寻求投资机会。他们首先购买美国政府为墨西哥战争所发行的政府公债,接着开始购买州政府公债。最后于1851年和1852年,德国人、法国人及稍后加入的英国人开始大量购买美国铁路股票。在美国铁路急于筹募资金和欧洲人寻求投资机会的情况下,许多设立在纽约的进出口公司,尤其是那些专事外汇买卖的公司开始专门经营铁路股票的买卖。到19世纪50年代中期,一些合股公司如温斯洛,拉尼尔公司;邓肯,谢尔曼公司；迈耶与斯塔肯公司；德科佩特与康佩尼公司；坎曼与怀特豪斯公司；德劳奈，伊斯林与克拉克公司；德勒姆与穆尔公司等正在成为美国首批专业化的投资公司。他们作为铁路公司驻纽约的代理人，出售铁路股票赚取直接费用或佣金，并成为铁路公司有关财务事项的顾问。有时他们甚至也购买铁路、火车头和设备。同时，他们还作为购买或有意购买美国铁路股票、债券的欧洲大投资家的代理人。

当美国资本市场集中于纽约市且制度化以后，现有的金融手段均获改善，现代化股票市场买卖和投机的技巧亦渐趋完善。债券成为募集铁路资金的主要方法。美国铁路的创办人及居住于铁路沿线的最初投资者宁愿用持有股票的方式以保持对其投资的控制权；但欧洲及美国东部的金融家则相信债券能保证更安全且定期的收入。由于兴建铁路者老是低估了修筑费用，从而导致第一次抵押债券的发行，接着又发行了第二次与第三次的抵押债券。收入债券和公司债券也在此时开始上市。同时为了吸引各种客户，可以转换为各种股票的债券开始出现，就像各种优惠股票的出售一样。

铁路股票的大量发行将纽约股票市场的买卖和投机生意带入了现代的模式。在铁路兴起以前，银行、保险公司上市的股票和州政府、联邦政府发行的公债数量均很小。根据记录，纽约股票于1830年3月某日的成交量仅31股。[18]至19世纪50年代中期，铁路、银行及美国各市政当局发行的股票均在纽约上市。最初每星期之交易量为数百股，后来达到数十万股。以四星期为一阶段统计，交易几乎近100万股。

股票市场交易量的大增给股票买卖带来了近代的投机技巧。投机商人以多头和空头之方式抛售期货。期货买卖方式已趋完备,并开始以基于保证金的信用方式做交易。事实上,现代化的临时放款市场始于19世纪50年代,当时纽约开始以随到随借、随催随还的贷款方式向股票投机商提供贷款,以供他们偿付其存款账户的利息。此时许多股票投机商均已成为全国有名的人物,如雅各布·巴克、丹尼尔·德鲁、吉姆·菲斯克和杰伊·古尔德等,均由于炒买炒卖铁路股票而赢得毁誉参半的名声。

到内战爆发时,纽约已因满足铁路的资本筹集需要而成为世界上最大、最复杂的资本市场之一。内战结束后的重要改革仅有股票行情自动收录器的使用,以及由数大投资银行组成的辛迪加开始出售大宗股票。将近30年的时间,这个市场几乎完全为铁路及其相关企业如电报、快运公司、卧车公司等所利用,后来美国制造业者有了类似的资金需要时,也依赖于纽约市场筹集资本。但除了电气设备制造商外,大部分厂商直到19世纪90年代才开始有此需要,这时提供这种资本的机构已发展得十分完备,不需要更进一步的改善。纽约为工业界提供了一个甚至比以前给铁路提供的更有效率的全国性资本市场。对美国工业而言,现代工商企业的兴起并没有因为缺乏一个组织良好的资本市场而受到阻碍。

19世纪50年代大规模的铁路修筑促使建筑业也和金融业一样,实现了现代化。在铁路繁荣期到来以前,建筑公司仍是小规模的合伙经营企业,早期的铁路和收费道路及运河一样,主要由本地的业余承包人如农场主、商人或甚至居住于铁路沿线的各种具有专门职业的人所修筑。每一承包人在铁路总工程师的监督下,修筑整段铁路的一小部分。这种情形一直持续到19世纪40年代，始有专职的承包商开始以铁路和运河的修筑为主要营业项目，然而这些承包公司仍停留在小规模经营的阶段，也继续雇用当地的劳工和采用当地的建材。一条铁路的修筑须靠许多小公司合力完成。

铁路的繁荣造成许多新的需要和机会。对大型铁路的工程师及其助手来说，监督这么多小公司的工程实越来越困难，劳工和材料的供应也常在工程的紧要关头断档。这种情况导致19世纪40年代末期和19世纪50年代早期的一些工程师如前纽约州的州政府工程师霍雷特罗·C.西摩、缅因州的阿尔瓦·C.莫顿、康涅狄格州的约瑟夫·谢菲尔德和亨利·法纳姆等成立公司专营铁路修筑。[19]这些大承包一手总揽全部工程，且往往同时修筑几条铁路。他们提供铁轨、火车头、车辆等一切设备，征募劳工，同时经常把部分工程转包出去。他们的报酬固定，按每英里或总成本计算，其中至少有部分款项是以铁路股票或债券付给。据报导，前述的霍雷特罗·C.西摩于1853年过早地去世时，手上握有价值3 000万美元的铁路股票。[20]这些大承包因此与铁路的财务关系越来越密切。一些铁路创办人更利用承包公司来赚取较单纯经营铁路更高的利润。这些大承包商也越来越依赖国外移民来的劳工，19世纪40年代末期和19世纪50年代初期发生于爱尔兰和德国的饥荒虽造成大量移民涌入美国，但仍不敷需要。这些公司不久在英国及西欧设立代理处，专事劳工的募集。

新的劳工来源和铁路修筑的经验将这些大承包公司迅速带入了城市建设。19世纪40年代以后，美国新兴城市的市长和议会开始有类似铁路但规模较小的工程的发包,例如铺马路、建学校、修建上水道及下水道等。到内战时,这类工程的发包渐成为一种重要的政治酬酢,而这些承包商与政治的关系也益发密切了。

由此可见,美国的第一个铁路繁荣期为大型建筑公司和现代投资银行的兴起提供了基本的原动力。但这些公司在它们的经营中,并未出现什么新的内部管理问题。这两种形态的公司均未在全国范围内广泛建立其经营机构的管理网。它们还不是已具有完备形态的现代工商企业。投资银行虽为合股经营且有时在美国其他城市或欧洲金融中心也雇用支薪经理,但其大部分日常的交易业务仍是在华尔街或其附近的办公室中完成的。建筑公司则虽在全国各地有数条价值数百万美元的铁路在施工,其管理也由在当地雇用的少数经理负责。但这些经理都是临时雇用的,在一条铁路完成后,承包商的机构即迁移到另一条铁路的施工地点。只有总公司始终雇有永久性的职员,公司的地位较高的股东和一两个同事在这里商谈合同并对经营活动进行一般的监督,而这个总公司通常亦设在纽约市。这类企业并不需要铁路管理中所要求的那种经常的几乎是片刻也不能停止的监督。

机构的创新

这种经常性的协调与控制乃是铁路管理的根本原则。一旦一条铁路经过筹集资本,修建完工并投入营业后,下一步的挑战便是管理。如果没有管理人才,没有设计良好的内部管理结构和管理程序,以及没有良好的内部信息联系的话,便无法安全而有效率地运行极其庞大的交通流量。充分发挥新技术的潜力要求在组织方面付出前所未有的努力。历史上还从来没有别的企业或非商业性机构曾要求对这么多不同单位进行协调与控制,这些单位完成着如此繁杂且需加以十分仔细的安排的大量工作;也从来未有任何企业处理过如此众多不同种类货物的载运和如此众多不同财务账目的记录。

面对这些挑战的是一种新型的商人。在此值得我们再度强调的是,他们都是在其服务公司支薪的职员,他们没有或只有少许公司股份。此外,他们大部分是受过专业训练的人。这些现代管理的先驱者如西部线的乔治·W.惠斯勒、巴尔的摩和俄亥俄铁路的本杰明·拉特罗布、伊利铁路的丹尼尔·麦卡勒姆、宾夕法尼亚铁路的赫尔曼·豪普特和J.埃德加·汤姆森、南部密歇根线的约翰·B.杰维斯和中部伊利诺斯线的乔治·B.麦克莱伦等,在他们接掌铁路管理以前,均为受过训练而且具有铁路和桥梁修筑经验的土木工程师。[21]由于他们均属支薪阶层而不是为了分得一份利润,亦由于他们均受过专业训练且具有专业经验,他们的生活道路和现代的经理极为近似,而不同于铁路兴起以前那种拥有企业并自己经营企业的商人和制造商。

在应付这些前所未有的挑战时,这些工程师几乎无前例可循。早期运河和收费通路的经营实践几乎未能提供什么线索,而以前的铁路也因规模较小、营运量少,能提供的经验也极为有限。这些大型铁路的首批经理也无法直接从军队或官办事业单位的管理实践和方法中有所借鉴。在这批新管理方法的先驱者中,又有惠斯勒和麦克莱伦曾有过行伍经验,而此二人却是这群工程师中最缺乏革新精神者。

然而军队的模式对于现代企业管理的开端可能仍有间接的影响。直到 19 世纪 60 年代为止,美国军事学院提供了当时最正统的土木工程师训练;而西点军校的一些毕业生也参与了铁路的修筑和管理工作,他们有些曾服务于或熟悉当时的兵工署和工程部队,这两个机构是美国在南北战争以前极少数按专业配备人员、阶层划分严谨的组织中的两个。

即使对这些军方出身的官员来说,工程师训练似仍较熟悉官僚主义的程序为重要。几乎没有证据足以证明铁路经理曾模仿军方的办事程序,反而所有迹象均显示他们在面临需要组织人与机器以解决突然出现的紧急问题时,能够应付并加以解决。他们用合理的和有分析的态度来对待这些紧急问题,就和他们在解决桥梁建筑和铁路铺设的机械学问题时完全一样。

这些管理方面的挑战最早出现于 19 世纪 50 年代,当时大型铁路开始出现,需要协调在地理上分布于不同区域的分支机构。虽然早期小型铁路的管理已较同时代的纺织厂或兵工厂的管理更为复杂,但与后期大型铁路相比较,仍处于相当简单的阶段。以一条 30 英里至 50 英里长且运输量颇大的早期铁路来说,大约需在一个主管人之下雇用约 50 名工人,并设一经理负责铁路的各项主要职能活动,包括交通运输业务、铁路保养、机车与车辆的保养等。在运输量不大的铁路,主管人往往身兼经理之职,且亲自安排火车之时刻表。

早期铁路的个人或管理极为简单,主管人和其助理在同一办公室中工作。就和新英格兰的一个纺织厂一样,其主管人每周要和会计或董事长商议，偶尔也要和公司的董事会磋商。账簿由会计保存，用当时波士顿和伍斯特铁路董事们的话来说，会计账目是“根据意大利式的复式簿记法，力求保持纯商业之风格”。[22]

当时在供火车运行和交通流量相协调方面尚未出现编排时间表的复杂问题。以 44 英里长的、繁忙的波士顿和伍斯特铁路为例，两边起点站的客车均为早上六时、中午十二时和下午四时发车。[23]每天一班的货车紧接早晨客车发车。所有班次的火车于中间站弗雷明汉会车，在对方车辆驶进车站以前，任何班次之火车均不得驶向其终点站。在南部一些路线较长但运输量较小的铁路，每日仅单向发一班车，同班车次日驶回原站。1850 年以前，除西部线在 19 世纪 40 年代因联接伍斯特和奥尔巴尼而成为全国第一条交叉铁路以外，其他铁路均不需要复杂的运转结构。

随着西部线的接近完工，传统的、个人方式的管理已嫌不足。全长 150 英里的西部线分为三段建造，不同区段的铁路投入营业后，即自成一独立的部分，各自拥有一组经理人员。由于路线长，早晨九时三十分由伍斯特出发的乘客，要到傍晚才能到达赫德森河旁的西终点站。铁路公司每日在两头起点站各发三趟车（两趟客运，一趟货运），相反方向的行车每天交会 12 次。当时仍为单轨铁路，在没有电报以前，铁路经山区时容易发生事故。很快就发生了不幸的惨剧。即使在铁路的修筑尚未达到赫德森河以前，西部线即发生了一连串的严重事故，其中最严重的一次为 1841 年 10 月 5 日的客车相撞事件，一名列车员和一位乘客身故，另有 17 位乘客受伤。

此次惨剧促使美国企业界首次搞出一套现代化的而且分工仔

细的内部组织结构。马萨诸塞州立法机关在此次意外事件发生后,对西部线的交通状况进行了一次深入的调查,《美国铁路及机械杂志》也呼吁铁路公司进行管理上的改革。西部线的董事们一致同意进行改革,并任命三位董事(其中两位是波士顿商人,一位是医生)和一名负责铁路修建的工程师惠斯勒少校组成委员会一同寻求补救方法。

在委员会草拟的"避免火车相撞及职员管理报告"中提出了解决的办法,按照研究铁路史的历史学家的说法,这些办法就是"确立公司各阶层的责任,明确规定铁路管理、保养和经营部门的职权范围与联系"。㉔这个新的组织结构规定在三个邻接的区段中各任命一组相似的经理人员,对于斯普林菲尔德设立总部以监督、协调三组人员的工作。每一区段设有一名运输助理主任(后称区段主管)、一名负责铁路保养的主任和一名负责机车库及修理厂的高级机械师或工头。

每一区段的运输助理主任负责客、货运火车的调度,铁路保养主任负责铁路的保养,机械师负责机车及车辆的保养和维修。运输助理主任直属于斯普林菲尔德总部的运输主任,机械师直属于总机械师,总机械师负责斯普林菲尔德的总修理厂,他也接受运输主任的领导。铁路保养主任则直接向主管报告而不似其他部门那样隶属于运输主任。主管(后改称总主管)负责铁路的整个工作,向董事长和董事负责。所有的经理人员均需根据其下属如站务员、列车长、火车司机、修理厂工头等提供的信息提出定期报告。为了预防交通事故发生,区段主管要同运输主任及总主管一起制定精确的时间表。时间表交给"列车惟一负责人"的列车长,并给予有关列车万一发生误点和抛锚时如何应付的详尽指示。[25]没有运输主任的书面通知，决不允许擅自更改时间表，而运输主任也须先与三个区段的经理磋商以后，才能发出更改通知。

这种为寻求乘客及工作人员在使用这种新颖而快速的交通工具时安全保障的需要使得西部线成为美国第一家以专职支薪经理通过严密的管理系统而经营的现代企业。这个初具规模的现代工商企业拥有两名中层经理——运输主任和总机械师，和两名高层经理——总主管和董事长。后者于1852年后成为专职人员，他是专职支薪经理与兼任董事的老板之间的联系纽带。[26]

19世纪50年代早期，又有几条路线较长、运输量较大铁路投入使用(其中最重要的为连接东、西部的铁路和西部最早的几条主要铁路)，这些铁路也都采用了与西部线相似的组织结构。但这时候已不是单纯为了安全因素，而是猛然大增的运输量与速度需要更好的内部组织来进行管理。19世纪40年代末期电报的采用以及在西部线上首先搞起来的作业方式，使得铁路旅行已相当安全，但急剧增加的运输量使得火车流量的协调日益困难。西部线在1850年的货车行驶英里数为45.3万英里，伊利铁路于1855年的纪录为167.6万英里；1850年西部线共载货26.1万吨，1855年伊利铁路的纪录为84.2万吨。1855年时伊利铁路共有200辆机车，2 770辆货运车，170辆客车和邮务用车。[27]货运已成为大型铁路的主要收入来源。

货运成本的不断提高说明大型铁路的经营效率存在问题，使铁路经理和董事们感到意外的是，他们很快便发现他们的每英里的运输成本竟比短程铁路要高。根据纽约和伊利铁路总主管丹尼

尔·麦卡勒姆的分析,造成这一情况的基本原因是缺乏合适的内部组织:

> "一条 50 英里长的铁路的主管可以亲自照顾其业务,且经常参与细节问题的处理。他熟识每位工作人员,任何与业务有关的问题均可即时提出,并立即着手解决;任何一种管理系统不论它是多么不完善,只要是在这样的情况下,总是可以经营得相当成功的。
>
> 但管理一条 500 英里长的铁路就完全是另一种情况了。任何适用于短程铁路的管理方法,在此完全不能适应长程铁路的需要;我深信导致专程铁路失败的真正原因在于缺乏一套经过适当修改并能严格执行的、在细则上尽善尽美的管理方法。长、短铁路在每英里运输成本上的差异,并非因为其路程长短的不同,而是决定于它们所采用的管理方法的完善程度。"㉘

在使管理系统完善化的过程中,连接东、西部四条干线中有三条干线的高层经理(他们都不是行伍出身),他们在管理现代多单位企业方面作出了重要的创新。巴尔的摩和俄亥俄铁路的本杰明·拉特罗布专心致力于财务会计理论和铁路管理所要求的精确性。伊利铁路的麦卡勒姆则提出一套适用于这种新型现代企业的原则;同时宾夕法尼亚铁路的埃德加·汤姆森也提出分别设立权力机构和职能机构的概念用以更有效地结合几个分布于不同区域的工作单位的职能活动。至于第四条干线纽约中心铁路,它不像其他几条干线那样作为一项整体工程一次建成,而是由许多短程铁路合并而成,仍然由商人和金融家而不是工程师所经营。这条铁路对于现代管理的发展几乎没有任何贡献。

当巴尔的摩和俄亥俄铁路开始完成其早期计划，铁路的修筑越过山区而达到俄亥俄州的惠灵后，即率先调整其组织。1846年董事长路易斯·麦克莱恩和总工程师拉特罗布一致决定，由于运输量（特别是由于新开采的煤矿）的急剧增长，“日益增长的业务所要求的机构和权力的巨大增加，”以及铁路在抵达惠灵后预期运输量还将进一步增加，极需要“一种新的管理制度”。㉙拉特罗布在董事会下面的一个委员会的协助下，“经过一番周密调查，并吸取新英格兰的其他铁路的经验”，提出了一套新的规定。新计划的目标：

> “（这些目标）是要规定所有部门的监督和指导工作的具体内容，使其更能发挥功效，并且通过对劳工实行进一步明确分工，以保证领导者能对其直属范围内的任务进行合适的修改和日常的监督；这些目标还在于加强检查，以便在金钱的收支方面建立严格的责任制；在于明确机械厂的任务是修理而不是制造；在于提高各级服务工作所需材料及其他物品的采购和利用中的效率；以及在会计部门中普遍建立严格和更完善的责任制。”㉚

如同铁路当局出版的手册《巴尔的摩与俄亥俄铁路服务工作的组织》一书中所表明，这个计划一开始就将铁路的职能分为二类基本活动：“第一类活动是铁路的作业，第二类活动是款项的收入和支付”。㉛第二项工作较早期工厂中的同类活动要复杂得多。早期工厂中只有工厂代理人或其秘书经手银钱往来，运河公司中则为收费员和高级工程师经手银钱往来。但到了长程铁路时，诸如列车长、站务员、客货运管理员、采购、经理以及负责铁轨、路基修理和机车库、修理厂的工头等总有好几十个人每天都要经手相当数额的款项。

根据巴尔的摩和俄亥俄铁路实施的新管理制度,财务责任完全集中在公司的财务主任身上,他不仅监督公司内部的业务,也负责处理对外的财务,包括对有意出售其股票和债券的商人和银行家的例行份额分配,保证对销售和其他证券交易的正确记录以及发放股息和利息等。在财务主任直接领导之下设有秘书一名,后者负责整个公司内部的业务(不久以后,秘书的这种职责成为审计员的工作)。他检查客运及货运的所有账目,并监督经手公司款项的人员。秘书之下为总记账员,铁路沿线所有站务员及列车长的收支单据及报告均需集中到设在巴尔的摩的总记账员的办公室。总记账员除审查及整理这些账目外,“并编制铁路载运量与其收益对比的日报表”。根据日报表数字再汇总成月报表。这些资料因此成为管理和考核职员清廉及能力的工具。这些报表虽然为数众多且内容详细,但仅停留在记录铁路财务活动的阶段,可惜未能进一步改进以用于铁路成本的实际分析。

拉特罗布管理部门的组织与西部线相似,在铁路线上设两个区段(待铁路延长至惠灵后,又增设一区段)来汇总管理铁路营业活动的三类主要工作。[32]他重新调整了各部门的职权范围,“将运输部门、铁路修建及保养部门、机械维修部门的监督职权分开,每一部门直属于一位由董事长管辖的专业工程师”。[33]各部门负责人必须完全负起监督职权,并且“在总主管及董事长同意下”,任用经理和其他工作人员。职能经理后又改为向总部内他们的上司报告。运输部门的经理和西部线一样,负责交通和火车调度。

总主管是管理的核心人物。管理手册把他的工作描述为“总管所有业务的人……，除了其本身的特定职责外，尚负有监督及控制整个系统之责，并直接向董事长及董事们负责”。在其办公室中汇集着各种报告，每一部门必须按时呈上周报表和月报表。以机械主任为例，他必须报告“一周内每部在使用中或修理中的机车和引擎的状态及运转情形，以及车辆和固定机械、修理厂的情况，同时每个月需预估次月的修理费用”。除阅读这些报告外，总主管还必须与各部门负责人保持经常联系，研究如何执行公司的政策和商讨解决遇到的难题，他还要检查铁路设备，与董事长和财务人员商谈等。

伊利铁路的丹尼尔·麦卡勒姆进一步修改了这个由西部线、巴尔的摩和俄亥俄铁路发展起来的组织。伊利铁路自 1851 年全线通车后即为其高运输成本所苦。尤其在 1853 年春季后，沿伊利运河修筑的好几条短程铁路合并成一条纽约中央线，后者在直达客货运上强有力的竞争迫使伊利铁路必须寻求改革之道。到了秋天，伊利铁路的董事会试图改组其管理结构，以确保对开支的控制和更明确的责任制，以及对经理和工作人员更有效的考核。董事们希望通过“与其他铁路各种同类费用之比较；本铁路不同区段费用的比较；以及不同列车长、火车司机等支出费用的相互比较”，[34]来达到这个目标。

为了顺利达到此目标，董事们将麦卡勒姆由原来的五个区段中，一个区段的主管擢升为总主管。当麦卡勒姆上任时，伊利铁路已采行了与西部线、巴尔的摩和俄亥俄铁路相似的组织结构。[35]麦卡勒姆虽然把职权责任划分得更明确，但他的主要贡献在于：第一，提出了管理的“一般原则”，第二，改善了内部信息的传递，这些信息是中、上层管理人员协调分布广泛的复杂情况和评估并监督处理这些复杂情况的大量工作人员的表现所必不可少的。麦卡勒姆强调了确立"一般原则"的特殊必要性,因为"我们不可能大量利用短程铁路的组织形态,在进行此项工作时也没有可以充分信赖的先例或经验可以利用"。[36]麦卡勒姆提出的六条基本原则为:

1. 合适的责任划分。

2. 给予足够的权力以便充分完成其责任,责任必须具有实在的内容(亦即权力必须与所负的责任相当)。

3. 具有一套考核是否忠实履行责任的方法。

4. 即时报告任何旷职的行为,以便错误能得到即时纠正。

5. 这种经由每日报表和检查而得到信息的方式,不能使主管人陷入文山之中,也不能使其松懈对属下的管理。

6. 总的来说采行此制度后,不但能使总主管即时发现差错,而且能查出失职者。

麦卡勒姆在实施这些原则时,授予区段主管执行每日列车及交通的调度这一责任的权力。这些区段主管:

> "负有如下的责任:顺利完成各该区段的任务,维持各该区段在职人员适当的纪律和行为,但不包括下述隶属于其他主管而在该区段工作的人员。他们除了涉及票务总监、货运总监、木材总监、电报主任、引擎和车辆修理主任的事务以外,拥有公司授予总主管的一切权力。"

这个权力还包括了职员的任用和开除,但高层经理们掌有最后的否决权。麦卡勒姆认为每一主管"在董事长和总主管的授权之下,可以任用任何人,但必须对其行为负责;也可以在他认为公司利益会因而得以改善的情形下,开除表现不良的职员"。他强调明确划分职权范围与分层负责的好处，“下属仅听命于其直接上司。并仅对其负责；因为，如上级主管直接下令给工头的部属，即干扰到工头的职权，则此服从制度即被破坏”。

但是麦卡勒姆未能将区段主管和各该区段中隶属于总主管之职能经理间的关系划分清楚。他也察觉到了这个问题，承认在下属仅能与其直接上司联系这一规则上存在着“某些例外情况”。举例来说，“列车长和站务员每日直接向总主管报告”，而不是向区段主管报告。麦卡勒姆认为这是因为总主管需要尽早掌握这些信息来协调这些活动。为了更清楚地表现权限范围，他画了一张详细的组织图——此图是美国现代企业中最早的组织图之一。[37]（见图 2）

麦卡勒姆强调权力与责任的渠道也就是联系的渠道。他非常注意改善信息的精确性和信息通过这些渠道的按时性与速度。时报表，日报表，月报表比巴尔的摩和俄亥俄铁路的同类报表要更为详细。主要由电报传送的时报表能指明误点或出事火车的地点及原因。“收到的信息立刻被整理成为清晰明了的表格，一眼就可看出火车在各区段的位置及进度。”将这些表格提供的信息归档，即成为重要的作业信息来源，它有助于查明并消除“误点的原因”。麦卡勒姆在铁路作业中采用电报，得到了国内外铁路业者的一致赞赏，尤其令其他铁路经理印象深刻的是，麦卡勒姆很快就看出，电报的用处不只在帮助火车的行车安全，而且可以保证更有效地协调与评估其属下各作业单位的工作。

作为麦卡勒姆管理制度真正基础的日报表系由列车长、站务员及工程师分别提供，然后将日报表汇总成月报表。例如关于每辆机车的报表内容包括行驶英里数、作业费用、修理成本及所完成的工作等。这类数据定期由区段主管和其他主管呈交总主管,再由区段经理和职能部门主管提供的更详细的报告加以补充。这份资料对于组织定期的和经济的列车运行及运输流量来说是必不可少的,而且它使我们能够比较不同作业单位的工作或者和其他铁路的工作情况进行对比。这份资料提供了 1853 年报告中经理们所需要的比较统计数字。为了对铁路经理们能有一个经常的和客观的评价,麦卡勒姆坚决认为"极其重要的是,主管人员必须掌握全部信息,始可正确评断各级职员的勤勉与效率"。为了能更有效地进行评价,麦卡勒姆要求其五个营运区段均设立独立且详细的会计账目。

麦卡勒姆同时指出除了协调流量和评价工作而外,这份统计数据对于了解和控制成本及制定价格来源,也是必不可少的。当时伊利铁路与许多铁路都提高了他们认为"无利可图的"价格,后来始发现这种做法反而威胁到"铁路的生存"。[38] 由于运输量减少,他们的纯收入也随之减少。"为了防止这种结局,并在无利可图的价格与高得无人问津的价格中间制定一折衷价格,不论长程或短程铁路均需对不同货物的运输成本进行精确的计算。"同时也不能忽略运输流向,因为货运价格的制定应该"尽可能使往返运输量趋于平衡并减少跑空车的比例"。货运车于回程时若有未利用的或剩余的空间,则应降低回程时的运费。但是麦卡勒姆的注意力几乎完全集中在经营费用和收入上,他几乎没有提到如何将成本分摊到建筑或固定资本的账目上,也几乎没有考虑到如何解释机车、车厢、铁轨及其他设备等的长期折旧。

麦卡勒姆在组织上的改革引起了当时广泛的注意。《美国铁路杂志》的编辑亨利·瓦农·普尔特别赞赏其成就并在其杂志中广为报道。例如普尔在1854年便注意到麦卡勒姆当时正在增进伊利铁路的效率，与此同时还减少了铁路的劳动力。他更进一步报道：

> "经由已趋完善的安排，主管在一天中任何时间均可指出机车和车厢的精确位置，和它正在执行的任务。先前这个部门最大的问题是：在运输任务最繁忙的时候，情况良好的火车却被闲置着，几个月都得不到利用，甚至连车在何处都不知道。只要条件成熟，所有这些改革都在稳步进行。"㊴

普尔将麦卡勒姆的组织图印刷出来，以每份一美元的价格公开出售，英国一流的铁路专家之一道格拉斯·高尔顿也在1857年出版的国会报告中介绍了麦卡勒姆的方法。纽约州的铁路委员也将麦卡勒姆的成就刊载于其年度报告中，甚至《大西洋月刊》也于1858年出版的一期中撰文赞扬麦卡勒姆在铁路管理上的建树。㊵

麦卡勒姆的管理原则和方法，与他绘制的组织图一样，在美国企业界是全新的观念。美国的早期商人从来没有想过如何利用各种内部的数据以作为一种管理工具，更没有人关心过任何关于组织的理论和原则。以往蒙哥马利的著作和当时种植园主写给监工的规则中，仅提到对工人的监督和纪律，而没有针对经理人员。西德尼·波拉德在其《现代管理的起源》一书中，也未探讨19世纪30年代以前英国企业组织主要原则的性质，他没有对那些数据进行分析。㊶

麦卡勒姆首倡的管理观念与方法是在宾夕法尼亚铁路，而不是伊利铁路上得到了检验和进一步合理化。在19世纪50年代结束以前，伊利铁路已落入一些缺乏道德良知的金融家之手（如声名狼藉的财务主任丹尼尔·德鲁），他们毫不注意铁路的有效管理。麦卡勒姆不久便离开伊利铁路自行发展有利可图的桥梁建造公司。但是宾夕法尼亚铁路则仍继续由工程师而非金融家经营。负责修建乔治亚铁路并成为其首任主管的J.埃德加·汤姆森于1849年到宾夕法尼亚铁路负责修筑工作。1852年他擢升为总经理，直到1874年去世为止，铁路的兴革完全受其指挥。汤姆森掌握大权后，随即修改了赫尔曼·豪普特建立的集中式管理。赫尔曼·豪普特原为一位很有成就的土木工程师，从1849年开始担任宾夕法尼亚铁路的总主管。汤姆森首先遵循伊利铁路的做法，将铁路的财务部门和管理部门分开。[42]调整后的组织直到1857年以前都很适用。

不断增加的运输量和日益提高的成本，再加上商业萧条的影响，迫使铁路组织再度实行重大改革。汤姆森扩大了他的中央办事处，将会计从财政部门分出，并增设秘书室和法律处。[43]该处与拉特罗布曾于巴尔的摩和俄亥俄铁路设立的法律处类似这两个法律处属于美国企业史上最早设立的这类法律机构，专门处理日渐增加的涉及契约、赔偿和特许状的法律工作。汤姆森并任用了一位中层经理，即所谓的“主计员或审计员”来领导新成立的会计处，其下设有两位“助理审计员”和数名高级办事员。另设立采购处负责公司一切用品的集中采购。最后，他大为扩大了一般货运的职员编制。新设立的采购处和扩大了的货运室均隶属运输部门。

汤姆森的主要成就在于明确了中央管理机构和区段管理机构中职能部门的关系。他在很大程度上依赖伊利铁路的模式。汤姆森于1857年12月签署的组织手册中，引用了许多麦卡勒姆的说法。汤姆森不同于麦卡勒姆的地方在于他集中了列车和交通调度的权力及责任，并将此权力授予负责运输的区段主管。他们有权命令其他职能部门的人员和经理。1857年的手册作了如下记载：

> “区段主管在他们各自的区段中(须有总主管的指示或经其批准，可以行使公司授予总主管的一切权力，他们可以管理和使用铁路及其支线和通讯手段，有权管理客、货运输，包括机车的调度(不论是用于客、货运或铁路的修筑和修复)，以及燃料和材料的供应。他们应该照管各该区段中和机车及运输有关的所有人员，监督他们完成各自的任务，他们也应根据总主管和公司最高利益的要求，协助机械主任维持纪律，安排机车完成特殊任务，招雇能胜任的司机及其他负责机车工作的人员，他们还应将一切规则、章程和法令印出来发给工厂的工头和所有与机车及运输有关的人员，并督促他们执行。”

由此可见，区段主管是处于从董事长通过总主管而下来的这条直接的权力线上。一切有关列车及交通调度的命令从区段主管办公室下达到机车、铁路保养，以及运输部门的工人。总机械师为了维护“使生产得以进行的纪律和实现节约措施”而制定条例和标准，他或其区段助理可雇用、辞退或擢升该部门的人员，但正如组织手册中所强调那样，他们这样做时仍需得到区段主管的“协助”。[44]不久之后，负责铁路保养的总工程师和其属下的工程师也实行了同样的管理方式。[45]根据这种分设权力机构和职能机构的观念，处于权力线上的经理们要负责指导从事公司基本职能的人员，而另外的职能经理(行政人员)则负责订立标准。这种观念是由宾夕法尼亚铁路于1857年12月首度提出的。

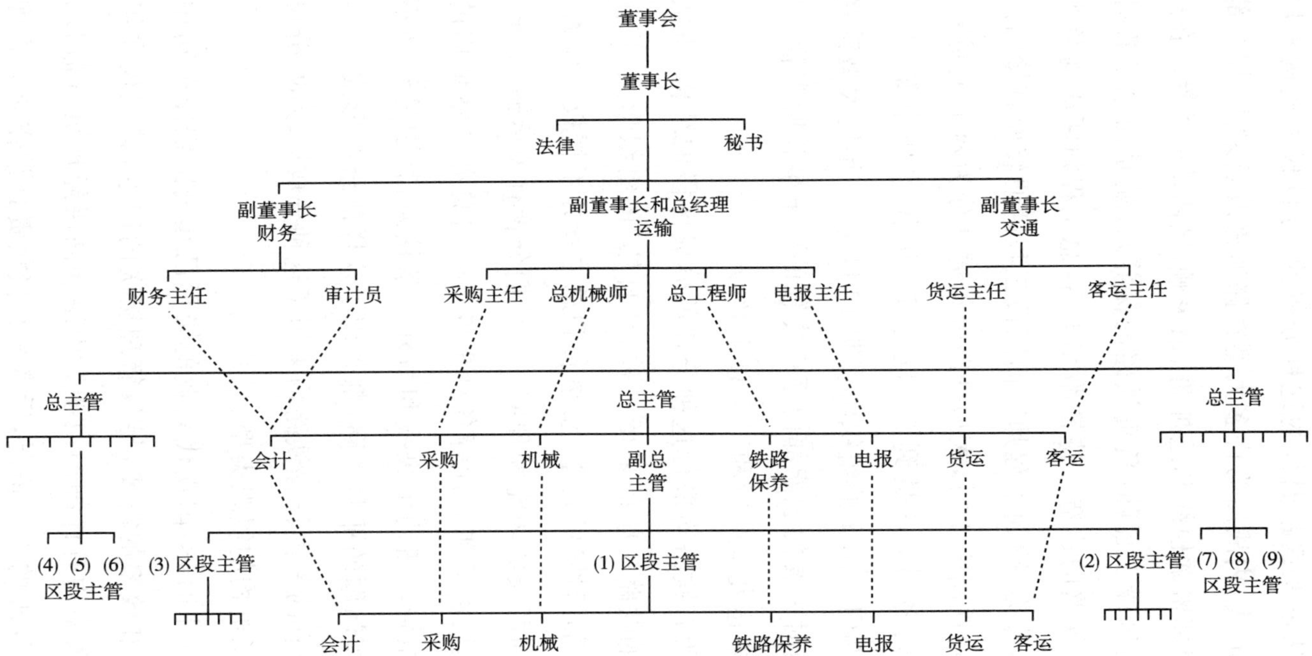

图 2　19世纪70年代大铁路公司的组织结构简图

由宾夕法尼亚铁路倡行的这种分权的、分设权力机构和职能机构的组织形式，内战后为许多大型铁路所修改及采用，如中部密歇根铁路、南部密歇根线和芝加哥、伯灵顿、昆西铁路[46]等。在这些铁路组织中，区段工程师（负责铁路的保养）开始是向总工程师报告，后者负责铁路的建造。待铁路完工后，总工程师便成为总主管属下的职员，称为"顾问工程师"，而区段工程师便转而直接向区段主管报告。在铁路完工后，大型铁路公司通常分为两个主要部门：管理部门和财务部，只是到 19 世纪 70 年代才加上第三个部门——运输部门。图 2 的组织图表明 19 世纪 70 年代大型铁路的组织结构，当时主要的职能部门系由专任的副董事长所掌管。（大型铁路可以多达九个区段和三个总主管。）

并不是所有铁路均采行这种分权的分成区段的结构，事实上英国与欧洲的铁路一般都采用一种较"自然"的组织形式。[47]在这种被称之为"部门性"结构下，董事长和总主管并不授权予他人，而是由各地不同区段的职能经理们——他们分管有关运输、机车、铁路、保养、客运、货运和会计等各种事务——向总办公室他们的有关主管直接报告。纽约中央线和另外几条铁路，特别是经理不太过问公司组织问题的那些铁路，都采用了这样的组织形式。[48]但是最后，几乎所有的美国长程铁路均采用了这种分成区段的、分设权力机构和职能机构的组织类型。

至内战发生时，美国现代企业的雏形已在美国铁路公司中出现，由于安全和效率的需要，导致管理层次的产生，其职权在组织手册和组织图中均有详细的说明。中层和高层经理负责监督、协调、评估低层经理的工作情况，后者是直接负责日常作业的管理人员。至19世纪50年代时,大型铁路已雇用40名至60名专职支薪经理,其中至少有10名以上属于高层管理人员。[49]在19世纪50年代,高层管理人员中包括了董事长、总主管和财务主任。至19世纪70年代,高层管理人员还包括负责运输部门的主管和监督两三名运输部门的总主管及其助理、总机械师(负责机车及车厢的维修)、铁道保养主任,电报和客、货运主任以及采购主任等,隶属于财政部门的审计员及其助理、财务主任的助理等,以及法律部门的主管和秘书处主任。此外,仍在修筑中的铁路另设有负责施工事务的总工程师及其助理,在美国境内尚没有一家民营企业雇用了这么多的管理人员或具备如此复杂的内部组织,除了英国及西欧的铁路外,世界上任何地方也没有可相比拟的例子。

会计和统计的创新

拉特罗布、麦卡勒姆和汤姆森深深懂得,内部信息的不断流通对于新兴大企业的有效经营是至关重要的。对中、上层管理人员来说,这种经由统计资料来管理监督的方法很快便成为一种科学和艺术。由于对精确信息的需要日益迫切,因而收集、整理和分析企业日常作业中所产生的大量各种各样的数据的方法也大有改进,更重要的是它导致了会计制度的改革,更精确地说,它有力地促成了会计脱离簿记的领域而自成一门学科。意大利复式簿记虽然能产生需要的数据,但这些数据必须大量收集且经过进一步系统化后,才能进行新型的分析。简言之,为了适应美国史上首次出现的现代工商企业的管理需要,大型铁路的经理们在19世纪50

年代与60年代中逐渐发展出了近代会计制度的一切基本方法。

在所有改革者中，汤姆森及其宾夕法尼亚铁路的同僚们在会计制度上作出的贡献最大，他们和一些别的经理们的成就引起了社会的广泛注意。投资者、运输业者和铁路董事们与这些改革者同样关心这种新方法的准确性与价值。有关铁路的杂志（特别是亨利·瓦农·普尔的《美国铁路杂志》）以及许多新出版的金融杂志（如《银行家杂志》及后来的《商业及金融年鉴》等均刊载了许多这方面的文章、社论和读者来函。会计方法引起如此广泛的讨论，这在美国还是第一次；三四十年后，由于制造业和市场营销的需要，才又引起另一次类似的会计方法的讨论。

新的会计作业分为三大类：财务会计、固定资本核算和成本会计。财务会计包括对铁路线上每日发生的数以百计的财务交易的逐日记录、编列、整理和审计等。将这些数据加以综合即能提供编制铁路资产负债表与评估公司财务状况的信息。当时最大的纺织工厂需要登录和复查的会计账目仅有四五组，而宾夕法尼亚铁路在1857年（即汤姆森改组会计处时）就已具有144组基本会计记录。[50]在这些账目中，客运部门占33组，货运部门占25组，机车占26组，车辆保养占9组，铁路保养占22组，一般费用占8组，建筑及设备占21组。此外，纺织厂的账目系每半年编算一次，而宾夕法尼亚铁路的账目则需每月汇总并编列成表，由审计员印就出来于次月15日以前呈交董事会。将月报表加以汇总即为铁路之年度报告。

为准备这些报表，会计部门要收集、汇总并详细编列作业数据与财务数据，并将这些数据印刷出来。早在1851年，宾夕法尼亚铁路的年度报表中就已表明每月进入其沿线各车站乘车的旅客人数,以及在当地和直达匹兹堡及费城的货运吨数,沿线各车站的发运吨数。至1855年,200种以上的货物已列入货运数据。[51]但这些有关收支与客、货运的大量资料对管理19世纪中叶美国运输业的交通流量与成本来说,从表面上看,工作似乎干得不坏,但实际上作用不大。

为了处理及分析这些数据,宾夕法尼亚铁路和其他大型铁路均需建立大规模的审计部门和雇用专职的内部审计员。至1860年,铁路公司雇用的会计和审计员可能较联邦政府或任何州政府雇用的还多。无论如何,1850年后,美国的铁路公司是会计制度发展的中心。

通过审阅,新审计部门提供的资产负债表和其他的简明信息,铁路经理、董事及出资者很快地就利用这些数据来评估和比较不同铁路的经营情况。除了资产负债表以外,19世纪50年代末期,人们采用"营业比率"作为判断铁路财务状况的标准方式。单有损益的记录还不够,所赚的钱必须与企业的规模成比例。较理想的一种计算方式是比较铁路的营业收入与开支,或更精确地说,经营成本在总收入中所占的百分比。[52]美国企业家以前还从未利用过这种比值,直到今天,这一比值仍然是评定一个企业经营情况的基本标准。

铁路公司由于编制资产负债表,因此是美国企业中最早对固定资本核算给予密切和一贯的注意者。它们所遇到的问题没有前例可循。还没有任何其他类型的私营企业曾对资本、工厂和设备做过如此大量的调查。在19世纪50年代讨论固定资本核算时,铁路经理、股票持有人和记者们最初都特别注意明确划分基建账目或固定资本账目与经营账目之间的界线的问题。[53]因为如果将一些经营开支记入基建账目项下，铁路的创办人和经理们就能造成一种在账面上看起来获利而事实上并没有赚钱的假象，这样一来，将使他们筹集铁路资本的机会大为增加。

另一方面，如将基建费用记入经营费用账目项下，铁路投资者又将通过牺牲铁路用户而获利。一些提倡铁路改革的人士如19世纪50年代的亨利·瓦农·普尔和19世纪60年代和70年代马萨诸塞铁路委员会主席查尔斯·弗朗西斯·亚当斯等均再三敦促铁路主管们要明确划分这两组账目。为了保证这两组账目能正确地划分，这些改革者建议由局外人——投资者或铁路委员会、立法委员会组成的团体来审查铁路账簿。

当一条铁路修筑完毕而其基建账目结束后，其总额将记录在统一的资产负债表中资产栏的固定资本账目或财产账目下，随之而来的难题是如何计算铁路固定资本的折旧与报废。铁路的这些固定资本的价值不仅较工厂的固定资本的价值要贵重得多，而其折旧过程也快得多。早期的铁路如波士顿至伍斯特路线，开始时是仿效纺织工厂的办法，将钱提作意外事故基金，或记入损益账目或盈余账目项下，以便在需要进行很花钱的修理或购买新设备时能够取用。通常在年头好时，财务主管偶尔也会降低工厂及设备的价值。然而到19世纪50年代时，新兴大型铁路的经理开始认为将折旧作为经营费用处理较为方便，于是维修费及购置费均记入经营账目项下。

宾夕法尼亚铁路的董事们在1855年的年报中解释了这个新观念。将维修费及购置费记入经营账目下的支出后，财产账目始能反映固定资本的真实价值。“公司关于其行驶设备的做法是保持记入基建账目的机车和车辆数具有完全的效率,因此,如果一台车辆或机车遭到损坏或因变得陈旧而丧失价值,就用一台新的来取代它,其费用则记入经营账目的支出项下。”[54]同样的方法适用于铁轨、枕木、桥梁等。

这种办法巧妙地避开了计算折旧的复杂问题,但却不能保证维修和购置所需资金的供应。铁路公司估计每年修复塌坏路基的费用约为11万美元,运转机械的“贬值”为4万美元。“如果公司由其利润中提取红利,则谨慎的做法是将其年利润的一部分提作储备基金。”公司从收入中减去开支,并扣除税金、利息和其他支出后,规定其红利为6%。然后将结余额或盈余额提作“意外事故基金”,该基金的一部分将用于购买连接铁路的债券。[55]和用于偿还债券的偿债基金一样,意外事故基金也将存放于“安全的”投资中。但这个账目不久即成为仅仅是一种向公司的其他账目进行“贷款”的会计手段。内战以后连宾夕法尼亚铁路也不再采用独立的意外事故基金的账目,而是在盈余账目下保持足够的款项以满足预期的在修理及更换铁轨和设备方面的需要。

19世纪70年代,这种方式的会计核算已成为美国铁路所采用的固定资本核算的标准形式。修理费用和购置费用均算做经营费用而不记入固定资本账目或财产账目。这两个账目——一为建筑,一为设备而设——仅仅在增加新设备和淘汰现有设备时才有所更动。在1879年6月政府铁路委员会召开的一次会议上,规定了美国铁路统一的记账方式:“除非实际增加了建筑、设备和财产,或者是以这样的方式进行修理,使修理后的建筑、设备和财产的价值明显超过购置原有物的成本,否则不得在财产账目下开支任何费用。在后一情况下，只有增加的成本费用可以登记入账，而需注明因建筑或设备老旧而认可的修理支出金额”。[56]在委员会提出的财务报表样本（见表1）中，这类增减是列在一独立的“全年资产借贷”项下。在该项目内，同时列出公司不动产和其他财产的价值变动。

将修理和购置费用列为经营费用后，从理论上说，财产一直保持了它的原有价值。正像美国企业界一直沿用的那样，这种会计核算方法意味着利润仍被看做是经营收入和经营费用的差额，而不是按照在资本资产上的实际投资额的收益率来计算。事实上采用这种记账方式无法得知投资于路基、工厂和设备上的资本额，因为其中有很大一部分已被划入经营费用之中。这种核算方法使得营业比率而非收益率成为分析铁路财务活动的基本工具。最后，这种计算折旧的方法还意味着美国铁路的会计核算夸大了它的经营成本而低估了资本的消费量。[57]

表1　会计制度表，1879年6月10日，在纽约萨拉托加温泉召开的一次铁路委员会的会议所推荐

一 览 表

总收入

总支出，包括税金

纯收入

提取偿债基金的债务的利息

不提取偿债基金的债务的利息

租金

可用来发放股息之余额

发放股息（百分比）

年度结算差额

上年度结算差额（盈余或亏损）

　加或减发生于本年度而未包括于上款之项目（列明项目）

转下年度之结算差额（盈余或亏损）

全年资产借贷

建筑物与设备(列明项目)

其他费用(列明项目)

总费用

售出的财产或价值贬低了的财产(列明项目)

年度纯增加(或减少)

收入与支出分析

收入:

地方客运

直达客运

传递及行李

邮件

客运部门其他收入来源

客运部门总收入

地方货运

直达货运

货运部门其他收入来源

货运部门总收入

总运输收入

铁路租用金

其他来源之收入(列明项目)

所有来源之总收入

支出:

职员薪金

法律费用

保险费

文具和印刷费

代理及广告费用

意外事故基金

桥梁维修费(包括阴沟与牲畜防护装置)

建筑物维修费

栅栏、标志、铁路交叉点维修费

更换铁轨费

更换枕木费

马路与轨道维修费

机车修理费

机车燃料费

供水费

油与损耗

机车保养

客运车修理

客运车保养

客运车供应

按英里计算的客运车车务人员津贴(借方余超)

货运车修理

货运车保养

货运车供应

按英里计算的货运车车务人员津贴(借方余额)

电报费用(保养及操作)

货运和行李之损坏及损失

财产和牲畜之损失

人身伤害

代理处及车站服务

车站供应

总经营费用

税金

总经营费用及税金

资产与负债

资产

建筑账目

设备账目

其他投资(列明项目)

现金项目:

　现金

　应收票据

　各代理及各公司应缴来款项

　不提取偿债资金的债务　如:

　未付利息

　未付股息

　应付票据

　传票与账目

　其他负债

盈亏或收入账目

其他资产:

　材料及供应品

　偿债基金

　借方余额

　资产总额

负债

股票发行总额

提取偿债基金的债务

　　负债总额

　　未包括于资产负债表的正在处理中的或可能发生的负债

由本公司担保的证券或对本公司铁路的某种扣押权(列明项目)

上述项目的过期利息

其他负债(列明项目)

资料来源:1879 年 6 月 10 日,于纽约萨拉托加温泉召开的一次铁路委员会的会议记录,附录 9,No. 21。

为了适应情势的需要,19 世纪 50 年代出现了财务会计和固定资本核算的基本改革,并于内战后趋于完善,然而成本会计的改革却要迟一些。麦卡勒姆在建议大型铁路应做详细的区段账目时,曾强调每一营运区段均应建立可互相比较的成本资料。麦卡勒姆在 1855 年写道,"这种(区段账目)的比较将能说明各该主管是否以最经济的方式经营其事业,并可正确显示各该主管是否合适且能胜任其职位。可贵的是经由细节的比较,可指出某一区段在经营成本上超过另一区段的详细情况,从而促使有关人员注意未能实行充分节约的那些方面,并能激励人们互相竞争的荣誉心"。[58] 可是直到 19 世纪 60 年代末期,成本会计才成为铁路管理的一种基本方法。

最有效地发挥了麦卡勒姆在成本会计和监督方面的思想的铁路

经理是一位土木工程师和桥梁建筑师,艾伯特·芬克。芬克在巴尔的摩和俄亥俄铁路接受培训后,成为路易斯维尔和纳什维尔铁路的管理人员,于1865年成为该铁路之总主管,并于1869年升任副董事长。[59]芬克的目标是要更精确地确定单位成本、即每吨英里的运输成本。为取得每个区段每英里路程运送每吨货物之精确成本,他第一步工作就是重新整理由其会计部门和运输部门编列的财务与统计数据。[60]再将某些现有账目综合起来,对另一些则加以细分。最重要的是,他将现有账目按其费用性质而非按其职能所属部门重新分类。

表2显示芬克如何将账目重新分为基本的四大类。第一大类包括在一定限度内不会随运输量改变的成本。此类中他共列了27项账目,主要为与路线和建筑物保养有关的项目和"一般管理费"或经常开支。第二大类包括九项会随货运量改变,但不受路线长度或火车行驶英里数影响之账目。其中大部分为车站之开支,"是为了维持票务员、工人的经常组织,以便完成货品的接受和发运及售票业务等"。第三大类包括32项会随火车行驶次数改变之"运转费用"。芬克在此特别指出由于火车很少是满载的,这项开支并不完全精确地随业务量改变。属于此三类的账目系按每车一英里来为每个区段进行计算。除这三类经营费用外,芬克还提出了第四大类的利息费用,这项支出自然与运输量或火车行驶次数无关。只有在扩大业务需要进行新建设以及在债务增加时,利息支出才会增加。表2中列出了芬克将68项账目换算成为每吨英里成本的复杂公式,将这些内部账目(以及运用这些账目以确定和控制成本的方法)与当时纺织厂、兵工厂、航运公司、商业机构的账目比较起来,即可了解铁路经营较同时代任何企业的经营要复杂得多。

表 2　艾伯特·芬克:经营费用分类与单位成本计算

账　目

铁路保养与一般管理

每英里铁路维修

1. 铁轨调整
2. 道砟
3. 开沟
4. 阴沟与牲畜防护装置
5. 额外修理——如滑坡等
6. 手摇车与翻斗车修理
7. 铁路工具修理
8. 铁路看守员
9. 铁路维修部门一般开支
10. 总额
11. 更换枕木的成本
12. 枕木更换工人的工资
13. 枕木装运费用
14. 每英里铁路上枕木之总成本
15. 桥梁上部结构的修理
16. 桥梁看守员
17. 厂房建筑修理
18. 加水站修理
19. 铁路保养段房舍修理
20. 每英里铁路上桥梁及房舍修理之总成本
21. 经营部门的一般管理及费用
22. 客、货运广告费
23. 保险费及税金
24. 租金
25. 每英里铁路总额
26. 一般主管薪金
27. 保险费、税金及一般支出
28. 每英里铁路总额
29. **每英里铁路上铁路与房舍保养总成本**

$29\frac{1}{2}$. 每车—英里铁路与房舍保养总成本

每车—英里车站费用

30. 货物装卸工
31. 职员、办事员
32. 车站一般费用:照明、燃料等
33. 看守员与扳道工
34. **扳道费用**:
    引擎修理
    火车司机和火车司炉工工资
    引擎房费用
    管理与一般费用
    油及损耗
    供水
    燃料
35. 每车—英里总额
36. 文具及印刷费
37. 电报费用
38. 仓库维修
39. 每车—英里总额
40. **每车—英里车站费用总额**

每车—英里运转费用

41. 铁轨调整
42. 更换铁轨的成本
43. 更换铁轨工人的工资
44. 铁轨装运费用

（续表）

45. 鱼尾板
46. 转辙器
47. 每车—英里铁轨调整及更换总成本
48. 机车修理
49. 机车用油及损耗
50. 看守及清洁费用
51. 引擎房用燃料
52. 引擎房的管理及一般费用
53. 火车司机及火车司炉工工资
54. 每车—英里引擎费用总额
55. 列车员及司闸员
56. 客车修理
57. 卧车修理
58. 货车修理
59. 车厢用油及损耗
60. 车厢上油及检查工人
61. 列车费用
62. 每车—英里车厢费用总额
63. 机车用燃料
64. 供水
65. 每车—英里燃料及用水费用总额
66. 运货损害及行李遗失
67. 存货损害
68. 营救费用
69. 人身伤害
70. 职员退职金
71. 围栏烧毁
72. 法律费用
73. 每车—英里总数
74. 每车—英里运转费用总额
75. 每车—英里保养费用及运转费用总计

每吨—英里铁路运输成本计算公式

$$\text{每吨—英里运转费用}=\frac{\text{每车—英里运转费用(41 至 74 项)}}{\text{每辆火车平均载货吨数}}=a$$

$$\text{每吨—英里车站费用}=\frac{\text{发货车站搬运成本＋到货车站搬运成本(30 至 40 项)}}{\text{运输距离}}=b$$

$$\text{每吨—英里铁路保养费用}=\frac{\dfrac{\underset{(1-29\text{ 项})}{\text{每年每英里铁路保养成本}}\times\dfrac{\text{全部货车每年的车—英里数}}{\text{全部车辆(货车及客车)}}}{\text{每年的车—英里数}}}{\text{每年每英里铁路平均运送货物吨数}}=c$$

$$\text{每吨—英里利息}=\frac{\dfrac{\text{每英里铁路成本}\times\dfrac{\text{年利率}}{100}\times\dfrac{\text{全部货车每年的车—英里数}}{\text{全部车辆(货车及客车)}}}{\text{每年的车—英里数}}}{\text{每年每英里铁路平均运送货物吨数}}=d$$

$$\text{每吨—英里成本总计}=a+b+c+d$$

利用此公式时必须了解……在不同的铁路上，前述的 58 项费用都各不相同，并有各不相同的组合。运转费用（41 至 74 项）中的某些项目随火车重量而变，必须按不同情况个别地予以确定。年平均成本可以作为估算来年成本的依据。除了前述项目外，下面这些项目也常列入计算中：按来回双程计算时，货车每英里的平均货运吨数，每年客、货车的平均行驶英里数，铁路成本，利率，以及每年每英里铁路运货之总吨数。没有这些资料，就不可能正确地计算出铁路的运输成本。

资料来源：艾伯特·芬克，《铁路的运输成本，铁路账目，以及政府关于铁路价目表的规定》（路易斯维尔，1875 年），第 47—48 页。

芬克强调在不同的区段或“支线”(当时是这样称呼路易斯维尔和纳什维尔铁路)上，成本也不同。以运转费用为例，干线的运转费用占总支出的 41.3%，而营运量较小的里士满支线仅为17.6%。车部费用在诺克斯维尔支线上仅占总支出的 4.3%，而干线上则高达 18.1%。格拉斯哥支线的铁路保养费为 9.3%，巴士城支线为 22.5%。干线的利息支出为 26%，里士满支线为 59.2%。根据不同区段在不同时间的费用以及不同区段的物质与经济特征，总主管能够相当准确地分辨出造成不同成本的原因。利用这些长期积存下来的历史资料并经常审阅当前的财务与经营报表，使得总主管能评估各支线及其主管的工作情况。

此外，芬克还强调这种成本分析对票价的制定是极其重要的。他认为“仅仅了解各类支出的平均每吨—英里成本”是“无意义的”，因为“从来没有一种货物是在平均的条件下被运输的”。如果票价是以成本为基础，则“我们必需将货物按影响运输成本之不同情况来分类，并分别确定每一类的成本”。[61] 和任何一位铁路经理一样，芬克也知道在制定票价的复杂计算中，成本仅仅是其中的一项因素。

因此，每吨—英里成本取代了公司收入、纯收入、营业比率等而成为铁路经理监督和评价属下工作的准绳。原因之一是因为收入(尤其是直达线的收入)不容易分配到各独立的区段。其次许多完全不受区段主管控制的因素也往往影响其管辖区内的收入额。因而虽然公司中的财务主管仍然最为关切财务会计和固定资本核算，但成本会计却日益为运输部门所重视并作为一种经营上的、而不是财务上的监督手段加以运用。

大型铁路在财务方面经手的数量以及客、货运量促使铁路经理们、更确切地说,迫使他们成为现代会计的先驱,经营活动的急剧增加造成会计实践的改革。这些在19世纪50年代构想出并于随后几年渐趋完善的新方法,很快便为19世纪80年代兴起的首批大工商企业所采用。直到进入20世纪相当一段时期,它们一直是美国工商企业的基本会计方法,只是在成本会计上作了修改及调整,因为企业的经营活动与运输业的经营活动相差实在太悬殊了。

组织创新的评价

铁路公司是当时最早出现的现代工商企业。它们首先雇用大批支薪经理,首先设有由中层经理管理、高层经理指挥的总办公室,高层经理直属董事会。它们是首先建立起大规模内部组织机构,并严格划分总办公室、各部门和基层单位的责任、权力及联系的美国工商企业;它们也首创财务和统计报表制度用以监督、评估经理们的工作。

它们在上述事项中都走在前列是因为它们不得不如此。当时没有其他企业需要管理分散在如此广阔地区的办事处和如此众多的工作人员,为了管理这个企业必须雇用许多支薪经理,并需要按工作性质组织成不同的职能部门,还必须保持内部信息的经常流通。

然而这些早期的大型铁路在组织、会计和监督各方面所作的改革却超出了当时的需要。只需有初步的组织机构,即使没有明确划分的职权,没有内部审计人员,没有麦卡勒姆、汤姆森、芬克等人设计出的财务会计、固定资本核算和成本会计的程序，这些铁路也能经营得相当不错。事实上许多铁路仍继续使用非正式的独特方法经营了许多年，职权划分及内部联系均不明确，经营和会计资料不精确，资料的整理和分析也缺乏系统。这种情形大多发生在短程铁路或运输量不大的铁路，但是，在高层经理对组织机构问题不大注意的一些较大铁路或运输量较大的铁路上，甚至也会出现。事实上有些铁路的管理质量和内部组织的改进甚至出现了倒退的现象，一个引人注目的例子是投机商控制了伊利铁路，他们的兴趣是倒买倒卖股票而不是提供运输服务。

至 19 世纪 80 年代，19 世纪 50 年代与 60 年代的创新改革已成为所有美国大型铁路采行的标准管理方式。运输量的增加和铁路的不断发展延伸，迫使铁路高层经理们注意他们的管理和资料编制程序。此外，由于铁路经理们变得更为职业化，因而有关信息的传送也就更系统化了。19 世纪 70 年代，组织和会计问题已成为铁路经理们在正式会议中讨论的题目，许多期刊如《铁路报》、《铁路杂志》均撰文评论。另如马歇尔·柯克曼还著有专著《铁路收入：关于铁路组织与铁路进款的收取的论述》[62]对此进行探讨。

这些发生于 19 世纪 50 和 60 年代，而在 19 世纪 70 与 80 年代成为标准作业方式的改革，提高了运输业的效率与生产力。改善后的组织与统计会计作业通过更有效而持续的全面性铁路管理，更能加强现有设备的利用与更迅捷的交付货物。这些改革也使得逐渐进步的技术得到了更充分的利用，如更大更重的机车、更大的车厢、更重的铁轨、更有效的信号器、自动接合器、气动刹车等。这些技术上的改进使得铁路能以更快的速度运送更多得多的载货量。

不过本章中所介绍的组织改革,仅影响了个别铁路的生产力和成绩,尚未及于整个铁路系统。要建立全国性高效率的陆上运输网需要铁路公司间的密切合作,以便交通网能顺利畅通。随着铁路网的逐渐扩充,随着铁路进一步相互连接,从一条铁路至另一条铁路的直达交通日益成为独立铁路公司重要的利润来源。在内战结束后的那些年里,对于新兴大型铁路的顺利发展来说,外部关系正变得和内战前内部组织与监督的发展具有同等的关键意义。

第四章　铁路的联营与竞争

19 世纪 70 年代～19 世纪 80 年代

铁路公司间关系的新格局

到内战爆发时，为铁路公司所雇用的中层与高层支薪经理——这个新经济集团在美国的第一批代表——已建立起一套组织与会计方法，使得他们的企业能够协调并监督以前所未有的速度和准时性运行的庞大的运输量。少数大规模且有管理制度的企业取代了以往负责货物转运的、为数众多的由个人经营管理的小运输公司、船运公司和贸易公司。运送货物或乘客所需的转运次数及手续等均得以大减。1849 年由费城运货至芝加哥至少需经过九个转运站，以及数星期的时间；十年后这段旅程可一趟直达且仅需三天时间。

然而美国的铁路网至 1861 年时尚未完成。主要的河流除密西西比河在罗克艾兰的一段及俄亥俄河在区兹堡的一段外，均没有桥梁连接两岸，以同一城市为终点的不同铁路间也无铁轨相连。各家铁路公司的轨距与使用的设备均不相同，因此一家铁路公司的车辆无法转到另一家铁路公司的铁轨上行驶。在早期，这些差别都是有意造成的，使得由此城市商人出资的铁路所托运的货物不致为其他城市的商人抢走。由于这些原因，铁路经理们直至 1861 年才开始采取组织上的步骤，容许货运车行驶不同铁路公司的铁轨。

因此，转运费用仍然昂贵。在19世纪50年代后期与19世纪60年代早期，一趟转运的平均费用约为每吨7美分至25美分，且货物至少要耽搁一天的时间。①1865年波士顿商会公布在波士顿和芝加哥两地一年的货物装卸费用为50万美元。要减少这方面的开支与耽搁的时间需要各铁路公司的密切合作。

铁路企业间的这种合作是一种完全新的现象。铁路设备以及操作程序上必要的标准化需要在各公司经理间进行仔细且长时间的协商。他们必须先设计出标准化的操作程序与设备，才能付诸实行。

这项合作计划实施后证明极为成功。至19世纪80年代，美国本土的铁路货运已不需要转运。此时几条主要铁路已负起国内大部分长程运输的责任。这种把原先由许多小公司进行的活动和交易内部化的进程开始于19世纪50年代，完成于19世纪80年代。

铁路公司联营的成功也增加了彼此的竞争。随着全国铁路网的扩张，不同铁路间互相连接线的完成，以及随着各铁路公司在物质上和组织上的一体化，直达运输乃迅速发展，于是铁路经营的成败往往取决于直达运输量的多寡。为了保证稳定的运输流量，铁路经理们受到不断的压力而必须设法从别家铁路公司平行的线路上抢夺直达货运的生意。为了竞争，他们降低运费，并积极展开广告与销售活动。

铁路经理们为了控制这种竞争又转而携手合作。为了保持经常不变的运输流量，他们与竞争者和彼此路轨衔接的铁路公司订立非正式的联盟。但当日益加剧的、为获得直达运输的压力与竞争削弱了这种联盟时，铁路经理们乃订立更正式的联盟，建立了美国企业史上规模最大且最复杂的卡特尔之一。但这些卡特尔并未发生什么实际效力，如果说促进了直达运输的铁路联营乃是一个巨大的成功的话，那么，为了控制竞争而组成的卡特尔便是明显的失败。

中层与高层经理的新阶层负有规定公司与公司间的新型关系的责任。兼任的董事们没有时间、没有经验，也缺乏技术上的知识及能力来解决有关联营及竞争的复杂问题；处于最低一级，也即区段一级的经理们，则已将全部精力投入安全和高效率的行车及交通调度上，于是达成全国铁路网所不可少的组织程序的设计及技术的标准化的开展，这些工作便落到中层经理身上，经常商量并协力应付各种复杂问题，使得这些经理具有一种从事专门职业的意识，这在美国企业史上是不曾有过的。

高层经理在更具战略意义的一些问题上处理与其他铁路公司的关系。他们决定何时在何处结为联盟，组织卡特尔，并决定何时废止它们。这些决定需要得到董事会中股东代表的同意，通常高层支薪经理和董事们在有关联盟与卡特尔的战略决策上能够取得一致的意见。但在不能取得一致意见时，经理们往往自行其是。

扩大直达运输的合作方式

将不同的铁路公司合并到单一的全国性运输系统之中，需要铁路经理们在三方面通力合作：他们必须将许多铁路连接起来；必须设计统一的管理上的、会计上的和其他组织上的作业程序；必须商定采用标准化的技术。在铁路连通以前、作业程序和设备统一以前，货物不可能迅速而顺利地穿过不同的铁路来运输。虽然铁路经理们在19世纪50年代就开始在前述三方面进行合作，但到19世纪60年代和70年代才取得了重大进展。至19世纪80年代，这种合作达到了最高潮，从而使全国性的铁路网得以完成。

建立全国性铁路网的三项必要条件中，将铁路连接起来是其中最容易完成的一项，桥梁建筑通常只是内部问题。当两条铁路终止于河流的两岸时，两家铁路公司总是成立一家合资企业来修筑和保养连接二者的桥梁。终止于同一城市的多条铁路亦组织类似的合资企业来修筑使彼此连接的环状路线和设备。至1870年，哈得孙河、特拉华河、波托马克河、俄亥俄河、密西西比河和密苏里河上均已建有铁路桥梁，且往往不止一处。② 19世纪70年代内，芝加哥、辛辛那提、印第安纳波利斯、巴尔的摩、里士满以及一些较小的城市都修筑了连接铁路的环状路线和设备。③ 在一些商业中心，铁路经理亦设计出合作方法，可在调车场中调度和编组不同铁路公司的列车。

为保证行经多条铁路的直达货运和客运能顺利通行而制订统一的管理程序这一工作，较连接铁路的工作要复杂得多。首要的工作是制订统一的货运分类和货运运费以及商定直达客运的票价和时间表。如何在参与直达货运或客运的各铁路公司间分配收入以及付款方法也都必须加以确定。

19世纪50年代中期，在一些铁路公司的会议上开始逐步拟定一些初步的作业程序。新兴大型铁路的高级主管在其铁路完工或将近完工时，开始就这些问题进行协商。1854 年 8 月，把宾夕法尼亚铁路修筑到匹兹堡时，其董事长和总主管与巴尔的摩—俄亥俄铁路、伊利铁路、纽约中央线及其西部连接铁路的董事长和总主管进行会谈。④同年 10 月，老西北区的其他一些铁路也召开了类似的会议，次年 3 月南方许多铁路的高级主管也展开会谈。召开这些会议的目的是要拟定办法妥善解决联营铁路上的直达客货运，也就是当时宾夕法尼亚铁路董事长汤姆森所谓的“希望能通过总原则以管理互相竞争的铁路公司，并防止毁灭性竞争的发生”。⑤初期的这些会议中，讨论的重点几乎完全是直达客货运，至于本地客货运的费用则完全由该铁路公司自行拟定。

铁路经理在拟定制定运费的一般原则时，正如他们在设计其内部组织结构和管理程序时一样，几乎没有什么先例可循。当时的商人和工厂主除了在地方市场上按供求关系来规定价格外，没有什么机会制定有系统的价格政策，只有运河提供了一点经验。不论州立或私营运河均以载货类别为基础来计算船只的通行费用，⑥载运笨重货物者的付费要低于载运重量较轻但价值较高的货物者的付费。早期的铁路也采用了类似的笨重货物和轻巧货物的基本分类的做法。

在 19 世纪 50 年代举行的铁路会议中，董事长和总主管们一致同意以交运货物的价值为计费标准，而不是按照运输的实际成本来计算。他们所持的理由和较早的运河主管一样，如果不如此计算，笨重货物的运费将高得令人不敢问津。至于会议决定采用的货物分类，仍遵循宾夕法尼亚铁路设计的分类方法，四大项分类中共有两百多条细目。⑦最轻巧的货物列入第一类，它们包括书本、地毯、仪表、餐具、纺织品、鲜蛋和鲜肉、酒、毛织品等；最笨重的货物列入第四类，它们包括煤、木材、谷物、猪油、铅、织布机等。一旦会议商定了基本分类法，这些铁路的货运代理商就制定出每一项货物的公定“运费表”。

如果说制定价格的首要原则是恰如其分地收取客货运费用，则第二个原则便是价格的弹性了。例如在大货主交运大量货物，或单程运货而必须争取回程载货（如每年秋季谷物的运送即为一例），或货物未载满时，均须降低价格以争取客户。正如宾夕法尼亚铁路的赫尔曼·豪普特于 1852 年提到票价时所说的：“放之四海而皆准的一个原则……，就是在情况需要时必须有所更动；没有别的方法可以使得铁路管理获得成功”。[8] 在 19 世纪 50 年代中期举行的各次会议中，铁路经理们企图合理地处理这些特殊情况并使之成为正式条例。然而确定哪些情况应属于特殊情况是一项十分困难的工作，结果使得运价中的差别对许多托运货主来说带有武断性而且欠公平。

和所有一切国家的铁路一样，美国铁路从早期开始即以合作的态度议定基本的地区运费，铁路会议在内战期间只是偶尔召开，战火绵延使得许多地区的交通陷于瘫痪，但同时也使得交通因而大为扩展。内战结束后，铁路会议再度恢复定期举行。随着新形态客货运业务的出现以及现有直达货运在“量”与“方向”上的改变，“公定”价格也有所调整而且货物的分类也有了修改并扩大了范围。在这些会议上，铁路公司一致同意维持原来的价格系统。但个别铁路公司的经理们私下常以减价来吸引客户或迎合货主，尤其是交运大量货物时，价格往往在铁路经理与客户协商下，以秘密回扣的方式降低,有时更是公开的降价。然而除了1857年经济恐慌后的一段短时期外,铁路经理们还都能尽量保持公定的价格。这种情形一直持续到1873年开始的经济萧条,从那时以后,即进入了铁路竞争的时代。

协调直达运输流量的另一件重要工作,是改善穿行于不同铁路间客货运的调度安排,各铁路公司虽然在早年即共同解决了售票与时刻表等问题,但在协调直达货运流量方面所做的工作仍嫌不足。直到内战结束后,铁路经理们都忙着完成铁路的修筑工作与建立其内部的管理结构与作业程序,无暇注意公定价格的制定与货物的分类。这时候一种新形态的企业——捷运公司——开始经营轻而贵重货物的运送。

捷运公司最早出现于19世纪30年代末期与19世纪40年代早期,开始时仅在当地运送货物。至19世纪40年代末期与19世纪50年代,第一批捷运公司的负责人如威廉·C.法戈、威廉·F.哈登和阿尔文·亚当斯等眼见已具备一个正在不断扩大但组织上尚未统一的全国交通网,如用以运输货物,当为获利的大好机会。随着铁路网的不断延伸,他们的公司以及其他一些新成立的捷运公司的经营也开始扩展到全国。它们接着也开始运送一些比较笨重的货物。

19世纪50年代中期,新兴大型铁路与捷运公司开始缔结互利的盟约,一条铁路与一家捷运公司签订独占合同以后,在运输量方面就更有保障。同时捷运公司通常都自备有运货车厢,铁路公司在车辆上的开支因而得以减少。捷运公司得到的回报则为特别优惠的运费。

这种合作情形首先出现在东、西岸干线上，不久便传到美国的其他部分。凯森捷运公司（也就是后来的商业捷运公司）和威尔斯·法戈公司与纽约中央线签订了最早的这种独占合同。⑨接着伊利铁路也与美国捷运公司和大西部捷运公司签订了类似合同。宾夕法尼亚铁路则不愿那么快就与一两家捷运公司建立过于紧密的关系。在一种较不正式的基础上，宾夕法尼亚铁路与亚当斯公司及一些其他公司实际上也已进行合作。

到了19世纪60年代早期，宾夕法尼亚铁路采行的办法不是依赖已有的捷运公司，而是资助成立新的公司。⑩它在1863年协助组成联合通运公司代为筹集资本，且让该公司利用宾夕法尼亚的铁路来载运进出中西部主要商业中心的货物。1865年，第二条捷运路线，帝国运输公司成立时，它也起了重要的作用。成立帝国运输公司的目的是要吸引宾夕法尼亚西部新开辟油田的货运，由宾夕法尼亚铁路公司新近完成的、从油田到沿海地区的路线来承担。⑪帝国运输公司在短短几年内就成为全国最大的捷运公司之一，它拥有4 500个车厢，包括货车厢、冷藏车厢、平台车厢和油罐车厢，此外还有18艘湖上汽船以及位于伊利、纽约、费城和其他东部港口的许多谷仓、货仓和油库。它的代理人遍布东部和中西部两万英里铁路线上。作为石油运输的先驱者，它甚至拥有自己的输油管。

到了19世纪60年代后期，当几乎所有的铁路公司都已经和庞大且日益强有力的捷运或快运公司结盟以后，铁路公司的经理开始发现他们自己的企业正在遭受侵蚀。⑫他们的董事常常也是所结盟捷运公司的董事。这些人重施他们在建筑公司的故伎，利用捷运公司把铁路公司本身的利润吸收殆尽。捷运公司在价值高的货物的运输上大捞油水，而铁路公司却要在利润很低的、笨重货物的运输上惨淡经营。此外，捷运公司对运费的稳定，构成了持久的威胁。

干线和其他主要铁路的反应是成立“联营的捷运公司”，自己来经营此项事业。第一家是成立于 1866 年的红线公司，通行于纽约、波士顿和芝加哥之间。第二家是蓝线公司，于 1867 年 1 月开张，利用通往大湖区北部的铁路，也在这三个城市间穿梭。绿线公司成立于 1868 年，承担南方大多数路线上的货运。不久之后又有白线公司，承运通往太平洋沿岸的货物。

这些公司在法律上并不是独立的企业，毋宁是一个联营的货车公司，它由一独立行政组织管理。参加联营的各铁路公司拥有各自的车厢。它们要将其在直达运输上的收入，抽取一定比例的配额，提交联营的行政组织。每家公司可向行驶于其铁路上的别家公司的车辆收取里程费用（通常每辆车厢每英里收费 0.5 美分）。如果是非联营成员的车厢，则每英里收费 1.5 美分。联营的总部保有车辆运行的记录，每个月底结算收支差额。

联营计划实施的效果良好。1874 年，国会的一个调查报告指出，“实际上美国所有的”运输都是由捷运公司承运。而它们大都是联营公司。到了 1877 年，那些不是联营的公司，包括商业捷运公司，大西部捷运公司，和帝国运输公司等，都被曾与之结盟的铁路公司所收买。至于硕果仅存的几家公司——亚当斯公司、美国公司、合众国公司及威尔斯·法戈公司等，则恢复早期的做法，把业务集中于价值较高的货物的运输上，而停止经营最低级货物的直达运输。⑬

联营在管理快速、可靠、按时的直达运输的安排方面，依靠两项组织上的创新。其一是直达运输提货单，其二是列车记录员办公室。直达运输提货单在邮船公司、驿马车公司和其他由个人经营的小型货运公司时代，尚未问世。它是19世纪50年代中期，当一些干线铁路公司和它们的连接铁路公司，开始实施穿越数条路线的货运时出现的，⑭到19世纪60年代趋于完善。直达运输提货单上载有付运货品的详细名目，运送路线及应缴费用。发货人、收货人以及负责运送的承运人——最初是捷运公司，后来是铁路公司——都保有一张提货单的副本。到了19世纪70年代，捷运公司更对提货单上所列的货品数量加以保证。有了这层保证之后，提货单很快就成为可以转让的商业票据，并作为交易中的一种正常媒体而被使用。⑮

在设计提货单以用于直达运输的同时，人们也在改进提货单以用于当地的贸易。⑯运往一个城镇的货物都装在一个或几个车厢里，它们留在侧轨上等待火车离去后卸货。监督卸货的站长然后通知本地各客户，他们的货物业已到达。至于小件货物则装在"散装车厢"里，火车尚未离站时，就被卸下。提货单的副本会送到铁路公司审计员处。他把发货代理商记到贷方，而把收货代理商记到借方。审计员的账目要和车站管理人员的日报表互相核对，这样就改进了对货物装运及有关财务交易的监督。

不过即使在铁路公司通过捷运公司，联合经营其设备以前，一些大铁路公司就已设立了一个列车记录员办公室，记录行驶于其铁路上"外来车厢"的位置及里程，同时也记录自己车厢行驶于别家公司铁路上的位置和里程。[17] 19 世纪 70 年代，这些外来车厢包括少数工业公司的油罐车和煤车，普尔曼卧车公司及其较小的竞争对手所经营的餐车和卧车，以及其他铁路公司和捷运公司的车厢。随着列车记录员办公室作业的完善，铁路公司对联营捷运公司的需要也就降低。到了 19 世纪 80 年代和 90 年代，直达运输流量的协调，日益由铁路公司的客货运经理处理，而不是通过联营的安排。

铁路公司不断增加的直达运输业务，加上从外面接收过来的捷运公司的直达运输业务，使得负责招揽、运输和交付货物的铁路经理们的任务大为吃重。随着 19 世纪 70 年代不景气而引发的剧烈竞争，公司财务的成功与否日益取决于这些经理经营的好坏。因此在 19 世纪 70 年代，负责客运和货运的经理不再向运输部门的总主管提交报告，而自成一个独立部门。这个新成立的交通部门很快就获得与财务部门及运输部门相等的地位。

美国铁路公司通过多种组织手段，以上述这种未经计划的、个别处理的方式将原先由数百家小企业处理的活动和交易融合起来。美国的陆上运输，经由捷运公司、联营公司到最后大铁路公司的交通部门，从而完成了从市场协调到通过管理加以协调的转变。无数的佣金代理商，货运业者，捷运公司以及篷车、驿马车公司，和运河、湖泊、河流及沿海岸的船舶运输公司都消失不见了。取代它们的是少数多单位的大铁路企业。其结果是，一趟装运和一次交易可抵得上从前的许多次。19 世纪 40 年代开始的转变，到 19 世纪 80 年代才实际完成。

19 世纪 80 年代和 90 年代早期，美国铁路在组织上和技术上的创新及标准化达到了顶点。那几年美国铁路公司确定了标准轨距和标准时间，并且朝向基本设备的标准化迈进，这些设备包括自动接合器，气动刹车器，阻塞信号系统，并采用了统一的会计作业程序。[18]从1886年5月31日至深夜起，全国所有还使用宽轨的南部铁路公司，都同时把轨道换成4′8 $\frac{1}{2}$″的标准轨距。1883年11月18日，星期天，铁路的所有从业人员（以及他们的大部分同胞）都同时把手表对准新设立的统一标准时间。1893年通过的铁路安全运行法案，规定凡不使用标准化自动接合器和气动刹车器的列车为非法。1887年通过的美国州际商业法案，又为铁路公司规定了从四分之一世纪以前发展起来的铁路会计的统一作业程序。所有这四件事都是铁路经理20年来不断协商和合作的结果。

为了使这业已成为全世界最庞大的运输网络成为一整体所需的合作，促使铁路经理产生了一种专门职业的意识。中层经理定期聚会讨论他们在执行不同职能时所面临的一般问题，他们很快就成立了永久性的半职业性协会。1861年以前，成立了一些区域性协会（主要在新英格兰），而在内战后的20年中，几乎所有的全国性团体都出现了。到了19世纪80年代早期，几乎每一类主要的铁路活动都成立了这种协会，诸如美国铁路管理协会，美国铁路总机械师协会，车辆制造业者协会（该协会的会员，来自铁路工厂的比来自制造公司的多），美国铁路修路监工协会，全国普通客运及售票代理人协会，全国铁路代理人协会，美国车票经纪商协会，普通行李代理人协会，铁路主计员、会计、审计员协会（不久就简称为铁路会计员协会），铁路巡回审计员协会，列车记录员协会，美国列车调度员协会，以及铁路电报主管人协会等。在每半年一次的会议里，上述每个协会的100至150名铁路经理要听取有关的论文并讨论相互感兴趣的技术问题。在全国性协会的休会期间，这些经理和其他人员也常出席较小的区域性分支机构的会议。

19世纪70年代和80年代，在这些会议上所提出的论文和委员会的报告，都在铁路刊物里进行了编目。几乎没有一次会议不讨论有关作业程序和设备的全国标准化的问题。例如，根据《铁路报》的报道，在1885年6月车辆制造业者协会召开的会议上，会议主席利安德·加维在致开幕词时指出："有很多标准……现在要付诸表决。在12件要付诸表决的委员会报告中，有5件是建议新标准的"。加维先生还特别强调，迅速表决有关车辆接合器问题的紧迫需要。⑲同一个月里，列车调度员协会在丹佛开会，并且"在会议的第二天就考虑有关列车规则和命令的统一制度问题"。8月下旬，同一报纸关于铁路巡回审计员协会会议的报道指出："进行了一个下午的会议，中心是讨论各种不同的铁路会计制度，会议的目的是促进方法的统一。在铁路经营实践中，若干有关互相交换资料的问题也在讨论之列"。有关其他的铁路专家会议的类似评论，也出现在这一时期的《铁路报》和其他的铁路报纸上。协会的数量不断增加，其地位也趋于巩固，它们走在学术性团体的前面。例如，美国历史学会成立于1884年，美国经济学会成立于1885年，而美国政治学会则迟到1902年方才成立。

那些在协会会议上定期聚会以讨论他们所从事的、独特的铁路工作活动的人士，日久就滋生出一种美国生意人以前不曾有过的职业性专门知识的意识。这种职业性意识又因阅读同样的刊物和遵循相同的事业生涯而更形加强。19世纪70年代和80年代，一些主要的铁路刊物——《铁路报》、《铁路世界》以及《铁路和工程杂志》(该刊物是普尔的《美国铁路杂志》的后继者)——都集中力量报道技术方面和专门职业方面的事件。大多数阅读这些报纸并出席全国性协会会议的经理,都是从管理阶梯的最低一级走上来的,他们通常都从担任学徒开始,例如办事员、推销员、送信员、报务员、测量标尺员、测量皮尺员或机械师的助手等。[20]他们大多知道,在沿着管理阶梯上升时,他们会呆在相同的专业领域,并且往往在其整个事业生涯中受雇于同一家公司。

那些进入建筑、路线保养或机械等部门管理阶层的人员,通常都受过土木工程或机械工程的大学教育。事实上,美国工程教育的兴起,至少有一部分原因是为了满足美国铁路对受过训练的土木工程师和机械工程师的需要。19 世纪 50 年代和 60 年代,哈佛、耶鲁、哥伦比亚、宾夕法尼亚和弗吉尼亚等一些主要的高等学校,都举办了四年制的专业化工程学教程。同样的情形也出现在麻省理工学院及政府赠予土地的一些新学院内。这些训练有素的工程师于 1867 年恢复了美国土木工程师协会的活动。铁路人员在内战前的年代里,曾打算建立该社团而未果。[21]

因此,到了 19 世纪 80 年代,美国的铁路经理已具备了职业化人员所应有的标准条件。他们拥有自己的社团和刊物,他们毕生沿着一条确定不移的事业道路前进。这时,他们已自视、也被别人目为一种与众不同的新兴商业阶层——美国首次出现的职业化商业经理人员。

促进铁路经理职业化的联营,提高了美国运输系统的生产力。组织上和技术上的创新由于受到支薪经理的反复讨论,因而得以蓬勃发展并为铁路公司采用。职业性的交流促成了机车、铁轨及其他设备的改进，并促进了接合器、气动刹车器和信号的标准化。因为这些产品的设计和改善是由铁路公司的有关部门主持其事，制造业者只是依前者所确定的规格制造而已。此外，内部组织改革的先驱者为个别铁路所赢得的成就，也由许多支薪经理们通过不断的商议和合作，在全国性运输网络上实现了。这两种创新——组织上的和技术上的——使得通过管理而协调运输成为可能，且其效率远非铁路以前时代的市场协调所能比拟。

19 世纪下半叶，美国铁路公司的生产力有了令人惊异的增长。艾伯特·费希洛曾经以定量方式，说明并分析数量的大量扩张及“铁路服务价格的相对急剧降低”。㉒“在 1838 到 1910 年间，铁路服务每年以 11.6％的增长率增长，而(国民)收入和商品生产只以其 1/3 的速度增长。事实上，全国没有一个重要部门能以同样快的速度增长。如以 1870 年为基准，则所得的结果还是一样，只不过其优势没有这么明显。”㉓同时，“实际的运费比 1849 年降低了 80％，乘客票价则降低了 50％”。费希洛将这种基本改进归功于机车和车辆的大小和效率的增加，以及最重要的，重轨的使用。他也指出，由“非正式的、工业界的协会及委员会”所促成的设备标准化，以及随着公司的扩大而形成的规模的经济性和专业化，两者也都具有巨大的价值。但是他认为，所有这些改进，只是促成 1870 年到 1910 年之间生产力增加的一半原因。㉔他指出，教育水平的提高及工作人员经验增加的重要性，当有助于说明问题的另一半。

当然，由铁路经理所完成的组织改革，以及他们自身的充分训练和职业化，也都起了一定的作用。有些生产力的增加肯定源自管理上的改善，它使车厢能够得到更集约的利用，并使运输流量能以更快的速度穿越各铁路公司的路线及全国的运输网络。使货运车辆在穿越数条路线时，无需反复上下卸货，也有助于降低用于设备方面的资本支出，以及用于支付燃料和劳力费用所需的周转资本。各种经营管理协会经常就所有类型的技术和组织革新进行讨论，进一步提高了生产力并降低了成本。美国最初的这种现代多单位企业中经理之间的密切合作，对于提高运输的速度和准时性以及降低成本来说，作出了引人注目的贡献。而且，正如以后各章中所将分析的那样，运输的经济性和速度，为 19 世纪后半叶美国的生产和分配中所发生的机构的改变提供了重要的基础。

控制竞争的合作方式

在探讨新的运输系统在生产和分配过程的大变革中所起的重大作用以前，需要对这种最初的现代工商企业成长的经历，作出它的逻辑上的结论。虽然到了 19 世纪 80 年代，铁路公司已结合为一个单一的全国性网络，但是各铁路公司永久的形式并没有确定下来。网络是由拥有几百英里铁路的无数铁路公司所共同经营。19 世纪最后 20 年间，经营 5 000—10 000 英里铁路的庞大系统，才从那些最早成立、也历时最久的大铁路公司中冒出来。到 1900 年，这些系统就已经扩张到它们一直到 20 世纪下半叶都没有什么变动了的地理疆界。这些全国最初的现代工商企业之所以迅速成长，几乎可以说完全是由于竞争以及为控制竞争而采取公司间的合作遭受失败所造成的结果。

铁路公司间的竞争,和传统的小型单一单位的商业企业或工业企业间的竞争,很少相似之处。铁路竞争呈现了一种全新的商业现象。从来没有过像这样为数极少的几家大公司,为了同样的生意如此角逐过。也从来没有过竞争者需要负担这么高昂的固定成本。固定成本是指不随载运量的多少而改变的成本,在 19 世纪 80 年代平均占了总成本的三分之二。[25]这种成本所造成的无情压力,很快就使铁路经理认识到,不加控制的运输竞争,其后果将是"毁灭性的"。铁路公司只要还有可用的载货车厢,它就老是忍不住要用降低运输费的手段以争取运输量。任何运费只需要高于载运一趟货运所需的可变成本,就能为铁路公司带来一笔额外收入。通常参与角逐的公司要想保住运输量的惟一办法,就是在价格上也作出类似的让步。那些路程较长、地点欠佳,管理又失当的不良公司往往首先屈服。它们需要有客货运量以保持财务上的支付能力。假如这种策略导致无偿付能力,这家公司实际上反而处于有利的竞争地位,因为它们不用支付其债务的固定利息了。由于美国的铁路公司大多是通过发行债券筹集资本,所以利息费用非常可观。无论是对铁路公司的经理还是对投资者来说,看来这种竞争的必然结果就是大家同归于尽。

从一开始,铁路界人士就寻求通过公司间的合作来控制竞争。一旦付诸实施后,公司就遵行一种可以恰当地称之为"领域策略"的办法。[26]铁路经理希望能通过和他相连结或者相互竞争的公司的非正式结盟,以维持能保证收回在设备上的投资及利润所必需的运输量。这种结盟允许铁路公司在其原先建立的"当然领域"内提供运输上的服务。只有当结盟无法维持穿越各路线的持续运载量时，才允许建造或收买支线。

只要直达运输能不断扩大，这种非正式的结盟就能将领域策略加以有效地运用。但是，一旦直达运输量下降，竞争压力增大时，铁路公司的经理和老板即发现非正式的结盟并不敷运用。他们日益转而采用更紧密和更正式的合作方式来控制竞争。只是在最一致及最深思熟虑的合作企图失败以后，许多铁路公司才改弦易辙，以建立大型铁路系统为工具，来消除毁灭性竞争的威胁。

要想了解正式的合作方式在控制竞争方面所作的后期努力，必须先对早期的结盟政策作一番回顾。19 世纪 50 年代，虽然不是全部，但许多主要铁路公司在完成，或甚至尚未完成铁路的修筑以前，就采行结盟政策。与连结铁路结盟的政策又因购买支线的证券而更形加强。例如，宾夕法尼亚铁路公司于 1852 年开始投资于铁路事业，接着便从匹兹堡修筑往西的铁路。1858 年，该公司已在匹兹堡、韦恩堡、芝加哥公司和斯托本维尔、印第安纳公司以及马利他、辛辛那提公司共投资 160 万美元。[27]巴尔的摩、俄亥俄公司在 19 世纪 50 年代也采取同样的策略。中西部最早的一些最大铁路公司——中部密歇根公司和南部密歇根公司——也竞相仿效。投资者首先帮助组成芝加哥、伯灵顿、昆西公司和新奥尔巴尼、塞勒姆公司并代为筹集资本；随后又资助成立罗克艾兰公司。这两个集团接着又资助横越衣阿华的连接铁路线。其他来自芝加哥的铁路公司，包括芝加哥和西北公司，密尔沃基和圣保罗公司以及中部伊利诺斯公司，也都照此行事。在南部，乔治亚公司和南部乔治亚公司，也投资其西行的连接铁路。

铁路公司在与竞争公司结盟的同时，也与线路相连接的公司互相结盟。19世纪50年代中期,铁路的高级主管在各种区域性的会议上尽力解决有关制定运费的原则的问题,且首次为他们的领域规定了公定的运费。他们还同意不利用降价,也不过度运用代理商或"兜售者"去招揽生意。㉘不过他们却没有提出什么手段来执行这些决定。只有横越东西的各干线铁路公司,才在1857年的经济恐慌造成客货运量减少及竞争加剧后,于1858年成立了一个执行决定的组织。然而该组织一直到内战期间被废弃以前,并没有做什么事情。㉙

内战以后,这些非正式的结盟开始变得紧张起来。这不仅因为如前所述,直达运输对铁路公司的盈利日益具有头等的重要意义,而且还因为情况已不再像1861年以前那样,两地之间只有一条铁路线,现在则总有几条路线可供选择。支线公司也不再对其资助者那么依赖和百依百顺。独立的财务上的需要,导致它们去寻求客货运的其他来源。与此同时,一些别的主要铁路公司开始与竞争者的支线公司相结盟,或甚至买下它们。事实上,就是因为杰伊·古尔德于1869年企图控制宾夕法尼亚铁路公司在匹兹堡的西部连接线,而促使宾夕法尼亚铁路公司的董事长建立起美国最初的庞大自给系统。不过,除了巴尔的摩、俄亥俄公司以外,直至19世纪80年代以前,没有其他的美国铁路公司效法宾夕法尼亚铁路公司的先例。

美国的铁路经理们希望通过合作来达成对竞争的控制,持续了10年以上。他们宁可固守结盟的策略,而不愿像宾夕法尼亚铁路公司那样去建立庞大的系统。反对扩张的经理认为,任何超过500英里太多的铁道都太大、太复杂而难于管理。投资者的态度更顽固，因为大量扩充需要巨额费用，这将减少可供作为红利发放的资金。此外，投资者和经理还持有不建立庞大铁路企业的另一个理由。他们的论点和J.埃德加·汤姆森力主保持宾夕法尼亚铁路公司在1869年以前的结盟体系时所持的理由差不多：

> "自从美国银行倒闭以后，对大型公司的偏见就非常明显。本公司的政策首先是通过保护各独立铁路公司的组织，以控制这些连接线，并以影响本行业所需的金钱资助，来控制它们的铁路修建。大家确信，这一方针将能满足所期望的目标，而无需本公司直接管理远处的企业。"[30]

尽管如此，在19世纪70年代早期，许多铁路公司日益感到难以维持结盟策略。在干线公司领域内，竞争还不是最主要的问题。保罗·麦卡弗依是研究干线公司竞争最透彻的学者，他曾指出，直到1874年，"在大宗货运上，一般都能遵行公定的运费规定"。[31]但是在南方，铁路公司发觉，为了维持在其领域内的地位，它们不得不购置或修建超过实际所需的铁道。[32]而在西部，谷物贸易构成了直达货运的绝大部分，有些公司正在设计维持运费的新方法。它们曾经成立一些非正式的共同经营方式，以分配各公司的客货运量和利润。他们设想这样的分配将消除降低运费的诱因，因为压低的运费不会带来更多的客货运量或收入。1870年，伯灵顿公司、罗克艾兰公司以及芝加哥、西北公司共同成立了一个非正式且未经签署的货币联营——衣阿华联营，三家参加联营的公司各交出其货运收入的50%和客运收入的55%在三家公司之间平均分配。[33]1874年9月，这三家公司又拉拢芝加哥公司和圣保罗公司采取同样的联营方式。随着营业的下降，全国各地其他公司也开始组织非正式的客货运和货币联营。

随着1873年以后不景气的袭击，几乎所有的经理和投资者都认定，非正式的合作方式已不能解决问题。日益尖锐地、拼命地争夺客货运量，使运费协议遭受破坏、荡然无存。秘密回扣的做法越来越普遍，各公司很快就公开降低运费。非正式的联营也无法维持运费，它的成员承运并非分配给它们的客货运，并且往往交不出应由联营重新分配的收入款项。有些铁路经理断言，宾夕法尼亚铁路已提供了正确的答案，他们催促董事会建立类似的、跨区域的庞大自给系统。然而对大多数经理来说，这种大型企业的管理问题仍然是难以克服的。而对几乎所有的投资者而言，在当时红利已经很少的不景气年代中，建立此种系统的费用简直是无法加以考虑的。19世纪70年代中期，美国铁路公司又企图抓住另一种解决办法来应付毁灭性竞争的威胁。他们决定把脆弱、松散的结盟转变成一种坚强、组织严密、精心管理的同盟。

卡特尔

对付竞争的答案就是采取更好的合作方式。正式的同盟成立了，并且很快就有了自己的立法、执行和裁决机构。最先成立正式卡特尔的是最大且最强有力的铁路公司——干线公司。

建立同盟发生于1874年夏季，当时不断下降的客货运量加剧了降低运费的压力。[34]该年夏天，宾夕法尼亚铁路、伊利铁路及纽约中央铁路的董事长和总经理（不包括巴尔的摩、俄亥俄铁路）及其西部连结线公司的高级主管们在萨拉托加温泉开会。根据托马斯·斯科特(他刚接替J.埃德加·汤姆森成为宾夕法尼亚铁路公司的董事长)的记载,与会者和20年前的他们的同僚一样,希望消除和争取客货运量有关的"一切佣金、代理费和外加费用"。更重要的是,由参加的铁路公司成立一管理机构——西部铁路局——用来维持东西干线上一些大站间的运费。该局有强制的权力,包括开除故意降价的铁路员工。此外,这三家公司还成立一个委员会,他们认为这是一个客观的外在机构,可以检查并监督运费制定过程:

委员会将由三名熟悉铁路交通事务,与各公司既无利害关系又无正式关联的绅士所组成。该委员会有权每隔一定时间制定对公众合情合理并且公平的合适运费,它还要在未来制定出对每一装运业者而言统一且相同的运费。[35]

这三家干线铁路公司的董事长又于11月到达巴尔的摩,试图说服引人注目的缺席者加勒特同意这些方案,这位巴尔的摩、俄亥俄公司的董事长当时含糊其词,他想先看看将近完成的一条直通芝加哥的铁路会给他的生意带来什么效果。他希望他的自给系统的完成,当能排除参加该同盟的必要。但是,在该年年底以前,巴尔的摩、俄亥俄公司降低了巴尔的摩和芝加哥之间谷物及其他第四级货运的运费,它的竞争者也跟着照办。1875年,加拿大大干线公司一家新竞争者,也开始经营从缅因州的波特兰,经由蒙特利尔到底特律的铁路运输,介入了东西路线间的角逐。它的策略是暂时和中部密歇根公司及中部佛蒙特公司结成联盟,将其连接线延伸至芝加哥、波士顿与纽约。[36]并马上以降低运费来争取客货运量。第二年就爆发了全国前所未见的运费大减价。在随后召开的谈判里，巴尔的摩和费城的商人支持他们的铁路公司的要求：从西部城市到他们港口的运费应该比从西部城市到纽约的运费为低。但新英格兰的生意人则支持大干线公司的要求，认为到波士顿和波特兰的运费应和到纽约的运费相等。[37]

1877年春季，这些精疲力竭的公司终于同意妥协。[38]几家干线公司在5月5日签署了海岸差别协议，并由一个新成立的中间组织执行。新的运费结构接受了纽约对手的要求，使费城和巴尔的摩西行的运费比纽约西行的运费稍低，而波士顿则和纽约基本上相等。5月23日又出现一个新协议，通过分配运输量的办法而减少在新制定的运费表上行骗降价。纽约中央铁路公司和伊利铁路公司各占西行运输量的33%，宾夕法尼亚铁路公司占25%，巴尔的摩、俄亥俄公司则占余下的9%。这一次加勒特不再反对了。这三家铁路公司的董事长接着又邀请艾伯特·芬克来领导他们东部干线公司协会的执委会。建议由他成立管理办公室来执行并加强这些协议，并协助他们的西部连接线公司也达成类似的协议。

芬克当时正管理南部一个相似的组织。南部的铁路和波托马克河以北地区的铁路不太一样，因为是在大城市间，只有少数几家互相竞争的公司。另一方面，在进行直达运输时，又存在着许多条可供选择的路线。这些路线通常都将货物运到沿海港口，再由沿海轮船送往纽约及其他北部港口。甚至还在不景气以前，这些财务脆弱的铁路公司就一贯以削减运费来对付不断下降的运输量。1875年，南部的运输公司在亚特兰大的一次会议上，很快就接受了当时还是路易斯维尔和纳什维尔公司高级主管的艾伯特·芬克的一项建议，成立一个协会或同盟来分配各竞争公司交会地点的运输量。[39]分配的依据是协会的统计局所确定的目前实际存在的格局。南部各铁路公司的董事长随后又劝请芬克担任南部铁路和轮船协会的首席委员。

当芬克于一年半后任职东部干线协会时，他运用了他在南方已经实施的方法。[40]他的第一项工作就是使竞争公司间的区域性会议正式化，使他们定期举行会议，决定本地的和区域间的运费及货物分等办法。他同时又在纽约成立一个很快就有 60 多名职员的大助理室，负责收集目前的运费和运输活动的信息，供委员会参考使用。他还召开各种碰头会，用来调整和执行有关运费和分配的决议以及审查来自各方的控诉。

芬克的下一步工作就是把通往西部和新英格兰的连接线公司也吸收进协会。1878 年夏天，在芬克建议下，中西部铁路公司成立了西部执委会，制定东行的运费并分配货运量。接着，根据 12 月签署的一项协议，参加协会的各铁路公司成立了一个以芬克为主席的联合执委会。该执委会对于东部和西部区域委员会或协会所制定的一切运费，具有最后批准权。不断的控诉和突然爆发的一阵降低风，使人们感到必须搞正式的合作才能解决问题。[41]

根据一项新的协议，所有未经全体一致通过的有关运费的诉讼，都要交由主席处理，“他将根据是非曲直加以裁决，此项裁决与执委会经全体一致投票通过的决议，具有同等的效力”。不久之后，执委会的权力再度扩大，但同时也成立一个仲裁局，接受对芬克行为的控诉，并审查及裁决所有被控告的破坏协议行为。该局由当时最能干而且最受尊敬的三名铁路专家组成：马萨诸塞铁路委员会的主席查尔斯·弗朗西斯·亚当斯，经济学家戴维·A. 韦尔斯及一名长期担任宾夕法尼亚铁路董事的费城人,约翰·A.赖特。在几乎两年的时间里,这些新管理人员维持住了干线路线的直达运费。

艾伯特·芬克采用这种方式,在1878年年底组成了一个几乎包括俄亥俄河以北,密西西比河以东的所有铁路公司的同盟。1879年12月,他在联合执委会在芝加哥召开的首届年会上所作的报告中指出:

> "这是第一次,你们实行了一套切实可行的办法,依靠这套办法,能够将各公司间竞争激烈的客货运量置于适当的管理和控制之下。这在以前是不可能做到的;铁路经理只是为了开会而开会,通过决议,然后各自回家,将决议置之脑后,大家都是怎么有利就怎么行事。所有这一切,使得你们想要明智地共同管理归你们掌管的庞大事业这一目标无法达成。你们现在已经在立法部门——你们的会议——之外又增设了一个永久性的执行部门,其任务是查看所通过的决议和协议是否已被忠实地执行。此外,你们还设立了一个裁决部门(由仲裁局组成),其任务是以和平的方式解决任何有争端的问题,避免诉诸毁灭性的竞争,那样将会造成大量耗费和许多有害后果。你们通过这一切已经将这一庞大的、竞争激烈的客货运量置于一种完整的管理机构形式之下,而在以往,人们认为要对这一客货运量实行明智的管理是不现实的。"㊷

铁路公司这种正式同盟,很快就成为当时的正规制度。看来通过合作能够控制住竞争了。1876年,西部许多家铁路公司组成西南铁路运费协会,其组织形式完全仿效南部铁路和轮船协会。㊸曾任职芝加哥、东北公司的约翰·W.米奇利是该协会的秘书和专职的营运主管。虽然该新协会在实现其目标时碰到了困难(尤其是在杰伊·古尔德来到该地区以后),但很快其他的地方性同盟还是相继组成,包括衣阿华协会(以前的“衣阿华联营”,后来成为西部运输协会),科罗拉多协会、得克萨斯协会、太平洋海岸区协会和横贯大陆协会等。米奇利很快地就如同芬克在东部联合执委会任主席时的情形一样,也完全控制了这几个协会。铁路公司的主管和专家都同意,这种协会是防止芬克称之为合并的惟一方法。芬克指出:“铁路公司在一人或少数人的绝对控制下,走向集中化和合并。协会使得这些公司个别地独立存在成为可能,它制止了这些公司的合并……。(它)保存了联合的所有优点,却能防避其缺点”。㊹

不过芬克担心私人间的同盟无法自行维持稳定。在上面所引用的演讲中,这位主管又加上:“然而必须指出,将此种管理机构维系住的惟一力量,是其成员的明智和善良的诚意”。㊺他因此强调,执委会的成员及其铁路公司,必须共同努力,使“此执委会在其活动中……能够凭借立法程序,而在法律上对所有各方均具有约束力。要达到这个目标,只需要证明(而我相信是能够的),它的活动是符合大众利益的”。尽管在国会各委员会中大力争取,芬克和许多支持此案的铁路经理和董事,还是无法说服国会通过他们的私人协会的管理权力。他们并很遗憾地很快就发现,铁路主管们的明智和善良的诚意并不可靠,尤其是像古尔德这样的老板及投机者,他们对受其控制的铁路公司的长远利益或日常营运状况丝毫不感兴趣。

1880 年,杰伊·古尔德经常和拉塞尔·塞奇、西德尼·狄龙等一些精明的股票市场操纵者相勾结,意图建立一个横贯大陆的铁路王国。他在东部地区入侵干线公司领域的手段是加强对沃巴什公司的控制，并购买拉卡瓦那公司、中部新泽西公司、波士顿公司及伊利公司的股票。[46]为了争取客货运量，古尔德破坏早期的协议，并且在1881年春天挑起了一场和伊利公司及中部新泽公司的客运运费的战争。甚至在芬克威胁要把所有的运费降到古尔德所削减的水准后，情况仍不见改善。这场战争一直延续到1884年8月，双方同意暂时休兵为止。

芬克此时已经心灰意冷了。早在1881年8月，他就告诉执委会："最近一连串事件……已经使我确信，即使具有最诚挚的意图，那也是不切实际的；而假如最诚挚的意图就是贪婪，那么根本不可能维持所建立的运费制度"。[47]在设法使卡特尔继续发挥作用的过程中，芬克的组织在同参加协会的弱小公司打交道时所遇到的困难（即使在同参加协会的、某些较强大的公司打交道时也一样），几乎同受投机商人控制的未参加协会的公司打交道时所遇到的困难不相上下。运输部门经理和货运代理人要出各种花招来逃避公布的运费规定，这些伎俩包括伪造提货单，记载不实的货物重量和数量，或是在运送距离的货物分等上做手脚，以图降低运费。为了防止作弊，芬克乃设计一套检查办法来对付。联合执委会于1882年同意指派一名代表到所有涉及分配运输量和收入的地点。[48]这名代表有权检查所有会员公司的提货单和账簿，铁路公司及业务代理人不准改变或调整运费。只有委员本人及其代表有些权利。

就在协会因为无法得到参加协会的弱小公司及受投机商控制的未参加协会的公司必要的合作而受到削弱的时刻，它又受到农场主的保护农业协会及商人的商会的攻击，指责它企图以人为的手段维持高运费水准。纽约的商人仍然为1877年所商定的运费差异而愤愤不平，他们断言，这种运费差异是歧视纽约而偏袒其他港口。结果是，芬克和其他铁路公司的代表们为使卡特尔合法化而进行的努力，必然会遭遇到要求宣布联营为完全非法的一股日益增强的压力。

情况甚至越来越糟。古尔德及其他投机商人所控制的公司仍然是只有当协议适合其眼前目的时，才支持该协议。1884年，协会面对混乱不堪的运费结构，几乎束手无策。查尔斯·弗朗西斯·亚当斯如此描述协会的一次会议，"使我印象深刻的是，它颇像是一个丧礼。与会者虽然已到了技穷的地步……。芬克先生庞大且所费不赀的组织已整个崩溃……。他们使我想起挤在尼亚加拉急流中一艘小船上的人们"。[49]东部铁路公司间的一项聊胜于无的协议，竟也长期拖延，无法通过，直至1885年11月，当一些弱小公司濒于垮台时才行签订。1886年和1887年上半年，联合执委会在维持运费方面没有作出什么成绩，全国其他地方的同盟也乏善可言。

几乎所有的铁路经理和大多数投资者，到了1884年都已同意，即使是最周密地设计出来的卡特尔也无法控制竞争。不能依靠它们而保证公平的直达运输流动。铁路经理继续对州和全国的立法机构施加压力，希望使联营合法化。[50]一些区域性协会——东部干线公司协会，南部轮船和铁路公司协会，西南铁路协会等等，仍在继续努力制定运费和分等标准，直到最高法院裁定，根据1890年的谢尔曼反托拉斯法案，这些活动已成为非法以后，才放弃了这方面的努力。然而，再也没有哪个铁路经理还期望协会能保证他们在所投资的设备上能有持续且有利的直达运输流量了。正如芬克所曾精确预测的那样,他们为了达到该目标,纷纷转而寻求建立一个庞大、自给的跨领域体系。

导致美国最初出现的这些庞大的卡特尔的失败,其原因是多方面的。控制并分配横贯一个广大地域的运输网络的运输流量,是一项复杂的管理工作,它需要的经理和人手超过了芬克及其在其他协会的同僚们所能指挥的一小支队伍。就以分摊上缴资金及分配收入等较不吃力的管理工作而言,也是相当困难的。其次,铁路公司在每人均有其自己看法的、如何公平分配客货运量和收入问题上,也很难获得一致的结论。在运输量迅速增长的年代,年初所同意的分配百分比到年底就会不适用。一些效率较高的铁路公司,如宾夕法尼亚铁路公司,总是增加它们的实际的客货运量分配百分比,但对于在会计年度末要缴纳巨额款项给联营却感到不满。除此之外,还有那些控制铁路公司股份、但目的又不在于从他们在运输设备上的投资回收利润的投机商人和生意人,他们的行为也造成了在运费上达成协议并付诸实施的困难。但最重要的却是高昂的固定成本的无情压力。为了降低这部分成本的支出,不得不破坏卡特尔的协议,使用过剩的能力。

经理的作用

如果说在 19 世纪 60 年代和 70 年代美国铁路公司的营运方式中能找到一个中心课题的话,那无疑就是合作。公司间的合作是建立全国性一体化的运输网络所不可缺的。没有这种合作,则设备和操作程序的标准化，不知要何时才能实现。而欲将乘客及货物迅速有效地从一条轨道上换到另外一条上，则又非此标准化莫办。同时，在铁路管理人员看来，合作也是控制竞争的利器。必须制止争夺不断扩大的直达运输的竞争成为——用他们的话来说——毁灭性的。在实现上述两种合作方式的过程中，中层经理起着关键性的作用。

在这些年中，中层经理用通过管理的协调代替了市场协调。他们通过的各项决议，不只是为了协调来往于他们自己的路线的货流，而且还将贯穿全国网络的货流皆加以规范。他们在各种从事专门职业的协会里聚会，制定统一的操作程序，并决定安装标准规格的设备。他们是组织上和技术上无数创新的设计者和改良者，这些创新对于高效率的铁路营运来说，是极为重要的。艾伯特·费希洛的统计资料表明，他们是多么出色地完成了自己的各项工作。

不过在通过合作来控制竞争这方面，中层经理的成就则要逊色一些。在这方面，仍然是由高层主管——董事长、财务主管、总经理及运输部门和交通部门的主管——制定有关联合和同盟的基本战略，但中层经理却要在区域性的铁路会议上确定实际的、公定运费表。他们有责任维持所规定的运费，不过为了争取或保持客货运量而自行降价的，也是他们，尤其是那些任职于交通部门的经理人员。当然，不一定是他们亲自出马，可是却对其下属的回扣行为视而不见。当客货运量下降时，又是他们建议高层经理废除公定运费。他们之所以如此，至少有部分原因是出于眼前工作的需要。作为经理，其事业的成败取决于客户的多寡。而达到此目的最可靠的手段就是在运费上让步。

然而这种合作本来也可能是卓有成效的。中层经理本应更积极地维持运费，他们理应更密切地和芬克的僚属合作以查出协议的破坏者。假如卡特尔所达成的协议能得到法院的支持——也就是说，假如它们是以具有法律效力的合同形式而签订，那么破坏协议就将付出高得多的代价。由于铁路竞争所具有的基本性质——具有高昂的固定成本的少数几家大企业之间的竞争，使卡特尔所达成的协议合法化也许是控制竞争并消除建立自给系统的诱因的惟一有效手段。但是在 19 世纪 80 年代的美国，芬克及其他人员使联营合法化的期望，得不到足够的政治支持。

当美国国会终于在 1887 年的州际商业法案里规定了对于竞争的公共政策时，它没有批准联营。国会在这个问题上的确毫无商量的余地。铁路管理人员多年来就已同意，如果联营能够合法化，可由一个公正的委员会(即使是由政府指派的委员会)来监督运费的制定。[51]尽管有此附带条件，装运业者还是极力反对此提案。因为铁路运费和他们利润的关系太大了，虽然政府指派的委员会对运费具有最后决定权，他们还是不愿意让此项经济大权握在铁路公司的手里。对和运输事务关系较少的美国人而言，联营合法化就等于垄断合法化。除非美国人在这方面的态度和价值观发生基本的转变，否则要想经由投票而通过此提案是很少可能的。

铁路公司的经理们对于日趋激烈的政治争论是相当敏感的。许多人拿不定主意。有些人怀疑即使是合法的联营是否真能稳定运费。另一些人则不信任政府的规定。不论是哪种情况，政治上的争论使他们进一步确信，想要依赖卡特尔来防止毁灭性的竞争是没有希望的。大多数人都认为，建立大型、自给的系统才是应付竞争惟一可行的方案。于是在19世纪80年代，还在州际商业法案获得通过以前，铁路经理就已经积极地转向建立庞大的自给系统了。他们从领域策略转移到跨领域策略上。他们的活动范围超出了最初在修建他们铁路时预定服务的地区，而着手把全国最重要地理区域的商业中心和资源要地连成一片。

第五章　建立庞大的自给系统

19 世纪 80 年代～20 世纪头 10 年

高阶层管理的决策

19 世纪 50 年代是修建铁路并把铁路作为全国第一批现代工商企业而学习其管理的时代；19 世纪 60 年代和 70 年代是协调和竞争直达运输流量的时期；19 世纪 80 年代和 90 年代则是建立庞大的自给系统的年代。完善内部组织以及协调穿越几家铁路公司轨道的直达运输流量主要是中层管理人员的事务；而建立庞大的自给系统则几乎完全是高层管理人员的工作。

美国铁路企业的高层经理总是同他们的连接路线以及他们兼任顾问的路线结盟。他们决定何时加入卡特尔组织，以及加入多久，并且在 19 世纪 60 年代和 70 年代确定买进、租赁或修建小支线的时间和地点，他们又在 19 世纪 80 年代和 90 年代决定建立庞大的、跨领域的自给系统的地点和时间，简言之，高层经理决定着企业的长远目标，并分配实现这些目标所需要的人力资源、货币资源和设备资源。

对铁路的基本政策及发展战略作出决策的高层人士包括两种完全不同类型的生意人：以铁路为终身职业的经理人员以及投资于铁路的企业家或金融家。一个大型铁路公司内专职、支薪的高层人士包括董事长、财务主管、总经理、运输部门和交通部门的主管。其中后三者几乎总是职业的经理人员。董事长和财务主管则通常是主要投资者或其代表。① 由这些高层经理所决定的政策和策略需经董事会，尤其是董事会主席的批准。这些董事会成员都是颇有成就的生意人，他们以兼职方式服务于铁路业，他们几乎不是大投资商就是投资商的代理人。

这两种人的目标并非总是相同的。经理人员很少拥有大量的股份，他们考虑的是公司长远的健康发展与成长，因为这是他们工作的所在而且往往也是他们将为之奉献其整个职业生涯的理想所在。他们宁愿（事实上总是较喜欢）减少股息来确保长远的稳定。另一方面，老板的代表则把能够确保合理和持续的投资利率的股息放在首位。因此，投资人士不愿花费大量资本扩充铁路设备。因为这种支出通常会拖延、减少股息。在制订发展战略时，高阶层管理中的金融家几乎一定会得到董事会中投资人士的支持。

从 19 世纪 50 年代到该世纪末的时期内，这种在董事会上派有代表并能成为董事长和财务主管的投资者类型发生了变化。起初，投资者都是商人、农场主和制造商，他们原先之所以提倡并出资修筑铁路，乃是为了改善其特定城市和区域的经济利益。当铁路规模逐渐扩大，需要更多资本，因而当地的资本必须由全国最古老、最庞大的商业中心的资本来补充时，董事长和董事会愈来愈代表有办法筹集资本的一般企业家。为了通过购买股票和修筑新铁路以实现领域联盟的策略，铁路公司（尤其是南部和西部的公司）开始依赖东部资本家的资金，如范德比尔特家族、福布斯家族、纳撒尼尔·塞耶、伊拉斯塔斯·科宁、摩西·泰勒、约翰·N. A. 格里斯沃尔德、威廉·奥斯本和亨利·维拉德。这些人以他们自己的和同僚的资金进行投资，希望铁路能帮助发展其经营的领域而获利。后来，当铁路开始建造跨领域的系统时，又日益依赖与英国和欧洲资本来源有着密切关系的专业投资银行家以供应所需的大量资金。在本时期的后期，一些强有力的投资银行的人物如 J. P. 摩根、奥古斯特·贝尔蒙特、库恩和洛布、李和希金森、基德尔和皮博迪、斯派尔以及 E. W. 克拉克支配了新铁路系统的董事会。

决定着铁路发展战略，并成为董事会成员或董事长或财务主管的还有另一种类型的生意人，这些人就是投机商。投机商与经理和投资者不同，他们对自己的企业没有长远利益，并不打算经由运输服务的提供来维持生计或取得收入，而是通过附带的经营如营造和快递公司取得铁路沿线的土地和矿产所有权，以及最常见的操纵铁路股票的价格来盈利。

19 世纪 50 年代资本市场的集中化和制度化，对于铁路修建所需大笔资金的筹措是必不可少的，它也提供了使新型商业投机成为可能的工具和步骤。如果股票大量转让的新制度和方法未曾在华尔街发展完备，那些最有名的投机商——德鲁、菲斯克、拉塞尔·塞奇、西德尼·狄龙、乔治·I. 塞尼、卡尔文·布赖斯、萨缪尔·托马斯——便无法大量买卖并操纵铁路股票、控制铁路。

在投机商、投资人士和经理人员相互影响下而形成的各种战略，提示了这些最初出现的现代工商企业成长过程中的许多特点。和 19 世纪的任何其他类型的商业公司的投资决策相比，这些战略涉及更多得多的资本和人员的分配，影响到更多得多的美国人的经济生活和活动。它们还导致了大型企业的创立，并且把许多早已是庞大官僚化公司的财产、人员和活动加以合并和内部化。

建立“巨型公司”②这种战略的制订，充分表明了那些左右美国铁路公司命运的经理人员、投资人士、投机商的种种动机。建立庞大的系统并不是为了降低成本或增加目前的利润。采取增长的战略也不是为了满足（或利用）由于改进了的、管理上的协调而造成的需要（或机会）。到了19世纪80年代，通过公司间合作而建立的美国铁路网络已完成了此种协调。其他的规模的经济性也造成了某些成本的降低，但是，在建造和购置设备上所花费的大量金额却远远超过了这些节约，这些设备在当时还不能为已有的运输量充分使用。因此，建立系统的根本动机是防御性的：通过对主要客货运来源的连接线路的完全控制，以确保能有持续不断的客货流利用铁路各项设备。

建立系统的做法，后来证明对个别的铁路公司，甚至在相当程度上对整个国民经济来说，都是代价很高的。个别企业的大幅度增长常常导致设备利用不足。在19世纪80年代，铁路轨道的铺设长度超过了美国历史上任何其他年代，而在19世纪90年代，铁路企业的倒闭数也比任何年代还多。建立系统所造成的修筑过量，其程度远远超过了早期由于提倡者的乐观主义或政府拨地的诱惑而造成的修筑过量。不过随着时间的推移，大部分新铁路终于得到了充分利用。许多设备成为多余毕竟只是暂时的现象。

在决定铁路发展战略的三种类型的生意人中，投资商起着被动的作用，经理和投机商人则起着主动的作用。一旦投资商和经理人员商定了扩充战略后，经理人员就加以规划并付诸执行。但通常总是由投机商说服投资人士，使后者同意经理人员实行此种战略。不过在高昂的固定成本的经常压力下，加以维持卡特尔又涉及法律上和管理上的种种困难，所以即使没有投机商的活动，这个庞大的系统大概也会出现的。到了19世纪80年代，经理人员逐渐认识到现行联盟政策的不足。投资商也开始同意这一看法，虽然他们仍然阻挠支付建立系统的费用。

可是，粉碎旧有战略的却是投机商。他们是首先破坏现行联盟的人。他们逐渐损害区域性铁路卡特尔的生存能力，因为破坏运费协议常常比履行运费协议对他们更为有利。突然爆发的价格战争和出乎意料的和平条约都会有力地造成铁路股票价格的下跌和上涨。这些投机商丝毫也不具备芬克坚决认为要使卡特尔有效工作所必不可少的"诚意"。因此，投机商加速了美国运输中庞大系统的建立。

铁路企业高阶层管理中支薪经理人员、投资商和投机商间的相互作用不但影响铁路总的发展战略，也影响铁路的组织结构。在设计管理这些新的巨型公司的组织结构时，经理人员、投资商、投机商都在寻求各种不同的解决方案，这些方案反映了他们的不同经验和目标。可是，1900年以后，当系统已经建成，战略性的规划不再是重点之时，美国的铁路公司几乎都有着相同类型的内部结构了。

建立第一批系统

对美国铁路发展战略具有最大影响的人乃是杰伊·古尔德。古尔德是19世纪末期的一个最强有力和最有名的投机商。迫使宾夕法尼亚铁路公司放弃其长期坚持的领域战略来建立全国第一个跨领域铁路王国的就是古尔德。后来使威廉·范德比尔特决定把纽约中央铁路公司转变成类似的庞大系统的也是古尔德。接着在十年后，促使伯灵顿公司、芝加哥和西北公司以及其他西部铁路公司的高层经理人员采取扩充和合并战略的仍是这个“华尔街的魔鬼”。回顾一下古尔德的活动，当能有助于阐明和分析美国运输界庞大系统的建立。

古尔德全国皆知的恶名是始自1868年初与丹尼尔·德鲁和吉姆·菲斯克联合共同阻止科尼利厄斯·范德比尔特接管伊利铁路[3]之时。范德比尔特在一年前已完全控制了纽约中央铁路公司，正迅速采取行动收购附近这个脆弱的、而在他眼中也是极其危险性的竞争者。这三个投机商却能以非法的和法律权力以外的巧妙策略成功地躲过范德比尔特的攻击，亨利和查尔斯·弗朗西斯·亚当斯曾在《伊利案件》中对此作了生动的说明。战役一结束，德鲁和菲斯克抛售其股票，古尔德因而成为该铁路公司的最大股东及董事长。

如果要使伊利的股票能有什么价值，古尔德必须得到一定的客货运量。取得此种客货运量的一个方法是完全控制通往西方的铁路。除了财务困难、管理不善的大西洋和大西部铁路公司外，伊利与其他西部连接线都无结盟关系。古尔德如能获得宾夕法尼亚铁路或者纽约中央铁路，即可确保其铁路的客货运量，同时也削弱了一个他的主要竞争对手。

古尔德的长远目标究竟是什么，并无文献可查。他可能计划把他所取得的铁路结合成一个统一的系统。另一方面，从他的整个职业生涯的方式来看，很可能他想依靠这种收购来提高伊利股票的价格，以便获取高额利润。也可能他只是想把这些路线再卖回给宾夕法尼亚公司或纽约中央铁路公司，从中取得相当的收益。

不管怎样，在1868年末古尔德租用了大西洋和大西部公司的铁路之后，便开始了控制宾夕法尼亚铁路公司西部联盟的活动。④他首先与中部印第安纳公司谈判，以便把大西洋和大西部铁路公司与圣路易斯市连接。当时负责外部业务的宾夕法尼亚铁路副董事长托马斯·A.斯科特以更高的租赁价格挫败了古尔德对中部印第安纳公司的企图。古尔德控制克利夫兰和匹兹堡铁路公司以及匹兹堡、韦恩堡和芝加哥铁路公司的手法更是新奇。他购买了在各该铁路年度会议上的投票代理权，由此即有权指派各该铁路的董事，然后便可安排将各该铁路出售给伊利铁路的事宜。斯科特在俄亥俄法院上控告该代理权的合法性，阻止了古尔德想要控制克利夫兰和匹兹堡铁路会议的企图。斯科特还建议宾夕法尼亚立法机构修改铁路的法律条款，规定每次年度会议上只能指派四分之一的董事，以消除古尔德对韦恩堡铁路的威胁。这项提案迅速获得通过。立法机构的成员充分了解，如果古尔德控制了韦恩堡铁路，则西部大量的客货运量将从费城转到纽约市。

古尔德这种迅速而出人意料的攻击行动迫使宾夕法尼亚铁路采取一种新的战略。⑤董事长埃德加·汤姆森向股东报告说："鉴于这些令人吃惊的行动，董事会已清楚地认识到，本公司必须改变其迄今所奉行的政策，必须直接控制其西部连结线"。1869年7月1日，宾夕法尼亚铁路公司以合情合理的条件租用了韦恩堡铁路，接着又租用了克利夫兰和匹兹堡铁路以及中部印第安纳铁路。这些铁路的董事们都愿意汤姆森和斯科特作为他们的同僚，而不喜欢杰伊·古尔德。

由于受到宾夕法尼亚铁路的阻挠，这个伊利铁路的董事长立刻把注意力转向取得沿伊利湖南岸铁路的控制权。⑥早在4月他便与南部密歇根铁路重订合同取得进入芝加哥的权利。到了夏天，古尔德又把该线与其他沿伊利湖岸托莱多、俄亥俄和伊利、宾夕法尼亚之间的线路合并，成为湖岸和南部密歇根铁路。这时他曾得到莱格兰德·洛克伍德的协助，洛克伍德是华尔街一投机商，早期曾试图阻止范德比尔特控制纽约中央线。同时古尔德也开始收购连接托莱多到圣路易斯的托莱多，沃巴什和西部铁路公司。8月他被选为董事。范德比尔特，这个曾经附和宾夕法尼亚铁路人士的看法，宣称无意控制或管理西向路线的生意人，突然发现这些生死攸关的西部连接线都将落入其头号敌手杰伊·古尔德的手中了。

只是在杰伊·古尔德从事另一些投机活动时，才使范德比尔特得以挽救危局，他完全改变了自己的早期政策并控制了湖岸铁路。1869年10月，古尔德与吉姆·菲斯克一起进行了一次他们最大胆的投机活动——垄断黄金市场。在这次投机活动失败后，造成了股票市场的动摇，洛克伍德被迫抛售其湖岸铁路的股票。而且如同古尔德传记的作者所指出："购买这些贱卖的股票的是范德比尔特，一个拥有资金的生意人，而不是古尔德，一个没有资金的投机商"。除了控制湖岸之外，范德比尔特又买进大宗沃巴什的股票，董事会上很快就有了他的代表，包括其女婿霍勒斯·F.克拉克。

尽管古尔德使尽了力量并耍尽了阴谋诡计，他想使伊利得到西部连接线的活动还是失败了。他未能建成一个铁路系统。可是,他的这种战略性行动,对于三个主要东部——西部干线的竞争者中之两位却产生了持久的影响,从这些铁路公司董事长的反应即可看出来。埃德加·汤姆森这位修建了、接着又管理了宾夕法尼亚铁路的专业工程师,马上决定要建立一个自给的系统。他在后来给股东的一个报告中曾这样说,他和他的高层经理人员"有一个宏大的理想,即制订一个使他们的铁路能到达西部所有各重要地点的计划或政策"。⑦巴尔的摩和俄亥俄铁路的罗伯特·W.加勒特是一个颇有经验的经理,也是一个大股东,则开始建立一个较小的、不那么雄心勃勃的系统。而科尼利厄斯·范德比尔特则是一个典型的资本家,只是安插女婿在古尔德迫使他买下的这些铁路上当董事长。

宾夕法尼亚铁路的职业经理人员小心地制订他们的战略并迅速予以贯彻执行。值得注意的是,到 19 世纪 60 年代时,这些只占有公司少数股份的经理却完全控制了董事会。在公司的早期,董事会几乎每星期开一次会,现在变成一个月最多开两次。汤姆森成为董事会主席兼董事长。其他四个高层经理也当上了董事。根据股东的调查,其余的董事"实际上也都是由董事长所指派"。⑧因此,扩充计划几乎不经讨论就在董事会上获得通过,那是不足为怪的。

这些计划是要得到进入位于全国重要地带的纽约、费城、芝加哥、圣路易斯之间的主要商业中心和自然资源——煤、石油和木材——地区的机会。⑨宾夕法尼亚铁路以租用或购买方式控制了到哥伦布、辛辛那提、印第安纳波利斯、路易斯维尔、梅斯维尔和开罗的铁路。同时也收购控制了到密歇根湖边港埠和密歇根州木材区域的路线。然后在 1871 年又租用了新泽西的"联合公司"999 年,以便绝对控制自费城和其他宾夕法尼亚铁路中心到纽约市的路线。[10]不久,也有了自己的通往布法罗、托莱多和底特律、芝加哥的路线,以及到华盛顿和巴尔的摩的连接线路。在不到五年的时间内,宾夕法尼亚铁路公司从一家只具有 491 英里轨道的小公司发展成为一家具有将近 6 000 英里轨道的大公司,占美国铁路营运总里程数的 8%。其资本额稍低于四亿美元,将近美国铁路总投资额的 13%。到 1874 年,其直接管理的铁路的总里程数已等于普鲁士铁路网络的总里程数。世界上只有英国和法国这两个国家的铁路里程数比宾夕法尼亚铁路系统长。

当汤姆森及其同僚建立他们的自给系统时,他们建立铁路王国的狂热简直到了有点不可收拾的地步。1871 年,他们组成美国轮船公司,经营费城至利物浦的航线,以减轻其铁路对纽约市出口口岸的依赖程度,不久又对国际航海公司投资 100 万美元以上,该公司的船只航行安特卫普及欧洲其他港埠。[11]次年其经理又完全控制了早期资助的一些快运公司:联合铁路和运输公司和帝国运输公司。[12]在同一时期中,宾夕法尼亚铁路公司还进入了采矿业和制造业。1872 年和 1873 年,它在该州无烟煤区域买下大量的煤矿。其经理人员再次强调该公司的这一动机是防御性的。汤姆森之所以认为必须这么做,是因为雷丁运输公司和其他无烟煤运输公司都已开始购买煤矿和土地。[13]汤姆森在其 1873 年的年度报告中指出,"为了得到一部分煤炭的运输,本公司被迫仿效其他铁路公司,这些公司在铁路沿线附近取得煤矿控制权,以便继续为他们提供

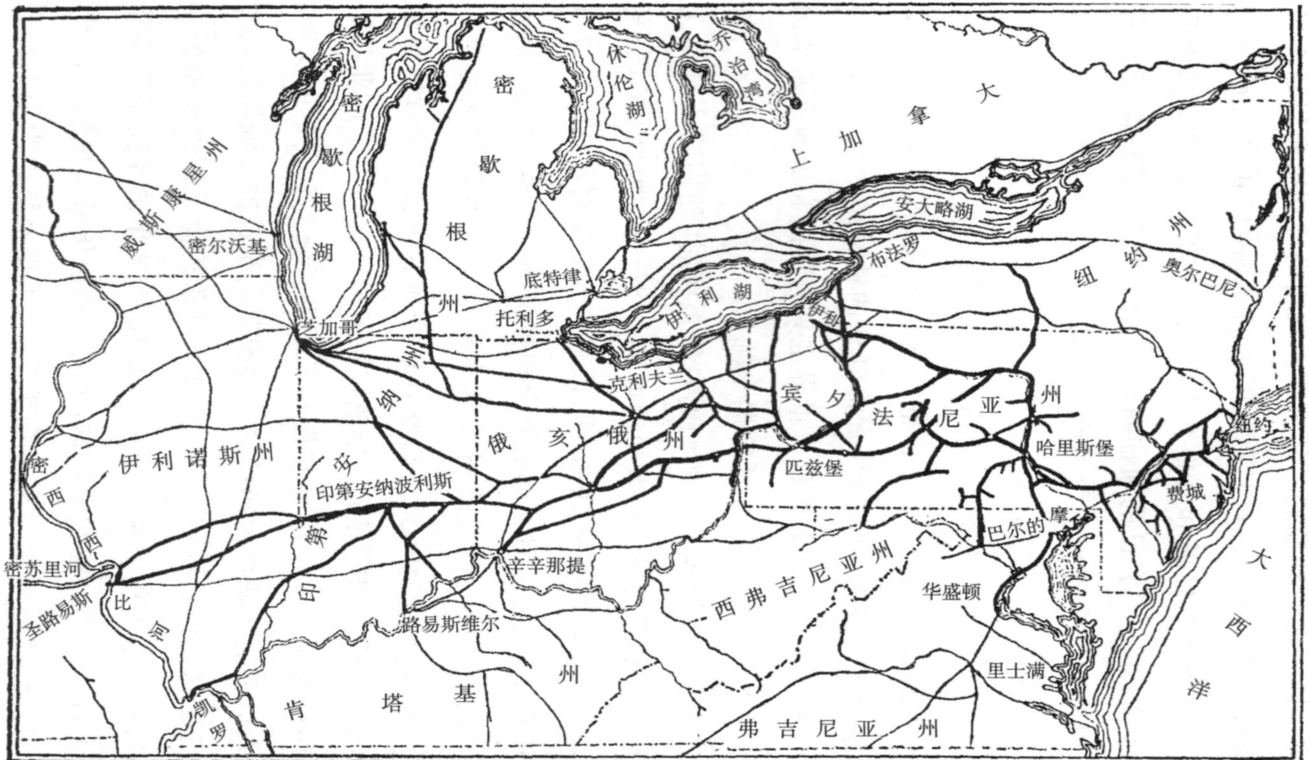

1876 年宾夕法尼亚公司的铁路系统，根据约瑟夫·尼莫的《美国国内商业第一次年度报告》（首都华盛顿，1877 年）中地图改编。

煤炭运输业务。”[14]此种防御性计划的账目成本将近400万美元。不久该公司又投资75万美元资助宾夕法尼亚钢铁公司以确保用新近发明的酸性转炉钢制造的钢轨的稳定供应。[15]最后，为了促进与全国卧车和豪华客车供应商的合作，又向普尔曼卧车公司投资100万美元，即使如此，宾夕法尼亚铁路在非运输企业所握有的财产只是其四亿美元资产的一小部分。

尽管与其公开声明大相径庭，这些年来宾夕法尼亚公司一直在注意超出密西西比河和俄亥俄河以南的它的连接铁路。[16]但是“在公司认为地理上不是属于自己”的地方，公司主管主要还是奉行结盟政策而不是采用直接在法律上和管理上加以控制的新的政策。[17]1871年，该公司组成一控股公司专司购买这样一些铁路公司的股票，诸如连接开罗、伊利诺斯和新奥尔良的铁路公司，以及华盛顿南面连接里士满、丹维尔、夏洛特、罗利和亚特兰大的公司。在西部，宾夕法尼亚公司主要是私人的利益而不是公司的利益。托马斯·斯科特（或许还有其他高级职员）以自己的资金投资于堪萨斯太平洋铁路公司和联合太平洋铁路公司。1871—1872年期间，斯科特还在一个短时期内担任了后者的董事长。[18]从联合太平洋公司退休后，他成为当时还在筹建中的得克萨斯和太平洋公司的董事长。

1873年的萧条使得宾夕法尼亚铁路公司及其高级职员的扩充宏图受到了挫折。为了长期的稳定，他们决定出售俄亥俄河以南和密西西比河以西的铁路利益，以便集中精力更有效地管理直接控制的系统。1874年的年度报告上该公司宣布已完成扩充——这个扩充是与1869年所决定的基本战略相符合的：

"我们公司已经在费城和纽约获得了路线和庞大的车站设备，并且通过它所控制的铁路也在东部巴尔的摩和华盛顿取得了同样的成果；我们控制了到伊利湖沿岸的伊利、阿什塔布拉和托莱多的路线，它们和到布法罗的连线配合甚为和谐；我们还控制了通过密歇根木材产区的路线；在西部的芝加哥、圣路易斯、路易斯维尔、辛辛那提、惠灵和其他重要商业中心也都有我们的终点站，而且连线还超出了这些终点站；与宾夕法尼亚整个石油产区、康内尔维尔焦炭产区、坎伯兰市和坎伯兰产煤区都有良好的交通线路；并且和马里兰的弗雷德里克和黑格斯敦，以及西弗吉尼亚的马丁斯堡也都有线路相通——我们的董事会已经作出结论，不管是以租用或其他方式，除了目前正在宾夕法尼亚和新泽西州修建的一些小型支线和延线要完成外，公司不应也没有任何义务再拓展线路，这是公司将采取的总政策。今后董事会和各级职员将专心致力于开发目前已控制线路的资源。他们相信这些线路对每个股东都会有远大的前景。"⑲

宾夕法尼亚铁路主管和经理也开始抽回他们在轮船、煤和钢这些方面的投资。他们认定，经营一个使中西部与海岸相连接、并且远及各重要区域和自然资源的庞大铁路自给系统，已经是他们能够有盈利地加以管理的最大规模的企业了。外围的活动往往得不偿失。他们希望通过管理机构的完善化来有效地经营一个单一的、一体化的运输系统。

建立全国第一个跨区域的铁路系统——第一个巨型公司——需要在财务、法律和管理方面进行巨大的革新。十年后，当其他铁路公司建立其系统时沿用了这些革新。在更往后的时期里，一些大型工业企业(它们因大量生产和大量分配相结合而变大)也沿用了这些革新。

宾夕法尼亚铁路所完成的系统是个庞大的工商企业。在当时资产超过 100 万美元的企业还是寥寥无几的时代，宾夕法尼亚铁路的资产却高达四亿美元。取得该系统的实际费用远比其资产价值低，因为许多财产是租用的而不是购买的。而且在购买一个公司时，只需握有 51％的股份即可保证确实可靠的控制权。租赁费一般要保证支付被租用铁路公司债券的利息和付给其股东的股息。宾夕法尼亚铁路的经理人员希望用目前租用铁路的收入来支付这些款项。

虽然如此，建造该系统的费用仍然是空前的。从 1869 到 1873 的五年内，宾夕法尼亚铁路出售或以其他方式发行了价值约 8 700 万美元的证券。⑳美国从来就没有一个私人企业能够如此迅速筹措如此巨额的资本。在这些证券中，有 4 110 万美元的股票。这样一来，就使得股票的票面价值自 2 700 万美元增加到 6 810 万美元。新发行的股票有相当一部分是卖给现有的股东，剩下部分几乎全数卖给美国其他的投资商。到 1871 年 5 月时，只有 7.3％的股票为外国人所拥有。价值 2 630 万美元的债券则大部分销往海外。

在债券的推销以及在较小的程度上新股票的推销上，宾夕法尼亚铁路的经理都依赖全国一些最大的投资银行老板的服务。1870 年，南北战争期间因大量推销政府债券而出名的杰伊・库克成立了美国第一家现代证券交易辛迪加来推销宾夕法尼亚铁路的债券。他组织了八家金融商来保证债券的销售，辛迪加的每个成员均有责任销售商定的数量。辛迪加支付所有的销售费用，包括广告的费用。宾夕法尼亚铁路公司以其总额达180万美元的债券的10%作为报酬[21]。而且也同意自己不再发行任何债券，直到辛迪加完全处理完这批债券为止。1870年后，汤姆森自库克转到德雷克塞尔公司，请求后者帮忙发行其铁路证券。[22]可能是由于安东尼·德雷克塞尔得到了全国最大的宾夕法尼亚铁路这个客户，因而得以说服年轻的并在金融上很兜得转的J.皮尔庞特·摩根为其纽约代理人。1871年，德雷克塞尔和摩根公司在华尔街23号开张营业。总之，宾夕法尼亚铁路的职业经理人员从他们建立系统的一开始，便与首要的投资银行老板结合在一起了。

法律方面的革新总是伴随着财务上的革新而出现。为了确保对自己许多财产的合法控制，宾夕法尼亚铁路公司改善了它的现代控股公司。1870年，宾夕法尼亚铁路公司从该州立法机构为宾夕法尼亚控股公司申请到了成立许可证，次年又为南方铁路和证券公司申请到了成立许可证。[23]其经理人员打算让南方铁路和证券公司控制其南方各联盟铁路的证券，而以宾夕法尼亚控股公司控制大西洋岸、大湖和密西西比河之间他们的一体化的系统。汤姆森又让宾夕法尼亚控股公司从宾夕法尼亚铁路公司取得韦恩堡、克利夫兰和匹兹堡线以及匹兹堡西北其他各线和中部印第安纳线、辛辛那提和圣路易斯线（后者又称为狭长区域线），以及匹兹堡西南各线的租用权和证券。为了回报这些租用权和证券，宾夕法尼亚控股公司把它发行的11 360 900美元的优先股中800万美元的股份给了宾夕法尼亚铁路公司。其余的股份则给联合快运公司以支付铁路车辆、仓库、停车场和其他设备。宾夕法尼亚铁路公司仍然握有匹兹堡以东各路线和附属它们的装运、钢铁等企业以及其他快运公司和帝国运输公司的证券。以这三个大的区域性合法单位为基础（辛辛那提和圣路易斯线负责西南、宾夕法尼亚控股公司负责西北、宾夕法尼亚铁路公司负责匹兹堡以东），汤姆森及其同僚设计出一种仔细划分界限的分权管理机构，其中由1 000名以上的经理人员监督至少50 000到55 000名雇员的工作，㉔这种行政管理上的革新将在本章后面讨论大系统管理结构的发展时加以探讨。

约翰·W.加勒特是1858年后巴尔的摩和俄亥俄铁路的董事长，他怀着极大的兴趣仿效古尔德在伊利以及后来汤姆森在宾夕法尼亚的行动。㉕加勒特是一位联盟政策的强烈支持者，只要是出于维护他的领域战略的需要，他就会乐意去取得连线控制权。他修筑了一条到匹兹堡的支线，1866年，为了把惠灵市和哥伦布连通，又租用了俄亥俄中央线。早在1869年，当古尔德开始与俄亥俄铁路谈判时，加勒特便迅速采取行动收购了伊利湖北岸桑达斯基的控制权。与此同时，巴尔的摩铁路也大量扩充其在辛辛那提和马利他（连接惠灵到辛辛那提之线）的股份，并且任命其副董事长约翰·金为马利他的董事长。

接着加勒特就停止了行动。他和董事会的其他投资者开始为扩充的费用所苦。这家铁路公司仍然主要靠罗伯特·加勒特父子商业银行筹集资本。19世纪40年代后，这家银行与在英国的两位首要的美国金融家——乔治·皮博迪和朱尼厄斯·S.摩根（皮尔庞特的父亲）关系密切。这些投资者均在董事会中派有代表。

然而，确保与各主要商业中心连接这种防御性需要，战胜了董事长和董事会不愿扩充的意图。1874年，董事会同意该公司不能再依赖宾夕法尼亚铁路或其他铁路连入芝加哥，批准建造一条长263英里的铁路把芝加哥和桑达斯基铁路连接起来。加勒特还把辛辛那提和马利他铁路结合进巴尔的摩和俄亥俄公司的管理系统内。接着在1878年，他完全控制且开始经营一家古老的但往往不好对付的同盟——俄亥俄和密西西比铁路，他是趁该公司财产被监管时介入的。加勒特的不断扩大的系统现在与圣路易斯、路易斯维尔、芝加哥以及芝加哥以西的皮奥里亚的铁路直接相连接了。19世纪80年代早期，当宾夕法尼亚铁路公司收购了费城、威尔明顿和巴尔的摩的铁路之后，巴尔的摩与俄亥俄公司的反应是建造进入费城的自己的铁路，即使在那个时候，它在好几年内都要继续依赖雷丁铁路和中央线把它的客货运输到纽约区。

如像宾夕法尼亚铁路公司一样，巴尔的摩和俄亥俄也进入了非铁路企业，[26]它收购了煤矿，在1872年又建造并经营一个轧钢厂，它和到费城与纽约的沿海轮船公司也有密切关系。由于投资建立自己的到欧洲港埠的轮船公司未获成功，加勒特便转而与甚有势力的北德劳埃德轮船公司结盟而经营到英国和欧洲的航运。他还在铁路沿线建立一些联营旅馆。此外，加勒特也坚持自己制造卧车和豪华客车，不惜与普尔曼及其他公司长期为专利争执而花钱。正如研究铁路历史的历史学家所强调的那样，19世纪70年代末，加勒特“极为重视从一切方面经营其公司，以便使之成为一个自给的、高度独立的单位”。[27]然而，董事会强有力的投资者的影响还是使扩充减缓下来，并使之受到限制。该系统一直比宾夕法尼亚铁路系统小得多。

第三条大干线的老板——范德比尔特家族，甚至比加勒特及其同僚更谨慎。古尔德迫使范德比尔特接管湖岸铁路之后，这位老将并没有把该铁路的经营与纽约中央线结合起来。[28] 1873 年，当他的女婿克拉克意外地去世时，范德比尔特抛售了其家族在沃巴什的股份和克拉克在其他中西部铁路中购买的股份，把湖岸铁路的经营委托给一个职业经理人士詹姆斯·H. 德弗罗，并清楚表明他无意扩大其铁路财产。[29] 1877 年 1 月他逝世后，由儿子威廉·范德比尔特接管家产，作风更是保守。

威廉·范德比尔特是一位管理家，却不是一位铁路王国的创建者。[30]他雇用第一流的经理人才，并采用先进的方法和技术。但并不热衷于财产的扩充。他进行的收买事例都是在杰伊·古尔德投机阴谋的煽动下造成的。1878 年夏天，作为与古尔德交易的一部分，范德比尔特取得了控制密歇根中央线的股权。[31]古尔德曾经组成一家电报公司与西部联合公司竞争，而范德比尔特是联合公司最大的投资者之一。古尔德指使范德比尔特说服西部联合公司董事会支付古尔德开出的他的公司的价格，其条件是答应给范德比尔特足够控制密歇根中央线的股份数，该铁路乃是湖岸铁路最大的竞争者。次年，连接密歇根中央线和纽约中央线的加拿大南方铁路倒闭。范德比尔特便以低价收购了这条关键路线。就这样，范德比尔特几乎是不由自主地开始建立他的铁路系统的。[32]

用收购达成协议的办法需要资金，在所收购的两家铁路设备都已不堪使用的情况下，就需要更多的资金。这些开支加上改善纽约中央线本身的路基和设备的费用，以及为了保持与中央线东部各连线——波士顿和奥尔巴尼铁路、波士顿、胡萨克隧道和西方铁路——的联盟需要进一步购买股票的支出，促使范德比尔特相信,私人的力量是无法控制庞大的铁路系统的。因而在 1879 年,他便和德雷克塞尔和摩根公司的年轻股东商量,卖掉他在纽约中央线的很大一部分的股票(225 000 股)。[33]摩根成立一辛迪加在伦敦销售这些证券,他后来成为中央线董事会中一名活跃的成员。

范德比尔特所以对建立系统缺乏兴趣的一个原因是,他相信还有其他的策略可以确保其铁路上稳定的客货流量。他认为卡特尔可以发挥效力。他仍然是艾伯特·芬克最有力的支持者之一。他的这个观点也受到美国许多其他铁路公司董事长和董事的支持。芝加哥以西各线的主要资本家和投资商,包括伯灵顿的约翰·默里·福布斯、伊利诺斯中央线的威廉·奥斯本、西北铁路的戴维·道斯和彼得·格迪斯,都支持区域性的协会,这些协会系仿效东部干线协会而建立并与后者紧密配合工作。

虽然大投资商仍然相信卡特尔提供了一种比建立系统耗资较少的替换方案,但在 19 世纪 70 年代末,却有许多较年轻的经理人员(尤其在西部)开始公开反对其董事会的保守政策。[34]伯灵顿的查尔斯·E. 珀金斯和罗克艾兰的兰塞姆·R. 凯布尔都坚持当前 19 世纪 70 年代的经济不景气是他们的铁路以低价取得进入各主要城市的路线来建立其"防御系统"的最佳时机。1878 年,珀金斯在许多详细的报告中,提出了一个明确的战略的纲要。他极力主张伯灵顿应接管其在内布拉斯加的结盟者——伯灵顿和密苏里铁路,并购买其毗邻的铁路(其中有些尚未完成),以便确保进入堪萨斯城和圣约瑟夫。[35]珀金斯在给福布斯的信中写道,"如果我们现在趁他们破产而且别人尚未认识到该区域的价值之前就将它们买下,我们即可控制该地方,并在方便的时候伸展我们的路线"。[36]珀金斯计划取得汉尼拔和圣约瑟夫铁路来完成其网络。正如他向彼得·格迪斯所说的那样：

> “长久以来我即认为这个国家的铁路迟早会形成几个系统，而且每个系统都将是自给的，或者换句话说，任何不能自给的系统将无法生存而被邻近强大又能自给的系统所并吞……每一条路线都必须有自己的支线才行。”㊲

但是福布斯、格迪斯和其他董事仍然坚持此种合并的系统太大而无法进行有效的内部管理，而且对股东而言也过于昂贵。可是，到了19世纪80年代初期，东西部的这些投资商却都开始改变他们的想法。卡特尔清楚地显示了它的不适用。古尔德再一次起了催化作用。

19世纪80年代铁路系统的建立

19世纪80年代初，杰伊·古尔德就进行了一项把一些铁路公司加以合并的投资，和这项计划相比，他在十多年以前想要扩展伊利铁路的打算简直就是小巫见大巫，相形见绌了。这个企业是他在1874年取得联合太平洋公司这一成功后的结果，它与中央太平洋铁路一连接就形成了第一条横贯新大陆的铁路线。1873年秋季开始的萧条削弱了联合太平洋公司的财务状况，它的股票以极低价格出售。一看到有机可投，古尔德便开始收买。到了1874年春天，他已控制了这家公司。起初，古尔德集中精力改组联合太平洋公司的财务和管理。㊳那时，他对把联合太平洋公司车辆接运向东的三条铁路越来越感到不满意，这些铁路在当时组成了衣阿华联营。为了改良他的东部连线，他购买了这三家铁路公司中两家的股票——西北公司和罗克艾兰公司。一旦进入这两家公司的董事会，1877 年 3 月他便打算让这两家公司和伯灵顿铁路达成一项协议，其中包括合资经营内布拉斯加的伯灵顿和密苏里铁路。珀金斯强烈反对这项建议，致使协议未能达成。珀金斯在 1878 年极力主张福布斯改变策略时已经考虑到了古尔德。古尔德由于无法取得东部连线，他便如同珀金斯所预期的那样，重施 1869 年在东部的故伎，转而建立自己的系统了。

古尔德迅速采取行动并依靠他那作为股票市场交易人的专业技巧，他很快就建立起一个系统，并在一个短的期间内就使其规模大大超过了宾夕法尼亚铁路。[39]古尔德的那些错综复杂的活动细节是一篇关于投机技巧内幕的极为引人入胜的故事。由于太复杂，因而古尔德的传记用了 11 章的篇幅来描述这些过程。这里只是指出，到 1881 年时，古尔德已经控制了堪萨斯太平洋公司、密苏里太平洋公司、密苏里、堪萨斯和得克萨斯公司、沃巴什公司、拉克万纳公司、新泽西中央线、纽约和新英格兰公司，以及再次被控制的伊利铁路。他所控制的铁路王国是全国最大的，它远达波士顿、纽约、托莱多、芝加哥、圣路易斯、堪萨斯市、奥马哈和丹佛。古尔德的下一个行动是寻求西南方更多的连线。到 1882 年时，他已取得进入沃思堡、达拉斯、埃尔帕索、拉雷多、加尔维斯顿和新奥尔良的路线。他不久就拥有总长度达 15 854 英里的铁路，约占全国里程数的 15％。[40]

然而他的这种控制最后证明是脆弱的和短命的。他并不打算协调、一体化或有效率地管理其各种财产的活动。事实上他的铁路有些并未连接,使得系统内的直达货运受到阻碍。他的系统(尤其是东部方面)并未行经最有利的运输途径。他的生意还是投机性的,并不是在经营企业。

因而,古尔德王国的衰落就像它的兴起一样迅速。[41] 到了 1882 年,他突然放弃了联合太平洋公司,以此款项来建立新近购买的圣路易斯以南和以西的网络。1884 年,严重的经济不景气和证券价格的暴跌迫使他处理掉东部大部分的路线。从 19 世纪 80 年代中期开始,古尔德集中精力在西南部建立一区域性系统。到了 1890 年,古尔德的系统包括了密苏里太平洋公司、较小的得克萨斯和太平洋公司、圣路易斯西南线、国际和大北方铁路公司。

尽管古尔德的铁路王国存在的时间甚短,但它对美国的铁路史却有着长远的影响。他的迅速的收购行动、进入其他路线的控制领域以及以破坏运费协议或客货运量分配协议为能事的举动,迫使西部主要铁路的董事和东部的威廉·范德比尔特开始采取建立系统的战略。

古尔德进入干线公司领域、进入无烟煤区域和新英格兰,以及处心积虑地破坏芬克的东部干线协会,最终驱使威廉·范德比尔特采取防卫性措施。范德比尔特现在完全同意其职业经理人员的意见,如中部密歇根铁路的亨利·B. 莱迪亚德、湖岸铁路的约翰·纽沃尔、纽约中央线的詹姆斯·H. 拉特,他们都认为必须拥有自己的自给系统才行。范德比尔特财团于是首先转向西南,取得他们自己的进入印第安纳波利斯、俄亥俄河沿岸城市和圣路易斯的路线。他们首先秘密取得比线的控制权,这是迄今为止从克利夫兰到哥伦布和印第安纳波利斯的伊利铁路的连线。由于该铁路只控制了连接印第安纳波利斯到圣路易斯这条路线主要股份的50%，范德比尔特及其同僚便劝说宾夕法尼亚铁路卖给他剩下的50%的股份。同时，为了预防古尔德进入无烟煤区，范德比尔特取得了大量的、虽然尚未构成控制力的雷丁铁路的股票，并在该铁路和纽约中央线之间修筑了一条昂贵的连线。

1882年，范德比尔特采取了另一项行动，这也是由他的竞争者所激发出来的。这便是收购纽约、芝加哥和圣路易斯铁路，它是一条新开辟的铁路，从布法罗到芝加哥而与湖岸铁路平行。[42]它是由一些老练的投机商——卡尔文·布赖斯、乔治·塞尼和萨缪尔·托马斯——所建造的，通常被称为镀镍铁路，这些人修筑这条铁路的目的就是要卖给范德比尔特或古尔德。为了维持铁路界的安宁，范德比尔特再次被迫抢在古尔德前面予以买下。同年他又买进一部分加拿大南方铁路的股票，并把该铁路结合进中部密歇根铁路的管理结构中。

1883年5月范德比尔特退休。他手下的那帮经理都成了各个铁路的董事长，两个儿子科尼利厄斯和威廉·K.分别担任了几个董事会的主席。[43]不过老范德比尔特依然非常关注他公司的事务，一直到1885年12月逝世为止。1883年之后，范德比尔特系统的扩张还是建立在1885年其经理人员和出资人士对于不断变化的竞争情况所作的反应这一特殊的基础之上。[44]1885年，范德比尔特家族在J.P.摩根的敦促下同意收购西岸铁路，该铁路平行于纽约中央线。这项收购计划是摩根所策划的、在中央线和宾夕法尼亚铁路公司间所签订的和平协议的一部分，宾夕法尼亚铁路方面则答应购买才部分造好的南宾夕法尼亚铁路。该年代末，范德比尔特财团在摩根的协助下，在克利夫兰铁路、辛辛那提铁路、芝加哥铁路和圣路易斯铁路（俗称“四巨头”）取得大量股票。然后又在法律上和管理上把比线并入四巨头。19 世纪 90 年代时，范德比尔特家族增加了他们在四巨头以及芝加哥和西北铁路的股权。可是，一直到 20 世纪第一个十年他们才完全控制了波士顿和奥尔巴尼铁路，一直到 20 世纪 30 年代才完全控制了四巨头，而芝加哥和西北铁路则始终只是他们的一个忠实的结盟者。

即使古尔德迫使范德比尔特相信有必要建立一个自给的系统，但他的儿子威廉·H.，或经理人员却从来未能制订出一个精确的、堪与 1869 年汤姆森为宾夕法尼亚铁路制订的战略相媲美的扩张战略。他的扩张战略一直停留在对当前竞争压力的特殊反应而不是特定的长远计划的结果。连东部第四大干线——伊利系统——的完成，也没有经过比较精心的规划。[45]反之，西部铁路老板们的行动却都要经过深思熟虑。几乎在所有的情况下，比较有进取心的年轻职业经理都成了这些铁路的董事长。他们规定并贯彻他们铁路的扩张战略。只有在芝加哥和奥尔顿铁路，一些出资人士，尤其是其董事长 T. B. 布莱克斯顿的限制手法才有效地限制了扩张。在实现他们的战略方面，这些职业经理很快就互相针对他们彼此的行动（而不是对古尔德或其他投机商的行动）作出了反应。

在伯灵顿铁路公司，珀金斯具有较大的权力，他曾经写信给福布斯说：“古尔德的行动如此迅速，我们的董事会根本无法跟上”。[46]珀金斯首先把内布拉斯加的伯灵顿和密苏里铁路与母线合并。然后他以使得许多波士顿股东感到吃惊的价格收购和康瑟尔布拉夫斯以及堪萨斯城连接(虽然不直接)的一条重要线路的控制权。[47]1882年,为了报复古尔德进入衣阿华,珀金斯建造了一条通达丹佛的自己的路线,它与联合太平洋(以及罗克艾兰)公司的路线平行。次年他重新获得汉尼拔和圣约瑟夫线的完全控制权,在此期间,他继续建造进入怀俄明、蒙大拿、科罗拉多和内布拉斯加的铁路。最后在1885年,他出资建造一条通达圣保罗的铁路。伯灵顿铁路公司在1870年才只经营略多于600英里的铁路,到了1881年年初,却经营了2 722英里的铁路,1887年时则将近5 000英里的铁路了。

芝加哥北部和西部的其他主要铁路公司也重复了伯灵顿铁路的经历。[48]芝加哥、密尔沃基和圣保罗铁路的董事长是密尔沃基人,他比较赞同其总经理谢尔本·S.梅里尔和副总经理罗斯韦尔·米勒的计划,他们制订并促成了扩张战略。譬如密尔沃基铁路对珀金斯决定建造一条通往圣保罗的铁路的反应,就是通过伯灵顿的领域建造一条自己的到堪萨斯城的线路。米勒于1887年成为董事长,即使在他完成该项扩张计划之前,该铁路公司已经成为一个跨领域的系统,其营运轨道长达5 000英里以上。1882年总经理兰塞姆·凯布尔取代里德尔成为罗克艾兰铁路董事长时,这条铁路拓展极为迅速,成为一庞大的一体化系统,自芝加哥延伸到堪萨斯城、丹佛和沃思堡。[49]在芝加哥和西北铁路的高级职业经理马文·休特,则使保守的董事长亨利·基普认识到扩张的必要性。[50]虽然比其竞争对手要更为小心,但不久就成为该铁路董事长的休特却还是把1880年时不到1 000英里的里程扩充到1885年时的将近 5 000 英里。当古尔德开始建立其西部铁路王国之时，借用古尔德传记作者的话来说："每一家铁路公司都顿然领悟，唯有进取性的扩张政策才是惟一安全的防御手段"。[51]

也正是在这同一段短期间内，无论是在人烟稀少的西部偏远地带，还是人口稠密古老的南方或新英格兰城市区，相同的战略导致了相同的系统的形成。各地铁路人员都不再相信非正式的联盟，也丧失了对比较正式的同盟的有效性的信心，转而力求建成自己的、跨领域的"自给"系统。经理人员在投机商的推波助澜下终于取得成功。地区结构的不同（它反映了经济方面和历史方面的差异），对于系统建立的整个模式几乎没有什么影响。

横贯新大陆的铁路史是很有启发性的。除了北太平洋铁路而外，在密西西比谷和太平洋岸之间的所有铁路，没有一条是在一开始就计划由单独一家企业来经营的。可是在 19 世纪 80 年代，这些铁路常常违反其主要投资者较好的判断，决定开辟自己的从内陆到海洋的路线。在古尔德管理时，联合太平洋铁路公司增加了将近 1 250 英里的新路线。其继承者，小查尔斯·弗朗西斯·亚当斯是波士顿投资商的一个保守代表，他马上就被其经理人员所劝服，认为对于古尔德在西南方的持续活动，以及珀金斯和其他铁路在中西部的活动，除了建立自己的系统之外，别无其他方法。为了保护其东翼不受珀金斯的威胁以及南翼不受先是由古尔德后来则是科利斯·P. 亨廷顿的南太平洋铁路所构成的威胁，小亚当斯收购和建造的铁路长度相当于他的前任的两倍。[52] 由于无法控制其公司原先到太平洋岸的出口——中央太平洋铁路，小亚当斯只好建造伸向西北的俄勒冈线而与亨利·维拉德的俄勒冈铁路和航海公司的铁路连接(这条铁路的修筑又引起伯灵顿修筑一条到蒙大拿州比灵斯的铁路)。由此而达成的直达轨道使用权协议和运输协议使得小亚当斯有了另一条出海的通路。然而,联合太平洋铁路很快就发觉这些协议靠不住,无法令人满意。因而在 1889 年,小亚当斯和格林维尔·M. 道奇合作,通过华尔街的一条妙计,终于控制了俄勒冈铁路和航海公司,保证了其系统具有一条自己的到太平洋的通路。

在南方,圣菲铁路经由一系列防御性行动,而在 1887 年成为全世界最大的铁路系统。[53] 1880 年,圣菲铁路达到了它最初的目标,它完成了到新墨西哥州阿尔伯克基的路线。不久又修建了一条从阿尔伯克基到南太平洋铁路公司新墨西哥州德明的延伸线。当时,亨廷顿的南太平洋铁路对加利福尼亚以外地区并无野心。亨廷顿的战略仍然是领域性的。罗伯特·里格尔指出:"他的两个目标是保证获得并维持对加利福尼亚过意的控制权,以及垄断进入该州的横贯新大陆路线"。[54]

然而不管是亨廷顿或是圣菲铁路新任的董事长威廉·B. 斯特朗,都并不满足于完全依赖相互的连接线。斯特朗在 1877 年来到圣菲任副董事长和总经理之前,曾在伯灵顿担任管理职务,且步步高升。在圣菲,他使其波士顿派的董事们确信,必须要有另一条西向的出路。他们乃同意收购第二条计划连接阿尔伯克基和海岸的铁路一半的股权。但 1882 年年初,亨廷顿曾与古尔德合力买下了这第二条铁路另一半股权的大部分。圣菲铁路只好暂时退却,同意其自阿尔伯克基西向的新铁路最远只到达科罗拉多河,它将在此处与南太平洋铁路衔接。这时,亨廷顿却不愿再依赖古尔德而获得到墨西哥湾的出路，开始修建和收购通往得克萨斯州日益繁荣的各城市和新奥尔良的自己的路线。同时他也得到了从墨西哥湾各港埠外航的轮船公司。1884 年，亨廷顿及其同僚把所有这些铁路与轮船航线合并成为单一系统，由一控股——营业公司——肯塔基南太平洋公司——所指挥。

同年，斯特朗说服了圣菲的董事们，使他们相信一定要有自己的通往太平洋岸的路线。完全控制了从阿尔伯克基到科罗拉多河的铁路之后，斯特朗便向南太平洋铁路公司购买路线，经过额外的修建之后，圣菲铁路终于有了自己的、通往洛杉矶和圣迭戈的路线。在这之后斯特朗坚信，他不能依靠亨廷顿或古尔德取得西南连线，因而在 1886 年又收购了到沃思堡和加尔维斯顿的路线。最后在 1886 年，圣菲的董事长决定建造自己的、从堪萨斯城到芝加哥的铁路。[55]到了 1888 年，圣菲所经营的系统已超过 8 000 英里，但在财务上却濒临倒闭的边缘。

联合太平洋公司向北发展的经历也大致相同。起初，詹姆斯·J. 希尔的马尼托巴铁路并没有横贯新大陆的野心。一直到 1883 年为止，它都满足于在北部雷德河谷的小麦区经营，依赖受政府补贴的加拿大太平洋铁路公司载运向西去的客货运。只是在加拿大太平洋铁路开始东移而成为全属于加拿大的横贯大陆的系统时，它才开始建立横跨落基山以达太平洋的路线。[56]同年，金融家亨利·维兰德完全占有了北太平洋铁路。维兰德在 1881 年便已控制北太平洋铁路，确保了俄勒冈铁路和航海公司的东部出路。从那时开始，直到这两个系统的完成，修建和收购铁路的地点和时间都反映出希尔这个老练的铁路企业家和经理，以及维兰德这个能干的金融家，这两巨头的策略和战略的相互影响。19 世纪 90 年代初，当这两个系统快要完成时，希尔已经拥有远比别人优越的系统了。

南部的系统的建立也遵循着西部的模式。由于当地的客货运量较少，更加强了通过建造和收购以保持直达运输的压力。虽然是在维护领域战略，但南部各铁路公司在确保对支线和连线的控制方面，其积极进取精神较之北部甚至中西部实在有过之而无不及。由职业经理人员领导的铁路在这方面表现尤为突出。到了 1880 年，当时人们已能指出南部的七大铁路公司了——丹维尔公司、东田纳西公司、中部佐治亚公司、诺福克和西部公司、路易斯维尔和纳什维尔公司、萨瓦那公司、佛罗里达和西部公司（由亨利·普兰特经营控制）、伊利诺斯中央线南方延线公司。[57]这七家公司之中有五家是以职业经理人员担任董事长。其中包括路易斯维尔和纳什维尔公司，该公司先是由艾伯特·芬克接着又由其门徒霍默·史密斯所领导；普兰特的铁路，其后成为大西洋岸路线；中部佐治亚公司，它为威廉·韦德利所管理；诺福克和西部公司，它为弗雷德里克·金布尔所管理；伊利诺斯中央线公司，它为威廉·K. 阿克曼和以后的詹姆斯·C. 克拉克所管理。除了中部佐治亚公司外，这些铁路到 1900 年都成了南部主要的系统。

在南部，有一群投机商——其中包括卡尔文·布赖斯、乔治·塞尼、约翰·英曼、威廉·P. 克莱德，他们起着与古尔德在西部所起的同样作用。虽然在一起工作，但有时却具有相反的目的，19 世纪 80 年代中期，他们以里士满和西点总站和仓库公司为基础把丹维尔公司、东田纳西公司，接着是中部佐治亚公司合并成为单一系统。里士满总站公司以惨痛的倒闭结束营业，然而其成立却激发了它的邻近公司建立自己的跨区域的系统，以便与南部各主要城市连接起来。在摩根公司从法律上、财务上和管理上对它进行了彻底改组之后，里士满总站公司以南方铁路公司的名义出现。其他系统则通过建立与主要投资银行家——如库恩、洛布、克拉克、奥古斯特·贝尔蒙特、莫顿、布利斯——的密切关系，财务甚为稳固。在新兴的南方系统中，诺福克和西部公司受里士满总站各项活动的影响最少。诺福克和西部公司在建立其王国时，它的董事长主要是应付其他运煤的铁路公司（尤其是它的主要对手——科利斯·P. 亨廷顿的契萨皮克和俄亥俄铁路）的措施和反措施。[58]

19 世纪 80 年代，新英格兰的系统建立与南部情况不同，这是因为该地区具有大量的客货运业务，使得直达运输在保证财务上还债能力方面的重要性有所降低，从而减少了用收购和修建铁路的手段进行扩张的压力。19 世纪 70 年代末，四条位于中央的路线——波士顿和奥尔巴尼线、波士顿和缅因线、纽约和纽黑文和哈特福德线、纽约和新英格兰线，要比中部佛蒙特线、菲奇堡线及其结盟者——波士顿和胡萨克隧道和西部线、东部线、老殖民地线、纽约和普罗维登斯和波士顿线——以及其他主要铁路的运输量多，但经营的里程数却不相上下。不过到 1893 年，纽黑文线以及波士顿和缅因线两大铁路完全支配了新英格兰的铁路网络。

合并是以下列方式完成的：[59]在新英格兰中部，1869 年，波士顿和伍斯特线与西部线合并成波士顿和奥尔巴尼线，而一直是纽约中央线的亲密盟友，却直到 1900 年时才为纽约中央线正式租用。在新英格兰北部，波士顿和缅因铁路为少数投机商所掌握，它在十年内把该地区大部分铁路线在法律上和财务上加以合并，但在管理上并未统一。在南方，投机性的纽约和新英格兰线起先为古尔德、塞奇和西德尼·狄龙，后为杰贝兹·A. 博斯特威克所控制（博斯特威克以前是标准石油公司的股东），它经常威胁纽黑文的客货运量。然而此种挑战却使职业经理查尔斯·P. 克拉克得以说服其董事把纽黑文线建成为纽约和波士顿间最主要的铁路公司。

19 世纪 90 年代初，新英格兰的系统建立达到了最高峰，当时里丁铁路的 A. A. 麦克劳德决定要把其运煤的铁路建成跨区域的主要系统。他以当时控制着铁路的投机商所喜欢的价格收购了北方的波士顿和缅因线以及南方的纽约和新英格兰线。然而这些收购却导致了雷丁铁路的破产，后来由 J. P. 摩根加以改组。1893 年 3 月，摩根使纽黑文的克拉克和控制波士顿和缅因铁路的出资人士联合起来。正如爱德华·C. 柯克兰所指出那样，他们"分割了新英格兰；波士顿和奥尔巴尼路线就像美国昔日的南北分界线一样"。[60]

上面关于美国铁路建立系统的最简短的描述不可能说明其间的复杂性或曲折过程，它只是指出，在 19 世纪 80 年代建立了哪些系统以及建立者是谁。但如要对冲突着的人物、目标和战略——他（它）们严格地决定着一个系统在何时及何地建立起来——作一评价，则只能通过阅读格罗丁斯基、奥弗顿、里格尔、斯托弗、克莱因、兰比、柯克兰、马丁和其他人的著作，才能完成这一使命。从这些著作中，我们可以得出下面几个重要的一般结论：

第一，而且是最重要的，在整个 20 世纪中，经营美国铁路网络的庞大企业是在19世纪80年代具备现代形式的。它们的出现是在这个国家所有的铁路高层人士几乎同时从领域战略或区域性战略转向跨领域战略，以便建立自给的系统之后。当19世纪90年代经济萧条来临时，美国铁路网络的地图即已基本上定型，直到第二次世界大战后铁路在技术上变得陈旧时也没有什么改变。1893年一些最大的系统与1906年和1917年时一些最大的系统实际上是相同的(见表3和表4和附录B)。以后，建立或重新划定系统的企图就很少了，也多不成功。

第二，建立新系统的铁路几乎都是各该区域内首要的大铁路。它们的管理阶层变成了"核心"，其他大的经营企业只是经由收购、租用或修建而附加于此核心。到了1893年，这些新兴巨型公司的经理人员已掌管大部分美国铁路网络的管理工作。当时，33家资本额超过1亿美元的铁路公司所经营的线路就占美国铁路总里程数的69%。此外，其经理人员也在协调、安排较小的连线系统的运输流量。

表3　1893年，资本额超过1亿美元的铁路系统

铁路名称	英里数[a]（路线长）	1893年资本额（百万美元）
1　艾奇逊、托皮卡和圣菲公司	9 328	647
2　里士满终点站，包括		
3　东田纳西、弗吉尼亚和佐治亚，以及佐治亚中部线	8 697	329
4　联合太平洋公司	8 148	427
5　芝加哥和西北公司	7 955	314
6　宾夕法尼亚铁路公司		
7　宾夕法尼亚控股公司	7 950	842
8　芝加哥、伯灵顿和昆西公司	6 533	274

（续表）

铁路名称	英里数（路线长）	1893年资本额（百万美元）
9 南太平洋公司	6 461	643
10 芝加哥、密尔沃基和圣保罗公司	6 128	225
11 密苏里太平洋公司，包括		
12 圣路易斯、铁山和南部公司		
13 堪萨斯和科罗拉多太平洋公司	6 114	309
14 纽约中央线，包括		
15 中部密歇根铁路，湖岸铁路		
16 纽约、芝加哥和圣路易斯公司		
17 波士顿、奥尔巴尼和西岸公司	5 662	553
18 北太平洋公司		
19 中部威斯康星铁路	5 216	370
20 路易斯维尔和纳什维尔公司	4 732	218
21 雷丁铁路，包括		
22 中部新泽西、利哈伊谷		
23 及特拉华、莱克和西部线	3 944	670
24 大北部公司	3 682	147
25 中部伊利诺斯铁路	3 681	215
26 芝加哥、罗克·艾兰和太平洋公司	3 456	123
27 巴尔的摩和俄亥俄公司	3 347	313
28 丹佛和里奥格兰德公司	2 381	148
29 克利夫兰、辛辛那提、芝加哥和圣路易斯公司	2 281	118
30 伊利铁路	1 966	386
31 沃巴什铁路	1 933	140
32 波士顿和缅因公司	1 900	130
33 密苏里、堪萨斯和得克萨斯公司	1 670	134
34 得克萨斯和太平洋公司	1 499	106
35 诺福克和西部公司	1 457	120
36 切萨皮克和俄亥俄公司	1 290	125
37 纽约、纽黑文和哈特福德公司	644	110

资料来源：里数数据来自 S. F. 范奥斯所著《美国铁路的投资》（纽约，1893 年）。资本额系根据州际商业委员会所编：《1893 年美国铁路的统计资料》（首都华盛顿，1894 年）。

a，1893 年，上述铁路公司所经营的、最重要的轨道里数（118 055 英里）是该年美国全部铁路公司所经营的、最重要的轨道里数（169 780 英里）的 69%。

表4　1906年，资本额超过1亿美元的铁路系统

铁路名称	英里数[a]（路线长）	1893年资本额（百万美元）
芝加哥、罗克艾兰和太平洋公司包括圣路易斯—圣菲线	14 816	842
大西洋海岸铁路公司，包括路易斯维尔和纳什维尔公司	11 634	470
宾夕法尼亚铁路公司	11 390	1 218
南部公司	10 700	609
南太平洋公司	9 781	515
艾奇逊、托皮卡和圣菲公司	9 624	502
芝加哥、伯灵顿和昆西公司	9 142	220
纽约中央线	9 073	853
联合太平洋公司	7 720	636
芝加哥和西北公司	7 660	266
芝加哥、密尔沃基和圣保罗公司	7 341	230
密苏里太平洋公司	6 962	340
北太平洋公司	6 614	444
大北部公司	6 114	347
中部伊利诺斯铁路	6 107	320
巴尔的摩和俄亥俄公司	4 760	489
辛辛那提、哈密尔顿和代顿公司	3 593	178
波士顿和缅因公司	3 369	187
丹佛和里奥格兰德公司	3 117	232
海岸公司	3 031	141
密苏里、堪萨斯和得克萨斯公司	2 886	231
沃巴什铁路	2 801	325
纽约、纽黑文和哈特福德公司	2 763	316
克利夫兰、辛辛那提、芝加哥和圣路易斯公司	2 699	177
伊利铁路	2 533	442
雷丁铁路，包括中部新泽西公司	2 359	354
科罗拉多和南部公司	2 133	102
诺福克和西部公司	1 893	134

（续表）

铁路名称	英里数[a]（路线长）	1893 年资本额（百万美元）
31 切萨皮克和俄亥俄公司	1 755	148
32 利哈伊谷公司	1 479	158
33 芝加哥大西部公司	1 444	134
34 特拉华、拉卡瓦那和西部公司	1 035	120

资料来源：州际商业委员会所编《1906 年 6 月 30 日美国公司间的关系》（华盛顿，1908 年）。里数是其子公司里数之和，资本额资料来自上述资料的“附录——经过选择的 50 家铁路系统的资本额”，第 473 页。

a. 1906 年，上述铁路公司所经营的、最重要的轨道里数（178 328 英里）是该年美国全部铁路公司所经营的、最重要的轨道里数（222 340 英里）的 80%。

第三，支薪的职业经理在 19 世纪 80 年代的系统建立中起着非常重要的作用。在制订战略规划和指导战术行动方面，经理人员的责任远甚于投机商和投资人士。最强大的美国铁路系统是由下列经理人员所创立的：汤姆森、珀金斯、凯布尔、米勒、梅里尔、休特、阿克曼、詹姆斯·克拉克、斯特朗、芬克、史密斯、普兰特、金布尔、查尔斯·克拉克，以及范德比尔特铁路的职业总裁——莱迪亚德、纽厄尔、拉特和迪普。协助创立系统使之得以成功的大资本家或其代表，如威廉·范德比尔特、加勒特、亨廷顿、希尔和查尔斯·弗朗西斯·亚当斯，都是极为老练的铁路商。这些金融人士中只有维兰德未受过铁路作业的训练。另一方面，大部分由投机商所控制的路线，如伊利线、沃巴什线、密苏里太平洋线、里士满总站、波士顿和缅因线，都因为早期只图投机取利而在财务上和管理上遭受危机。

在建立他们的系统时，成功的经理人员利用投机商使不情愿的投资人士同意拨款以建立其系统。为了完成他们的系统，他们很快也和投资金融公司——如J. P. 摩根、库恩、洛布、奥古斯特·贝尔蒙特、纽约的斯派尔公司、基德尔、皮博迪公司和波士顿的李、希金森公司、费城的德雷克塞尔公司和E. W. 克拉克——建立了结盟关系。维有专业化的银行企业才有设备和关系来吸引大量所需的资本。到19世纪90年代初，本地的投资人士，甚至个别的资本家，对铁路事务几乎已没有什么发言权。譬如范德比尔特和维兰德只能转而由摩根公司掌握其铁路的投资决策。最先出资修建铁路的都是本地的投资人士和较远的资本家，他们付出了19世纪80年代过度修建铁路的费用中很大一部分。然而在随后的改组中，他们的股份通常大为减少，往往完全消失。

经理人员之所以能克服投资者反抗扩张的意图，部分原因是他们处于负责地位。他们投入全部时间、掌握信息，更重要的是他们对铁路承担了长远的义务，这通常不是投资人士及其在董事会的代表所能做到的。扩张政策给这些经理人员带来的好处要多得多。为了确保其铁路上持续的、长久的客货运流量，他们敢冒破产的危险。即使投资商失掉投资，经理人员还是有其系统。一旦投机商的行为更有力地说明了下述事实：不能指望依赖合作以确保持续的客货运量和股息，并且联营政策也明显遭受失败之后，投资者就别无其他选择，只有授权经理人员制订战略并负责其执行了。

当经理人员建立他们的系统时，他们的战略规划乃是基于他们竞争对手的行动，而不是基于对运输需求的周密估计。在制定短期价格和确定长远的投资决策时，铁路经理是第一批面对现代寡头垄断竞争现实的人。对他们来说，少数竞争对手的行动往往比市场需求还重要。当经理人员无法通过正式联合的方式而控制寡头垄断价格时，他们决定做到尽可能的自给。这种新战略又会导致在建立和收购资本设备方面耗费更大的竞争。对许多铁路来说，驱使自给的压力最后导致企业的破产。可是，除了高阶层一两个要员外，经理人员并未受到影响。其组织依然完整无缺。这时最大的不同只不过是，在一些最重要的决策上，他们现在必须和供应建立系统所需资金的投资银行家共同磋商、决定而已。

19 世纪 90 年代的改组和合理化

综上所述，可见 1893 年一过，投资银行家就在美国铁路业的发展中起着最具影响力的作用了。19 世纪 80 年代，美国铺设了 75 000 英里的轨道，远远超过了世界上任何一个地方在任何一个年代中铺设铁路的里程数。[61]在 1894 年到 1898 年间，仅因赎职权的取消而被售出的铁路总里程数就超过 4 万英里，其资本额超过 25 亿美元，是美国历史上监管财产最多的一次。惟有最主要的美国投资银行家才有财源来改组这些破产的或财务不稳的铁路公司。摩根在 1886 年改组了雷丁铁路，1888 年又改组了巴尔的摩和俄亥俄铁路，以及切萨皮克和俄亥俄铁路。1893 年后，他的公司再次资助圣菲铁路、伊利铁路、北太平洋铁路、里士满总站公司（后来成为南部铁路公司），并再次改组雷丁铁路。[62]其他一些最主要的投资银行家也在完成相似的改组工作，但是其规模要比华尔街 23 号的这位巨头小些。

1893 年以前曾有一个短暂时期，摩根和其他银行家也与他们以前的投资商和金融家一样，希望合作的政策或许可以免除建立系统的高昂费用。他们寄希望于新颁布的“州际商业法”的有关条款，该法案要求“公平、合理的运费率”，禁止暂时的、短期的运费率变动。[63]东部干线公司和南方铁路轮船协会就曾起草一项新的协议，利用这一法案以规定运费率，甚至分配客货运量。[64]当西南协会也打算这样办而遭到失败时，摩根便邀集西部主要铁路的董事长或总经理以及主要银行的代表在纽约开了一系列会议，会上成立了一个新的西部协会，这个协会同意跟随其他协会一致行动。当时摩根强调他决心惩戒竞争性的修建铁路和竞争性的制定运费率。他告诉与会代表说，他的公司以及参加会议的其他银行家都“准备宣布今后将不再妥协，将尽全力阻止修建平行路线的铁路公司股票的流通，如果不是在（该协会）执行委员会一致同意下所修建的延伸路线也是同样对待”。[65]

然而摩根的希望终成泡影。一些强有力的系统，如伯灵顿和中部伊利诺斯路线都没有加入西部协会，而且南太平洋公司不久就退出了该协会。[66]古尔德最大的铁路系统——密苏里太平洋和沃巴什公司也退出了协会。在东部，干线协会只是在1891年到1893年的萧条开始这段时期内短时间地维持了运费率。不久，全国各地竞相杀价，卡特尔再度瓦解。[67]同时，法庭的判决也削弱了州际商业委员会的权威，增加了它在维持运费率工作中的困难。不久，1897年3月，最高法院判决，横贯密苏里运费率协会（西部运输协会的一个分支）因企图规定运费率而违犯了谢尔曼法案。[68]由于这一判决，使得仍在发挥作用的区域性协会逐渐消失。由此可见，最高法院的判决终于完全结束了20多年前艾伯特·芬克所创立的庞大的公司之间的联盟。

还在该项判决宣布以前，摩根和其他银行家已充分认识到，即使有政府的支持，依赖合作来控制竞争也是行不通的。1893 年，他们开始认为企业合并是必然的结果。由于萧条期间他们在公司改组中所起的重要作用，使他们有机会把许多现有系统的分界线以及它们的财务组织和管理组织加以合理化。不久，当萧条情况一过，银行家又鼓励更进一步的合并。州际商业委员会在报告中指出，在 1899 年 7 月和 1900 年 12 月之间，有 25 000 英里以上的铁路，它相当于美国铁路总里程数的 1/8。是“在这种或那种方式下为其他路线所控制”。[69]也出现了一些新的、较小的系统，如沿海航空公司，辛辛那提、哈密尔顿和代顿公司，科罗拉多和南部公司，不过绝大部分铁路都是附加于久已建立的“核心”企业。

因此，铁路业最后的合并运动，并没有对其基本结构有什么大的改变。资本额超过 1 亿美元的美国铁路公司的数目几乎与 1893 年相同。但如今 32 家铁路公司经营了全国铁路总里程数的 80%（见表 4）。除了少数中西部铁路外，所有这些系统都与沿海地区和内陆相连。而那些少数未与沿海地区和内陆相连的系统，其中多数又同那些与沿海地区和内陆相连的系统有着牢固的结盟关系。1900 年后，美国铁路系统的分界线发生了重大的改变，当时那些内陆系统的公司都极欲得到自己的连结沿海区域的通路。后来，罗克艾兰公司、奥尔顿公司、辛辛那提、哈密尔顿和代顿公司、沃巴什公司、圣保罗和密苏里太平洋公司等所以会各有一部倒霉的、投机性的财务历史，都是和他们极想获得一条到海岸的连线分不开的，因为这些行动使它们暴露在华尔街著名投机商的剥削之下。

为了加紧控制竞相减价和竞争性的修建铁路，一些最主要系统高阶层管理中的银行家和经理人员在萧条结束后，便立即在经营于同一地区的几个系统之间，发展一种他们所谓的"利益共同体"。其具体做法是让某一系统购买邻近系统的股票，很像早期的铁路公司与其主要连线建立牢固的结盟。[70]在东部，最早而且也是最重要的这类安排之一是1899年末宾夕法尼亚铁路和纽约中央铁路系统签订的秘密合同。根据这一协议，宾夕法尼亚铁路要对巴尔的摩和俄亥俄公司、切萨皮克和俄亥俄公司以及诺福克和西部公司进行"巨额投资"。巴尔的摩和俄亥俄公司再买进雷丁公司的股票。同时，纽约中央线又购买利哈伊谷铁路、伊利铁路、拉克万纳铁路以及雷丁铁路的股票，并且通过雷丁铁路再同新泽西中央线发生关系。这些行动部分是受到了摩根公司的操纵，摩根那时仍是中央线董事会上具有支配的影响力的人士，而且也是这些股权转移的铁路公司中的几家公司的改组者。在南部，摩根也运用其影响力让大西洋海岸线公司收购路易斯维尔和纳什维尔51%的股份，路易斯维尔和纳什维尔又与大西洋海岸线公司共同拥有佐治亚公司以及一条自路易斯维尔到芝加哥的铁路。在西部，威廉·H. 穆尔这个投机商及其兄弟詹姆斯也安排了罗克艾兰铁路、奥尔顿铁路、圣路易斯铁路、圣菲铁路和一些小铁路的连锁股票购买。

爱德华·C. 哈里曼在库恩、洛布和詹姆斯·希尔等人的银行的协助下，并以摩根为后盾，成为横贯新大陆的、各系统的联盟的主要创建者。[71]哈里曼长久以来便握有中部伊利诺斯路线的大量股票,在联合太平洋公司被他的银行和库恩、洛布公司进行了财务改组之后,他在1898年成为联合太平洋公司董事会执行委员会的主席。1901年,在亨廷顿去世后,哈里曼收购了南太平洋公司46%的股权。几个月以前,他曾试图说服珀金斯和伯灵顿的董事会将该铁路的控制权出售给他。可是在1901年5月,曾经建立大北方公司和重新资助北太平洋公司的希尔却收购了伯灵顿铁路,希尔把一半股份转给大北方,另一半则转给北太平洋。后来哈里曼又力图控制北太平洋公司以及它的伯灵顿铁路一半的股权。这次冲突的结果是成立了北方证券公司,它拥有大北方公司和北太平洋公司的股票,而哈里曼和希尔两人又共同掌握了北方证券公司的股票。当最高法院于1904年裁决控股公司违犯谢尔曼法案后,该公司便被解散。但希尔仍然控制着伯灵顿公司和大北方公司和北太平洋公司,哈里曼则控制着联合太平洋公司、南太平洋公司和中部伊利诺斯铁路公司。

这些股票买卖的目的并不是想建立超级的系统(只有哈里曼曾设立某种组织机构来监督其两大系统——南太平洋公司和联合太平洋公司),毋宁是想以此控制运费率的削减,防止更进一步的竞争性修建铁路。作为这种合并以及共同体利益发展的结果,1906年时,全国2/3的英里数终于为七大财团所控制:范德比尔特铁路,包括芝加哥和西北公司(22 000英里);宾夕法尼亚财团,包括巴尔的摩和俄亥俄公司以及切萨皮克和俄亥俄公司(20 000英里);摩根铁路,包括伊利公司、南部和大西洋海岸线公司,但纽黑文铁路尚未包括在内(25 000英里);古尔德铁路,包括沃巴什公司、密苏里和太平洋公司、丹佛和里奥格兰德公司以及西南其他铁路(17 000 英里);穆尔的罗克艾兰财团,包括圣菲公司(25 000 英里);希尔铁路(22 000 英里);哈里曼铁路(25 000 英里)。[72]未包括在这些集团内的有新英格兰的两个系统,以及主要是在中西部的几个系统,它们仍然依赖其他公司以进行直达运输。还在赫伯恩法案获得通过、从而加强了州际商业委员会的权力以前,由于管理上和财务上控制的统一,实际上已经消除了各主要铁路间在运费率方面和修建铁路方面的竞争。

因为银行家和经理人员已经能由财务上和管理上的安排而找到解决这种竞争的办法,所以他们不再像 19 世纪 80 年代那样急于要使联营合法化以及要求政府协助维持共同商定的运费率。可是,他们仍然感到大托运商的压力,后者要求特别优惠的运费率。因而铁路商便支持罗伯特·M. 拉福莱特和其他进步人士所发起的一项运动,要求取消 1903 年的埃尔金斯法案中所规定的回扣。[73]另一方面,铁路商并不希望增加州际商业委员会的权力。1905 年,他们发动了一项有力的宣传运动反对管制。在同年关于授予委员会制定运费率的权力该项议案的听证会上,有 21 名主要铁路系统的代表和四名其他发言人出席作证。[74]在这 24 家公司当中,只有芝加哥和西北铁路的 A. B. 斯蒂克尼拥护该项协议案。其他人都认为该项议案对他们的铁路,特别是对整个铁路网络没有任何好处。对于西奥多·罗斯福在下届国会促使通过的、比较温和的赫伯恩法案,他们的反应也好不了多少。事实上,罗斯福是使用了极大的政治手腕才使该议案得以在许多参议员的反对下获得通过,而这些参议员是受到美国工商界的多数和铁路界头面人物的支持的。[75]

合并系统的完成、利益共同体的建立、赫伯恩法案的通过，标志着一个时代的结束。修建和收购照样进行，但主要是补充和完善现有的系统，或者提供到海岸的连线。制定运费率既是一个经济过程，在同样程度上也成了一个政治过程，它越来越决定于各铁路公司、几家托运商和委员会之间的例行性谈判。一旦各系统的分界线得到确定，它们的作业也相对地成为例行事务，这时制订重大战略的需要性便消失了。铁路经理人员于是集中精力维持其系统，协调日益增加的他们线路上的客货运流量。

对于美国铁路的高层经理而言，解决少数投资浩大的大型企业为争夺直达运输而进行竞争的答案就是建立自给的系统。建立系统的动机是为了应付竞争，而不是为了通过管理的协调把已经是庞大的官僚化企业的活动和交易内部化于一个单一的巨型公司之内而使成本有所降低。如果联邦政府批准了联营政策，其反应就可能不同了。虽然铁路界人士在 19 世纪 70 年代和 80 年代曾经游说通过此项立法，但到 19 世纪 90 年代，他们和投资银行家都已认识到，不能指望通过卡特尔来控制竞争，即使那些协会被政府的一个委员会所支持和管理也是徒然。1893 年之后，几乎已经没有什么铁路界人士还认为，政府的管制在控制竞争上比系统建立更为实际、有效。[76]

新系统的结构

建立系统（这些系统后来支配了美国的铁路）的经理和金融家也共同设计管理其系统的机构。投机商、小投资者和较大的资本家则对此贡献甚微。19 世纪 80 年代，铁路人士使用了两种不同的结构管理其庞大、新兴的、合并的巨型公司。一种管理结构纯粹是最能干的高层职业经理的创造，它与 20 世纪中期最大的工业公司所采用的制度极为相似。但是，金融家和专业化的管理人员所喜好的却是另一种管理结构，它到 1900 年时成了大规模的美国铁路系统的标准结构。

1883 年 5 月，珀金斯曾写给经理人员一份备忘录，提出一种组织结构来管理其新收购的芝加哥、伯灵顿和昆西铁路的众多财产，这份备忘录阐明了这两种结构的要点，他说："基本上有两种不同的经营大规模铁路系统的方法。一种方法可以说是把工作组织扩展到整个系统；另一种方法则是设立许多不同的工作组织或管理单位，每个单位均完全独立"。[77] 珀金斯较喜欢后者，"这种管理形式比较费钱；然而我相信更高的效率和节约将远远超过这部分支出"。

这第二种形式是由宾夕法尼亚公司所创立，受到了珀金斯的热烈拥护，最后证明极为成功。1893 年，一位英国铁路专家曾经强调指出宾夕法尼亚的管理制度是全国最好者，事实上也是全世界最好者。他写道："宾夕法尼亚铁路在各方面都是美国铁路业的标准，它的轨道和车辆，它的道砟和桥梁，它的车站和服务，都达到了尽善尽美的地步，全国每一家铁路公司都应以达到它的水平作为最高目标"。[78] 铁路界人士只有极少数会不同意这个观点。虽然其拥护者获得了成功并提出了令人信服的论据，却没有几家铁路系统采取此种"分权化"的管理方式。与此相反，他们反而把他们现行的中央集权化的结构推广到已经大为扩展了的他们的领域上。

宾夕法尼亚铁路还在实行扩张战略之时，就开始为其系统计划一套新的管理结构。最初是法律上的变动（我们在前面曾加以阐述），它使该系统由三家连锁公司——匹兹堡、辛辛那提和圣路易斯铁路（又称狭长区域线）、宾夕法尼亚控股公司、宾夕法尼亚铁路公司——所控制。这三个合法的实体成为三个自给的管理网络的基础。狭长区域线或“南部系统”在1873年经营了1 150英里铁路，包括了狭长区域线合法拥有的所有路线。“北部系统”则有1 564英里铁路，都是宾夕法尼亚控股公司所控制的路线。第三个是“东部或宾夕法尼亚”系统，在1873年总长度为2 408英里，直接由宾夕法尼亚铁路公司所管理。[79]正如汤姆森在1873年初向他的股东所说的那样，新的管理和法律的改变，其目的是：

> “通过对这些工作的单一化管理，以保证我们所控制的整个铁路系统中的和谐的行动，同时也自大量的铁路车辆上取得最佳的效益，其方式是在情况需要时把某一路线上的车辆转移到其他路线上，这时，后者的使用需求更为紧迫，并且对公司和公众的利益更为重要。”[80]

这三个系统的每一个（每一个均比1870年时的宾夕法尼亚铁路还大）的管理均置于一总经理之下，他对“交由他负责的铁路的安全和节约的营运”具有全部责任和权力。他直接控制其领域单位的运输部门、交通部门和采购部门，并在董事长的同意下，负责聘用、解雇和擢升一切管理人员。[81]由于宾夕法尼亚控股公司和狭长区域线具有同一个高阶层管理机构，因而两个西部单位的总经理均对同一组高层人士呈报。[82]其中有一人是两家企业的第一副董事长，掌管交通和运输，另一人是两家企业的第二副董事长，负责财务，还有一个第三副董事长，是两家企业的审计员。宾夕法尼亚铁路公司的董事长也是这两家公司的董事长。

这三个子系统的内部组织都很相似。最大的东部系统分成三个大的和两个较小的分支管理单位。[83]它们都是围绕着在1870年以前曾经是独立的铁路管理系统而建立起来的，其中三个较大的单位是费城和伊利铁路、新泽西的联合铁路以及费城与匹兹堡间最早的路线。它们的分界线现在被重新划定，以便能更完满地适应运输和管理监督的需要。它们的内部细分也很相似。运输量比较少的费城和伊利铁路有两个这样的区段。新泽西的联合铁路有三个区段，而费城与区兹堡间的老线则有七个区段。

总经理负责监督、评估、协调其庞大的领域管理范围内各主要下属单位的日常作业。他们根据区域内公司间的会议上所确定的原则，互相密切磋商，主动地制定运费率。[84]他们也要确定他们下面各区段的资本需求，并指派管理人员。在这三个营运系统中，总经理享有广泛的自由，但要对财务实迹负责。不过他们的行动被限制在一套总体政策和程序的范围之内，他们也参与了这套总体政策和程序的制定工作。总主管的任务是就（以当时的话来说）一些“经常的监督管理而非独立的方针”事项向总经理呈报。[85]最后，在第四级管理阶层的区段主管则完全执行日常例行化的列车和运输的调度工作。在所有各级管理阶层中，权力机构与职能机构的区别甚为明确。[86]

系统的高层经理人员的办公室设在费城的公司总部内。董事长及三个（不久增为四个）副董事长负责协调、评估三个自主的子系统的工作，并且规划、分配整个系统的资源。虽然这些副董事长对于匹兹堡以东的各个路线的营运活动负有监督权，但他们的主要精力还是集中在整个系统上。这个新结构刚刚成立时，第一副董事长就负责处理整个系统的对外战略以及与一切连线的各项关系。[87]第二副董事长除了经常监督匹兹堡以东各线的客货运和审计员外，还负责建议和审核三个系统高层管理人员的任用。此外，第二副董事长还被特别指定协助第一副董事长处理“与匹兹堡以西各连线有关的一切事务”。第三副董事长则监督修建事宜，而且也是三个自主系统的顾问工程师。他还负责监督“财务状况”，以及母公司及其许多附属公司（包括轮船公司、快速货运公司和采煤公司等等）的工作情况。他必须“从这些公司总办事处的财务部门取得业务情况定期报告书，每季以清晰、简明的格式呈报董事长”。1882 年，第三副董事长的工作有许多交由新设立的第四副董事长执行。[88]然而，整个来说，从 19 世纪 70 年代早期直到第一次世界大战以后，费城总部高层管理人士的这些职责以及营运单位的总经理和中层经理的职责基本上没有什么改变。

总部高层人士决定着扩张和竞争的战略，并通过与总经理和三个主要的营运管理部门（即财务部门、运输部门和交通部门。——译者）负责人的经常磋商和联系，以评估和协调主要的分支管理单位的工作。他们在进行此项工作时，也要大量依靠审计员提供的核算及统计数据。此外，费城总部也设有一些职能机构，包括一法律部门和一测试标准实验室。由于总部高层经理人员和职能机构均在费城南四街同一大楼内办公（宾夕法尼亚铁路公司高层经理人员也在同一大楼内办公），所以遇有问题发生时，磋商甚为方便。

当然，他们也有定期的会议，讨论资源的分配、人员的擢升等等。

另一方面，他们也按照仔细安排的日程对西部两个子系统进行监督。每个月的第一个星期二，董事长和几位副董事长要在匹兹堡与西部两个子系统的高层经理人员会晤，因为这时正值宾夕法尼亚控股公司和狭长区域线的财务委员会开会，审查它们的财务政策和工作情况，以及审批资本设备的支出。次日则与该二企业的执行委员会会晤，审查"与业务（运费率除外）、治安、公司所拥有或控制的铁路或交通线的工作情况等等有关的事项。"[89]

这种结构，它的自主的子系统负责日常作业，它的高层经理人员则负责处理长远计划的制定和监督，其复杂程度已和任何一家现代的大规模工业企业不相上下。必须强调指出，这个结构并不是逐渐发展的结果，而是对于一场完全新的管理挑战的即时反应。当时人们都把这项创新归功于一个人——J. 埃德加·汤姆森。正如 1874 年的一份股东调查报告所指出的那样："我们的公司所以能发展成今天的规模，是因为有一个极有运筹帷幄能力的人在激励并指导着我们，他是一位具有正直的心地和卓越的才能的人。"[90]有一个宾夕法尼亚铁路的高层人士说："我们是专家，都是一些微不足道的人。只有汤姆森才在各方面都是伟大的，不管是作业、运输、机车、财务；然而最重要的是其组织上的天才。"汤姆森确实是美国历史上最显赫的组织创新者之一。

珀金斯在伯灵顿采用汤姆森分权化的结构时，曾谈到这种组织类型的许多优点。他的铁路虽比宾夕法尼亚铁路略小，但有四个自主的子系统，包括"密苏里以东的路线"、"密苏里以西的路线"、汉尼拔和圣约瑟夫铁路、"堪萨斯城线"。每个子系统均有自己的运输、交通、法律、会计和采购部门。只有会计和采购部门与总部办公室直接联系，目的是经由统一化的会计和报表使财务控制更为有效，其次是要利用大规模采购的经济性。另外 三个部门则直接向负责管理该子系统的总经理呈报。

珀金斯强调，这些总经理都必须是通才而非专才。他写道，这些总经理不应只是“像火车和轨道”一样死头脑的人，相反，“他一定要具有生意经验，能与生意界人士接触”。[91]他认为“头脑灵光，判断力强”，这比工程技术上的熟练更为重要。[92]珀金斯再三指出，这种经理人员必须避免陷入日常作业的具体事务之中。[93]

珀金斯认为，总部办公室高层经理人员最重要的任务是战略规划及高级管理人员的任免。“为了管理我们现在拥有的、如此庞大的财产，董事长和副董事长的主要工作必须是处理政策上的问题，并且把优秀人才选拔和保持在重要职位上”。[94]珀金斯本人集中精力搞后一项工作，因为在他看来，“管理我们这个庞大的铁路财产，没有什么事情比留置优秀人才更为重要的了”。[95]董事长和第一及第二副董事长负责政策和战略，第二副董事长还分工负责协调和评估各子系统的工作。19 世纪 80 年代初，当时的战略形势是严峻的。珀金斯提醒其经理人员说：

> “我们的系统在任何地方增加的每一英里铁道，等于又增加了一英里铁路的财产暴露在敌人攻击之下；我们所服务的地区是如此广大，使得我们在许多方面都暴露在攻击之下。所有这些都需要密切注意，以使我们能尽可能防止此种攻击。而且，这个地区正在成长，我们必须注意修建有利可图的、连接我们现有路线的新线的机会。注意我们的地理联系乃是一项特殊工作，其本身就具有巨大的重要性，它涉及广泛的

研究，以及经常到各处进行调查，这些工作需要一人专门负责，他将在第二副董事长的领导下进行此项工作，当然，在情况需要时，董事长多少也得直接加以过问。”[96]

第二副董事长也负责一切“联营事宜，尤其是重要的直达运输的联营事宜”。为了协调、评估不同子系统的活动，他和董事长不仅要定期审查不同子系统的账目和统计数据，还要“每隔一两个月和总经理一块呆上几天，以便当场观察他以及他处理当前问题的方法。”

珀金斯认为，地区自主“系统”的组织形态要比中央集权的、分成职能部门的组织结构具有明显的优点。它“使有可能取得大型财产和组织的利益，而又不致丧失小型财产和小组织的好处”。[97]它使可信赖的高层管理人员更为接近生产第一线。此外，“铁路经过的乡村和城镇的当地居民，可以更容易认识总经理了，而且往往更容易见到他本人。”[98]这种组织能激发人们的首创性和独立思考能力。“人类的头脑和能力是在使用和压担子的情况下成长和发展起来的。”[99]最后，这种分权化结构还有助于为高阶层管理职位“准备和教育人才”。20世纪中期，拥护大型多单位工业企业中类似的分权化结构的人士也提出了同样的论据。

具有自主的子系统，由总部办公室制定政策，并评估和协调子系统工作的分权化结构被少数几家大铁路公司采用，这些公司的经理人员都是非常注意组织事务的。19世纪80年代，巴尔的摩和俄亥俄公司、罗克艾兰公司、圣菲公司、联合太平洋公司（亚当斯领导时）、圣路易斯和西南公司（古尔德接管前）以及普兰特公司都采用了这种组织形态。[100]另一方面,在同一年代,在金融家对高阶层管理具有强烈影响力的铁路公司却都转向另一种模式。他们转而注意纽约中央线的组织形态,该公司是宾夕法尼亚铁路在干线领域的主要竞争对手。其中一个理由是,全国最有势力的投资银行家兼铁路改组巨头——J. P. 摩根,在他担任纽约中央线董事会的董事的许多年中,他学得了铁路业的许多实际知识。

1883 年 5 月,威廉·范德比尔特决定退休时,向中央线董事会提高了一份管理新近取得财产的计划书。[101]范德比尔特及其同僚所得到的每一条铁路在管理和法律上都还是独立的实体。经营总负责人通常就是各该铁路的董事长,他们都是被仔细挑选出的职业经理人员。这些铁路通过交叉担任董事以及在纽约市设有一个共同的金融公司而统一起来。在向中央董事会说明其计划的备忘录上,范德比尔特指出:“进行改组时,(由中央线所控制的)每一条铁路都要选出一位董事会主席,他与执行和财务委员会一起,对公司的一切事务进行即时和经常的监督,并沟通董事会和管理人员的联系,使前者积极支持后者的工作”。[102]上面提到的纽约中央线的执行和财务委员会乃是惟一的一个委员会,是该系统的中央管理机构。但与宾夕法尼亚铁路系统的总部不同,它并不包括支薪的经理人员,而是由投资者的兼职代表(他们都有自己的其他生意活动)所组成。范德比尔特的两个儿子当时成了这些铁路的董事会主席(如果是较小的公司就成了董事长)。科尼利厄是纽约中央线(该公司也经营哈兰姆铁路)和中部密歇根线(该公司也经营加拿大南部线)的主席。威廉则为湖岸铁路(该公司也经营镀镍铁路)的主席。纽约中央线的秘书 E. D. 武斯特则当上了中部密歇根线(和加拿大南部线)以及湖岸铁路(该公司也经营镀镍铁路)的财务主任。另一方面,对于中央线拥有大量股份但不完全控制的铁路,范德比尔特则未创立类似的组织。在芝加哥和西北公司、比线公司、波士顿和奥尔巴尼公司,以及后来的克利夫兰、辛辛那提、芝加哥和圣路易斯公司,范德比尔特家族成员及其同僚只是担任各该公司的董事,通常也是财务委员会的成员。

结果,纽约中央线系统没有类似宾夕法尼亚铁路或伯灵顿铁路的总部办事处或总指挥。纽约中央线的第三副董事长负责召集该系统各铁路董事长开会讨论运费率和连线问题,但会议并不是定期举行的。董事会主席则略微定期地举行碰头会议。然而并没有专职管理人员或一班专职管理人员负责规划和协调整个系统的工作。[103]被委托执行此项职能的一个集团就是中央线的执行和财务委员会的各成员,但他们都有自己的主意,只能抽出部分时间管理该系统的事务。连范德比尔特的两个儿子也都是兼职的高级管理人员,他们花在度假和社会工作上的时间,要比花在铁路事务上的时间多得多。

这种松散组织所造成的结果是:纽约中央线无法取得宾夕法尼亚铁路系统总部各职能机构所提供的规模的经济性。他们没有类似于宾夕法尼亚铁路于 1875 年以及伯灵顿铁路于 1876 年为整个系统所设立的标准化或测试实验室。[104]范德比尔特的系统也未能从集中化的采购、集中化的处理法律事务或者对工人保险和退休金的集中化的管理等的优点中得到好处。

更重要的是缺少一个评估各子系统工作情况和为整个系统规划资源分配的总部办公室。董事会及其委员会所审查的统计数据都是财务方面而不是经营方面的。财务和执行委员会只看武斯特办公室所提供的资产负债表和营业比率，而不看上报给各个董事长办公室的、据以评价管理绩效的营运数字或成本会计数据。

中央线的董事会分配资金给几家铁路的做法，似乎有点特殊。设备的更新和修理费用都被认为是经营费用，所以这些项目上的资本开销完全由经营经理控制。不过新设备和修建所需的一切费用都要经当地董事会，特别是中央线的执行和财务委员会的批准。没有证据显示委员会曾制定任何有系统的程序以便仔细审查整个系统的财务要求，它只是个别地回答各个职业经理的要求。因而科尼利厄斯·范德比尔特以极其简略的函件回答了中部密歇根线约翰·纽沃尔的建议："1892 年 8 月 31 日，罗得岛新港：你可以继续修建货运仓库，克利夫兰：并进行佩第斯维尔到斯特赖克和肯涅尔斯维尔到戈申的第二条轨道的路基平整工作。"[105]董事会的金融家对于经理人员改进或扩充设备的建议有着强有力的否决权；然而他们既没有时间，也缺乏信息能就投资提出他们自己的建设性的建议。

以职业经理监督营运，而以金融家控制财务政策的这种高阶层管理中的劳动分工形态已经成为美国铁路的标准管理结构了。那些为投机商如古尔德、塞奇、布赖斯、克莱德和穆尔兄弟所控制的铁路，财务控制和营运监督之间的脱节要大于范德比尔特铁路上的情况。投机商几乎丝毫也不注意经营上的需要，也不会对经营他们铁路的经理的才干特别关心。难怪古尔德的铁路(用罗伯特·里格尔的话来说)成了"差劲管理和不良设备的同义语"。[106]

由投资银行家所资助或再资助的铁路中(它们包括国内大部

分主要的系统),董事会和经营经理的关系与范德比尔特铁路中的情况大致相同。摩根曾在范德比尔特的学校受过训,他就知道要小心挑选有经验、并受过考验的职业经理担任他已进行改组了的铁路公司的董事长。他给予他们在经营事务上几乎完全的自主权,但董事会仍保留对财务事务,如股息政策和财务资源的分配的严密监督。摩根公司的成员都是董事会主席,并领导执行和财务委员会(在大部分铁路中它们都已成为独立的委员会)。库恩和洛布公司,李和希金森公司,基德尔、皮博迪和贝尔蒙特公司,以及斯派尔公司的做法也大致相同。像哈里曼和希尔这样的金融家也都一样,不过由于这两人具有长期的经营铁路的经验,所以比其他人较为注意经营数据。虽然哈里曼也曾设立一简单的上层结构来监督联合太平洋公司和南太平洋公司,然而可以说没有一个金融家曾创立过类似宾夕法尼亚铁路的结构来管理其在财务上加以控制的系统。[107]

在改组他们的铁路时,摩根和其他金融家所作的事绝非仅限于指派董事长和董事会成员。他们在他们重新资助的系统内进行财务和管理改革。[108]在财务方面,他们把债券转变为优先股而降低了债券债务应付的固定支出。普通股的发行也减少了,其办法是用四五个或更多的旧股调换一个新股,然后来评估提供新资本的股东。新股票的发行量是以营业比率所表示的铁路盈利能力为基础。用于新的资本设备的债券则只能在特定的期间内发行特定的数额。多数情况下,银行家都坚持建立投票信用制度,使他们在通常是五年或到优先股开始定期按4%或5%支付股息的期间有权在股东大会上投票表决。所以要规定最后这项条款,为的是防止投机商再控制经过改组了的铁路，因为那些公司在财务上又变得健全了，所以要确保银行家能够持续监督铁路的财务。

银行家在进行管理上的改组时，他们都采用中央集权化的经营结构，而不是宾夕法尼亚铁路和伯灵顿铁路所采用的分权化结构。当采取此种步骤时，他们通常都能得到比较专业化的经营经理的支持。中部伊利诺斯线的经验说明了为什么金融家和中层经理人员比较喜欢中央集权化的结构。

19 世纪 80 年代中期，来到东部寻求资金以支付建立系统费用的中部伊利诺斯线的经理人员和投资商得到了一群保守并有名望的纽约银行家的支持，诸如奥古斯特·贝尔蒙特、罗伯特·戈莱特、西德尼·韦伯斯特和年轻的爱德华·哈里曼。[109] 1887 年，这些金融家任命施托伊弗桑特·菲什为董事长，菲什在过去的十年内一直工作于该铁路的财务部门，他们还指派哈里曼接替菲什担任副董事长，掌管财务。不久，执行委员会成立了一个小组以制定一份“适合于指导公司目前和未来的业务的计划”。[110] 在进行最后的讨论时，金融家主要是听取经营人员的意见。代理总经理比较喜欢类似于伯灵顿的自主领域子系统的方案。[111] 可是，交通经理却极力证明，他应该完全控制合并进该系统的各路线的全部交通活动。[112] 他要求向董事长而不是向总经理直接呈报。按照他的计划，董事长将协调和决定交通部门和运输部门之间的分歧意见。在菲什财务办公室工作的管理人员也要求对铁路的会计、审计员和采购人员进行类似的中央集权化的控制，所以强烈支持交通经理的建议。因而便采用了中央集权化的结构。

新的组织机构于是把有关交通、运输和财务方面的一切决策大权都集中在芝加哥。[113]但这三个主要的职能部门仍然充分独立。虽然它们下面的地区性分支机构所管辖的范围并不涵盖同一地理区域。此外，芝加哥的中央办事处有一总工程师负责新的修建工作，并且也是运输部门以及较小的法律、秘书和土地办事处以及救济（员工福利）部门的技术顾问。只有驻在芝加哥的董事长协调着所有这些活动。因为几乎所有的董事都住在纽约且有其他工作，他们实在无暇审查过去的经营活动，或者为未来的营运制定计划。

纽约的金融家喜欢这种规划有几个理由。由于经理人员较少，使管理成本得以降低。由于所有高层管理人员都在芝加哥的一个办事处内办公，这些经理可以互相磋商，也很容易被纽约的董事找到。最后，交通部门的自主性使它能够迅速调整运输表以应付持续不断的费率变动。对许多经理和银行家来说，这些有利条件超过了珀金斯提出的分权化结构具有提高管理效率和更好地培训人员的可能性这些优点。

到了 20 世纪初，几乎所有的美国铁路系统都使用这种类型的内部组织结构。那些曾经采用宾夕法尼亚铁路分权化类型的铁路，通常在进行财务改组时便回复中央集权化的类型。这些最初的现代巨型公司也就这样而为职业经理人员所管理，他们采用了类似于 19 世纪 50 年代麦卡勒姆和汤姆森所设计的经营结构，按照珀金斯的说法，这种结构“在整个系统中……得到了扩展”。由于规模日益庞大，这些组织在区段主管与董事长之间至少有两级中阶层管理。有些铁路公司甚至离开了区段的形式，具有不同的权力机构与职能机构。但多数铁路公司仍然沿用此种权力机构与职能机构的设计，以便有助于确保有效地协调列车与客货运的调度。需要在运输部门、交通部门和财务部门之间进行协调的其他事项则必须有董事长决定。

铁路管理的官僚化

美国铁路业的高阶层管理保持着徒具形式的状态。宾夕法尼亚铁路曾建立一种结构，使高层经理人员能够作为一个集团来评估、协调整个系统的工作并分配整个系统的资源。可是，在中央集权化的形式中，却不存在这类管理人员，他们应当摆脱职能性的日常具体经营活动，而把精力集中于这些重大事务上。从上面对中阶层管理及其所辖各单位工作的评估及协调，成了董事长一个人的事务。

高阶层管理的第三个职能——资本和人员的分配，继续由董事长（到 19 世纪末，几乎总是由一名职业经理所担任）和董事会中的金融家所分担。虽然摩根和其他银行家曾雇用独立的合格会计师对公司的财务和资本账目进行了局外的审核，但对成本和经营统计却未作过类似的审查。银行家也未曾有计划地分配过资源。有证据显示他们曾经要求其经理人员提出经营预算，然而没有迹象表明他们曾经利用资本预算来规划和分配资金。[114]摩根和其他银行家常常给经理人员规定一个在一相当时间内他们可花款项的大致限额，但他们并未发展出一套周密的拨款程序，也未利用金融预测来协调资本的供求。[115]一直到 20 世纪，这些庞大铁路系统的资本分配仍然是以一种特殊的、零敲碎打的方式进行的，通常由经理人员提出而由金融人士决定。

铁路业能够承受此种徒具形式的高阶层管理形态的一个原因是，到了20世纪初，铁路界人士已经能够控制竞争。随着这些庞大系统的完成，以及利益共同体的发展，战略性的规划问题已不再受到人们的高度注意。同时，州际商业委员会也分担了一部分运费率的制定工作，该委员会负责管理托运人和铁路公司的谈判。由于没有竞争压力，因而计划未来长远活动以及仔细评估和协调目前活动的需要也就减少了。

由于价格的制定和投资决策两者均已相当惯例化，铁路的管理因而日益官僚化。各个阶层的管理工作几乎全部集中在客货运量和列车的协调方面。其一个结果是管理层次的晋升愈来愈重资历而不是才能。[116]几乎所有的经理人员在其整个职业生涯中都保持为一名具有一定职能的专家。很少有人能在不接近退休年龄时就晋升到其部门的最高职位。

铁路企业这种日趋官僚化的现象对于铁路迅速而准时地运送大量客货运的能力来说，倒并没有什么影响，因为进行这种运送所需要的技术都已相当系统化和惯例化。可是，一旦碰上非惯例性的情况，如美国参与第一次世界大战而造成对铁路运输需求突然增加时，铁路的高阶层管理就显得应付意外情况的灵活性不够。这也使铁路业在应付第一次世界大战后的竞争方面准备不足，当时新出现的以内燃机为基础的运输形式向铁路提出了挑战。

由此可见，庞大铁路企业的基本结构反映了它的成长过程。从一开始，提供迅速、可靠、大量运输的技术要求即需要受过训练的职业经理人员的服务，这些经理人员至多只拥有他们服务于其中的该公司的少量股份。而且从一开始,提供资金修建和扩充铁路的投资商却缺乏参与管理决策所必要的训练和信息,除非是牵涉铁路经营所引起的资金分配问题以及需要增添新资本的问题。由于直达运输的重要性日益增加,以及卡特尔无法控制直达运输的竞争,使经理人员得以说服投资商同意建立自给的系统。职业经理人员几乎无一例外地都是扩张战略的负责人;然而为了筹集扩张所需的资本,他们必须和专业的投资银行家联合,因为只有这些银行家才有办法得到大量的资本。取得这种支持的条件是银行家对经理人员有关资本的取得和分配的计划具有发言权,或至少有投票表决权。

因而铁路系统就成了、而且一直是能够最恰当地作为说明美国金融资本主义的范例的私人工商企业。从来没有一个企业需要如此庞大的外来资本。只有极少数公司——宾夕法尼亚铁路公司即是一例——的经理人员能够控制董事会。在多数铁路系统的董事会议上,金融家的人数超过了经理人员人数。在美国其他类型的工商企业中,很少见到投资银行家和金融家具有如此巨大的影响力的情况。

然而,即使是在铁路业,金融的势力也是消极的。除了促成利益共同体这项工作而外,银行家很少制订任何战略性规划,经营事务就过问得更少了。金融家可能曾对美国铁路的组织和管理工作提出过某些建议,然而专职的、支薪的、职业经理人员在这方面所作的贡献要多得多。美国铁路企业可以更恰当地看作是经理式资本主义的一个变种,而不是金融资本主义的一种纯粹表现形式。

第六章 完成基础设施的建设

其他的运输和通讯企业

铁路，作为最早的现代工商企业，当它出现于其他的运输形式和产品的生产和分配中时，就成为类似企业的管理典型了。铁路是一眼就可以看得很清楚的；美国的企业界人士可以很容易地了解铁路的营运方式。铁路经理，即使是在最低一级，即区段管理一级的管理人员，他们在企业界也都享有极高的地位。这些人经常与朋友和邻居就其工作性质交换意见。更重要的是，每个大量生产和分配产品的生意人都必须与铁路经理紧密配合工作，他们在做生意时，每天都在观察铁路的经营情况。

任何企业与铁路的关系，再也没有比经营其他运输和通讯活动的企业——经济学家在别处称之为现代发达经济的基础设施——与铁路的关系更密切的了。在美国，铁路乃是基本的、成长迅速的运输和通讯基础设施的中心。铁路除了提供对现代生产和分配过程的出现所不可或缺的迅速和全天候的运输而外，它也提供了可以架设电报和电话线的现成通道。铁路的诞生还导致现代邮政系统的形成。此外，到 19 世纪末，铁路公司经营了几乎全部国内的轮船航线。最后，铁路车站都成了新兴城市运输系统的中心点。

正是因为其他形式的运输和通讯系统提高了产品、旅客和信息流的量和速度，它们的经营也必须通过大型现代工商企业的形式才能奏效。如同铁路公司一样，它们的经营也需要一套从上到下各管理阶层的、专职支薪经理人员周密的管理协调。只有少数轮船航线是例外，因为它的经营效率与管理协调的关系不太密切。在城市运输方面，新的电动设备甚为昂贵，操作技术复杂，客运车辆稠密，因之只有少数大型管理企业支配着城市的运输。在通讯方面，铁路使得信件传递量和速度都在增加，它导致了邮政服务机构的改组。新的电报通讯在量和速度上的猛增，使得电报网络被一家企业——西部联合公司——所支配，该公司的管理层级制很快就协调了几千个经营单位每天所发出的几十万件信息的流动。而在电话发明后不久，只成立了一个企业——美国电话和电报公司，它负责架设、经营和协调长途电话的全部业务。由此可见，由于对通讯和运输上新技术的经营需要，因而导致(实际上是要求)在管理上实行现代经营的工商企业的成立。

可是，不管是美国电话和电报公司、西部联合公司、城市运输系统或最大的轮船公司，在管理上都没有铁路系统那么复杂。虽然两种通讯企业在资产额和雇用员工数上都与大的铁路系统不相上下，但它们所处理的仅是单一的交易而已。对于单是传递邮件的邮政服务，以及单是载运乘客的城市运输系统来说，情况也是如此。虽然轮船公司处理的产品种类较多，但即使是那些最大的、有盈利的轮船公司的交易量，还是要比主要铁路系统的交易量少得多。因此，其他运输形式和通讯业的经理人员通常都是采用铁路管理的程序而不再创立自己的新的一套。

运输:轮船公司和城市运输系统

蒸汽使海洋运输发生了革命性的变化,新的轮船公司成了现代基础设施的一个重要部分,但是就所有新的运输和通讯形式而言,轮船公司对现代工商企业的发展所起的影响最小。

19 世纪 50 年代,蒸汽动力开始改变海洋运输,它几乎与铁路开始改变陆上运输和电报开始改变陆上通讯同时发生。① 在塞缪尔·丘纳德于 1848 年将其四条航线的终点从波士顿转到纽约之前,北大西洋航线只有少数轮船在行驶。19 世纪 60 年代,丘纳德、爱德华·A.柯林斯、威廉·英曼及其他企业家都以采用铁船壳和螺旋桨的改良轮船来扩大服务。19 世纪 50 年代初,就已经有了从纽约、费城、新奥尔良到法国、德国和英国的定期班轮。同时,在沿海贸易上,蒸汽轮船也开始取代了帆船。

新的蒸汽驱动的船只由于采用了铁壳,所以能比旧的邮船载运更多的货物,并且更为迅速和更为准时。西行帆船一次旅程需要 3 个星期到 3 个月(平均 35 天),蒸汽轮船则只要 10 天或 2 个星期就行了。东行帆船则因有盛行风可乘,平均一次旅程约需 25 天,但蒸汽轮船的速度仍然远远超出了最快的帆船。到南北战争时,在一些利润最大的航线上,蒸汽轮船已经取代了旧式邮船。战后,在一些不经常航行的航线上,轮船也逐渐取代了帆船,它们航线没有一定,行驶于各港口之间。

南北战争后,航行于最繁忙航线的轮船公司都已发展到前所未有的规模。研究美国船运业的历史学家约翰·B.哈钦斯曾经指出经营的客货运量和成本如何影响船运企业的规模和组织：

> “为了进行繁忙的货运，大公司通常认为必须具有 20 条或更多的船只。尽量减少这支昂贵的船队停港的时间以增加赚钱的能力成了一个重要的问题。为了招揽客货运，必须有办公人员计算运费、迅速收集和分配混装的货物。为了与货主和旅客保持接触，确保稳定的生意来源，需要设置内陆办事处和代理商，并在航线所到达的各个港埠建立严密的组织。为了表明自己的航线服务与众不同，以博得客户良好的印象，广告乃成为重要的经济竞争手段。此外，还须在港埠设置一些职员，以处理修理、装备、供应食物和保证船只能够节约地运行的其他事项，并且使许多其他活动合理化。这些事务以前都是由船东自行处理的，可现在他们已不再能及时并节约地加以解决了。”②

为了应付这许多需要，英国、德国、荷兰和法国的企业家通常都在政府的补助下形成大企业而由支薪的中层和高层经理人员加以管理。

可是，美国的企业家和金融界人士没有作出什么努力在国际海运业从事竞争。由于美国船只和劳力的成本高，又缺乏政府补贴，因而阻挠了美国在横贯大西洋和其他海洋海运方面进行认真的竞争。③20 世纪初，国际海运中只有七家美国航运公司。这些公司主要依靠外国商船从事运输。七家中有两家为工业公司——联合水果公司和英美石油公司（新泽西标准石油公司的一子公司）——所拥有，第三家则为铁路公司——切萨皮克和俄亥俄公司——所拥有④。没有一家的规模比得上哪怕是一个小的铁路系统。

在美国沿海、河流和大湖的船运中，依据国会立法仅能由美国航运公司经营。到1900年，多数公司还是归铁路系统所拥有并经营。如同宾夕法尼亚铁路公司以及巴尔的摩和俄亥俄公司的经验所表明，建立系统引起了开辟到欧洲、拉丁美洲和美国其他港埠的连接轮船航线的需要。在多数情况下，铁路公司都不经营横越海洋的业务，而只把沿海航线包括在内。[5]因此到1900年时，东北部的纽黑文公司经营了大部分新英格兰沿岸的航线。西岸则由南太平洋铁路公司控制并经营在19世纪50年代成立的太平洋邮船公司。南太平洋铁路公司和墨西哥湾也拥有一家航运公司。南部铁路公司、中部佐治亚铁路公司和大西洋岸线铁路公司都有自己的船只在墨西哥湾及东南沿海航行。正如有名的船东亨利·马洛里在1903年所指出："只有两家独立的航运公司——马洛里航运公司和克莱德航运公司——在(纽约以南)的沿海做生意。其他都是铁路公司所拥有"。即使这两家独立的航运公司，它们也与主要铁路系统紧密结盟。[6]由此可见，美国航运业乃是紧密地一体化于全国铁路网络之中的。

因此，航运业中的合并运动只是模仿铁路和工业中的形式，那是不足为奇的。只发生过两次多少值得注意的合并，一次是在沿海航运中，另一次则是在国际航运中。两次均不太成功。在沿海航运中，一个名叫查尔斯·W.莫尔斯的华尔街投机商在1906年把航行于东部沿海的西印度群岛航线的六家独立公司加以合并。其中包括马洛里公司和克莱德公司，以及两家行驶于新英格兰北部沿海和加拿大沿海各省的公司，另两家则是行驶于西印度群岛航线的公司。[7]可是这次合并只持续了几个月，因为莫尔斯在

1907年的经济恐慌中倒闭了。在所导致的改组中,四家经营纽约以南的沿海航运以及到西印度群岛航线的公司便为马洛里所支配。该企业的名称为大西洋、墨西哥湾和西印度群岛轮船公司,它并没有把管理或协调4个营运单位的活动这项工作实行集中化。像这样一个企业只要有少数中层和高层经理人员就行了,因此,马洛里及其同僚(他们都是船东)便继续管理该公司。

由于受到自己在铁路合并上的成功的启发,J. P. 摩根也想对海运业进行类似的合并。[8] 1902年,他的公司成立了一个国际商船公司,资本额1.3亿美元。该公司很快就拥有136艘船只,占北大西洋航运货船的三分之一。虽然该公司成了世界最大的海运企业,但就资产额和雇佣人数而言,至少有30家美国铁路系统比它大。而且不像铁路系统,这家公司的经营没有利润。这个新的联合公司没有在管理上实行集中化,只是几个自主公司的联盟。由于它未能从管理协调中获益,即使优先股也未能分红。1914年更是无力偿还其债券。财务改组和战争期间的需求只能暂时使这个企业起死回生。第一次世界大战后,它只能苟延残喘,勉强拖到大萧条时期,最后在1937年宣告停业。

由此可见,美国并未产生成功的大航运公司。航运业从管理协调所带来的收益比铁路业要少得多,所以对航运业来说,需要中层及高层经理人员服务的迫切性也就要小得多。至于属于比较大的铁路系统的航运公司,协调的职能由铁路经理所执行。[9]其余少数独立的航运公司,如航行到南美的格雷斯航运公司以及到夏威夷的马特森航运公司,则和马洛里航运公司一样,由创立者及其家族所经营,现代的管理企业一直未能在美国航运业中充分发展。

美国航运业企业也一直未能在世界航运业或美国生意界中起到重要的作用。

另一方面，在另一种完全不同的运输类型——城市大众客运——中，现代管理企业又成了占支配地位的形式。在这一领域，新技术导致了工业结构以及提供这些服务的企业的结构极为迅速的转变。而这项新技术又是在想要取代缓慢、昂贵的马拖街车的迫切要求下发展出来的。[10] 最先的取代者是缆车，缆车最初于1873年在旧金山使用。这种车是由蒸汽动力的缆索所带动，比马拖街车迅速，每乘客一英里的经营费用也较低。然而，缆车系统的设备费用昂贵，而且必须在两点间的直线上行驶，否则便难以操作。虽然到1890年时至少已有9个大城市装设了缆车，但在该年度美国所有街道的轨道英里数中仅占6％。[11]

电力提供了解决之道。电车系统的装置费用比缆车系统便宜，而其灵活性几乎可与马拖街车媲美。当第一个电车系统于1887年在弗吉尼亚的里士满装设成功之后，电车很快就取代了城市运输的其他模式。1890年，美国城市运输线已有15％采用了电车，到1902年，这一百分率提高到94％。当时只有1％仍使用马拖街车，另外1％使用缆车。其余4％则为蒸汽驱动的爬城车辆或电动的地铁。

新技术立即引起了组织上的反应。电车发明前，美国主要城市有10到20条运输线是采用马拖街车。这些企业较小，几乎不需有经验的管理人员，经营由老板负责。这些小企业在同一路线上以传统的方式进行竞争。只有在纽约和波士顿这样一些较大城市中，才会有国家马拖街车企业合并而在市区的某一范围内成立一个统一的运输网络。

电气牵引导致了城市运输中的合并和集中化管理。新的设备甚为昂贵,需要铺设新轨道,修理和维护设备,还要购买较贵的车辆。进行操作在技术上要复杂得多。因为车子速度较快,装载量较大,周密的规划成了不可缺少的步骤。迅速、便宜的服务又使得客运量以更快的速度增加,从而进一步加强了进行周密的管理协调的需要。经营上和财务上的要求导致美国城市中大众运输系统被掌握在少数大企业手中。在多数城市中,城市运输都被一家企业所垄断。

雇来管理这些企业的专职支薪经理人员建立了组织机构以及会计的和统计的监督。这些制度都是直接从铁路仿效而来。譬如在波士顿,西端市街铁道公司在1887年把波士顿8家市街铁道公司中的7家合并而成为一个单一运输网络,把该市与布鲁克林、剑桥和其他郊区连接起来。次年,其创始者亨利·惠特尼开始采用电力,其总经理卡尔文·理查德设立了权力机构及职能机构型的组织以监督8个营运区段,每个区段由区段主管领导。[12]其职能办公室包括总机械师部门经管设备有关事项,道路主管部门负责路线的铺设和维修,另外还有采购办事处和法律办事处。与铁路机构不同之处,是这种组织形式还设有一个检验部门,其职能是协助总经理及区段主管协调各项工作。该部门也要训练并检查雇员的工作,研究当地交通的样式,并根据需求量的变化而调整时间表。在交通拥挤时间,该部门主管还要负责装卸和调度车辆。当纽约最大的企业——大都会市街铁道公司在1893年从缆车和马拖街车转向电动车时,该公司的高层经理采用了相同的组织结构。费城、芝加哥和其他大城市中居于支配地位的系统也都跟着照办。

起初，这些运输公司的支薪经理必须与创立合并系统的老板磋商，共同作出最高决策。在全国的一些最大城市中，彼此间都有些私交的一小群人——彼得·A. B. 怀德勒、威廉·I. 艾尔金、威廉和亨利·惠特尼、托马斯·福琼·瑞安和查尔斯·T. 耶基斯——成了进行合并的谈判、筹措所需资金，以及作出政治安排把特许权转移给新合并企业的专家。在波士顿、纽约、费城和芝加哥，这些企业家都能做到减低票价，以致 5 美分就能把旅客带到城市的几乎每一个角落。同时，他们也搜刮了技术和组织创新所带来的利润而致富。但由于修建和维修成本的增加，而公众又反对票价超过 5 美分，于是，这些创办人便抛售自己的股票。董事会成员乃为投资银行家所取代，他们出售债券来为扩充筹集资本，董事会成员中还包括民众委员会或市政府的一些代表，他们在出资和不断扩充系统方面起着日益重要的作用。⑬到第一次世界大战时，城市运输已为支薪的职业经理人员所管理，他们与投资银行家和民众代表共同作出有关资本支出和制定价格的决策。

由此可见，到了 20 世纪初期，个人所拥有的城市小型运输企业几乎已经绝迹，只存在于依赖马匹作为动力的马车行、马车出租业和运货马车业内。极少数不为铁路系统所拥有的轮船公司还是保留着家族式企业的形态、亦即雇主雇佣支薪的中层经理人员，但最高管理决策仍由雇主作出。其余的美国运输业则在管理上依靠管理层级制的组织结构进行协调。不到 40 家的大型铁路系统公司经营了国内铁道和城市间航运设施的 80%以上。在一个城市内只有一家、间或两三家经理式企业经营着城市旅客的运输。

通讯：邮政服务、电报和电话

通讯革命随着运输革命而来。铁路使得长距离的书面通讯的速度急增、成本下降，而电报的发明则产生了更大的转变，它能在辽远的两地间进行几乎是瞬间的通讯。铁路和电报几乎是一起横跨这个大陆的。如前所述，电报公司以铁路作为架线路径，而铁路则利用电报的服务来协调列车和客货运的流量。事实上，许多早期的电报公司都是铁路的附属机构，其成立为的是要执行此种不可或缺的作业服务。通讯技术的第二个基本创新——电话，起先只是用于当地的通话。可是，很快也被用于长途通讯，并经由类似于管理电报那样的全国性企业进行管理。

所有这三种通讯网络——邮政、电报和电话，都是由职业支薪经理人员所管理。邮政服务的高层经理必须与国会代表磋商，共同作出决策。而电报和电话公司的高层经理则必须与董事会的投资家、投机商和投资银行家磋商，共同作出决策。这些投资家、投机商和投资银行家就是铁路界的原班人马，事实上那些在美国铁路史上具有影响力的名字——范德比尔特、福布斯、古尔德和摩根——在建立全国性的新通讯网络时又全部出现了。

铁路的初步发展给予美国邮政系统以有力影响。因为在铁路网络扩展后，它递送的长途邮件也日益增加。1847 年，铁路仅递送了联邦邮政服务传递里程 3 890 万英里中的 420 万英里(10.8%)。轮船占 390 万英里(10%)。驿马车和驿使占其余部分。[14] 到了 1857 年，邮件传递里程数几乎增加了一倍，达 7 490 万英里。其中铁路递送了 2 430 万英里(约 1/3)。轮船只递送了 450 万英里(或 6%)。

邮件传送速度的增加和在时间上准确性的提高,有助于造成在邮政史上最剧烈的邮费下降。以前,第一类邮件在 300 英里以内(包括 300 英里)为每盎司 5 美分,300 英里以上则每盎司 10 美分,到 1851 年,减少到 300 英里内(包括 300 英里)为 3 美分,3 000英里内(300 英里外)为 5 美分。不久在 1855 年再降低到 3 000英里内为每盎司 3 美分。⑮ 还在 3 年以前,邮局即开始普遍使用邮票以方便信函往来。邮费的降低以及邮递的速度和可靠性,大大方便了长途商业通讯。它也促使商业信件和私人信件的数量比以前大为增加。

正是这种量的增加,尤其是速度的增加,导致了邮政服务的改组。19 世纪最初的 30 年,邮政部门是作为私人产业而由两兄弟——艾伯特·布雷德利和菲尼亚斯·布雷德利——所支配。在杰克逊总统任内,两位邮政局长威廉·T. 巴里和阿莫斯·肯德尔对邮政部门的华盛顿总局进行了改组,下设三个处,每个处由一名助理总局长负责管理。⑯ 其中一个是财务处,第二个处是一重要的政治机构,专司任命和监督各地的局长,第三个处则监督邮政合同的签订和执行情况。直到 19 世纪 50 年代有所改变以前,三名助理总局长各由几名职员协助,组成总局的管理人员。华盛顿总局与各地邮局之间并无中层管理人士,而在 1849 年时即有 16 749 个地方邮局。⑰

该年,一位名叫西拉·R. 霍比的助理总局长提出了改组的建议。他指出有设立新的程序和设备的必要,以便处理"17 000 个邮局间相互通讯的庞大而复杂的业务”，因为“我们的系统一直不具有进行这种业务的能力”。[18]在次年的年度报告中，霍比的陈述更具体。他敦促成立许多分配中心，由此才可对邮件进行收集并分类，然后直接分发到最终目的地。[19]这种改革牵涉到在较大城市的邮局设立分配中心，并任命一组经理人员加以管理。还需规定系统的程序以便执行“打开信件(邮包)、重新分类信函、重寄，这又需要重新登记和重新开出邮政清单，以及重新捆扎、打包等等复杂的作业”。霍比进一步强调这种分配系统必须辅以铁路专门邮件车厢，以便在旅途中进行邮件分类。

国会提供了执行霍比建议的资金。到了1855年，邮局已设置将近50个分配单位，由支薪的中层经理人员管理，邮局还详细规定了协调全国信件流通所需的程序和监督办法。[20]同时，铁路公司也增加了专业化的邮件车厢。如同铁路公司协调货运流量时的情况一样，这些步骤的执行很费时间。不过到1870年终于完成了。当时美国的邮政服务已经是全世界最大而且最有效率的系统之一。

虽然不论是在共和党还是民主党当政下，邮政服务都得到了大部分联邦补助，它仍然保持高效率。原因是中层和高层经理人员比地方上的邮政局长较不受限制于政治上的变动。就雇员数目和业务交易量而言，协调全国邮件流通的经理人员成了联邦政府最大营业机构的专职干部。

在邮政服务开始按现代管理方式进行改组的同一年代中，电报通讯的组织和技术也正在趋于完善。[21]开始时这项发明曾得到政府的大量补助。1844年，国会拨款3万美元建立自华盛顿到巴尔的摩的实验线路。1845 年,邮局接管了这条成功的电报线的经营,并雇用其发明者塞缪尔·F.B.莫尔斯为主管。可是次年因为政府拨款和管理上的困难,邮局把电报转让给私人公司去发展。不久在阿莫斯·肯德尔(他成了莫尔斯的代理商)、埃兹拉·科内尔(他建成了至巴尔的摩的第一条电报线)和其他人的领导下,电报网络迅速扩展到全国。到 1852 年时,已有 23 000 英里的营业线。

由于直达通讯的重要性,在电报史中,竞争、合作、合并等各种形态的变迁,被压缩在一个大大短于铁路史中这一变迁所经历的时期内。19 世纪 50 年代中期,电报公司的经理开始进行合作上的安排,以便把信息自国内某处通过几家不同公司的线路直接传送到另一处。1857 年 8 月,有 6 家大的电报公司签订协议把全国分成 6 大区域。每一家公司负责特定区域的营业。在线路还是重叠的地区,便合资经营。可是这种合资经营方式最后证明不甚见效。不久就只有"三巨头"存在。1866 年,"三巨头"合并成一个单一公司——西部联合公司,从而创立了美国第一家全国性的多单位现代工商企业。促成这一合并的是阿莫斯·肯德尔、埃兹拉·科内尔、海勒姆·西布利、诺文·格林、威廉·奥顿及其他人,他们现在依赖大资本家尤其是范德比尔特家族的资助,来继续扩展其系统。

可是,首要的任务是设立一组织机构及管理他们的横贯大陆的网络。1866 年末,他们就几乎完成了直到进入 20 世纪仍在经营其系统的组织机构。为了便于管理,他们把全国分成四大区域——东部、南部、中央和太平洋,每个区域由一名总主管负责。

这四位高层管理人士管理美国和加拿大境内总共 33 个区段，区段主管则又管理 3 219 个站的活动。[22]该公司 1869 年的年度报告上如此描述其结构：

> “每个站由一经理负责，他管理自己的办事处，他要向区段主管对自己及其下属都能恰当地履行各自的职责负责。区段主管又向总主管负责，而总主管则向执行委员会负责。每月一号各办事处要向区段主管呈交一份报告，说明收发电报总数、总收入额、各该办事处自行拍发电报的收入额；从所有其他办事处（它们与本办事处交换电报）收入的款额；从其他区段收入的款额或付给其他区段的款额；以及支出明细表。”

总主管和区段主管下设职能人员，如修理和维护经理、审计员和采购代理。在规定职能单位和区域单位的关系时，西部联合公司沿用铁路业所用的权力机构和职能机构相区分的组织。此外，该公司四大区域的总部还各有一庞大的法律机构，一名负责测试和发展工作实验室的“电气技师”，以及管理两家工厂的经理，按照该公司 1869 年的年度报告上的说明，这些工厂是生产“服务所需要的各种仪器”。

该报告指出，四大区域的总主管并不是向董事长负责，而是对董事会的一个执行委员会负责。这个最高阶层的委员会相当庞大，包括董事长、财务主任和三位（以后为五位）副董事长。可是副董事长并不是经营管理人员，因为他们都住在宾夕法尼亚州，但每人都拥有大宗股票。其中西布利、格林、奥顿等三人是该公司早期的创建者。第四位阿朗索·科内尔是公司另一位创办者的儿子，第五位则是范德比尔特家族的代表，范德比尔特家族是最大的外来投资者。由于委员会中许多成员都是毕生致力于发展电报事业，所以，他们对经营和财务问题的发言都能具有权威性。虽然该公司也需要一些外来资本，尤其在它初期成长阶段，但它远比铁路企业更能依赖留存的盈余作为扩充所需的资本来源。因而在西部联合公司中，金融家在高阶层决策中的地位，并不像他们在许多铁路中那样重要。专职的支薪经理人员在早期也不像他们在宾夕法尼亚铁路公司那样能支配西部联合公司的董事会。

由于西部联合公司具有全国性的办事处网络，这使它在竞争上甚为有利。因为电报线路的架设只需较少的资本，所以竞争者很容易出现。可是，他们成功的机会甚少，除非他们能建立能与西部联合公司相匹敌的经营网络。它需要像杰伊·古尔德那样有想像力和才干的投机商，才能发动严重的挑战。

古尔德之所以能发出这种威胁，在于他能利用在其控制下的铁路公司的电报子公司，这些子公司是根据19世纪50年代和60年代签订的合同而由西部联合公司经营的。[23]古尔德收购了联合太平洋公司之后，便废除了该铁路公司与西部联合公司签订的合同。接着他通过与巴尔的摩和俄亥俄公司及其他铁路公司的电报子公司签订合同，以发展其铁路的电报子公司——大西洋和太平洋电报公司。他通过取得对国际海洋电报公司（该公司铺设有通往拉丁美洲的海底电缆）的控制而进一步扩大了自己的系统。到1878年时，这些行动已足以威胁西部联合公司，迫使其按古尔德开出的价格收购大西洋和太平洋电报公司。古尔德为了保证作成这项交易，还向西部联合公司最大的股东范德比尔特提出，如果他能劝说西部联合公司董事会收购大西洋和太平洋电报公司，则古尔德将把足以控制中部密歇根铁路公司的股份转售给他。

这个投机商的成功进一步刺激了他的欲望。次年，古尔德成立美国联合电报公司，并让该公司与古尔德所控制的西南各州铁路的电报子公司签订合同。然后他又延长与巴尔的摩和俄亥俄公司的结盟关系，收购一家加拿大公司——多米宁电报公司，并宣布了铺设一条新的横贯大西洋的电缆的计划。当西部联合公司的股票在他新策划的攻击下再度暴跌时，古氏便开始收购。很快地就成为其竞争对手的公司中最大的股东。居此要职后，他又劝服西部联合公司以适当高估的价格收购他的美国联合电报公司。不久，古尔德终于成为西部联合公司董事会中具有支配力的成员。

得到了西部联合公司的控制权后，古尔德没有遇到什么困难又战胜了其他竞争对手。最严重的威胁来自巴尔的摩和俄亥俄公司的电报子公司，它在加勒特的经营下开始建立一个全国性的系统；另一威胁则来自邮政电报公司，该公司由乔治・F.贝克和约翰・W.麦凯出资建立，为麦凯的商业电缆公司提供国内发报装置和电源插座。1887 年，当巴尔的摩和俄亥俄公司发生财务危机时，古尔德收购了加勒特的系统。同时，他与邮政电报公司签订协议，允许两家公司相互使用对方的设备，古尔德同意其竞争对手可以在有限的规模上在美国境内经营。

在所有这些财务操纵中，古尔德放手让专职经理去负责。当古尔德在 1881 年取得西部联合公司的控制权后，他指派托马斯・T.埃克为总经理，全盘负责经营。㉔埃克于是扩大了中央办事处。他的部门主管成了副董事长。由于这些高层管理人员能以留下的盈余作为继续扩充所需的资本来源，所以相对说来，他们与古尔德很少发生关系。古尔德仅在可能出现竞争时才参与管理决策。

电报业的历史甚至比铁路史更生动地说明了这一事实，即：维持大量的、高速度的业务流量的要求是如何迫使多单位的管理企业迅速成长起来的。因为对顾客来说，电报的最大价值在于长途通讯而不是当地通讯，对于高效率地经营这种直达通讯来说，连接线路间的合作是必不可少的。由于绝大部分业务均为直达通讯，所以，竞争者通常总是降价以争取生意。结果便造成了迅速合并。电报系统的建立进行得如此迅速，以致电报公司无法指望政府的支持，通过卡特尔的安排来控制竞争。另一方面，西部联合公司提供的服务周到而收费低廉，足以缓和想要打破，或者即使是管理这一强有力的垄断的要求。[25]电报公司是大众批评的当然目标。商人要用它来传送机密信息；新闻记者要靠它来发送文章；而这个工具却被臭名昭著的杰·古尔德所控制。幸好那些经理人员都不滥用职权。结果直到1934年以前，电报企业一直未受联邦政府的管制。

电话通讯也是很快就被一家全国性企业所支配。[26]如果没有古尔德在19世纪70年代末的挑战，西部联合公司可能在亚历山大·G.贝尔于1876年发明电话后不久就会接管这一新的通讯工具的。西部联合公司知道电话的竞争潜力，因而在1877年年末，公司的高层经理人员便雇用托马斯·A.爱迪生来发展这样一种器械，它应与贝尔发明的电话有足够的区别，以避免侵犯专利，它同时又应有足够的改进，以便把此项事业从贝尔那里拿过来。事实上爱迪生在现代电话的设计上，他所做的贡献甚至超过了贝尔。然而，由于古尔德对西部联合公司的第二次攻击正发生在那个时候，而且也由于贝尔公司的高层管理人士宣称要坚决维护自己的专利，西部联合公司只得在1879年11月同意把它的那种器械的专利权卖给国家贝尔公司，只收取固定的使用费并退出电话业。几个月后，国家贝尔公司改组为美国贝尔公司且重新筹集资本以应付对新型通讯器材的明显需要。

为了继续成长，贝尔公司在1880年时需要完成三件事：投入大量资本，制订一个长远的战略，以及建立一个合理的组织机构。约翰·默里·福布斯的儿子威廉·H.福布斯和其他与铁路投资极有渊源的波士顿资本家提供了此项资金。同时，1878年5月进入公司的西奥多·N.维尔则规定了此项战略和组织结构。维尔是在1868年进入邮政界的一个电报发报员，他在工作中作出了很大的成绩。由于他在改进操作和安排线路方面极为成功，因而在1876年才30岁时，就当上了美国铁路邮政服务公司的总主管。这位职业经理后来对美国贝尔公司起的重要作用，不亚于汤姆森对宾夕法尼亚铁路公司起的重要作用。

在制订该公司的战略和建立其组织结构时，维尔把精力集中于尚待建立的长途电话上。[27]在与西部联合公司的斗争中，他说服同僚拒绝电报公司妥协性的建议，该建议提出，如果允许西部联合公司架设并经营长途电话，贝尔将从专利权获益。一旦作出了决定，维尔便让公司的技术人员开始发展长途传声的技术，而他则着手去获取架设这些计划中线路的路权。

维尔一直强调从法律上保护现有专利以及通过研究与开发以产生新专利的重要性。可是，他从一开始就坚决认为，更可靠的取得支配地位的手段乃是控制当地电话企业间的直达通话。此外，维尔也表明，美国贝尔公司必须继续保持——如果可能的话，还应扩大——其在各个主要电话公司拥有的股票，而这些公司是特许从贝尔公司获得电话和交换机等设备者。当这些电话公司扩充其设备时，母公司（贝尔公司）的投资也应该相应地增加。

这些政策，尤其是后者，马上导致了维尔与投资人士及其在董事会的代表，尤其是与董事长威廉·福布斯的冲突。[28]维尔作为职业经理，极力主张迅速和持续地扩充。他强调让贝尔资助的公司首先在一地区内提供电话服务的优点。福布斯和其他投资人士反对。他们认为消耗的费用会减少股息，又恐怕不易控制。既然现有业务的利润已能令人满意，又何必再付出这些代价？遭受挫折之后，维尔在 1885 年 5 月提出辞呈。经过多次讨论，福布斯和董事会成员终于留住了维尔，任命他为新成立的一个子公司——美国电话和电报公司——的主管，这个新公司是为了建设和经营长途电话而设立的。两年后，在完成了全国第一条长途电话线——自纽约到奥尔巴尼和波士顿——之后，维尔离开了该公司。

维尔的预测证明是正确的。虽然经过长期的法律诉讼以及不断的研究和开发，当地的独立公司数目仍增加了，尤其是贝尔专利在 19 世纪 90 年代失效之后。独立公司手上握有的电话数从 1894 年的 30 000 部增加到 1899 年的 656 000 部。[29]只是由于美国贝尔公司控制了直达通话，它才能够防止新公司的不断扩大。最后在 1902 年，福布斯及其同僚同意贝尔所资助的电话子公司和母公司必须扩大其活动。该年他们委托 J. P. 摩根公司、乔治·F. 贝克的第一国家银行、曼哈顿信托公司和波士顿老殖民地信托公司等组成一国际财团出售价值达 770 万美元的 5 万股股票。1902

年，维尔重返董事会。1906 年，投资银行家按照维尔的建议，在以后两年内出售价值 1 亿美元的可兑换债券，并着手一项庞大的扩充计划。最后在 1907 年年初，维尔再度成为董事长。

为了经营这个全国性企业，维尔根据 1900 年所实施的一些合法改制迅速创立一管理机构。这些改制包括，把旨在建设和经营长途线路的美国电话和电报公司变为整个贝尔系统的母公司，它掌握专利权、各地电话公司的股份以及西部电气公司的股份。后者完全为美国电话和电报公司所拥有，它为各子公司制造和安装设备。维尔首先重新划定各子公司——它们被称为联合公司——的经营范围，使各公司能更合理地适应当前的商业需要。然后他在美国电话和电报公司设置“中央管理部”，负责提供一般服务及评估工作状况，同时制定政策，确定各子公司和整个企业的长远计划。[30] 中央管理部下设 8 个、以后为 10 个地区性区段，这些区段管理许多当地的经营单位。这个组织结构在 1910 年完成后，一直到 20 世纪 70 年代基本上保持不变。

全国性通讯网络的建立，其类型属于垄断而不是寡头垄断。邮政服务自殖民地时期以来即为中央政府所经营，它一直是一个公家垄断的企业。而经营电报和电话的是私人企业。新的电气技术造成了信息量和传递速度的急剧增加，它迫使建立一个经过周密考虑的管理机构，这一机构由支薪经理经营，以协调信息流量并维护和扩充信息传送设备。第一家创立全国性组织来管理直达通讯的企业，获得了几乎无懈可击的地位。可是，为了获得这种地位，建立电话系统要比建立电报系统需要更周密的规划，因为建立长途直达电话多年来还只是一种技术上的可能性。

虽然如此,但垄断毕竟是不可避免的。古尔德的投机伎俩有助于保持西部联合公司对电报的控制,而维尔的战略眼光和组织才能,无疑又是在电话领域中获得控制权的主要因素。在这两家公司中,仍由职业的中层经理人员负责管理营业单位的工作,且经由全世界最大的通讯网络来协调每日的信息流量。直到基本系统建成以前,金融家在高阶层管理决策中具有一定的发言权。一旦完成了系统的基本轮廓,通讯企业就比铁路更具有经理式企业的性质。它们的职业经理人员除了作出短期的经营决策外,也作出几乎所有的长远投资决策。

组织上的反应

通讯中新技术所带来的组织反应与运输业中新技术所带来的组织反应类似。两者均以现代工商企业的形式经营,由职业的中层经理人员协调流量,而高层经理人员则负责分配资源。在铁路企业、城市运输企业以及在较小的程度上在电话和电报公司中,高层经理在有关财源的筹措和开销问题上,与投资银行家或机构投资家*的代表共同作出决策。只是当管理协调对交通效率和安全运转来说,并不成为不可或缺的条件时,雇主才继续管理其企业,譬如行驶于运输量不大的航线上的轮船公司或运载当地客货运的马拉车辆公司。

---

* 机构投资家(institutional investor)是指以股票投资作为主要业务之一的法人。主要有人寿保险公司、损害保险公司以及银行等金融机关。——译者

除了上述小轮船公司和马拉车辆公司而外，美国的运输和通讯公司都不再以传统方式竞争。新技术的经营要求使得无力控制价格的小型公司的竞争方式（价格为市场供求情况所决定）变得陈旧过时。本世纪初期，经济学家、商人和政治家都在探索一种所谓"必然垄断"的新理论，想找出一种新方法，由公众来监督或管理那些已不再受市场机制所调节的企业。

19 世纪末，在美国的城镇中，也出现了提供光、电和热的类似工商企业。在多数城市中，煤气、电力的生产和输送是由一家私人企业来进行，这种企业为专职、受过技术训练的经理人员所经营，他与出资人士以及当地公众委员会或市政府代表共同作出有关投资和制定价格方面的决策。[31] 这些公用事业的管理方式和城市运输公司的情况大致相同。

20 世纪的 20 及 30 年代中，城市运输公司和城市电力公司都开始扩展，超出了它们原有的地区范围。特别是在 20 世纪 20 年代，电力系统和电车系统的建立，与 19 世纪最后 20 年中铁路系统的建立极为相似。[32] 投资商、投机商及投资银行家都起着大致相同的作用。不过即使在这些地区性企业变得更大之后，它们比早先的铁路系统还是小些，不那么复杂，它们使用的资本和工人人数也较少。它们的经营涉及单项活动——电力的生产和输送，对扩大了的电车系统而言，则为旅客的运送。管理这种流量所需要的统计和会计程序比协调大的铁路系统的流量所需要者较不复杂，需要作出的管理决策也为数较少。

因而，铁路从任何方面来说，都是现代企业管理的先驱者。19 世纪 90 年代，庞大的铁路系统不只是在美国，而且在全世界也是最大的工商企业。到本世纪初期，有 30 多家铁路系统每一家的资本额都大于任何城市运输系统、任何电力公司以及西部联合公司（有 17 家的资本额大于美国电话和电报公司）。[33]它们雇用了更多的工人，从事更为多样化的大量经营活动。

即使是公共事业，也赶不上铁路业的规模，作业也没有那么复杂。19 世纪 90 年代，任何一家铁路系统所管理的人数、经手的资金、交易以及所运用的资本，都超过了最复杂的美国政府或军事机构。1891 年，宾夕法尼亚铁路雇用了 11 万工人。[34]同年，美国军队的士兵、水兵和海军陆战队的总人数才 39 492 人。雇员人数在政府各部门中为最多的邮政系统在 1891 年才 95 440 人，但其中大部分人员分散在 64 000 个邮局中工作，算是所提供的政治服务的代价。该部门永久性的管理人数少于主要铁路系统的管理人数。两年以后，当联邦政府的支出总额为 3.875 亿美元，收入总额为 3.858 亿美元时，宾夕法尼亚铁路的支出总额和收入总额分别为 0.955 亿美元和 1.351 亿美元。该年美国的 9.97 亿美元的国家债券只比宾夕法尼亚铁路公司的资本总额 8.42 亿美元多出约 1.55 亿美元。在美国，是铁路公司而不是政府或军队提供了现代大规模管理的训练。

而在欧洲，远为庞大的军事和政府机构才是这种管理训练的来源，对于技术上先进的现代工业经济和城市经济来说，这种管理训练，乃是必不可少的。在欧洲，政府还在运输和通讯这一基础设施的筹措资本、确定地点，甚至经营方面，起着远比美国政府要大的作用。除了英国以外，欧洲国家给予铁路的援助和指导都比美国政府要多。即使是在英国，电报和电话也由中央政府拥有和经营。除了美国以外，所有航海业发达的国家都对轮船公司实行补助。因此，在美国和欧洲的现代工商企业的兴起，以及随之而来的现代资本主义的兴起中，一个明显的差别就是中央政府在提供通讯和运输基础设施以及建立现代管理程序方面所起的作用不同。在欧洲，公共企业协助奠定产生现代大量生产和大量分配所需要的基础。在美国，这个基础几乎完全由私人企业所设计、建立和经营。州政府和联邦政府只是帮助筹集资本。不过到 1900 年时，建立现代运输和通讯系统——基于蒸汽动力和电力者——所需的资金，来自公共来源的可能还不到 20%。

第三部分　分配和生产中的革命

分配和生产过程的革命，主要是建立在新的运输和通讯的基础设施上。现代大量生产和大量分配所依赖的是在铁路、电报、轮船出现后迅速、庞大且规则的货物和信息的流动。当蒸汽和电气被广泛应用于运输和通讯以后，生产和分配中的这些改变立刻就开始了。当基本的基础设施于 19 世纪 50 年代和 80 年代之间得以形成时，现代方式的大量生产和大量分配，以及管理它们的现代工商企业也随之出现。

在分配方面，铁路和电报是造成现代大交易商出现的主要因素。这些大交易商直接向种植者、制造业者和加工者购买商品和货物，并直接卖给零售商或最终消费者。在制造方面，铁路和电报之所以使大量生产得以发生，是因为它们有助于把制造一件产品的全部或几乎全部有关的过程，集中到一家工厂之内。

由于每个加工单位每天的生产量以及每个分配单位每天处理的交易数量都大为增加，因而使经营企业能够将它们的活动进一步分工而由几个营业部门来进行。更为重要的是，前所未有的生产和流通速度，促成了几个单位一体化于一家企业之内。这些新的、多单位企业的经理，能比市场机制更有效地监督生产和分配的过程，并协调流动于其间的快速且庞大的货物流量。

对于货物在数量上的急剧增加以及它们在经济领域内和经营企业内流动速度的飞快提高来说，需求的变化只具有部分的影响。当然，扩充中的市场是维持大量生产和大量分配所必不可少的条件。在19世纪的大部分时期内，美国的人口、产量和收入等市场扩充的基本指标，每十年的增长率都比西欧和日本高。然而当现代工商企业首次在美国的生产和分配中出现的几十年中，这种增长率并没有明显的增加。不过这几十年却是全国的运输和通讯网络正在铺设，且其作业程序正趋向完善的时候，也是煤炭能够大量供应而用于工业动力和热能的时候。这些因素比市场的需求更直接地影响到商业中和工业中现代工商企业出现的时间。

第七章　大量分配

基本的转变

分配领域中商业企业的规模和活动的转变是发生得最突然的。19世纪40年代，经营方法与500年前大同小异的传统式商业公司，仍然在执行全国货物的市场交易和分配功能。仅仅在一世代之内，它在农产品和消费品的销售上，就被现代形式的营销企业所取代。19世纪50年代和60年代，现代的商品经销商直接从农场采购并直接销售给加工者，而接管了农产品的营销和分配活动。同一时期内，经营全系列产品的批发商开始买卖最规格化的消费品。到了19世纪70年代和80年代，现代的大零售业——百货公司、邮购公司和连锁商店——开始侵入批发业者的市场。

所有这些大量营销企业都有相同的内部管理结构。它们的采购和销售组织利用铁路、电报、轮船和改善了的邮政服务，协调农作物和各种成品的流通，把货物从大量个别的生产者手中送到为数更多的消费者手上。利用这种管理协调的方法，这些新的大量营销的商人减少了货物流通中有关的交易次数，增加了流通的速度和规则性，从而降低了成本并改善了美国分配系统的效率。

现代的商品经销商

转变开始于全国最重要的商业——农作物的营销，这是可以想像的。它最明显地出现在谷物和棉花这两种大宗作物的分配上。铁路和电报不仅加速了作物向市场的流动，同样重要的是，它还使得辅助性的设备——谷仓、棉花打包机、仓库和具有首要意义的商品交易所——得以迅速成长。这种交易所利用新的电报通讯，使得棉花、谷物和其他商品在运输途中或甚至事实上还在收割以前就能够进行交易。这种在交易所进行的标准化和系统化的交易程序，改变了筹措资本的方法并降低了美国农作物的流通成本。

营销和筹措资本方面的根本改变，首先发生在谷物贸易。当铁路和电报于 19 世纪 50 年代横越密西西比河谷的北端，从而使谷物盛产地区对外开放的时候，这些改变就开始了。约翰·G. 克拉克在他论述谷物交易史时曾这样指出：

> “运输和通讯（尤其是铁路和电报）的改善，引起了谷物交易中显著的改变。电报使得西部的市场能够和东部商业中心的价格变化保持密切的联系；而铁路又缩短了运输的时间，从而便于利用有利的价格变化。其结果是，更多的谷物采购是在诸如芝加哥、布法罗等市场完成。依靠电报通讯的帮助，一个纽约的经销者也可以在谷物生产之际再直接购买。冒险的程度虽然还是相当大，但毕竟减少了，而且过去营销工作所需要的那么一长串人——他们一个人向另一个人依次预付订金——的行列也可缩短。更重要的是，由于缩短了装运谷物到目的地的时间，购买者负担订金的时间也因而缩短。只是到内战结束以后，这些改进措施的效果才充分显示出来，尤其是在面粉的购买上。小麦（在 1860 年）还是沿着大湖航线送到市场。”①

随着快运公司的出现和提货单的使用，铁路在 19 世纪 70 年代把小麦和其他谷物以及面粉的运输从大湖和运河抢了过去。1876 年，5/6 往东的谷物是经由铁路运送。② 直到那时，谷物的运送和营销的革命才算完成。

对这种转变极为重要的因素是贮藏设备的建造和交易所的成立。第一座谷仓于 1841 年在布法罗建成。③ 蒸汽动力又大为增加了谷物贮藏时装卸过程的速度。然而对这种设备的需求还没有出现。第二座谷仓直到 1847 年才建成，只是到 19 世纪 50 年代，才开始大量建造谷仓。在那十年中，单是芝加哥就至少建有 15 座谷仓。其中过半数是为新近才开始载运谷物的铁路公司所拥有和经营，包括加利纳和芝加哥联合公司、中部密歇根公司、中部伊利诺斯公司、罗克艾兰公司和伯灵顿公司。谷仓越建越大，且附有改进了的自动化设备以提高装货的速度。从 19 世纪 50 年代起，铁路公司和谷物经销商开始在小麦产地的铁路沿线建造谷仓，贮藏直接购自农民的谷物。

新的运送和贮藏方法，使得有必要在小麦出仓和入仓时进行标准化划分等级。小麦不能再用"19 世纪 40 年代那种方式来运送，即有多少业主就分成多少批来运送"。④ 大量的出售需要非个人化的标准。买家再不能亲自去检查每一批货了。

到了 19 世纪 50 年代，由于需要对划分等级实行标准化，以及需要一套检查及过秤的方法，促成了谷物交易所的成立。以东部和欧洲城市的老式商人交易所为蓝本的芝加哥同业公会成立于 1848 年，它在随后的十年间就起着上述作用，直到 1859 年改为股份有限公司为止。⑤ 圣路易斯的商人交易所在 1854 年就具有现代谷物交易所的性质,大约在同一时期,布法罗的交易所也是如此。纽约生产交易所成立于1850年,它很快就接管了谷物和其他商品的这类活动,它于1862年改组为股份有限公司。费城谷物交易所在1854年开始营业。1860年,密尔沃基和堪萨斯城交易所开始营业,而到了19世纪80年代,托莱多、奥马哈和明尼阿波利斯都有了类似的组织。

这些交易所为在全国范围内建立标准化的谷物划分等级、过秤和其他作业而开始共同努力。甚至在内战以前,位于西部大采购点的交易所,就开始迫使东部的交易所采用它们的过秤系统。[6]不过纽约生产交易所直到1874年才同意接受西部的划分等级和检查系统作为全国的标准。

所以,由现有的同业公会和商人交易所来完成这项新任务的一个原因是因为出现了"期货"合同的需要,这种设想因为有铁路可以确保交货日期,而电报又使其成为现实可行,因此很快地就取代了实行已有多年的"寄售"合同。[7]这种在未来交货的合同要详细写明数量、质量、价格和交货日期。它是以现金支付的。新的期货合同有很多好处。它可以在制造业者准备进行加工或零售业者准备进货时,将谷物装运并交货。而且因为谷物的出售价格,可以不受交货时该商业中心的当时价格所左右,因此价格也较稳定。

同样重要的是,新的作业方式减低了作物运送所需的信用贷款的数额。因为一趟货运的价格在合同上业已规定,而且运输的时间也已缩短,风险也已减少,发货人可以从当地商业银行拿到低利率的短期期票。而佣金商人也不用彼此间再为了作物运送筹措资金而商定长期的、且往往带有风险的安排。

这种金融上革命的重要意义,纽约的市议会在1860年的一份报告里,曾有不合语法、却热情洋溢的记载:

> "随着铁路势力的增长,延伸至全国各个角落,分配贸易在这整个一年里已完成最重要的改变。在以前,对西部地区多余谷物的购买……都是利用大佣金公司的信贷……。这是一种不确定的、但却不得不如此的经营商业的方式。财产因此会被套住,被套在某些当事人的信贷上。假如价格上升,并保持下去,那么承兑就没问题,一切也就没问题……。假如价格下跌……那么佣金公司倒闭,而且损害往往会广为延伸并波及内地。所有这些现在都改变了……。现在是以现金代替信贷。现在是以实际正确的商业的现实经营取代了旧式制度的缓慢和不确定的经营。这是一个伟大的改革。它将永不回头。"

由于划分等级和检查的方式已经标准化,而谷仓贮藏收据和提货单也到处都可通用,"期货"合同的运用因而很快就被纳入现代的期货交易系统。⑧谷物经销商马上开始利用投机商的资金来提供作物流动所需的资金。他们采用"套头交易"的办法来达到这一目的。采用这种办法时,一个谷物经销商只需为一次谷物装运筹措资金,却能完成四次交易。例如,假定他在9月份以期货合同方式售出一批12月份交货、单价为每蒲式耳2美元的5 000蒲式耳小麦而获得一笔现金。在完成这笔交易一个月或六周以后,他又用这笔收入采购一批12月份交货的期货合同小麦,以便履行他在9月份售出的期货合同小麦的交货义务。利用这种做法,他在信贷方面节省的钱实际上还不止如此,因为当一个经销商经手许多次交易时,往往能够抵消进行交易期间期货在价格上的轻微起伏。由此可见,套头交易的办法使商品经销商得以将有关谷物装运信贷方面的许多费用转嫁给投机商，尽管这些费用已因新的运输和通讯技术的快速和规则性而大为降低。

这种在19世纪50年代和60年代设计出来的作业方式，到70年代才完全制度化。州政府对谷仓的管理使得划分等级和检查的方法得以更精确地实现标准化，而经过了一番煞费苦心的自行整顿后的交易所，也使得在电报和火车帮助下的大量交易得以系统化和稳定化。⑨

期货商品经销商很快就在美国的谷物交易中取代了传统的商人。新的公司直接从农人处购买，对其货物有所有权，并安排向加工者的运输和交货。⑩这些经销商，如戴维·道斯公司、杰西·霍伊特公司、耶尔·尼兰公司和约翰·特鲁斯代尔公司等，都在大的谷物中心设有办事处，于谷物交易所拥有席位，并且在谷物产地也有自己的采购员。他们利用在买卖中抽佣金的掮客来临时补充从加工者或出口商处接来的订单。这些新兴的企业比传统的商人，能够用更低得多的成本装运更多得多的谷物。

在内战以后的那些年里，棉花的营销中也立即发生了类似的巨大变革。在战争期间，混乱的棉花贸易曾短时期拖延了与谷物贸易中相类似的作业方式的发展。一旦棉花贸易重新开放，而南方的铁路和电报网络也重建完成，很快就出现了变化。

19世纪70年代早期，新的运输和通讯方式对棉花营销中长期实行的代理商制度的影响，有如19世纪50年代晚期它们对谷物贸易的影响一样。哈罗德·伍德曼曾这样加以描述：

"铁路，直达运输提货单和改良过的棉花压榨机等的使用，使棉花的

> 采购深入内地，因而削弱了古老的棉花代理商制度的基础。电报，横越大西洋的电缆，以及后来的电话，使得每一个市场的商人几乎都可以进行即时的联系。利物浦和纽约的棉花价格在几分钟之内，不仅可为新奥尔良和萨凡纳所知悉，而且因为电报沿着铁路延伸至内陆的缘故，也可为内地数百个小市场所知悉。”⑪

棉花经销商现在直接向种植场主，小农民和杂货铺主购买。新英格兰和英国的工厂（以及不久之后的南部当地的工厂）的采购员则向经销商采购其供应品，这些经销商很快就有了遍布南方的大采购网络。与谷物经销商一样，棉花经销商也是在新成立的棉花交易所向掮客购买棉花以补足他们所收到的订单。这样一来，棉花的生产者们就不再需要棉花代理商（尤其是沿海的代理商）来为其出售作物或提供必不可少的信贷等服务了。

交易所在棉花贸易中所起的作用与其在谷物营销中所起的作用一样。利物浦棉花经纪人协会于1869年正式成立后不到一年，第一家棉花交易所就在纽约组成。另外一家于1871年在新奥尔良开张营业。⑫成立后的交易所马上就着手为棉花的分类和分等作明确和标准化的规定，并安排它们的检查。它们还对合同的内容和形式加以标准化，并且订立协调和仲裁合同争执的程序。实现这种标准化，意味着经销商或买家能够卖出或买进所要求的等级的棉花，并且采用直达提货单的方式把棉花从最靠近种植者的火车站直接送到采购者的仓库。

棉花交易所后来也扩大业务并正式实行了棉花贸易中的期货交易方式。出售棉花期货在19世纪50年代就已经在小规模地进行，主要是用于投机。内战以后，期货交易日益为保守的生意人所接受，尤其是在新的棉花交易所把这种交易加以系统化并进行管理以后。一旦横越大西洋的电缆铺设完成，套头交易的应用就以与谷物贸易完全同样的理由和方式在棉花贸易中发展起来。“购进的棉花以出售期货来抵账，而售出的棉花则用来抵偿购买期货。”⑬正如在谷物贸易中所发生的，新的作业方式能够减少风险并降低在为棉花作物流通而筹措资本方面的费用。

有了交易所和比以前更迅速和具有规则性的运输及通讯，使得从曼彻斯特和利物浦，经由海岸港口而到达棉花种植场的冗长且耗费金钱的中间人和预付订金制度宣告完结。棉花贸易很快的就成为经销商的天下，他们在交易所掮客的帮助下，直接向铁路终端的种植场主和农民购买，并直接卖给纺织工厂和其他的制造厂。19 世纪 80 年代以后，这项贸易日益集中于少数经销商的手中，他们在南方的产棉区有自己的采购员、棉花打包机和贮藏设施，在北方和欧洲城市则有自己的销售办事处。

这些公司利用电报订单将棉花运送到全世界的每个角落。由此而来的庞大的棉花流量减低了每笔交易的成本，并使较大的公司处于一种有利的竞争地位。1921 年，有 24 家公司一年出售了 10 万包以上的棉花，它们掌握了美国棉花作物的 60%。⑭其中有一家叫克莱顿公司，建立于 19 世纪和 20 世纪的交替时期，是第一次世界大战时全世界最大的棉花经销商。紧接着内战后的那些年里，由于深深受到铁路、电报、电缆和轮船的影响，棉花作物营销中的根本变化来得极为迅速。从那以后，其买卖方式则改变较少。

在内战后的那些年里，其他作物——玉米、黑麦、燕麦和大麦——的分配和营销是由商品经销商和掮客利用商品交易所进行的。[15]然而当商品是由大量生产的大企业加工制造时，则这些产品即由这些生产企业、而不是由商品经销商负责它们的营销和分配。在肉类、烟草以及诸如糖及可可等这些进口食品的营销上就出现了这样的情况。但如产品加工不是集中在少数几家大量生产的制造企业手中时，则交易所仍然在商品的分配和销售方面起着主要作用。例如，咖啡在美国本土不需要再加工处理，所以它是惟一的通过交易所买卖的进口食品。咖啡从巴西包装好，通过经销商发送到批发商，再原封不动地经由经销商发送到零售商手里。[16]至于那些要向数以百万计的农民购买后再卖给为数颇多的加工业者的商品，则如何协调两者之间的货物流量，就成为专业化的商品经销商（他们利用各种商品交易所来开展自己的工作）的职能了。

虽然这些经销商所创立的管理网络经常是遍布全世界，但只需少数几位经理和资本设施上少量的投资就是以胜任其事。在采购、销售、贮藏和装运方面的大量工作都是由总公司负责协调和监督。虽然人手不多，但这样的组织却能更有效地利用现有的铁路和电报系统。它有助于减少有关的交易次数，减少销售一定数量商品所需的人力。它降低了在作物运输中所需信贷的成本，并且由于改进了信息和时程安排，因而使供求得以更紧密地结合起来。在美国的经济成长还与其主要商品的出口息息相关的时期，大经销商由于具备上述那些功能而为美国主要商品营销效率和生产率的提高作出了贡献。

自营批发商

新的运输和通讯工具在转变制造的消费品的分配方面，其方式虽略有不同，却与它们在农产品营销中所引起的转变同样引人注目。批发业者最先运用现代多单位企业进行制成品和加工品的大量营销工作。运输和通讯的快速、规则性和可靠性从几方面影响批发业者。首先，最重要的是，它使经营消费品的商人成为一名自营商。他不再以赚取佣金的方式出售。与谷物及棉花的经销商一样，他对经手的货品有所有权。在19世纪70年代，几乎所有的批发商都已成为自营商。其次，自营商往西部移动。东部沿海一带的中间商人再也不能控制制成品的分配了。第三，新自营商建立了庞大的采购网络，通过该网络，他直接向国内外的制造厂采购，并且建立了广泛的营销组织，以便向农村地区的杂货店和城市的专业化零售点批发商品。南部和西部的店铺主人再也不用每隔半年就艰苦跋涉地到东部的市场去一次了。自营商会找上门来，最后，中间商人环节的减少和运输及通讯的速度和规则性的增加，改变了为这些贸易筹措资本的方式。

下面是刘易斯·艾瑟顿有关新的运输方式对中西部商业的影响的描述，它同样适用于南部：

> “铁路对该地区的渗透，彻底改变了美国中部经营批发业的方法，并结束了商业上的开拓阶段。商人不再是一次购买一年所需的大量供应品；他也无需再跑到沿海地区去；也不用再冒损失货物的风险了。他可以利用铁路，视所需而订货；那些流动推销员自会坐火车找上门来，所以他现在可以全部时间都呆在家里照料业务；铁路更高的安全性使他再也不用像在以往利用水路运输的日子里那样担惊受怕。由此可见，作为一种改进了的交通工具的铁路，迎来了现代商业时期。”⑰

铁路和电报的来临使得供应乡村地区店铺的批发商和店铺主

双双获利。与零售商一样，批发商无需再像铁路以前的时代那样，贮藏大量的库存品。也不用再像以前那样，因为要冒货物在途中损失的大风险而担惊受怕。他现在可以利用电报直接向制造者订货，并且可以相当有把握地肯定货物会在预定的时间交货。快速和有规则的运输使得商人得以经营更大数量的货物。而数量的扩大又回过头来降低了单位成本，并获致更高利润。靠着先买进来再转手卖出货物，批发商通常可以赚到比 2.5%～5.0%的佣金更高的加价。同时，由于商业上大量货物的进出，使自营商在现金的周转方面更为灵活，从而减少了他对信贷的需要。一些经营规格较统一的产品的佣金商人也都成了专职的专业化自营批发商。

最后，这种新的安排也使得制造业者蒙受其利。他们现在收到的是现金，而不用再等一年半载直至产品最终卖出为止。现金付款实际上减少了制造业者对流动资本的需要，从而减少了他对提供资金的商人的依赖。

直到 19 世纪 50 年代为止，批发业都是集中在东部沿海地区，而南部的代理商和西部的店铺主必须到东部去进货。自从铁路和电报能使其密切和直接地接触供应来源后，自营批发商就向西转移。一位辛辛那提的市民在 1859 年的记述，很能说明问题：

> “在最近这八年或十年中，辛辛那提已经成为批发供应的巨大中心，它供应俄亥俄、印第安纳、伊利诺斯和肯塔基等州乡下地区的商人所需的纺织品、杂货、五金、靴子和皮鞋、帽子、药品和装饰品。在这些不同行业的生意里，购买人越来越清楚地认识到，他们在这里采购，比到我们东部大城市去采购要更为有利。事态发展的结果就是我们对乡下商人的销售额增加了。例如，纺织品的销售额从 1840 年的 400 万美元增加到 1850 年的 1 000 万美元，目前增加到 2 500 万美元。在所有有关其他行

业对乡下地区商人销售的报道里,销售额也都相应增加。"[18]

不只是辛辛那提如此,圣路易斯,甚至芝加哥也都是这样。芝加哥迅速发展为铁路的终点站,意味着它成为制造品的分配中心和小麦、肉类以及其他农产品的转运中心。1866 年,芝加哥销售金额达 100 万美元以上的自营批发商有 59 家,而辛辛那提和圣路易斯则分别只有 15 家。[19]不过东部的批发中心——纽约、费城和巴尔的摩——并不是不经斗争就拱手让出西部生意的。他们派出成批的流动推销员带着产品目录来到古老西北的所有地区的零售业者的店铺。在整个 19 世纪 70 年代,芝加哥最大的纺织品批发商,菲尔德·莱特公司(不久就成为马歇尔·菲尔德公司)最关注的不是当地同行的竞争,而是来自纽约的竞争。[20]

当芝加哥和纽约的自营批发商在争夺中西部零售业的生意时,圣路易斯、辛辛那提以及路易斯维尔和巴尔的摩的自营批发商则在全力争夺南方的生意。[21]由于内战终止了该地区古老的种植场制度并将奴隶解放为自由人,使得乡村杂货店迅速成长。与中西部长期以来的情况一样,乡村杂货店成了基本的零售业者。种植场主开设杂货店,以便如今成为佃农的自由人可以买到各种供应品。那些在铁路交叉处以及乡间十字路口开设杂货店的前南方联盟的军人以及联邦政府的军人,常常自己也成为种植场主。许多犹太人小贩也在开设杂货店,他们取代了曾在 19 世纪 40 年代晚期及 50 年代在南方农村进行销售的、从北方来的小贩。事实上新开设的杂货店,与改进了的运输以及供应他们货品的新兴的现代批发商一起,已经使作为美国分配业工具之一的小贩宣告绝迹。

到了 19 世纪 60 年代后期,经营全系列产品的批发业者已经掌握了传统的消费品——即纺织品(包括衣服、装潢好了的服装饰品)、五金(包括餐具、工具、器械)、药品和杂货(包括水果、糖果)——的分配[22]。自营批发商也在靴子、皮靴、马具及其他的皮革制品,烟草、酒类、珠宝、皮货、手表、家具、水车及其他木制品、瓷器和玻璃制品、文具、颜料、石油和油漆等商品的营销中占主要的地位,在整个19世纪的下半叶,这些公司一直支配着美国经济中消费品的分配。

这些批发商比任何早期的中间商经营更多数量的庞大业务。19世纪40年代,最大进口商(如费城的内森·特罗特)的销售额,每年很少超过25万美元,而特罗特的职员只有自己的一个儿子、两三个办事员和一个门房。[23]相比之下,全国最大的纺织品经销商亚历山大·T.斯图尔特在1870年的年度销售额却达到了5 000万美元之多(其中800万美元是零售额)。当时他的公司雇有2 000名员工。[24]1864年,斯图尔特在纽约的最大竞争者、克拉夫林公司(它只经营批发业务)的年销售额,据说达到了7 200万美元。[25]这些数字并非来自内部的记录,并且显然有夸大之嫌,然而可以看出,一旦铁路和电报使得批发商得以在广大的地区行销,一家公司所经营的销售额,就会从每年的几万和几十万美元一下子跳到几千万美元。

纽约以外其他城市批发商的营业数额,说明一旦接触到内地的市场时,他们就会成为堪与历史上最大的商业企业相比拟的企业。例如,马歇尔·菲尔德及其合伙人利瓦伊·莱特于1865年和波特·帕尔默联合,专门经营纺织品,两年后的销售额即达到910万美元,其中150万美元是零售额。五年以后,他们的销售额上升到

1 720 万美元，其中 310 万美元是零售额。㉖ 1889 年，菲尔德的销售额为 3 100 万美元（600 万美元是零售额），1900 年即提高到 3 640 万美元（1 250 万美元是零售额）。菲尔德在芝加哥最大的竞争者、詹姆斯·法勒公司的销售额和菲尔德的公司差不多，1867 年是 710 万美元，1870 年是 950 万美元，而到了 19 世纪 80 年代早期则达到了 2 000 万美元。卡森、皮里和斯考特公司，查理·戈萨吉公司，谢伊公司以及哈姆林·黑尔公司等则是一些较小的、但仍具有相当规模的纺织品公司。费城最大的纺织品公司是胡德和邦伯莱特公司，其规模和菲尔德公司及法雷尔公司不相上下。芝加哥的希巴德公司，斯宾塞公司，及波特雷特公司，以及圣路易斯的西门子公司等都是大五金公司，其规模也差不了多少。㉗ 而纽约和芝加哥的麦克森和罗宾斯公司，希费林兄弟公司以及其他大药品批发公司也都以差不多的速度迅速地成长为具有类似规模的企业。

为了经营这样一种前所未有的庞大业务，这些新公司必须建立管理组织并配备各级管理人员。这些新的大批发公司，虽然经营的行业全然不同，公司的组织结构却基本上一样。㉘

推销力量是决定这些大批发商能否成功的主要因素，推销员是公司主要的竞争武器和市场信息的基本来源。19 世纪 40 年代晚期，当杂货店出现于乡村小城镇时，纽约和费城的批发商首先使用“旅行推销员”以争取这些乡间商人的生意。㉙ 然后，在内战之后的那些年里，成群的流动推销员开始涌向全国各地㉚。他们成为美国农村地区和民间传说中人们所熟悉的形象。

这些推销员坐火车到铁路沿线的城镇和乡村，接着再换乘马匹和轻便马车跋涉到最遥远的乡下的最小的店铺。他们因经营的行业不同而在每年不同的时候来到这些小杂货店里以不同的方式推销货品。纺织品的代表主要是以样品兜揽生意,他们的许多时间都是花在开箱和装箱上。五金业和出售器械的推销员则与出售杂货和药品的推销员一样,大多利用产品目录谈生意。

除了接受订单和争取新的生意外,这些推销员也源源不绝地把市场信息送回总公司。他们要报告需求的变化,特别受欢迎的商品项目,不同地区的一般经济条件,以及最重要的、各地的店主和商人的信用估计。推销员也协助店主保持稳定的库存,改善记账方式,甚至美化商品的陈列方式。

推销员通常都受一位销售经理及其手下人员的监督、考核和指导。如果是一家非常大的公司,那么,不同地区再各由不同的销售经理助理负责。总销售部门内有一个小的广告办公室,负责准备公司的产品目录,定期寄给客户,并在各地方报纸上安排一些(虽然不是大量的)广告。

除了遍布各地的强有力的推销人员以外,对专业的批发公司的成功同样不可或缺的是其采购组织。它分成两部分。一部分是由各地的采购办事处构成的网络;另一部分,也是更重要的一部分,它包括两种采购员,一种是实际在各种采购货品的,另一种则是在总公司办事的,例如,马歇尔·菲尔德公司在纽约及其他东部城市设立办事处以后,又于1871年在曼彻斯特设立了一家办事处,次年在巴黎又设立一家㉛。这些海外的办事处又和法国及德国的佣金代理商保持密切的接触。斯图尔特拥有一个更大的海外网络,根据研究该公司历史的史学家所记,该公司于1873年“在不列颠群岛及欧洲大陆的每一个重要的纺织和服装业中心都设有采购办事处”[32]。其他的批发商也具有类似的、但范围较小的采购组织。

采购人员很快就成为批发商公司最重要的管理人员。每个采购员及其助理们负责采购一项主要的产品系列。他们决定采购货品的规格,通常也确定进货价格和以后的销售价格并决定购买的数量。采购员可以在国内利用海外的采购组织,直接向制造厂或其代理商购买。在采购经理的指导下,每个采购员都是一个颇具规模的产品部门的高级主管。几乎可以说,采购员都是经理,他们以其特长作为自己的终身事业。

由于各种产品系列的要求大不相同,采购员们有很大的自主权。按照研究马歇尔·菲尔德公司历史的史学家罗伯特·W.特怀曼的说法,该公司的每个部门“都好像是一家独立的公司在活动,而部门的头头则像是个独立的商人,他完全独立地对其部门或‘商店’的经营后果负责”。[33]。他根据自己认为合适的条件进行采购,确定价格和刊登广告,并且按照议定的百分率从自己部门所产生的利润中提取分成。采购员也要负责为本公司创牌子。有时候他们通过成为某家制造厂的产品独家销售代理来做到这一点。在另一些情况下,他们要安排厂家按照自己提出的特殊规格进行生产。在第三种情况下,他们要在自己的仓库里进行包装并贴上自己的商标。负责管理几个采购部门的采购经理也要注意仓库作业,包括打开包装,重新包装以及贴标签,印商标及特殊包装等。他也不能忽略公司经营的任何制造活动。

大的批发公司有时会从事一些制造活动,但在这方面所花的精力从来不多。大的纺织品批发商常会雇用自己的针织工人制造一些标准化的产品，如内衣、衬衣、衣领、袖口、吊裤带、围巾和家具的布套等。然而更常见的是这些工作通常都以合同形式发包出去。[34]除了斯图尔特公司外，很少纺织品批发公司拥有自己的工厂，而该公司在制造上的投资也证明是不成功的。五金批发商在为其公司创牌子时，几乎都有专属的制造厂商为自己生产产品。[35]在药品方面，有些化合物的混合是批发商自己做的，但化合物本身的加工则另有制造厂负责。一直到20世纪晚期，这些大营销公司仍然是几乎把全部精力集中在其基本的商业功能上。

负责经营各部门的经理，一方面要负责货物从供应者到消费者的有形运动，另一方面也要负责现金的流动。[36]这项工作的繁重程度可以从19世纪90年代的一家五金批发公司的实际情况看出来。该公司经营6 000项产品，向1 000多家公司进行采购，其顾客更远超此数。该公司的运输部门集中精力安排装运的时程表，把货物从供应商那里运到公司的仓库，然后再转运给零售商。它经常要和铁路公司磋商，把货物从制造厂直接运给消费者。运输部门的经理不断地和铁路公司讨价还价，以便为他们托运的货物尽量争取最低的运费和等级，并为自己和顾客争取最好的回扣。运输部门有自己的装运办事处，办理货物装运时的具体细节问题。装运和运输单位要密切配合订货部门而工作，后者负责查看发运货物是否和订单内容相符合。

另外一个职能部门——信贷发放和回收部门，也在这些新的批发公司的成败问题上起关键性的作用。为期极短和严格控制的信贷可以大大减低信贷方面的费用。纺织品、五金和药品等行业的标准信贷期是20天,如能在10天内以现金支付则有1%或2%的折让。至于运输较慢的产品的标准信贷期则稍为长一点[37]。但由于竞争,批发公司常常不得不向客户提供期限超过20天的信贷,例如,马歇尔·菲尔德公司,对于初开张的零售业者,在信贷期限上特别宽容。延长信贷期限当然有其危险性。除非谨慎为之,否则会使批发公司成败攸关的现金周转发生困难。在发放这种超过期限的信贷时,批发商要依靠自己的推销人员和征信所提供的信息。后者在内战结束时已成为美国的分配和销售业的一个组成部分。

事实上,批发商对征信所的需要就是这种新型服务性企业迅速成长的主因。[38]商业征信所——第一家提供有关信用情况报告的公司——是纽约的一名纺织品批发商刘易斯·塔潘所建立。该公司成立于1841年,在19世纪50年代开始把其营业活动扩大到纽约和新英格兰以外的地区。在那十年间,第二家公司,布雷兹特里特征信所也开始营业。1870年,R. G. 邓恩接管了最早的那家征信所,并且在全国各重要的商业中心设立28家分支机构。到了19世纪70年代末,该公司的分支机构又增加了41家。布雷兹特里特征信所也不甘示弱,虽然扩充的规模更小一些。就像经常所碰到的情况一样,这两家首先在各处设有分公司的征信所保持了在此行业中的支配地位。19世纪70年代,这两家公司所进行的业务极为庞大。邓恩征信所雇用了10 000名以上的通讯员或调查员,每天要提供5 000件左右的信息给客户。对这两个巨人(它们后来合并成邓恩和布雷兹特里特公司)构成最大威胁的竞争者,是那些只从事某一专门行业的征信所,例如,纺织业、五金业、家具业，文具业和珠宝业等的专业征信所。比如马歇尔·菲尔德公司就是依靠两个纺织业方面的专业征信所——巴罗公司以及胡特和加洛克公司——以及邓恩和布雷兹特里特公司提供信息。

在马歇尔·菲尔德公司里，极其重视贷款的发放工作，它几乎成为一个合伙人利瓦伊·莱特的专职。莱特在这方面的才能使得公司大多数的大宗生意都能以现金交易。“他们谨慎地选择顾客，这些顾客就像一群忠诚的雇员准时上班一样按时承兑期票，使得这两位合伙人很少有资本被呆账套住的情形发生。他们并能相当肯定地估计每个月的现金收入，以致在即时付款的能力上，保有无可匹敌的声望。”[39]由此造成的稳定的现金流通，使得每笔交易的单位信贷成本降低到一个新的水平。

信贷发放和回收部门的经理要与会计部门的经理密切配合起来工作。两者皆提供全面管理公司不可或缺的信息。会计部门记录的资料包括一切财务上的交易和一切金钱上的收入和开支。处理不同产品项目的各个采购办事处和各职能部门，皆各有一套自己的账目。虽然入账的项目已远比 19 世纪 40 年代佣金商人的会计项目多，但所用的复式簿记法仍然大致相同。除了各部门记录各项交易的日记账以及表明每个供应者、顾客和装运者账目的分类账外，另外还有总分类账，表明每个办事处、各部门以及整个公司每个月的财务摘要。[40]由于财务交易比较简单，并且内容上都差不多，因而这些新的从事大量交易的商人就无需和铁路公司一样，发展出一套复杂的程序来记录、收集、核对以及分析最终的各项会计账目。与铁路公司相比，批发业者的会计部门要小得多，内部审计也没有那么广泛。由于投资金额只占营业额的极小部分，所以，他们并不觉得有必要去考虑折旧以及固定资本核算的其他问题。

高级主管利用会计部门提供的两类资料来评估其营业经理的工作绩效，其中一类资料和铁路公司的情况有点类似，即销售毛利（销售收入减掉货物成本）与销售额之比值。另一类更重要的资料是存货周转率，也即批发商所谓的“库存周转”。意思是，现有库存品在一特定的时间内（通常是一年内）被售完并重新补足的次数。[41]“库存周转”确实是一种评估销售效率的有效方法。因为在同样的人工和设备下，“库存周转”愈快，则单位成本愈低，每个工人及单位设备的生产量也愈大。

很有意义的一点是，只是在出现了铁路、因而使现代批发商得以兴起以后，库存周转的概念才产生于美国的商业界。我还没有见到过在铁路出现以前使用这一术语的例子。倒是在 1870 年时，马歇尔·菲尔德不厌其烦地向其经理们告诫的次数最多的东西就是促使“你的库存尽快的周转”。[42]他也经常力劝向自己买货的零售商尽全力达到此一目标。

根据这个标准来看，马歇尔·菲尔德公司经营得很不错。在 1878 年（有资料可查的第一年），菲尔德公司批发业务的平均库存周转是 5.9，以后除了有一年以外，直到 1883 年一直都维持 5.0 左右。[43]这个纪录即使以 20 世纪的标准来看，也是非常了不起的。从这些数据可以看出，一旦像菲尔德公司那样的推销网络建成以后，要想在库存周转和生产率上再进一步提高，就比较困难了。就单独的一家公司而言，只是在铁路和电报使现代工商企业能在美国的营销和分配中出现以后，其经营的数量和达到的生产率才得以激增的。

许多由批发商在19世纪60年代和70年代建立的组织，在其创造者去世以后仍然继续存在。除了一些极个别的例外（如斯图尔特的公司），大多数都延续到20世纪。[44]但1880年以后，批发商开始受到两种崭新且非常不同的企业的挑战，接着甚至向后者宣告投降。其中一种是大零售商，他们直接向制造厂购买，又直接卖给最终消费者。另一种是制造业者，他们开始设立自己的批发和分配网络以及遍布各地的采购组织。两者都是成功的竞争者，因为他们不但吸收了批发商的活动，而且把管理协调延伸到从制造者或加工者直到最终消费者之间的货物流动。

大零售商

19世纪80年代早期，批发商对美国销售业的支配达到了顶峰。虽然批发商的数目继续在增加，他们所占有的市场份额却在下降。[45]根据哈罗德·巴杰的估计，1879年，通过批发商送达零售商的货物总值达24亿美元，而直接从制造业者和加工者送到零售商手中的货物总值为10亿美元。[46]后者中有许多是由当地制造或种植、并用来满足当地市场的工农业产品。在1869和1879年之间，直接销售额和通过批发商的销售额的比值，从1:2.11下降到1:2.40。自从那个十年以后，按每隔十年计算的这一比值即不断上升。1889年，它稍为上升到1:2.33，1899年是1:2.15，1909年是1:1.90，而到1929年则为1:1.16。比值的上升主要是因为大零售商和大的结合式生产者的销售量的增加，而不是由于当地的生产者卖给当地的消费者该部分产品的增加。

大的零售商在其营销活动一旦能够满足与批发商的营销活动所满足的同样大小的市场的需要时，就开始取代批发商的地位。通过建立不相上下的采购组织，他们可以直接从制造厂购买货品，并发展成与批发商同样庞大的销售量和甚至更快的库存周转。他们因为直接同消费者接触，且由于消除了一系列中间商因而减少了市场的交易次数，所以他们的管理网络具有更高的效率。

第一种大零售商——百货公司，早在19世纪60年代和70年代就开始出现了。它们在美国最大的城市里把货品卖给成长中的城市市场。在19世纪70年代出现、为农村市场服务的邮购公司，直到该世纪末才开始蓬勃发展。而那些深入到小城镇和大城市郊区的连锁商店，则只是在1900年以后才开始扩大其规模和数量。

这三种型式的零售商，其策略、经营方式和管理组织都大致相同，并且常常直接沿袭自营批发商的那一套。与自营批发商一样，他们的基本目标是通过维持高速的库存周转来确保其利润；而达成上述目的的方法则是发展管理网络以协调从供应者到最终消费者的货物流量。

百货公司　现代百货公司几乎在美国的许多城市同时出现的，而发展得最迅速的是纽约市——全国最大的城市市场。在所有的城市里，它们的发展具有大致相同的背景，它们实行差不多的扩张战略，采用没什么两样的内部经营策略和管理程序。

纽约和芝加哥的许多早期的主要百货公司，在开始阶段有如一家批发公司的没什么利润的小附属部门。19世纪70年代，马歇尔·菲尔德的规模庞大的零售店仅占菲尔德公司全部销售额的15%和大约5%的利润。斯图尔特在纽约的情形据说也是如此。

亚历山大·斯图尔特毕生致力于批发业务，一直迟至1876年，他的公司还在芝加哥设立了一个批发分支机构。而费城的约翰·沃纳梅克在发展了极为成功的百货公司后，仍然认为批发业至少也具有同样有希望的发展前途。沃纳梅克买下了该市最大的批发公司胡德和邦布莱特公司以及另外两家纺织品批发公司。[47]然而到了19世纪80年代以后，零售业变得比批发业更为有利可图。斯图尔特在芝加哥的投资失败了；零售业仍然是沃纳梅克的业务重心；而对马歇尔·菲尔德的繁荣和利润而言，零售业也日趋重要。

百货公司是当一家经营纺织品或服装的零售业务的公司开始增加新的产品系列如家具、珠宝和玻璃制品时出现的[48]。亚历山大·斯图尔特在1846年设立了第一家大的纺织品零售商店——著名的马布尔纺织品大厦。虽然他也增加过少许几种别的产品系列，但直到1862年，该店主要还是出售布料、针线、被单、丝带以及其他纺织品。斯图尔特接着又在第九街和第十街之间的百老汇盖起了一座更大的建筑物，他这次增加了新的产品系列而成为一家不折不扣的百货公司。斯图尔特于1876年去世，而他的事业也在其死后不太久相继消逝，然而他的大多数仿效者在一个世纪以后仍在继续经营。阿诺德·康斯特希尔于1857年开设马布尔商号，又于1877年开设了一家更大的百货公司。1858年，洛德和泰勒公司建成“一座新的、漂亮的大理石建筑”，而到了1872年，他们又更靠近上城区在第二十街上建造了一座更大的大楼，开设百货公司。罗兰·梅西于1858年在纽约开始其高级纺织品的零售事业，他在19世纪60年代接管了一些毗邻的商店并增加了一些产品系列而扩充其规模。梅西的公司在1870年以前就已经是一家百货公司了。

梅西的公司代表了百货公司的第二种系统。它们从小的布匹或纺织品零售店发展而成,而不是来自大的批发公司。其他以这种方式成长的有布卢明代尔公司(它在 19 世纪 70 年代晚期成为一家完备的百货公司),亚伯拉罕和斯特劳斯公司(1883 年,当布鲁克林大桥将该地区直接和曼哈顿连接起来时,该公司在布鲁克林开始一帆风顺)。在这个时期开张的纽约的其他百货公司还有奥尔特曼公司(它的大楼建于 1876 年)、博斯特公司(成立于 1879 年)和斯特恩兄弟公司(成立于 1878 年)。所有这些公司都一直维持到 20 世纪的下半叶。有两家寿命较短的是约翰·赫恩父子公司及鲍温·麦克纳米公司。[49]在很短的期间内——不超过 20 年,世界上最大的百货公司集团就在纽约出现了。这些于 19 世纪 60 年代和 70 年代建立的百货公司在一个世纪以后纽约最主要的百货公司中几乎占了一半。另外一半中的多数公司——派克和派克公司,亨利·本德尔公司,邦维特·特勒公司,富兰克林·西蒙公司,柏格多夫·古德曼公司,莱恩·布赖恩特公司和两家别州的百货公司的分公司,沃纳梅克公司和金贝尔公司——则大多是 20 世纪的第一个十年开始营业的。

在紧接着内战后的年代里,百货公司所以首先在纽约迅速成长,乃是因为该城市已经成为全国最大的乃至全世界最大之一的城市集中市场。纽约在 1870 年的人口(包括布鲁克林)是 133.8 万人,相比之下,费城只有 67.4 万人,波士顿只有 25.1 万人,芝加哥只有 29.9 万人。[50]在这些以及其他的美国城市里,百货公司的出现时间和建立的数目皆与各该城市的成长息息相关[51]。与波士顿的乔丹·马什以及R. H. 怀特一样，在费城，纺织品商人斯特劳布里奇和克洛西尔以及一位男人服装零售商约翰·沃纳梅克在内战刚结束的那几年就开设了百货公司。同时，在芝加哥，卡森、皮里和斯科特公司以及曼德尔兄弟公司开始和马歇尔·菲尔德公司展开竞争。到了19世纪70年代晚期，赫茨勒百货公司开始在巴尔的摩营业，而伍德沃德公司和洛思罗普公司则开始在华盛顿营业。E. J. 莱曼于1879年在芝加哥开设劝业场，它与旧金山商场一样，是少数几家不是从纺织品和服装业发展而成的百货公司。19世纪70年代和80年代的早期，J. L．赫德森在底特律开业，F. 拉萨勒斯和R. 拉萨勒斯在哥伦布开业，而约翰·希利托则在辛辛那提开业。曾经于19世纪70年代在印第安纳的温森斯盖起了一座"贸易大厦"的亚当·金贝尔，于1887年开始向更有利可图的地区发展，在密尔沃基开设了一家类似的百货公司，接着于1894年在费城开设了一家，最后于1908年在纽约又开设了一家。19世纪90年代，I. 马格纳姆在旧金山开设商场，洛杉矶的鲁宾逊公司也于此时期内开业。20世纪的头十年，则有洛杉矶的布洛克公司，亚特兰大的里奇公司，以及休斯敦的尼曼—马库斯公司先后开业。几乎所有的大城市，而且实际上许多小城镇也一样，百货公司的发展历程与纽约都差不多。第一批公司很少有夭折的，但随着城镇的发展，使后来者也有了发展的余地。

这些公司通过在原有的产品系列上增加新的产品系列而成为百货公司，同时通过增加更多的产品系列和扩大现有产品系列的规模而持续成长。可是它们出售的货品仍然以布匹、纺织品及家庭用品为主，那些仍然作批发生意的公司，在经营新的产品系列方面，不如来自小零售店的百货公司来得快。例如，马歇尔·菲尔德公司（芝加哥最大的大零售商）直到1872年为止，仅仅经营纺织品和妇女服装，此后，才增加了皮货、男人服装、地毯、毛毯以及家具套等经营项目。[52]一直到1889年，在能干且富有革新精神的哈里·塞尔弗里奇掌管该公司的零售业为止，没有再增加任何新的产品系列。另一方面，梅西公司早在1869年就已经营了菲尔德公司后来所经营的项目（除了男人服装），还加上家具、银器、阳伞和雨伞、珠宝、帽子、鞋子和玩具。到了1877年，又增加了书本和文具、瓷器、玻璃器皿、陶器、鲜花、羽毛和男人服装等经营项目。[53]这些经营项目与纽约及其他城市的新百货公司所经营的项目都差不多。所以百货公司和批发商不同之处，除了把货品直接卖给最终消费者之外，还比批发商经管更多种类的商品。

同在对外战略方面的情况一样，每家百货公司的内部政策彼此也都差不多。[54]它们的目标是以低廉的售价和毛利以维持大量货物的流通和快速的周转。利润要靠销售的数量而不是靠商品的加价。所有的公司都采取不二价的政策。这也是拥有数百名售货员销售数千种商品的企业惟一可行的办法。大多数的公司都遵循不作过火宣传的政策，并且在顾客不满意时，可以退货还钱。有些公司（像梅西公司）许多年来根本不接受赊账购物。其他的则是按月结账，现金付款则另有折扣。由于有稳定和大量的现金流入，它们与批发业者一样，以现金为购货的基础。而且它们无需像批发商一样，急于对顾客提供信贷，所以它们很可能具有较低的信贷成本。最重要的是，大零售商集中精力维持高速度的库存周转。它们用以达到此目的的手段是对滞销的货品降价，大量利用当地的广告以及创造出一套权责分明的管理机构。

由于它们的销售对象是最终消费者，所以百货公司在广告上要比最大的批发商动更多的脑筋和用掉更多的钱。这方面的需求促使了另一种销售附属行业——广告代理商——的成长。这种代理人早在 19 世纪 50 年代就已出现，但直到 19 世纪 80 年代，他们注意的是地方性的而非全国性的广告。他们买下广告栏，并为地方报纸及定期刊物准备稿件。他们主要依靠大零售商的光顾，比如艾尔父子公司(后来成为全国最主要的广告代理商之一)在其早期创业生涯中，曾得到约翰·沃纳梅克的帮助。[55]

百货公司的内部组织与大批发商不同之处仅仅在于它的销售活动。因为销售是发生在百货公司里头，而不是通过旅行各地的推销员，所以采购员的作用比在批发商处更为重要。他们不仅要控制不同系列的产品的采购——也就是说，规定进货的价格、数量和规格，还得直接管理在柜台卖东西的销售人员。他们要安排商品的陈列，指导广告稿件的起草。其他管理部门的职能不过是或者维修大楼；或者监督雇员，如巡视员和守门员，他们并不直接参与销售；或者把货品送到顾客家里；或者进行广告作业；或者登录会计账目。按照爱德华·A. 法林的说法，许多新的零售公司变得不过是“对它的各部门而言的一家控股公司”。[56]另外的一些公司(如梅西公司)则给予公司里的高级主管以较大的自主权。他们有权处理公司人员的雇用，货品的接收和标价，以及向批发商的退货和次品的减价出售等事宜。

然而即使是梅西公司，正如研究该公司历史的史学家拉尔夫·豪尔所指出，其中央组织的目的是“让部门的头头(采购员)得以全力以赴于货品的购买和销售”。[57]就像批发公司的采购员一样，这些百货公司的采购员要为其部门的营业负完全的责任。因此，“他们通常在自己的领域内有绝对的指挥权，并且除了老板以外，不承认任何权威”。[58]在梅西公司，有些较新的部门——银器、瓷器和玻璃制品，鞋类——也是租给外人经营。而前两个部门的承租人，斯特劳斯父子公司是瓷器和玻璃器皿的批发商，事实上也在芝加哥的沃纳梅克公司、怀特公司、伍德沃德公司、洛思罗普公司、亚伯拉罕和斯特劳斯公司以及沃克公司经营同样的部门。(斯特劳斯父子在 19 世纪 80 年代后期成为梅西公司的大股东，而到了 1896 年就成为该公司的独资老板了。)[59]在马歇尔 ·菲尔德公司的零售店，采购员就与批发业部门的头头不同，因为他们只拿薪水，而不是在微薄的薪水外再拿一定百分比的利润提成，但他们也要对销售情况负完全责任。[60]

至于从批发公司产生的百货公司(如菲尔德百货公司)，它们的零售采购员就通过批发组织代为采购货品。另外一些百货公司(如梅西公司)因为没有批发组织，就建立规模虽较小、却足以匹敌的采购网络(包括分布海外的代理商)。[61]还有一点与批发公司相类似，百货公司也经常生产一部分服装、家具布套和其他出售的缝纫产品。但很少自己经营并管理其他种类的工厂。

评定百货公司绩效的主要标准同评定批发公司的标准完全一样。除了毛利与销售额之比值以外，库存周转是基本的衡量标准。每个部门的库存周转数字，每个月都要与别的部门的周转数字作比较，并和本部门过去月份和年份的周转数字作比较。计算表明，菲尔德公司的零售库存周转在 19 世纪 70 年代晚期和 80 年代开始提高到 5.0 左右，它在 80 年代晚期稍微下降到 5.0 以下，接着又再度上升，并且在 20 世纪的大部分时间里都保持在 5.0 以上。1890 年以后，菲尔德公司的零售库存周转都一直高于其批发库存周转。[62] 梅西公司的周转数字更高，在 1887 年，半年内就周转了 6.0 次，它表明当年的周转数达到可观的 12 次。这个纪录是 20 世纪百货公司平均库存周转率的两倍。

如此快速的库存周转，使得大零售商虽然毛利较低，售价较低廉，却仍然比专业化的城市小零售商和向他们供货的批发商有更高的利润。在新英格兰区以及类似的城市和工业区域，百货公司很快就对原来的批发商和零售商造成严重的损害。到了 19 世纪末，这些百货公司已经几乎消除了中间商人。一名证人曾向 1899 年的工业委员会报告说，19 世纪 80 年代，波士顿有 12 家经营纺织品批发业务的批发公司，目前只剩下 4 家。[63] 因此也就难怪在 19 世纪 80 年代和 90 年代竞争激烈的时期，小城市零售商及其供应者发起了激烈的抗议。[64] 他们要求州政府立法保护，免受百货公司低廉价格的损害。

但是他们没有得到什么结果。城市小零售商当时还不是一股重大的政治力量。1900 年，乡村人口仍然超过住在拥有 2 500 居民以上的城镇中的人口。而小零售商从其供应者那里也只不过得到了一些零星的支持。因为百货公司的兴起并没有影响到批发商的主要市场——乡村杂货店。一直到 1900 年，马歇尔·菲尔德公司 60％的利润以及 75％的营业额仍然来自主要是乡村市场的批发业务。但到该世纪结束时，乡村的杂货店主和拥有货仓的批发商才开始感受到另一种类型的大零售商——邮购公司——的强有力的竞争。

邮购公司　邮购公司是在百货公司以后、并且是对新的运输和通讯基础设施甚至更直接的反应的产物。当然，两者都是依赖铁路和电报使其采购组织得以有效地进行活动，但是百货公司的顾客大多是坐马车或步行来到柜台。假如顾客不把东西带走，百货公司就要用送货员或马车把东西送到顾客家里。在乡村地区，大零售商只能通过邮政与顾客联系，而且也只能用铁路把东西送到，开始是通过货运公司，后来则利用邮寄包裹的方式。

当新的通讯系统和交通系统开始结合时，邮购公司的前身就出现了。批发商——尤其是五金业和药品业的批发商——利用推销员携带的产品目录推销多种产品，并且在流动推销员两次访问之间的时间内，把货品邮寄给杂货店。内战以后，其他的商人也开始用邮寄方式零售货品，诸如珠宝、茶叶、食品、书本、工具等。不过他们只是少量出售单一系列的产品。第一家专门以邮购方式出售多种产品的公司是由艾伦·蒙哥马利·沃德及其内兄弟乔治·A. 梭恩于 1872 年成立的。[65]他们在芝加哥的公司，是由全国最大且最有势力的农民团体——保护农业协会——所支持的，在同一个十年中，该公司和百货公司同样迅速地成长起来。到了 19 世纪 80 年代，蒙哥马利·沃德已经在全国范围内展开经营。他的公司在 1887 年的产品目录有 540 页，列有 24 000 种以上的商品。

虽然专业的零售商，甚至百货公司继续用产品目录出售商品，蒙哥马利·沃德碰到的第一次严重的挑战却是发生于 19 世纪 90 年代，当西尔斯和罗巴克公司（亦译作施乐百公司）开始扩大营业之时。[66]该公司是理查德·W. 西尔斯和阿尔瓦·C. 罗巴克于 1887

年联合起来以邮购方式销售手表时开始的。他们不久也出售珠宝和银器,并且在1893年又把缝纫机、自行车、奶油分离器加入营业项目内。到了1895年,随着罗巴克的退休,两位有经验的芝加哥服装商人,艾伦·E.努斯鲍姆和朱利叶斯·罗森沃德加入该公司,成为合伙人。由于才能和资本的注入,该公司有了惊人的成长。营业项目中又增加了纺织品和服装。接着,西尔斯又仿效蒙哥马利·沃德的榜样,也经营多种耐用消费品和药品,甚至还在一个短时期内经营过杂货。到了1899年,该公司有24个经营部门,包括纺织品、男人服装、男人服饰品、斗篷、鞋子、针线等小件用品、珠宝、杂货、药品、五金、马车金属零件、火炉、家具和婴儿推车、缝纫机、自行车、四轮单座马车、普通马车、马具、运动器材(包括枪支)、乐器、留声机、光学产品、幻灯机以及书本。[67]换句话说,西尔斯及其新合伙人决定要销售通过现有的批发商零售的几乎所有产品,以及一些(如缝纫机、自行车、马车和乐器)由制造者直接出售的货品。这个决策的成果是非凡的。1891年销售额是13.8万美元,1895年上升到74.5万美元,接着更猛升到1900年的1 063.7万美元和1905年的3 778.9万美元;利润则从1895年的6.8万美元猛升到1900年的77.6万美元和1905年的286.8万美元。[68]

如此惊人的成就几乎使公司不知所措了。最大的挑战倒不是来自建立一个采购组织的需要。在这方面老板们只需严格遵循上一代的批发商和百货公司所建立的模式,为新的产品系列增加新的采购员就行了。最大的挑战毋宁来自建立一个经营组织这一需要,这个经营组织应能管理如此庞大的销售量所要求的该公司的货物流通速度。

与别的大规模作业的销售机构一样，西尔斯公司的采购员有充分的自主权。研究该公司历史的史学家鲍里斯·埃默特和约翰·E.约伊克曾这样指出，“每一种商品的部门都是一个独立王国，并由采购员负全部责任”。[69]他要确定产品规格，进货价格，所需数量以及该货品登记于产品目录上的价格。还要提供必要的广告稿件，以描述并推销其经营的产品。每个部门都得处理与其产品的销售及采购等有关的控告和其他反应。每个部门有其自己的薪资等级，并训练自己的雇员。“只要该部门生意兴隆，公司的主管就不来干预”。

采购员直接利用公司的采购网络和有联系的制造厂商。同其他大销售公司一样，西尔斯公司在纽约拥有一个分公司专门经营纺织品和服装，还拥有海外的代理商。由于产品系列比批发商和百货公司的更为繁多且富变化，西尔斯公司在制造方面的规模就比其他的大销售商要来得大。这样做是为了确保产品能按所要求的规格和价格如数供应。1906 年，西尔斯公司完全拥有或与人共有 16 家制造工厂，生产保险箱、火炉、枪支、家具、锯子、农事用具、铁丝网、壁纸、照相机、鞋子、马车、风琴、机械设备、水管和奶油分离器。[70]然而罗森沃德及其伙伴们还是宁可采购、而不愿自行制造。当他们买下一家工厂时，他们也仅限于提供必要的资本，很少去注意它的日常管理。

把货品从制造厂的大门送到顾客的邮箱，这一实际的货物转移的协调工作，主其事者是公司的经营组织。而当由邮寄目录所产生的销售量成几何级数增加时，首当其冲的就是这个部门，它立即陷入混乱状态，急需大刀阔斧地重新整顿。这个经营部门“要负责接受所有的进货、货品的贮藏，为所有的订单准备货品，装运所有的货品和目录”。[71]在奥托·多林的领导下,在20世纪最初的那些年里,一个经过改进能够处理大量订单的系统终于被设计出来。

机器和机械装置的应用以及一套复杂的时程安排系统的建立,就有可能快速处理订单。这些机器装置曾在1905年的产品目录中得到了详尽的说明:

> “绵延数英里的铁道,穿越且围绕在这一建筑物的四周,忙着在接收、运送和寄发各种商品,升降机、机械输送带、循环链、电动走道、送物槽、各种装置及传送机、空气管道以及所有能够减轻劳动、提高节约和速度的各种机械设施,我们的大工厂都加以利用。”[72]

然而这些新作业方式的心脏部分却是时程安排系统。它建立在复杂的、严格控制的时间表的基础上,使得从不同部门涌来的大量订单得以被安排得井然有序。每个部内有15分钟的时间把订单上的产品项目送到调集室。假如有些产品项目没有在该时间内送到,那么,将来装运时就不会有该项订货。订单上延误的部分在准备好后立即用已预付邮资的邮政快速发送,而由产生延误的该部门缴付这笔额外快速邮资,并课以每件0.5美元的罚款。新的时程安排系统使得一天可以履行10万件订单。这个数量几乎等于铁路时代以前的传统商人一生的交易总量。

这种组织使得该公司得以协调急剧增长的业务,在开始扩充的头十年里,它的年度销售额将近达到4 000万美元。[73]当时,西尔斯公司的销售量超过梅西公司的1 500万美元的销售额一倍以上,并且实际上也大为超过马歇尔·菲尔德公司的批发和零售总额(2 848万美元)。此外,在利润方面,同梅西公司的96万美元和菲尔德公司的 145 万美元相比，西尔斯公司达到了 286.6 万美元之多。到了 1900 年，西尔斯公司的销售额已经超过了沃德公司。从那时起，“西尔斯就已成为同行中的头号人物，而沃德则成为他的主要竞争者”。[74]

西尔斯及其主要竞争者，由于增加货物流通速度并在降低毛利和价格方面所具有的能力，使乡村地区的零售商及向其供货的批发商重新又掀起了一片抗议声，就像 19 世纪 80 年代和 90 年代对百货公司的抗议一样。[75] 由于百货公司的业务只是集中在少数几样主要的产品，如纺织品、服装和家庭用品，并且由于百货公司是出现在迅速成长中的城市市场的开始时期，所以那些抗议还只带有地方性、并且是零星分散的。然而，邮购公司却把乡村零售商和批发商所经营的一切项目都包揽过去了，并且他们的迅速扩充恰好是发生在乡村地区市场的成长正趋下降的时候。20 世纪头十年的中期，乡村零售商和批发商对邮购公司的抗议是全国性的，在对扩大邮政包裹服务的法案进行辩论时，抗议达到了高潮。国会最后在 1912 年的夏季通过了该法案。提案的反对者们进行了激烈的斗争，强调这样一来将会如何使零售商、批发商以及流动推销员遭受毁灭性打击。农人、工人以及各种消费团体（产品目录使用者的发言人）则力促此案的立法，但西尔斯和蒙哥马利·沃德却自始即保持谨慎的缄默。正如在对此法案进行辩论时，许多议论所强调的那样，在美国历史上的这个进步时期，许多小生意人对大公司的强烈抗议，其理由之一是大零售公司在降低毛利和价格上的效率。

连锁商店 虽然连锁商店早在内战以前就已出现并有了最初的成

长，但直到20世纪的头十年以前，它一直没有成为重要的零售机构。不过到了20世纪20年代，它已经遍布各地且具有很高的效率，足以承受曾在19世纪80年代和90年代针对百货公司及曾在20世纪头十年针对邮购公司的那种政治抗议及其立法行动的正面冲击。[76]

连锁商店首先出现在现有的大零售商尚未有力地建立起来的那些行业和部门。它们进入了杂货业、药品业和家具业，而没有进入纺织业。连锁商店都分布在小城镇中以及大城市的郊区，而不是大城市的中心或乡村地区。在开始的时候，除了极少数明显的例外，连锁商店几乎都是地区性而非全国性的。但到了第一次世界大战的时候，它们的经营已经成为全国性的了，并且马上同其他大零售商展开竞争。20世纪20年代乃成为成长最快的大销售商，并正在成为美国标准的大零售机构。

第一家颇具规模的连锁商店是出现在杂货业。[77]大美国茶叶公司是乔治·F.吉尔曼和乔治·亨廷顿·哈特福特于1859年创立的，该公司到1865年已经营了26家分店，全部在下百老汇大街和华尔街一带。它们只卖茶叶。1869年，该公司改名为大西洋和太平洋茶叶公司，并开始把它的连锁商店延伸到东北部并越过阿巴拉契亚山脉。1880年，该公司已经有100家分店，其经营地区从圣保罗、明尼苏达到诺福克、弗吉尼亚。当时吉尔曼已经退休，而哈特福特也已经把公司交给其两个儿子乔治·L.和约翰·A.，他们两人一直经营该企业，直到20世纪的中叶。1900年时，该公司经营的地区已横跨太平洋和大西洋之间的整个大陆，虽然它的分公司仍然集中在东北部。它的销售额已达560万美元，销售项目包括咖啡、可可茶、糖、各种浓缩汁、发酵粉和茶叶。在下一个十年,它有了更大的成长。

成功的经验引起了他人的仿效。其他茶叶批发公司也都建立连锁商店了,接着有人用同样的方法经营别的杂货。布鲁克林的琼斯兄弟茶叶公司于1872年成立。这家公司后来成为目前的大联合公司。十年后,出现了大西洋茶叶公司,它是克罗格公司的前身,而目前的朱厄尔茶叶公司则在1897年成立。当时已有六家以上的杂货连锁商店在美国营业,其中包括美国商店和第一国民商店的前身。

出售布匹、五金等的杂货连锁商店的经历也差不多,只是发展的规模较小。在这方面,伍尔沃思商店是第一家。[78] 19世纪80年代早期,弗兰克·W.伍尔沃思在宾夕法尼亚的东南部开了七家出售布匹、五金等的杂货店,也就是出售廉价货品的小百货店。到了1900年,伍尔沃思商店仍然经营廉价货品,但营业额已超过500万美元。该商店的发展越来越快,1909年,它在美国的连锁商店达到318家,并开始在英国设立分店。其他公司也仿效伍尔沃思的方式经营。约翰·G.麦克罗里于1880年也在宾夕法尼亚的东南部开始建立连锁商店。S. H.克雷斯于1896年在孟斐斯开始类似的经营。S. S.克雷斯吉则于1899年在底特律开始建立连锁商店。

在进入20世纪以前,类似的连锁商店已经在药品、鞋子、珠宝、家具和雪茄的大量零售中出现。[79]虽然其中的某一些商店如联合药店和联合雪茄商店等已成为全国性的,甚至国际性的了,但这类连锁商店通常店数要比伍尔沃思公司、大西洋和太平洋茶叶公司,以及它们的仿效者少些,分布的地区也较小。在20世纪开头的那些年里,在所有这些行业中,连锁商店仍然保持快速的成长。

在这些不同行业的连锁商店内,它们所采用的组织结构是从其他大销售商店衍变而来的。[80]连锁商店的每一主要的产品系列,都由各该采购员决定其价格和订货数量。与百货公司以及邮购公司的情况一样,采购员通常得负责为某种产品创牌子及其广告事宜。他们也同百货公司的情况一样,要善于利用广告代理商。不管是采购部门、运输部门或装运部门,都要负责把工农业产品从生产者那里装运到各分公司。

连锁商店和其他两种大零售公司在结构方面的基本差别显然是在销售组织上。连锁商店必须管理在地理上分布各处的许多分店。几乎所有较大的连锁商店都有地区经理,在其手下配有会计员和"检查员"或"巡查员",他们要经常考核辖区内各家分店经理的销售和财务业绩。对所有这些中层经理来说,库存周转的快慢依然是考核的基本标准。地区经理还要对市场营销政策、商品摆设、人员使用以及采购工作提出建议,他们也要深入检查,以保证货品能够按预定时间送到各分店。

因为他们要比其他两种大零售商经营着一个更为广阔、成长更为迅速的市场,所以连锁商店在20世纪就开始在数量和销售额的增长上超过了百货公司和邮购公司。由于汽车的出现和郊区的迅速成长,使得顾客的活动性大为增加,而连锁商店能够更好地适应这种购货习惯的改变。面临20世纪20年代乡村市场的衰退,两家大邮购——西尔斯和罗巴克公司以及蒙哥马利·沃德公司——从1925年到1929年经济大萧条来临的那几年间,成立了数以百计的连锁零售店，在更早一些的时期里，这两家公司也曾于全国不同的地区设立新的邮购机构。到了20世纪30年代，百货公司也开始在其坐落的城市的郊区设立分店(虽然只是作为初步的试验)。连锁商店以其遍布各地的分店所构成的网络，完成了由百货公司开始于19世纪60年代和70年代的零售业革命，它们之所以能完成这一使命，乃是因为它们创立了这样的管理组织，这种组织能够协调把大量货物从制造者手中送到日益增长的城市和城郊经济中、不计其数的最终消费者手中。

速度的经济性

大量分配的出现和现代大销售商人的兴起，标志着一场由于运输和通讯的新的速度和规则性而引起的组织上的革命。反过来这些新的企业又进一步加快了美国货物分配的速度并进一步降低了分配的成本。一方面是铁路和电报协调着货物从某个商业中心快运公司的车站向另一个商业中心的流动，另一方面则是新兴的大销售商人处理着与大量货物直接从数以千计的生产者流向数以十万计的消费者有关的庞大交易。

这种新兴的销售商人所以能够取代旧式商人而成为美国经济中的货物分配者，是因为他们能把大量市场交易内部化于一个单一的大型现代企业之内。他们通过使一组人员使用一组设备的办法，使该组人员比他们分散各地零星使用小型设备时能处理更多得多的交易量，这样就降低了单位销售成本。同时，迅速的库存周转保证了稳定的现金流量，它使公司得以用现金购买更大量的货物，从而大为减低了所需信用贷款方面的费用和产品销售上所需负担的经费。但这种节约只有在周密地调节流经公司的货物量的前提下才有可能实现。在内部进行交易必然会比在外部市场进行交易时更快，而且数量也更大。规模的经济性和分配的经济性不在于规模的大小，而在于速度。这种经济性不是来自建造更大的商店，而是来自提高库存周转率。为了保持及继续大量货物的流动，需要进行组织上的革新。而达到此目标的惟一方法就是建立一个由许多专职的支薪经理经营的管理层级系统。

为了确保持续的高库存周转率，不同类型的新的大销售商人都创建了大致相同的组织结构。他们都以相同的方式采购和装运货物。只有他们的销售组织才因其企业的不同性质而有所不同。把农产品卖给加工业者，以及把成品卖给乡村杂货店和城市零售业者，显然与在柜台上向城市消费者出售货品，或通过产品目录把货品销售给乡村的顾客，需要不同的作业方式。

这些新兴的销售公司依靠最大限度地利用管理网络（这是它们为协调货物流量和现金流量而建立）而得以迅速成长。它们通过扩充现有的产品系列，增加新的产品系列，以及开设新的销售点而达到上述目的。商品经销商和批发商只能采行上述三种增长战略中的第一种，即增加数量。商品经销商也许能够经营不同种类的谷物或棉花，但是他的设备和人员都是为了经营一项基本的生意而购置和训练起来的。批发商基本上也是这样的情况，虽然纺织品、五金、药品等行业的批发商要比商品经销商经营较多的不同产品项目。

而大零售商则不同，他们只需加强运用其采购网络和经营组织就可以比较容易地增添新的产品系列。此外，他们还可以增设新的销售点。随着城市和市郊在20世纪头几年的迅速成长，大零售商的市场扩充速度远远高于商品经销商和系列产品批发商的市场扩充速度。而经由设立新销售点所得利润之丰，使得连锁商店成为1900年以后全美国成长最快的销售公司类型。

由于他们比批发商能使更多的市场交易内部化，新兴的大零售商得以在美国进一步提高消费品分配的效率，并降低其成本。虽然在分配部门未曾发展出一套堪与艾伯特·费希洛为铁路所设计相比拟的测定效率的方法，但即使粗略的指标也已清楚表明新兴大零售商所具有的高得多的效率。新兴的大零售商能够把它们的价格定得比向批发商购货的小零售商还低，并且还能获得比批发商更高的利润。大零售公司的价格是如此之低，以致它的每一种类型——百货公司、邮购公司和连锁商店——的成长都会很快地引起批发商和小零售商的抗议。这些抗议相当强大，它促使州和全国的议员们提出并通过旨在保护批发商和小零售商免受这样的价格竞争的各种立法。与此同时，这些新兴零售公司的创建者们则已积累了惊人的财富。沃纳梅克家族，梅西公司的斯特劳斯家族，金贝尔家族，班伯格家族，法林家族，赫茨勒家族，罗森沃德家族，索恩家族，哈特福德家族，伍尔沃思家族，克雷斯吉家族以及克雷斯家族等都很快地跻于全国最富有的家族之列。

在赚取他们的财富时，这些企业家及其最亲密的合伙人和家族都得依赖经理集团为自己贡献心力。这些公司的经理阶层与铁路及电报公司的情况不同的是，他们的中层经理和高层经理所占的比重较小。这些中层经理——采购员、部门头头、地区主管以及广告、交通、装运和会计等各该方面的高级主管——通常都以其专业作为一生的事业。只有少数在其服务终生的公司里拥有股票。

至于高层经理则仍由老板们自行担任。和铁路公司不同，新兴的大销售公司仍然是我称之为企业家式的这种企业类型。一些最重大的问题仍然由公司的创建人及其家族（他们都是主要股东）作出决策。他们拟定长期计划，并为计划的实现分配各种资源。所有权并没有与控制权分离，因为创立公司的企业家并不需要通过出售证券来筹集资本。大量的现金流量再辅以商业银行的短期贷款，使他们不仅能支付存货所需款项，且能供应工厂和设备所需的资金。

在这种企业家式的企业里，由老板兼任的经理是以一种个人的、且凭直觉的方式执行高层管理职能的。这些高级主管并没有花什么心力去发展一套复杂的成本会计方法和固定资本核算方法，或者通过制定资本预算和其他的作业方式以发展长期计划的制定工作。就管理的水平来说，这些大销售公司的高层经理并不是会计核算和存货控制的革新者。在第一次世界大战以前，他们也不打算对市场需要作短期的和系统的预测。他们的采购员主要是根据过去的经验以及他们认为什么是消费者继续需要的东西这样一种直觉判断而进货。

大商人的兴起和他们所造成的在销售领域的革命，对现代美国经济管理机构的发展具有极端的重要性。然而这些企业所影响的只不过是美国经济中生产的一部分货品的分配。地方上的农产品和制成品仍然是直接到达地方的消费者手中，而没有通过批发商或大零售商之手。佣金商人和佣金代理商仍然购买、出售以及装运制造厂按特别订单为其他商业公司制造的货品。有些货品，如铁轨、栏杆、铁丝、铸件、横梁及其他金属型材料和多种机器，在19世纪，继续由制造厂直接出售，或通过制造厂的代理人，以抽取佣金的方式出售。而制造厂向采矿厂或其他公司采购各种金属、化学品以及其他原料时，或者直接购买，或者通过佣金代理商。

不能过分强调下述一点，即：只要有为数众多的生产者的生产物需要送到为数众多的消费者手中时，就会发生以铁路和电报的出现为基础的销售革命。它是发生在主要作物的营销和传统的标准化货品的生产上，诸如纺织品、服装、其他布制品、鞋子、马具、其他皮革制品、家具、木制水车零件、其他木制品、杂货、糖果、其他食品、各种药品以及珠宝和餐具等行业。它主要发生于较老的工业，其生产过程是劳动密集型的，而且工艺简单，同时制造企业的规模也很小。至于在那些采用较复杂、大规模的生产过程的较新的工业中，则是大量生产者而不是大量销售者，起着协调经济领域内货物流通的作用。

第八章　大量生产

基本的转变

生产中的革命由于需要进一步的技术上和组织上的创新，因而来得比销售中的革命晚。新的运输和通讯方法使进出工厂的原料和成品可以大量地和稳定地流动，所以使前所未有的生产水平成为可能。然而要实现这种可能性需要发明新的机器和作业方式。一旦这些被发展出来，制造业者就能够把几个生产过程放在单独的一家企业内（即所谓的内部化）。

这类大量生产技术，首先出现于流体或半流体（如原油）的加工处理。在金属生产业和金属加工业中则来得较慢，因为这些部门的大量生产需要更高的技术上的突破。不过一旦出现了这种突破，产量就会以惊人的速度增加。在所有这些制造厂里，为了协调经过几个生产过程的巨大流量，因而需要雇用支薪的经理人员并且发展出现代工厂的流程和组织。

由此可见，大量生产和大量分配的出现所以在时间上会有先后之分，其基本原因在于技术。大量分配的出现，主要是通过组织上的革新和改善，以及运用新型的运输和通讯方法而成功的。但大量生产则除了组织上的革新外，通常还需要技术上的突破。虽然技术上的改变通常在定义上包括组织上的改变，不过将两者加以区分看来还是必要的。为了做到这一点，可以把生产和分配在技术上的改变归结为在材料、动力来源、机器和其他的人工制品方面的创新。组织上的改变则可以归结为对这些人工制品的安排方式上，以及对工人、经理的活动和行为的协调及监督方式上的创新。

在生产上，当投入一定数量的劳力、资本和原料时，在技术上可以有三种方式使产出增加；发展具有更高效率的机器和设备，使用具有更高质量的原料，以及更集约地利用能源。就组织而言，产量的增加可以经由改善制造或加工工厂的设计而达到，也可以经由改革管理上的实践和程序（这是使各种流程能相互一致并能有效地监督工人所需要的）而达到。此外，生产率的提高还有赖于经理和工人的技巧及能力以及这些技能的持续改进。这些因素中的每一种或其任何一种结合，都有助于在单一的一套装置或工厂（在这里，装置是指一大套设备，而工厂则指有很多设备的厂房）内，提高原料流过的量和速度，也即提高某些加工者所谓的原料的“通过能力”。对新的生产过程的经理来说，通过能力——通常用每天加工多少单位来表示——成了说明其业绩的最重要指标，正如库存周转率指标对大商业公司经理的重要性一样。

当潜在的生产技术许可时，依靠技术的创新、组织设计的改进和人员技能的趋于完善而导致通过能力提高后，就可以大大减少生产一定数量的产品所需的工人数。而每一单位产量的资本—劳力比率、材料—劳力比率、能源—劳力比率，以及经理人员—劳力比率等都会提高。像这样的高产量工业很快就成了资本密集型的、能源密集型的和经理密集型的工业。

大量生产的工业因此可以定义为:经由技术和组织的创新而创造高度的通过能力,使得少量的劳动力就能生产大量的产品。大量生产和现有的工厂生产不同之处是,它的机器和设备并不单是用来替代手工作业,它还使得整个生产过程每一阶段的产量都大为增加。机器的安置和操作,使几个生产阶段都能在单一的工厂内,在技术上和组织上一体化,并互相密切配合。因此,每一阶段的通过能力都比它们如果分散于各不同工厂时的通过能力要高。

达到高度的通过能力,也即大量生产的可能性,取决于生产过程的基础技术。在农业中,大幅度提高物质流经生产过程的速度的潜力很小。农业生产的速度和数量很少会提高到足以刺激在组织上和管理上进行革新那样的水平。在玉米、棉花、小麦和其他作物的种植上、生物上的限制决定了耕地、播种、栽培和收获的时间,并且也因而规定了整个生产过程的速度。改良的作物品种及更好的肥料能够增加每英亩耕地的产量,改良的机器也可以用较快的速度进行不同的生产过程。但是从来没有快到需要设计新的组织程序以结合并协调这些不同的作业。因此家庭得以继续作为农业的基本生产单位;直到 20 世纪以前,农人及其家人和少数帮手还是利用人力和畜力来操作农业器具和机械。

19 世纪和 20 世纪早期的建筑业和采矿业,基本上也处于同样的情况。改良的机械增加了产量并使某些工作得以结合。在建筑工业里,很多工作仍然是由木工、砌砖工、泥水工等来完成的传统工作。采矿的工作也不过涉及由几个人组成小队,在矿区的不同地点做大致相同的事。直到 20 世纪以前,这两个部门的工人主要还是依靠手动工具。它们也和农业一样，没有什么机会通过更集约地使用能源来加快生产过程。它们不需要建立一套复杂的组织来协调从一个过程到另一个过程的货物流量。这些部门长期停留在劳动密集型状态。

在机械化的工业里（由机器取代工人的工业，如布匹、皮革和木材的生产，以及以它们为材料的产品的生产），改进了的技术和非人力的能源的采用起着较大的作用。对内部组织的需要也就比较明显。随着企业产量的增加，各种生产过程就带着它们各自的专业化机器，而且在通常具有集中供应动力系统的大工厂内组织起来。由于要协调和监督这些小单位的工作，因而需要对机器及其操作人员进行严格的管理。

然而在这些机械化工业中，生产加速的可能性还是有限的。实质上，只是用机器取代了手工操作，一部机器的工作类似于一个纺纱工、织布工、锯工、切割工或制造工的工作。用机器对木材、服装或其他纺织品进行加工的最高速度很快就达到了。天然纤维的纺和织以及天然皮革的硝化也无法通过更多地应用能源而大量地增加其通过能力。由于生产速度是有限的，而能源也不过用在供应机器的动力上，所以对协调和监督工作仍然只有比较简单的需要。这些机械化工业仍然是劳动密集型的，由早期纺织工厂所发展出的组织形式仍然够用。惟一的重要改变是把管理工作都集中在通常位于厂址内的一间办公室内。

然而在有些机械化工业中，机器并不仅限于代替了每个生产过程中的手工操作，机器还使这些过程结合起来了。把连续作业的机器以及几乎是连续作业的工厂运用到烟草、谷类产品、罐头食品、肥皂和胶卷等的生产中，能够大为增加产量并减少作业所需的人工。新的高速度作业方法使得在采用这些方法的企业以及这些企业所构成的工业中，都发生了根本的改变。

熔炼业、铸造业、蒸馏业和炼油业等比机械化工业更适合于大量生产。在这些工业中，生产过程需要利用热能，且涉及的是化学方法而不是机械方法，所以技术上的改进、更集约地利用能源，以及组织上的完善都能大为提高通过能力，并减少生产单位产品所需的工人人数。加大的蒸馏器、超高热的蒸汽和分馏的技术等等，使得以石油、糖、动植物油脂为原料的产品和某些化学品的生产，以及酒精和酒类的蒸馏、啤酒的酿造等得以使用大批量的或连续作业的生产方法。在熔炼工业（生产铁、钢、铜及其他金属和玻璃的那些工业）中，更好的熔炉、转炉、压延设备及精整设备等（它们都需要更集约地使用能源）也能带来大致相同的效果。生产数量和速度的增加，促成了对工厂设计的开发，以便确保设备能得到最大限度的利用，从而使原料能够稳定、顺利并大量地流经各生产过程。

在金属加工工业里，大量生产的需要带来了技术上和组织上最重要的创新。金属制品的生产比别种工业牵涉更多的作业（化学方面的和机械方面的都有）。它要使用多种不同的机器、设备和原材料。金属比布匹、皮革、木材都不易切割和成形。同马具和家具的制造相比，机器和其他的金属产品需要更精细的公差。因此，金属制品工厂内材料流动的协调工作就十分复杂。也就难怪机器设备最重要的创新是发生在这一工业里，而且现代的、系统的或科学的工厂管理方法和程序也是在这里被设计出来且加以完善化的。

现代化的大量生产与现代化的大量分配以及现代化的运输和通讯一样，其经济性主要是来自速度，而非规模。一家制造工厂之所以合乎经济性，能够降低成本并增加每个工人和每台机器的产量，并不在于它的规模，也就是说，不在于工人数目的多少和生产设备的数量及价值的大小，而是视它通过能力的高低以及由此而增加的生产量。与大量提高对设备和人员的日常利用而获致的丰硕节约相比，那些使用着同样的光、能源和保养设备的工厂，其所得的节约量就显得很少了。对于获取速度的经济性来说，重要的是发展新的机器，采用更好的原料，和更集约地使用能源，以及建立新的组织设计及作业程序，以协调并监督通过几个生产过程的、空前的高额流量。在生产过程具有此种技术创新潜力的工业里——很多工业不具备此种条件——一家发挥了这种潜力的制造厂能够比没有采取类似改进措施的较大工厂以更低的成本生产出更多的产量。在这种大量生产的工业中，组织和技术上的创新者具有强大的竞争优势。

要分析大量生产以及管理大量生产的企业的兴起，需要对 19 世纪 50 年代以后生产技术的改变进行全面的考查，特别是对这样一些部门——技术和组织的创新能使它们的通过能力得到大幅度的提高，从而导致现代工厂的兴起——更应加以考虑。正如铁路和电报公司反映了运输和通讯新技术在经营上的需要，以及大销售公司反映了那些技术进展所造成的机会一样，现代工厂则是由于新生产技术的需要，而表现于组织上的特殊反应。

工厂系统的扩展

如同我们在前面曾强调的那样，除了纺织工业以外，其他工业要等到宾夕法尼亚的无烟煤开采以后才开始了工厂生产。在19世纪30年代中期以前，当时无烟煤的产量还不敷工业的需要，几乎所有的生产都是在小作坊或家庭里进行。美国的制造业仍然具有季节性且仍是乡村式的。需要工人时，通常是从当地的农业人口中招人，并且以实物和工资的方式计酬。那时候只有非常少的无产者和微不足道的工业经理阶层。

煤炭为新的机器提供了动力能源。更重要的是它所产生的高而稳定的热能，是炼油、蒸馏及熔炼和铸造等工业的先进生产方法所不可缺的。煤炭产量的增长，使现代制铁工业得以兴起，并造成美国现代机器制造业及其他金属加工工业的蓬勃发展。

一方面是煤炭、钢铁和机器提供了现代工厂生产所需的能源、材料和设备；而铁路和电报的出现则加快了这种生产形式的迅速扩展。铁路和电报本身又成为金属加工工业新的巨大市场。19世纪50年代，铁轨、车轮、道钉及其他铁路产品消耗了当时生铁产量的20%以上；而旧铁轨的重新轧制，也提供了铁轧工厂又一种庞大的生意。① 铁路也是木材业、玻璃业、车内装饰业甚至印度橡胶弹簧业的主要市场。而对于铁丝和铜丝的需求，在19世纪50年代和60年代电报网跨越全国时，更是急剧增加。很少有一种市场能够像新出现且迅速成长的运输和通讯网络那样，在19世纪50年代那么迅速地对初期的金属工业发挥那么重要的作用。

但是对工厂系统的扩展更为重要得多的是新运输和通讯系统的速度和可靠性。没有稳定的、全天候的、进出其工厂的货物流动，制造业者将很难维持一支永久性的雇工队伍，并有利地运转其昂贵的机器和设备。此外，以铁路和电报为基础的销售革命也使制造业者得以直接向批发商销售，从而减少了对经营资本的需要，并降低了在佣金商人手中长期积压滞销货品的风险。风险的降低和信贷成本的减少，促进了在厂房、机器和其他固定资本上进一步的投资。

19 世纪 40 年代和 50 年代，在廉价的动力和热能以及迅速而可靠的运输和通讯的基础上，工厂系统得到了迅速的扩展。它成为金属生产工业、金属加工工业以及炼油工业和蒸馏工业的标准生产形式。它取代了制造马车、篷车、家具和其他木材制品，以及生产布匹的家庭和作坊。缝纫机的进步又把工厂带进了皮鞋和服装的生产。到了 19 世纪 70 年代，老式的外包工制度业已绝迹，仅存在于一些最大的城市或其附近的服装制造业。② 内战以后工厂体系的扩展更见迅速。卡罗尔·D. 赖特在 1880 年对制造业者调查报告的前言中曾经指出：

> “全国受雇于机械化工业的近 300 万人中，至少有五分之四是在工厂系统下工作。其他一些应用这种系统的显著例子(不包括纺织业)，可以在制造靴子和皮鞋、手表、乐器、服装、农业器具、一般金属制品、枪支、马车和篷车、木材制品、橡胶制品等行业以及甚至屠宰业中发现。这些工业多数是在过去的 30 年间被纳入工厂系统的。”③

在炼油业和蒸馏业及熔炼业、铸造业等工业中，受雇于工厂系统的工人比重可能还要更高。

在生产过程不需利用热能的机械化工业里，新工厂的管理仍然较为简单。协调操作和管理工人所需的厂房设计和纺织程序等，与19世纪30年代洛厄尔的纺织工厂几乎没有两样。用来制造和装配木材、皮革及布匹等产品的机器都相当容易操作。用来完成专业化操作中一个阶段的机器通常都放在单独的一间房间、一层楼面或一座厂房之中，而机器的操作者及其管理者即形成为一个部门。最后是材料的装箱或打包，通常都不需要复杂的机器。在这种工厂里，工厂经理能够亲自监督负责每一部门作业的工头或监工，并协调流通于其间的材料，他和老板们都不感到有建立正式的管理程序的必要。

他们也不感到需要改善会计核算和其他统计监督的压力。主要成本——工资和材料费用——构成了全部开支的大部分，并且很容易确定。原料和半成品的种类很少。少量的企业一般管理费用则采取和19世纪30年代大纺织厂一样的粗略方法加以分摊。资产设备的折旧也同样采用非正式的特别方式提取。

发生于19世纪50年代，及再度发生于19世纪70年代的不景气，促使美国主要的纺织厂——美国机械化工业中一些最大的企业——开始较为注意成本会计。从19世纪50年代开始，他们设立了各种“工厂账目”，以便每六个月能够得到一份精确的主要成本的资料。例如，马萨诸塞州霍利奥克的莱曼工厂，于50年代开始设立棉花、工资和企业一般管理费用的工厂账目。④最后一类列的是淀粉、燃料、其他物料及本地运输费用等，此类费用系按照莱曼在霍利奥克地方每家分厂的楼房面积、织布机数目和马力的大小向各该分厂进行分摊。这些工厂账目再送到波士顿，由财务主任和董事们根据这些成本计算利润。

但直至1886年以前，该公司没有为它的产品进行单位成本分析。同时，和铁路公司的情况一样，这些成本资料成了管理上的工具，它们被用来使内部作业合理化，检查工人的生产率，监督棉花的进货和使用，以及查验在机器和工厂设计方面一些微小改进的效率。但这些统计资料并没有被用于价格制定工作或者有关扩充或缩减现有产品系列的投资决策。这些重大问题的决策，仍然几乎完全由公司的销售代理商包办。

在生产过程不需利用热能（所以为能源欠密集型）的机械化工业中，其工厂设计和组织之所以较少改变的理由之一是：在工厂初建之后，技术上的创新无法使通过能力在速度和量方面发生急剧的增长。一旦以动力驱动的机器趋于完善，产量和生产率的增长，只能以渐进的方式进行。机器的运转速度是在加快，但其加速率是比较缓慢的。

纺织机器的重大创新早在1850年以前就完成了。⑤在这以前的几十年间，由于把纺纱和织布的一切过程结合起来的大型纺织联合工厂的发展，纺织工业已经取得了巨大的进展。自那以后，在增加生产速度和提高单位工人及单位投资的产量方面，不断进步的工人和工头的技术具有了和经过改良的机器同样的重要性。⑥根据一项估计，这种工人的技术和机器的渐进的进步，使得一家具有3万纱锭的工厂在1891年印花布的产量相当于20年前具有4万纱锭工厂的产量。在布匹和皮革的加工工业里，当工厂的工人和设备都和缝纫机调整恰当以后，就很少再会发生重大的创新。

木材加工工业的情况也差不多。比如纽黑文的科尔公司，于1850年将其马车制造作坊从一个长宽各为50英尺和28英尺的砖砌建筑扩大成一个庞然大物的大工厂。通过集中生产单一的产品，购置先进的木材切割机器和精心的工厂设计，使每一种作业都位于适当的厂房里，公司的产量很快由每周3～25辆马车增加到每年2 500～3 000辆马车。⑦自那以后，产量的增加主要是来自使用更多的工人和机器。到了内战爆发时候，几乎所有的为大量生产木材产品所需的机器都已趋于完善。⑧19世纪90年代，全国最大的几家马车制造工厂，其工厂规模、工作内容、技术、工厂设计，以及组织都与19世纪50年代的科尔公司相类似。通过能力在速度上和数量上的增长是稳定而缓慢的。40年以后，全国几家最大的马车制造厂利用最复杂的木材切割机、最精细的劳动分工、经过最周密设计的工厂，以及全国性的销售代理商，每年生产4万到5万辆马车。当金属汽车取代木质马车后，运输车辆的生产就以更高得多的增长率达到了更大得多的产量。

在其他不需利用热能的工业中，其生产过程具有和制造布匹、皮革及木材产品等过程相同的特征。总产量的增加主要来自工人和机器的增加，而非技术和组织的不断创新。所以公司规模的扩大对于提高生产率和降低成本来说，并没有带来什么好处。

在这些机械化工业中，企业的组织上的变化主要还是为了适应市场营销的需要，而不是因为技术上的发展。在铁路和电报出现以后，可以用现金方式直接向批发商销售，从而使销售和财务工作得到了简化，结果使得管理工作逐渐集中于两三名合伙人或大股东之手。公司的董事长和财务主任再也不用住在大商业中心，而合伙人或负责生产的代理人则住在远处的工厂内。办公室一般都设在一个地方，通常都在工厂内，由一个合伙人负责财务，另一个负责生产，两人之中一人或第三个合伙人负责向商品经销商购买原材料，并把成品卖给批发商。19 世纪末，甚至新英格兰的纺织工厂也由单一的总公司控制这三项基本职能。

在这些机械化工业中，当用机器操作取代手工操作以后，除了将各种活动加以集中而外，在生产技术或生产组织方面只有很少的改变。一直到进入 20 世纪好多年以后，这些工业由于具有相对来说的劳动密集和使用简单的机械技术这一特点，使它们觉得不需要，也没有机会去发展新型的机器、新的工厂设计形式，或新的管理方法。虽然它们的生产技术、生产组织、工人及其经理的技能都一直具有渐进的微小改善。其结果是，现代工厂的技术和组织都无从由诸如纺织、服装和其他布制品，或皮鞋、马具及其他皮革产品，以及家具、篷车和其他的木材产品等老式的机械化工业中发展出来。

机 械 化 工 业

然而在 19 世纪 70 年代的晚期和 19 世纪 80 年代的早期，还是有些不需利用热能的机械化工业实现了大量生产。机器并不仅限于取代了手工操作，它们还被用来结合几个生产过程。这些创新几乎同时发生于好几种工业中，而且主要出现在那些对农产品进行加工的工业，而不是加工布匹、皮革、木材等的工业里。

创新有两种类型：或者是采用能自动生产产品的持续作业的

机器;或者是建立使原料能不断地从一个阶段送到下一个阶段的工厂或设备。两者都能大大减少企业生产过程中的劳工人数,并提高产量对工人的比值。工人的工作不过是把原料送进机器,注视其运转状态,或是在某些尚未自动化的情况下,包装最后的产品。新的机器一般都并不昂贵。因此,虽然使用这些机器的工业成了资本密集型的——资本对劳力的比值变高了,但新的生产过程并不需要大量的资本投资。由于这些机器和设备可以显著地降低单位成本,因而最先采用它们的公司将会得到可观的市场竞争能力。

新式的持续作业机器最明显的例子之一发生在烟草工业。詹姆斯·邦萨克于 1881 年为其制造香烟的机器申请专利。该机器即使在试验阶段,就能在一天 10 小时内生产 7 万支香烟。⑨到了 19 世纪 80 年代后期,一台机器一天可以生产 12 万支以上的香烟。当时最熟练的手工操作工人一天可以生产 3 000 支香烟。1880 年,15 台这样的机器即可满足全美国对香烟的需求,而 30 台机器就可使 1885 年的市场达到饱和。

该机器以下列方式结合生产过程:它把烟草扫到一条"循环带"上,压成圆形,用带子和纸张包好。送到一条罩管里,使香烟成型,糊好接口,并切成所需要的长度。根据替英国首屈一指的烟草公司——威尔斯公司——试验此机器的顾问的估计,该机器使每千支香烟的工资从 4 先令降到 0.3 便士。如果把机器的原始成本、专利使用费和折旧考虑进去,生产 1 000 支香烟的总成本,也从 5 先令(60 便士)降到 10 便士。当邦萨克和詹姆斯·B. 杜克及其他人把机器弄得更趋完善,能完成自动包装工作后,成本进一步下降。难怪首先采用邦萨克机器的两家公司——美国的詹姆斯·杜克公司和英国的威尔斯公司——都在各自的国度里，先是控制了香烟工业，然后是更大的烟草工业。在10年内，它们共同为占领世界市场而斗争。

类似的机器发明，也改变了其他工业的面貌。1881年，四家使用效率最高的火柴制造机的公司联合生产一种机器，它以10亿计的速度制造火柴并自动装盒。⑩他们的公司——钻石火柴公司——很快就支配了世界的火柴生意，并且一直维持其独占局面，直到进入20世纪好多年以后。19世纪80年代早期，普罗克特—甘布尔公司使用一种新式的大量作业的机械轧碎机来制造肥皂，以象牙作为其商标，而使该公司成为肥皂工业的大亨。乔治·伊斯曼于1884年发明一种生产摄影底片的持续作业法，用感光乳剂明胶涂于软片上以取代涂于玻璃板上，他于80年代末期又将此方法改进至完善的地步，他的公司至今还控制着摄影业。

建立一座持续作业或自动化的工厂，要比发明一台机器更为复杂。它牵涉多种发明，每一种都要和别种发明密切配合，还需要一套完善的工厂设计。在这些持续作业的工厂中，也许最重要的是用来加工小麦和其他谷物的"自动化全套磨粉机、渐次心磨面粉厂"了。⑪第一座这种面粉厂是1879年在明尼阿波利斯作为试验而完成的。它的创建人卡德瓦拉德·科尔登·沃什伯恩及其主要的竞争对手皮尔斯伯里兄弟接着又在19世纪80年代将这种面粉厂改进至完善的地步。

自从奥利弗·埃文斯于1787年在特拉华州靠近威尔明顿的布兰迪万河上建造了他的磨坊以后，有四家碾磨厂使用了持续作业的机器。这些磨面厂都很小而且是季节性生产。只是到产谷区扩大,以及铁路及其附属的贮藏设备允许全年的、大量的作业以后,才产生了对大型自动化面粉厂的需要。由于急需更有效的方式,以便加工处理北部大草原区的硬谷类春麦,使得明尼阿波利斯一带迫切寻求加工方式的创新。其结果是出现了一系列的创新,有的是向匈牙利的碾磨厂借鉴,有的则是向欧洲其他地区的碾磨厂借鉴,还有的则是国内的发明。它们涉及渐次的心磨,反复的粉碎,用钢制磨粉机代替石磨,采用清粉机和吸风机,以及用来为小麦去皮、分级和清选的圆筛。而其中最重要的发展当然是使所有这些机器都能得到充分利用的工厂设计。图 3 和图 4 表明了第一家这类工厂是如何设计以确保持续的、高速的通过能力。

这些以“新作业方式”而著称的面粉厂,以低的单位成本生产大量的高质量面粉。它们所采用的方法很快就成为明尼阿波利斯及其他面粉制造中心的标准加工技术。明尼阿波利斯各家面粉厂在 1874 年的平均日产量是 274 桶,到 19 世纪 80 年代末即增加到 1,837 桶,其中有几家的生产能力还远远不止此数。[12] 1882 年,明尼阿波利斯的面粉厂年产量已经达到 300 万蒲式耳。1885 年,年产量达 500 万蒲式耳,到 1890 年则超过了 700 万蒲式耳。同样的发展也发生在燕麦、大麦、黑麦及其他谷物的加工上。燕麦的碾磨由于产量太高,迫使几家最主要的加工厂建立起了现代早餐谷类食品工业(这里是指麦片制造业。——译注),以处理他们的多余燕麦。

当埃德温·诺顿和 O. W. 诺顿两兄弟的“自动生产线”罐头工

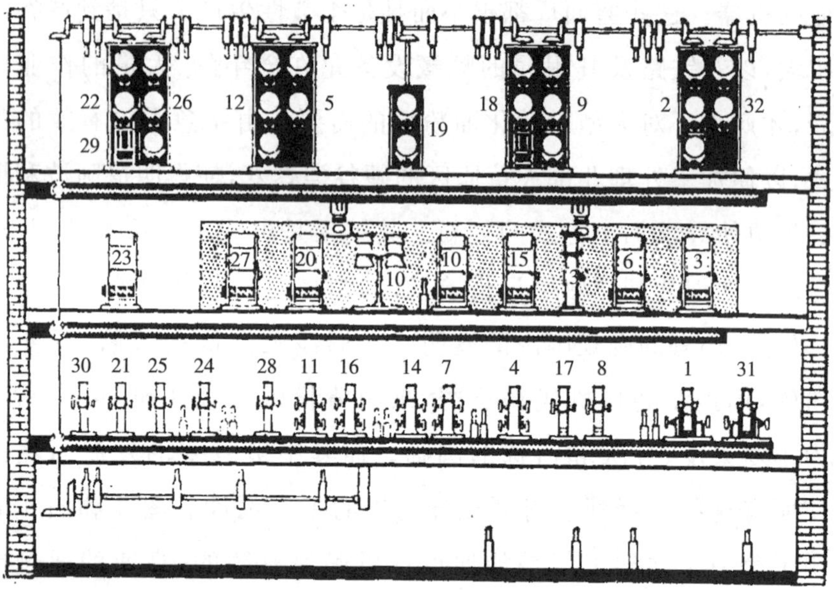

图 3　沃什伯恩的自动化全套磨粉机、渐次心磨面粉厂，1879 年 6 月

所有外部物件均未画入图内，如隔间、电梯、轴、轴柱。最下面的机器层有四套皮磨装置（1、8、17、31）及十套心磨装置；在中间层是清粉机；顶层是些螺栓固定的箱子，中有圆筛及吸风机（如 29 所示）。机器标上数字是为了和图 4 之流程图相对应。在磨粉机组中，1、4、7、11、14、16 和 31 均为皮带传动，余为齿轮传动。此面粉厂为一试验性工厂，直到 1899 年才制造面粉。

资料来源：约翰·斯托克，沃尔特·多温·蒂格，《制作人们面包的面粉：谷类加工业历史》，明尼阿波利斯，明尼苏达大学出版社，1952 年，第 248 页。

厂于 1883 年开工时，与此不相上下的其他使用持续作业方式的农作物加工厂也宣告出现。[13]他们恰当地安排其新机器，使焊接罐头的速度达到每分钟 50 个，而其他的机器则以每小时 2 500 个到

4 000 个的速度加上盖和下盖。最先在全年运转的基础上使用这种新机器的公司——坎贝尔汤料公司、海因茨奶品公司和博登奶品公司——一下子都成了全国最大的罐头制造公司，且在几乎一个世纪以后，仍保持其地位而不衰。

当铁路和电报创造了大量生产的潜在可能以后，在所有这些工业中，很快都出现了新的持续作业技术。正如雅各布·施莫克勒所指出的那样，[14]当然，需求是技术创新的基本刺激物；但是正和销售中组织的创新一样，生产中的这种创新所以不早不晚而在这特定的时间出现，是与材料和货品能够在经济领域以崭新的速度和数量流通息息相关，而不是由于人口和收入的显著增加所造成的需求的改变。

由于能够大大增加产量和降低单位成本，因而采用新的机器和经过改良的工厂设计这一事实，对于采用它们的企业和工业具有深远的影响。虽然这些创新对于把大量生产和大量分配结合起来的现代工业企业的兴起极为重要，但对于现代工厂的管理所产生的影响却要小得多。和其他的机械化工业一样，一旦新的机器和设备以及工厂设计趋于完善后，产量的增加和成本的减低也就基本上呈现稳定状态。在最初的创新阶段过去以后，产量和生产率的持续增长只能以较慢的、渐进的方式进行。

提炼和蒸馏工业

提炼和蒸馏工业中大量生产的出现虽然不太惹人注目，在时间上也较早，但其方式却和持续作业的机械化工业大致相同。其

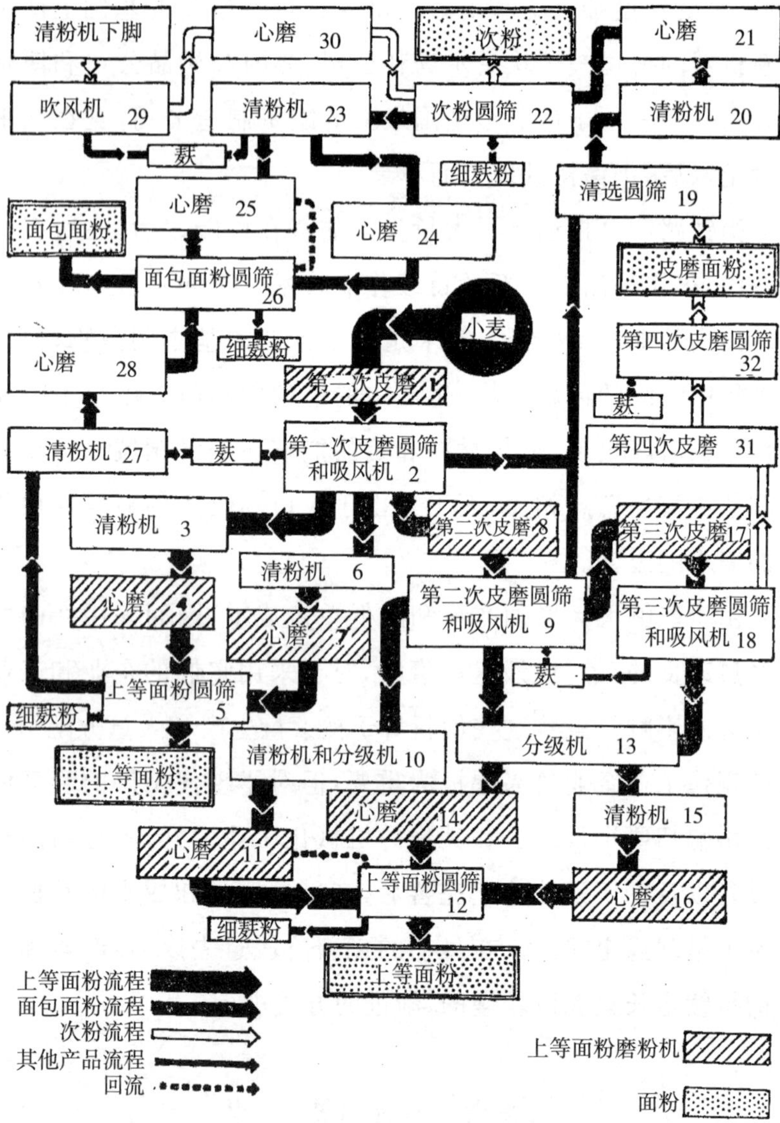

图 4　沃什伯恩试验面粉厂的流程图，1879 年 6 月

资料来源：同前书，第 250 页。

图中数字对应于图 3 之机器。左上角表明，清粉机的下脚再与其他原料一起加工而制造次粉。

所以能够出现较早，是因为易于将流经各生产过程的液体流程加以结合，并且因为这些生产过程是化学性的，只要使用更高的热能，就能增加一套设备的通过能力。和机械化工业的情况一样，这些新的、高产量、大批量的或持续作业的生产方法，对于采用它们的企业的成长和组织，以及工业结构都有着深远的影响。但是也正由于其通过能力的易于控制和协调，因而它们的操作并不比无需利用热能的机械化工业中对生产过程的监督，会对现代系统的或科学的管理方法的发展产生更大的影响。

在所有提炼和蒸馏工业的大量生产的技术发展上，以石油最能说明问题。对石油技术发展的历史作一番回顾，有助于搞清楚大量生产的组成要素。自从埃德温·L.德雷克上校于1859年在宾夕法尼亚州的泰特斯维尔发现石油后，随后的十年无疑是石油提炼方式改进最多的时期。19世纪60年代，铁路迅速向宾夕法尼亚西北部产油区修筑，加上载运石油的专用车皮的快速发展，使得原油和精炼油得以大量地进行运输。

炼油业者最初是通过更集约地使用热能来增加单位设施的产量。他们利用制糖业的新近发明，发展出了对超高热蒸汽蒸馏的使用。[15]接着他们又发明了"裂化"方法，这是一种利用更高的温度，以达到更高的沸点来重组原油分子结构的技术。这种裂化方法可以使一台蒸馏器增加20%的产量，通过使用熟铁制和钢制的无缝底盘，改善冷却和加热的作业，改变蒸馏器的基本结构以进一步加强温度的利用等等手段，还可使蒸馏器的产量进一步提高。

随着厂内的各单位的日益扩大，并且日益趋向燃料密集型生产，炼油厂内各单位的作业也日益密切地结合起来。蒸汽日益被用来推动石油的流动，使其能自厂内的一个精炼程序流到下一个精炼程序。持续作业、多阶段的蒸馏方式是在 19 世纪 60 年代晚期和 70 年代早期，由 P. H. 范德韦德和亨利·罗杰斯开始发展，而为塞缪尔·范西克尔所完成的。这种创新的作业方式，使石油能够以稳定的速度流经炼油厂，并且在不同的阶段蒸馏出各别的产品——先是汽油，接着是煤油，然后是柴油和润滑油脂。但由于 19 世纪 70 年代，对炼油的需求主要是煤油，所以由范西克尔所创新的作业方式并没有被美国的炼油厂充分利用。这些炼油厂还是继续分别生产各种产品，利用大型蒸馏器生产煤油和柴油，而用小型蒸馏器生产润滑油脂。虽然美国大部分炼油厂实际上仍然是

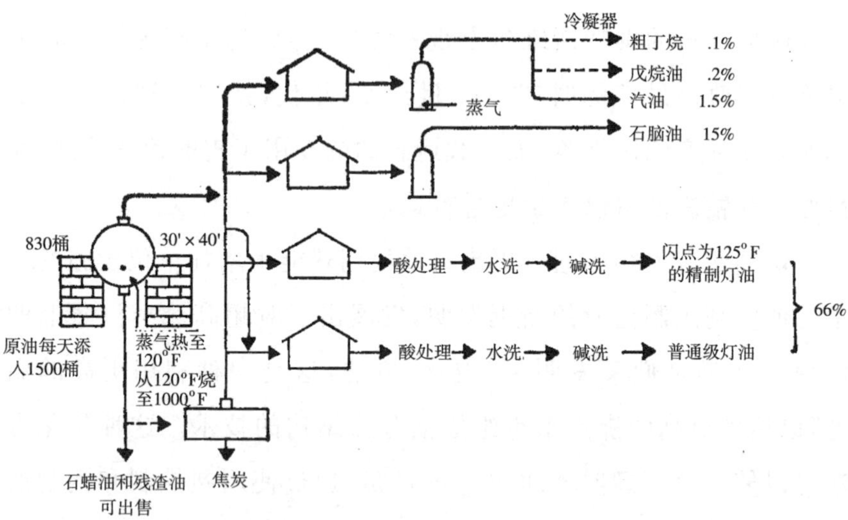

图 5　普拉特炼油厂之流程图，1869 年

资料来源：哈蜀德·F. 威廉森和阿诺德·R. 多姆的《美国石油工业：启蒙时代，1859—1899 年》(埃文斯顿，III.：西北大学出版社，1959 年)，第 280 页。

使用大批量，而非连续作业的生产方式，但这种设计也使原油能在厂内进行有规则的和稳定的流动（参阅图5）。只是在产品的包装上需要人工。正如研究炼油工业发展史的史学家，哈罗德·F. 威廉森和阿诺德·多姆所指出：

> "到了1870年，不只是像纽约的查尔斯·普拉特厂这样的大炼油厂废除了几乎所有的手工操作。那些每周产量不到1 000桶设备还不错的最小炼油厂，也同样拥有六台蒸汽泵，用来将原油从油罐车送进储油罐和其他地点，以及抽水、蒸馏和炼油，并且供应空气压缩机所需的动力。"⑯

蒸馏器的加大、能源的集约使用和工厂设计的改善等等，使得通过能力迅速增加。19世纪60年代初期，正常产量是每周900桶，到了1870年，已上升到日产500桶。而大炼油厂已经有日产800桶到1 000桶或甚至更高的生产能力。与此同时，单位成本从每桶平均6美分降到3美分，但建立一座炼油厂的费用，则从30 000—40 000美元上升到60 000—90 000美元。⑰不过就投资的多少而言，工厂的规模仍然是微不足道的，其成本还不如一段两英里长的铺设良好的铁路。但是速度的经济效益却是极端重要的。即使不是经济史学家，人们也都知道1869年西部生产速度最快的炼油厂的主要老板是谁。高速度的通过能力和由此而产生的低廉的单位成本，使约翰·D. 洛克菲勒在1870年美国石油工业的角逐中独占鳌头。⑱

同一时期中，其他的提炼和蒸馏工业也都获得了发展，尽管不像炼油工业那样惹人注目。蒸汽提炼法的出现和铁路网络的扩展，使制糖业在19世纪50年代发生了根本的变化。⑲超高热蒸汽和真空处理技术的创新(两者都是从炼油厂学来),以及蒸汽驱动的、使糖结晶的分离机器的运用,都大大增加了制糖厂的通过能力的速度和数量。19 世纪 50 年代和 60 年代,相继建立了许多家采用新生产方法的大制糖厂。产量增加了,价格也下跌了,但到了 19 世纪 70 年代以后,日益扩大的市场保证了持续不断的利润。

类似的高额生产技术也出现在棉籽油和亚麻籽油的加工;酒精、硫酸和其他酸类,以及铅红、铅白和其他颜料的生产;还出现在酒的蒸馏及麦酒和啤酒的酿造上。一名硫酸生产者证实(硫酸是精炼石油时不可或缺的),1882 年硫酸的产量"在过去的 10 年间,增加了将近 10 倍。1866 年每磅的价格是 5 美分,现在则为 1.25 美分"。[20]煤炭和铁路运输使个别的啤酒和麦酒酿造厂能力大为提高。1860 年,最大的酿酒厂的平均年产量是 5 000 到 8 000 桶,到了 1877 年时,其产量已超过 10 万桶,而到了 1895 年,每年的产量更高达 50 万到 80 万桶。[21]由于加强使用管道以及后来的装瓶机装配线,使生产过程更具有连续性。在啤酒的酿造和酒的蒸馏过程中,就如同糖及人造奶油的生产一样,由于口味的考虑而需要具有专门技术的酿造员、加糖员以及与他们配合的人员。这种口味上的考虑,使得因新技术的使用,能源的集约利用和工厂设计的改良等所带来的高额产量受到了限制。

这些蒸馏和提炼工业的历史说明了大量生产的基本原理。节约和较低的单位成本,主要是使工厂内材料流动加快的结果,不是由于工厂规模的扩大。它们主要是来自组织上和技术上的创新加快了通过能力,而不是来自增加更多的工人和机器。由此可见,大量生产潜在可能性的大小反映了该项生产过程的基本性质。在石油、制糖及其他大批量连续作业的工业中，经由提高通过能力的速度而造成的成本节约，是无法从服装、木材加工、皮革制品及类似的小批量并需要手艺的工业中得到的。1883 年，全世界 2/5 的石油产品是由三家大炼油厂所生产。但如果企图把全国 2/5 的棉纺织品、男子服装，或皮鞋、家具等的生产集中于三家工厂，则将是荒谬绝伦的想法。其庞大的规模所造成的不经济，将远远超过任何可能的节约。

如同香烟、火柴、面粉和罐头等连续作业的机械化工业一样，炼油和蒸馏工业通过能力在速度上的加快，使得这些工业成为资本密集型和能源密集型的生产。炼油厂雇用工人主要是从事包装工作，平均每个炼油厂的工人数从 1880 年的 110 人增加到 1899 年的 189 人，而炼油工业的工人总数则由 9 869 人增加到 12 199 人；在同一期间，炼油厂的数目从 89 家减少到 75 家，而产值则从 4 370 万美元增加到 12 390 万美元。[22]

同样，这些工业高效率的生产主要也是得力于在工厂和设备的配置上组织方面的改进，而不是靠新的管理机构和程序的发展。管理工人所需的制度和程序，和工人要多得多的纺织工厂和皮鞋工厂采用的方式差不多。成本的计算也没有什么大的问题。一家炼油厂的主要原材料是原油、煤炭和硫酸，其成本很容易算出来。总投资额和固定成本只占了总成本的一小部分，比起铁路来实在是微不足道。所以即使是首屈一指的炼油厂，也只重视其主要成本，对企业一般管理费用和折旧的计算则很少注意。例如标准石油托拉斯于 1882 年成立以后，高级主管们每个月都收到用以计算单位成本的主要成本报表。[23]他们很快就使用成本—收益的比较报表来评价其炼油厂的业绩,并且决定应集中大量生产何种产品。但是没有迹象显示他们在成本计算中已发展出一套计算企业一般管理费用和折旧的复杂方法。在全美最大的酿酒公司——帕布斯特酿酒公司的杰出记录中,也没有迹象显示它已采用了精确的现代成本会计,虽然在19世纪80年代,其高级主管们在为了盘存、纳税和保险等目的而估计工厂和设备的价值时,也曾稍为考虑过折旧的问题。[24]

早在机械化工业采用连续作业的机器以前,大量生产已经更快地出现在提炼和蒸馏工业以及其他使用化学生产方法的工业里了。由此造成的产量的增长导致了大型联合企业的形成。在这两种类型的工业里,由于有效的协调和监督能够依靠改良的工厂和设备的设计而完成,因而就不急于构思新的方法和程序,以便把工人和经理的行为加以规则化和系统化。也就是说,减轻了在革新工厂管理方法方面所面临的挑战。

金属生产工业

金属生产工业和金属加工工业是首先完全实行现代工厂管理方式的部门。在金属生产工业中,此种管理方式的发生是因为有必要将原先分处各地的几个主要生产过程结合于(也就是内部化于)一家工厂内。而在金属加工工业中,现代工厂管理之所以发生,乃是因为整个工厂的生产已被再分为几个生产过程并在专业化的车间中进行,因而有必要协调并监督该工厂内的原材料流动。

无论在金属生产工业还是金属加工工业里，两者的生产过程都日趋机械化、资本密集化和大量耗用能源。但是由于它们使用的原材料比机械化工业和提炼工业所使用的原材料更难以处理和加工，所以大量生产也就以一种更为缓慢、更为渐进的方式出现。在金属生产工业和金属加工工业中，向大量生产的发展需要远为复杂和昂贵的机器、更为集约地对能源的使用、更多地注意工厂和设备的设计，以及首次出现的要求：集中全力发展一套工厂管理的制度和程序。

在金属生产上，对于作业流程进行时间安排、协调和监督的必要，只是在一家工厂里设有一种以上的生产过程时才会发生。在老式的"种植场内的炼铁工场"里，设备简单，技术也粗糙，不需要、也无法经由周密的工厂设计和改良的程序管理，来完成内部的时序安排和监督，以提高生产量。其后在 19 世纪 30 年代和 40 年代，当煤炭的充分供应使产量得以更趋稳定和提高，并且许多种植场的矿石供应面临枯竭时，制铁工业便开始分化。熔铁炉、煅烧炉，以及初轧机和精炼机很快地都在不同的工厂里各自经营。

然而很快便出现了制铁工业的再度结合。它首先发生在 19 世纪 50 年代建立最初的大铁轨工厂时。由于一家铁轨工厂通常要消耗掉两三个熔铁炉的产量，所以将熔铁炉和最后的成型厂摆在一家工厂，具有明显的优点。[25] 1860 年，四家最大的铁轨联合工厂是制铁工业内最大的企业。它们很快便在铁轨以外还生产铁丝、铁梁和商船上的铁栅门。每一家的资本额都超过 100 万美元。这些工厂不只是设备的投资金额巨大，使用的劳动力也很可观。资本对工人的比值还是相当低；这些工厂仍然是劳动密集型的。

1860 年，丹维尔的蒙图尔铁工厂雇有将近 3 000 名员工；约翰斯敦的坎布里亚铁工厂有 1 948 名员工；菲尼克斯维尔的凤凰铁公司有 1 230 名员工（这三家公司都在宾夕法尼亚州）；而特伦顿铁工厂（在新泽西州）有 786 名员工。㉖内战时期，大型制铁联合工厂在数量上有所增加，而规模则保持原样。

在这种铁轨联合工厂里，酸性转炉炼钢法——最早以大量生产方式生产钢的方法——于 19 世纪 60 年代晚期和 70 年代早期被引进美国。而平炉炼钢法也在 19 世纪 80 年代为这些铁轨工厂所采用。在 1865 年至 1876 年间，有 11 家钢铁公司装置了酸性转炉。㉗在大多数情况下，这种酸性转炉或与现有的搅炼炉和轧制机一起使用，或完全取代现有设备。不过安德鲁·卡内基设在匹兹堡的埃德加·汤姆森工厂和其他一两家铁轨工厂则是全部使用新的酸性转炉。

这 11 家新式钢铁工厂的设计是由亚历山大·莱曼·霍利负责的。这位杰出且多才多艺的工程师立志要把亨利·贝西默大量生产钢的思想和计划加以实现。㉘霍利在技术创新上的成就，不及他在设备和工具的设计以及它们在工厂内配置设计方面的成就。他把自己的首要目标定义为“确保大量和规则的生产”。他通过在转炉中加上一个可移动的底部，以减少重新换衬的时间，和改造转炉本身的结构来改进机器。㉙但霍利认为，工厂的设计及其管理的质量对于加快通过能力的速度来说，其重要性是和机器不相上下的。他于 1877 年发表在《冶金评论》上的一篇论文中强调了这一点，他在该文中比较了英美两国的炼钢厂：

"在美国,人们在保留酸性转炉和朗斯彭设备的优点的同时,最早的几家工厂以及随后的各家工厂(它们通过一种更好的方法)都在设备的配置和设备的细节上作了根本的改进,目的是增加单位资本和单位经营费用的产量……。我们将会发现这些工厂得以进行大量且有规则的生产的能力,主要有赖于合适的设备配置,它为制造和维修的全部主要作业提供了宽敞且不受阻碍的空间,而同时又能使这些作业集中。集中的效果已被认识,它可以节省重复处理,以及重复处理时所需的空间、机器和成本。当然,集中也可能产生一种后果,即一种机器和作业与另一种机器和作业彼此干扰,不过这种后果已被防止。与此同时,某种程序的灵活性也被引进工厂,部分是靠主要附件的复制,部分是靠这些主要附件可以交换使用,其结果是:当熔化和吹炼作业未能密切配合时,或者在任何制造车间、维修车间偶尔有延误或差错发生时,不致造成或只造成很少的时间上的损失。

然而绝不可以忽略下述事实,即:设备配置适当(我们在上面已加分析)并非大量和廉价生产的惟一前提;美国工厂的技术管理也有了同等的改进。更好的组织和更充分的准备,加上管理方面的小心谨慎和技术知识,对于充分发挥工厂的生产能力乃是必不可少的,而工厂的生产能力已因更好的设备和更完善的配置而有所提高。"[30]

霍利认为埃德加·汤姆森工厂是他最佳的杰作。他对于自己在宾夕法尼亚州约翰镇的坎布里亚工厂内建成的设备感到骄傲,但那只不过是把酸性转炉安装在一家现有的大工厂里(参照图6)。[31]在为安德鲁·卡内基建造埃德加·汤姆森工厂时,他才有机会从头做起。将这两家工厂的布局加以比较是颇有启发的。坎布里亚工厂是在19世纪50年代建成的,当时一般制造业者尚未充分认识工厂设计对生产率之重要性,建厂时很少留意材料在工厂内的流动。早期一些大工厂的布局也都是如此,例如杜邦公司在布兰迪万河畔的工厂,和康涅狄格河畔的斯普林菲尔德兵工厂。

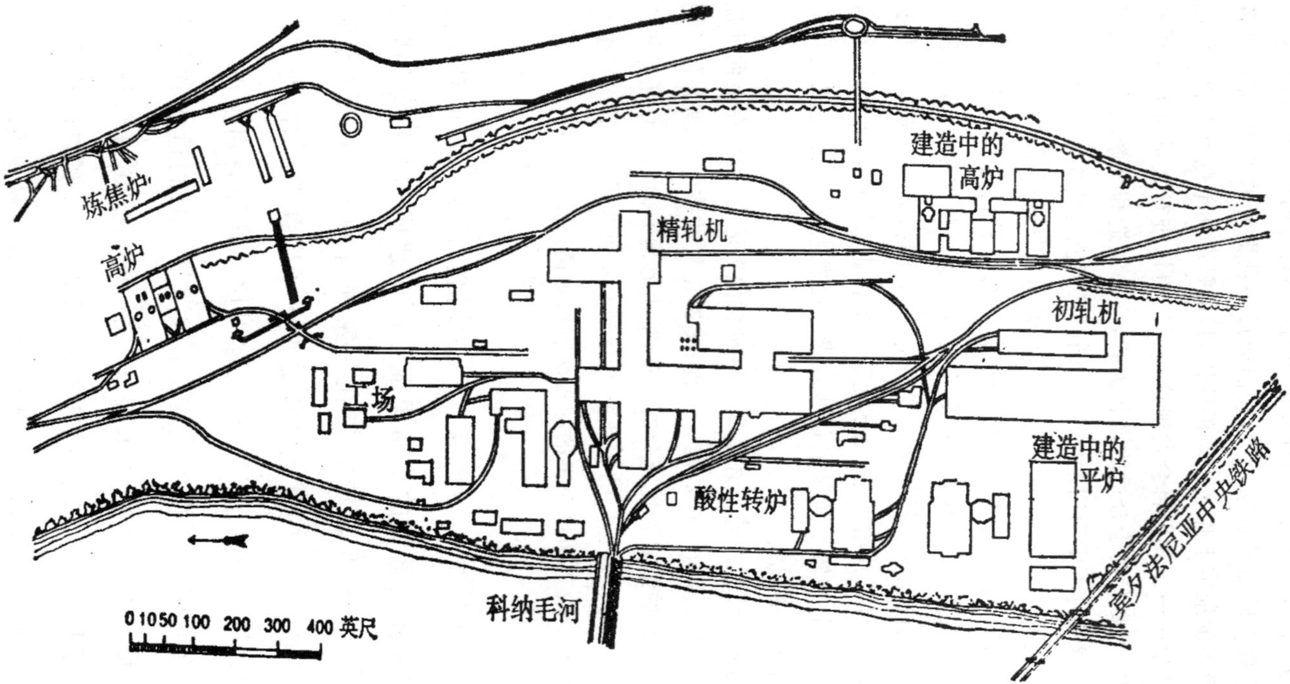

图 6　坎布里亚铁工厂平面图,1878 年

与此相反，卡内基新工厂的厂址选择在孟农加希拉河畔，三条铁路——宾夕法尼亚铁路、巴尔的摩和俄亥俄铁路，以及匹兹堡和伊利湖铁路——的交会点，就是考虑到要充分利用现有的铁路运输。工厂的设计就是为了确保从原料的供应者经由生产过程直至把制成品向顾客发运这样一条尽可能连续的流动线。工厂在经营了三年之后，霍利于 1876 年对该工厂作了如下的描述：

> "因为在制造过程中原料供应的廉价运输和产品到市场的廉价运输都具有头等的重要性，因此这些厂房的布局并不为了美观而和现有的道路平行，或彼此平行，而是为了便于铺设具有平缓曲线的铁路；这些厂房是适应运输的需要而建造的。煤炭从位于提升轨道上的矿车中倾倒出来……，直接倒在制造工人和锅炉室的楼面上。焦炭和生铁也能同样方便地送到堆料场。铁轨轧制厂终端的两边都铺设有低标准的宽轨铁道。计划中的平炉和条钢轧机也有同样良好的设备。而在内部运输上则还有一套完整的 30 英寸宽的铁路系统。"㉜

这家工厂在开始时是利用卡内基在附近的莱西厂和伊莎贝拉厂的高炉来生产其所需的生铁。接着于 1879 年在自己工厂内建立了几座大高炉。工厂的设计（参阅图 7）使得该工厂（人们通常称之为 E. T. 工厂*）成为全国，事实上也是全世界效率最高的钢铁厂。

此外，卡内基的高炉——莱西钢铁厂的、伊莎贝拉钢铁厂的和其后 E. T. 工厂的——是世界上最大、消耗能量最多的高炉。经过"惨淡经营"，通过使用更强化的热能和改良过的、更有力的鼓风机，莱西钢铁厂高炉的产量由1872年的1.3万吨提高到19世纪

---

* E. T. 为 Edgar Thomson（埃德加·汤姆森）的缩写。——译者

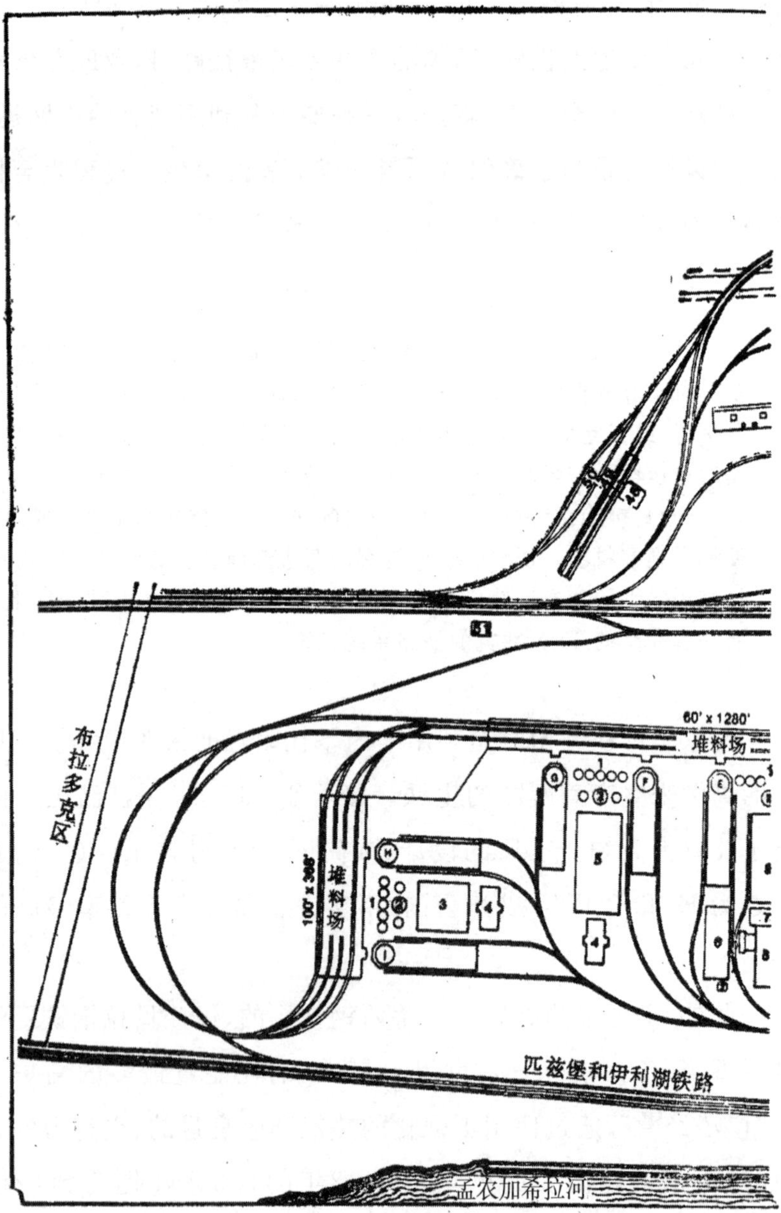

图 7　埃德加·汤姆森钢铁厂平面图，约1885年

资料来源：A. L. 霍利和伦诺克斯·斯密的《坎布里亚制铁公司的工厂》，载《工程学》，26：22（1878 年 7 月 12 日）。

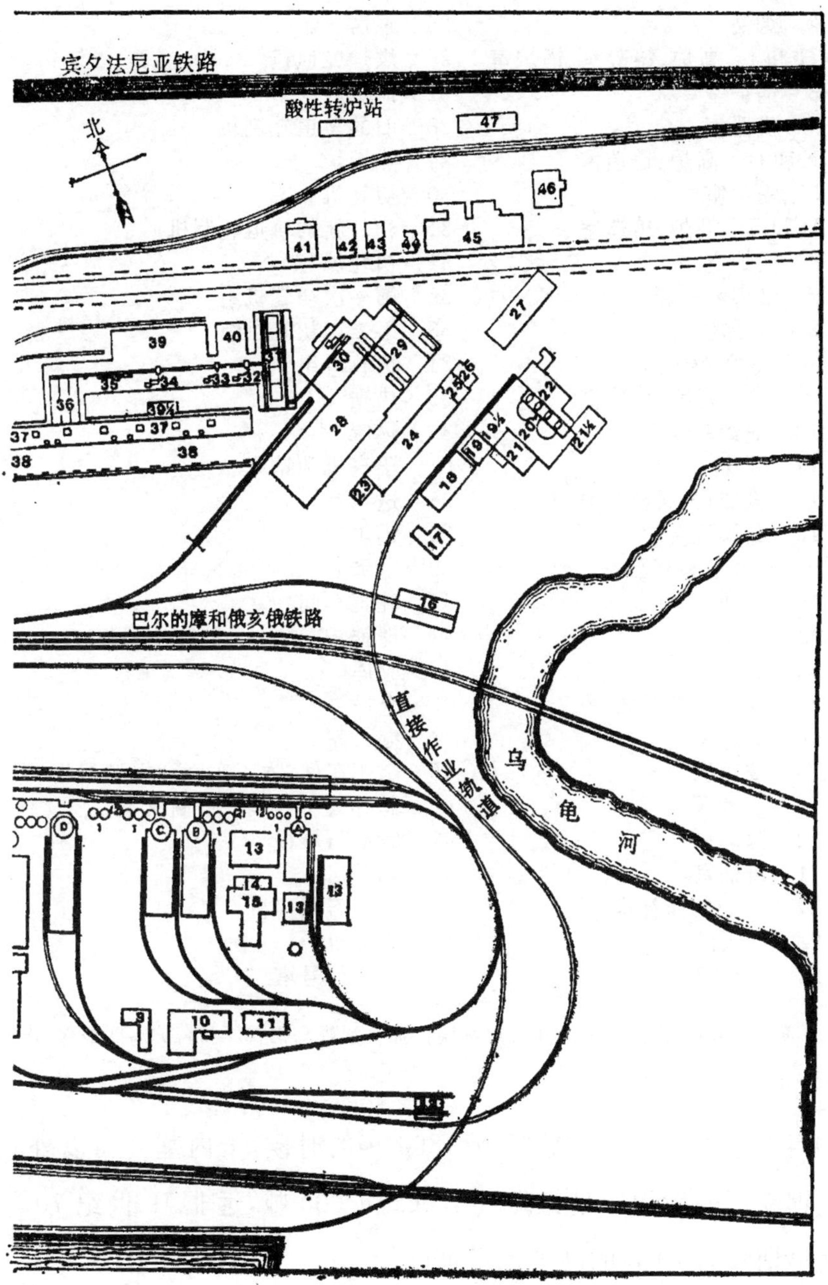

宾夕法尼亚铁路
酸性转炉站
北
巴尔的摩和俄亥俄铁路
直接作业轨道
乌龟河

1　烘炉
2　烟囱
H 和 I　高炉、铸造室、锅炉室
3　锅炉室
4　机器房
F 和 G　高炉、铸造室
5　锅炉室
D 和 E　高炉、铸造室
6　锅炉室
7　泵房和水箱
8　机器房
A　高炉、铸造室
B 和 D　高炉、铸造室
13　锅炉室
14　泵房
15　机器房，机器房耳房
12　金属混合炉
9　办公室和实验室
10　车间
11　仓库
16　机车房
18—22　锅炉车间
18　锅炉室
19　鼓风机
$19\frac{1}{2}$　和泵
20　锅炉炉房
21　铸桶室
$21\frac{1}{2}$　炉底修补房
22　冲天炉
23　电灯房
24　锅炉室
25　泵房
26　烘炉鼓风机
27　锅炉室
28　旧的轨道轧制机
29　热锭炉
30　初轧机
31—38　新的轨道轧制机
31　初轧炉
32　第一次初轧机组
33　第二次初轧机组
34　精轧机组
35　热锯
36　热床
37　压直机和钻床
38　送料台
39　锅炉房
$39\frac{1}{2}$　泵房
40　轧辊车间
41　锻铁炉
42　仓库
43　仓库
44　办公室
45　金工车间、木工车间和模型车间
46　总办公室、实验室、制图室
47　锰矿石堆栈
48　锅炉房
49　石灰石碾碎机
50　升降机
51　铁路信号塔

资料来源：卡内基兄弟及其公司，《埃德加·汤姆森钢铁厂和高炉》(匹兹堡，出版年月不详)。

90 年代晚期的 10 万吨。[33] 到 1890 年的时候，卡内基公司以外其他钢铁厂的高炉产量也超过了每周 1 000 吨，远非 19 世纪 70 年代早期每周 70 吨的高炉产量可比。

同一时期,同样的提高也发生在生铁制造过程随后各阶段的产量上,以及在加快从高炉到最终产品的装运这一流动上。正如彼得·特明所指出的那样:“钢的生产速度不断增加,而新的创新又不断地被引进,使得生产速度更为增加”。例如,在卡内基的工厂,酸性转炉变得更大了,托马斯—吉尔克里斯特的作业方式,又使平炉的产量得以大增,而琼斯搅拌机则加快了原材料由高炉到转炉的流动速度。在该厂及别的工厂中,锭块在浸池中的冷却过程也已加快,支承辊道也获得了改善。“蒸汽动力及随后的电气动力取代了人力提升和运送等动作。轧机也得到了改进,可以更快地轧制钢材了,而且也使机器的应变减到了最低程度,同时工人也从轧机旁消失了。到上一世纪和本世纪交替之际,一台轧机一天可轧制钢材 3 000 吨,相当于 1850 年时匹兹堡一年的产量,而所需工人还不到 12 名。”㉞

使通过能力不断加快的技术创新和改良的工厂设计,促使生产过程更为资本密集化并消耗更多的能源。这不仅发生在一些最大和效率最高的工厂(包括那些使用 19 世纪 80 年代新型平炉的工厂),整个钢铁工业也出现了这一趋势。在 1869 年至 1899 年之间,高炉的平均年产量由 5 000 吨增加到 65 000 吨,而炼钢炉和轧机的平均年产量则从 3 000 吨增加到 23 000 吨。㉟同一时期,一座高炉的平均所需投资增加了 3.5 倍,从 14.5 万美元提高到64.3 万美元;而一个轧钢车间则提高了 5 倍多(原文为 8 倍,显然是笔误。——译者),由 15.6 万美元增加到 96.7 万美元。工人的增加则较为缓慢,以一座高炉为例,平均人数从 71 人增至 176 人,或增加了 1.5 倍;而一个轧钢车间则从 119 人增至 412 人,或增加了

2.5 倍。与此同时,高炉数目则从 386 座减少到 223 座,炼钢厂和轧钢厂则维持在 400 家左右。必须有大量的燃料供应,才能容许生产量和生产速度如此巨大的增长。在 19 世纪 50 年代才开始在美国作为燃料使用的焦炭,在 1885 年就消耗了 810 万吨煤炭,在 1905 年则消耗了 4 950 万吨。

正如霍利所指出,工厂生产速度的大增,使其对经理的要求也大为提高。不同于石油和糖的提炼,金属生产的每一个生产过程都牵涉到不同的活动,因此全面的协调和监督是困难的。此外,工厂内的各分支单位——炼焦炉、高炉、酸性转炉或平炉、钢轨轧机、钢丝轧机、钢梁轧机以及其他精轧机——的管理,借用最能干的钢铁制造者之一的约翰·弗里茨的话来说,就好比:"无数的小公国,它们各由一位专制的工头统治着"。[36]这些独裁者在其单位里掌管一切日常活动。他们雇用、开除和提升属下人员。要想有效地协调通过能力,就必须对这些专制者建立强有力的管理监督。

没有一家金属生产企业的协调和监督方法,比安德鲁·卡内基公司所发展出的方法更有效率的了。在为其新钢铁工厂建立管理行政机构时,卡内基和其属下直接把铁路公司的那套制度和办法搬了过来。卡内基本人在进入钢铁工业以前,是一位富有经验的铁路公司高级主管。他在 17 岁时,就已经是当时宾夕法尼亚铁路公司首任西区段主管托马斯·斯科特的一名助理了。[37]当斯科特升任副董事长后,卡内基就接替了西区段主管的职务。他很快地就证明自己是当时全国管理最好的铁路中业务最繁忙的区段之一的效率最高的经理。

卡内基与铁路的这种密切关系并不是独一无二的。最初的几家酸性转炉工厂的全部产品都是供应铁路的，“所有的酸性转炉工厂都和铁路公司有着这样或那样的关系，它们常常是通过共同的所有权或指导关系的方式”。[38]铁路公司为了使自己能确保这样一种必不可少的供应来源，提供了建立新的酸性转炉工厂所需的大量投资。所以从铁路公司向钢铁工厂实行管理技术的转移，是非常自然的。

卡内基在组织其钢铁公司时，建立了一套和他在宾夕法尼亚铁路工作时相似的机构。[39]他委任全国最有成就的钢铁制造家，威廉·琼斯上尉担任总主管，监督高炉车间、酸性转炉车间、钢轨轧制车间、钢桥梁轧制车间及其他车间各主管的日常工作。至于总经理人选，卡内基挑上了威廉·P. 希恩，这是一位非常能干的铁路主管。当宾夕法尼亚控股公司（经营宾夕法尼亚铁路公司在匹兹堡以北和以西路线的子公司）于 1871 年成立时，他曾被任命为该公司的总代理人。卡内基传记的作者约瑟夫·弗雷泽·沃尔这样写道，“就是希恩这个人，他使各部门协调起来，并建立起一个高效率的生产单位”。[40]

希恩的主要成就是发展了一套实行协调和监督所不可缺的统计数据。根据在卡内基企业内工作的詹姆斯·H. 布里奇的记述，希恩的工作的部分内容是引进了“会计凭证制度”，该方法虽然在“铁路公司已行之有年……但从未在制造企业被广泛使用过”。[41]采用这个方法时，每个车间在完成每一订单后，要在上面填明所消耗的材料和人工的费用。而希恩也就可以利用这些资料，把月报表，甚至日报表送给卡内基，报表上载明生产每吨钢轨所需的矿石、石灰石、煤炭、焦炭、生铁（在其不是由自己的工厂生产时）、低锰铁、模具、耐火材料、修缮、燃料和人工等的费用。[42]布里奇把这些成本报表称之为“具有独创性和细致的会计理论的卓越产物”。[43]

这些成本报表是卡内基主要的监督工具。成本是卡内基念念不忘的观念。他所喜爱的格言之一是:抓紧成本,利润自会找上门来。[44]他不断地询问希恩和琼斯以及各车间主管单位成本变化的原因。卡内基就如同他在宾夕法尼亚铁路作区段经理时一样,将注意力集中于营业比率中的成本方面,把每个作业单位本月份的成本和上月份的比较,并在可能的情况下,和别家企业的成本作比较。[45]卡内基之所以要加入酸性转炉联营(由所有生产转炉钢钢轨的企业所组成的组织)的原因之一,就是要借此机会一窥其竞争者的成本数字。这种监督的成效显著。布里奇曾这样指出:“各车间最详细的材料和人工费用,每天、每周均出现在会计账簿上;而与之有关的每一个人也很快地了解了这件事的意义。这些人觉得并常常谈起公司通过这些账簿而把眼睛盯着他们”。[46]

到1880年时,卡内基的成本报表在详尽和精确度上,已远远超过了纺织、石油、烟草和其他工业中最主要的企业的成本报表。而在金属加工工业中,堪与比拟的统计资料还正在准备之中。除了利用成本报表来评估车间主任、工头和工人的业绩外,卡内基、希恩、琼斯还利用它们来检查原料的质量和配合比。他们也利用这些报表来评估工艺技术和产品的改进情况以及作为发展副产品生产的决策依据。在制定价格方面,尤其是决定诸如桥梁钢材等非标准化产品的价格时,成本报表的功能更是难以估计。公司在进行周密的成本估算,并获得按一定价格购买焦炭和矿石等基本材料的保证以前，不会签订任何合同。[47]

然而卡内基所关心的几乎全是主要成本。他和同僚几乎完全没有考虑企业一般管理费用和折旧。这也反映了铁路的经验。因为在铁路公司中，行政管理费用和销售费用只占了很小的比重，并且是用粗略方法予以估算。同样，卡内基也不进行固定资本核算，而是把大修、小修和设备更新等费用列入经营费用。因此，卡内基没有一套确定在工厂和设备上的投资额的可靠方法。和铁路公司的情况一样，他也用营业比率（经营费用占销售额的百分比）来评估业绩，而利润则用发行的股票总额的票面价值的一个百分率来表示。[48]

虽然卡内基于 19 世纪 70 年代末期在 E. T. 工厂创立了一种可称之为现代的工厂组织，但经理的人数还是很少，职员总数也不多。高级主管只有几位提供统计监督的会计，三位负责工厂和设备维修的工程师，和一位化学家（一位有学问的德国人，弗里克博士），他的实验室在保持产品质量和改善生产工艺方面，起着重要的作用。[49]公司主要还是由老板当家作主，几乎所有的高阶层管理决策都是卡内基亲自作出决定的。

美国钢铁工业的历史有力地说明，技术上的创新、能源的集约使用、工厂设计和全面的管理程序，是如何有效地造成通过能力在速度上和数量上的巨大增加，以及与之相等的作业生产率的提高。卡内基之所以能在这项工业里出类拔萃，得力于实行新的技术，和把铁路公司发展出来的管理方法和成本监督，创造性地转用到制造业上。技术和管理的创新是符合经济效益的。和其他钢铁生产者相比，卡内基公司的价格较低，利润却较高。当 E. T. 工厂在

1875年一经开业，它就创造了每吨9.5美元利润的记录。[50]卡内基的钢轨工厂在1878年的利润是40.1万美元或发行的股票总额的票面价值的31%。在随后的两年更上升到200万美元。随着生意的扩大，利润也跟着增加。19世纪90年代末期，卡内基的比较大的、产品更为多样化的企业已拥有2 000万美元的利润。到了1900年，则猛增到4 000万美元。就像约翰·洛克菲勒在石油界的情况一样，卡内基成了钢铁业大量生产方法的先驱者，聚积了世界上空前的、数一数二的财富。

在其他的钢铁公司、有色金属公司以及玻璃公司中，也出现了类似的，但较不显眼的发展。新的技术和新的组织形式已为人们所熟知。卡内基、琼斯和其他钢铁生产者乐于介绍他们的成就。他们就技术问题和作业程序在《钢铁时代》、《工程和采矿杂志》、美国钢铁协会的《公报》和美国矿冶工程师学会的《年报》上发表了许多文章。这些期刊也评述铜、锌和其他金属的加工处理及板玻璃生产中的新方法。在所有这些工业里，生产的扩大主要来自工厂内通过能力在速度上的加快，而不是依靠在厂房面积及工人人数上工厂规模的扩大。其他的金属生产工业（虽然比钢铁工业较为缓慢）也日益走向资本密集化、能源密集化和经理人员密集化。

金属加工工业

在金属加工工业里，技术上和组织上的挑战比卡内基及其竞争者所面临的更为困难。材料的加工处理需要更熟练的技能和更高的精确度，需要利用更复杂的机器，以及更为多样化的原料。由于这些原因,重要的技术创新需要更长的时间才能达到完善的地步,而在组织上的改进则需要更多地注意工人动作的设计,而不是设备或工厂的布局。

金属加工工业中组织上的挑战,比例于企业内部分支单位的数量而增加。简单制成品的制造,如生产铸件、压制件、钉子、螺丝以及诸如斧头、锄头、锯子、小刀及其他刀剑等器械所需的工厂和亚当·斯密的典型的别针工厂没有什么差异。加热炉用来焊接和回火,锻铁炉用来模压,而研磨机和抛光机则排列成行,以便材料能够轻易地从细分过程的一个部分向另一个部分移动。火炉和犂的制造则还需要进行一些额外的工作,即装配为数不多的规格划一的零件。而生产收割机、割草机、天平秤、保险箱就比较复杂一些,至于锁、时钟、手表等的生产就更为复杂了。当产品的生产涉及多种不同类型的零件时,全盘协调和监督的问题就更具挑战性。例如,新的后膛枪、连发枪、缝纫机、打字机、电动机以及在本世纪开始时的汽车等等就属于这种情况。[51]

对缝纫机生产过程的简单描述可以说明问题所涉及的复杂性。这一描述来自查尔斯·H.菲奇 1880 年对制造业的普查报告所作的前言。他指出了所使用的多种不同材料,它们包括"生铁、铁条、铁皮、铁丝和钢丝、型钢和薄钢板、韧性铸铁、亮漆、一般的动力供应及机器供应,装箱用的木材(大部分是胡桃木和白杨木),以及许多别的材料"。[52]在制造金属零件时,大量材料连续地从一个作业单位传到下一个作业单位——从铸造部门传到"磨光、热处理、上底漆、钻孔、粗加工、精加工、研磨和抛光、修饰、上亮漆、调整、检验等部门"。此外,尚有其他的金属加工部门生产工具、附件和缝衣针等。而“木材加工和细木工艺部门则另成一独立的独特制造单位”，其复杂性或许不亚于同时期的大量生产家具的工厂。最后还有一个大的装配部门负责产品的完成及其“校准”，检查并安排装运。

在发展对金属加工工业的大量生产极为重要的技术和组织方面，工厂的老板和经理比早先的那些钢铁和煤油的大量生产者更为依赖他们自己的工业的经验。他们较少从别种工业或国外吸取技术，也较少从铁路公司那里学习组织方法。他们之中创新最多的是新英格兰的制造业者，尤其是康涅狄格谷地的制造业者，该地已经出现了枪支的大量生产，随着无烟煤的采用，又出现了简单工具和器具的大量生产。

从 19 世纪 50 年代一直到 19 世纪 70 年代经济萧条时期为止，大量生产金属制品的制造业者，集中全力于金属成形机器的改进。从斯普林菲尔德兵工厂和其他的早期金属制品工厂训练出来的技术熟练的机械师，如柯林斯·阿克斯工厂著名的主管伊莱沙·K. 鲁特设计了新型的机器和机床，以生产新近发明的后膛和连发枪，农业机械、缝纫机、锁、天平秤、泵，以及较后期的打字机。[53]其他一些由制造业本身训练出来的机械师则协助建立了布朗和夏普公司，普拉特和惠特尼公司，普罗维登斯工具公司，以及其他专门生产机器的公司，这些公司所生产的机器对金属制品工厂的大量生产是不可或缺的。

由于初期集中全力于技术问题，使得制造业者无暇顾及管理方法的改善。他们把这些新工厂的日常作业交给车间的工头负责。就和钢铁工厂的情况一样，这些工头也各自独当一面，他们有权雇用、开除和提升其属下的工人。在那些需要进行金属部件的研磨、抛光，及其他精整作业的最复杂的加工技术的车间里，工头要对该车间的盈利性和生产率负责。他们常常变成了“内部的承包者”。[54]

实行“内部承包”的管理制度时，一名熟练的机械师或金属工人通过合同的形式，保证在规定的时间内（通常是一年）作出规定数量的零件。他雇用所需要的劳动力并负责支付他们的工资。工厂的老板则应同意向承包者提供工厂的厂房、机器、照明、动力、热能、特殊工具、模具及必要的原料和半成品。开始时承包者直接给他的人手发薪，以后则由公司的财务部门经手。因此，正如哈罗德·威廉森在他所著的温切斯特连发枪公司的历史一书中所指出：“管理当局把承包者按每一百件计的、通过检查的制成品记入贷方，而把支付给他手下工人的薪水和生产中所消耗的煤油、锉刀、回丝等等的费用记入借方。贷方超过借方的数额就付给承包者，当做其利润”。[55]此外，承包者还支取工头的薪水，以保证其最低的收入。

这种制度意味着，这些工厂的老板们需要解决的管理工人的问题，比 19 世纪 20 年代时斯普林菲尔德兵工厂的主管需要解决的问题少些。他们也不需要设计一套会计方法，以确定按件计酬的恰当单价。同时，他们对被承包车间以及整个公司所使用的材料和人工的精确成本都不很清楚。对于从一个车间向另一个车间流动的货物，也没有加以精心的监督。这类协调工作通常都由各车间的工头自行处理，而公司里负责生产的合伙人则只是略加指导而已。

科学化管理的兴起

当19世纪70年代长期的经济萧条造成了金属加工工业中需求的持续下降和大量未被利用的生产能力时，制造业者开始把他们的注意力从技术转移到组织上来。㊻这种新的兴趣促成了美国工业界科学化管理的开始。如何改进组织和管理成了新近成立的美国机械工程师协会探讨的主题。1886年，耶鲁和汤制锁公司的高级主管和主要的股东亨利·R.汤把该问题作为协会年会的讨论主题。在他的题为"作为经济学家的工程师"的主席讲话里，汤指出：

> "在这个专门领域内，那些应予考虑的问题，那些需要加以记录并出版以有助于开展讨论和传播有用知识的问题，按其性质可以分为两类，即工厂管理和工厂会计。工厂管理包括组织、责任、报表、承包合同和计件工作制度，以及与各种规模的工厂行政管理有关的所有其他问题。工厂会计则包括工时和工资制度，确定按件或按日计的成本，各种不同费用账目的分摊，利润的确定，簿记的方法，以及进入账目系统的、与企业制造车间有关并且与确定和记录其业绩有关的所有其他问题。"㊼

在汤讲话之后，又有两人提出了重要论文，其中一篇是关于成本会计，另一篇是关于固定资本核算。这两篇论文对19世纪80年代中期金属加工工业的工厂管理状况提供了更深入的观察。第二篇论文的作者，亨利·梅特卡夫上尉是19世纪早期斯普林菲尔德兵工厂的组织者，他是罗斯韦尔·李的一名出色的继承人。梅特卡夫曾经在几家联邦兵工厂担任主管，并且在前些年出版过美国第一本有关制造工厂的成本会计的书。他的分析和建议是建立在修正并改善斯普林菲尔德兵工厂于 1815 年后首先发展出来的程序这一基础之上。它们和卡内基借自铁路公司的会计凭证制度有若干类似之处。

在梅特卡夫看来，管理的基本问题就是协调和监督。他从描述制造过程中的“浪费性的耽误”开始，在许多情况下，这种耽误是因为“常常依靠记忆来保留”记录的结果。接着他引用了一家有 1 400员工的大工厂的老板兼经理告诉他的一段话：

> “麻烦并不是出自要求你应预见各种必然会发生的事，也不在于着手工作以便应付这些事件，麻烦在于你必须经常往后追溯，以保证没有任何订单被忽略了，并且还得调解争端，查明该订单到底是发出了并收到了，还是没有发出和没有收到。假如我能肯定任何一张订单一旦被发出之后，就能在厂内通行无阻，并有固定的路线可循，使我能够追踪并明确地确定它是在何处，被谁所卡住，那么主管的工作就会大不相同。但目前的情况却是，我必须花费很多时间来‘吆喝’驱赶我的像羊群般的订单，几乎没有时间做我职务上的重要工作。”[58]

梅特卡夫的办法就是实行他所谓的“车间—订单记账制度”，这种办法能够监督流程并改善基本的成本会计。每张订单在被工厂接受后，即编上一个号码。然后将这个号码记在工厂办公室所准备的路线单上，上面注明这张订单应该经过哪些车间，有哪些零件要制造和装配。路线单要附在材料上。当路线单流经每个车间时，车间的工头就在上面注明该车间所耗费的工时和工资，及所使用的机器和材料。根据完整的一套路线单，就能够为每张订单的人工和材料成本提供完整的记录。也可用来精确计算每一车间的经营成本。此外,这些路线单还可以作为安排工作和领用材料的依据。它还成为对工人的"人员核对或工时核对表"。[59]

梅特卡夫进一步利用这些资料来确定每个车间的"间接费用"或企业一般管理费用,以及"直接费用"或主要成本。他计算前者的程序比铁路公司或卡内基钢铁工厂采用的程序还要复杂。[60]他以每个车间在整个公司所完成的工作中所作的贡献大小为基础,发展出一个决定"成本系数"的公式。利用这个系数,他把一般费用——如房租、保险费、税金,以及所谓的"长期订单"的费用,亦即热能、动力、照明等的费用,一般铸造费用,总办公室费用和销售费用——的一定部分分摊到每一车间。根据路线单所提供的信息,梅特卡夫得以作出每个车间和每张订单的成本月报表甚至日报表。

在1886年的年会上,继梅特卡夫之后步上讲坛的是奥伯林·斯密,他是新泽西一家机床公司的总工程师。他探讨了固定资本核算的问题,而使讨论圆满结束。[61]在斯密看来,估计公司价值的目的,一方面是因为纳税和保险,需要正确估计财产,另一方面则是在年度的资产负债表上,需要适当地估算公司的资产。斯密主张采用现行的重置成本进行估算。不过斯密和他的同时期人都不曾对折旧进行有系统的计算。多数金属制品制造公司继续使用铁路的一次计入法。他们把修理和重置成本列入经营费用,并且或者是按原始(历史的)成本,或者是按重置成本来登记资产。

这些论文宣读后的热烈讨论表明,其他的制造业者也正在发展类似的监督和会计方法。米德维尔制钢公司的弗雷德里克·W.泰勒宣称,他的公司在过去的10年中业已使用一种和梅特卡夫所采用的"非常相似"的方法。[62]经营一家"拥有 12 个不同的车间(每个车间有一名工头)的庞大制造企业"的约翰·W.安德森报告说,他也在实行一种类似的路线单制度。查尔斯·A.菲奇介绍了他在缝纫机工厂使用的类似方法。虽然没有人提到卡内基采用类似的会计凭证制度的情况以及铁路会计的其他例子,但泰勒在以后的信件中,曾提到他在发展内部的统计监督时,整个来说是依靠铁路的会计方法,而在具体细节上则是依靠会计凭证制度。

泰勒和安德森马上就指出梅特卡夫所提出的监督制度的重大缺点。工头和工人既没有时间也不会有兴趣好好填写路线单。针对这一情况,金属制品制造公司很快就雇用了专门的记录员和计时员负责收集、记录和传递成本计算和协调所需的信息。[63]到了 19 世纪 90 年代,这些记录员已成为许多金属加工工厂雇用的第一批职员。

虽然金属加工的制造业者已经清楚地认识到梅特卡夫和其他人所建议的方法的价值,但工厂内部的承包者和其他有主见并有势力的工头却常常阻挠这类新制度的设立。人们提出:"从承包者的观点来看,公司所采取的任何步骤,只要是能够促成更广泛的会计程序,更进一步的检验和引进更先进的定额,从而最终增加了对作业的了解和监督,就都意味着对他们职务和地位的威胁"。[64]对那些操作加热炉和其他按件计酬的重要作业的工头来说,情况也是这样。

部分原因是为了让承包者、其他工头和他们的工人接受这种车间—订单传票制度或其他类似的监督程序,亨利·汤、弗雷德里克·W.哈尔西和其他的金属制品制造业者便发展出了所谓的利益共享计划。制造业者相信,由于这一计划保证工人和工头在生产扩充时将能得到更高的工资,因而可以提供与对内承包办法同样的刺激。同时也使工厂管理当局得以监督生产过程。

1889年,在美国机械工程师协会年会上,汤介绍了他的工厂自1884年以来即开始应用的一种利益共享计划。[65]这种合同基本上和过去他的公司与个别的内部承包者签订的合同一样,只不过签订合同的对象现在是一个车间或整个工厂的员工。在这个计划下,任何经由设备和工厂设计的改良、更有效的时程安排、机器和材料的更充分的利用,以及更高的劳动生产率等等而导致的单位成本的降低,都将由公司和工人平等分享。由于生产率的提高而造成的盈余中,30%～40%分给工人,10%～20%分给人数少得多的工头。

哈尔西的计划是一种奖金制。它建立在计时的,而非计件的基础之上(这样可以确保某种最低的工资)。有时候要发给那些超过标准产量的工人高达工资1/3的奖金。这个计划被广泛采用和模仿。[66]汤和哈尔西在确定标准产量时,都是利用过去的经验,而这些经验可从现有的纪录,和经由新设立的车间—订单制度或会计凭证制度所收集来的数据整理出来。

1895年,弗雷德里克·W.泰勒发表了他的第一篇有关他不久后称之为“科学化管理”的论文。[67]他清晰地论述了应怎样改进汤和哈尔西的分享计划。[68]首先,他指出由于降低成本而造成的盈余的分享,不应该如他们的计划那样,以过去的经验为分配的基础,而应以标准工时和产量为分配的基础。而要做到“科学地”确定标准工时和产量,则必须通过详细的作业分析,和对有关工作的工时和动作的研究。此外，泰勒还认为要运用棍棒加胡萝卜的手段。他的方法是恢复计件工资制，并且按"有差别的计件单价"支付工资。不能达到标准工时和产量的工人只能按较低的计件单价计酬，而超过标准者则按高得多的计件单价计酬。[69]

泰勒在以科学方法确定标准工时和产量上所下的工夫，使他成为全国最有名的工厂管理专家。他的深入研究也使他相信，工厂组织里一向是最重要的角色，即各车间的工头必须撤销。他越来越确信，没有一个人能具备一个总管工头或"生产线"工头为了很好地完成他们的工作所需的多方面的才能。[70]为了达到这一目标，他建议设立一个计划部门来管理整个工厂，该计划部门在实现这种管理时，需要通过许多高度专业化的车间领班，或者泰勒所称的"职能工头"。这样一来，总管工头的活动又被细分为若干部分。一个车间的工人现在不是向一个工头，而是向八个工头报告。泰勒在他的主要著作《工厂管理》一书中，指出这八个工头是："(1)流程管理员，(2)处理指示卡片的管理员，(3)成本和工时测定管理员，负责计划并从计划室发布指令，(4)劳动组织工头"。这四个工头负责完成协调和监督任务。另外三个职能工头——工作速度的主管、维修工头和检验员——则负责检查工作的执行及其结果。第八个是车间纪律监督工头，他要考察工人的"优点和缺点"，并且帮助他们更有效地完成工作。[71]

所有这八个职能工头都要向计划部门报告。泰勒坚持，"车间，实际上整个工厂应该由计划部门，而不是由经理、主管和工头来管理"。[72]计划部门也要指导作业分析和工时及动作的研究，并规定产量的标准。计划部门在审阅了工厂所接到的订单之后，根据自己所作的分析和信息，排定现有订单的程序。并安排好工厂内每一执行单位和每一工人的日常工作计划。此外，计划部门还要改善车间—订单监督制度，“并利用完整的成本分析和全面的月度可比成本和费用明细表”，随时检查“所有制造项目的成本”。它的人事室要处理工人的补充和暂时解雇事宜。最后，计划部门要负责“维护整个车间—订单监督制度以及标准方法和操作，能够在全厂(包括计划室本身)贯彻执行”。[73]

虽然泰勒极端专业化的目标，已证明无法为美国的制造业者所接受，但他的许多基本观念却已被结合进美国的现代工厂组织。泰勒制度的缺点在于它未能精确规定权责，以保证车间任务的完成和保持材料从一个生产阶段向下一个生产阶段的稳定流动。这些活动的责任在计划部门的几个成员之间和职能工头之间分散了。泰勒的一些同时期人物，包括一些有关工厂管理著作的作者，如亚历山大·H. 丘奇、哈林顿·埃默森、利昂·P. 奥尔福德和拉塞尔·罗布，都指出了这一点对工厂作业的重要性。[74]譬如丘奇就曾强调，虽然泰勒把注意力集中在工作的“分析”上，但他未能从整体上考虑如何把他们“综合”进整个组织中去。丘奇坚持，“协调是现代工业的基础”。

没有一家工厂的老板(即使是向泰勒或其信徒请教者)是不加改动地采用泰勒的制度的。许多工厂为了既能实现必不可少的对通过能力的全面协调和监督，同时又能从泰勒所提出的职能专业化的建议中获益，乃采取一种将权力机构和职能机构加以分开的组织系统。车间仍然由工头管理，他是一位具有多方面才能的人员，并且位于从董事长经由工厂经理或主管而通下来的权力系统上。至于泰勒的计划部门和职能工头的职能，则成为工厂经理的僚属的职能。[75]全面的协调、监督和计划仍然是工厂经理的责任，但现在有一群由专家组成的僚属协助他工作。

哈林顿·埃默森是能够最清楚地阐明分设权力机构和职能机构这种工厂组织类型的代表者，他是一位经验丰富的铁路经理，曾先后为伯灵顿铁路公司和圣菲铁路公司排解困难，这是不足为奇的。在1908年和1909年的《工程新闻》杂志中的一系列文章和两本书里，他提出了四个主要的职能办公室——人事科、机器设备科、材料科以及作业方法和程序科。[76]和铁路公司的情况一样，职能机构只是提出建议而不负责执行日常工作。“职能机构的职责不是完成工作，而是规定标准和最终目的，以保证权力机构能够更有效地工作。”

到了新世纪开始的时期，已有很多工厂都遵循埃默森、泰勒、汤和美国机械工程师协会其他活跃分子所提出的方式组织起来。它们废除了承包制度；采用了利益共享和刺激计划；实行了以车间—订单制度或会计凭证制度为基础的成本会计；进行了工时研究；雇用了流程管理员、工时测定员、成本管理员和检验员；而且经理的僚属也增加了。

亨利·甘特(他是泰勒最忠实的信徒之一)在1910年加以改组的、设在纽约州伊利昂的雷明顿打字机制造厂，为我们提供了一个很好的说明。[77]所有与零件的制造及装配有关的单位都被安置在制造部门内——权力机构部门。其中的每一分支单位都由各自的工头负责生产。其他的部门——采购部门、贮藏部门、装运部门、检验部门、工时和成本管理部门、工程技术部门和劳动管理部门——都成为职能机构部门，直接向工厂经理或其助理报告，并经由这两个高级主管和作业单位发生联系。

亨利·汤最后于 1905 年在其制锁公司所采用的结构方式，其权力机构和职能机构的区分比雷明顿工厂中两种机构的区分更为清晰，而职能办公室也更趋完备。在这里，负责计划新结构的是泰勒的另一信徒，卡尔·巴思。除了采购部门、贮藏和装运部门、动力和设备部门，及人事部门外，另外还有产品设计部门、生产效率部门和作业方法部门。和雷明顿工厂的情况一样，汤的贮藏部门也得监督工厂材料的流动。用一篇报告的话来说，它要“就所有已登记的订单和客户联络，登记所有的材料订单及客户订单，监督制造过程中一切材料的移动，使所有的原材料库存保持正常，监督所有制成品的包装和装运”。生产效率部门则“对全体工人的效率高低负有责任；它要监督所有的工时研究工作，并且规定计件单价和日工资率”，而作业方法部门则“研究和分析所有的制造方法，包括机器作业和装配作业；随时掌握机床生产的最新发展信息，并且当新机床有助于提高经济效益或改善产品质量时，推荐公司使用”。[78]耶鲁和汤制锁公司、雷明顿打字机制造厂和其他大量生产的金属制品制造厂于 20 世纪早期的改组，标志着自 19 世纪 70 年代经济萧条时期开始进行的制度化和科学化管理运动的高潮。它们的分设权力机构和职能机构的组织形式，成了第一次世界大战以后技术日趋复杂的工业中管理大量生产过程的标准方式。

1900 年以后，这批经理和顾问很快也使现代工厂会计得到了完善化。[79]这方面的改革主要是确定间接成本或所谓的“工厂负担”，并且把间接成本和直接（或主要）成本分摊到工厂所生产的每种不同产品上，以算出更精确的单位成本。[80]具有特殊意义的是发展出了这样一些方法，它们能够把企业一般管理费用或工厂负担与制造工厂里变动着的材料流动联系起来。亚历山大·丘奇在1901年的《工程杂志》上发表的一系列文章中，开始设计出一些计算机器“闲置时间”的损失的方法，也就是计算当机器在不使用时所浪费的金钱。亨利·甘特和其他人接着也发展出计算在标准通过量下的标准成本的各种方法。以生产能力的一定百分比，譬如说80％时的标准生产量作为确定标准成本的基础时，这些人把未达到标准数量而增加的单位成本定义为“未被吸收的负担”，而把超过标准而降低的单位成本定义为“过度吸收的负担”。到了1910年，这些方法以及几乎所有的其他现代工厂成本会计的基本方法，都在工程学杂志和其他的专业杂志中得到了充分讨论。与此同时，为了监督一家工厂中流经几个生产过程的材料流动所需的内部统计资料，也得到了详尽的说明。

然而这些成本会计的创新者却较少注意财务会计和固定资本核算，因为工厂内部很少发生财务交易，所以他们也就没有发展出一套类似于铁路公司在50年以前首创的、详细的内部审计制度。他们在计算资本账目时，也不注意折旧的问题。其原因是，直到进入20世纪相当一段时间以后，几乎所有的大型工业公司仍然继续使用其经理从铁路公司借用过来的、一次计入的核算办法。并且和铁路公司一样，他们也把利润定义为收入和支出的差额，而后者包括了设备修理和更换的费用。

工厂经理在完善他们的组织结构和统计上及会计上的监督的同时，也在继续改进生产技术。他们集中于三种类型的技术创新，以进一步在数量上扩大通过能力：(1)持续发展多功能机床；(2)改进切割工具的金属质量，以便增加机器运转的速度；以及(3)增加动力的应用，使材料得以更快从一个生产阶段移至下一个生产阶段。所有这三种类型都需要更集约地使用能源，以及增加生产过程中所需的资本数额。

许多关心组织革新的经理，在这些技术发展中也起着重要的作用。譬如泰勒，当他还在米德维尔制钢公司时，就已获得至少11种改进机器和金属的专利。在1898年和1899年，他在蒙塞尔·怀特的帮助下，完成了他于19世纪80年代在米德维尔就已开始的合金钢和其他合金金属的实验。这些合金能够在比普通钢高出甚多的温度下使用，因而能够以比以往快许多倍的速度进行切削、研磨和冲压。[81]在加速机器运转的速度方面，泰勒也改进了输送动力至机器以及将材料送到机器和其操作人员的皮带装置。由于新的金属和新的动力传送手段(在金属加工工业中，电气正在取代皮带装置)而造成的速度的增加，使得那些以老式的金属加工技术为基础的工厂组织方法成为过时。反过来，这一情况又使得实现进一步的组织改变以使生产过程标准化和简单化的工作更易于进行。

只是在汽车——金属加工工业中大量生产的最复杂的产品——的生产中，新技术才得到了最充分的利用。在汽车工业中，使用了多功能机床，合金以及新形式的动力传送装置，再加上改进的工厂设计和车间组织，使得多种生产过程的结合成为可能，从而造成了在一家工厂内，产量和生产率的大量提高。当亨利·福特和他的合伙人于1908年生产出廉价的老型汽车，并接着建立了一个世界性的销售组织以销售他们耐用、可靠、便宜的汽车时，作为结果而出现的几乎无法满足的市场需求，便对加快通过能力以增加产量形成了一股持续的压力。高地公园生产老型汽车的工厂的建立，标志着金属加工工业早期发展的顶点。福特和他的同事们，采用最先进的机器，使用最坚韧的合金钢，同时实行“生产线制度”，把机器及其操作人员按仔细规划的作业顺序排列。[82]福特工厂的工程师设计出了改进的传送装置，滚筒滑道和重力滑道，以保证工厂内材料的持续和有规则的流动。这些工程师还开始试验利用传送带把零件传经装配工人的面前，而每个工人都被指定只做一种高度专业化的工作。这种流动生产线首先试用在惯性轮磁电机的装配上，接着又用在发动机其他部分的装配上，然后是发动机本身，最后在 1913 年 10 月，汽车底盘和整部汽车也全用这种方式进行装配了。这项创新——流动装配线——的功效是立竿见影的。通过能力的速度直线上升。制造一部老型汽车的工时，从 12 小时 8 分钟减少到 2 小时 35 分钟。1914 年的春天，高地公园的工厂每天生产 1 000 部汽车，每部汽车的平均工时降到 1 小时 33 分钟。流动装配线很快就成为现代化大量生产最著名的标志。

随着流动装配线的出现，金属加工工业大量生产的作业方式就几乎和石油工业及其他提炼工业一样，得以持续不断。能过能力在速度上的增加，使福特得以把他的产品售价降到他最有力的竞争者的一半，并支付非技术性工作全国最高的工资，而依然可以赚取比约翰·D. 洛克菲勒、安德鲁·卡内基或詹姆斯·布坎南·杜克等人更巨大的财富。和钢铁、石油及烟草等工业一样，大量生产使金属加工工业成为资本密集型、能源密集型和经理密集型的工业。由于被加工的材料在处理上的困难，作业本身所具有的更为复杂的性质，以及制成品的多样性，使得金属加工工业中大量生产技术的发展，比其他工业需要更多的时间、思考和努力。反过来，为了使该工业更具盈利性和效率更高而需要作出的额外努力，又正好意味着只有该工业才能成为现代工厂技术和现代工厂组织的主要苗床。

速度的经济性

现代化大量生产的兴起，需要生产作业的组织和技术上的彻底改变。基本的组织创新反映了协调和监督高额通过能力这一需要。生产率的提高和单位成本的降低（通常总是把它等同于规模的经济性）主要是来自通过能力在数量上和速度上的增加，而不是由于工厂或设备在规模上的扩大。这种经济性主要来自对工厂内材料流动的结合和协调的能力，而不是工厂内工作的更趋专业化和进一步分工。即使是在可能出现进一步分工的金属加工工业内，这种进一步分工对工厂组织的主要影响也是加强了协调和监督的需要。正如泰勒的职能工头的结局所深刻表明，没有协调的专业化是不足取的。

协调和监督的这种挑战（它导致了现代工厂管理的发展），最初出现在那些需要对高速度的通过能力加以仔细监督，以保证工厂设备和人力能得到稳定利用的工业，以及那些无法仅仅经由仔细的工厂和设备设计就能保证这种有效的协调的工业。在机械化的工业里，持续作业的机器和设备就足以实现大量生产，而在提炼和蒸馏工业里，由于材料是液体或接近液体，而且作业方式主要是化学性的而非机械性的，所以改进的厂房设计和机器通常就足以协调各种生产过程并保证设备和人员的集约使用。但是在金属生产工厂和金属加工工厂里，人员的组织和管理则远比工厂设计更为重要。

和大铁路系统的管理由于面临类似的挑战而导致铁路经理职业化极为相似，金属生产工业和金属加工工业所面临的组织和技术的挑战，也促使工厂的经理趋向职业化。那些站在设计机器、加热炉、厂房并使之运转以及发展新管理方法和机构的第一线的人员，也都是新成立的职业团体的活跃人物。霍利、弗里茨和琼斯都参与了美国采矿和冶金工程师协会的创建及随后的发展工作。[83]汤、哈尔西、泰勒和奥伯林·斯密等人都是美国机械工程师协会的创建人且先后担任过协会的主席。一直迟至1907年，美国机械工程师协会的多数会员仍是金属制品制造厂的老板和经理们。和铁路界各种协会的情况一样，在全国的和各地区的机械工程师协会中，会员们也是集中力量使术语、量度单位、零件、工具和其他设备达到标准化。[84]在19世纪的最后20年间，机械工程师们在诸如《美国机械师》、《美国工程师》、《工程新闻》、《工程杂志》和美国机械工程师协会的《学报》等新的专业性刊物上撰文论述技术性问题和共同关心的问题。[85]

1880年以后，培训工厂工程师的工作也越来越成为一种专门的职业。机械工程系在麻省理工学院、珀杜大学和威斯康星大学相继成立并扩大。康奈尔大学成立了一所独立的工程学院；西布利学院、史蒂文斯理工学院和凯斯学院都开始把课程集中在机械工程上。[86]不过有许多机械工程师仍然一再宣扬，工厂的学徒见习要比正式的书本学习来得有用，他们仍然视学徒见习为专职的职业生涯的第一步，这种观点和铁路人士对在铁路线上或铁路工厂中类似的早期训练的看法极为相似。1900 年时，管理各种设备、车间和工厂的机械工程师与当年铁路公司的高级主管一样，把他们自己看做是从事专门职业的人。两者之间的差异是，在铁路经营上，有好几种职能的专业都发展出了该种职业特性特有的气质，而在工厂管理上，则只有机械工程的职业具有这种气质。

因为新的大量生产工业成了资本密集型和管理密集型的工业，它引起了固定成本的增加和充分利用其机器、工人和管理人员的迫切需要，这样一来，也就对老板和经理形成一股压力，要求他们控制自己的原料和半成品的供应，并接管自己产品的营销和分配。资本—劳力比率以及经理—劳力比率的变化，更激发起一股压力，要求把大量生产和大量分配的作业结合于一家工业公司之内。到了 1900 年，在许多大量生产的工业中，一些制造厂和工厂都成了一家更大得多的公司的一部分。在劳动密集型和技术水平低下的工业里，大部分公司都仍然只经营一两家工厂。但是在使用更复杂、高产量，且为资本密集型技术的工业里，公司都已成为多功能和多单位的企业了。他们介入了制成品的营销以及原料和半成品的采购（常常还涉及它们的生产）。这些大公司的活动已不仅限于协调生产过程中材料的流动，他们所管理的是从原料供应者开始，经由所有的生产和分配过程，一直到达零售商或最终消费者的整个流程。

第四部分　大量生产与大量分配的结合

现代工业企业——今日大型公司的原型——是把大量生产过程和大量分配过程结合于一个单一的公司之内而形成的。美国工业界最早的一批“大公司”，就是那些把大行销商所创建的分配组织形式同被发展出来以管理新的大量生产过程的工厂组织形式联合起来的公司。它们是把高额通过能力的经济性与高速度的库存周转和庞大的现金流量的优点加以结合的第一批企业。这种最初作为国家的基本的基础设施——如铁路、电报和轮船航运网络——而出现的巨大的、结合起来的工业组织正在完成，它们的作业程序也正趋完善。它们以惊人的速度成长和扩散。这些结合的企业在 19 世纪 70 年代末几乎还不曾出现，但在不到 30 年的时间内，就已支配了国内许多最重要的工业。

通过大量生产与大量分配的结合，一个单一的企业就能完成制造和销售一个产品系列所涉及的许多交易和作业程序。管理指导的有形的手已经取代了市场力量的无形的手，而协调着从原料和半成品的供应者直到零售店和最终消费者的货物流动。这些活动和它们之间的交易的内部化降低了交易成本和信息成本。更重要的是，公司能够把供应协调得更接近需求，能够更集约地利用劳动力和资本设备，从而得以降低其单位成本。最后，所导致的高额通过能力和高速度的库存周转产生的现金流量，减少了流动资本和固定资本的费用。

现代工业企业通过两种途径以达到某种规模。某些小的、单一单位的公司直接建立它们自己全国性和世界性的销售网络以及广泛的采购组织,并取得它们自己的原料来源和运输设备。其他公司则是先行合并。许多小的、单一单位的、家族或个人拥有的公司合并成一大型全国性的企业。新合并的企业把生产管理加以集中,然后再向前和向后实行结合。19 世纪 80 年代,大部分变大的公司都是遵循第一条途径。19 世纪 90 年代,合并的途径则比较普遍。90 年代末,出现了一阵合并热。但是正如合并运动过去后调整时期的历史所表明的那样,只是在大量生产能够与大量分配相结合的工业中,并且其组织者能够创造一种为保证对生产和分配过程进行有效的管理监督和协调所必需的管理层级制时,合并才取得了成功。到了 1917 年,结合的工业企业已经成为美国生意界最有力的机构,事实上,也是整个美国经济中最有力的机构。也就在那时,美国的一些最主要的工业和整个经济都已经具备它们的现代形式了。

第九章　现代工业公司的出现

结合的原因

大量生产和大量分配的结合，使得制造业者有机会通过有效地管理生产过程和分配过程以及协调经过这些过程的货物流量的办法，以降低成本并提高生产率。但是最早将这两组基本过程加以结合的工业家却并不是为了获取这种经济效益而这样做的。他们这么做是因为现有的销售商无法销售和分配他们生产出来的如此大量的产品。这些新出现的大量生产者敏锐地觉察到了新的交通和通讯基础设施所开辟的国内和国际市场。这种市场潜力迫使他们采用大量生产的机器。可是，只要销售公司能够销售他们的产品，他们也就不需要建立自己的销售组织了。一旦现有的销售商不胜任的情况趋于明显，制造商才会向前而结合销售工作。

19 世纪 80 年代，有两种类型的大量生产者开始采用此种纵向结合的战略。一种类型是那些采用了新的、连续作业的机器的工厂，它们的产量因而得到了迅速的扩大。这些企业家发现现有的销售商已经不能迅速地卖出他们的产品或有效地加以推销以维持其大量生产设备的稳定运转。这些制造厂大部分继续经由批发商分配其产品，但负责协调从工厂到客户的产品的流程。

采用纵向结合战略的第二种类型的大量生产者则是这样一些

工厂。他们所要求的特殊的分配和销售服务是批发商、大零售店、工厂代理人和其他中间商所不能提供的。这些工厂可再细分为两种。一种是为数不多的这样一种加工厂，它们需要采用冷冻技术或温度控制技术，以便在国内市场上分配易腐坏的产品。另一种是那些制造新型复杂的昂贵机器的工厂，如果想要大量销售这类产品，需要提供特殊的销售服务，譬如示范操作、安装、消费者信贷、售出后的服务和修理等等。这类产品的销售需要与客户保持持续的售出后的接触。现有的中间商不是缺乏兴趣就是没有足够的设备来维持持续的关系。几乎所有后一类的公司都是制造标准化的机器，以便通过制造和装配统一规格的零件来大量生产，或得以大量生产。

这些工厂在发现现有的销售机构不足以满足它们的需要之后，便建立了它们自己的多单位的销售组织，在国内的和世界的主要商业中心设置由支薪经理所领导的分支机构。其次，为了保证大量的原材料能持续流入工厂，也设立了大的采购机构和较小的运输部门，常常自行供应和运输自己所需的原材料。

因为它们结合了生产、销售和采购，这些新公司的活动便和当时其他生意企业的活动有着极大的不同。铁路公司、电报公司、销售公司、金融公司，或现有的制造公司都只是执行一种单一的基本经济功能，但是新的、结合的企业却执行着多种经济功能。由于他们拥有并经营许多工厂、许多销售机构、许多采购单位、矿山、森林地带和运输线路，因而在经营上就需要比 19 世纪晚期的铁路和电报公司更多的专职支薪经理才行。与运输和通讯中的经理相比，这些经理需要处理远为多样化的工作，在协调通过他们的企业的材料流程方面,他们面临着更大的挑战。随着结合的工业企业的兴起,支薪经理成了美国经济管理中最主要的人物。

实行这种新的管理层级制的公司(它从原料的供应者一直延伸到最终消费者)从一开始就是全国性的企业;有许多很快还变成了多国企业。19 世纪 90 年代时,铁路已覆盖了一片广大的地区,但当时还没有一个全国性的铁路企业。一些大销售公司也只是集中在当地城市市场和较大的乡村地区市场上。1880 年以前,西方联合公司和蒙哥马利·沃德公司是少数几家大公司中在全国范围内经营的惟一两家公司。可是,到了 19 世纪 80 年代末,就有许多家工业企业开始在全国从事经营活动了。到了 1900 年,许多结合的多功能企业的名字都已家喻户晓。这时,它们正开始在国家的这样一种转变中——从罗伯持·威伯称之为"孤立的群落"的扩张的社会向一个远为同质和一体化的社会的转变中——起着重要的作用。①

进入 20 世纪,新结合起来的多功能的(通常也是多国的)企业,逐渐成为美国经济中最有影响力的机构。它在经营的规模、复杂性和多样性上都超过了铁路企业。它的经理的决策,要比铁路公司高层人士的决策,影响更多的生意人、工人、消费者和其他美国人。很快地,它也取代了铁路而成为政治和意识形态争论的焦点。事实上,在 20 世纪第一个十年内,对这种新工业公司加以控制的问题成了当时国内众所瞩目的政治争端。然而从长远上看,更重要的是,本世纪初趋于完善的管理这些结合企业的方法和程序,奠定了现代企业管理的基础。

采用连续作业技术工厂的结合

大量生产和大量分配相结合的最突出的例子发生在 19 世纪 80 年代那些采用连续作业机器的工业中。我们曾经指出，这些机器的发明几乎是与香烟、火柴、面粉、麦片、汤料和其他罐头食品，以及照相胶片的制造同时发生的。这些在机器加工上连续作业的机器和工厂的创新成了许多第一批全国性大工业公司的基础。这些企业的创立，激烈地并永久地改变了它们所属该工业的结构。对每项技术创新所引起的组织上的反应需要分别论述，以便强调此种共同反应是在不同的工业中同时发生的，这些不同工业中的企业相隔甚远，而且它们的老板也互不认识。

如前所述，这些工业中的创新，在一定程度上是对全国基本的运输和通讯基础设施完成后新出现的大市场的反应。19 世纪 80 年代时，铁路、轮船和电报的网络已经完全一体化。当时，传送带、标准轨距和设备，以及不同铁路公司间的管理安排，使得货物能够以最少量的运输在全国的几乎一切地方移动。西方联合公司的 12 000 个分支机构间，也存在着几乎瞬间的通讯。

国内市场的潜力被两种新型的商业辅助机构进一步扩大，它们已为大销售商所广泛利用。南北战争后即在全国范围内从事活动的借贷所，使制造业厂商能够查询国内每一地区的批发商和零售商的可靠程度。广告代理商则为客户在全国发行的报纸、杂志、期刊上刊些广告，这对于大量生产者来说，甚至具有更大的价值。南北战争刚结束之时，广告代理商只是专门为客户设计广告或为客户在当地报刊上刊些广告。直到19世纪70年代，他们主要的客户都是一些百货公司，以及在当地和地区市场上销售传统的纺织品、五金、杂货、珠宝、家具、卡片和文具的批发商。几乎所有其他的制造厂商也都是让销售其货品的批发商去做广告。

采用新的连续作业技术的制造厂与生产书本、刊物和专利药品的工厂不同之处是前一类工厂的单位产量要高得多。为了扩大和保持这些产品的市场，他们通过广告代理商发动大规模的广告宣传运动，它们很快地还认识到，不能依靠批发商进行订货和确定库存，那样将不能保证客户随时都能得到想要的产品。因此，工厂乃着手自行安排从工厂到客户的成品流程，接着从供应者到工厂的原材料的流程，也由工厂自行负责了。

詹姆斯·B.杜克的事例最能说明这种一般发展的趋势了。② 杜克所以能够支配香烟业，是因为他能正确评价邦萨克制造香烟机器的潜力。杜克是北卡罗来纳州达勒姆的一名烟草制造商，由于难于与已具规模的邻近厂商布莱克韦尔公司竞争，便于1881年决定生产香烟。当时香烟还是一种新奇的、异国风味的产品，刚开始在成长中的城市市场上受到偏爱。抽香烟还刚开始取代烟斗、嚼烟草、抽雪茄或吸鼻烟。1881年，四家香烟公司就生产了80%的香烟，主要是在邻近的市场上销售。

作为香烟工业的一名新手，杜克想方设法要打入市场。1884年，在香烟大量减税，导致零售价格猛降后不久，杜克就安装了两台邦萨克的机器。每台机器一天能生产12万支香烟，很快就使美国市场达到饱和，为了了解世界市场的情况，杜克派遣一个亲密合伙人理查德·M.赖特到海外考察了19个月。1885年6月，杜克与邦萨克签订了独家使用其机器的合同，狄尤克只需付出较低的租金，就可以生产他的价廉物美的香烟。

杜克的赌注马上就得到了报偿。③产量急剧上升。杜克面临着销售的挑战。还在杜克与邦萨克签订合同之前，他已在纽约设立了工厂，纽约是全国最大的城市市场，杜克还在此设立了管理处。他马上加强全国的广告宣传运动，杜克不仅依靠广告代理商，他的职员也在散发大量的卡片、传单、海报——积极为产品的优点作宣传。

接着他开始建立广泛的销售组织。④杜克利用赖特海外之行所建立的联系与全球各地的批发商和经销商签订销售协定。与此同时，他和另外一、两个合伙人在美国一些较大城市建立销售机构网络。这些机构是由支薪经理领导，负责产品的销售和分配。这些机构也要照管当地的广告事宜。其推销员要定期拜访烟草、杂货、药品和其他商品的批发商，以及几家大零售商，以取得订单。杜克的地区销售经理与纽约总公司密切配合工作，以保证大量的香烟能如期运交各地批发商和少数大零售商。

杜克与其亲密合伙人在建立他们的销售组织的同时，他们也在高质烟叶（制造香烟的原料）产地的美国东南部建立起广泛的采购网络。烟叶在每年收获后，通常都要经过干燥和熏烤再卖给香烟厂，这个过程视不同的烟叶和要求的质量为时数月至两三年。因为熏烤过的烟叶供应取决于收获量和熏烤设备的能力，所以价格波动很大。但杜克公司自己设立了采购、贮藏和熏烤设备，因而能直接向农民购买，而且常常以拍卖价格成交，这就减少了交易成本和不确定性。尤其重要的是公司能确保其在达勒姆和纽约市大量生产工厂熏烤过的烟叶的稳定供应。

由于使大量生产与大量分配相结合，杜克得以维持低价格，同时取得高利润。到1889年时，杜克已成为香烟工业中遥遥领先的最大厂商，每年生产8.34亿支香烟，销售额达450万美元，尽管要负担沉重的广告费用，利润仍达40万美元。其他香烟厂商为了竞争，除了遵循杜克的策略外，别无其他选择。他们马上也采用了机器生产，开始设置和扩大他们的销售和采购机构。由于包装的香烟是按5美分一级的档次提价——标准香烟每包5美分，较好的牌子则每包为10美分到25美分——根本没有降价的余地，尤其是各种重要的较便宜的牌子。香烟厂商只有转而大肆刊些广告。1889年，杜克的广告费用上升到每年80万美元。这时，他的高生产量和由此导致的巨额现金流量给他带来了一大好处，因为他比别人有较多的现金余额可用于广告支出上。但是这些竞销运动的费用使利润减少了。

为了控制竞争，杜克及四家竞争厂商于1890年合并，成立了美国烟草公司。⑤在开始时的一个短暂期间内，各个成员公司继续独立经营，但在1893年以后，他们的业务活动即并入了杜克的制造、销售和烟叶（采购）部门。正如早先的铁路公司的情况，现在在制造业中也是一样，初期企业中的最大厂商变成了持续增长的核心组织。这个扩大了的、集中的、内部分成各部门的公司，由纽约总公司所指挥，即使在19世纪90年代经济萧条时期也获得了高额利润。⑥香烟的利润使杜克得以在烟草生意的其他分支中实行生产和分配的新方法。到1900年时，除了雪茄制造外，美国烟草公司，已完全支配了烟草工业。这些发展过程将在第十二章中得到更为详细的说明，该章将讨论所选定的几家初期的结合企业的内部策略和结构。

除了全自动机器的发展较为缓慢外，火柴工业的历史与香烟工业的历史相似。南北战争后，机器开始取代手工业生产。19世纪70年代早期，四家使用机器的公司占了火柴总产量的80%。⑦每家公司均有它自己的专门机器，且各自集中在个别的地区市场销售。经过了一番短暂的争夺国内市场的竞争后，这四家公司在1881年联合而成立了钻石火柴公司。

新公司的一些主要老板E. B. 比彻、威廉·斯威夫特和俄亥俄·哥伦布·巴伯当即同意一项改进基本的机器的策略，决定把往昔竞争者所采用的各种不同机器的最佳属性加以结合。其结果即为研究公司历史的史学家所说的："现代连续作业、自动化火柴机器的出现，……它从根本上改变了火柴工业"。⑧与此同时，该公司也发展类似的机器以制造纸板盒和草纸板盒。19世纪90年代早期，75个工人一天就能生产200万盒装好的火柴，相当于采用新机器前500个工人的产量。当时，在大工厂内生产联成了一体。1880年，有30多家火柴工厂。而到1900年，生产已集中于俄亥俄州巴伯顿的一家大工厂和另外三家较小的工厂内。当时，巴伯、比彻和斯威夫特已建立了像杜克一样的销售组织，负责建立和维持与批发商的接触，处理当地的广告宣传事宜，协调火柴从工厂到批发商且常常是到零售商的流程。不久，该公司在威斯康星和新英格兰建成了自己的锯木厂和木材加工厂。19世纪90年代，该公司开始在利物浦建造了全世界最大的火柴工厂。到了该年代末，它在德国、加拿大、秘鲁和巴西也有了自己的工厂。⑨

在向海外发展以前，钻石火柴公司单是用留下的利润就足以为它惊人的国内扩张筹措资本。和美国烟草公司的情况一样，由高额生产和分配所产生的现金流量，加上当地商业银行的协助，即能满足公司在流动资本和固定资本方面的需要。1889 年，在芝加哥的一个律师，威廉·亨利·摩尔的帮助下，该公司筹得了财源，将资本额从 750 万美元增至 1 100 万美元。[10]在 19 世纪 90 年代的不景气时期，它还能支付普通股 10％的股息，没有欠债，并使资本额有少量的增加。火柴价格并未上涨，而该公司也一直毫无困难地保持其垄断地位，直到进入 20 世纪相当一段时期。

新的连续作业的生产方法对于谷物加工业这一古老的美国工业在加工和销售方面的影响之大，就和它对烟草工业的影响程度一样。卡德瓦拉德·科尔登·沃什伯恩和皮尔斯伯里兄弟在发展自动化全滚筒、渐次粉碎碾磨厂方面的创新努力，确保了他们的企业在谷物加工业中的领先地位。[11] 1882 年，燕麦片制造商亨利·P. 克罗韦尔建造了一座类似的工厂，也取得了同样的结果。该工厂被描述为“世界上第一个在同一工厂中以连续作业方式(在某些方面和现代装配线相似)进行分等、洁净、去壳、切碎、包装，以及把燕麦片发运至州际市场者”。[12]

这些连续作业工厂对燕麦片工业结构的影响比它们对面粉工业结构的影响更为直接。因为至少暂时在一段时间内，面粉的需求量较大，并且新机器也使成本大为降低，以致采用“新作业方式”的面粉厂能够把它们的产品大量销售给批发商而毫无困难。但燕麦片的需求量却比较有限。如果新机器所制造的大量产品要想卖出的话，则必须寻求新的市场。结果，建立起了现代早餐谷类食品工业。

克罗韦尔是发展此种产品的先驱者，他建立了第一家连续作业的工厂。当费迪南德·休梅克（当时最大的制造商）继续以公认的方式通过批发商而大量销售其产品时，克罗韦尔即已注意其产品的包装，并为其牌子——老人牌麦片——在全国大做广告，宣传这种早餐食品，它对美国人的口味来说，其新鲜感甚至超过了香烟。在宣传老人牌麦片时，克罗韦尔的职员所采用的方法和杜克香烟公司所采用的极为相似，他们采用高额折扣、奖金、用户赞扬函件、科学分析营养成分等手段进行推销。[13]该公司在美国及海外均设置销售机构。和杜克香烟公司的情况一样，克罗韦尔公司的经理不仅要负责与批发商洽谈业务，还要负责规划产品自工厂到批发商的流程。与此同时，克罗韦尔也建立起一套采购组织，不久即设置了“外勤人员”（他们在种植谷物的各州直接向农民采购），以及采购员（他们在明尼阿波利斯和芝加哥的谷物交易所进行采购）。

其他厂商对克罗韦尔燕麦片咄咄逼人的竞销运动的反应正如烟草厂商对杜克的反应一样。1888 年，经过了短暂的组织卡特尔的努力以后，克罗韦尔、休梅克，以及生产燕麦片的第三号人物罗伯特·斯图尔特组成了美国谷类食品公司。1901 年成为老人牌麦片公司，虽然有休梅克的坚决反对（他仍然喜欢以大包方式出售），新成立的公司却接管且扩充了克罗韦尔的销售和采购组织。生产开始集中在两家特大工厂内，一家在阿克伦，另一家在塞达拉皮兹，它们均采用改良的连续作业机器。进入 20 世纪以后，为了更充分地利用销售和采购设施，该公司增加了新的产品系列：小麦片、谷粉、玉米片、玉米粉、婴儿专门食品和动物饲料。

19世纪90年代早期，由于对面粉的需求量趋于稳定，明尼阿波利斯和其他地方的面粉厂开始仿效美国谷类食品公司做法。该年代初期价格的下跌促成了大规模的合并计划。但是由于一些主要的公司宁愿保持独立，合并计划未能成功。沃什伯恩的公司在詹姆斯·S.贝尔主持下，改组为沃什伯恩—克罗斯比公司，而皮尔斯伯里家族则通过皮尔斯伯里—沃什伯恩面粉公司继续经营。贝尔和皮尔斯伯里很快转向纵向结合战略。⑭他们开始以小包装方式出售产品，而不再以大包方式出售，并在全国范围内为他们的牌子——皮尔斯伯里金奖面粉——大作广告。19世纪90年代，他们建立了与克罗韦尔公司相似的销售和采购网络。从1889年起，皮尔斯伯里在小麦种植地区具有了一系列谷仓。由于面粉这种产品广泛被人消费，而且小麦的供应也极为广泛，因而一个单一的公司并不能支配整个工业，就像在烟草、火柴和早餐谷类食品业中曾出现的情况那样。但另一方面，一直到进入20世纪相当一段时期，沃什伯恩—克罗斯比公司和皮尔斯伯里公司都继续保持为美国最大的面粉工厂。

最先完全利用“自动线”罐头工厂的一些企业是那些发展出了一种不受季节影响的产品系列的生产的企业。⑮其中最成功的是匹兹堡的海因茨公司，和新泽西州坎登的坎贝尔汤料公司。⑯1880年，亨利·约翰·海因茨是匹兹堡地区市场上一家生产腌制食品、佐料、酱油，及类似产品的小厂老板，他还正处在从1876年他的破产中恢复过来的阶段。19世纪80年代初期，他采用连续作业方法制造罐头和瓶装食品，并设置销售机构网络以行销全国，他也为他的许多牌子大作广告。他建立了一套庞大的采购和贮藏组织，以保证工厂能得到蔬菜和其他食品原料的稳定供应，他还与农民签订合同，使农民按所需规格供应。到1888年时，海因茨已是匹兹堡最富有的公民之一，他的公司直到今天仍然是全美国最大的食品加工厂之一。

坎贝尔汤料公司的创立和成长经过比较少为人知；但是该公司的出现几乎是在同一时期，成长方式也大致相同。很久以来，它一直是费城区域主要企业之一，和约瑟夫·坎贝尔共同创立并经营该公司的多兰斯家族，也一直是费城最富有的家族之一。

其他利用大规模连续作业制造罐头的则是那些制造炼乳罐头和肉罐头的公司。1882年，有两家制造肉罐头的小厂——利比公司、麦克尼尔—利比—威尔逊公司——开始在芝加哥大量生产肉罐头。与此同时，制造炼乳罐头的先驱者——博登牛奶公司——也在大量扩大经营，扩充并改善其销售和采购组织。[17]促成该公司这样做的部分原因是市场正在扩大，但也因为外国竞争者已经横渡海洋而打入美国市场。19世纪80年代，盎格鲁—瑞士炼乳公司（雀巢公司的前身）和海尔维希炼乳公司（佩特牛奶公司和卡奈欣牛奶公司这两家美国公司的前身）都在美国设立工厂和销售机构。

只有在建厂初期就发展出能全年进行生产的产品的那些公司才能继续保持强大和占支配地位。由于罐头生产还具有季节性（比如大部分的蔬菜罐头、水果罐头和鱼罐头就是这样），因此没有出现大公司。罐头工厂是向两大罐具制造公司：美国罐具公司和大陆罐具公司购置罐具和装罐设备。美国罐具公司的第一任董事长是爱德华·诺顿，他是“自动线”作业的发明人，该公司于 1901 年经由合并而成。大陆罐具公司则成立于 1906 年。它们都有分布广泛的销售组织和服务组织。一直迟至 20 世纪 50 年代，这两家罐具制造公司和坎贝尔汤料公司、海因茨公司、博登牛奶公司、佩特牛奶公司、利比公司、麦克尼尔—利比公司等，都仍然是罐头工业的主要公司。[18]

另一项工业——肥皂工业——在 19 世纪 80 年代采用了连续作业机器。肥皂在商业市场生产最初是作为肉类加工业者的副产品开始的，那时只有小公司为地区性的市场处理动物脂肪。19 世纪 70 年代晚期，条状肥皂制造中搅拌和轧碎作业上的机械改良，使产量大为增加。英国一些公司诸如皮尔斯公司和庞德公司在美国市场刊登广告。[19] 1879 年，辛辛那提一个肥皂小制造商普罗克特和甘布尔公司偶然发展出一种能够浮起的肥皂。[20] 这种肥皂的牌子被命名为象牙。采用新机器后，普罗克特和甘布尔公司一天能生产 20 万块象牙肥皂。为了大量销售，该公司于是在全国刊登广告，接着又建立了销售分支机构网络。与此同时，它也建立起广泛的采购机构，以保证易腐败原料——动物和植物油、脂肪和苏打粉——的稳定供应。1885 年，该公司建立了象牙谷示范工厂，成为辛辛那提的一个供参观的场所。为了充分而全面地利用设备，该公司进一步生产洗衣皂及其他肥皂、棉籽油和色拉油，以及诸如此类的产品。19 世纪 80 年代，其他肥皂厂商，包括科尔盖特公司、N. K. 费尔班克斯、B. T. 巴比特和 D. S. 布朗，都建立了类似普罗克特和甘布尔的结合的企业。[21] 这些新的大企业马上就发现自己卷入了一场竞争，其中有进行肥皂生产的肉类加工业厂商和棉籽油厂商，以及一直在美国市场销售的欧洲一些肥皂大厂商。

19 世纪 80 年代出现的连续作业机器的另一个主要创新是在照相工业上。[22] 1884 年，最大的照相器材厂商之一，纽约州罗切斯特的乔治·伊斯门，在威廉·H. 沃克协助下，开始研究大量生产底片材料的方法。他们设计了一种用感光乳剂明胶涂于衬在纸上的软片上以取代原来的涂于玻璃板上的方法。这种软片（它可卷成一卷，利用照相机中一固定器而装入照相机）可以采用连续作业机器进行生产。但是由于新软片需要附有固定器的新照相机（或对旧照相机进行改装）而且这种新软片的冲洗甚为复杂，只能在伊斯门的工厂进行，所以并不受职业摄影师的欢迎。

伊斯门于是转向一个仍然未被开发的巨大市场——业余摄影者。他和他的合伙人专心致力于开发一种小型、标准化的照相机，它易于制造也易于使用，他们还致力于设计一种更令人满意的卷成一卷的软片以应用于照相机上。1888 年 4 月，伊斯门取得专利，马上开始大量生产柯达照相机。到了 1889 年，他和他的同事已制成了一种衬在赛璐珞上的、高质量的卷筒式软片。伊斯门把新软片和照相机结合一起推出市场，每架柯达照相机附有 100 张软片。拍完 100 张后，需要把照相机（以后只是一卷底片）送回罗切斯特的伊斯门的工厂，以冲洗相片，并再装入软片。

为了销售和分配他的新照相机和软片，并且为购买者服务，伊斯门马上在全世界设立销售分支机构网络，各分支机构设有经理以监督推销员和示范表演的工作，并协调照相机、软片和资金的流动。1890 年，伊斯门在英国建立生产和服务设备。在照相机和软片的生产量急剧上升后，该公司就建立一套采购组织以采购大量的纸、赛璐珞、镜片和其他材料。1900 年以前，伊斯门·柯达公司——该业的头号巨头——已开始在自己的工厂内制造一些材料了。

在 19 世纪 80 年代很短的一段时期内，生产和分配的新方法已经改变了美国许多主要工业——烟草、火柴、谷物加工、罐头、肥皂和摄影——的组织。这些改变是带有根本性的，而且是永久的。那些采用大量生产和大量分配方法并且加以结合的企业在全国出了名。到 1900 年时，一些大公司的名字已是家喻户晓的了。即使经过了四分之三个世纪以后，像美国烟草、钻石火柴、老人牌麦片、皮尔斯伯里面粉、坎贝尔汤料、海因茨、博登、卡奈欣、利比、普罗克特和甘布尔、伊斯门·柯达等这样一些称号，仍然是尽人皆知的。

这些企业的共同点是使用新的连续作业的机器来生产低价、包装好的消费品。新的生产过程高度资本密集（即工人人数与生产出来的产品数量之比甚小），因此，为了满足全国和全球市场的需要，只需集中于几家工厂，通常只是一两家工厂生产就行了。在所有的事例中，都是由于新的连续作业、资本密集型机器的使用，导致了产量的大增，从而促使制造商建立大规模的销售和采购网络。

这种全国性和国际性的销售机构网络把批发商创牌子和进行广告宣传的职能接了过来。虽然仍然在利用广告代理商以打进全国和世界市场，但广告的内容、地点和数量却愈来愈由销售机构负责决定。由于这些产品中有许多是新的，如香烟、麦片、罐装牛奶和肉罐头等等，因而为了扩大需求，广告甚为重要。广告也是一项主要的竞争武器，因为每包产品的价格都相当低（通常每包 5 美分或 10 美分），这就使需求缺乏弹性。想用降低价格来增加需求量是困难的。虽然在多数情况下，仍然利用批发商把产品分配到零售店，但销售机构却接管了规划和协调产品从工厂到批发商，甚至零售店的流程这一职能。（在伊斯门的情况下，还包括冲洗相片。）它们也与制造部门密切配合，协调从原料供应者经过生产和分配过程直到最终消费者的整个流程。这些公司中有几家（包括坎贝尔汤料公司和伊斯门·柯达公司）很快就直接向零售店销售和发货。到了20世纪初期，伊斯门·柯达公司开始在各大城市建立自己的零售店。

在所有这些事例中，大量生产和大量分配相结合而带来的高生产量，生产了可观的现金流量，它提供了这些企业的大部分的流动资本，以及扩充资本设备的资金。这些企业在短期和长期贷款上都依赖当地的生意人和商业银行。可是，在它们迅速扩充而跻于世界最大企业行列的过程中，它们都没有求助于资本市场以筹措资本。由于这一原因，创业的企业家、他们的家族和他们的合伙人继续控制着这些企业。他们亲自握有公司的、几乎全部有选举权的股票。因而尽管日常的经营不得不交由专职的支薪经理负责，但长远决策诸如投资、资金分配、人员招募等重大问题的决定权，仍然集中在少数老板手中。

为结合新的生产和分配过程而建立起来的管理网络使这些作为先驱者的企业有着最大的竞争优势。虽然从资本—劳动投入比率来看，这些工业都是资本密集型的，但新机器并不贵。进入这些行业的绝对成本并不高，在多数行业中，专利也不成为进入的障碍。香烟制造机、谷物加工机、罐头制造机和肥皂制造机的制造商都急于出售其产品，买主愈多愈好。创牌子和广告宣传也不是障碍。广告代理商也和机器制造商同样迫切地想招徕新客户。

进入这些行业的最大障碍乃是那些先驱者企业为了销售和分配其新近大量生产出来产品而建立起的组织。一个具有了技术的竞争者如果想要击败一两个已经雄踞主要销售渠道的企业，他就必须建立全国性而且常常还是全球性的、由经理、采购员和推销员所组成的庞大机构。此外，先驱者企业可以将高额产量所造成的现金流量用作建立首批这些组织的所需资本，而新来者却不得不在高额产量使单位成本得以降低并造成相当规模的现金流量以前，就建立这种竞争的网络。在建立这种竞争网络期间，新来者必须面对这样一个竞争者，他依靠速度的经济性可以把价格压得很低，而仍然保持有利可图。新来者的确出现了。像早餐谷类食品工业中的凯洛格公司和波斯通公司以及肥皂工业中的科尔盖特公司和巴比特公司就是这方面的例子。但是所有这些工业在采用大量生产方法时就已经高度集中化了。除了面粉工业以外，最先出现这些结合的工业企业的工业很快就形成了寡头垄断的局面，而且一直保持不变。

易腐坏产品加工厂的结合

虽然许多包装的、半易腐坏产品的大量生产厂商继续利用批发商来分配他们的产品——即使在他们接管了中间商刊登广告和流程安排的职能后，仍然如此——但是一些生产更易腐坏产品（如肉和啤酒等）的厂商在建立他们的销售网络时，却开始直接向零售店销售和分配。易腐坏产品的市场是随着铁路和电报网络的发展而扩充的。早在 19 世纪 50 年代，就有人利用不完善的冷冻车运送牛奶、奶油和肉类到城市市场。19 世纪 70 年代，当长途直达运输成为可能之后，西部肉类加工业厂商开始把新鲜的肉运往东部城市。接着在 1881 年出现了现代冷冻车。这是古斯塔夫斯·F. 斯威夫特为了把他的工厂处理好的牛肉从芝加哥运往波士顿，雇用了当时最杰出的冷冻工程师安德鲁·J. 蔡斯设计而成的。19 世纪 80 年代又是关键性的年代。

可是，并不是冷冻车才使得斯威夫特成为大量并全年生产易腐坏产品的创始者。[23]他之所以成为第一家现代肉类加工业制造厂商是因为他首先认识到，为了贮藏肉类并及时运到零售店，必须建立一个分配网络。他是第一个建立结合的企业以协调大量肉品的流动——从采购牲口经过屠宰或拆卸过程，并经过分配而到零售店和最终消费者——的人。

斯威夫特原是新英格兰的一名肉类批发商，当他于 1875 年来到芝加哥时，几乎所有运往东部的肉都是以"活牲口"的形式运送的。西部的牲口用牲口车经由铁路运交当地的批发商，由批发商屠宰后分配给零售店。如果能在西部屠宰，然后把整理好的肉运到东部来，显然可以节省许多费用。因为在一条牲口身上，有 60% 是不能食用的，而且在运往东部的路途中，牲口会减轻重量，且经常死亡。此外，如果能在芝加哥和其他西部城市集中屠宰，可以采用大量生产的连续作业，这样不仅可以降低单位成本，而且还能更充分地利用副产品。

为了实现他的策略，斯威夫特于 1878 年开始实行冷冻运输，他不仅集中精力改良冷冻车，并且也建立分支机构的网络，最先是在东北部建立，1881 年后就遍及全国各地了。每个分支机构包括冷冻贮藏所、销售办事处和一名推销员,他负责向肉类零售商、杂货店,及其他食品店出售和发货。不久,斯威夫特又在其分配和销售网络上增加"零担分配"营业项目,把处理好的肉用小袋包装,由冷冻车分配到市镇和乡村。

在执行其计划时,斯威夫特遇到了最顽强的反对。当时铁路运输牲口到东部的收入要比运输谷物的收入多,为了保住这宗生意,铁路界拒绝制造冷冻车箱。当斯威夫特开始自己制造时,东部干线协会拒绝拖运。斯威夫特只好利用未加入此协会的大干线把他的冷冻车往东部拖运。与此同时,他还得和当地肉类批发商的联合抵制进行斗争,后者于1886年成立"全国屠宰商保护协会"来反对这种"托拉斯"。这些肉类批发商企图利用人们不愿吃在几天甚至几个星期以前,远在1 000英里之外屠宰的肉的偏见。

但是,价廉物美的优势终于使斯威夫特战胜了重重的反抗。虽然斯威夫特确实曾依靠广告来反驳对其产品的偏见,不过很明显,他之所以能赢得市场是因为他做到了价廉物美,而后者又是通过大量生产和速度,以及仔细安排产品流动才成为可能的,一旦市场有了保证,斯威夫特就必须扩充生产设备,以便满足需求。他通过细分屠宰作业,以及采用流动的"拆卸线"来提高他的工厂通过能力的速度。在19世纪80年代和90年代早期,斯威夫特公司在靠近牲口产区的六个城市建立新的肉类加工厂。该公司接着又买进邻近的牲畜围场的股份,公司采购部门的人员在这里变成了大量采购牲畜的专家。

其他的厂商都认识到,他们如果要在全国市场上与斯威夫特竞争,除了仿效他的作业法外别无他途。1882年末,芝加哥的菲利普·D. 阿穆尔和底特律的乔治·H. 哈蒙德都开始建立堪与匹敌的分支机构网络，和斯威夫特展开了争夺沿铁路线最好场所的竞争。芝加哥的纳尔逊·莫里斯和奥马哈的卡达希两兄弟也在 19 世纪 80 年代中期建立了类似的网络。[24] 19 世纪 90 年代早期，当斯沃特谢尔德和苏兹贝格在纽约的公司建立了堪与匹敌的、全国性的结合企业之后，寡头垄断的局面才告完成。除了哈蒙德因在 1886 年死去而外，所有这些企业都扩大了它们的加工设备，在西部其他城市建立了新的肉类加工厂，买进牲畜围场的股份，并扩大了它们的冷冻车队。进入 90 年代以前，少数几家极大的、结合的肉类加工公司支配了整个肉类加工业，直到进入 20 世纪相当一段时间仍然如此。

运输系统的改进也促使几家啤酒酿造厂进入全国性的市场。19 世纪 80 年代，新的增加空气的麦芽酿造程序使速度加快，并改善了对啤酒生产过程的控制。与此同时，可以控制温度的大罐车的发展，使得产品在全国分配成为可能。19 世纪 70 年代，啤酒酿造业者只能在其工厂附近贩卖其产品，依靠流动推销员以整桶方式卖给批发商。19 世纪 80 年代，密尔沃基的帕布斯特、施利茨和布拉茨，圣路易斯的兰普和安休瑟（能干的阿道弗斯·布希在 1880 年接管了安休瑟的企业）以及辛辛那提的莫林都开始建立全国性的分配网络，并利用广告代理商打入全国的市场。例如，1879 年初，帕布斯特只是在芝加哥附近有一个分支机构。同年就在堪萨斯城成立了第二个分支机构。[25] 而从 1881 年到 1894 年间，该公司已在全国各地成立了 30 多个分支机构。虽然帕布斯特在某些城市仍然利用批发商，但经由负责贮藏、分配、销售和广告事务的公司在各地分支机构所做的生意却愈来愈多。1887年，帕布斯特更进一步租用零售酒店和旅馆小卖部来扩大营业。[26]在同一时期内，帕布斯特和其他全国性的啤酒商也扩充了他们的采购机构，以便按明确的规格大量采购高质量的麦芽、大麦、大米、蛇麻子和其他原料。他们还建立制桶工厂，购买林地。到了19世纪90年代，也和肉类加工厂一样，这些结合企业已跻于世界最大公司的行列了。

肉类加工业和啤酒酿造业中，大型结合企业的成长过程，和包装的、半易腐坏产品生产中先驱者企业的情况相似。结合企业的兴起以及随之而来的工业的改组几乎是在同一时间发生的。这些先驱者公司长期以来在各自的工业中保持着支配地位。上个世纪80年代时主要的肉类加工厂和啤酒酿造厂的名字直到今天仍为人们所熟知。在这两个工业中，新的特大企业都是从内部筹措资本的。庞大的营业额和流量所产生的现金流量几乎提供了流动资本和固定资本所需的全部资金。正如半易腐坏食品工业中新的企业家式的企业一样，肉类加工厂和啤酒酿造厂的创业者及其家族一直拥有着几乎全部股份。[27]即使是斯威夫特公司，虽然也发一些股票给那些加入公司成为分支机构的批发商，但斯威夫特及其家族仍然保持了对他们公司的完全控制。这些公司后来又成了分配类似产品——乳制品、香蕉和更往后的冷冻食品——企业的模型。

需要专门销售服务的机器制造厂的结合

不经过批发商的另一些制造厂是那些制造新近发明的机器的厂商，这些机器是通过制造和装配统一规格的零件而进行大量生产的。这些机器制造厂产品的市场需求程度甚至比对肉类加工业和啤酒业产品的需求更大。机器制造厂商知道，要想大量销售他们的产品，仅仅依靠集中的广告宣传和流程的协调是不够的。他们的新型复杂的产品必须事先进行示范表演，然后才能销售得出去。售出之后则需要机械专家的服务和修理。同时因为机器比较昂贵，购买者通常只能以信贷方式购买。一些独立的批发商很少能够或者愿意提供此种示范表演、维护、修理和消费者信贷。

需要对顾客进行密切和持续服务的机器可以分成两类。缝纫机、农业机械和办公机器与目前的耐用消费品相似，虽然它们主要是被买去用于生产产品和劳务，而不是为最终消费者所消耗。这些产品均以高速度进行生产，通常一星期几千台，销售对象是个人和商业公司。第二类机器包括升降机、泵、锅炉、印刷机和各式各样的电气设备，它们都是生产者消费的产品。这些复杂、庞大、标准化的机器需要专门的安装、销售、修理和长期信贷。在上一世纪80年代，这两类机器的制造厂先后首创或采用系统化的工厂管理新法以开始扩大产量。它们的产品均在全国的和世界的市场上销售，它们在该年代内建立或改组了广泛的市场营销机构。

第一个建立自己营销机构的、大量生产的机器制造厂商是缝纫机制造厂。[28]在19世纪50年代早期，缝纫机就已经能够进行商业性生产了，但是缝纫机制造厂一直等到1854年专利诉讼获得解决并成立了专利同盟之后才得以开始大量生产。法庭的胜利者伊莱亚斯·豪坚持共同的专利应该向24家厂商开放。可是，缝纫机工业在一个短时期内就由首先建立起销售网络的三大公司——惠勒和威尔逊公司，格罗弗和贝克公司，以及 I. M. 辛格公司*——所支配。这些制造厂最初依靠一些专职的，但独立的代理商负责在他们各自的地盘内销售，这些代理商接受微薄的薪水，主要靠佣金收入。但是这些代理商缺乏技术知识，无法进行适当的产品示范操作，也无法服务和修理。这些代理商也不能提供信贷，如果顾客是以分期付款方式支付这些较为昂贵的产品，提供信贷将成为一个重要问题。

作为一种解决办法，格罗弗和贝克开始建立拥有并经营商店或分支办事处的公司来提供这些服务。到 1856 年时，他们已在十个城市设置了这种所谓的分支办事处。㉙该年，伊萨克·梅里特·辛格决定仿效。惠勒和威尔逊公司马上也采取同样步骤。到了 1859 年，辛格公司已设立了 14 家分支办事处，每家有一名女性示范操作员、一名机械师负责修理和服务，一名推销员或兜揽员推销缝纫机，另外还有一名经理负责监督他人，以及处理收款和信贷事宜。然而，因为物色人和进行培训需要花费时间，所以这三家公司主要还是依赖佣金代理商来销售它们的产品。代理商的迅速选定以及分支办事处的建立，使得这三家公司得以支配该行业。1860 年，它们的产量已占缝纫机工业全部产量的 3/4，惠勒和威尔逊公司在该年生产了 85 000 台，其他两家公司各生产了 55 000 台。㉚

1860 年后，辛格公司比其他两家公司更积极地致力于用分支办事处（它受专职支薪的地区代理商的监督）取代地区分配经销商的工作。随着时间的推移，辛格公司的合伙人和智囊团人物爱德

* 旧译胜家公司。——译者

华·克拉克愈来愈相信自己设置销售队伍的价值。独立的代理商难以提供必要的销售服务,也不善于保持适当的存货。他们只是等到存货快完时以电报拍回大量订单,催促立即交货。他们似乎总是处于不是存货过少就是存货过多的情况。此外,代理商在把货款汇回总公司时,老是一拖再拖,十分缓慢。

因此,克拉克经常注意物色他能加以雇用作为支薪的"总代理商"或地区经理的人,以便委派他们监督现有的分支办事处和设立新的分支办事处。如果物色不到这样的人,克拉克就继续依靠独立的代理商;但是他坚持这些经销商必须设立类似于公司所属的分支办事处。

1876 年,辛格死后一年,克拉克升为董事长,他决定全部取消国内外的一切代理商。到那时为止,设在纽约和伦敦的辛格总公司对独立分配商的分支办事处没有什么监督,事实上对自己的支薪代理商的监督,也只不过是稍好一点儿。没有采用任何有系统的或标准的方式进行销售。在销售、会计、信贷政策,以及程序等各个方面均缺乏一致性。管理协调的方法还不完善。此外,1856 年的专利同盟将于 1877 年期满失效。在该年以后,辛格公司在国内也将和它在国外长期所面临的情况一样,必须在没有专利保护的条件下与别人进行竞争了。

克拉克和乔治·罗斯·麦肯齐紧密合作,逐渐改组辛格公司的销售和分配网络并使之合理化。麦肯齐是个苏格兰人,曾帮助建立辛格公司的海外销售组织,后来继克拉克而成为公司的董事长。首先,他完成了以支薪经理管理的地区办事处来取代独立的代理商这项工作。然后他在各地设立相似的分支办事处,其中包括兜揽生意的人员、修理人员和会计。此种分支办事处在英国尤为成功，而辛格公司在英国从未享有专利保护的特权。[31]此种网络提供了积极进取的销售活动、可靠的服务和修理，以及对信贷和收款的周密的监督；它也保证了从各地到伦敦、纽约和汉堡总公司的稳定的现金流量。

在紧接着 1878 年后的一段时期内，克拉克和麦肯齐完善了监督和评估这一分支办事处网络的程序和方法。[32]在美国，有 25 个不同地区的总代理机构要向纽约的总公司报告。英国则有 26 个地区销售机构向伦敦总公司报告。中欧和北欧则有 23 个以上的经理向汉堡总公司报告。在欧洲其余部分、非洲和近东地区另有 9 个经理向伦敦总公司报告，拉丁美洲、加拿大和远东地区则由纽约总公司负责。[33]

销售组织的扩张和改革使得辛格公司的销售额稳定增长，这又使得工厂的日产量和企业规模日益扩大。1874 年，该公司在新泽西州的伊丽莎白港建立了远超过当时平均规模的全球最大的缝纫机制造厂。19 世纪 80 年代，该厂的规模继续扩大；但是 1885 年，该公司又在苏格兰格拉斯哥近郊的基博威建立一厂，其产量比新泽西厂更大。该厂每星期能生产 10 000 台缝纫机，当时是为了取代建立于 1867 年的一座较小的苏格兰厂而修建的。修建这两个大厂的目的是为了改善生产和分配间的协调。因为从美国工厂来完成日益增多的欧洲的订单——先是几百张，后来是几千张，变得愈来愈困难。延迟交货成了丧失订单的主要原因。例如，1866 年，辛格的伦敦总公司的经理抱怨说，无法如期交货“严重地损害了”该公司在英国的生意。[34]辛格公司的一切资本设备——两家大工厂、印第安纳州南本德的小型机壳厂和奥地利的铸件厂——都是用当时的盈余建立的。

这些年中需求量的增加，促使辛格公司扩充了它的采购作业，并使之系统化。19 世纪 90 年代，该公司具有了自己的林地、炼铁厂和一些运输设备。这些财产也是用来自销售机器的、宽裕的现金流量支付的。事实上，该公司经常有盈余，公司用以投资铁路和政府债券，甚至也向其他制造公司投资。不管是局内人还是局外人，都认为辛格公司的成功在于其销售机构的完美和能力。[35]

组织机构的完善化，看来也是一家主要的机械收割机——最复杂的农业机器——制造厂取得成功的一个关键因素。根据麦考密克家族的第三代，赛勒斯・H. 麦考密克对其家族公司——麦考密克收割机公司——历史的详尽记载，该公司所以能于 19 世纪末收割机制造业中居于领导地位，是由于其祖父"得到了最好的管理组织的支持"。[36] 19 世纪 50 年代铁路和电报的迅速扩展，使得收割机和其他农业机器的发明者能够首次建立相当大的工厂。在销售其产品时，赛勒斯・麦考密克和他的竞争者奥贝德・赫西、约翰・H. 曼尼及刘易斯・米勒，都和缝纫机厂商一样，最初依靠地区代理商或批发商。代理商接受少量的薪水，通常每周两美元，加上 5%～10%的佣金。他们完全负责所在地区的销售事宜，他们又雇用再下一级的副代理商或经销商负责进行实际的销售、提供服务和修理、发放信贷以及监督收款。麦考密克与其竞争者不同之处在于：他通过"巡回代理商"和经常的通信来实现对他的批发商的更严密的监督。

19 世纪 70 年代晚期，有两个因素促使麦考密克对他的销售组织实行集中化。首先是长期的经济不景气,加强了更有效的控制存货、收款和销售人员的需要。其次是已发展出一种比收割机更复杂和昂贵的收割捆扎机,需要更强有力的销售服务力量。因此,差不多就在克拉克和麦肯齐开始逐渐淘汰其独立的批发商的同时,麦考密克决定以支薪经理来取代其地区代理商。当时,该公司大约有 50 个代理商集中在中西部和平原区各州。

在改组中,曾由批发商所雇用和监督的副代理商现在变成了特约经销商。这些经销商通常都是当地的同业公会会员、店主和类似的人士,他们与公司直接签订合同。合同中规定经销商在销售机器、备用零件、线材(后来又包括双股线材)方面的责任。通常还要求经销商只销售麦考密克一家公司的收割机,但容许销售其他厂商其他类型的工具。

地区办事处经理的主要任务是严密监督经销商的工作。他也要管理对客户的信贷发放、收款工作和当地的广告事宜。地区办事处有许多推销员帮助经销商进行工作,不过推销员常常都是自行销售。最后,地区办事处还包括受过训练的机械师,他们装配由工厂运抵的机器,进行示范操作,并在需要时提供维修服务。19 世纪 80 年代中期,公司雇用了 140 名这种"外埠专家"。在收获季节时,工厂通常总要缩减生产,派出技术人员到分支办事处去帮助进行服务工作。

通过地区办事处网络的建立,麦考密克开创了一种新的做法,即形成一套销售组织来支持进行零售业务的特约经销商,这和辛格公司在发展它的由公司拥有并经营的分支零售店网络中的创新极为相似。当公司的销售范围扩大到中西部和平原区各州以外时，在这些地区麦考密克只有继续利用独立的批发商。可是，到1885年时，甚至连这些批发商也已被支薪经理和职员所取代。19世纪80年代和90年代，麦考密克开始向欧洲、澳洲和新西兰的小麦种植区扩大海外的销售。[37]不过直到19世纪90年代晚期，国外的销售业务主要还是依靠当地独立的批发商。和辛格公司的情况一样，销售网络的扩充使得工厂产量增加。从1879年到1886年间，机器产量每年都增加13 404台到25 652台。1891年，产量达到76 870台。[38]为了保证原材料稳定流入工厂，公司使采购工作系统化。为了满足公司每年1 000万英尺的梣木、山核桃木、栎木和杨木的需要，公司于1885年开始在密苏里州和亚拉巴马州购买林地和锯木厂。

19世纪70年代晚期和80年代，制造收割机和其他较昂贵的农业机器的其他厂家开始建立或扩充类似于麦考密克公司的销售组织。[39]沃尔特·H. 伍德公司、D. M. 奥斯本公司、威廉·迪林公司（它们生产新的苹果采摘包扎机），以及沃德—布什内尔—格莱斯纳公司曾荣获最优产品制造商称号，都建立了全国性的分支办事处网络。J. I. 凯斯打谷机公司和三大耕作机厂家——约翰·迪尔公司和莫林耕作机公司，这两家均是伊利诺斯州莫林市的公司，以及伊利诺斯州罗克福市的埃默森·布兰廷翰公司——也跟着照办。为了能更充分地利用其销售组织，这三大耕作机厂家很快又转向销售其他较不复杂的工具，包括钻机、送货车、割草机和喷洒器。和麦考密克制造厂一样，所有这些公司在19世纪90年代开始向后结合而购置林地，甚至矿山，对收割机公司而言，则还包括麻线工厂和大麻种植场。

新发明的办公机器的大量生产和大量分配的结合过程与缝纫机及农业机器的情况极为相似。磅秤、书信复写器、打字机、现金收入记录机、加法器、油印机、计算器等产品，如果要大量生产，都必须建立庞大的销售组织。因而这个领域中最早的几家公司长期以来都保持着支配者的地位。

第一个大量生产早期商业机器的厂商——佛蒙特州圣约翰斯伯里的费尔班克斯——的经历和麦考密克的经历相同。费尔班克斯是磅秤制造商，磅秤是货品装运和销售所不可缺之物，他于19世纪50年代开始通过地区代理商进行销售。[40]他和麦考密克一样，以"巡回代理商"来严密监督他们的活动。南北战争之后，该公司建立了地区分支办事处网络，各分支办事处由支薪经理、"磅秤专家"和兜揽人员组成，负责销售机器，提供消费者信贷和持续的服务，并且确保货品稳定地发交顾客和及时收回贷款。为了充分利用其销售组织，该公司发展出了这些机构能够销售的、广泛的产品系列，包括书信和提单复写器、仓库搬运车和"钱柜"（现金收入记录机的前身）。

制造打字机和现金收入记录机的先驱公司是在19世纪80年代建立其销售组织的，和费尔班克斯公司相比，它们更为依赖兜揽人员和类似辛格公司的小型分支机构。国民现金收入记录机公司的约翰·H.帕特森把他的公司在1884年以后的迅速成长（以及随之而来的整个该工业的发展）归功于其销售力量的强大、推销人员的训练和胜任，以及销售组织提供信贷和服务的能力。[41]

雷明顿的经历最能说明建立广泛的销售组织对于大量销售新办公机器的必要性。[42]南北战争即将结束时，雷明顿和纽约第一批大量生产现代后膛装填的来复枪公司之一的伊龙父子公司开始寻找在枪支以外能应用其专门的金属加工制造设备和技术的产品。1865年，他们开办雷明顿兄弟农业机器工厂制造割草机和中耕机，由于他们不着手发展销售组织，公司最后倒闭。接着，他们和一个以前是辛格公司的高级人士合作制造改良的缝纫机。结果，他们又失败了。产品是呱呱叫的，但是，正如研究雷明顿公司历史的史学家所指出："销售又是另一回事"。他们曾试图很快地建立起有效的销售组织，不过没有得到什么成功，而如果没有这种销售组织，雷明顿是很难与辛格公司及其他已建立的公司一争长短的。

1873年，打字机的发明人克里斯托弗·L.肖尔斯找到雷明顿，要求他们的伊龙厂制造其打字机。这次他们的行动更为缓慢，最初是通过费尔班克斯公司的销售网络进行销售。1881年，市场证明打字机甚为畅销，雷明顿便雇用了一小批人来推销产品。由于这批推销员都是集中于国内市场，雷明顿想要辛格公司在海外市场代销其产品。但是辛格公司予以拒绝，于是只好自己建立海外的销售组织。1886年，枪支生意和其他买卖都发生了困难，造成了雷明顿枪支公司的破产。那些正在发展打字机销售组织的人便买进该公司生产打字机部分的股份，成立一新公司——雷明顿打字机公司。[43]该企业很快就取得了和辛格公司及国民现金收入记录机公司同样的成功。同时也出现了许多竞争对手，但是只有建立了类似的销售组织的安德伍德公司和瓦格纳打字机公司才能算是主要竞争对手。

正如所有新的、大量生产的机器公司的经历所强调那样，只有当它们建立了庞大的、多单位的销售组织以后，它们才能实现大量销售。它们的产品都是新的,操作和维护都较复杂,而且都比较昂贵。现有的经销商都不了解这些产品和制造商。也没有哪个经销商具有提供销售后的服务和修理的设备。而且也几乎没有人愿意承担分期付款出售的风险,而分期付款乃是这些机器制造商不得不采用的推销手段。门外汉也无法严密监督收款工作,这是确保持续的现金流量所必不可少的,而这一点又是健康的企业财务所赖以建立的前提。最后,通过利用统一的销售方法,和定期把一支全国范围的销售力量的成员召集在一起,比较不同的销售机构的活动和业绩,这种单一的、集中控制的销售部门可以发展出更有效的销售方法。它还可以经常获得有关需求和顾客需要方面不断变化的信息。

分支销售办事处、工厂,以及工厂采购组织之间的密切和不断的联系,使得有可能安排大量货品自原料供应商直到最终消费者的流动,从而使制造设备能够得到比较充分和稳定的利用。这样也就保证了稳定的、流向总公司的现金流量。如果各个的独立的企业分别处理供应过程、制造过程和销售过程中的一个阶段,这种协调工作就极为困难。需求量的稳定和增加,在某种程度上是由积极主动的销售队伍的努力所造成的,这又造成了对生产的压力,使生产速度加快,而生产速度的加快是通过机器、工厂设计和管理的改善来达成的。生产速度的加快又降低了单位成本。速度和规模的经济性,以及全国性的,常常还是全球性的销售组织,给予了这些先驱者公司以巨大的竞争优势,使它们易于继续保持它们在各自工业中的支配地位。

对于制造新的、技术上先进且比较标准化的机器(这些机器出售给其他厂商以用于他们的生产过程)的厂商来说,情况也完全一样。由于这些产品更为复杂和更为昂贵,除了应更为注意销售后的服务和修理而外,还需要专门的安装技术。和在大众化市场上推销小型机器的人员相比,这种厂商的销售队伍需要受过更为专业性的训练。它们的推销员通常都有机械工程的学位。当这些工业中的企业开始建立它们的全国性和全球性的销售队伍并使之合理化时,又是19世纪80年代的十年。

在为全球市场大量生产和大量销售的企业中,一个极好的例子就是制造新近发明机器的厂商(这类机器是用来生产、输送和利用电力产生动力和光的)。威斯汀豪斯公司、汤姆森—豪斯顿公司和爱迪生通用电气公司(后两者于1892年合并成通用电气公司)的推销员对于其设备的技术特性的了解要比多数顾客多。[44]此外,很少有哪个独立的批发商能够切实掌握不断在迅速改变的新技术。再加上触电和火的危险性,使得这些公司的产品安装、服务和修理,都必须由公司的受过训练的支薪员工担任。财务上所牵涉到的数额也很大,通常都需要大量的信贷,这是独立的批发商所无法提供的,为了建立其机器的市场,汤普森—豪斯顿公司和爱迪生电气公司,以及威斯汀豪斯公司(在较小的程度上)开始为建立新的、地方的中心电厂筹措资本。

在生产电力设备最初几年中,技术发展得甚为迅速。协调销售部门、生产部门和采购部门之间的工作,并不局限于安排材料的流程。推销员、设备设计人员、高层管理人员必须经常接触,使市场需求和技术的改良协调起来,以便产品能以最低的单位成本进行生产。这样也就进一步减少了独立的销售代理商取得销售该类产品的必要技术的机会。

生产以电器为基础的产品的其他制造厂商在同一时期内，也发展了类似的、具有全世界的分支机构网络的销售组织。这些企业包括西方电气公司，它是美国贝尔电话公司的子公司，生产电话和实行电话中继转播所需用的器材；约翰逊公司，生产电车轨道和开关，以及奥蒂斯升降机公司。[45]奥蒂斯公司创立于1854年，当它于1878年制造出第一套供商业大楼使用的高速液压升降机后即开始扩充业务。电力(它是一种适应性强的能源)的来临，促进了该公司发展它的市场。19世纪80年代，奥蒂斯公司建立了分支机构网络，使它得以支配海内外市场，这种情况一直保持到进入20世纪相当一段时期，直到威斯汀豪斯公司成为其主要竞争对手后，才告终止。

其他标准机器制造商也在19世纪80年代建立了类似的组织。[46]其中包括巴布科克和威尔科克斯公司，它是蒸汽锅炉和蒸汽机制造厂，1881年成立，部分依靠辛格公司用利润进行的投资。另一家是亨利·R.沃辛顿公司，它是全世界城市上、下水道系统的泵和液压设备制造厂。同一年代中，林克—贝尔特机器公司(输送机和传动机的制造厂)和诺顿公司(砂轮和砂轮机制造厂)都建立了广泛的销售和采购网络。当然，建立类似组织的还有其他一些厂家。

这些对于美国农业、商业和工业的机械化有着重要影响的各种新机器的制造厂商，他们几乎是在同一时期以同一方式建立起相似的结合企业的。这些生产耐用产品的企业的组织、经营和资本筹措情况与半易腐坏产品及易腐坏产品的大量生产和大量分配中的先驱者公司的情况相似。几乎所有这些机器制造厂都是在19世纪80年代那个十年中或者建立了，或者完善化了它们的销售组织，以及它们的采购组织。几乎在所有情况下，生产仍然集中在少数大厂手中。为了管理其多功能的企业，它们建立了类似的集中的而且在职能上划分为部门的组织结构。它们与易腐坏产品及半易腐坏产品制造厂的不同之处是其采购组织较小。新的缝纫机、农业机器和办公机器的制造厂是向后结合以控制原料和半成品的供应，不过这在电气设备制造厂和其他重型机器制造厂中比较少见。和生产易腐坏产品及半易腐坏产品的制造厂一样，这些机器制造公司都是从内部筹措资本。现金流量辅以当地商业银行的短期贷款即足以提供所需的流动资本和固定资本。在建立这种全国性且常常是全球性的网络时，他们并不需要到资本市场去寻求长期信贷。惟一的例外是那些开始为修建中心电厂筹措资本的电气设备制造厂。因此，除了这些大的电气设备公司而外，其他的机器制造公司都保持了完全由创业的企业家、他们的家族，或一小群合伙人所控制的局面。

所有这些先驱者公司都继续支配着各该工业长达几十年的时间。管理上的协调促使成本降低，并使厂商能与市场直接接触。由于它们产品的技术复杂（尤其是那些出售生产器材者），使得它们的由受过训练的工程师和其他技术专家所组成的销售组织，成为比那些生产用于即时消费的消费品的制造厂的销售部门更为强有力的竞争武器。它们的产品及其生产过程的这种特性，促使公司指派一些技术人员集中精力改进产品及其生产过程，这样一来，又导致了第一批正式的工业研究部门的形成。[47] 正如易腐坏产品及半易腐坏产品生产中第一批结合企业所经历的情况一样，机器制造公司马上就遇到了竞争者。但是如果要和已建立的公司竞争，就必须建立堪与较量的全国的，常常还是国际的销售网络。而且在竞争中，新的企业必须在其组织能生产出够规模的产量以减低价格和提供高额现金流量，或发展出自己的销售专家和研究技术人员之前，就要把客户争取过来。只有极少数竞争者能够在国内和国际市场上占有颇大的份额。这些工业很快就变成且保持为寡头垄断或独占垄断的局面。

当大量生产标准化机器的制造厂、易腐坏产品的加工厂，以及那些大量生产小袋包装的低价产品的制造厂，借助于生产和分配的新技术以空前的规模制造产品，致使批发商或其他中间商无法提供所需的销售服务之时，它们就把这些分配商的活动内部化了。这样而形成的企业，大部分都集中在食品工业和机械工业中，它们是当时最先出现的，通过管理来协调全国的，事实上也是全世界的产品流动的工业公司。它们可列入世界第一批现代多国公司的行列。它们的产品常常是新的。这种情况不仅发生在缝纫机、农业机器和办公机器的制造上，也出现于香烟、火柴、早餐麦片、炼乳和汤料、胶卷和柯达相机，甚至在 1 000 英里之外进行屠宰和处理的新鲜肉品的加工上。在所有这些新工业中，先驱者企业保持了支配的地位。由于它们是美国最先出现的大企业，因而规定了许多管理方法和程序。因此，它们的形成、组织和成长，对于美国工业乃至整个经济的发展和结构，都有着重大的影响。

追　随　者

19 世纪 80 年代的先驱者马上就有了仿效者。可是，庞大的、结合的工业企业一直到1900年后仍然只是一些个别现象。几乎所有的美国制造厂商,包括那些使用新的大量生产技术者,仍然继续利用现有的商人来销售和分配他们的产品。生产消费品的厂商也仍然依靠批发商,且愈来愈依靠大零售商。而制造生产器材的厂商则继续依赖工厂的代理商和其他类似的中间商。

19世纪90年代采取纵向结合策略的公司,其理由和19世纪80年代的先驱者公司的情况一样:中间商无法提供其营销需要。此外,一些多年来现有商人能够很好地为其服务的公司也开始建立自己的销售和采购组织。这些企业主要是金属生产公司和金属加工公司,由于技术和组织的改良,它们的产量达到了前所未有的水平。

由于这些原因,19世纪90年代通过建立自己的销售和采购网络而扩大的公司仍然集中在食品工业和机械工业中。19世纪90年代,安德鲁·J.普雷斯顿创立了可与肉类加工业的分配系统相媲美的冷冻分配网络,在全国市场销售香蕉。[48] 1899年,他的公司(波士顿水果公司)变成了联合水果公司的核心企业,后者除了分配系统外,还拥有冷冻轮船队以及在加勒比海区域的广大的种植园。在同一时期内,威廉·里格利和阿萨·坎德勒亦遵循美国烟草公司和老人牌麦片公司的模式在口香糖和饮料行业中创立巨大的工商企业。芝加哥的里格利是靠把大量生产与全球的销售组织和一个供应部门相结合而在口香糖业致富,其供应部门是全世界糖胶橡胶*最大的采购者之一。[49] 亚特兰大的坎德勒以同一方

* 一种产于中南美的制口香糖的树胶。——译者

式制造和销售可口可乐而成为百万富翁。可口可乐的成功是由于它做到了直接向药房和其他零售店大量销售浓缩的可口可乐汁，而不是以瓶装成品的方式出售。[50]该公司很快就成为一结合企业，拥有全球性销售队伍和采购组织，后者具有自己制桶工场。此外，该公司又开始建立分支加工厂以供应国内外的边远市场。

机器制造业的情况也一样。生产新发明的办公机器的制造商仿效了雷明顿打字机公司和国民现金收入记录机公司的先例。19世纪90年代末期，发展了油印机的迪克公司开始在全国范围内销售其产品。1900年前后，威廉·S.巴勒斯开始大量生产和大量销售其加法机。该结合企业从一开始就支配了市场。[51]在下一个十年中，一家时钟制造业的先驱者厂商和一家计算及列表机制造业的先驱者厂商也建立了类似的组织。这两家公司在1911年合并而成计算—列表—记录器公司，它是国际商用机器公司(IBM)的前身。可以满有根据地说，所有的办公机器——从打字机到静电复印机——都是从一开始就经由庞大的结合企业进行生产和销售的。

19世纪90年代，生产大的、复杂的、标准化机器的厂商就建立了与电器公司和奥蒂斯公司相似的销售组织。这些公司包括英格索尔·萨金特钻机公司(它在1905年与兰德公司联合而成英格索尔—兰德公司)，生产新型排字机的默根特勒行型活字铸造机公司，和制造压模、冲床及类似机器的布利斯公司。[52]此外，还有欧文斯制瓶机器公司和克朗·科克—西尔公司。[53]迈克尔·J.欧文斯在爱德华·D.利比的玻璃工厂发明了制瓶机器，到1900年时，其机器完成了全自动高速的制瓶程序，而由克朗·科克—西尔公司提供封口装置。

19 世纪末，有少数长期以来依靠批发商或工厂代理商销售其产品的公司也开始建立他们自己的销售组织。金属生产工业和金属加工工业的厂商——他们通过利用改良的技术、工厂设计和科学管理方法而带来了稳定的产量——是属于首批采用这种策略者。19 世纪 90 年代晚期，枪支制造商如温切斯特、科尔特和雷明顿，都开始设立少数自己的地区销售机构来和批发商和零售商保持联系，以改进交货的安排，并更主动积极地开展广告宣传。[54]在同一时期前后，锁和建筑五金的最大厂商耶鲁和汤制造公司、沃尔桑表厂和其他钟表制造商，以及管件固定装置的制造商克兰公司等，也都建立了同样类型的多功能企业。

19 世纪 90 年代，一些最主要的钢铁厂和金属加工厂开始以分支机构的支薪推销员来取代负责和少量客户打交道的独立的工厂代理商。沃什伯恩和莫恩公司和特伦顿制铁公司(两者均是有名的线材制造商)都建立了几个分支销售机构。[55]同一时期中，第一流的钢铁厂——卡内基公司，以及像卢肯斯钢铁厂这样一些较小的公司，也在进行这一工作。[56]在卡内基公司中，这些销售经理和那些仍然实行佣金提成的代理商，每个星期要向亚历山大·皮科克报告，皮科克于 1893 年被任命为公司的总销售代理商，他密切注意销售情况和存货变化，以便改善卡内基工厂内产品的流动和安排，并提供需求变化和竞争者动态的信息。在同一时期内，前面提到的两家线材公司和卡内基公司开始扩充其采购组织，实现了向后的结合。

对这三家公司来说，也和其他大的金属生产企业和金属加工企业一样，这种扩充以及向前和向后结合的开端，很快就导致了与竞争者的合并。到1901年时，这三家公司都成了庞大的美国钢铁公司的一部分。19世纪90年代，联合及合并正在成为扩充规模的主要途径。这个经验是美国制造业所依循的另一种成长过程的一部分。

第十章　经由合并的结合

联合与合并

美国的制造公司以两种方式变成大的、多单位的企业:通过增设销售和采购机构,或者通过合并。第一种方式体现了纵向结合的政策。第二种方式,几乎总是横向结合策略的表现。前一方式的目的是要通过协调几个经营单位的工作以降低成本和提高生产率来增加利润。后一方式的目的则是要通过控制每个经营单位的价格和产量来维持利润。

在美国,横向联合并不是一种在生意上常见而可行的长期策略。开始时以合并方式而变大的公司之所以能够维持利润,只是因为它们在合并之后接着又采取了纵向结合的策略。

几乎所有以合并方式成长的企业都遵循了相同的途径。它们在开始时只是作为一种同业公会而存在,它控制着许多小型制造企业所形成的卡特尔。同业公会接着以合法方式合并而成一单个企业,以托拉斯或控股公司的形式出现。完成了合法的合并之后,跟着来的就是管理上的集中。合并公司的董事会对各个成员公司的制造设备进行合理化改革,并且从一个单一的中央办事处管理扩大后的工厂。最后的步骤就是对销售实现向前的结合,对原料和半成品的采购和控制实现向后的结合。当完成最后一个步骤后,合并的企业就要雇用一批下层、中层和高层的经理来管理、监督、协调和计划其各个经营单位和整个企业的活动。到了这个时候，管理上的有形的手就取代了市场力量的无形的手而协调自原料供应商直到最终消费者的流程。

美国的制造厂商是以不同的速度和不同的方式完成这一过程的。少数制造厂商以谨慎的态度对待这场变革，更多的厂商从这一步走到下一步则是出于对某些特殊和急迫的生意问题作出的反应。有些厂商在比较短的时间中就走完了全过程。另一些厂商则在经过了二三十年之后仍然在徘徊游荡。然而，在美国只有极少数的合并企业可以维持其庞大的规模和利润，除非它们能够沿着这条路一直到达它的正确的终点——也就是说，除非它们能够超越横向结合的策略而达到纵向结合。即使做到了这层，如果合并的企业不是使用大量生产技术行销全国和全世界市场，它们也无法变成并保持为一个强有力的生意企业。只是在这样的企业内，通过管理以协调大量的流量而带来的优势才能提供持续的竞争威力。

在回顾沿着合并途径前进的企业的历史时，有两点是必须记住的。第一，具有全国性规模的合并企业，其出现只是在 19 世纪 70 年代和 80 年代铁路和电报网络充分营运之时。铁路的发达减少了运输上的障碍，使得许多小企业第一次能在全国性市场上竞争。与此同时，电报及随后发展起来的电话使对许多地理上分散的经营单位进行集中的管理成为可能。

第二，一直到 1890 年通过谢尔曼反托拉斯法案之前，事实上应该是说在最高法院对该法案加以解释之前，横向联合并不违背联邦法律。19 世纪 80 年代以前，只有一些定义欠明确和难以执行的不成文法能够对这种卡特尔组织的形成构成一些合法限制。19 世纪

80 年代中，有几个州通过了反垄断的法律。可是，只是到最高法院发布关于谢尔曼法案的决定以后，才能在贸易管制方面采取有效的合法行动以抵制全国性的联合公司。①

美国的制造厂商是在 19 世纪 70 年代开始采取以合并方式成长的最初的步骤的——亦即建立全国性的同业公会控制价格和生产。这样做的原因主要是受到价格持续下跌的冲击。这在 1873 年经济恐慌之后愈来愈恶化，形成了长期的不景气。长期的价格下跌反映了货币供应(包括利用货币进行商业交易的速度)与产量急速增长两者之间复杂的相互作用。② 工业产量的急剧上升是因制造厂商广泛采用了新的工厂生产形式所致。全部商品的批发价格指数自 1869 年的 151 降至 1886 年的 82，农产品在同一时期自 128 降至 68，金属和金属产品则自 227 降至 110。对大多数制造厂商来说，应付产量上升和价格下跌的惟一可行的办法就是形成全国性的同业公会，缩减生产以维持价格。

到了 19 世纪 80 年代，此种联盟已经成了大部分美国产业界正常做生意方式的一部分了。控制价格和生产的同业公会已经出现在一些机械化工业中，包括制材厂、木制品厂、地板厂、家具厂，甚至棺材厂以及那些生产鞋类、马具和其他皮革制品的厂商。同样的情况也发生在炼制和其他基于化学反应的工业——那些生产石油、橡胶鞋类、炸药、玻璃、纸和皮革的厂商——中，以及铸造和冶炼工业——那些生产铁、钢、铜、黄铜、铅和其他金属的厂商——中。此外，在条钢、线材、钢轨、钉、板材等的轧制和各种金属工具和机器的制造业中，也出现了同样的情况。单是五金工业，就有 50 多家不同的同业公会管理着许多生产专业化产品的卡特尔(见

表五)。[3]各种工业都是如此。只有纺织工业、服装工业、出版工业和印刷工业的同业公会较少。

19 世纪 70 年代和 80 年代,制造厂商通过他们的同业公会,设计出了越来越复杂的方法来维持整个工业的价格水平和生产限额。[4]同业公会为不同的厂商分配特定的市场。他们仿效铁路的例子,成立货币联营,参加联营的每个成员均须交出其收入的一定份额。凡销售额低于其配额的厂商将由联营支付其利润的差额,这笔款项系由那些销售额超过其配额的厂商所上交。他们规定了对于做虚假报表或者不提供完整的销售和利润记录的公司要课以巨额罚金。此外,制造厂商的同业公会还和个别批发商和销售代理商以及也是在这些年份中形成的批发商同业公会密切配合工作。

表 5　五金行业中制造厂商的同业公会

19 世纪 70 年代	
螺旋钻、锥	挂锁
门锁	铸造枪托
把手	开槽机器
压制品(普通煎锅和高煎锅)	鹤嘴锄
钻木螺旋	掘地锄头
螺帽、螺栓	大铁锤、榔头
泵	滑车带、T 型铰链
生铁制的大酒桶	绳索
耙子	铁钉
家具五金	图钉
锁	斧头
蛇管	绞衣机
台刨	尺
剪切机	手摇曲柄钻
黄铜制品	吊窗锤

（续表）

19 世纪 70 年代	
餐具	家具脚轮
铰链	车辆五金
凹形器皿（壶、罐等）	锻制铰链
鹤嘴镐	火炉
19 世纪 80 年代	
时钟	木板
车身螺栓	圆锯
马梳	洗涤槽
铁丝	挂锁
污水管，配件	钻孔工具
铲子	自行车金属管
火炉盘	大镰刀柄
锉刀	皮箱锁

资料来源：威廉 · H. 贝克尔的《1870—1900 年，美国五金批发业同业公会》，载《工商界历史评论》，45:18:3(1971 年，夏季号)。本表并不一定全面。这些同业公会来得快，去得也快，行业刊物太少而无法将它们全部记载下来。主要来源是《铁的时代，1873—1880 年》，以及《五金业通讯，1879—1880 年》。19 世纪 80 年代的资料来源更有限，但可看出存在着大量的同业公会。主要的来源是《美国的手工业工人》、《五金业》和《五金商人》。

然而，就像铁路的情况一样，这些制造厂商及其销售同盟者很快发现这种横向联合难以维持。经常会有人采用秘密回扣以杀价，做虚假报表或漏报销售额等办法而增加利润。经常还会出现这样的情况，即：当同业公会看来似乎已有效地稳定了价格之后，厂商就会脱离卡特尔，公开杀价以谋求更多的生意。产业卡特尔失败的原因基本上和铁路的情况一样。协议并不具有合法的合同所具有的约束力，无法由法庭强制执行。

铁路界对这一问题的反应是强烈要求州和联邦立法，以使联营或卡特尔合法化，而这些制造厂商则转而发展对卡特尔成员更为严格的、合法的控制手段。其方法是，该产业的一些最主要公司的老板互相购买对方的股份，并且也买进同业公会内较小公司的股份。股份所有权使他们得以检查同业公会内其他公司的账簿，从而能够更好地执行卡特尔的协议。

但是这种策略也有其缺点。买进其他公司的股份耗资巨大，而且新股东通常还无法肯定他们所看到的账目是否准确。此外，当时公司通常都是合伙制，无法通过购买股份而获得控制权。所以买进股份并不能消除卡特尔的重大缺点。这些同业公会对个别公司的内部管理并无决定权。它们无权决定何处该盖新工厂或者关闭旧工厂或对其进行技术改造。换言之，管理卡特尔的同业公会并不能代替其成员作出日常经营方面或投资方面的决策。它们只是一些在法律上独立的企业的联盟，联盟的成员每周和每月定期会面以制定价格和生产配额而已。

要对联合起来的各公司进行更有效的控制，需要把各成员公司合并而成为一个单一的，在法律上能予以承认的实体。如果这个实体拥有大部分成员公司的股份，新的综合企业的董事会就能对各成员公司的经营活动建立和保持更有力的控制。而且也能够把几个子公司的制造设备加以合并并使之合理化。

能够满足这些需要的、显而易见的、合法的形式就是控股公司，这是铁路界在把各个独立公司加以合并时首先采用的手段。困难之处在于要成立这种掌握其他公司股份的公司需要有州议会的特别法令。由于许多制造厂商都在设法采用这种手段来加强现有的卡特尔组织，他们不愿冒被大众知道的风险，也不敢奢望他们的计划能得到州议员的赞同。

因此，托拉斯就应运而生了。采用这一手段时，许多公司把它们的股份转交给理事会托管，各公司得到等值的信托证券。[5]（成员公司如果是合伙制的，则必须成为股份公司，以便股份能够转让。）理事会然后经过特别授权而发挥管理委员会的作用，它有权对加入托拉斯的成员公司作出经营方面和投资方面的决策。

可是，托拉斯只是一种权宜的手段，它很快就遭到州和联邦法院和州议会的攻击。[6]当时需要的是这样一种普通公司法，它应能允许只需填写少数概要的表格呈请备案并支付规定的费用后，即能成立控股公司。新泽西州议会很快满足了这种需要。在1888～1889年的该届会议上，州议会修改了该州的普通公司法，允许制造厂商在州内和州外购买和拥有其他企业的股份，可以为在该州以外通过买进股票而拥有的财产支付费用。一年后，美国国会在日益高涨的反对产业卡特尔化的浪潮声中通过了谢尔曼反托拉斯法案，明文规定“以托拉斯或其他限制生意的形式的联合”为非法。于是，“新泽西控股公司”立即取代了托拉斯合法地把几个州的许多单一单位的企业的经营设备合并成一个大的、单一的联合企业。控股公司就像早先的托拉斯一样，是一个能够对小型、单一单位、单功能的制造公司的联盟保持更严密的控制的合法机构。这种经由合法合并而成的企业造成了管理的统一和集中，是把这种联盟转变为现代工业企业的第一个重要步骤。

19 世纪 80 年代的合并

在形成合并的 19 世纪 80 年代的十年中，首先由卡特尔转向合法的合并者只有极少数的制造厂商。在这个十年中的所有成功的合并者，除了是以合法的方式进行合并外，还达到了管理上的集中。但是并非所有的合并者都走完了整个过程，亦即超越加工设备管理上的集中步入纵向结合。

虽然托拉斯这个名词被人们广为使用（以区别于同业公会或控股公司），可是我仅能明确的列举出八个曾经在全国性市场上形成并经营的托拉斯。[7] 其中两个——牲口托拉斯和绳索托拉斯——只存在了很短的时间。另外六个——石油托拉斯、棉籽油托拉斯、亚麻籽油托拉斯、糖托拉斯、威士忌酒托拉斯和铅加工托拉斯——则支配了各该产业达数十年之久。成功的托拉斯虽然为数不多，而且都在精炼工业和蒸馏工业中，却都是运用新的、合法的管理方法的先驱，所以它们的历史很值得探究。

这些加工厂——第一批通过合并方式而变大者——与同一时期中经由内部成长而变大的厂商相比，其工艺程序和产品在技术上都较落后。后者之所以建立其现代工商企业，乃是因为采用了大量生产技术或因销售技术复杂产品而引起的销售需要之故。与烟草工业、火柴工业和谷物食品工业相比，精炼工业和蒸馏工业生产技术的发展较快且不突然。其产品在技术上仍比机器制造业的产品简单，通过现有的批发商网络行销并没有什么困难。因此这些企业没有感到必须向前结合的压力。

19 世纪 50 年代和 60 年代时，由于铁路和电报网络的发展，向机器提供热能和燃料的煤也愈来愈多，使得许多小公司也能采用新型大批量和连续作业的精炼和蒸馏方法。产量的骤增带来了价格的下跌。到 19 世纪 80 年代时，采用这些生产方法的厂商为了维持利润，只好限制产量和控制作业程序。

美国第一家合并企业，或者说把许多小型工厂加以合法的联合，就是出现在石油工业中，该工业在 1870 年已经极有成效地掌握了大量生产、资本密集的新技术。19 世纪 70 年代末，在最大的炼油厂（标准石油公司）的带领下，一些主要的加工厂商成立了全国最强大的工业卡特尔之一。⑧其效力之大使它的各成员不再觉得有通过同业公会来管理它的必要。成立标准石油托拉斯的原因，并非如当时所说，是为了要加强对现有的标准石油“联盟”的成员的控制，而是想通过集中化和统一的生产，以及纵向的结合来追求最大利润。然而这个在管理上被合法地集中起来的、新的庞大企业并不是根据一个经过深思熟虑的策略而形成的，它只是出于对不断变化的技术和市场情况的短期反应。

1872 年，当时石油工业已诞生了十年多，一些主要的石油炼油厂商决定采取横向结合的策略。为了控制日益增加的产量和不断下跌的价格。他们成立了全国炼油厂商同业公会。当时全国最大的炼油厂是俄亥俄州克利夫兰的标准石油公司，该公司老板约翰·洛克菲勒敦促成立了炼油厂商的同业公会，他本人成为同业公会的第一任主席。可是同业公会未能控制住价格和生产。洛克菲勒很快便认识到，这种联盟只是“建立在沙丘上的大厦”。他和他的合伙人于是决定依靠大量生产和低成本作业所提供的经济威力来取得竞争对手的合作。首先，他们向湖岸铁路公司提出，如果标准石油公司能够于克利夫兰和纽约市之间每天提供 60 车石油的运输量，湖岸铁路应把每桶运费自 2 美元降至 1.35 美元。铁路总经理马上就接受了这个条件，因为如此大量的、有保证的运输任务将使他能更有效得多地来规划其设备的利用，所以降低运费率也不会造成损失。事实上湖岸铁路公司总经理也同意对其他运送同量石油的油商给予同样的优惠运费率。

标准石油公司接着就邀请先是克利夫兰的主要炼油商，后来又是其他炼油中心的厂商加入此种优惠运费率协定。运输上的控制提供了一项武器，它防止了新竞争者的出现，对于已加入标准石油卡特尔而又想跳出者也构成了一种威胁。即使如此，约翰·洛克菲勒和他在标准石油公司的合伙人——他的兄弟威廉·洛克菲勒、亨利·M. 弗拉格勒、奥利弗·H. 佩恩和史蒂文·V. 哈克尼斯——在将标准石油公司股票和其联盟者的股票进行交换时，仍然谨慎从事。到了 1876 年，标准石油财团已包括了 25 家以上的公司。[9] 1880 年时，公司数目达到了 40 家，当时洛克菲勒及其四个合伙人已经拥有联盟成员公司七分之四的股权。这些公司的代表定期会晤，商定价格和生产计划，然而还没有这样一个中央董事会，它拥有管理各成员公司的经营，或者为整个联盟制定计划和分配资源的权力。

1881 年，这个联盟控制了全国将近 90％的炼油能力，而且显示了它无情地运用其经济威力以贯彻其目的的做法。[10] 不管什么时候，只要联盟认为必要，它就可以轻易地击垮剩下的少数几家生产煤油的炼油厂，或者日益增多的、生产润滑油和其他特殊产品的任何竞争者。

在欧洲，里海附近发现的俄国油田构成了从长远来看的竞争的威胁。这是一个很严重的挑战，因为在1880年时，欧洲消费了美国所生产的全部灯油的70%。[11]为了保持在欧洲市场的占有率，美国炼油厂就必须降低生产和分配煤油的成本。不过在1881年时，这种威胁还是一件遥远的事。连接巴库和黑海的铁路按计划要到1883年才能完成。此后，竞争对手还要花一段时间去建立生产和分配设备。事实上，一直到19世纪80年代晚期，欧洲市场上俄国油的竞争，才对标准石油公司构成了严重的威胁。

促使标准石油联盟巩固其合法的控制和集中其管理的原因是技术而不是市场。其中最重要的技术创新是长距离的原油输送管道。[12]它提供了降低成本的机会，要求联盟应作为一个整体而作出集中的投资决策。

石油工业从一开始就在铁路沿线的石油集散站和终点站利用输油管来聚集贮藏的石油。但是直到1878年才开始修建第一条长距离的输油管。当时，原油生产商所以修建这条输油管，是为了要打破标准石油公司对铁路运输的控制。这些原油生产厂商成立了东弗吉尼亚石油管道运输公司，开始时修建了一条把西宾夕法尼亚州地区(当时是美国原油惟一的主要来源)和雷丁铁路连接起来的输油管。因为雷丁铁路不运输石油，所以它没有同标准石油公司联盟签订协议。尽管标准石油公司全力以赴，力图制止这条输油管的修建，但是该输油管终于在1879年7月建成。东弗吉尼亚石油管道运输公司不久又把该输油管延伸到海岸。起初该公司是将原油卖给新泽西州和宾夕法尼亚州的炼油厂，但不久就建立了自己的炼油厂。

当长距离的输油管线证明甚为有利之后，洛克菲勒及其合伙人便迅速采取行动。他们认识到，以管道运输原油比铁路运输便宜得多，并且管道本身也是极好的贮藏石油的工具。比起铁道运输来，它能使炼油厂具有一个更大和更稳定得多的通过能力。然而，管道只能把原油输送到加工厂，而不能把提炼好的成品送往市场，因此，长距离输油管线的完成，必将导致炼油厂的重新配置，它应处于接近市场的中心地带，尤其是必须处于港口，以便把提炼好的产品运输到巨大的欧洲市场。

这个联盟最初的行动是建立自己的油管，一条从西宾夕法尼亚州往西通往克利夫兰，另一条则从西宾夕法尼亚通往沿海的纽约和费城。这就需要成立一个新的大公司——国民运输公司——来修建和经营横跨全国的管线，并且统一经营现有的聚集和贮藏管线。其投资额高达 3 000 万美元(这是一项可观的大投资，标准石油公司本身的资本额仅仅才 350 万美元)，国民运输公司接管了标准石油财团成员所控制的石油管道运输公司的股份和财产，然后着手修建一个庞大的、跨区域的管线网络。成立这个新的管道运输公司的法律根据是宾夕法尼亚议会于十年前所颁发的一张不甚明确的执照，该执照允许购买本州以外的公司的股权。最初是汤姆·斯科特于 1871 年得到该执照，他于是据以建立了宾夕法尼亚公司的铁路系统。后来该执照被吊销。再后来又被标准石油公司的律师从州政府机关获得。[13]

下一步——合并炼油能力，以便利用新的管线网络——则较为困难。组成联盟的 40 家企业的老板现在需要一个中央权威部门来决定何者应该关闭，何者应该进行技术改造，何处和何时应该建立新厂。⑭为了取得必要的法律依据，其律师力图能再得到一张类似于据以成立新的管道运输公司的、不甚明确的执照，但没有成功。也就在那个时候，宾夕法尼亚州议会正想以在宾夕法尼亚州经营的"外来"公司的名义，对俄亥俄标准石油公司的资产（包括股本和股息）课税。由于反对标准石油公司权力的呼声日益强烈，洛克菲勒及其合伙人不想为了取得控股公司的特殊执照而展开一场同议会的斗争。

后来标准石油公司的一位精明的法律顾问多德设想出了一种新的托拉斯组织形式。按照 1882 年 1 月 2 日签署的协议，40 家公司的股东以其股票换取新成立的标准石油托拉斯的证券。托拉斯授权由九位理事组成的一个办事处"对几家标准石油公司的事务进行全面监督"。⑮同时在各州成立州特许的子公司以接管联盟在该州内经营的财产。因为算是当地的企业，就不会因为是"外来"公司而受限制或被课以重税，就像宾夕法尼亚当局对待俄亥俄标准石油公司的情况一样。

一俟新托拉斯在纽约市百老汇街 26 号设立总部，理事会就开始进行合并炼油能力的工作。⑯从 1882 年到 1885 年间，托拉斯把炼油厂数自 53 家减至 22 家。托拉斯的产量有 2/5 以上集中于新泽西州的贝永、费城和克利夫兰的三个新的大型炼油厂。由于产量的大为增加和流程的周密安排，使得生产每加仑精炼油的平均成本自 1.5 美分降低为 0.5 美分，一些新的大型炼油厂的成本还要低。通过建立一个制造委员会和一组协助工作的职能办公室，对炼油厂的管理于是集中于百老汇街 26 号。另外，还分别设立了管理包装和运输的委员会和职能办公室。

从油井经过输油管到炼油厂的流量的协调工作由约瑟夫·西普代理处负责。该代理处原为俄亥俄州标准石油公司的采购代理人，现在则负责处理托拉斯全部原油的采购事务。[17]由于采购量极大，西普代理处就越过了石油交易所，后者从石油工业一形成就是买卖原油之处。由于直接向原油生产商购买，石油交易所在19世纪90年代便纷纷倒闭了。

新托拉斯一完成炼油厂的合并工作，即着手抓销售。[18]这是当初成立托拉斯对未曾计划的，这一行动主要是要确保大量生产的产品能从新的、集中的炼油设备稳定地流到消费者。抓销售的决策也受到了精炼产品批发商日益加强的势力的影响。1875年后，油槽车开始取代以桶装和罐装方式来长途装运煤油和其他精炼产品。由于油槽车使火车的载运量增加了一倍，它迫使批发商增加贮藏设备。在新设备上进行了投资的批发商现在可以大量销售并降低其单位成本。他们的新设备不仅使他们对小竞争者来说具有优势，而且也使他们在与托拉斯进行交易时居于更有利的地位。此外，许多大批发商都喜欢把标准石油托拉斯的煤油和小独立生产厂商的煤油进行混合，以自己的商标行销。所以批发商的存在使得标准石油托拉斯无法保持其产品的质量，也不能控制价格。直接销售还有一个好处是可以提高市场信息的准确性，并降低其成本。

托拉斯的执行委员会决定先在国内然后在海外建立自己的销售组织。1885年，委员会设立了两个全部归自己独家拥有的销售子公司——肯塔基州的大陆石油公司和标准石油公司。1886年，托拉斯开始买进一些主要的批发商。到19世纪90年代早期，托拉斯已具有一个全国性的销售组织，通过按地区划定范围的子公司进行管理。1888年，托拉斯又成立了完全归自己独家拥有的英美石油公司，以便在英国进行销售；并建立了一支油轮队进行横渡大西洋的运输；然后又与两家德国批发商建立合资公司在中欧和西欧销售。[19]

纵向结合的过程是在19世纪80年代晚期当标准石油托拉斯开始自己生产原油时完成的。这一行动是一种防御性措施，主要是对不断变化的供应情况的反应。[20]直到19世纪80年代晚期，标准石油联盟以及其后的托拉斯并不感到需要控制自己原油的供应。因为当时原油供应很充足。当宾夕法尼亚油田产量下降后，原油生产商第一次似乎具有了控制产量和价格的机会。与此同时，印第安纳州莱马附近所发现的新油田的开采，增加了原油供应来源落入少数原油生产厂商手中的可能性。标准石油托拉斯集团在建成了通达莱马油田的输油管之后，等待了将近两年才开始买进石油生产设施。然后托拉斯就加紧了行动。三年内标准石油托拉斯即囊括了全国石油生产的25%。

到了19世纪90年代早期，标准石油托拉斯即已成为完全结合的企业了。它在十年之中从横向结合的策略转向实行合法的合并和管理集中化的策略，然后又采取纵向结合的策略。当该公司实现了生产管理的集中化而发挥其新功能之时，公司的高级行政人员——托拉斯理事——雇用大批中层经理人员来管理和协调公司的许多经营单位。到了19世纪90年代，百老汇街26号的庞大的中央办事处（其活动将于第十三章论述）已在协调着从宾夕法尼亚和印第安纳的油田经过精炼过程而至全国和全世界所有的石油市场流程。

在以后的20年，对标准石油托拉斯支配地位的挑战来自其他的结合企业。在欧洲，竞争者的威胁最终导致了一些主要的结合企业的兴起，它们系由一些强有力的商业家族，如诺贝尔家族和罗思柴尔德家族提供财源和管理。在美国，东弗吉尼亚石油管道运输公司（修建了长距离输油管的原油生产商联合组成的）则早在1883年就与托拉斯达成了协定，划分了从宾夕法尼亚产油区到沿海的油管运输额。东弗吉尼亚公司继续建立其炼油设备，1888年，该公司在新泽西州的贝永建立了世界最大的炼油厂[21]。它在国内系通过自己的销售组织出售其产品，海外销售额则有50%～75%依靠标准石油托拉斯代理。

标准石油托拉斯在国内所遇到的一场较为严重的挑战则是宾夕法尼亚油田原油产量下降，使得该地的生产厂商于1895年联合而成立纯油公司。该公司建立了一条横贯区域的新油管到特拉华河沿岸的马库斯胡克（位于宾夕法尼亚州内），并在该处建立炼油厂。接着又建立了自己的销售组织，集中精力于欧洲市场。[22]纯油公司在其成立后的十年中，是标准石油托拉斯的一个有力的、结合型的竞争者。1911年，当标准石油托拉斯被最高法院判决解散时，至少已有八家结合型的其他美国石油公司与标准石油托拉斯在国内和国际市场上竞争（见表7）。

其他五个成功的托拉斯中的三个——棉籽油托拉斯、亚麻籽油托拉斯和铅加工托拉斯——都是仿效标准石油托拉斯的先例。在它们形成后不到十年中，都变成了完全结合的企业。另外两个托拉斯——糖托拉斯和威士忌酒托拉斯——立即着手合并生产设备且自行采购，但没有抓销售事务。和其他三个托拉斯相比，它们墨守横向结合策略的时间要长得多。

美国棉籽油托拉斯在1884年成立，到1889年时，它已将生产合并到七个炼油厂中。（1890年，当生产扩大时，又增加了七个厂。）[23]该托拉斯还包括了四家肥皂工厂和四家猪油厂。到1889年，它已具有了广泛的采购网络，沿着南方铁路直接从农民采购棉籽。同一时期，它已控制了将近50台轧棉机以及52家粗加工棉籽油磨坊。19世纪80年代，该托拉斯也进入了运输界，取得了一个油槽车队。到了1891年，已拥有并经营了326部油槽车。1890年后，该托拉斯扩充了它的由国外的销售办事处和贮藏设备所构成的销售组织。1892年，它又建造了一艘油船并且在鹿特丹建立了一座主要贮藏所，以便开发人造黄油和食物油在德国的巨大市场。到了19世纪90年代早期，该公司不仅生产棉籽油及用作牲口饲料和肥料的棉籽饼，还生产自己的“棉花宁”商标的食物油和“金灰”商标的洗涤粉、猪油、人造黄油和肥皂。接着，为了充分利用销售组织，它又销售肥料，并买进了八处钾碱矿藏。因此，到了90年代早期，棉籽油托拉斯已成为全系列产品的、庞大结合企业了，其经营管理需要许多支薪的中层和高层经理人员的服务。

从1888年开始，美国棉籽油公司碰到了南方棉籽油公司的激烈竞争，后者很快也变成了一个全系列产品的结合企业。[24]这两家公司一直支配着该工业，直到进入20世纪相当一段时间。它们面临的竞争，特别是在欧洲市场上，系来自巨大的、结合的英国的公司和欧洲的公司——利弗公司、朱尔根斯公司和范登伯格公司。

国内市场的竞争者则是普罗克特—甘布尔—阿穆尔公司、斯威夫特公司和其他生产猪油、肥皂和肥料的巨大的肉类加工公司。

1889年6月，威廉·汤普森离开标准石油托拉斯担任了国民铅托拉斯董事长之后，该托拉斯便开始仿效标准石油托拉斯的策略。㉕国民铅托拉斯成立于1887年，由许多铅加工公司合并而成，一直专心致力于铅的化学加工而不是铅的加工。它很快就生产了全国80%的铅白，70%的铅丹，60%的醋酸铅，以及15%的亚麻籽油，成为全国最主要的油漆生产厂商。可是，其铅板、铅管和其他铅制品的产量都不到全国的10%。生产进行了合并之后，汤普森——这个曾经领导标准石油托拉斯国内交易委员会的人——便开始建立全国和全世界的销售组织。同时他也统一采购，设置一特别部门采购生产亚麻籽油所需的亚麻籽。然后他把位于新墨西哥州索科罗的熔化和精炼厂加以扩大。自19世纪90年代早期开始，国民铅托拉斯就一直支配了该产业，只有国民亚麻籽油托拉斯与之略有竞争。

亚麻籽油托拉斯的合并没有能进行得像石油托拉斯、棉籽油托拉斯和铅托拉斯最初的合并那样成功。㉖其中一个原因是，与国民铅托拉斯相比，其规模较小，而且在产品系列上，也欠多样性。另一个原因是它没有一个大的市场，尤其是海外市场，而且也不像标准石油托拉斯和美国棉籽油托拉斯那样有着丰富的供应来源。它确实合并了原先的49家工厂，并且也拥有40处以上的贮藏仓库、一队油槽车以及许多贮油站，另外还设立了许多分支销售机构。可是，由于亚麻籽供应有限，使得原料的采购没有把握，90年代就有两次几乎搞垮了这个企业。只是在该公司于1898年进行了财务和管理的改组,成为美国亚麻籽油公司之后,经营才算成功。当时洛克菲勒的财团顾问弗雷德里克·T.盖茨已被任命为公司董事长,小约翰·D.洛克菲勒则被任命为董事,这表明,标准石油托拉斯的经验已被用于改进改组后的公司的工作。[27]

石油、棉籽油、亚麻籽油和铅加工这四个产业的主要合并者到了19世纪90年代都采取了纵向结合的策略,而且马上就同另外两三家也是纵向结合的大企业展开了竞争。19世纪80年代,加工工业中又形成了另外两个托拉斯:威士忌酒托拉斯和糖托拉斯。它们最初采取横向结合的策略,只是在发觉这一策略耗资巨大且效率低下之后,才予以放弃。威士忌酒托拉斯的后继者——制酒公司在19世纪90年代初期就实行了生产集中化,把80家小厂合并为21家较大的厂,[28]但在经营上仍然缺乏全面的控制。虽然扩大后的工厂的成本有所降低,但由于公司仍然保持高价,所以促使竞争加剧。1895年,就在其财产受监管之前,该公司决定花100万美元在东部城市——它的主要市场——建立销售组织。只是在经过监管之后,该公司才开始改变其基本策略。首先它实行了对生产设备管理的集中化。然后在1898年收购了两家主要的酒类批发商。这些批发商和制造企业于1903年合并成为制酒证券公司。这个联合企业一直是全国最大的制酒公司,直到1919年第18条修正案获得通过而大力限制了酒的生意时为止。

糖托拉斯于1887年成立后,也将生产和采购加以合并。[29]和威士忌酒的情况一样,这种合并使得大制糖厂的经营较有经济效益,因而使单位成本得以降低。一旦完成了合并,其最跋扈的创始人亨利·O.哈夫迈耶便专心致力于利用这种经济势力,通过杀价、支付铁路回扣、控制供应、与批发商谈妥折让安排等手段来驱除竞争者，这些方面都是标准石油财团在19世纪70年代曾采用的恶名昭彰的手段。然而，竞争还是有增无减，尤其是当美国糖业公司错误地提高利润率之时。结果，其市场占有率从1894年的75％降至1907年的49.3％，1917年再降为28％。[30]甚至在1900年之前，就出现了两个大的竞争对手。[31]一个是联邦糖业公司，它为夏威夷和西海岸最大的甘蔗种植园主克劳斯·斯普雷克尔斯的产品在东海岸提供了一个制糖厂和销路。另一个是阿巴克尔兄弟创立的制糖厂，阿巴克尔兄弟是全国最大的食品杂货批发商之一，他们想控制自己的食糖供应。

当19世纪90年代末开始生产甜菜糖时，哈夫迈耶雄心勃勃地继续其横向结合策略。不久他的公司便控制或者几乎控制了一些最大的新的甜菜糖公司，其中包括于1902年成立的美国甜菜糖公司，1903年成立的大西方糖业公司，以及1907年成立的犹他—爱达荷公司。[32]在同一时期中，哈夫迈耶还对古巴—美国糖业公司进行了规模小得多的投资。[33]即使如此，不论哈夫迈耶还是他的公司都无力买进夏威夷、加利福尼亚、巴尔的摩和新奥尔良的一些新的制糖企业。

在这些年里，美国糖业公司的董事和经理人员愈来愈对哈夫迈耶以收买来清除竞争的昂贵策略感到不满。这一策略使该公司自1902年到1907年就耗费了2 000万美元以上。1907年哈夫迈耶一死，他们马上从横向结合转向纵向结合。在1909年以前，当联邦政府根据反托拉斯法控告该公司时，它已经开始抛售其他公司的股票，建立自己的销售组织，并打出了自己的“多米诺”商标。

1917 年时，在 171 家最大的美国制造公司中，就有六家独立的、结合的大糖业公司（见附表 A），它们以现代寡头垄断的方式互相竞争。在制糖业中，一个强有力的企业家的思想推迟了——但只是几年工夫——从横向结合向纵向结合的转移，以及与之俱来的、在少数结合的大公司之间的寡头垄断式的竞争。

虽然 19 世纪 80 年代在大量生产工业中的六个托拉斯注定了能支配各该工业达几十年之久，其他两个托拉斯却很快就失败了。其中一个是美国牲口托拉斯，成立于 1887 年，原意是打算作为增强西部牲口饲养业者与芝加哥肉品商谈判力量的一个手段，但是它没有成立多久便夭折了。[34] 该托拉斯买进了芝加哥莫里斯的肉类加工厂、庞大的牲口饲养场，与法国和比利时政府签订了供应罐头牛肉的合同。但由于像这样的一个企业无法把大量生产的优点与大量分配的优点结合起来，所以很快就垮台了，并在 1890 年夏天进行了破产清算。

全国绳索同业公会企图以托拉斯的形式维持现有的卡特尔组织。[35] 它实行了采购集中化，并且控制销售，但却一直不曾打算把其生产绳索和麻线的成员公司的管理统一和集中，也不想对生产设备进行合并或改组。和加工工业中的托拉斯有所不同，绳索托拉斯（1890 年成为新泽西控股公司）必须借入大量流动资本，因为其五分之四的生产都集中在扎结机上，因而只是在收获季节才有现金流动。由于合并后并不能带来速度的经济性，并且再度需要大量的流动资本，使得这个新的企业难以偿还它为了继续实行其买进竞争对手的策略而借来的大量资本，而且这个策略也由于许多加入托拉斯的制造厂商利用他们所得到的报偿作为资本另立新公司而受到削弱。1893 年 5 月，绳索公司惊人的财务亏损助长了 19 世纪 90 年代中期经济不景气引起的恐慌。后来虽然也有人试图在坚实的财务基础上重搞合并，但也没有成功。[36]合并和结合能够带来的降低成本的优点，并未在绳索工业中显示出来。

已经有人对 19 世纪 80 年代托拉斯形成的经过进行了颇为详细的研究，因为它们规定了随后的许多合并企业成长的基本模式。1890 年后，最成功的合并企业都是在那些技术和市场能使成本降低的工业中。可是，它们之所以成功，只是在其领导者放弃了耗资巨大的横向结合策略，而采取了纵向结合的策略以后，也就是说，在合并了生产设备之后，就要对它们的管理实行集中化，建立销售和采购组织，并雇用一批经理人员来管理、监督和协调许多不同的经营单位。

这种成长的途径既影响了新企业筹措资本的方式，也影响了它的管理方法。向前和向后结合但不采取合并的公司都是自己筹措资本的。但是在那些早期的、超出了合法的联合的合并者当中，进行合理的改革和集中化的过程，往往需要对它们生产设备的主要部分进行改建和改组。正如合并本身一样，这种改建也需要相当大的资本。除非能像标准石油托拉斯和它较小的竞争者一样有着特别高的产量和全球性的市场，否则单靠眼前的现金流量是不能提供工业改组所需之资金的。

因此，这些早期的合并者是第一批在运输业、通讯业，或金融业以外而跑到资本市场寻求资金的美国企业。这种对资金的需求，是除了标准石油托拉斯以外的其他托拉斯在新泽西州修订了法令之后，迅速转变为股份公司的一个原因。不仅控股公司的法律地位看来要比托拉斯巩固得多，而且和托拉斯证券相比，投资者更喜欢股份公司的股票。[37]四家经过改组的托拉斯（美国棉籽油托拉斯、美国糖业托拉斯、国民铅托拉斯和国民绳索托拉斯）发行两类股票：一类是基于盈利能力且由固定资产加以保证的优先股；另一类则是基于企业合并后预期的盈利增长的普通股。前者是为了吸引保守的投资人士，后者则是针对比较冒险的投资人士。在资本市场中，这些第一批工业合并企业的组织者依靠一些主要的铁路投资银行提供资金。这些银行的代表人物有温斯洛、拉尼尔、基德尔、皮博迪、奥古斯特·贝尔蒙特，以及普尔和格里诺。[38]

这种筹措资本的方式导致了老板与经理人员的关系中极大的变化。那些初期通过内部扩充而变大的公司的股份所有权仍然由创业者、几个合伙人和他们的家族牢牢掌握。反之，新的合并企业为了取得固定资本和流动资本而出售股票，这就使得股份所有权分散了，而且这种股权分散在形成合并时就已开始。在通过内部扩充而变大的企业中，总公司的高层管理人员几乎都是主要的股东或这些股东的亲信；但是在新的合并企业中，高层管理人员则是支薪的经理，他们只拥有少量股份，与分散的股东并无私交。正是这第二种情况，使得所有权和管理权分离的现象，第一次出现在除了铁路和电报以外的美国工商企业中。

1890～1903 年，企业的合并

在 19 世纪 80 年代成功的六家托拉斯先驱，成立的目的都是为了把生产集中并进行合理的改革。19 世纪 90 年代，合并企业

的数目迅速增加。与此同时，合并的动机也改变了。有许多合并企业创立的目的是为了取代一些小厂商的同业公会而作为维持价格和安排生产的工具。

这种改变反映了19世纪80年代后期出现的一些政治和法律的发展。最重要的有：一方面是在1890年以谢尔曼反托拉斯法案的通过而达到其顶点的、反对同业公会和托拉斯的抗议浪潮，另一方面则是在制造厂商的不断努力之下，导致了新泽西州为控股公司而颁布了普通公司法令。[39]遵循自己的律师的劝告，许多现有的同业公会和少数现有的托拉斯都组成了控股公司。起初，多数新的、合法的合并企业仍然以卡特尔的方式经营，控股公司的董事会只是为其子公司规定价格和生产配额。但自19世纪90年代以后，许多合法的合并企业都开始实行集中化和结合的策略。

1890年以后，合并企业数目增加的第二个原因是工业股票市场的日趋扩大。纽约市自19世纪50年代之后就变成为全世界最大和最发达的资本市场之一。可是，在19世纪80年代后期以前，工业界人士并不感到需要出售大量的股票，因为他们可以从当地商业银行借到他们所需要的资金。证券交易商对工业界也没有什么太多的兴趣。可是，到了19世纪90年代早期，铁路金融事业已经不再具有它原有的赚取利润的机会。而且铁路证券交易已集中在少数有势力的华尔街商行手中。银行家、掮客和投资商都在寻找可以买卖的新证券。[40]那些组织了托拉斯的厂商对华尔街人士热衷于取得他们托拉斯证券的兴趣之高，感到惊讶。1890年以后，这些买主仍然有兴趣买进新的控股公司的股票。制造厂商很快就认识到，他们可以利用日益扩大的股票市场作为取得流动资本和投资资本的来源。他们也很快地懂得，这种对工业股票的需求提高了他们公司的市场价值。对工业股票需求量的增加，使得那些制造厂商在完成合并以后，可以按一种有利的兑换率把他们的鲜为人知的小企业的股票转换成全国闻名的控股公司的股票。与此同时，金融界人士也开始接受相当数量的股票作为他们在安排和实现合并企业时投资的偿还。制造厂商和金融家双方都很快地就学会了如何从合法合并的实际过程中获利。

19 世纪 90 年代出现了两次合并高潮。一次发生于 1890 年到 1893 年间。另一次大得多的高潮开始于美国自该年代中期的萧条中恢复过来之时，从 1898 年开始，到 1902 年底结束。第一次合并高潮是因为公司的联合受到法律攻击、谢尔曼法案的通过，以及新泽西法令的修订而造成的，其持续之时间与经济繁荣之时间同样长久。汉斯·托雷利曾经列举出在 1890 年到 1893 年间形成的 51 家控股公司或“紧密联合公司”的名称。[41] 随着 1893 年经济萧条的来临，使得新的合并企业的数目急剧减少。其后三年，即从 1894 年到 1896 年年底，只出现了 27 家合并企业。

接着就出现了全国前所未有的大规模的合并运动。托雷利曾列举出 24 家在 1898 年合法合并的公司。1899 年其数目猛增至 105 家，这个数目几乎等于托雷利所列举的从 1890 年到 1898 年合法合并公司的总数(108 家)。其后三年数目又骤降。但在 1900 年、1901 年和 1902 年还是各有 34 家、23 家和 26 家。在 1903 年，根据托雷利的记录，仅有七家紧密联合公司。托雷利所引用的记录得到了拉尔夫·纳尔逊关于公司消失的、更广泛的统计研究的证实。譬如纳尔逊的表显示：由于合并而使公司消失的数目从

1896年的26家上升到1897年的69家，1898年为303家，1899年为1 207家。[42]其后三年各为340家、423家和370家。1903年又回降至79家。公司合并运动到1903年时显然已按正常规模在进行了。

1899年合并运动突然出现的高涨反映了国内金融市场的状况以及最高法院对谢尔曼法案的解释。在E.C.奈特的案件——联邦政府控告美国制糖公司——中，最高法院于1895年作出的判决似乎已承认新泽西州控股公司的合法性。[43]最高法院在这样做时，是将制造业和商业加以明确的区分，宣称一个制造业的股份公司（以有别于一些独立的制造公司的联合）并不受谢尔曼法案的约束。接着在1897年的横贯密苏里货运协会案件、1898年的联合运输公司案件（它牵涉到东部干线协会），以及1899年的阿迪斯顿钢管和钢公司案件中，最高法院都作出了清晰和准确的判决，任何生意公司的联合，如果是为了冻结价格或分配市场，那就触犯了谢尔曼反托拉斯法案。1899年后，律师都通知他们所代表的公司放弃通过卡特尔或同业公会而达成的所有协议或联盟，并且结合成为一个单一的、合法的企业。

金融家和投机商对这些判决感到喜悦。在19世纪90年代后期的繁荣期间，资本市场呈现活跃。[44]投资商、投资银行家、掮客和各种推销商仍在寻找买进或推销新证券的新机会。工业界的合并企业似乎是最有前途的。铁路的业务正在改善，但仍然存在不少问题。就在1898年之后的那几年中，工业界的合并企业的一些主要发起人都是金融家和投机商，他们和铁路界都没有密切关系。他们包括穆尔兄弟、查尔斯·R.弗林特和约翰·W.盖茨。这些人曾经在 19 世纪 90 年代早期指导制造商合并的步骤，后来在该年代晚期又顺利地劝服了其他生意人也这样做。如果说 1897 年以前的合并主要是由工业家本身所发动，那么，现在的许多合并就都是由金融家和投机商鼓吹而搞起来的。

到了 1903 年，工业证券的市场已趋饱和。投资商、金融家和银行家都为许多新的合并公司的经营不善所苦。少数合并公司已经进行了进一步的财务改组。不久，当合并公司数下降时，巡回审判法庭于 1903 年 4 月对北方证券公司案件的判决次年为最高法院所确认，该判决指出，控股公司可能违反了谢尔曼法案。该判决裁定北方证券公司（该公司的形成是为了掌握北太平洋铁路公司和大北方铁路公司的股权）应予解散，但并未宣布对奈特案件的判决无效，也没有宣称控股公司为非法。每个被控触犯了谢尔曼法案的控股公司，都将根据其案件的具体情况而受审判。可是，这种情况表明，控股公司显然是无法避免被控诉和检举的。公司律师开始劝告其委托人取消各成员公司，并且把它们的所有设备集中于一个单一的经营公司中。[45]这种集中的企业就很难把它说成是限制交易的联合，即使它也可能被指控限制了交易。

可是，在实行管理集中化方面，生意上的原因要比法律上的原因重要得多。不管形成合法合并的动机是在维持和巩固卡特尔，或是在合并过程中从财务上获利，合并企业马上就发现如果它们只是停留在控股公司的阶段，就会发生财务困难。19 世纪 90 年代的经济萧条已经显示：对于许多小型、单一单位的企业来说，如果没有实行集中的控制，即使是在一个合法的公司内进行经营，还是无法成为一个有生命力的企业。一个结构松散的控股公司即使能把价格维持在一个能提供适当利润的水平，还是会出现竞争者。这些竞争者常常是已经投靠托拉斯的同业。如果公司企图以杀价或收买竞争者的办法来维持其横向联合，代价又过于高昂。国民绳索公司、美国饼业公司、美国皮革公司、国民糊墙纸公司、国民淀粉公司，以及威士忌酒托拉斯的后继者等等在财务上的失败，全都强调了下述事实，即：横向联合策略的费用巨大，以及控股公司在实现该策略时的无能为力。另一方面，标准石油公司、美国棉籽油公司、国民铅公司和美国烟草公司、老人牌麦片公司、辛格缝纫机公司、奥蒂斯升降机公司、肉类加工业公司，以及其他结合企业在财务上的成功，则清楚地显示了合并和集中管理它们的制造设备，以及向前把市场，向后把采购和原料供应加以纵向结合的价值。1897 年后几家合并企业所发生的财务问题，进一步证明了此种看法的正确性。

19 世纪 80 年代，有些新成立的横向结合公司甚至比标准石油公司和美国棉籽油公司更快地总结出了这些教训。有些公司则以美国糖业公司的方式缓慢地自横向结合走向管理集中化，并进而走向纵向结合。还有一些公司则始终没有进行这种转变。

美国饼业公司提供了一个最能说明问题的、认识到改变策略的必要性的合法合并公司的范例。该公司成立于 1898 年，是由三家地区性的合并企业——纽约饼业公司、美国饼业和制造公司、美国烘焙公司——合并而成。起初，新公司仍执行其前辈的政策，但很快就发现代价太高。在 1901 年的年度报告中，该公司概述了其转变的原因：

> “本公司成立已有四年之久，现在简短地检讨一下历史是有益处的……公司成立之时，只是集合了数家工厂。现在已是一个组织好了的企

业了。回顾这四年来，公司有了极大的改变。过去，大工业公司的经理都认为如果要成功，就必须控制竞争或限制竞争。因此，本公司开始之时，我们就确信必须控制竞争，为此，我们就必须与竞争抗争或收买之。前者意味着一场毁灭性的价格战和损失大量的利润；后者则需要不断增资。经验马上证明，不管是坚持哪一种方针，不但不能成功，反而必然会带来灾难。这就促使我们反省是不是必须控制竞争……我们很快就找到了满意的答案，那就是：我们必须在公司本身以内来寻求成功之道。

我们把注意力和精力转向改善自己公司的内部管理，以大量采购原料来得到充分的效益，节省制造费用，把销售部门系统化并使之更为有效，而最重要的是，提高我们产品的质量以及改善产品到达消费者手中的条件……

本公司所确定的政策是不采用收买竞争的办法。”㊻

在实现这些计划时，该公司的高级管理人员仿效老人牌麦片公司和皮尔斯伯里面粉公司的先例。他们不再生产供应零售店的桶装饼干，而是生产以“优尼达饼干”为商标的、有特色的包装饼干。该年度报告接着指出，“下一步工作就是使产品到达消费者手中。我们知道我们已经有了消费者需要的产品，就必须告诉他们这些东西的存在。为此我们做了大量的广告。”该公司依靠一家有经验的广告代理商艾尔父子公司为其刊登广告。㊼在建立全球性的销售和采购组织时，该公司继续执行将生产“集中于”少数十分巨大的工厂中的政策。1900 年后，美国饼业公司继续以新的方式从事竞争，它依靠创牌子、广告宣传和规模的经济性。它的销售组织和政策降低了单位成本而且也给进入该工业设置了障碍。其主要竞争者已成了堪与匹敌的结合企业，它们有的是地区性企业，有的则在全国范围内从事经营，就像卢斯—怀尔斯饼业公司一样。

在玉米产品上，只是在遭受到一连串不幸的财务失败后才出现了结合企业。该工业主要合并企业的组织者仍然墨守横向控制的概念。那些赞成老策略的人与哈夫迈耶及其拥护者有着亲密的关系，他们都是极力鼓吹糖业横向结合的人，而那些开始要求纵向结合的人则是曾经在标准石油公司担任过职务者，这决不是偶然的。玉米产品公司成立于 1903 年，是由两家不成功的联合公司与三家独立的公司合并而成的。[48] 两家联合公司是经过了改组的国民淀粉公司（最初成立于 1890 年，1900 年进行了财务改组），以及葡萄糖制造公司（1897 年由马西森兄弟所创立，马西森兄弟是主要的制糖厂商，与美国糖业公司甚有渊源）。三家独立公司中，最大和最成功者是纽约葡萄糖公司，它由 E. T. 贝德福德所领导，贝德福德曾在标准石油公司海外销售机构担任高级管理人员多年。[49] C. F. 马西森担任了玉米产品公司的董事长之后，不顾贝德福德的强力反对和早期合并鲜有成功的先例这一事实，继续花费很大的代价实行横向结合。最后在 1906 年，这个合并公司被迫再一次进行财务改组，成为玉米产品制造公司。贝德福德成了新公司的董事长。他马上建立企业的采购和销售组织，积极进入欧洲和其他海外市场，并且实施有关包装、创牌子、广告活动、大量采购和规模的经济性方面的新政策。这个经历过四次失败的玉米产品制造公司，很快就变成了被一位细心研究合并运动的学者称之为“极为成功”的例子。[50] 再一次，纵向结合策略节约了成本并且防止了新加入者的竞争。

由于采取了这种策略，使得玉米产品公司像制酒证券公司一样,由失败转为成功。大部分未能完成这种策略转变的合并企业都失败了。有些合并企业在被监管一两次之后,就被执行破产清算。还有一些在财务崩溃之前就自行解散了。例如,成立于1892年的国民糊墙纸公司的董事们在1900年同意,“公司应予解散,各工厂应归还其原先的老板,或在拍卖中卖给出价最高者”。董事们还一致认为:“糊墙纸制造厂的情况过于特殊,因而独立工厂的经营要比许多工厂同处于一个控制之下经营更为有利”。[51]

这些公司的经验表明,成功的合并企业都做到了以下两点:合并生产、管理集中化,以及建立自己的销售和采购组织。同时这些成功的合并企业都是出现在这样一些工业中,在那里,技术和市场允许这样的合并企业通过生产和分配过程来提高速度和降低材料成本。由于这些原因,那些能够长期存在的合并企业都是聚集在19世纪80年代出现第一批大的结合企业的那些工业中。

合并企业的成功与失败

肖·利弗莫尔对早期合并企业的成败所作的系统性分析,也得出了相同的结论。利弗莫尔在从1888年到1906年间成立的328家合并企业中,挑选了156家大得足以影响其所属该工业的市场结构的合并企业。他对成功的定义是“投资额的赚钱能力”,由此把这些公司分成四类:失败、成功、勉强成功和重整旗鼓成功者。[52]他也对成功与极为成功之间作了区别,也区分了早期失败与晚期失败。利弗莫尔所选择的企业属于美国人口调查局在其标准工业分类中,编号被规定为两位数组的工业。其结果如表6所示,它指明了合并企业是集中在哪些工业组，及其成功或失败。表6也显示出该公司是进行了结合，或仍然为单功能活动而只从事制造。该表中，所谓结合的公司是指具有自己的分支销售机构和自己的采购组织，并且（或者）控制了原料和半成品原料的供应来源的企业。

表6强调了一个基本事实，那就是在利弗莫尔研究的合并企业中，除了八家以外，全是属于制造业或加工业的。157家合并企业中，有三家是采矿公司合并的企业，这三家中有两家失败。在另外四家不属于制造业的合并企业中，有一家属于商业。该合并企业——联合商业公司——是由于H. B. 克拉夫林的后裔转让其股权而成立的。[53]克拉夫林是一个大量销售商的先驱。另外三家包括纽约一家经营商业财产的不动产公司，在布鲁克林滨水区经营铁道终点设备的布什铁路终点设备公司，以及由摩根所发起的国际商船公司。后者最后终于失败。

表6所显示的基本事实正如历史已经表明的那样：成功的合并企业产生于同一类型的工业中，在这些工业中19世纪80年代曾出现过结合的公司。在劳动密集型工业中，合并企业为数较少，而且失败者较多，因为在该种类型的工业中，生产的集中并未大量降低成本，而且在分配方面并不涉及高额的流量，或者并不需要特别的服务。因此，利弗莫尔没有列举出服装工业中的合并企业，在家具业中只举出一家，印刷和出版工业中有三家，木材工业中三家。[54]纺织产品组中，几乎所有的合并企业都失败了，12家中有10家很快就倒闭，只有一家勉强成功。另外的那家美国毛织品公司则被利弗莫尔描述为“慢吞吞地进行的”失败。在皮革工业中，四

家合并企业没有一家是成功的。沥青产品(第 29 组)中有两家失败,一家勉强成功。机器制造业中失败的大多是产品销售不需要特别服务,或制造上不需要复杂技术者。它们包括生产榨干机、剪切机、自行车、木工机械和洗衣机械,以及简单的农业工具如耙、锄、播种机等等的合并企业。

另一方面,成功的合并企业大多发生在大量生产、大批量生产,或连续作业程序的工业中以及需要特别的销售服务的工业中。在食品工业和复杂但标准化的机器制造业中,更是得到了特别的成功。在化学工业、石料—玻璃—黏土工业以及原生金属冶炼工业各组中,由于它们的企业需要资本密集型和耗费能源的技术,并要把标准化的产品分配给许多消费者,因而也有许多成功的例子。

此外,表 6 也强调了合并企业的成功还要靠管理层级制的建立——也就是说,要在实现了生产合并、管理集中,并且有了自己的销售和采购组织以后,才能获得成功。如表所示,成功的公司都是实现了结合的。此外,利弗莫尔列举出的重整旗鼓的公司都是在它们改变了策略和组织结构之后才由失败转为成功。几乎所有这些公司都是在其经理人员实行横向结合的策略无法获取利润之后才发生转机的。这些企业诸如玉米产品公司和制酒证券公司,都是采用管理集中化和纵向结合的办法而起死回生的。虽然利弗莫尔所研究的合并公司的资料并不完全,但还是可以颇有把握地说,到 1917 年时,几乎所有成功的合并企业都是把生产和分配加以结合者。

利弗莫尔对于美国第一次合并运动中成功和失败事例所作的考察并非基于完整的数据,因而并不具有结论性。但它却确实突出表明了一个事实,即合并本身并不足以保证生意的成功。在 19

世纪 90 年代中，合并企业已经成了创立大的、多单位工业企业的标准方式。那些为了控制竞争或从合并本身过程中赚取利润而形成的合并公司，通常只能带来短期的盈利，而无法保证长期的利润。除非新形成的合并企业能比它的各成员公司在参加合并前更有效率地利用在其控制下的资源，否则合并公司就没有什么持久力。只有在它们遵循了合并企业先驱者的范例，建立起这样一个组织——它能协调经由生产和分配过程，从原料供应直到最终消费者的大量物质的流动，它们才能得到永久性的财务成功。由于更集约地利用资源，以及改进了信息流量和现金流量，使得这些企业的经理得以降低单位成本。与此同时，通过做到保证能迅速交货、进行有效的广告宣传，以及向经销商和顾客提供特殊服务，它们也为想闯进他们地盘的人建立了难以克服的障碍。然而，单靠策略和组织的改变还是不够的。除非该企业使用大量生产的技术，并且具有大量销售的市场，否则还是很难做到成本的那种降低和建立防止他人闯进的那种障碍。

由此可见，早期美国合并企业的经验能够为这种研究的基本内容提供一些启发性的资料。只是在管理上的有形之手在协调经济内部的物质流动方面，证明比市场力量的无形的手更为有效之后，现代工商企业才成为一种可行的机构。只有当它们的组织者实行一种使这种结合成为可能的策略，并且只有在他们创立了一种管理层级制——它能够取代市场而协调、监督和计划许多经营单位的活动——之后，合并企业才能够具有长期的盈利性。从上世纪末的合并运动至美国参与第一次世界大战这段时期中大型工业企业的历史，令人信服地证明了这个基本论点的正确性。

表 6　合并企业的成功与失败，1888—1906 年

公司名称	分类[a]	类型[b]
10 组和 12 组：采矿公司[c]		
匹兹堡煤炭公司	F	I
联合铜矿开采公司	F	—[d]
美国煤和石油公司	S	I
20 组：食品及类似产品		
美国甜菜糖公司	M	I
美国糖胶树胶公司	S	I
美国棉籽油公司	S	I
美国渔业公司	F	—
美国水果产品公司	F	—
美国制冰公司	S	I
美国啤酒公司	F	—
美国糖业制造公司	S	I
布思公司	F	—
大陆棉籽油公司	F	—
玉米产品公司	F	—
玉米产品制造公司	S	I
制酒和牲口饲料公司	F	—
美国制酒公司	F	—
葡萄糖制造公司	F	—
大西部谷类食品公司	F	—
美国饼业公司	S	I
国民糖果公司	S	I
老人牌麦片公司	S	I
皇家发酵粉公司	S	I
联合水果公司	S	I
美国面粉公司(标准面粉公司)	R	I(Inc.)
21 组：烟草制造厂		
美国烟草公司	S	I
22 组：纺织产品		
美国棉花公司	F	—
美国毛毡制品公司	F	—
美国麻线公司	F	—
美国纱线公司	M	SF

（续表）

公司名称	分类[a]	类型[b]
美国毛织品公司	F	I
弗农—伍德伯里峰帆布公司	F	—
国民绳索公司	F	—
新英格兰棉纱公司	F	—
标准绳索和麻线公司	F	—
美国帆布公司	F	—
美国织品公司	F	—
美国绒线公司	F	—
23 组：服装和有关产品		
（无）	—	—
24 组：木材和木材制品		
美国木桶和木箱公司	F	—
联合海军补给品公司	S	—(Insuf.)
国民棺材公司	S	I
25 组：家具及房内装置		
美国学校家具公司	R	I(Inc.)
26 组：纸和有关产品		
美国书写纸公司	F	I
国际纸公司	M	I
国民糊墙纸公司	F	—
联合纸袋和纸公司	M	I
联合硬纸板和纸公司	F	—
美国信封公司	S	—(Insuf.)
美国扑克牌公司	S	—(Insuf.)
27 组：印刷和出版		
美国图书公司	S	—(Insuf.)
美国套色印刷公司	R	—(Insuf.)
巴特里克公司	S	—(Insuf.)
28 组：化学制品		
美国农业化学公司	F	I
美国煤炭产品公司（巴雷特公司）	S	I
美国胶质公司	F	I
杜邦公司	S	I
通用化学公司	S	I
国民碳公司	S	I
国民铅公司	S	I
国民盐公司	R	I(Inc.)
新泽西锌公司	S	I
美国染料和浸膏公司	F	—
合众国胶质公司	S	—(Insuf.)
弗吉尼亚—卡罗来纳化学公司	F	I(Inc.)

（续表）

公司名称	分类[a]	类型[b]
29 组：石油精炼及有关工业		
美国沥青公司	F	—
通用沥青公司	M	I
通用屋顶材料公司	F	—
国民沥青公司	F	—
纯油公司	S	I
30 组：橡胶和杂项塑胶产品		
美国硬橡胶公司	S	—(Insuf.)
美国大西洋橡胶鞋公司	F	—
统一橡胶轮胎公司	F	—
美国橡胶公司	M	I
31 组：皮革及其制品		
美国兽皮和皮革公司	F	I
美国挽具和马具公司	F	—
美国皮革公司	F	—
中央皮革公司	F	I(Inc.)
32 组：石料、黏土和玻璃产品		
美国水泥公司	F	—
美国黏土产品制造公司(美国污水管公司)	S	I
美国耐火材料公司	S	I
美国窗用玻璃公司	M	I
哈比森—沃克耐火材料公司	S	I
国民防火材料公司	M	I
国民玻璃公司	F	—
匹兹堡厚玻璃板公司	S	I
美国玻璃公司	M	I
美国石膏公司	S	I
33 组：原生金属冶炼工业		
美国黄铜公司(阿纳康达公司)	S	SF
美国熔化和精炼公司	S	I
美国铸钢公司	S	I
阿纳康达紫铜公司	S	I
中央铸造公司	R	I
科罗拉多燃料和铁公司	M	I
美国发展公司	F	—
国际镍公司	S	I
共和钢铁公司	M	I
美国铸铁管公司	R	I
美国熔化、精炼和采矿公司	S	I
美国钢公司	S	I
联合锌和铅公司	F	—
美国压延和精炼公司	F	—

（续表）

公司名称	分类[a]	类型[b]
34 组：除军用器材、机器和运输设备以外的金属加工产品		
美国闸瓦公司	S	I
美国金属管壳公司	S	I
国民搪瓷模压产品公司	M	I
标准卫生器材公司	S	SF(Inc.)
特伦顿陶器公司(克兰公司)	S	SF(Inc.)
35 组：电气机器以外的机器		
艾利斯—查默斯公司	R	I
美国耙、锄农具公司	F	—
美国洗衣机械公司	F	—
美国平版印刷机公司(美国印刷机公司)	M	—(Insuf.)
美国风动工具公司	S	I
美国冷却器公司	S	I
美国播种机公司	M	I(Inc).
美国冷饮柜公司	R	I
美国铸字机公司	S	I
美国木材加工机公司	F	—
美国榨干机公司	F	—
芝加哥风动工具公司	S	I
大陆轧棉机公司	S	I(Inc.)
国际收割机公司	S	I
国际蒸汽泵公司	F	I
国民剪切机公司	F	—
奥蒂斯升降机公司	S	I
联合打字机公司(雷明顿打字机公司)	S	I
联合制鞋机器公司	S	I
36 组：电气机器		
美国电热器公司	F	—
蓄电池公司	S	I(Inc.)
通用电气公司	S	I
通用铁路信号装置公司	S	I(Inc.)
37 组：运输设备		
美国自行车公司	F	—
美国列车和铸件公司	S	I
美国机车公司	M	I
美国造船公司	S	SF
统一铁路照明和设备公司	F	—
统一铁路照明和冷冻公司	F	—
电动车公司	F	—
国际车轮公司	F	—
国际救火车公司	R	I
波普自行车公司	F	—
锻压钢材车厢制造公司	M	I

（续表）

公司名称	分类[a]	类型[b]
普尔曼卧车公司	S	I(Inc.)
铁路钢质弹簧公司	M	I
合众国造船公司	F	—
38 组：仪器和有关产品		
伊斯门·柯达公司	S	I
39 组：杂项制造商		
钻石火柴公司	S	I
国际银器公司	S	I
国民装饰品公司	F	—
联合纽扣公司	F	—
非制造业		
联合商业公司	S	—
布什铁路终点设备公司	S	—
国际商船公司	F	—
美国不动产及其改进公司	R	—

资料来源：肖·利弗莫尔的《工业合并企业的成功》，载《经济学杂志季刊》，50：68—95(1935 年 11 月)，并以穆迪的《工业证券手册》和公司报告补充而成。见注㊸。

a. F 代表失败；R 代表重整旗鼓的公司；M 代表勉强成功者；S 则是成功的企业。

b. I 代表纵向结合的企业；SF 代表单功能的企业；(Inc.)表示资料虽不足，但能说明该公司所属的类型；(Insuf.)表示资料不足，不能说明该企业所属类型。

c. 这些两位数组的工业种类编号是美国人口调查局在其标准工业分类中使用的。

d. 因为该合并企业已失败，所以未曾了解该合并企业是实现了纵向结合，或者保持为单功能的制造企业。

第十一章　结合完成

概述:1900～1917 年

本世纪开始时,合并企业成功和失败的样板才刚刚出现。制造厂商、金融家、投资人士和其他商人都为大型工业企业的灿烂前景欣喜若狂。他们有着不同的创立这些新的大企业的原因以及不同的使之赚钱的计划。有些人仍然通过控制竞争来寻求利润,另一些人则经由证券的操纵来致富。许多人正逐渐懂得对生产和分配过程进行合理的改革能带来利润。可是却几乎没有人认识到生产技术和市场性质是影响他们投资的长远成功的主要因素。在他们看来,纺织工业、皮革工业和自行车制造业的潜力和饼干工业、玉米产品工业、石油工业、化学工业和汽车工业中的潜力都是一样的。在这一点上,当代的经济学家和商业分析人士的认识也并不见得高明多少。

可是,到第一次世界大战时,大工业企业成长的多种方式已经很清楚了。技术和市场对公司成长的限制变得非常明显。到了本世纪 20 年代,紧跟在合并运动之后的调整时期已经结束。成功的合并企业已经站立起来,不成功者则遭到了淘汰。现代工商企业于是支配了美国的主要工业,而且大部分这些公司都继续支配了它们的工业达数十年之久。

要了解在合并运动后那些关键年份中现代工商企业演化的情况，不能仅限于考察个别工业公司的经历。19 世纪 80 年代和 90 年代，多单位的工业公司创立伊始，当时只有少数个别的先驱者企业提供了分析机构上发展所必需的资料。但是 1900 年以后，现代多单位的工业企业已变成了美国管理产品生产和分配的标准工具，其数量达到几百家。因此，只有大工业企业的集体历史才足以显示出合并运动后，美国工业中机构上变化的全貌。

附录 A 中是为这种集体历史提供了基本资料的公司。它们几乎包括了 1917 年时资产额为 2 000 万美元或超过 2 000 万美元的美国所有的生产产品的企业。所列举的 278 家公司是取自《商业历史评论》1970 年秋季号上由托马斯·R. 瑙文所编的美国 500 家最大工业企业名录。[①]在编纂名录时，瑙文把工业企业规定为包括于农业、林业、渔业、矿业、建筑业和制造业中的企业，它们不包括提供运输、通讯、照明和动力的企业，并且也未考虑金融公司或销售公司。在附录 A 中，这些工业企业是按照标准工业分类中编号为两位数的工业组进行分组的。在每组内，它们按规模大小排列，左栏表示它们在 500 家最大企业中的名次。该表也表明了该公司为一结合的多功能公司或在仍然为一单功能的企业。所谓结合企业是指除了进行制造以外，还有自己的分支销售机构和采购组织，或者还有自己的原料和半成品原料来源。最后，附录 A 还表明了该结合公司是否通过职能部门或子公司进行管理。

由表 A 可以马上看出，1917 年时美国最大的产品制造公司是集中于制造业和加工业。建筑业中一家也没有。只有五家是农业企业——一家是大牧场，一家是甘蔗种植场，一家是生橡胶的栽种和收割。第四家是联合水果公司，它是一庞大的结合企业，它把肉类加工业的新技术应用于运输、分配、经销香蕉上。第五家是一个比联合水果公司小得多的竞争者——大西洋水果和糖业公司。矿业公司较多，有 30 家。另有 7 家生产原油的公司。但是在 1917 年，美国这 278 家最大工业企业中，有 236 家是把原料或半成品原料制造或加工成成品。

此外，在这 236 家制造公司中，有 171 家(72.5%)是在编号为两位数的标准工业分类的各组中；其中 39 家在原生金属冶炼工业，34 家在食品工业，29 家是运输设备制造业，24 家在机器制造业，24 家在石油工业，21 家在化学工业。23 家(9.7%)散处在 7 个组中；纺织工业 7 家、木材工业 5 家、皮革工业 4 家、印刷出版工业 3 家、服装工业 3 家、仪器制造业 1 家，家具工业一家也没有。其余 42 家制造公司则属于按标准工业分类编号为四位数的连续作业和大批量生产的其余 7 个工业组中。在造纸工业组中，大公司都集中于新闻纸和牛皮纸的生产上；在石料、玻璃和黏土产品组中则集中在水泥和厚玻璃板的生产上；橡胶产品组中则集中于轮胎和鞋类的生产上；烟草工业组中，大公司集中于香烟的生产上；金属加工产品组中，集中于金属管壳的生产上，电气机器组中，集中于标准机器的生产上；而在杂项制造商组中，大公司则集中于火柴的生产上。

由此可见，1917 年时最大的制造公司(不管是经由合并或内部扩大)，都集中在与 19 世纪 80 年代和 90 年代最先出现结合企业的那些工业或本世纪初期合并公司最为成功的那些工业相类似的工业里。这些大的工业企业使用资本密集型的、耗费能源的、连续作业或大批量的生产技术，同时具备了大量销售的市场，因而能继续繁荣发展。只要具有足够庞大的市场，数量和种类又足够多的消费者，从而需要对高额数量进行复杂的安排并建立专门的贮藏和装运设施，或者由于进行大量销售，因而需要专门的示范操作服务、销售后的维修服务，以及提供消费者信贷，这些大公司就会兴隆昌盛。由于管理协调工作继续使成本降低并维持着一道防止外人闯进它们领域的障碍，因而这些大公司又得以保持住它们的繁荣。

美国大公司发展的实际情况，还从另一角度说明了上述特点。在生产过程使用劳动密集型的方法（它们只需要少量的热、能源或复杂机器）的那些工业中，现代工业企业的发展就比较缓慢，而且不能繁荣兴旺。在现有的中间商能够不太困难地经销其产品的那些工业中，现代工业企业的发展也很缓慢。因此，在制造和加工服装、木材和皮革等那些比较古老和传统的工业中，大公司很少出现。在印刷和出版工业以及制造高度专业化的仪器或机器的工业中，大公司为数也不多。在上述 7 个组所列出的 23 家公司中，多数公司的生产过程都是高度劳动密集型的，它们也都排在这 236 家公司名单的靠后部分。只有 3 家是在前 100 名内，而其中两家——美国毛织品公司和中央皮革公司——都是没有竞争力的和不赚钱的公司②。在这些工业中，其产量往往不够大、销售工作也往往不够复杂，所以不能促使厂商把其生产过程和分配过程结合起来。在这些工业组中，大量销售商继续分配和销售消费品，而制造厂商的代理人则采用提取佣金的方式，负责安排用于生产上的产品。

附录 A 还突出了一个事实，就是到了 1917 年时，大部分的大企业（不管是以何种方式变大的）都已成为结合的经营公司。单功能公司（即未结合者）主要是在采掘工业中。在所列举的 278 家公司中，可以找到有关 269 家公司是否实现了结合及其结合程度的资料。其中，7 家单功能、非结合性的公司是在原油开采业中，16 家在矿业中，2 家在农业中。在 236 家制造公司中只有 16 家未结合。其中 4 家在纺织工业中，两家属于图书出版业（这两家公司直到现在仍无自己的分支销售机构）、一家属于原始金属冶炼业，两家在金属加工业中，其他 7 家是生产运输车辆的公司。所以到 1917 年时，在资产额为 2 000 万美元或超过 2 000 万美元的所有工业公司，至少有 85%已经把生产和分配加以结合。

最后，考察一下附录 A 所列举的 236 家制造公司，可以发现这些结合企业中有 80%以上是经由职能部门（销售部门、生产部门等）、而不是经由自主经营的子公司来管理它们的财产的。到 1917 年时，虽然控股公司仍不失为一种对范围广泛的经营活动进行合法控制的重要工具，但在大的美国工业公司中，已经几乎没有人仍然利用控股公司来管理他们的生意。

经由纵向结合的成长——进一步的描述

附录 A 所列举的公司为美国的大企业提供了客观而全面的典型说明。这些公司都是 1917 年时美国工业中的主要企业。当时这些企业就已生产了美国制造业净产值的 1/4 以上。[3] 它们的集体历史揭明了关于现代工商企业的成长及其所属工业结构演变的许多情况。

我们的步骤是先描述这些大公司在1900—1917年变化的模式,然后分析这些模式。在以下各节中,则分别就资产额为2 000万美元或2 000万美元以上的企业所群集的各工业领域描述这些大公司的发展。它们集中在6个工业组(按标准工业分类法编号为两位数的工业组)——食品工业、石油工业、化学工业、原生金属冶炼业、机器制造业、运输设备制造业——中,属于这6个工业组的大公司在236家中就占了171家;以及暂放在两位数工业组——烟草工业、橡胶工业、石料—玻璃—黏土工业、造纸工业、金属加工业、电气机器制造业——内,但属于编号为四位数工业组的企业,属于这些工业组的大公司有42家。在我们的描述中,惟一未被考虑的工业领域,只是附录A中列出的236家大公司中23家所属的组。这些未被考虑的工业组的制造公司绝大部分都很小,都是单一单位的企业,它们都是依靠现有经销商销售和分配其产品。

食品工业和烟草工业 食品工业和烟草工业提供了很好的分析起点。现代工业企业是在这些组(附录A的20组和21组)和机器制造业组开始产生和发展的。1917年时已有35家资产额为2 000万美元或超过2 000万美元的食品企业。只有原生金属冶炼业的大公司的数量更多,有39家。食品工业中的这些先驱者企业仍然保持强大且不断发展。事实上,这35家企业中多数都是在1900年以前就已成立,有相当一部分在1890年以前,就已存在。

这个组中最大的一些企业是早期易腐坏产品的加工厂——肉类加工厂商(阿穆尔、斯威夫特、威尔逊、莫里斯和卡达希)和啤酒厂商(安休塞尔·布希和施利兹)。到了1917年,联合水果公司(列在农业中)、美国制冰公司和布思渔业公司都采用冷冻设备经营其庞大而不相上下的分配网络。可是,美国制冰公司和布思渔业公司的生产过程还没有大到足以使它们在与较小的地区竞争者的竞争中处于优势的地位。这两家公司很快就失掉了在全国最大企业中的名次。事实上,根据利弗莫尔的说法,布思渔业公司是因财务上的原因而招致失败。

以连续作业机器生产低价散装产品的先驱者厂商仍然支配着它们各自的行业。老人牌麦片公司、沃什伯恩—克罗斯比公司(面粉)、海因茨公司、博登公司、利比公司和可口可乐公司,都在继续繁荣兴旺。事实上,在1900年以后成立的这种类型的新公司只有加利福尼亚袋装食品公司(德尔·蒙蒂公司),该公司是由几家地区性罐头公司于1916年合并而成,它建立了全国性的销售组织,以及广泛的超越地区性的采购网络。④

早期的合并企业也很惹人注目。美国棉籽油公司及其竞争对手南方棉籽油公司,仍然支配着自己的行业。制酒证券公司仍然是制酒业中全国首屈一指的公司。1917年时,美国糖业制造公司已能与表中的另外五家大的结合糖业公司进行竞争。也就在那个时候,一些20世纪初成立的合并公司,诸如皇家发酵粉公司和美国面粉公司(后为标准面粉公司)仿效美国饼业公司和玉米产品公司的前例,从单一功能的、家族式公司的联盟转变为集中管理的结合型庞大企业。在口香糖界,美国糖胶树胶公司只是在把其全球性的销售和采购组织加以连贯之后,它才成了里格利公司的主要竞争者。事实上,美国糖胶树胶公司和里格利公司就其拥有和经营海外设备这一意义来说，它们都成了多国公司。[⑤]譬如：美国糖胶树胶公司在墨西哥拥有300万英亩土地生产原料，并在英国和加拿大设厂。

1917年以前，几乎所有的美国大食品公司都把生产集中在少数大工厂内，且有自己庞大的采购和销售部门。几乎每家均有海外销售网络，有几家还有海外设立工厂。它们如果不从美国农民手中购买原料，就常常控制它们自己的供应来源中的一部分。许多公司，诸如肉类加工业公司、啤酒公司、棉籽油公司、糖业公司，都拥有自己的船队、铁路车皮以及其他运输设备。在这些特殊行业中，一些主要的大厂商都以寡头垄断的方式展开竞争，它们通过广告宣传、创牌子、确保迅速和定期的服务，而不是以价格取胜。在所有这些集中的食品业中，先驱者企业仍然保持着自己的领先地位。

在烟草工业中，美国烟草公司的势力一直非常强大，直到1911年它被最高法院判决解散时为止。不久三家新的公司——雷诺公司、利格特和迈耶斯公司、罗里拉德公司——也都迅速建立了自己的销售和采购组织。这四家结合公司继续支配着香烟工业，1925年，它们生产了美国全部香烟的91.3%，而且随着时间的推移，它们还继续在提高自己的市场占有率。[⑥]同一时期，还成立了另外两家企业，其成立的目的也大致相同，它们是钻石火柴公司和伊斯门·柯达公司，它们都保有各该行业的很高的市场占有率，这个优势一直维持到1917年以后很长一段时间（它们在附录A中是列在38组和39组）。

石油工业和橡胶工业　石油工业（29组）和橡胶工业（30组）中的

情况也几乎相同。主要的差别是由于1900年后出现了一个庞大的新市场——汽车所创造出的市场——而造成的。石油工业在本世纪头20年内特别活跃。[7]对汽油的新的需求，正好出现在由于电力照明的迅速发展，因而急剧减少了对煤油的需求之际。就在市场转换期间，出现了大量的新的供应来源。1900年以后，墨西哥湾沿岸、中部美洲大陆以及加利福尼亚的油田同时都被开发出来了。

新的不断扩大的市场和新的供应来源促成了石油大企业的成长。原来的先驱者企业已不能完全支配这个工业。标准石油公司及其两个较小的竞争对手——纯油公司和东弗吉尼亚公司——都在继续扩张。但是新加入者成长得更快。他们开始时是作为原油生产者，但很快就转入了炼油生产。在1911年最高法院命令标准石油公司解散之前，得克萨斯公司、墨西哥湾石油公司、联合石油公司、团结石油公司、壳牌石油公司和太阳石油公司都已成为大的结合企业，在石油工业的一切基本领域中从事经营活动(见表7)。1911年以前，除了标准石油公司之外，还有许多石油公司也都已跻于全国最大的工商企业之列。

标准石油公司的解散产生了许多单功能的公司，这是因为除了加利福尼亚标准石油公司和新近成立的路易斯安那标准石油公司之外，没有一家标准石油公司的子公司是充分结合的。[8]即使那些同时进行了销售和炼油的公司，其主要精力也只是集中于这两个功能中的一个。可是，到了1917年，有八家资产额超过2 000万美元的前标准石油公司都有了庞大的销售组织和炼油设备。其中有四家还从事原油生产。第五家、即印第安纳标准石油公司也

表 7　资产额为 2 000 万美元或 2 000 万美元以上的石油公司,1917 年[a]

标准石油公司集团	1911 年以前的独立公司	1911 年以后的独立公司
2. 标准石油公司（新泽西）	24. 得克萨斯公司	37. 马格诺利亚石油公司（无 C）〔索可尼公司〕
14. 纽约标准石油公司（无 C）〔索可尼公司〕	26. 墨西哥湾石油公司	56. 辛克莱石油公司〔大西洋炼油公司〕
34. 印第安纳标准石油公司	45. 纯油公司〔团结石油公司,1965〕	64. 泛美石油和运输公司〔印第安纳标准石油公司〕
35. 加利福尼亚标准石油公司	69. 联合石油公司〔东弗吉尼亚公司〕	95. 中西部炼油公司〔印第安纳标准石油公司〕
48. 普莱利石油和煤气公司（只有 C）〔辛克莱公司〕	71. 加利福尼亚联合石油公司	110. 科斯顿石油公司〔孙雷—中部美洲大陆石油公司,1955〕
61. 俄亥俄石油公司（只有 C）	124. 东弗吉尼亚石油公司	151. 加利福尼亚石油公司（只有 C）〔得克萨斯公司〕
72. 真空石油公司（无 C）〔索可尼公司〕	160. 加利福尼亚壳牌石油公司	162. 得克萨斯太平洋煤和石油公司（只有 C）〔希格莱姆公司,1965〕
84. 大西洋炼油公司	229. 太阳石油公司	168. 得克萨斯休斯顿石油公司（只有 C）〔大西洋炼油公司〕
106. 皮尔斯石油公司（破产）		178. 通用石油公司〔索可尼公司〕
205. 南宾夕法尼亚石油公司（只有 C）		261. 石油开采和精炼公司（无销售组织）〔辛克莱公司〕
262. 标准石油公司（俄亥俄）（无 C）		278. 斯克利—森基石油公司（只有 C）〔格蒂石油公司,1967〕

资料来源：附录 A,穆迪的《工业证券手册》和公司报告。

a. 标明的数字表明 1917 年时该公司在 278 家企业中的名次。除非特别注明者,上述公司都是充分结合的企业。字母(C)表示原油生产。括弧内之名称表示该公司被合并进的公司的名称。注明的年份是表明第二次世界大战后合并的时间。标准石油公司(新泽西)的现名是埃克森石油公司,索可尼真空石油公司的现名是美孚石油公司;俄亥俄石油公司的现名是马拉松石油公司;南宾夕法尼亚石油公司的现名是宾夕法尼亚联合石油公司。

在1919年进行仿效。每家公司均有油槽车、油船和其他运输其产品的设备。另一方面,直到第一次世界大战时为止,三家前标准石油公司的管道运输和原油生产厂商继续拥有广大的市场,特别是它们利用了前标准石油公司的老关系,因而它们并不感到向前结合的压力。但是在第一次世界大战后的那些年里,前标准石油公司集团的各个公司不是变成充分结合的企业就是变成其他结合公司的一部分了。

表7所列出的石油公司中,有11家是在标准石油公司解散后六年之内成立的。其中只有四家在1917年时仍然是仅仅只从事原油生产的厂商,而且这里面有一家已经计划要建立炼油厂。另有一家既生产也提炼原油,但不经销,而是将其产品销给其他石油公司。其余六家则实现了充分的结合。战后,几乎所有其他的石油公司都已成了结合企业,或者并入联合企业中。到第一次世界大战时,合并和收购已经成了比内部成长更常见的、扩大规模和实现结合的手段。[9]

虽然大公司的数目已经增加,迅速成长中的石油工业仍然保持着集中化。1917年,表7所列举的23家拥有炼油厂的公司就已生产了美国石油产品的2/3。[10]即使在原油生产——石油工业中最具竞争性的分支之一——方面,大的结合企业也起着重要的作用。1919年联邦商业委员会的一项报告指出:有32家公司(并未全部列举在表9中)的产量占全国原油生产量的59.4%。[11]其中有15家的产量占了全国总产量的35.4%,它们都已实现了充分的结合;8家公司只生产和提炼原油、但无销售组织,它们生产了全国总产量的8.8%;其余9家只生产原油的公司则占原油总产量的15.2%。本世纪20年代,结合的公司在原油生产中起着更大的作用。到了1931年时20家主要的结合的石油公司就生产了全国原油的51.1%，且拥有全部原油公司股份的77.4%。

所有这些数字表明，1917年时，石油公司并未达到一种可以称之为平衡的结合的程度；几乎每家公司都必须买进其他公司的股份，或者向其他公司出售产品。虽然几乎所有这些企业在本世纪20年代都在继续进行结合，然而却几乎没有一家企业试图达到充分的平衡以便能实现完全的自给自足。它们的目的只是确保原料的稳定流量，通过其资本密集型的设备、自油井不断送到汽油零售商手中。它们控制生产和分配设备的用意只是想经由管理上的协调来确保其设备高效率和稳定的使用。在1917年以前采取了纵向结合策略的大部分美国公司（不仅是石油公司），其目的就在于此，而不是平衡的结合。

第一次世界大战以后，大约有20家结合企业支配了石油工业。本世纪20年代和30年代早期的合并和收购，完成了1917年以前牢固地建立起来的结合和集中的模式。表7中所列1911年以后成立的所有独立公司全都成了较大和较老的结合企业的一部分。另一方面，几乎所有1911年以前成立的独立公司以及几乎所有以前标准石油公司的子公司，直到本世纪70年代仍然是石油工业的主要公司。[12]

本世纪20年代时，石油工业基本上是一个国内的工业。它的主要市场和供应来源都在美国。只有新泽西的标准石油公司和索可尼公司在海外大量销售。直到本世纪30年代末，其他公司才开始在海外营销并在加勒比海以外的地区寻求原油的来源。[13]

支配着橡胶工业的公司数要比支配石油工业的公司数少。在汽车创造出轮胎的需求之前，橡胶工业大量生产的产品只有长统橡胶靴和橡胶手套。橡胶工业的两家最大的公司中，古德里奇公司是经由内部成长而变大者，另一家美国橡胶公司则是以合并起家。在附录A中所列举的其他三家橡胶公司——古德伊尔公司、费尔斯通公司和菲斯克公司——也都以建立结合的组织起来生产和分配轮胎而变大。美国橡胶公司和古德里奇公司都转向相同的新市场。1917年，两家公司开始进军海外，美国橡胶公司在苏门答腊经营橡胶种植园，并在加拿大设厂，古德里奇公司则在法国设厂。[14]这些公司采用创名牌、进行大规模广告宣传、更周密地安排产品经由生产和分配设备的流程等办法而展开竞争。到本世纪70年代中期，这四家1917年的主要公司（美国橡胶公司在1940年收购了菲斯克公司）依然支配着橡胶工业。

化学工业、造纸工业和玻璃工业　化学工业组、造纸工业组和石料—黏土—玻璃工业组的主要企业都使用与石油公司和橡胶公司相似的大批量、连续作业的生产方法。但是它们的市场却不相同。它们制造的主要是生产者、而不是消费者所使用的产品。然而几乎在所有情况下，其产品都要卖给大量的、各式各样的使用者。它们要销售给建筑商、承包商以及制造企业、采矿企业和其他工业企业。在许多情况下，也有少量产品经由批发商而进入消费者市场。这些大的结合企业由于在较大的工业组内的某些特定工业中有着广大的市场，因此便蓬勃发展起来了。

这种成长模式在造纸工业组（26组）和石料—黏土—玻璃工业组（32组）中尤其明显。在七家资产额为2 000万美元或超过2 000万美元的造纸公司中，有五家生产新闻纸和厚牛皮纸。在1900—1917年，这五家公司都有庞大的销售组织，并在加拿大和美国南部拥有森林地带。其他两家公司——美国书写纸公司和比米斯兄弟纸袋公司——则生产比较多的产品种类。它们拥有庞大的采购和销售网络，但并未向后结合而控制自己的原料。虽然生产新闻纸和牛皮纸的公司继续支配其行业，但美国书写纸公司和比米斯纸袋公司在和小的未结合的对手竞争时，却不具有什么优势。[15]当新闻纸和牛皮纸的生产已经成为寡头垄断的局面时，书写纸和纸袋的生产仍然竞争激烈。

在石料—黏土—玻璃工业中，1917 年，6 家大企业中有 4 家经营厚玻璃板和窗玻璃以及水泥生产。这四家公司——匹兹堡厚玻璃板公司、美国窗玻璃公司、莱海伊·波特兰水泥公司和阿特拉斯·波特兰水泥公司——持续支配了该工业达几十年之久，尽管阿特拉斯·波特兰水泥公司在 1930 年后成为美国钢铁公司的一个自主子公司。[16]第五家公司是欧文制瓶机器公司，它在 1965 年成为欧文—伊利诺斯公司，依然是该业的巨擘。第六家公司是哈比森—沃克耐火材料公司，它由许多主要是地处中部沿大西洋各州、专为地区市场生产的小型耐火砖公司合并而成。该公司已实现从黏土坑取料直至向顾客销售的结合。可是，由于生产技术的特殊，该公司的成长率比同组其他公司的成长率慢得多，不久即不再成为全国最大制造公司之一。

化学工业(28 组)企业的名字对今天的读者来说，要比食品工业组、石油工业组、橡胶工业组、造纸工业组、玻璃和水泥工业组中的公司显得陌生一些。这是因为美国现代化学工业直到本世纪 20 年代才蓬勃发展起来。由于技术不断迅速改变，使得名列在附录 A 内的一些公司的作业变得过时，同时其他公司也发展了高度多样化的产品系列。但即使如此，美国化学工业的基本结构还是愈来愈清楚了。

到了1917年时，所有资产额为2 000万美元和2 000万美元以上的化学公司都实现了生产和分配的结合。[17]经由合并而成长者比经由内部扩充而成长者更多。其中三家采取后一途径的公司——格拉塞利化学公司、薛尔文—威廉公司（油漆）以及普罗克特和甘布尔公司——都是成立于19世纪。第四家塞米特—索尔维公司成立于1895年，开始时是生产和经营炼焦炉的副产品，不久即生产硫酸铵、苯、甲苯和其他化学品。在合并运动后，这些较老的企业和早期的合并公司——国民铅公司和新泽西锌公司——都继续蓬勃发展。只有美国亚麻籽油公司仍然为国民铅公司的强烈竞争所苦，而回到了早期的财务不振的状况。1899年和1902年间成立的合并企业从横向结合转向了纵向结合（其中有一些企业的转变步伐比另一些企业要快得多）。这些企业包括杜邦公司，三家肥料公司中之两家——弗吉尼亚—卡罗来纳公司和美国农业化学公司，还有联合染料植物公司、巴列特公司、通用化学公司、联合碳化物公司和国民碳公司（后两者于1917年成为联合碳化物和碳公司的一部分）。1903年以后成立的合并企业（包括国际农业化学公司、国民苯胺公司和美国工业酒精公司）都实行了生产集中化并建立了庞大的采购和销售网络。联合药品公司原本是家连锁零售店，但转而向自己的制造设备进行投资。

与食品公司和石油公司的情况一样，化学公司也实行了进一步的向后结合以控制部分原料和半成品原料的供应。[18]通常此种逆向的行动都是防御性的。经理人员不愿由于无法取得充足的供应而支付过高的价格或停工。如同食品公司、石油公司、橡胶公司和玻璃公司一样，这些公司也都开始建立或租用自己的船队、铁路车皮和其他运输设备。其中一个比较积极的动机是改善流程的安排。在多数情况下，化学公司的销售组织除了协调流量外，还要提供专业性的服务。它们拥有存放具有挥发性、且往往是有危险性的化学品所需的贮藏设备，与电气公司和机器公司一样，其销售人员都是经过技术训练的工程师，他们指导顾客以最有效的方式使用其公司的产品。也正如那些在技术上先进的工业中的主要公司一样，他们率先进行了为改良产品和作业程序的研究和发展工作。

几乎在所有情况下，这些公司都支配了其特定的行业或产品的市场。正如美国烟草公司和标准石油公司的例子一样，当反托拉斯法解散杜邦公司(炸药业的巨擘)时，其反应也极类似。被它收回了全部股本而使之脱离的子公司——赫尔克里士公司和阿特拉斯公司——采取了纵向结合的策略，建立了它们自己的销售和采购组织。

除了三家肥料公司和联合染料植物公司(它们的作业程序已变得过时)，以及美国亚麻籽油公司(它一直没有学会成功地与其他大结合公司竞争的策略)而外，所有这些公司都继续繁荣兴旺。除了美国亚麻籽油公司和艾特纳炸药公司之外，所有这些公司直到今天仍都在经营，它们或者自己经营，或者成为大的化学公司或其他工业公司的自主分支部门。例如，巴雷特公司、通用化学公司、国民苯胺公司和塞米特—索尔维公司成了联盟化学公司的分支部门，联盟化学公司是在1920年成立的合并企业。美国化学工业的结构是在本世纪20年代具有其现代形式的，亦即在联合碳和碳化物公司和联盟化学公司成立以后；在杜邦公司、赫尔克里士公司和阿特拉斯公司自炸药生产向多种化学品的生产转移以后，以及在一些较小和较专业化的公司（诸如道公司和蒙萨托公司）成长并形成多样化的局面以后，才具有其现代形式的。这些大的、结合的和愈来愈多样化的公司支配了它们的产品市场。

金属加工工业　在到目前为止所讨论的一切工业组中，大企业都协调着从原料供应者直至最终消费者的产品的流动。在所有情况下，产品的流量都很大，而且安排从许多供应者向更多的消费者的流程，也是很复杂的。

金属生产厂商和金属使用厂商的情况却有点不同。虽然它们都已实现了生产和分配的结合，却几乎没有一家企业去控制生产和分配过程的全部流程。金属加工公司和机器制造公司都向金属生产厂商购买材料，金属生产厂商则将其成品卖给金属加工厂商和机器制造厂商。这意味着金属生产厂商只需向较少的客户销售，而加工公司和机器公司则只需向较少的公司采购。交易数量上的这种差别，影响了这些企业内采购和销售部门的规模和活动。金属生产厂商和金属使用厂商未将其经营活动加以结合这一事实，说明了对两个在技术上极为不同且需要不同类型的工作人员和管理技术的过程进行协调，不能带来什么经济效益。

虽然金属加工厂商比食品公司或化学公司需要更大和更昂贵的生产设备，它们却很少达到与后者类似的规模。它们向少数供应厂商采购，通常也只向少数的购买者销售。金属加工组（34 组）中，在 1917 年时拥有资产额为 2 000 万美元或 2 000 万美元以上的公司只是那些具有广大和多样化市场的厂商。该组织中只有一家为消费市场生产的厂商，即吉勒特安全剃刀公司。其历史与香烟、麦片和照相胶卷生产的先驱者厂商的历史极为相似。1903年，安全剃刀的发明者只生产了51把剃刀和168枚刀片。到了次年末，其工厂就生产了90 000把剃刀和240万枚刀片。[19]该年代末，吉勒特公司除了建立有全球性的销售组织外，还在英国、法国、德国和加拿大建立了工厂。如同早期类似的制造公司一样，吉勒特很顺利地由其盈余中为这种迅猛和大规模的扩充筹措了资金。

附录A中所列的其他金属加工厂商都是使用大批量的作业方式，并向为数众多的、不同的消费者进行销售。美国罐具公司和大陆罐具公司都是经由合并而成，它们提供罐具和装罐机器给小型罐头制造厂，这些罐头制造厂通常都是进行季节性生产，它们遍及全国和世界许多地区。[20]斯考维尔制造公司、国民搪瓷模压公司、克兰公司和标准卫生器材公司（两者均为生产标准化管件固定装置的厂商）以及国民巅峰公司（螺丝厂商）等，都要向几百家承包商、建筑商、水管商、制造商和五金经销商销售它们的产品。怀尔顿钢公司（马口铁和屋顶盖板厂商）和美国闸瓦公司的客户数量虽较少，但仍足以使其销售机构网络得到充分的利用，它们利用其销售机构网络以取得订单、确保迅速的交货以及收取几千张订单的付款。

可是在1917年时，这些都是例外情况。大部分的金属加工公司都像美国黄铜公司一样。美国黄铜公司是1899年成立的合并公司，为其他厂商生产半成品原料，正开始建立自己的销售机构。简单的装置、工具和器材制造商继续依靠批发商销售其消费性产品，依靠厂商代理人销售其生产器材。即使是其中最大的公司也仅仅只有很少的销售机构来保持和经销商及客户的接触。虽然这种公司拥有大量的制造设备，但没有发展到庞大的规模。附录A中的制造公司只有11家或6.5%是属于金属加工组的。

机器制造业 另一方面，制造复杂机器的厂商几乎从一开始就建立了庞大的销售组织，而且很快就变成了庞大的全球性企业。事实上，如果把电气机器组(36组)的公司和运输设备组(37组)的公司加到机器组(35组)的公司上，总数达58家，是1917年时美国所有的、资产额为2 000万美元或超过2 000万美元的制造公司的1/4。因此，机器制造厂商是20世纪早期美国最大的、而且在许多方面也是最具代表性的大企业。

除了枪支制造厂以外，35组和36组中的所有机器制造公司以及37组中的大部分公司的产品都需要特别的销售服务——示范操作、安装、修理、服务以及长期信贷。35组和36组中的公司包括缝纫机制造公司、办公机器制造公司、农业机器制造公司、标准化重型机器如泵、锅炉、升降机和各式各样的发电机和电动机的制造公司。这些先驱者公司在1917年机器制造厂家名录中惹人注目的程度，同它们在食品组中惹人注目的程度一样。例如，辛格公司、雷明顿打字机公司、巴勒斯加法机公司、迪尔公司、莫兰耕作机公司、凯斯打谷机公司、巴布科克和威尔科克斯公司、沃辛顿泵公司、奥蒂斯升降机公司、默根特勒行型活字铸造机公司、威斯汀豪斯电气公司和西方电气公司等，所有这些公司都显示了首先在它们各自的行业中建立广泛的销售网络的第一批企业持久的生存能力和威力。此外，费尔班克斯公司——如今是费尔班克斯—莫尔斯公司的一部分——至今仍然是天平秤和类似仪器的最大制造公司。国民收银机公司仍然是该业的巨擘(此两家公司之资产额均为1 960万美元，因而未包含在最大的278家公司名录中)；迪克依然支配着油印机制造业。在这些工业中,极少出现新的大竞争者。

虽然大部分早期的机器制造公司是经由内部扩充而成长,附录 A 的名录中却也有少数几家公司是遵循合法的合并、管理集中化,然后再纵向结合的途径而发展起来的。这些公司——联合制鞋机器公司、美国冷却机器公司、蓄电池公司——都把生产设备加以合并,然后进行合理的改革,并建立世界范围的销售组织。美国冷却器公司和联合制鞋机器公司在欧洲市场上迅速的和给人以深刻印象的成功,突出地显示了这种销售组织在增大机器制造企业的规模和竞争力量方面的价值。㉑

还有一些是已经实现了结合企业合并而成的公司——在机器制造工业各组中,这种类型的合并公司比在其他工业组中的要多。这类合并公司包括国际收割机公司、通用电气公司、艾利斯—查默斯公司(磨粉机和其他以蒸汽为动力的机器制造公司)、奈尔斯—贝门特—庞特公司(机床制造公司)、英格索尔—兰德公司(采矿机器制造公司)、计算—列表—记录器公司(国际商用机器公司的前身)和安德伍德打字机公司(安德伍德公司和瓦格纳打字机公司合并而成)。除了国际收割机公司之外,这些合并企业通常都开发补充性产品的生产,以便充分利用其销售和采购组织。几乎在所有的这些合并企业中,较小的公司的人员都被结合进较大的公司的职能部门(生产部门、销售部门、工程部门和财务部门)内。与铁路界的情况一样,最老和最大的公司通常就是进行结合的基本"核心"组织。

在运输设备组(37 组)中,1900 年以后成长的主要途径就是经由内部扩充。对于新的、迅速发展的汽车工业来说,这种情况尤其明显。这些汽车、卡车、零件和附件制造厂商的成长途径同缝纫机和农业机器制造的先驱者厂商大致相同。最初，他们都是通过独立的批发商经销。不久便依靠特许的经销商来零售其产品。这些经销商受到一套精心建立的销售组织的协助，销售组织从事广告活动、售后服务、修理服务、提供消费者信贷，并保证迅速和有计划的交货。首先建立这种庞大销售组织的一些公司很快就在汽车工业中取得了优势。事实上，亨利·福特的组织完善的全球性销售组织促成了市场上持续不断的需求，由此而促使其工程师发展出了移动的装配线。到了 1917 年，威利斯公司、斯蒂倍克公司、马克斯韦尔公司、帕卡德公司、皮尔斯·阿罗公司和怀特公司（卡车）都已建立起堪与匹敌（虽然规模较小）的销售部门。通用汽车公司的子公司——比克公司、奥尔兹摩比尔公司、卡德拉克公司、雪佛兰公司和作为零件制造商的联合汽车公司——也都是这样。汽车制造业与缝纫机制造业、农业机器制造业和办公机器制造业一样，都是经由内部扩充而成长。合并企业很少且都不成功。他们几乎没有作出什么努力，试图把他们的已经结合的企业合并成一个单一的、集中的经营组织。即使像通用汽车这家最大的公司，也是在本世纪 20 年代对管理组织进行了改组之后才成为一个长期盈利的公司。

37 组中所列的一些较老的公司不是造船厂就是制造铁路设备的厂家。后一类厂家如普尔曼卧车公司、鲍德温机车公司、威斯汀豪斯气力制动器公司和纽约气力制动器公司都是在 19 世纪下半叶经由内部扩充而变大的。另一些公司——美国机车公司、美国列车和铸件公司、压制钢列车公司、标准钢列车公司和铁路钢弹簧公司——则都是在本世纪初经由合并而成。这些公司从横向结合转向纵向结合，建立与经由内部扩充而成长的竞争者相似的结构。它们的销售部门比机器制造公司的销售部门小得多,这是因为客户较少之故。另一方面,它们的销售组织却是全球性的。它们提供信贷、保养和其他服务,协助美国的制造厂商在全世界各地销售铁道设备。

造船公司是1917年所列举的278家最大企业中少数几家没有实现结合的企业。虽然在1917年时,由于德国开展无限制的潜艇战而导致船只短缺,从而使这些公司获得蓬勃发展,但是它们仍然停留在单功能公司,而且常常是在单一的地区从事作业活动。[22]第一次世界大战后,造船公司也没有达到已经实现了结合的汽车公司、机器制造公司和金属加工公司的高度成长率。事实上,它们只是设法能够维持生存。

表8 资产额为2 000万美元或超过2 000万美元的钢铁公司,1917年[a]

实现了从采矿直至轧钢的结合的公司:

1. 美国钢公司 (f)
3. 贝斯利汉钢公司 (f)
6. 米德维尔钢与军械公司 (f)〔贝斯利汉钢公司〕
19. 琼斯和劳克林钢公司
39. 共和钢铁公司
40. 拉卡瓦那钢公司〔贝斯利汉钢公司〕
53. 扬斯敦薄钢板和钢管公司
54. 科罗拉多燃料和铁公司
87. 内陆钢公司
107. 拉贝尔铁工厂 (f)〔惠林钢铁公司〕
109. 布赖尔·希尔钢公司〔扬斯敦公司〕
164. 匹兹堡钢公司

实现了从采矿到炼铁的结合的公司:

135. 汉纳公司〔汉纳采矿公司〕
179. 伍德沃德铁公司
206. 斯洛斯—谢菲尔德钢铁公司〔美国铸铁管和铸件公司〕
250. 罗杰斯·布朗铁公司〔苏斯奎汉纳矿石公司〕

270. 唐纳钢公司〔共和钢铁公司〕

实现了从炼铁到轧钢的结合的公司

58. 美国坩埚钢公司

187. 美国轧钢公司

203. 联合合金钢公司〔共和钢铁公司〕

248. 惠林钢铁公司

实现了从炼铁到炼钢的结合的公司：

137. 特朗布尔钢公司〔共和钢铁公司〕

241. 马克制造公司〔美国钢和钢管公司〕

251. 奥蒂斯钢公司〔琼斯和劳克林钢公司〕

276. 卢肯斯钢公司

280. 惠特克—格莱斯勒公司〔惠林钢铁公司〕

资料来源：附录 A，穆迪的《工业证券手册》和公司报告。

a. 左栏数字代表在 1917 年 278 家最大企业中之名次。字母(f)表示其结合超出了轧钢以外。括弧内的名称表示该公司被合并进的公司的名称。

原生金属冶炼工业　本工业组的公司和另一些集中了大企业的工业组中的公司有所不同。它们的制造设备是美国各行业中最昂贵的。(事实上，由于附录 A 中划分规模的标准是资产额，所以取样对原生金属冶炼公司有利。如果是以销售额或附加价值作为取样标准，则划入美国最大企业中的原生金属冶炼公司将更少，而食品公司和机器制造公司则将更多。)原生金属冶炼组的公司还有一个不同，就是它们向后结合时的投资远比向前结合时的投资要大。在资产额为 2 000 万美元和超过 2 000 万美元的 26 家钢铁生产厂商中，12 家厂商拥有从采矿、运输设备、高炉、平炉和酸性转炉、直到轧钢机的全套设备(见表 8)。其中只有四家向前结合而加工制成品。一直迟至 1948 年时，美国生产的热轧薄钢板只有 5.7％是由钢铁生产企业控制的加工公司所使用。㉓ 如同表 8 所示，其余的 14 家甚至只实现了较低程度的结合，其中有五家只生产生铁和钢坯。那些实现了结合的企业所以要结合，其动机正如卡内基在十九世纪90年代进行结合时的动机一样，那就是为其昂贵的生产工厂确保原料的充足供应。

由于钢铁公司是从极少的供应来源采购，而且也只向较少的客户销售，所以同美国多数大工业企业相比，其采购和销售部门要小得多。虽然如此，在1917年的表中，除了一家公司以外，其余公司都没有自己的分支销售机构。生产和分配间的管理协调工作是降低成本的一个重要因素。生产经理和销售经理的密切配合能够更紧凑地安排材料经过高炉和轧钢机的流程，并且有助于按精确的规格和准确的时间，大量地和多品种地发运和交货。可是，销售钢铁半成品并不需要专门的安装、售后服务和修理、或者复杂的信贷安排，只需几家地区办事处的少量销售人员即可完成取得订单、安排订单生产以及保证交货的工作。

使生产和分配相结合的优点，促成了钢铁界的主要合并企业——贝斯利汉钢铁公司、美国坩埚钢公司、联合合金钢公司、共和钢铁公司和美国轧钢公司——的统一经营，并经由各个职能机构来进行管理。后两家公司于1917年更进一步设立结合的分支部门以管理不同地区的市场。

惟一没有实行集中管理的是美国钢公司。摩根所以要实行庞大的合并计划而控制钢铁工业的将近60%的产量，是因为他担心日益加剧的竞争。在卡内基开始向前结合而制造成品以对付诸如美国钢和钢丝公司等的新联合而实现的向后结合以后，摩根的投资银行乃于1901年安排了合并计划。[24]美国钢公司在成立后的许多年中，都继续保持为一个控股公司，经由一甚小的总办事处来管理其许多子公司。除了卡内基公司和1907年后的坦内西煤铁公司之外，这些子公司都是采矿、运输、炼焦、金属生产和金属加工方面的单功能公司。总办事处很少协调、计划和评估子公司的活动。其主要功能只是表现在对国外的采购和销售的指导上。在米隆·C.泰勒于本世纪30年代对该公司的管理进行大规模的改组以前，美国钢公司只不过是一个合法的合并公司而已。

一直到1917年，美国钢铁工业才具有了其现代面貌。钢铁工业的主要分支都呈现了集中现象，长期支配着该工业的都是同一些公司。㉕1967年13家最大的钢铁公司中，除了一家公司以外，其余12家公司都是在1917年就已成立，其中有八家在1917年时就已列入十家最大的公司中。该年前十名中的另两家公司——拉卡瓦那钢公司和米德维尔钢与军械公司——于1922年被贝斯利汉钢公司收购。本世纪70年代出现的惟一的一家新公司是国民钢铁公司——它是由三家公司合并而成，其中两家早在1917年便已存在。如表所示，1917年后大的钢公司都是以合并方式成长，而这种合并又增加了钢铁工业中结合的程度。到了本世纪20年代，几乎所有的大公司都开始协调从采矿直到轧钢的材料流程，但还没有延伸到加工上。

1917年，炼铜企业的结合程度比钢铁企业还要低。阿纳康达公司从采矿向前延伸到冶炼及加工铜丝和薄铜板。美国熔化和精炼公司是炼铜企业和熔铜企业在1899年合并而成，它实行向后结合而延伸到铜矿开采，不久就在全世界对铜矿开采进行了投资。肯纳科特公司和费尔普斯·道奇公司主要还是属于采矿公司，它们只从事少量的熔化和精炼作业。1917年，卡路梅特和赫克拉公司、智利铜公司、犹他铜公司、格林·加纳尼亚公司以及278家最大公司名录中的其他六家铜公司都还只是采矿企业而已。另一方面,有一家大的销售铜的企业——美国金属公司——正在开始向后延伸而进入加工和熔化作业。因此,在第一次世界大战开始时,铜冶炼业刚开始被少数几家大的结合企业所支配。第一次世界大战以后,采矿、熔炼和半成品材料加工的结合迅速发展。到了1950年,四大公司——阿纳康达公司、美国熔化和精炼公司、肯纳科特公司和费尔普斯·道奇公司——生产了全国铜的90%,而它们所生产的铜,其中又有65%由其子公司进行加工。㉖1917年后有相当长的一段时间,大的铜公司的销售组织仍小于钢铁公司的销售组织。有些公司继续通过公司代理人来销售其产品。

镍、铅和锌的生产厂商都是作为采矿公司而起家的,1917年时,它们还很少超越熔化和精炼其矿石的范围。国际镍公司、圣·约瑟夫铅公司、美国锌铅和熔炼公司、合众国熔化和精炼公司等均有庞大的提炼设备,但并不加工标准型式的产品。由于它们只向少数几个客户出售产品,因而它们的销售组织一直很小。

另一方面,使新发明的方法商业化而大量生产铝的第一家企业却很快就建立起一个庞大的、全球性的销售组织来销售其产品。㉗因为当美国铝公司开始经营时,铝产品的市场还很小且甚为专业化。该公司在使用铝的较老的行业中,找到了铝的新用途,而且在较新的汽车工业和飞机工业中,找到了更大的市场。更由于发展了厨房用品的生产,使该公司成为惟一的一家大量销售消费品的大金属公司。在销售组织的促销下,需求量迅速增长并日益多样化,很快就促使美国铝公司向后结合而进行铝土矿的开采和运输。到了1917年，美国铝公司即能像石油公司那样协调从原料来源直到最终消费者的产品流量。这种强有力的国际化组织，加上大量的、资本密集型的生产和大量分配，使得这一先驱者企业在该工业中占有巨大的竞争优势。

在原生金属冶炼工业中，实现结合的动机主要是防御性的。当少数采矿公司控制了供应来源时，加工公司就想拥有它们自己的有保证的供应来源；而当采矿公司只向少数加工公司销售矿石时，它们则想确保自己的销路。在钢铁工业中，其模式是制造公司向后结合而进入采矿业，而在有色金属冶炼业中，则是采矿公司向前结合而进入制造业。不过在第一次世界大战以前，几乎没有一家原生金属冶炼企业向前结合而把成品加工业包括在内。即使这么做了的企业，其动机主要也是防御性的。它们的目的是为了使自己的产品有一个更有保障的销路。

由于原生金属冶炼公司的采购和销售组织的规模较小，而且也没有对从原料供应者到最终消费者的材料流程进行协调，因而其管理组织小于其他工业公司的管理组织。可能就因为它们的规模较小，在第一次世界大战后的那些年里，原生金属冶炼工业中一些最大的公司并未像食品工业、机械工业、石油工业、橡胶工业和化学工业中的主要公司那样，为了使其产品多样化或扩大其海外活动而竭尽全力。

经由纵向结合的成长——一次综合的分析

我们对1917年资产额为2 000万美元或超过2 000万美元的

全部制造公司中将近90%的公司的经历所作的评述，并不仅限于论证了下述事实，即：这些公司乃是经由纵向结合而成长变大，通过我们的这一评述，还可以得出有关这一成长过程的几个重要的一般性结论。第一，在决定现代工业公司的规模和限定其活动这一点上，市场的性质比生产方法更为重要。第二，虽然纵向结合的策略导致工业的集中，却很少造成垄断。在几乎所有的情况下，这些结合的公司都是以寡头垄断的方式展开竞争。第三，我们的评述表明，大公司不但在国内，而且在海外都支配了自己的工业，而且它们的势力所及，在早期就是全球性的了。最后，我们的评述强调指出了下述一点，即：在从本世纪开始时的大合并运动到美国参与第一次世界大战的这段期间内，美国工业完成了自己的形成时期。到1917年时，大部分的美国工业都已具备了自己的现代结构。此后，大企业继续集中在那些它们于1917年时就已集中于其内的相同的工业组中。而且相同的公司继续保持其在这些组的各该集中了的工业中的优势地位。

市场的重要性　生产技术无疑是公司成长极为重要的决定因素。附录A所列举的制造公司中，十有九家是采用资本密集型的、高能耗的程序。但是采用此种生产方法这一事实本身并不会使公司的规模变大或使该工业的生产集中。在金属加工工业、化学工业、食品工业、玻璃工业、造纸工业和橡胶工业中，许多采用这种程序的企业仍然较小，而且这些工业相对来说，也仍然是较有竞争性的。

除了原生金属冶炼企业之外，一个制造企业除非它已建立自己广泛的销售组织，否则就无法变大或保持庞大。当需要有精确和周密的安排以便把成品送到大量销售的市场或需要有专业化的分配设备和销售服务、从而保证大量生产得以进行时，老板就会采取这一步骤。旨在提供此种协调、设备和服务的分配和销售网络的建立，促成了大量生产者把生产和分配以及他们之间的市场交易诸程序内部化于一个单一的企业之内。这种内部化使管理协调的有形之手能够比市场协调的无形之手更集约地使用投入生产和分配过程的资源。

这种管理协调反过来又筑起了一道防止进入的壁垒。大量生产和迅速的库存周转降低了单位成本。广告宣传和提供各种服务招来了日益增多的客户。竞争的公司除非也能建立起自己的堪与匹敌的销售组织，否则是无法竞争的。

全国或全球性分配销售网络的建立，又进一步促使（事实上，常常是迫使）结合企业建立一个广泛的采购组织。不断增加的产量提高了确保供应且周密安排进入加工工厂的供应流程的必要性。当原料来自无数的农民、小加工工厂和供应者时，采购组织就会发展得与销售组织一样大。采购组织的众多的采购员与供应商和经销商保持接触，而且他们也采用大零售店的类似的采购单位的方法，规定采购材料的规格和价格，并且安排运往仓库和工厂的流程。正如大规模的销售组织一样，采购组织也通过更有效率的管理协调而降低了成本。另一方面，如果供应者为数甚少，则采购组织也就较小。

当制造厂商向后结合而对原料和半成品原料加以控制的动机是处于防御性，当他们的目的是为了确保供应而不是降低成本时，这种动机就与铁路系统建造者的动机有点相似。与铁道经理一样，这些制造厂商是想做到自给。在某些工业中，制造厂商的防御性结合反过来又迫使原料和半成品原料的生产厂商向前结合而进入制造和销售。这一情况显然又同铁路系统的建立极为相似。

结合与集中化　在管理协调能提供竞争优势的工业中，结合带来集中化。即使在1900年以前，也可以在许多工业中看到高度集中化的现象。这些工业受到了少数纵向结合、而非横向联合的制造公司的支配。最早实现结合的企业继续保持着支配的地位。只有那些采取了相似策略的公司才能继续与之竞争。在这些工业中，没有实现结合的小企业只能在夹缝中求生存，为大的结合公司提供一些辅助性产品。

另一方面，在那些技术不适合大量生产，以及大量分配无法从专门的安排或服务中得益的工业中，纵向结合就不会带来集中化。在劳动密集型的、低能耗的工业中，管理的协调不能造成单位成本大幅度的降低，也并不提供任何专门的服务，从而不能筑起一道防止进入的壁垒，这时，纵向结合就不是一种取代横向联合的有利策略。在这些工业中，实现了结合的小企业仍然能蓬勃发展。所以像纺织工业、服装工业、皮革工业、制鞋工业、木材工业和家具工业；印刷和出版工业；生产简单的金属工具、器材和型材的工业，或者生产高度专业化机器的工业等都没有实现集中化。在这些工业中，正如美国毛织品公司和中央皮革公司的历史所表明那样，规模巨大实际上可能是一种不利条件。

表 9　在各工业组中，寡头垄断公司的产值在全部产品的总值中所占百分比[a]，1909—1919 年

属于类型 A 的各组：寡头垄断公司的产值占全部产品总产值的 3%以下(包括 3%)者。

	1909	1919
25. 家具工业	<1(5)[b]	0(4)
27. 印刷和出版工业	<1(5)	<1(10)
31. 皮革工业	<1(8)	<1(13)
24. 木材和木材制品工业	<1(11)	<1(14)
23. 服装工业	1(18)	<1(22)
22. 纺织工业	<1(17)	<1(23)
26. 造纸工业	<1(9)	2(11)
27. 运输设备制造业	9(8)	3(12)
34. 金属加工工业	2(16)	3(28)

属于类型 B 的各组：寡头垄断公司的产值占全部产品总产值的 25%以下(包括 25%)者。

	1909	1919
21. 石料一黏土一玻璃工业	2(16)	5(21)
28. 化学工业	9(25)	9(30)
35. 机器制造业	16(11)	20(17)

属于类型 C 的各组：寡头垄断公司的产值占全部产品总产值的 25%以上者。

	1909	1919
20. 食品工业	24(30)	28(36)
36. 电气机器制造业	68(3)	40(7)
33. 原生金属冶炼工业	35(18)	40(25)
29. 石油工业	34(6)	44(6)
38. 仪器制造业	10(5)	48(13)
30. 橡胶工业	76(2)	69(2)
21. 烟草工业	75(1)	80(2)

资料来源：小艾尔弗雷德·D. 钱德勒，"20 世纪美国工业的结构：一个历史的概述"，载《商业历史评论》，43:259(1959 年秋季)。

a. 这些两位数组的工业种类编号是美国人口调查局在其标准工业分类中使用的。

b. 在百分比右侧括弧内之数字系指该工业组内工业之总数。<1 表示小于 1%。

正如表 9 所示，集中化的工业大致都聚集在大企业比较多的那些工业组内。本表显示了在较大的两位数工业范畴内、编号为四位数的集中化的工业中主要公司的产值比重。[28]在本表中，所谓集中化的工业是指 6 家或 6 家以下的公司生产了该工业的 50%的产值，或者 12 家或 12 家以下的公司生产了该工业的 75%的产值，或者介乎 5 家到 12 家的公司能生产出比例于上述比重的产值。从本表可以看出，寡头垄断公司产值所占比重在资产额为 2 000 万美元或 2 000 万美元以上的公司数量为最少的那些组中为最低。另一方面，在大公司群集的那些组内，寡头垄断公司产值所占比重就要高得多。仪器制造业是一主要例外。这种相关性只是一种近似值。在本世纪 20 年代和 30 年代，由于汽车工业和化学工业的持续成长，寡头垄断公司产值的比重在这些组中得到了提高。在造纸工业组和石料—黏土—玻璃工业组中，也在较小的程度上出现了同样的情况。

对附录 A 中的公司的描述性评论还突出说明了这样一点，即：集中化意味着寡头垄断而非独占垄断。为什么几乎没有独占垄断的情况，可以举出几条原因。第一，这正是纵向结合过程的结果。正如我们在前面所强调，制造厂商的向后结合促使了原料生产厂商向前结合而进入加工和销售。销售公司有时候也会向后结合而进入制造业。在同一工业中不同阶段经营的公司采取上述做法的后果，在石油工业、制糖工业、化学工业、钢铁工业和铜冶炼工业中，尤其具有重要的意义。

出现寡头垄断的第二个原因是：有两家或两家以上的企业都在同时进行向前和向后的结合。譬如肉类加工业、棉籽油工业和农业工具制造业就是如此。而且一些主要的公司通常都拒绝参与横向的合并。当合并企业实行统一经营,集中管理并且开始结合之时,一些独立的公司诸如威斯汀豪斯电气公司、古德里奇橡胶公司、里格列口香糖公司、卢斯—怀尔斯饼业公司及琼斯和劳克林钢公司的反应就是扩大其销售和采购组织,整顿内部结构。

第三,当结合公司开始发展副产品和新产品的生产,以便更充分地利用其设备时,就会与其他结合企业发生竞争。例如,国民铅公司在亚麻籽油生产上就成为国民(后为美国)亚麻籽油公司的主要竞争者;而美国亚麻籽油公司后来又在肥料市场上同一些大的棉籽油公司和肥料公司以及庞大的肉类加工公司展开竞争。当棉籽油公司和肉类加工企业开始从它们的副产品生产肥皂时,它们又成了普罗克特和甘布尔公司的新竞争者。当一些制造厂商,诸如农业设备公司和其他机器制造公司决定发展“全系列”的产品以便更集约地利用其销售组织时,也会出现竞争。

大的结合公司所以会持续竞争的最后一个原因是公共政策使然。在那些年里,由于颁布了反托拉斯法以及法院对该法案的解释,制止了独占垄断的产生,但寡头垄断却不受影响。然而必须指出,虽然这一立法甚为重要,但只是集中化的工业所以成为并保持为寡头垄断而非独立垄断形态的几个原因之一而已。

多国企业的兴起　有许多大的结合企业成了美国最早的多国公司。销售组织的建立再一次成了最重要的决定因素。最早在海外建立广泛的销售网络的企业也是最先在海外拥有并经营自己的工厂和其他生产设施的公司。[29]表 10 列举了 1914 年时拥有大量海外投资的美国公司。人们并不感到意外,在海外拥有工厂和生产原料的设施的41家公司中有2/3属于食品工业和机器制造业。所有这些食品企业和机器制造企业都至少有两家在国外的工厂，其中有12家企业则有4家或4家以上的海外工厂。

表10　美国的多国公司，1914年（在海外拥有两家或两家以上的工厂或一家工厂和生产原料的设施的公司）

20组和21组：食品工业和烟草工业[a]

美国糖胶树胶公司
美国棉籽油公司
阿穆尔公司
可口可乐公司
海因茨公司
老人牌麦片公司
斯威夫特公司
美国烟草公司
英美烟草公司

28组、29组和30组：化学工业和药品工业，石油工业和橡胶工业

碳化硅公司
帕克·戴维斯公司（药品）
舍文—威廉公司
斯特恩公司（药品）
联合药品公司
弗吉尼亚—卡罗来纳化学公司
杜邦公司
新泽西标准石油公司
美国橡胶公司

35组、36组和37组：机器制造工业和运输设备制造业

美国自行车公司
美国留声机公司
美国冷却器公司
克朗加塞和封口机公司
芝加哥风动工具公司
福特汽车公司
通用电气公司
国际收割机公司
国际蒸汽泵公司（沃辛顿公司）
默根特勒行型活字铸造机公司
国民收银机公司
诺顿公司
奥蒂斯升降机公司
辛格缝纫机公司
托林顿公司
联合制鞋机器公司
西方电气公司
威斯汀豪斯气力制动器公司
威斯汀豪斯电气公司

其他

阿尔科阿公司（33）[a]
吉勒特公司（34）
伊斯门·柯达公司（38）
钻石火柴公司（39）

资料来源：米拉·威金斯，《多国企业的出现》（马萨诸塞州，坎布里奇，1970年），第212—213，216页。

a. 这些两位数组的工业种类编号是美国人口调查局在其标准工业分类中使用的。

本表未包括任何原生金属冶炼公司或金属加工公司，以及只有小规模的销售组织的公司。少数金属生产公司——贝斯利汉钢公司、国际镍公司和古根希姆的美国熔化和精炼公司——拥有海外原料来源。只有美国钢和坩埚钢公司在海外建立了广泛的销售网络。只有美国轧钢公司在远于加拿大的地方建立了一座工厂。另外只有三家金属生产公司在加拿大设有工厂。

在海外的发展方面，几乎所有的美国公司都遵循了相同的模式。它们首先是建立广泛的国外销售组织，通常是同时建立它们在国内和国外的分支销售机构。接着因为关税、高昂的运输成本、较低的劳力成本和协调跨越海洋的流程的各种困难，它们就在海外设立工厂。当生产和销售一经在海外结合，原料、半成品原料和其他材料通常可在当地以较低的价格购得，而且速度也较快。结果，在1914年以前，就有许多美国公司都在经营已经充分结合的、在外国的子公司。

到1914年时，美国海外的直接投资已很可观。其总额约为当时美国国民生产总值的7%。1966年，美国海外直接投资额正好等于国民生产总值的7%。[30]虽然食品工业公司在海外也遇到了其他国家的公司的竞争，但大部分的机器制造公司却能像在国内一样有效地控制了它们的海外市场。这些机器制造公司充当了欧洲人在1902年称之为“美国的侵略”的先锋。[31]在第一次世界大战爆发很久以前，这些入侵者在缝纫机和办公机器、电梯、制鞋、机器、印刷机器、泵和电话器材等各领域内都已独占鳌头。在遇到竞争的电气机器产品和化学制品上的外国对手均为德国公司，它们都是势均力敌的结合企业。第一次世界大战后，化学制品公司、汽车公司以及本世纪30年代的石油公司，在美国多国公司的排名内，其数量就与食品公司一样多了。可是，在整个20世纪内，机器制造公司一直在国外市场上居于领先地位。另一方面，只有小规模销售组织或仰赖中间商销售和分配其产品的制造商，几乎都没有直接投资海外而成为多国企业。

表11　1929年、1935年、1948年、1960年时，最大的制造企业分布状况

	组别[a]	1929	1935	1948	1960
20.	食品工业	8	8	9	6
21.	烟草工业	4	3	3	2
22.	纺织工业	1	0	2	1
23.	服装工业	0	0	0	0
24.	木材工业	1	0	1	0
25.	家具工业	0	0	0	0
26.	造纸工业	2	5	1	3
27.	印刷和出版工业	0	1	0	0
28.	化学工业	5	5	10	9
29.	石油工业	19	16	17	18
30.	橡胶工业	4	4	4	4
31.	皮革工业	1	1	0	0
32.	石料—黏土—玻璃工业	1	1	2	2
33.	原生金属冶炼工业	16	17	15	15
34.	金属加工工业	1	3	2	2
35.	机器制造业	4	7	6	6
36.	电气机器制造业	3	3	3	4
37.	运输设备制造业	8	6	5	7
38.	仪器工业	2	1	1	1
39.	杂项制造业	1	0	0	1
	总数	81	81	81	81

资料来源：小艾尔弗雷德·D.钱德勒，“20世纪美国工业的结构：一个历史的概述”，载《商业历史评论》，43:257，第283—284页(1969年秋季)，表2系P.格伦·波特及哈罗德·C.利夫赛所作。联合水果公司和克利夫兰—克利夫斯铁公司由于不是制造业故未列入。科珀斯公司、国民铅公司、美国冷却器公司和克兰公司的工业分类有所更改。

a.这些两位数组的工业种类编号是美国人口调查局在其标准工业分类中使用的。

结合和美国经济的结构　到了1917年时，大的工业企业——美国在海外最有影响的经济机构——在国内已在国民经济中心起着重要的作用了。虽然这个国家基本的运输和通讯的基础设施早在19世纪90年代已经形成，但是其根本的工业组织却是在第一次世界大战时才得以巩固。

表11显示，在本世纪中，大的工业企业基本上是在相同的工业中经营。[32]1929年时，最大的81家公司中有88%是食品工业和烟草工业、石油工业、橡胶工业、化学工业、原生金属冶炼业和三个机器制造工业组(35—37组)中。如果把结合的造纸公司、玻璃公司、罐具公司和照相器件公司也考虑进去，总数即超过90%。而且在1935年、1948年和1960年时，总的百分比和每个工业组内的公司数目仍然大致相同。

在这些工业中，管理上的有形之手在提高生产率和降低成本方面，有着最广阔的英雄用武之地，它们对于保证正在迅速工业化的美国经济当前健康并持续的增长来说，有着最为重要的意义。罗伯特·艾夫里特曾在其《二元经济》一书中提出了在1963年对美国经济具有最大影响的41种"关键性工业"。[33]这些工业在技术的聚合(亦即推动技术进步)方面、在对研究和开发工作进行投资方面、在资本货物的生产方面和工业间的相互依赖方面(有广泛的前向和后向联系)，都起着火车头的作用；它们对其他工业的价格(成本)的形成和工资的规定，具有最大和最强烈的影响；它们都属于增长最快的部门；它们是充分就业的瓶颈(这就是说，如果这些工业出现了低就业率，必然会降低其他工业的就业率)。在这些工业中，5种是电子工业和飞机工业，它们在1917年时才刚刚开始形成。其余36种当时已充分形成的工业中，除了3种以外，都属于石油工业、橡胶工业、化学工业、机器制造业和金属加工业这样一些按标准工业分类、两位数编号的工业组内。另外那3种则是科学仪器制造业、机械测量装置制造业和薄钢管制造业。在这36种关键性工业中，除了4种之外，都是集中化的工业，这些工业中8家最大的公司的产值，就占了各该工业总产值的48%以上。而在其余4种工业（3种已在上面指出，另一个是钢铸件制造业）中，最大的8家公司的产值，也占了各该工业总产值的32%～42%。在那些于1917年以前就已群集了大公司的工业中，只有食品工业和烟草工业不在艾夫里特的名录内。按照艾夫里特的标准，这两种工业在40年前，当美国经济带有比现在较多的农业色彩和较少的工业色彩的时期，可能具有比现在要大的影响。

在这些极为重要的工业中，一些最主要的企业继续经由内部扩充和合并的方式而成长。不过在第一次世界大战之后，合并通常是一家结合企业收购另一家结合企业，而不是像本世纪开始时那样，是许多小的单功能公司的合并。通常较小的或被收购的公司的人员和活动都被较大的或收购的公司的核心组织内部化了。

因此，几乎没有一家实行管理层级制的公司是真的消失掉了。附录A所列出的1917年时的278家最大的企业中，到1967年时，只有14家受到了清算、解散或歇业。[34]所有其他不再是独立企业的公司则被结合进现存公司的层级制中。在这14家不再存在的公司中，只有4家已经建立了广泛的管理组织。[35]另外的10家公司包括了3家矿业公司，3家农业公司，1家木材公司和3家制造公司。这3家制造公司——两家纺织公司和一家造船公司——

都还是单功能的企业。[36]当一个企业一经建立起管理层级制，当该组织一经对通过生产和分配过程的材料流程提供高效率的管理协调以后，它就能够永远继续下去了。

然而，只有在大量生产的技术和大量分配的需要给管理协调通过经济的产品流程提供了最大的可能性的那些工业中，这种能够永远继续下去的、人类的组织才会出现并继续蓬勃发展。第一批这种大公司是出现在食品工业和机器制造业中。随着经济的继续工业化和城市化，石油工业、橡胶工业、化学工业和原生金属冶炼工业中的一些大公司都具有相同的性质。

规模和集中化的决定因素

现代美国工业生产和分配中所采用的一套基本制度规定，在本世纪 20 年代已经得到了充分的发展。在一些关键性的经济部门中，多单位企业内工作的支薪经理在实现这些程序方面，已经取代了单一单位公司的老板。在生产过程为资本密集型和高能耗的工业中，以及建立销售组织能够有助于销售和分配大量生产出来的产品的工业中，制造厂商就会管理这些过程并协调产品的流程。在生产过程比较劳动密集且能耗较低的工业中，以及专门安排、广告宣传和其他服务并不能给销售和分配带来好处的工业中，则由大经销商（而且越来越有大零售商）协调产品的流程。

在这两种情况下，管理上的有形之手都取代了市场机制的无形之手而管理和协调着日常的生产和分配。不过这两种协调和管理方法之间的差异却具有重要的意义。因为在制造厂商成为协调者的工业中，制造公司会成长到巨大的规模，这时有关该工业目前的生产和分配以及为未来的生产和分配派定资源的决策大权就会集中在少数经理手中。这种决策大权的集中以及由此而产生的经济力量具有非常重要的意义，因为它是发生于对美国的经济成长和福利极为重要的一些工业中。

因此，市场和技术乃是决定是由制造厂商还是由经销商来执行协调功能的重要因素。它们在决定美国企业的规模和集中化方面，具有比企业家能力、资本的可得性或公共政策等要大得多的影响。

很难用企业家的能力来解释巨型企业何以在某些工业群集而在另一些工业就不群集的原因。即使是最显赫的工业家或最冷酷的、不择手段惟利是图的资本家也无法在家具工业、服装工业、皮革工业或纺织工业中建立庞大的多国公司。然而在另一些工业中，只要试一试，往往就会成功。单是在 19 世纪 80 年代那十年内，企业家就在烟草工业、火柴工业、早餐麦片工业、肉类加工业、棉籽油工业、煤油工业、照相机胶卷工业、缝纫机工业、办公机器工业、农业机器制造业、电气设备制造业、电话器材制造业、电梯制造业、锅炉工业、泵及其他标准化机器制造业中，都建立了巨型企业，不论是在国内还是海外，这些巨型企业都居于支配的地位。一旦在这些人完成其结合的国际组织以后，在他们所据有的那些工业中再建立大企业的机会就很有限了。企业家可能会扩大或联合现有的企业，却很少能建立一新企业。只有在技术有所改变或市场有了重大转换时，建立巨型企业的机会才会再次来临。

资本的可得性和资本市场的性质也不是决定美国工业的规模

和集中化的原因。企业的扩大和工业的集中化，并不是因为建立企业的资本家拥有获得资本的特权。几乎没有迹象可以证明兰斯·戴维斯等人的论点，即：洛克菲勒·卡内基和斯威夫特之所以能支配自己的工业，乃是因为他们具有其他竞争者所没有的外部资本来源所致。[37]也没有丝毫证据显示石油工业、制糖工业、烟草工业、缝纫机制造业和其他机器制造业的生产厂商在19世纪80年代和90年代所具有的外来资本来源，是纺织工业、服装工业、皮革工业和家具工业的生产厂商所无法利用者。

结合了生产和分配的企业在资本来源方面的确具有自己的优势，那就是它们拥有从内部产生的、更大得多的资本供应。与劳动密集型的工业相比，它们的生产技术使它们能创造出数量更大得多的现金流量。内部产生的资金是它们得以扩充它们的少数大工厂以及建立它们的分支销售机构和采购机构的财源。只是当19世纪90年代的合并企业开始对其加工设备进行统一经营和合理的改革时，美国工业企业所需要的资金，才超出了当地的商业银行和生意人所能提供的数量。

19世纪90年代，合并公司的经理们并不难得到他们所需要的资本。当时美国的资本市场(尤其是纽约的资本市场)，其庞大与先进程度与世界任何其他资本市场相比，均无逊色。该年代中，纽约的投资商行曾向美国和欧洲的投资家出售了大量铁路证券，其数额足够任何工业的扩充所需。所以资本不但不感匮乏，反而呈现过剩。银行家、金融家、投机商都急于寻求出售的证券。他们并不计较什么工业。不管是仍然具有竞争性的工业或者已成为集中化的工业，他们都同样热烈地进行投资。投资商的愿望和决策与美国公司的规模和美国工业的结构并没有多大关系。

采取某种特定立法的形式的公共政策也不能解释何以有些公司会变大，有些工业会集中化，而另一些公司和工业则不能。关税对保持竞争的工业的产品和集中化的工业的产品都是一视同仁的。何况美国关税对于这些企业在海外的经营和成长就更没有什么直接的影响了。即使当外国的关税针对这些公司的产品而采取行动后，也无法降低其增长速度。这些公司只需在歧视其产品的该国内设立工厂就可逃过关税壁垒了。

专利比关税具有更大的影响。许多大企业的产品都是新产品，它们在美国市场上受到专利的保护，对于机器制造厂商来说，情况尤其这样。它们利用专利严密并持续地注意保护其产品、制造程序和专业化的生产机器。可是在国外市场上美国专利却往往无法提供这种保护。即使在国内，对个别产品或制造程序的保护也只是暂时的。此外，一家制造厂商很少能控制该工业内的所有专利。譬如辛格缝纫机公司就是采用豪的专利的 24 家公司之一。辛格公司在其海外市场从来没有专利保护。其垄断乃来自于其全球性组织的有效性。即使拥有整套专利而无这种组织，也无法确保支配地位；而如果有了这种组织，即使没有专利，却能够确保其支配地位。

早在 19 世纪 90 年代，有些新的结合企业开始从依靠专利取得即使是暂时的保护而转向依靠其专业研究部门的成果，以便保持自己的支配地位。正如里斯·V.詹金斯对伊斯门·柯达的描述那样："专利开始起着一种重要性已经降低了的作用，而持续的创新则成为一更有效的策略"。[38] 1896 年，乔治·伊斯门建立了自己的实验部门，其经理人员则是麻省理工学院和其他大学的化工系所培养出来的。当时，技术较不复杂的工业的公司如美国棉籽油公司和国民铅公司都设有研究部门，这些研究部门具有自己的实验室，后者已从用于检验产品和控制生产程序的实验室中独立出来。到了20世纪的头十年，西方电气公司、威斯汀豪斯电气公司、通用电气公司、蓄电池公司、麦考密克收割机公司（后为国际收割机公司）、玉米产品公司、杜邦公司、通用化学公司、古德里奇橡胶公司、科宁玻璃公司、国民碳公司、别克·戴维斯公司和斯奎布公司都建立了庞大的研究部门，由受过科学训练的支薪经理和技术人员从事改良产品和生产程序的研究工作。[39]其他公司很快也都群起仿效。在确保大量生产的先驱者企业在集中化的工业中保持其支配地位方面，现代工业企业的研究组织仍不失为一支比专利法更为强有力的力量。

对现代工业企业的成长和工业的集中化来说，反托拉斯立法具有比专利法或关税立法更为重要的影响。这样一项立法毕竟是专门为了控制这些公司的规模和活动而进行的。然而反托拉斯立法的结果却是加强了技术和市场的需要。谢尔曼法案的通过及联邦法院对该法案的解释从两方面影响了现代工业企业的创立和持续成长。

第一，作为反对19世纪70年代和80年代所发生的许多联合而通过的谢尔曼法案，显然不利于小的制造企业为了控制价格和生产而形成的、松散的横向联盟的延续。最高法院在对E.C.奈特案件、爱迪斯顿钢管和钢公司案件以及横贯密苏里运费率案件的判决中，谴责了联盟，却宽恕了控股公司，这就加速了合法合并运动的来临。这些判决提供了促使家族公司联合以合并成一个单一的、合法企业的强大压力。而这样一种合法的组织乃是实现管理集中化和纵向结合所必不可少的前提条件。如果没有谢尔曼法案和联邦法院对法案的解释，拥有和经营单功能企业的小家族公司的卡特尔很可能在美国也会延续到20世纪，就像它们在欧洲的情况一样。

其次，谢尔曼法案的存在阻碍了已经发生结合和集中化的工业内出现独占垄断的情况。在独占垄断存在的地方，它有助于寡头垄断的建立，并且防止寡头垄断变为独占垄断。如在北方证券公司的案件上法庭以该控股公司限制商业活动的罪名而令其解散，因而阻止了已经结合的公司（如像钢铁工业和收割机工业中已经出现的这类公司）再合并而形成巨大的合并企业。随后，联邦对美国烟草公司、杜邦公司和美国罐具公司的控告也有助于使独占垄断性的工业转变为寡头垄断的形态。根据反托拉斯立法而对标准石油公司和美国糖业公司提出的控告，也促成了在这些已经是寡头垄断的工业中竞争者数量的增多。然而，在现代工业形成的年代中，联邦根据谢尔曼法案而提出的控告却不能把寡头垄断的工业再转变回传统的竞争的形态。它也无法在那些市场和技术使管理协调工作成为有利可图的工业中，防止巨型结合公司的兴起。

在19世纪80年代到第一次世界大战期间，美国现代工商企业的兴起基本上没有受到公共政策、资本市场，或企业家能力的影响，这是因为美国现代工商企业的兴起，乃是一场更带根本性的经济发展的一部分。正如本书的分析所表明那样，现代工商企业乃是对生产和分配过程中所发生的根本性改变在组织上的反应，这些根本性改变是由于出现了新的能源，以及将科学知识越来越多地应用于工业技术而成为可能的。铁路和电报的问世，以及在食品、石油、橡胶、玻璃、化学品、机器和金属等生产中新的大量生产方式的完善化，使得一个在历史上空前的生产规模成为可能由高出生率、不断下降的死亡率和大量移民所造成的迅速增长的人口，以及高水平的并日益增加的人均收入，有助于为这样一种生产确保持续的和不断扩大的市场。运输、通讯和需求的改变使得分配过程中发生了革命性的变化。如果新的大销售商难于应付新的生产过程的产量，制造厂商就会把大量生产和大量分配加以结合。这种发展的结果就是巨型工业企业的出现，它们直到今天仍保持为现代市场经济中最强有力的、私人拥有并管理的经济机构。

因此，现代多单位工商企业的建立和管理，对西方世界现代化进程是极为重要的。这项任务促进了建立和管理巨大和复杂的人类组织的能力。此种能力成了企业家天赋中最为需要、而且往往也是效益最大的才干。在 1840 年后美国所形成的所有新型的管理组织中，没有一个比把大量生产与大量分配加以结合的企业更为复杂的了。和那些为了管理新的运输和通讯手段以及为了应付大量分配而建立的公司相比，它们的活动范围更加广阔。它们都是在全球的规模上从事经营。这种复杂的人类组织的建立及其持续的管理方式，值得我们更深一层的探究。

第五部分　现代工业企业的管理和成长

在概述美国工业中现代工商企业的兴起时，我已阐明，多单位企业能够在其中出现并繁荣发展的那些工业，乃是大量生产和大量分配的结合被证明是最有利的工业。但是这一简要的评述只不过是全部过程的多样、复杂、且富有含蓄的内容的一个提示而已。

在下面两章里，我将详细论述大的结合的工业企业的建立以及运用其经营组织的方法。我要更详细地阐明，这些企业如何在市场中进行竞争，如何维护优势，以及如何持续保持成长。这些章节将考察中阶层管理所设计的各种方法，这些方法是用来监视在其管理下的各经营单位的绩效，并协调通过这些经营单位的材料流程的。这些章节也要分析，高阶层管理如何评估并协调中阶层管理的活动，并为整个企业规划和分配资源。总而言之，它们要说明美国工业中管理上的有形之手，是如何执行过去由市场机制所完成的各种功能的。

一旦对此加以说明之后，这本历史著述的目的也就达到。具体地说，只需再充实以下三个方面的资料，就可以完成对美国现代工商企业的兴起的研究了：研究一下美国现代工商企业完善其组织结构和管理程序的途径；研究一下在 20 世纪最初的这些年代里，企业经理人员日益增长的职业特性，以及迅速发展的这种职业特性的附属物——杂志、协会和学校；最后，我们将作一简短总结，以使我们的论述连贯到现在。

对现代工业企业最初的组织、经营和持续成长加以系统的分析，是一件带有挑战性的工作。进行这种研究必须考虑到比先前在探讨铁路公司和大销售商的组织结构时所考虑的更多的变数。虽然大工业企业都具有共同的基本性质，但它们的具体特性和活动方式却是视不同的工业而各异的。有些企业出售消费品，另一些企业则出售生产器材。有些企业使用化学性的生产作业方式，另一些企业则使用机械性的生产作业方式，还有一些企业则将两者合并使用。有些企业拥有数千个供应者，另一些企业则仅有少数几个供应者。此外，工业企业是经由不同途径而成长的，而不同途径又影响着企业的经营组织。和经由内部扩张而成长的公司相比，那些经由合并而变大的公司有其不同的管理上的需要，它们的管理者和所有者之间的关系也不一样。

个案研究提供了最好的、考察这些变数及其相互关系的方法。它使我们得以考察当一个单一的企业长期在一种不断变化的形势下从事经营活动时，它对这些变化所作出的反应。如果别的企业也在同样的条件下从事经营活动——也就是说，使用类似的生产方法，在大致相同的市场上出售其产品，而且也是在同一时期中从事经营活动，那就可以说，它们是面对同样的机会、需要和同样的经营问题。所以一家公司的经历可以被合理的认为，它也能说明在类似条件下从事经营活动的其他公司的经历。

下面章节所提到的每家公司的经历都是这种具有代表性的范例。每一家公司都是它被划入的该工业组中美国最大的企业，而这些工业组又是结合公司在其中居于支配地位的一些组。第 12

章所要叙述的是烟草工业组、食品工业组及轻型机器制造工业组——这些最先出现现代工商企业的工业组——中，最大的和最具影响力的组织、管理和持续成长的情况。它们代表了最先采用结合战略——向前结合进入销售，以及向后结合进入采购原料和取得对原料的控制——的各种不同类型的公司。由于它们是属于那些率先建立职能部门并协调部门间产品流程的公司，因而它们也是最先完善了新的中阶层管理方式的公司。

第 13 章的各种个案研究则将描述石油工业组、化学工业组、橡胶工业组和重型机器制造工业组——这些工业组中的巨大结合企业在 20 世纪具有了无与伦比的重要性——中，最大企业的组织和管理。这些案例所研究的对象是那些开始时经由合并而成长的公司。每一家公司都代表一种不大相同的合并企业的类型和不同的成长策略。由于这些公司的成长主要是经由合并，而非内部的扩充，它们是美国工业界最先设计出高阶层管理的结构和功能的公司。

通过这些个案研究就能对美国现代工业管理的内容及其早期演变有一个详细的了解。虽然我们所描述的内部组织、竞争方法和持续成长的过程皆已有所修改和不断的改进，但正如第 14 章所表明那样，自从第一次世界大战以后的数十年来，它们基本上并没有改变。

第十二章　中阶层管理：功能和结构

企业家式的企业

在管理上的有形之手的各种功能中，有许多是在我称之为企业家式的企业中最先被设计出来的。这些企业家通过建立自己的销售或采购组织，创建了第一批庞大的工业公司，因而必须雇用许多中层经理。不论是这些企业家或其亲密的合伙人，或者其家族，都无法自己执行这些分散在全国，甚至全世界的大量货物的生产、销售和采购等众多的活动。不过由于这些早期的结合公司的成长，很多都是经由内部筹措资本——因为不论是流动资本还是固定资本都能经由大量生产和分配所产生的庞大现金流量而获得——所以它们的创业者们很少需要利用发行股票来增加资本。他们也因此能够继续拥有并控制其公司。他们在经营的基本政策和成长的策略方面，以及在分配为执行这些计划所必需的资源方面，作出最后决策。由于他们继续把自己的大公司看作是必须由私人管理的私人财产，所以他们并不感到有必要雇用高层经理，或是发展一套系统的、非个人化的现代高阶层管理方法。另一方面，因为他们的企业是最先把大量生产和大量分配加以结合者，所以他们及其支薪经理们乃成为新的中阶层管理方式的先驱者。他们设计了管理新的生产和分配过程，以及协调生产和分配过程之间货物流程的方法。

我们选择了下面四家企业家式的公司——詹姆斯·布坎南·杜克的美国烟草公司、阿穆尔公司、麦考密克收割机公司和辛格制造公司——的经历作为个案研究的对象，以描述和分析美国中阶层管理的起源。美国烟草公司是半易腐坏性的袋装产品的大量生产厂商的例子，这类厂商建立它们的销售组织，为的是要确保有效的产品促销，并协调其产品流程。阿穆尔公司是易腐坏性产品生产厂商的例子，这类厂商为了确保能不断销售其大量生产的产品，于是建立自己的冷藏或温度控制设施。最后两个个案研究是介绍机器制造厂商的经历，这类厂商如果想大量销售自己制造的产品，就必须提供专门的销售服务。其中一家公司——辛格公司——以建立自己的零售网络来提供这种服务，而另一家公司——麦考密克收割机公司——则利用其首创的特约经销店来满足这一要求。把这四个例子合在一起，就呈现出了一幅美国最古老、最庞大、而且最成功的工业企业中的中阶层管理的功能和结构的完整面貌。

美国烟草公司：袋装产品的大量生产和分配的管理

在建立现代结合的工业企业的、具有创造性的企业家中间，几乎没有人的成就能比北卡罗来纳州达勒姆地方的詹姆斯·布坎南·杜克的成就更为突出的了。杜克的迅速崛起为烟草业的有力人士，并不是因为他具有专业的技术或杰出的促销产品的才能。他所使用的机器是租来的，并且也依赖广告代理商和专职推销员的服务。他的成功是因为他能够认识到，由布萨克的机器所生产的大量产品需要一套全球性的销售和分配组织才能完成销售任务（参阅第九章）。杜克由于最先建立了一个结合的企业，而成为烟草工业最有势力的企业家。

在杜克于1885年在布萨克持续作业的烟草生产机器上进行冒险以前，他与自己的四个主要竞争对手都仍然基本上是单功能的制造企业。[①]他们已经开始在北卡罗来纳和弗吉尼亚等高质烟叶产区购买烟叶，并以他们自己的设备进行贮藏和烘干，不过都是小规模作业。他们继续向自身拥有贮藏和熏烤设备的烟叶掮客直接购买几乎全部自己所需的烟叶。在销售方面，他们依靠销售商销售其产品，并通过广告代理商进行市场竞争。1885年以前，他们中没有一家没有由自己的支薪人员和经理所经营的销售分支机构。

杜克第一个着手此项工作。甚至在1885年6月，他和詹姆斯·布萨克订立合同（合同规定不论盈亏如何，都要使用其机器生产他的全部香烟）以前，他就在美国的主要商业中心设立销售和分配办事处了。[②]每个办事处至少包括一名支薪经理，一名跑城市地区的推销员，一名跑边远地区的流动推销员以及必要的办事员。当杜克开始建立其全国性的网络时，他的亲密合伙人、理查德·B.赖特到国外跑了一年零七个月，以开发国外市场。杜克的公司很快就与海外的批发商签订合同，并且在海外成立办事处，以便向这些外国批发商供应香烟并监督香烟的销售和分配。与此同时,杜克又使自己的广泛的采购网络具有它们自己的采购、熏烤以及贮藏设备。他把达勒姆的工厂加以扩充,并在纽约建立一座新的大型工厂。为了管理这一新兴的大企业,他仍在纽约这一全国首要的商业中心,而不是在达勒姆,盖了一座中央办公大楼。

当杜克和其他四家主要的烟草公司于 1890 年合并成美国烟草公司时,杜克的四家竞争对手已经被迫建立了类似的、但规模较小的结合的组织。在杜克与其新合伙人合并之后的一段短时间内,这些公司仍然保有它们各自独立的管理组织。然而到了 1893 年和 1895 年之间,这其他四家公司就被并入杜克于 1884 年后迅速设计出的组织结构里了。[③] 随着一个单一的采购部门的建立而首先在采购方面形成了管理的集中化。接着各家公司的销售部门也被合并为一个。

最终形成的这个世界规模的结合企业,先是由设在纽约百老汇 45 号的公司总部所管理。随着事业的扩展,杜克于 1898 年又把总部搬到第五街 111 号更宽敞的大楼里。[④] 该新大楼的大部分房间是为销售部门和采购部门(或所谓的烟叶部门)所使用。那时候第五街 111 号的各职能部门的主管都已是职业专家了。如负责烟叶部门工作的副董事长约翰·B. 科布在 1890 年加入美国烟草公司以前,已经从事了一段长时间的烟草采购员工作。[⑤] 审计部门的主管威廉·R. 哈里斯,是几年前被杜克从普尔曼卧车公司聘请过来的;还有法律部门的主管,早在 19 世纪 80 年代初就已是杜克公司的人了。

第五街 111 号的主要职能部门中,制造部门的经理人数最少。

在成立合并公司以后，纽约市的一些烟草制造工厂实行了统一经营，而罗切斯特和弗吉尼亚及北卡罗来纳各处的工厂则进行了扩充。在整个19世纪90年代，公司的六家工厂几乎包办了全部产量，1898年达到了37.8亿支香烟。[⑥]六家工厂中有两家（一家在达勒姆，一家在罗切斯特）集中全力生产销售国外市场的12.2亿支香烟。19世纪90年代，这两家工厂几乎囊括了全美国外销香烟的总数。杜克虽然在1901年声言，他的公司宁可在国内制造供应海外市场的香烟，但是由于距离和关税都严重影响最后的价格，因而他还是愿意在国外设立工厂。[⑦]1894年，该公司在澳大利亚建立了几座工厂。又于1899年买下日本一家主要的香烟生产公司。两年后又在德国及英国买进几家制造公司。

第五街111号总部的制造部门的规模所以一直较小，是因为生产过程相当简单。19世纪90年代，香烟以及大多数的其他烟草类产品的制造和包装都已完全机械化了，而且生产技术也已稳定。此外，制造部门并不负责成本的核算和确保熏烤过的烟叶稳定地供应工厂，以及把香烟成品从工厂送到零售商处。审计部门负责处理第一项工作，而第二项工作则由烟叶部门和销售部门负责。

烟叶部门负责监督并协调许多单位的活动，这些单位负责烟叶的采购、烘干、对未经熏烤或半熏烤的烟叶的处理和开捆作业（将烟叶装桶、贮藏、并把烟梗和烟叶片分开）以及将熏烤过的烟叶装运到工厂。[⑧]对烟叶熏烤过程的这种协调和控制，是做到能保质保量地供应各种香烟生产所需的烟叶这一点所必不可少的前提条件。较昂贵的牌子的香烟所用烟叶需要较长时间的熏烤处理，其处理过程也和廉价牌子香烟所用烟叶的处理过程稍有不同。专业化的大量采购,有助于降低原料成本。然而正如理查德·坦南特所曾指出,这种采购方式并非一定会造成美国烟草公司在烟草采购上的独占地位。美国的高质烟叶一直是英国及其他外国香烟的主要原料。⑨

到本世纪开始的时候,美国烟草公司已经在北卡罗来纳和弗吉尼亚拥有12座干燥处理和包装厂房以及19座大型贮藏仓库。当公司于19世纪90年代后期介入口嚼烟草块生意时,它的烟叶部门又在俄亥俄和肯塔基的勃利烟草产区建立了一个类似的组织。当用土耳其烟叶生产的香烟大受欢迎时,该公司就在土耳其建立设施,进行烟叶的购买、加工和装运。

除了庞大的烟叶部门以外,美国烟草公司还设有一个规模较小的集中化的采购部门,以便大量购买包装材料及诸如香料、糖、甜酒、调味精等辅助材料以及机器、工具、家具和第五街111号所用的文具。⑩纸板、纸张及锡箔片是通过纽约总部统一订货。当公司扩展而生产其他的烟草产品以后,它发现另设公司或买下别的公司自行生产棉布袋、锡箔、锡及纸盒等更为上算。公司很快就开始自行制造自己所需的机器并生产所需的香料。美国烟草公司扩大生产的这些途径,促成了各种功能的结合,而不是劳动的进一步专业化和细分。

公司管理局在1909年的一份报告里强调指出:"美国烟草公司销售部门的组织方式是为了确保能有高度的效率。该公司在全美各处都有销售代理人,每个代理人负责某一特定的区域,并且把注意力集中在某一特定等级的产品上"。⑪各分支办事处(类似杜克在19世纪80年代所设立的办事处)的规模都已扩大,并且数量也有所增加。不管是跑城市地区的推销员还是跑边远地区的流动推销员，都要定期访问所有的批发商，包括经营食品杂货和药品的批发商和大的烟草零售商。到19世纪90年代中期，设在外国的分支办事处也有了自己的流动推销员。美国烟草公司的推销员已经证明远比批发商的推销员更有效率，后者仍然向零售商进行推销工作。不过公司管理局也指出，该公司的推销员"并不征求小批量的订单，而将它们转给批发商办理，但不付给后者津贴"。[12]此种情况在农村地区尤为多见。随着公司对新产品的开发，地区销售办事处又配属了助理经理，后者负责推销这些新产品，并监督辖区内分区的营业。每个办事处有一名广告经理，他和纽约总部共同协调广告活动。此外，有一名经理负责管理库存成品，并监督向大量客户的交货。

实际上控制着30亿到50亿支香烟从工厂经由批发商到零售商的流程的是第五街111号的总部办事处。不论是对使工厂的经营得以保持相当饱和和稳定的节奏来说，还是对维持产品的质量来说，这种控制都是必要的。因为在玻璃纸包装问世以前，香烟很快就会变干而带有苦味。所有由分支办事处接到的订单都用电报传到纽约，纽约的经理就要决定由哪一家工厂来加工这些订单，通常都是把订单交给最靠近顾客的工厂来完成。小额的混合订单也就是那种数量少、却包括多种产品和牌子的订单，就由纽约的中央仓库来解决。欧洲和订单则由伦敦一家类似的仓库来分配。不过通常还是由总部办事处直接把订单送交某家工厂。订单，"尤其是那些来自零售经销商、并且由工厂直接向他们发货的订单"（即把货物发往顾客所在地的火车站的那些订单），"都是从单一的地方发货,以避免不必要的延误和花费”。[13]因此工厂都附设有集货和分配仓库,用来集中并装运该厂和别家工厂的产品。纽约总部利用各地工厂和仓库送来的日报表和总部的“每种牌子和每一城镇的销售额”的财务日报表,而得以不断地检查香烟和其他烟草产品从工厂到遍布全国和全世界的零售商的流量。[14]

审计部门的主要责任是控制成本,而不是控制材料及成品的流程。根据杜克的传记作者的记载,该部门的会计核算非常详尽,“他们计算出每一种牌子产品的单位成本,而且算到小数五位,他们也计算出了制造每一种牌子产品的各项费用——烟叶,包装,香料和制造大箱的材料,装运大箱,一直到用于捆绑的铁皮条和钉子。切碎烟叶、操作机器、装箱以及装箱后的处理等所用的人工也都一一记录下来,即使像0.00035‰这样一个数字,也要算到小数五位”。[15]中层经理利用对不同工厂之间,或者同一工厂在不同时期间的成本比较,以评估不同工厂及其经理的绩效,并决定各种牌子的产品交由哪一家工厂生产最为有利。

到了19世纪90年代,美国烟草公司的成本计算表的复杂程度已经和安德鲁·卡内基的成本计算表不相上下了。除了主要成本(制造时所耗的人工和原料)的详尽数据以外,“成本报表”还载明了广告及销售费用。[16]销售费用包括推销员和办公室经理的薪金及开支。但另一方面,一直迟至1915年,公司仍然没有采用新的标准成本会计的方法来确定企业一般管理费的各项开支。“一般管理费用”只不过是总成本的一个百分数,它在销售部门和制造部门(不包括采购部门)之间进行摊派。公司管理局的报告写道,该项费用的“50%～75%”被分摊到销售部门。至于对折旧和报废的计算,则更是注意得不够。美国烟草公司继续采用铁路公司一次记入式的会计方法,把大修理和更换设备的费用记到经营费用账目上。

即使如此,第五街111号的中层经理们于19世纪90年代后期,仍然作到了以最具效率的方式来执行协调管理和评估的工作。香烟的价格在那个十年内下降了,而利润却仍然相当可观。根据公司管理局的调查报告,从1893年(美国烟草公司的会计工作在1892年最先实行合并)到1899年,在所有的香烟市场上,批发价格从每千支香烟平均3.02美元下降到2.01美元(1900年又回升到2.16美元)。⑰同一时期中,每千支香烟的成本从1.74美元下降到0.89美元(1900年又回升到每千支1.00美元)。调查报告指出:"从1893年到1900年,利润对纯价格(不包括税金)的比率变动于42.4%~55.7%之间"。杜克认为所以具有如此高额的利润,至少部分原因在于稳定的高水平的生产能力和库存周转。这些利润为杜克提供了他在扩大其公司在国内外活动时所需资金的基本来源。

虽然美国烟草公司的中层经理和他们的属员人数已多到足以塞满纽约的那幢办公大楼,它的高阶层管理部门的人数仍然很少,只有杜克本人,其兄弟本杰明和长期合伙人乔治·瓦特。至于1890年合并时进来的其他公司的头头,则对于联合后的公司的事务,愈来愈没有发言权。

在杜克看来,高阶层管理的功能在于策略的决定。1892年,他曾经系统的提出了一套明确的、以增长为目标的策略。他所建立的组织以及这个组织所产生的利润均被用来征服烟草工业中的其他生产。19世纪90年代,烟斗用的烟丝、烟膏或用嘴嚼的烟块、鼻烟和雪茄等,都远比香烟拥有更大的市场。杜克的计划第一步是买进一些生产别种烟草产品的工厂。接着把价格压低,并在广告上投下大笔资金,以期把一些重要的生产厂商都纳入自己的势力范围。一旦他说服了别的公司与自己合并,他就对他们的设备实行统一经营,并将其生产管理也一把抓过来。然后美国烟草公司的销售部门和采购部门就接管这些公司的成品销售活动和烟叶及其他材料的采购作业。由此而造成的高额流量能够提高生产率,降低成本,并增加利润。

受到高层经理们热烈支持的这些计划,却遭到了其他股东的强烈反对。[18]除了杜克家族以外,公司的重要股东是原来一些公司的老板,他们的公司在1890年同杜克的公司合并而组成美国烟草公司。他们——其中尤以W. H. 巴特勒和路易丝·金特纳为甚——认为没有必要为了扩充现有的组织而牺牲眼前的红利。

杜克首先战胜了自己的董事会。接着就进一步以他的经济力量和无情的果断,大力推行其计划。先是在1898年成立了资本额达7 500万美元的大陆烟草公司,接着又于次年将该公司与利格特和迈尔公司合并。至此,杜克可说是接近自己的目标了。他控制了60%以上的吸用和咀嚼的烟草业。1898年大西洋鼻烟公司的成立,以及1900年资本额达3 500万美元的、更大的美国鼻烟公司的成立,使他对烟草工业具有了更大的优势。

然而这场竞争所花的代价也非杜克始料所及。为数众多的烟草制造厂商顽强地反抗他的攻击。香烟的利润不够竞争的开销。杜克第一次需要到资本市场寻求资金。1895年,公司的普通股票在纽约证券交易所上市买卖。[19]1898年年初,杜克和洛克菲勒的初期伙伴奥利弗·H. 佩恩结成联盟。又在该年稍后时期和以纽约一些大金融家为首的敌对集团达成了谅解与合作，他们之中有些人还被杜克拉进美国烟草公司和新成立的大陆烟草公司的董事会。[20]这些人包括托马斯·福琼·瑞安、威廉·C. 惠特尼、安东尼·N. 布雷迪和 P. A. B. 怀德纳等人，他们都是曾在市内电车业上赚了一笔钱的人。这些人同奥利弗·佩恩一起，都成了杜克亲密的财务盟友。不过这些投资者从未介入美国烟草公司的日常经营活动，对这种经营活动也不感兴趣。

杜克不断扩张的大企业，很快就不是第五街 111 号的有限场所管得了的了。采购部门在此期间已扩充其设施而延伸至田纳西和肯塔基的勃利烟叶产区内。在所有合并进来的公司中，只有 R. J. 雷诺兹继续拥有自己的采购部门。因为其主要牌子产品深蓝色甜烟膏用的是一种特殊的烟叶。设在第五街 111 号的销售部门也为烟膏、吸用烟和鼻烟的销售设立了分开的办事处，不过这些新的业务仍然利用美国烟草公司的仓库和报告系统来协调和控制其流量。制造部门则在任何可行的地方安装连续作业的自动包装和贴标签的机器。而审计部门的核算范围自然也扩大而包括了新近合并进来的财产。

杜克把这些新的业务结合进美国的烟草公司的结构以后，继续在两条战线上扩展自己的企业。其中之一是发展公司的海外业务，尤其是香烟以外的产品的业务。另外一条战线则是介入雪茄生产，这是惟一不受美国烟草公司支配的美国国内烟草生产。

杜克在第一条战线上获得了成功。[21]他一开始就向自己的最重要的竞争对手——英国的威尔斯公司，它是欧洲第一家采用布萨克机器的香烟制造厂家——发起了正面攻击。杜克以超过500万美元的出价买下欧格登股份有限公司,而打进威尔斯公司的本土市场。威尔斯公司则和英国的13家烟草生产厂商合并,组成帝国烟草公司作为回报。

经过几度短暂却尖锐的交锋之后,帝国公司和美国烟草公司达成一项协议,杜克把欧格登公司转卖给帝国公司,然后这两家公司共同组成英美烟草公司,其中美国烟草公司拥有价值520万美元的发行股票的2/3,帝国公司则拥有1/3。另外,美国烟草公司又从欧格登的让渡中,得到帝国公司普通股的14%。这笔交易使美国烟草公司成为帝国烟草公司中仅次于威尔斯的最大股东。而美国烟草公司和帝国公司也使英美烟草公司进入世界市场。帝国公司继续限于在联合王国销售其产品,而美国烟草公司则限于在美国及其属地销售。杜克成为英美烟草公司董事会的主席,直到1923年辞去主席一职为止,这时他把自己的大部分时间都用在扩展英美烟草公司的业务上。

这些法律上和财务上的安排,对公司的日常经营只具有很小的影响。仍然是同样那些人在同样那些办公室和工厂中工作,他们照常采购烟叶,进行加工,加以装运,并把美国制造的香烟卖到海外市场。随着世界需求的增加,英国的工厂开始在生产上分担更大的部分。新公司尽力要把独立的批发商和代理商挤掉,代之以公司的支薪经理。如果由于工厂距离太远,致使协调货物流程发生困难,这些经理往往就在当地开设工厂。例如英美烟草公司在中国建立有广泛的分配网络,但很快也在中国设厂生产。1914年以前,这些工厂使用的是从北卡罗来纳输入种子而在当地生产的优质烟叶。尽管由于最高法院于1911年根据反托拉斯法对美国烟草公司作出的判决,造成了一些法律情况的改变,但直到本世纪20年代,从英美烟草公司的所有权和管理权来看,仍然是美国人的成分多于英国人的成分,因而世界的烟草生意,掌握在美国人手里的,也是多于掌握在英国人手里的。

如果说海外扩充是一帆风顺的话,那么对雪茄生产的介入真可谓是一场巨大的失败了。正如研究美国现代烟草工业最仔细的学者理查德·坦南特所指出:"为谋求控制雪茄工业的奋斗,是该托拉斯遭到彻底失败的一个事例"。[22]尽管在销售上煞费苦心,包括创立一个所费不赀的、遍布全国的零售组织(联合雪茄零售公司下面设有将近400家零售店),以及发动一场极具破坏性的价格战,美国烟草公司却从来未能掌握全国14%以上的雪茄生意。

杜克的失误在于未能充分意识到美国烟草公司现有的组织,对于雪茄的制造和销售实在派不上用场。不管是生产和分配,雪茄和其他烟草产品都大不相同。烟膏、纸烟和鼻烟等,都是使用大量生产、连续作业的制造和包装程序。它们所使用的烟叶都是和纸烟一样,来自美国东南部的相同地区,它们所销售的市场以及所经手的批发商和代理商,也和纸烟大致相同。而雪茄则完全是另一回事,它是由技术工人小批量生产。烟叶是来自古巴、波多黎各以及美国东北部几处分散的地区。是用完全不同于其他烟叶的熏烤方式熏烤而成。最后,雪茄传统上是由制造商小批量的卖给零售商。就和酒类一样,不同牌子的雪茄有其相异的香味和味道,以适应不同类型的顾客的喜好。雪茄不是一种可以大量生产和分配的产品,它的原料也无法大量买进。因为这些过程本身并不适合高额流量的作业方式，所以管理良好的协调工作并不能降低成本以及建立防止他人介入的壁垒。即使是大规模的广告宣传和效率卓著的组织，也无法使单独的一家公司独霸雪茄生意。

美国烟草公司的经历对于了解大型企业家式公司的兴起和功能，提供了几点重要的启示。首先，由于使用连续作业的制造机器而成为可能的大量生产，引起了、实事上也可以说是迫使了全球性结合组织的建立。由此而形成的管理层级制，使它的创建者得以首先支配香烟生产，接着又支配了烟草工业中除了雪茄以外的其余产品的生产。这位创建者充分认识到组织的重要性。根据其传记作者的资料，他一贯认为自己的主要工作就是发掘并提拔有能力的经理。㉓

在第五街111号总部办公大楼上班的中层经理们，形成了该结合的企业的核心。这些支薪的主管不仅要对其所管的各种职能活动进行监督、评估和协调；还要协调各该部门与其他部门之间的工作。正是他们使得从烟草的采购直到最终消费者之间的、连续不断的高流量成为可能。只要生产和分配的作业方式容许这种高流量发生，则这种组织类型就成了获取成功和支配权力的关键。但如生产和分配的作业方式不适合（就像雪茄的生产），则这种组织也就不能提供什么特别的优势了。

19世纪80年代，美国烟草公司的这种经历并非是独一无二的。同一年代中，还有其他的先驱者企业使用类似的生产方法，制造出了堪与媲美的廉价袋装产品。火柴、早餐麦片以及其他谷类产品、罐装汤汁、牛奶、腌制食品和其他食品以及肥皂和胶卷（除了火柴以外，上述产品无一不是半易腐坏产品）等的制造厂商也都建立了类似的组织。进入19世纪90年代后，可口可乐、里格利的口香糖和弗莱希曼的发酵粉等大公司也都是相同的情况。这些公司拥有遍布各地的采购部门，全球性的销售组织，并且集中在少数几个大工厂从事制造。在主要办公室里工作的中层经理，也起着和美国烟草公司中层经理同样的作用。所有这些公司的高阶层管理，一直是由其创业者及其亲密合伙人和自己的后裔所掌握。与杜克一样，他们通过充分且有效的利用现有的经理人员和设备，集中全力挫败竞争对手并扩展自己的生产。

阿穆尔公司：易腐坏产品的生产和分配的管理

肉类加工业中最早的几家大型结合企业的经历，与美国烟草公司的经历有两点重要的不同。第一，因为加工的产品是会腐坏的，所以从牲畜的购买到最后向消费者销售，其整个流程需要更周密的协调和控制。以当时的冷藏技术来说，牛肉是被冷却而非冷冻，所以必须在牛只屠宰后的三到四周内消费掉。这一要求导致了对资本设施（尤其是贮藏和运输设施）更多的投资，并且在维持产品的高流量方面，比香烟和其他袋装产品需要一个更为庞大的管理组织。

其次，在肉类加工业中，有几家大型结合的企业几乎是同时形成的。没有哪一家企业在该工业中居于支配地位。所以肉类加工业乃是寡头垄断型而非独占垄断型。在 1881 年以后的大约 12 年间，当斯威夫特开始建立全国性的销售分支网络时，有六家结合的肉类加工厂商——两家巨头：阿穆尔公司和斯威夫特公司，和其他四家较小的公司:哈蒙德公司、莫里斯公司、卡达希公司以及施瓦茨柴尔德和苏兹贝格公司——支配着肉类加工业。㉔前面的四家公司都把总部设在芝加哥,并且在19世纪80年代中期都已具备分支机构网络、冷藏车辆、肉类加工厂和分布各处的采购单位。卡达希兄弟——前阿穆尔公司的合伙人——在1887年开始建立以奥马哈为基地的、自己的新企业。19世纪90年代早期,施瓦茨柴尔德和苏兹贝格公司——纽约一家经营犹太教食品的公司——决定建立自己的供应来源,而买下了堪萨斯城的一家肉类加工厂。该公司接着就建立全国性的分支机构网络,并拥有了一支冷藏车队。到了20世纪初期,这六家公司(哈蒙德公司已成为国民肉类加工公司的核心)提供了东部各大城市60%到90%以上的煺毛的肉,和美国外销牛肉的95%。它们在全国猪肉、羊肉和其他动物性产品的供应中,也占有很大的比重。㉕

这六大公司的资本额显示它们都具有了可观的规模。斯威夫特公司在本世纪开始时是最大的一家公司,发行的股票达3 500万美元;阿穆尔公司次之,资本额为2 750万美元;国民肉类加工公司(由哈蒙德公司和若干地方小公司于1903年合并而成)的资本额为1 500万美元;卡达希公司为700万美元;莫里斯公司为600万美元;施瓦茨柴尔德和苏兹贝格公司为500万美元。㉖1903年,阿穆尔公司一年屠宰了730万头牲畜,而斯威夫特公司则屠宰了800万头。㉗到了1917年,阿穆尔公司在规模和资产上都已超过斯威夫特公司。

所有这些公司都是通过庞大、集中化的、按职能划分的部门办公室进行领导。斯威夫特公司的芝加哥总部雇用有1 000人以上的人手。[28]阿穆尔公司的规模也差不多。阿穆尔公司的组织图(图8)显示出经营该庞大的结合企业的管理层级制的规模、复杂和细致的程度是多么可观。[29]该图是1907年的,但阿穆尔公司的组织在那之前的10～12年就已基本如此。

阿穆尔公司的制造部门比美国烟草公司及其他的袋装产品公司的制造部门雇用了更多的人员和经理。和其他农产品的加工相比,肉类加工业技术的机械化程度较低。由全国性的销售和分配网络组织所造成的高流量,使得屠宰和处理所用的人工,得以走向高度的专业化分工。正如公司管理局在1904年的一次详细调查以后所指出,一只活的菜牛的从屠宰到肉骨分离,涉及157人,他们完成宰牛、拆卸、贮藏和装运等工作,而这些工作又被划分成不下于78种截然不同的过程。[30]如此彻底的劳动分工只有经过周密设计的管理安排才能实现,它使牛只能够以一种前所未见的、快而稳定的移动通过肉类加工厂,假如不是用管理上的协调来代替市场的协调,则肉类加工业劳动分工的程度就将低得多。

阿穆尔公司的六所大肉类加工厂——位于芝加哥、圣路易斯、奥马哈、堪萨斯城、苏城和沃斯堡——的厂长,每天都要送出当天完成的屠宰量和次日计划完成屠宰量的日报表。他们同采购部门、销售部门、运输部门及副产品部门的经理保持密切的工作联系,以维持整个企业内肉品的稳定流动。[31]根据分支机构所接受的订单,厂长要与其所属该区域的采购经理相联系。他们包括在当地的牲畜围栏场负责采购的经理,和直接向农场主购买牛、猪、羊的地区经理。通常邻近的牲畜围栏场供应厂长所需牲畜的近90%。一个采购经理下面有三名副经理负责三种牲畜——牛、羊

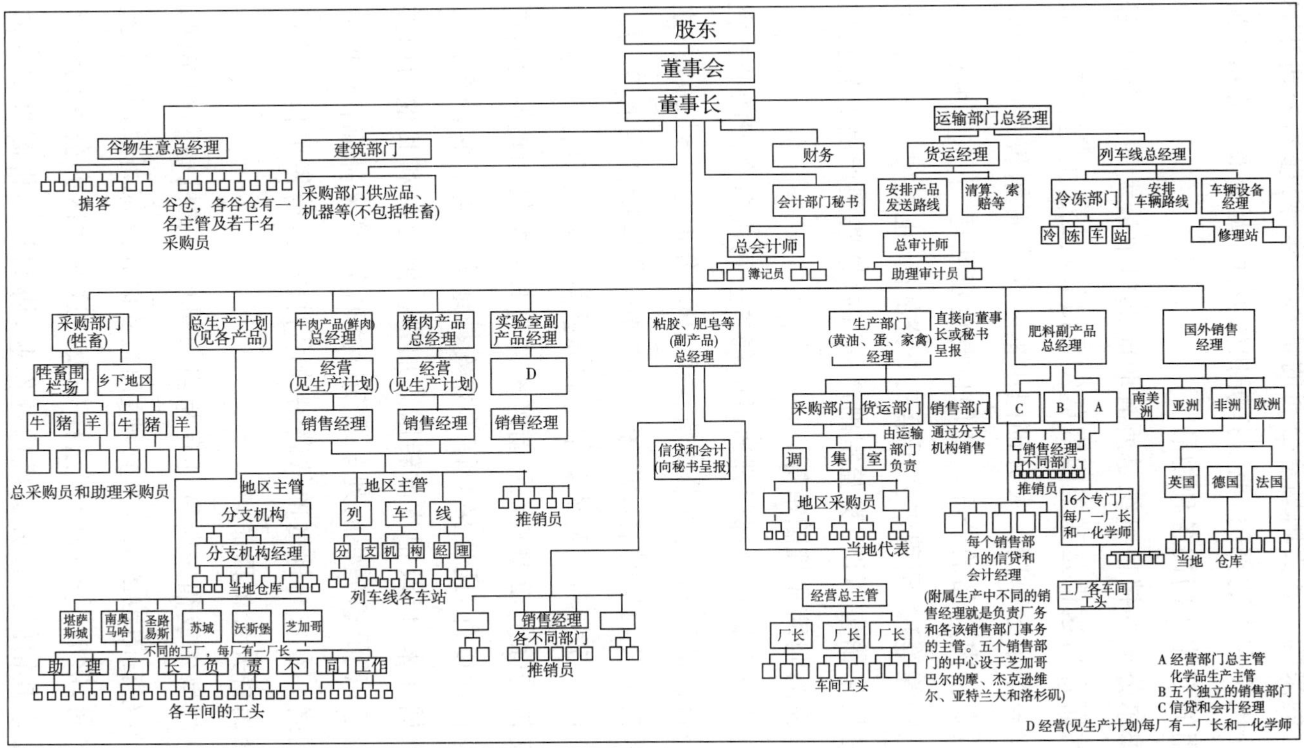

图 8　阿穆尔公司的组织图，1907 年

资料来源:《系统》,12：220(1907 年 9 月)。

和猪——的采购。和美国烟草公司的情形一样,阿穆尔公司在总部办事处也设有采购部门,他以打折扣的方式,大量采购公司内所有部门用的五花八门的各种物品。

阿穆尔公司的销售组织是所有职能部门中最大的一个(以经理的人数而言),这也是和美国烟草公司相似之处。它包括两个大分部门和一个小分部门。大分部门中的一个负责销售牛肉产品,另一个负责猪肉产品的分配。他们也要负责处理“下水”(肝脏、心脏、舌头、脑等等)。阿穆尔公司第三个分部门,也是要小得多的销售组织是用来销售所谓“实验室副产品”的,这些副产品有胃蛋白酶、酶素、胰酶制剂和骨髓精等。

所有这三个销售分部门都通过阿穆尔公司遍布全国的分支机构以销售自己的产品,这些分支机构到1900年时已达到200家之多。斯威夫特公司这时有193家分支机构,莫里斯公司有97家,卡达希公司有57家,施瓦茨柴尔德和苏兹贝格公司则有44家。[32]这些分支机构除了接纳和贮藏新鲜肉并将其分配给当地的卖肉户和其他零售商以外,还要接受订单并安排地方广告。它的会计员则负责票据往来,以及把货款转回芝加哥。阿穆尔和其他的肉类加工厂商还以“沿途兜售的列车线”或称“列车线”来补充自己的分支机构网络。在农村地区的铁路沿线小村庄上,销售单位直接从冷藏车厢出售并分配肉品。

不论阿穆尔或福夫斯特都有相当数量的分支机构和列车线,需要25名左右的地区主管来管理它们,从而在芝加哥总部和各经营单位之间,形成了中层经理这样一级。这些地区办公室的经理人员要监督其辖区内各分支机构的作业,协调与零售商打交道的推销员的工作，以及检查分支机构的广告业务。他们也向少数独立的、实行佣金方式的批发商直接销售。这种分支机构网络乃是肉类加工业的首屈一指的创新人、古斯塔夫斯·斯威夫特的一项最重要的创举，并且仍然是这些巨型食品加工企业中最富活力的因素。

协调极易腐坏的、新鲜肉品的流程这一至关紧要的工作，是由销售部门的最高主管单位负责处理。在协调并控制这一流程时，阿穆尔和其他肉类加工厂商主要是依靠工厂会计部门所提供的成本和其他的统计数字。这种控制的内容以及要实行这种控制的原因，在工业管理局于1905年提出的报告里，曾作了很好的说明。

> “由于新鲜肉易于腐坏，所以经营这种产品是一种与众不同的、很难弄的生意。肉类加工业者总是尽可能地想要卖个好价钱，但他们又必须在没有腐坏以前把肉品全部卖掉。各种食用动物及其产品的质量有着极大的差异，所以总部办事处必须严密督导，以便使采购牲畜和出售肉品的代理商能够运用熟练的技巧并作出正确的判断。根据这样一个目标，肉类加工公司负责采购、屠宰、煺毛以及出售新鲜肉品的销售和会计部门的各分支机构，就以最广泛和完善的方式组织起来。总部办事处不断地用电报和各销售分支机构联系，以便把肉品的供应和价格，尽可能的调整到与需求相符合。”㉝

这种管理上的协调，是以下列方式进行的。芝加哥总部给每个分支机构和每条列车线指定一家肉类加工厂作为其供应者。这些销售单位的经理每天把他们的订单用电报拍发给自己的供应工厂,同时所有订单都要经过芝加哥总部。假如某家供应工厂货源短缺,芝加哥总部就会从另一家工厂调货补足。假如某家供应工厂有剩余,则芝加哥就会将此剩余分摊给那些不在该工厂供应范围的其他分支机构和列车线。即使在牛肉已经离开肉类加工厂之后,它的销售还是受到妥善的管理。正如公司管理局的报告所指出:"总部办事处在每一车牛肉的销售过程中,都和分支机构以及佣金代理人保持不断的电报联系,总部随时听取信息并给予各种建议"。[34]阿穆尔和斯威夫特每年要花掉20万美元的电报费,也就不足为奇了,这笔电报费中有大部是用于安排牛肉的销售上。和上一次发生在铁路上的情形一样,当时总部的经理们很快就利用那些用来协调货物流量的数据来评估管理绩效。公司管理局的调查报告指出:由分支机构经理和佣金代理商送来的、关于每车牛肉的冗长而详尽的销售账目,都要由公司详细审核,这不只是为了查证账目的正确性,还为了评估分支机构经理对其出售牛肉的方式所作的判断是否正确。为了收集、核对并区分这些数据,阿穆尔的会计部门早在1889年就设有分支机构和采购科。

用来作为协调、监督和评估经理工作及制定价格、并管理流程所使用的基本数据,是肉类加工业者所谓的"煺毛"(有时候也称作"试验"或"见红")成本。每屠宰一批牛时,肉类加工厂要记下活牛重量和支付的价格、劳力成本、企业一般管理费用以及牛肉、牛皮和脂肪的重量和质量。[35]这些数据提供了计算加工或"煺毛"该批牛的单位成本所需的资料。若再加上运输费用及分支机构的一般管理费用,就得出了分支机构的"煺毛"成本。然后将这些"煺毛"成本拿来和每一处市场上的平均售价作比较。由此而得到的成本和售价之间的赚头,则以电报通知芝加哥总部和各肉类加工厂,作为牲畜采购时的一种指导。假如赚头减少了,则采购和屠宰工作就将变慢;假如赚头增加了,则牛只的采购和工厂的生产也将加速进行。

这样一些数据——它们使牛类加工业者得以实现对产品流量的必不可少的控制——只能给予肉类加工业者有关成本的精确数字,而不能说明更多的问题。企业一般管理费用、行政费用以及销售费用的计算,看来只不过是粗略的估算。例如,销售费用被简单地规定为销售额的、一个统一的百分比——"通常规定为5%"。[36]肉类加工业者对其资产额也没有清晰的概念。与美国烟草公司一样,他们也采用铁路公司那种一次计入的会计记账方式。他们"不仅把小修费用,还把那些偶尔进行的、用于改建和改进设备的巨额支出,都记入经营费用账目中"。

这种把注意力集中于主要成本以及一次记入的会计记账方式,说明肉类加工业者对其投资回收率茫然无知。他们并不试图把费用分摊到自己生意的不同部分上,也无法精确地得知其不同产品系列的利润。公司管理局承认,它的调查员或这些公司本身均"不可能以多少还算精确的方法算出西部大肉类加工业者在对自己的生意中牛肉部分的投资上,能具有多大的投资回收率"。在肉类加工业中,对管理绩效的最好测试一直是保持合理的赚头和尽快运送货物的能力。而不是根据经理完成和超额完成预先规定的投资回收率的能力。

肉类加工业者和其他大的农产品加工业者的不同之处,在于他们自己拥有并经营更广泛得多的运输设备,并且也更充分地利用这些设备和自己的加工能力。他们的运输部门事实上可以跻于世界最大的运输公司之列。1903 年时，阿穆尔的运输部门拥有并经营 13 600 辆冷藏车厢(其中有 1 650 辆是载运水果的)，斯威夫特有 5 900 辆。六巨头总共拥有 25 000 辆以上。[37]一个车厢的价值以 1 000 美元计算的话，就代表了一项相当庞大的投资。1903 年时，阿穆尔的运输部门的货运量每年超过了 3 亿车英里。

运输部门有一名总经理领导，分为两部分。[38]其中一部分负责冷藏车队和遍布全国的冷冻站的维修和服务。另一部分是货运部门，它负责安排将牲畜运往工厂，以及从工厂将大量经过煺毛和加工的肉类运往零售商时所需的车厢。在执行其工作时，货运部门的经理要和销售、采购及制造部门的经理密切配合。

因为公司拥有自己的列车车厢，所以与依靠铁路公司提供车厢的情况相比，它们得以更准确和更有把握地安排流程。因此，虽然在开始时由于铁路公司拒绝提供车厢，使他们不得不建造自己的车厢，但他们很快就发现对这项设备的控制，对他们的生意具有不可言喻价值。正是为了同样的原因，确保更有把握地协调原料和成品的流程，使得标准石油公司及其一些较小的竞争对手在 1900 年以前，以及许多化学公司、玻璃公司和某些其他的食品公司在 1910 年时，开始建立并使用自己的列车车厢队。

在运输、分配、加工和采购等设备上的大量投资，已经证明是促使公司扩张的有力因素。对阿穆尔公司和其他大型肉类加工公司来说，这种旨在更集约地利用现有设备的成长过程，要比美国烟草公司具有同样目的的成长过程更带有改革性。甚至还在 1890 年以前，肉类加工业者已经开始向海外扩展自己的销售组织，他们使用自己的冷藏船只并在重要的港口设置仓库。[39]然而直到20世纪的头十年为止,虽然他们在国外已具有支薪的销售和分配经理,但还没建立起一套可与美国本土的分支机构网络相比拟者。为了更充分地利用其生产设备,他们不久就开始生产猪肉、羊肉及其他的肉类产品。[40]他们几乎是在一夜之间成为肉罐头制造工业的领导者,虽然有些小公司早就开始这行业了,特别应该提出的有威尔逊公司(该公司后来和施瓦茨柴尔德—苏兹贝格公司合并)和利比公司,麦克尼尔和利比公司(该公司后来和斯威夫特公司联合)。接着阿穆尔公司和其他公司开始利用自己的装罐设备,制作鲑鱼、沙丁鱼、金枪鱼、炼乳及蔬菜罐头。所有这些罐头产品的销售都是通过分支机构的销售组织进行的。

公司还另设单独的销售组织以销售无法通过它们现有的销售设备进行销售并分配的产品。在阿穆尔公司,这类经营中最大的一项就是肥料生产。在该项经营中,有一名总经理管理着16家工厂,该项经营具有自己的销售、生产和会计部门。[41]可以说,这位总经理拥有经营一个独立企业所需的一切设备。实际上也因为阿穆尔公司和斯威夫特公司中这些结合部门的成功,因而促使许多小的肥料公司在19世纪90年代合并,并建立类似的管理结构。其他产量及销售量都较少的副产品,如粘胶、肥皂、人造黄油、硬脂酸及其他由动物脂肪提炼的产品,都由副产品部门的总经理统一管理。该部门的销售人员则负责协调产品的流程。不过也正因为这些单位没有庞大的销售组织来销售自己的专门产品,所以在同普罗克特和甘布尔公司及美国棉籽油公司等大型结合企业竞争时,感到困难。

阿穆尔公司及其主要竞争对手们渴望充分利用其分配和生产设备的这种念头,导致这些公司的进一步增长。这些肉类加工业者开始利用其冷藏车厢和分支机构的贮藏室来分配其他的易腐坏产品,诸如黄油、鸡蛋和水果。但是为了得到这些货品,他们又必须建立新的采购单位。于是,很快就和经营肥料生意的情形一样,公司又成立了一个独立的自主企业来采购和销售这些货品,并协调这些易腐坏产品从农场主到零售商之间的流程。这个生产部门具有自己的庞大采购组织,配备有多座冷藏仓库,用来采购、贮藏和调集其产品系列。它的运输机构的规模仅次于公司庞大的运输部门,也拥有自己的车厢。至于其销售组织,则使用公司分支机构的设备,它自行处理其广告业务以及对零售商的发货,并自行争取产品订单和预估采购量。

完成了第一轮的扩充以后,维持现有设备充分利用的压力,再一次促使阿穆尔公司和其他肉类加工公司的经理督促公司增添新的设备。而这样的扩充又反过来要求成立新的独立经营的附属管理组织,以评估、协调并规划这些单位的活动。这种成长过程在20 世纪的美国大型结合企业里,成为日益普遍的现象。

肉类加工业者在 19 世纪 90 年代所创立的组织结构,其复杂程度丝毫不亚于铁路系统于更早时候发展出来的组织机构。然而前者的高阶层管理对系统性的长期计划和投资决策却不甚关心。原因之一是这类决策照例是由少数高层管理人士负责,而这些高层管理人士却几乎把自己的全部时间都花在公司日常的业务活动上了。

直到进入 20 世纪很久以后,阿穆尔、斯威夫特、莫里斯和卡达希等人仍都继续拥有并管理其庞大的企业。除了斯威夫特以外，创业者或其家族仍都握有其公司的几乎全部股票。[42]斯威夫特算是例外，因为斯威夫特兄弟用自己的股票来收买其分支机构。他们把公司的股票让给加入自己公司的批发商。但即使如此，斯威夫特家族仍然拥有足可控制公司的多数股票。

作为老板兼管理者的这些企业家们，并不注意战略性规划和资源的长期分配问题。1907 年时，J. 奥格登·阿穆尔的日常工作时间仍然是全部花在阅读经营报告以及给采购部门、加工部门和销售部门下达命令上。[43]所有的部门主管都直接向他报告。他几乎没有助理帮助自己工作。他所咨询的惟一一位没有参加经营活动的专业高层人士是法律部门的主管。该部门直到 1897 年才正式成立。由此可以看出，高层主管人员几乎没有时间考虑诸如战略性规划这样一些事务。

阿穆尔或其他任何一位肉类加工业厂商之所以没有像杜克那样制订出一个战略性的征服计划，另一个原因是在他们的工业里，没有单独一家公司拥有支配的地位。他们几乎是同时创立其结合的组织，他们每个人都了解，除非付出高昂的代价，他几乎没有机会能够制服另外几家公司。所以与铁路公司一样，他们决定以合作而非竞争的方式，来使他们昂贵的设备得以充分的并稳定的运转。

同铁路运输的情况一样，合作先是由非正式的联营开始，然后才成立正式的联营。正式的卡特尔从 1893 年开始发挥作用，直到 1902 年为止，其间在 1897 年曾有一年的中断。卡特尔的目的是使肉品从牲畜围栏到零售商的流程尽可能的流畅和均衡，并在成本和价格之间维持一个可接受的赚头。它采取经由各方有关负责人士商谈解决问题的工作方式。卡特尔主席和各公司牛肉部门的主管于每星期二在芝加哥聚会，根据会计部门有关成本、生产、销售和赚头的日报表，来确定各公司在下周的生产配额。[44]斯威夫特和阿穆尔在这些决策中起着主要作用。

当这种联营方式变得明显的不合法之后，肉类加工业者乃考虑采取合并作为变通的办法。1902 年 4 月——正好是政府根据谢尔曼法案对北方证券公司提出正式控告之前的一个月，肉类加工业者正开始协商把其企业合并成一个庞大的控股公司。库恩以及洛布的投资银行同意为合并计划筹措资本 5 亿美元，成立一个国民肉类加工公司。[45]在此计划的发起人和一些地区性的小公司进行谈判以后，计划宣告夭折。库恩和洛布声明撤回其承诺。招致失败的原因之一是财务上的。1902 年的合并运动曾经进行得颇为顺利。但对如此庞大的股票金额来说，其市场容量显然是有限的。另一个原因则是法律上的。因为政府对北方证券公司的控告案如果胜诉，那么此一拟议中的控股公司想必也将是凶多吉少的。

肉类加工业者于是修改自己的计划。他们还是成立了一家国民肉类加工公司，但规模小得多。这家由哈蒙德公司和四家小公司组成的公司是一家经营公司、而不是控股公司，其股份由斯威夫特、阿穆尔和莫里斯所持有。那些小公司的人员和活动被并进哈蒙德公司的经营组织之中。它的三位老板利用国民肉类加工公司的总部，作为交换有关“煺毛”成本、收盘价格和赚头的信息的中心站。在制定价格和拟定产量方面，卡达希公司和施瓦茨柴尔德和苏兹贝格公司也开始跟着国民肉类加工公司行事，虽然它们和后者并没有正式的关系。

然而到了1910年，肉类加工业者决定取消国民肉类加工公司。尽管他们逃过了早期的那次反托拉斯法案，他们还是应司法部门的要求心甘情愿地解散了该公司，以免引起诉讼纠纷。他们这时候已学会如何在没有这种正式的安排的情况下，在国内市场上从事经营。他们知道彼此的现时成本，他们也知道当前的需求和供应状况，并据此调节其产量。他们已能获得有效的信息并具备完善的方法以从事经营，而无需像先前那样，通过正式联营而彼此串通。小公司现在都跟着阿穆尔和斯威夫特的价格行事。肉类加工业者彼此还是继续竞争，但却不再以价格政策、而是以提供更稳定和迅速的送货以及广告活动作为手段。他们也通过更集约地利用其制造及分配设备以及扩大海外市场而继续成长。换句话说，在20世纪的头十年中，肉类加工业者学会了以现代寡头垄断的方式进行竞争和成长。

在这十年中，阿穆尔公司和斯威夫特公司的老板兼管理者变得和美国烟草公司的杜克一样，对国外的生意比对国内的生意更感兴趣。1900年以后，国内的需求变得非常巨大，以致肉类加工业者不再有肉品能满足日益增长的国外需求。这两家公司的对策是在南美洲开辟新的供应来源。在这十年当中，他们于阿根廷、乌拉圭和巴西获得了供应欧洲市场的肉类加工厂。[46]与此同时，他们也得到了必要的运输设备，并很快地在欧洲扩大了分支机构的网络。在第一次世界大战前的那些年里，肉类加工业者把他们资源中的最大部分用于建立一个协调从阿根廷泮帕斯至欧洲诸城市的肉品流程的、结合的网络。20 年前在美国，他们也曾建立一个同样类型的网络，把西部平原和东部沿海地区联结起来。

肉类加工业者的经历与角逐国内市场的啤酒业者、联合水果公司以及其他易腐坏产品的加工和运输业者的经历相仿。不过肉类加工业者的经历具有更广泛的意义。它告诉我们关于纵向结合企业间的竞争及其成长的许多情况。而这种纵向结合企业之所以出现，乃是为了协调从原料供应者到最终消费者之间的高额流量。这些大公司无需经过串通就能确定价格，这已成为标准的经营方式。利润是来自成本的不断降低，对管理协调工作的改善，以及对现有设备更集约的利用和海外市场的扩大。至于新产品和新市场的开发，则通常需要成立新的附属组织来协调货物的流程。

在第一次世界大战以前，这种竞争和成长的模式也已出现在石油工业、化学工业、橡胶工业、玻璃工业、金属加工业和造纸工业中，因为这些工业的生产和分配过程的性质使纵向结合和管理上的协调成为有利可图。不论这些新的大企业是在合并以后再行结合，还是经由内部成长而扩大，它们都是依靠高效率的管理协调而保持其支配地位。与肉类加工业者一样，它们购置了自己的油槽车队、油槽船和其他运输设备并自行经营。它们为其主要市场发展出了完整的产品系列，并千方百计地发展副产品，它们还建立新机构以管理这些产品向新开发的市场的流动。到第一次世界大战时，它们几乎都建立了实验室，以改善和开发现有的和新的产品及其作业方式。它们还向海外进行扩展。不论在国内还是在海外，它们都是以现代寡头垄断的方式从事竞争，它们竞争的手段则是改进产品质量、使产品品种多样化、改善服务和改进协调工作，而不是进行价格战。

例如,在石油工业中,标准石油公司在1911年被解散以前,一直是石油价格的决定者。研究石油工业史的历史学家指出,从那时以后,前标准石油集团的一些最大的公司,尤其是新泽西标准石油公司和纽约标准石油公司,“在它们各自市场范围内的产品价格的形成中,它们仍然起着最重要的作用。”[47]但它们很少再求助于已被法院称之为“掠夺行为”的价格战,而且在它们的倡导下,德士古石油公司、墨西哥湾石油公司、纯油公司、东弗吉尼亚石油公司以及许多其他公司都追随其后。这些公司不再依靠降价的办法以在市场争得一席之地,而是依靠在日益增多的、它们自有或特约的零售加油站上,以醒目的招贴画宣传其产品的牌子,以及改进设备和服务来进行竞争。同肉类加工业者一样,自19世纪80年代以来,标准石油公司和其他石油公司都建立了庞大的副产品业务。而且在石油工业开始建立之时,标准石油公司及其竞争对手们就已经在全球市场上经营其事业了。

辛格公司和麦考密克公司:
机器的制造和销售

美国烟草公司和阿穆尔公司的历史,说明了经由大量生产与全国及全球性庞大市场相结合而成长的企业,其组织方法、成长过程及竞争的手段。在这些企业里,销售组织要负责维持并协调向散处各地的众多消费者运输、贮藏、分配和销售各种产品。另一方面,辛格缝纫机公司和麦考密克收割机公司的经验,则说明了另一种类型的结合企业——它依靠自己的销售组织提供专门的示范操作、安装、售后服务和维修以及信贷——的组织、成长和竞争。这些企业不仅包括缝纫机和农业设备的其他制造者，还包括办公设备、升降机、锅炉、泵、印刷机、电气设备和其他标准规格的重型机器的制造厂商。有少数机器制造业者在建立其销售组织时，步辛格公司的后尘而设置零售网络。更多的机器制造厂商则仿效麦考密克公司依靠特约经售商的办法，后者的活动由公司的销售部门负责协调和管理。

我们以辛格公司和麦考密克公司于19世纪70年代晚期改组其销售部门为起点，来回顾一下它们的经营方式和成长过程。[48]在进行那次改组以前，两家公司在扩充其生产时，都是依赖独立的批发商(参阅第9章)。不过辛格公司的爱德华·克拉克已经进行了一段时间的耐心物色人才的工作，只要发现了能胜任的人选，他就用支薪雇员来取代这些代理商。他于1876年成为董事长以后，和他的副董事长乔治·罗斯·麦肯齐一起，决定要加速完成辛格公司销售网络缓慢的转变工作。

1878年11月，克拉克在一份通告中概述了最终的改组计划，并将通告发到所有的地区办事处。[49]销售部门的经营将分为三个层次进行，最低一级是分支零售办事处，经理需向各该地区的销售办事处报告。地区办事处相当于一个“总代理处”，它们中的中层经理们要对三个总部中的一个负责。三个总部中一个设于美国，两个设于欧洲。

按照克拉克的计划，分支零售办事处仍然是辛格公司销售和分配网络的核心。分支办事处经理手下的职员至少包括一名总推销员、一名指导员、一名机械师和一名簿记员。克拉克认为,每个分支办事处(即后来的"补给站")所包含的最小的区域应该是至少能对一具有5 000人口的地区提供服务。他希望在全世界布满这样的办事处。

分支办事处经理及其属员的主要任务是监督推销员的工作,后者负责销售缝纫机,收取货款,以及安排对用户缝纫机的修理服务。这些推销员的报酬是微薄的周薪加上15%的销售佣金和10%的收回账款。假如分支零售办事处所包括的地区太大,则通常会再设立小的分支单位或补给站。分支办事处的经理和属员为推销员指定区域,下达命令,并在工作上给予帮助和指导。克拉克就是依靠这些推销员来维持并扩展辛格公司的市场的。

在管理的第二级,地区办事处的地区经理是关键人物。他手下有相当多的职员帮助他监督其辖区内分支办事处经理的工作情况,并帮助他们执行其职能。地区经理还得负责招收和培训新的经理人员,以及确保从工厂到各分支办事处的机器和从各分支办事处到总部的现金之稳定流量。他的办公室包括一名装运办事员、一名收款员、一名机械师、一名会计师、一名应收票据催款员以及一名总办事员或审计员。此外,还设有一名"流动视察员",以协助经理和各分支办事处经理之间保持密切的个人联系。1879年,麦肯齐又给每个国外的办事处加派了一名"副手","这样一来,无论是疾病、死亡或其他任何情况就都不至于对生意的顺利经营造成太大的干扰了。"[50]

麦肯齐认为,建立这种遍布全球的组织结构,能使公司的销售力得到最大的发挥,并且会导致"对我们人员的完全掌握,对他们工作的全面了解，并且有足够的能力去指导他们，使他们都能了解自己的工作，从而得以避免时间损失和干扰”。管理人员将成为一支“组织良好、有责任感的军队，再也不是一群迷惑、散漫的乌合之众”。麦肯齐和克拉克满怀信心地相信，这个计划将使得缝纫机的销售更有系统和更有效率，并且货款的回收也会更正常和更可靠。这种结构除了可以确保不断的现金流量以外，还能更有效地控制库存，以及更有把握地向零售单位发货。这样的协调对于防止坐失销售良机、避免零售商库存缺货或者不按时交货等来说，都是必不可少的。[51]最后，这种新的组织结构使得公司总部能够及时得到有关全世界市场和一般商业情况的详尽信息。

辛格公司的改组工作不是仓促行事的。克拉克在提出计划时，要求“地区经理们在逐渐把工作纳入新组织时，要善用自己的判断力”。[52]每个分支零售办事处的地点和业绩都经过仔细审核。有些分支办事处被关闭了，有些则得到了加强。只要物色到适当人选并加以训练后，马上就建立新的分支零售办事处。麦肯齐为了更有效地掌握此网络，命令总公司派出流动审计员直接检查各分支办事处的一切交易，最初仅派到国外，后来也向国内各地派出。这些会计人员不仅定期并系统地审核每个分支办事处的账目，并且也要报道由某一地方单位发展出的新的有用作业方式，以便向其他的单位推广。麦肯齐写道，这样作是为了确保“以最有利的方式，使做生意的方法……得以达到某种统一”。[53]

克拉克和麦肯齐对这项改组工作的关注，使辛格公司无论在海外和国内都得以确保其支配地位。格罗弗和贝克公司就是因为未能建立一支自己的强大的销售队伍，而在 19 世纪 70 年代的经济萧条中招致失败。惠勒和威尔逊公司对辛格公司这一创举的反应则是加紧完成自己的地区办事处和分支办事处网络。但由于受到辛格公司成功事迹的挑战,它仓促行事,以致未能在物色人选、制定作业程序以及其他组织事项上采取谨慎态度。辛格公司的高级人士对其竞争对手的错误却是旁观者清。辛格公司在英国办事处的主管在给克拉克的信中写道:“我敢肯定,今年惠勒和威尔逊公司在各项经营中将亏损 50 000 英镑。这项生意是不能用这种草率的方式来经营的”。[54]他说对了。惠勒和威尔逊公司从未发展出一套和辛格公司一样有效率的组织。而在一个没有关税和专利保护的市场,组织乃是保证竞争胜利的关键。辛格公司很快就几乎独家垄断了全世界的市场。他于 1906 年并吞了惠勒和威尔逊公司。

到了 20 世纪头十年时,该公司在美国的分支办事处已经从 200 处增加到 1 700 处,由六个地区办事处管辖。[55]当分支办事处的数量急剧增加时,地区办事处(总代理处)的辖区却基本上照旧,只是在六个地区办事处下面又进一步细分为 82 个分区办事处。所以到 1900 年时,辛格公司的销售组织就有了两级中阶层管理。海外的成长情况也大致相仿,19 世纪 80 年代完成的基本组织也没什么变化。19 世纪 80 年代,纽约总公司通过其“出口代理处”管理拉丁美洲,加拿大和远东的代理处。位于汉堡的办事处负责北欧和中欧的销售;而伦敦办事处则负责英国及世界其余地区的销售。[56]接着在 1894 年,纽约总部把伦敦办事处所管辖的、在联合王国以外的营销活动接管了过来。

制造则仍然集中在几个大工厂里进行。伊丽莎白港、新泽西和基博威、苏格兰等地的工厂,是当时全世界首屈一指的缝纫机工厂。每家工厂都负有采购自己的补给和原料的重大责任。每家工厂也都与被指定接纳其产品的营销辖区保持密切的联系。当辛格公司于 1897 年后进入俄国市场并于当地建立了第三家大厂时,这一模式又被重复了一遍。[57]

由此可见,辛格公司经济威力的源泉在于它的组织结构。它的管理层级制吸收、训练并仔细监督着其推销员和收款员,它能向客户提供长期信贷;它确保了机器的售后服务;最后,这一组织结构还使每周装运到世界各地的 20 000 至 25 000 台缝纫机得以顺利和可靠地销售出去。这就是辛格公司所以能够在世界市场上维持并扩大其廉价缝纫机销售量的根本原因。

有些机器制造企业——如国民收银机公司——也是经由建立类似的、受地区办事处管理的分支零售单位,而得以在同业中居于支配地位。可是多数机器制造厂商却认为建立这样一个零售网络的耗费太大,人员也不易配齐。他们宁愿像麦考密克收割机公司那样,采用特约经销商的办法,这些特约经销商经营着自己的零售生意,通常以抽取佣金方式代销机器。这些制造业者很快还发现,除非能得到一个组织良好、纪律严整的销售部门的支持,否则这些经销商的代销效果是很差劲的。

当赛勒斯·麦考密克于 19 世纪 70 年代后期着手改组其销售组织时,他的机器仍然是通过独立的批发商而到达当地许多经销商手中。位于芝加哥的总部对这些批发商可以说是无能为力,而对于其支薪的"总代理商"的工作情形,也是了解很差。比方说在 1876 年的时候,公司甚至没有一份与其总代理商进行交易的经销商的名单。不过到了1881年,中西部和平原区各州的独立的批发代理商已经被公司的经理所取代,而总部对这些地区办事处的控制也已大为加强。[58] 1885年,国内其他地方设立较晚的批发代理商也都被公司的经理所取代了。

19世纪80年代,地区代理处或总代理处成了麦考密克公司销售组织的主要单位。到了19世纪90年代,支薪的总代理商通常要监督并评估10到15名分区经理的工作,后者与其辖区的经销商保持直接的联系。地区总代理商还有4名分管服务、货运、收款和会计的职能经理协助他的工作。服务处的机械师负责装配从工厂拆散运来的机器,以及机器售后的维修工作。负责货运的经理要和芝加哥总部的运输部门密切配合,公司对装运工作的管理正日益集中化。到了19世纪90年代,总部新设立的订单和装运部门开始负责接受订单的工作,注意订单是否已被恰当完成,以便安排其装运。[59]第四名地区主管,也即收款经理的工作,则是密切注意应收票据,并使货款持续不断地流回芝加哥。通常的付款条件是在购买后的第一个秋天支付1/3,次年的秋天再付1/3,到了第三个秋收后付清最后的1/3。在第二次和第三次付款时,要另外加上6%～8%的利息。麦考密克公司的制度与辛格公司不同,它把收款和销售完全分开。这项任务或者直接由收款经理的办公室执行,或者由当地商人或银行以提取佣金方式代为执行。一套仔细制定的收款规章保证了麦考密克公司(如同它保证了辛格公司)能够以和马歇尔·菲尔德及其他大商人在回收货款时同样的、如时钟般的精确性收到流进来的现金。这就是总代理商监视产品的销售并协调机器至消费者的流动,以及从消费者回来的现金流量的方法。

19世纪90年代早期，当竞争随着收割扎束机的发展而加剧时，麦考密克公司和其他收割机公司为了保持其销售额，纷纷扩充其地区办事处。它们雇用推销员协助经销商销售，推销员也自行独立地销售，推销员还要与客户保持联系。[60]到了1900年，麦考密克公司已经雇有2 000名推销员，他们每个月的工资是50美元到70美元。[61]特约经销商则总共已超过12 000家，仍以佣金抽成的方式支取报酬。

到本世纪的开始时期，麦考密克公司给人以深刻印象的销售网络已包括在美国的65个地区办事处和在加拿大的六个地区办事处，不过公司在海外的销售组织仍然微不足道。美国的农机公司直到1893年经济萧条来临，国内需求减少时，才开始向海外大力销售其产品。[62]最初，它们也实行早期在国内所实行的办法，依靠大的独立批发商。但是到了19世纪90年代后期，它们开始体会到这些独立的批发商不能推售其产品，也无法提供令人满意的售后服务和信贷安排。只要是销售量达到一定规模的地区，就设立和美国相同的总代理处。到了1901年，麦考密克公司在拉丁美洲、非洲、新西兰和一部分欧洲地区的业务还是依赖以现金先购进机器的批发商。不过在澳洲和欧洲的主要产谷地区，公司于1901年已经拥有八个自己的总代理处，每个总代理处配属若干名推销员、机械师和会计员。与美国本土惟一不同的是这里的特约零售商系以现金先购进机器，而非使用抽取佣金而代售的方式。这是独立的批发商所采取的办法，而经销商也乐意继续采用这种办法。

这好像是新崛起的、几乎所有的大机器公司的情况，经过改组及扩大后的销售力量在19世纪80年代中促成了生产量的增加,在1880年至1884年间,麦考密克公司的年度产量从20 000台增加到55 000台。产量的增加又回过头来促使公司扩大其采购办事处并买下锯木厂和林区。[63]结果到19世纪90年代时,麦考密克公司的芝加哥总部大楼中雇用的中层经理的人数,与美国烟草公司、阿穆尔公司、斯威夫特公司和辛格缝纫机公司等总部中雇用的中层经理人数可谓不相上下。总部办事处包括国内销售部门和国外销售部门,两个生产部门(一个生产机器,另一个生产麻线),采购部门,收款部门,运输部门以及订单和装运部门。收割机工厂还设立了一个"实验部门",它致力于生产方法和产品质量的改进。

会计部门的规模较小,其主要职能是核查制造单位和销售单位的账目。麦考密克公司的审计处似乎比辛格公司的审计处小些。会计单位要算出详尽即精确的主要成本,但是对销售费用则较不关心,至于企业一般管理费用的确切分摊就更谈不上了。正如公司管理局调查员所发现的那样,公司在资产估价和确定折旧方面,也都是草率从事的。[64]它显然也是采用和铁路公司及早期大工业公司一样的一次计入法。

和其他一些早期的结合企业一样,麦考密克公司和辛格公司的高阶层管理都保持了小和个人式的特点。在麦考密克收割机公司中,麦考密克家族握有全部股票,公司的高级主管直到20世纪以前只有赛勒斯·麦考密克,其子小赛勒斯以及制造部门和销售部门的主管。[65]在辛格公司中,克拉克和辛格的后裔控制着股票,高阶层集团包括董事长、副董事长和公司的总裁。[66]在这两家机器公司里,高层经理们几乎把全部精力都集中于每天的业务活动。

工厂是扩充了，像辛格公司偶尔也建立新工厂，但只是当存在着增加产量的明显需求时才会发生。除了克拉克建立的销售网络算是例外情况以外，这些经理们几乎没有作过任何长期计划。

麦考密克公司和辛格公司高阶层管理决策的基本差异，是它们不同的竞争性质所造成的。辛格公司就像美国烟草公司一样，支配了它的行业，而麦考密克公司却与阿穆尔公司相似，有一个强大的竞争对手——迪林公司——和若干个小的竞争者。[67] 19 世纪 80 年代以后，收割机制造商的竞争不仅通过产品的改良，还通过积极进取的市场营销活动而激烈进行。机器设计上的竞争导致了一系列的创新，包括自动收割扎束机、收割扎束机、“前推式”收割机和“谷穗装车式”收割机。示范操作、竞争厂牌的产品间的收割比赛、广告、信贷条件及无孔不入的推销技术等都成了竞争手段。价格的制订只不过是其中一种促销策略，[68]一旦采用这一策略，削价主要是会造成经销商佣金的减少。因为竞争涉及的不仅是制定价格的问题，所以试图实行卡特尔化的各种活动都归于失败，而合并运动也姗姗来迟。这种情况一直到威廉·迪林想卖掉其公司，而麦考密克也疲于竞争时，还是依然如故。1902 年第一次在收割机制造业中实现的、成功的合并的发起人，竟是由摩根财团资助的美国钢铁公司的董事长埃尔伯特·加里，而非收割机制造业者，这绝不是偶然的。加里所以实行其计划，是因为他担心麦考密克和迪林实行向后结合而建立他们自己的轧钢厂，这将意味着失去自己的大客户。[69]

麦考密克公司、迪林公司和其他三家较小的公司于 1902 年夏季完成了合并，创立了一种有效的横向结合。这家新的国际收割机公司几乎控制了美国85%的收割机市场。如同当时其他结合企业的组织者，国际收割机公司的创办人很快就发觉这种横向结合并不是一种有利的策略。在合并后的15个月期间，公司的收益竟低于其纯资产的1%。[70] 1904年1月，公司的董事们决定将管理权集中到赛勒斯·麦考密克的手中。不过他们未能将各组成公司的活动加以统一。最后于1906年，在摩根的合伙人、国际收割机公司董事长乔治·W.珀金斯的坚持下，其他公司的经理和设备都并入原来麦考密克公司的核心组织。

一旦管理权完全集中以后，国际收割机公司开始发展全系列的农业机械——耕地机、耙地机、播种机、肥料撒播机等，以便更充分地利用公司的设备。1906年以后，公司还开始发展其海外业务。其他农机制造业者很快都对国际收割机公司的行动作出了反应。约翰·迪尔公司、莫林耕作机公司、J. I. 凯斯公司、阿德万斯—鲁姆利公司等均开始生产并销售收割机和割草机，并扩充其海外业务活动。[71]

到了1917年，已有许多纵向结合的、生产全系列产品的大农机制造公司在美国及海外的市场展开竞争。如同在其他类似工业中的情况一样，较大的公司——国际收割机公司和约翰·迪尔公司照例成为价格的领导者。这些公司不断以广告、售后服务、信贷和积极进取的推销来争得自己在市场中的份额。他们也以改进产品——汽油引擎的出现更加速了产品的不断创新——和提高生产速度作为竞争的手段。每家公司都大力扩充自己的实验和研究部门。它们对国外市场的注意远远超过了自己在1900年以前的关心程度。例如，1911年时，国际收割机公司已在加拿大、瑞典、法国、德国和俄国拥有自己的工厂。[72]在俄国,该公司发展了一个足可与辛格在俄国的公司媲美的、充分结合的企业。米拉·威金斯在该年指出,国际收割机公司经营中的纯利,有40%甚至更多是来自国外的销售。

农机工业的成长和竞争的模式,在第一次世界大战以前就已完全确定了。从那时以来,支配着该工业的仍然是那几家相同的公司。它们继续经由内部扩张而成长,而且与肉类加工业者一样,通过向市场提供多样化的产品而成长,这种做法可以保证充分利用自己现有的设备和管理组织。它们的组织及其竞争方法与肉类加工公司及香烟公司所采用的不同,这是因为它们生产的是耐用的、而非易腐坏的或半易腐坏的产品;它们的产品也远为昂贵和复杂;同时还因为他们的产品和生产过程适合于不断的技术创新。这类货品的销售和分配需要建立一支纪律严整、训练有素、支薪的雇员队伍,来负责销售、提供售后服务、处理长期的信贷安排以及协调货物向用户的流量和现金向总公司的流量。至于生产方面,则需要密切注意通过制造和装配规格统一的零件的方法,来改进大量生产的技术。

较重型但也较标准化的机器——发电机、马达、电车、地铁系统、电话交接系统、电梯、泵、锅炉、蒸汽机、印刷机、辐射器、制鞋机等——制造厂商的经营条件也都相似。所不同处只是他们的产品和生产过程在技术上更为复杂。他们产品的安装和维修,通常只有制造者本身才具备所需的技术。此外,产品制造者通常在产品的潜在用途、产品的标准和性能以及产品的操作要求方面,比用户了解得更多。在付款方面也要作出长期的信贷安排,以适应用户要求。所以与轻型机器制造业相比，价格更不是所赖以竞争的基础。

在这些工业中，产品的改进和创新是更为强有力的竞争武器，它比广告和兜售要更为有效得多。这类产品的发展，需要产品设计工程师和负责产品制造的经理之间最密切的合作。正如研究电器制造商历史的历史学家哈罗德·C. 帕瑟关于 19 世纪 90 年代通用电气公司和威斯汀豪斯公司市场营销情况所写的那样："竞争实际上是发生在两公司的工程人员之间。假如一家公司的工程师能够设计出一种比另一家公司的能更好地满足用户需要的马达，那么另一家公司的工程师就必须改进自己的马达，否则就有失去其市场之虞"。[73]销售人员向工程师提供关于用户的特殊要求以及他们所希望的机器性能的信息。工程师接着便要和生产部门的经理进行不断的研究，以确定工厂是否具有制造所需产品的设备。在这类工业中，协调并不仅仅意味着维持货物经过生产和分配过程的高额流量；它还意味着具有复杂技术要求的用户和具有更为复杂的生产设备的制造业者之间的协调。观念的交流和货物的流动都必须加以协调。

美国工业中中阶层管理的开始

上面介绍的一些先驱者企业，都是属于最早建立起庞大的全球性经营的、企业家式的企业。这些结合的公司需要雇用成打、有时甚至成百的低层和中层经理来经营。负责各经营单位的低层经理，其工作和小工厂或小商号的老板兼管理员的工作并无显著的不同。但中层经理的工作则是完全新的工作。中层经理必须在现代的管理协调方法上，进行开拓性的工作。

中层经理的工作并不仅限于设计出协调从原料的供应者到消费者之间的高额流量的方法。他们还要创建和改善扩展市场及加速生产和分配过程的各种方法。美国烟草公司、阿穆尔公司和其他大量生产低价袋装产品公司中的中层经理，通过广告活动和创牌子等这样一些最初由大商人、广告代理商和专利药品制造商所发展出来的办法，而完善了推销产品的技术。辛格公司的中层经理则是最先将个人沿门兜售的方式加以系统化的。至于麦考密克公司的中层经理们，他们是最先设立特约经销商的，他们所采行的方法与辛格公司采行的方法相似。这两家公司还首创了分期付款的购买方式及其他消费者信贷的方法。他们规定了一套确保账款回收的方法，并制定了各项当顾客无法继续付款时，收回货物的策略。他们并且也是最先实行售后服务和维修办法的。当这些中层经理在轻型机器的市场营销上进行着开拓性工作时，通用电气公司、威斯汀豪斯公司和重型机器制造公司的中层经理们，也在重型机器的产品营销上，努力开创工作。

此外，中层经理们也建立了新的、更快捷的分配渠道。他们基于战略的考虑而建立各地的仓库，完善了零担和由工厂直接向零售商发货的装运方式，并且设计出会计上和统计上新的控制方法。他们也发展出了采购、贮藏和运输大量原料和半成品的技巧。为了维持更稳定的货物流量，他们常常自行经营整队的铁路车厢和运输设备。

在生产上，中层经理也起着同样重要的作用。那些在烟草公司和肉类加工公司的中层经理改进了连续作业的机器和生产方法。而缝纫机公司、打字机公司和其他轻型机器公司中制造部门的主管们,则是通过制造和装配统一规格的零件而完善大量生产方法方面的带头人。后者从弗雷德里克·W.泰勒及其他科学化或系统化管理实践者的成就中得益良多,而且也有所发展。这些中层经理们不仅协助完善了复杂的新机器和现代的工厂组织形式,而且他们在采用新的工厂成本会计方面,也比美国烟草公司、阿穆尔公司和其他袋装消费品生产厂商要快得多。

中层经理们经由改组生产和分配过程,而有助于确保他们企业的支配地位。他们通过更集约地利用所支配的资源,而增加产量和降低成本。较低的制造和分配中的单位成本,加上训练有素和经验丰富的销售人手,形成了一道使小公司永远难以进入的牢固壁垒。

渴望保持并扩大其设备利用的念头,导致了公司的成长。美国烟草公司所以介入香烟、烟膏和其他烟草产品生产的一个原因,就是为了确保对其采购组织和销售组织稳定的和不断提高的利用。这也是为什么国际收割机公司和其他农机公司所以要发展其全系列产品的原因。阿穆尔公司利用其肉类加工过程副产品的决定,导致了新的销售组织的建立,而更充分地利用其销售设备的决定,则又造成新的采购网络的建立。在阿穆尔公司,其结合的附属组织开始演变成为协调向不同产品市场的流量的机构。

由于大致相同的原因,到第一次世界大战时,海外扩张也出现了同样的结果。海外销售力量的扩张所引起的增加的需求,导致了国外工厂的建立。这通常是运输费用或当地关税及其他对进口货品的限制所造成的结果。然而同样常见的是，新工厂的设立是为了要确保对发送顾客的货品流量，能够加以有效的管理协调。例如，米拉·威金斯所列出的、第一次世界大战时在欧洲有两家或两家以上工厂的37家美国公司当中，有23家在英国设有工厂，而英国并没有关税，并且从美国工厂到英国的运费又是最低。[74]当工厂建立以后，至关紧要的协调和费用的考虑通常会导致就地取材。因此，到了1914年，开始出现结合的附属组织，以管理巨大的、地区性海外市场。

中层经理也决定着竞争的方法。新的现代多单位结合企业之间的寡头垄断式的竞争和通过中间商作买卖的、单一单位的制造商之间的传统的竞争，很少有相似之处。对后者来说，买进材料的价格和卖出成品的价格一直是重要的考虑因素。然而对现代工业股份公司来说，价格的制定只是竞争的诸多手段之一。当一家以上的大型结合企业支配了一个工业时，它们之间的竞争是在生产和分配过程的每一阶段上都在进行的。这种竞争在销售和分配上最为明显。它们发生在广告活动、推销员的训练和监督、保持迅速及时的发货、信贷条件以及提供令人满意的售后服务等各个方面。竞争也发生在生产上。改良的机器和设备提高了生产率并降低了成本，产品的改进则可吸引并稳住顾客，而改进了的统计的和会计的监督则又会进一步提高生产率。此外，在采购上也会产生竞争。大量采购合乎规格的货品、掌握经常变化的各种供应来源，以及正确安排货物流量以避免造成不必要的库存积压等各方面的能力，也都影响着最终产品的质量和成本。

由此可见，这些企业之间的竞争，归根到底乃是它们的经理和组织之间的竞争。一家公司的成功,主要决定于其管理层级制的质量。而这项质量又反映了高级主管在挑选并评估其中层经理、协调其工作以及制定全盘计划和给整个企业分配资源时的能力如何。

而这方面正好是早期大型结合企业管理上的缺点所在。经过整个企业的材料流动,其协调并非基于对需求的周密估算。它主要是依靠各职能部门的主管及其属员间的私人合作而达成。对各部门工作的评估和检查也很不系统。企业只是偶尔才着眼于供应、需求和技术创新中的长远变化,来规划企业的成长。企业的成长毋宁是一些不同的中层经理对短期需要和机会的一种反应。

造成这种缺点的一个原因是老板们仍然身兼管理工作。高层经理的人数一直很少,而这些少数人员很少有从事客观的评估和长远规划的时间或意图。高额的现金流量使得这些企业在财务上得以自足。麦考密克家族和迪林家族,辛格家族和克拉克家族,普罗克特家族和甘布尔家族,克劳瑟家族和斯图尔特家族,阿穆尔家族和斯威夫特家族,帕布斯特家族和布希家族,多兰斯家族和博登家族,海因茨家族,皮尔斯布里家族,伊斯门家族,坎德勒家族,里格利家族,以及创立雷明顿打字机公司和国民收银机公司、巴勒斯加法器公司和奥蒂斯升降机公司的企业家们,他们都是自己所管理的公司的老板。其他像美国烟草公司的杜克和钻石火柴公司的巴伯,在他们的公司以合并和买进的方式扩充之后,都还握有足以左右大局的股份在手。

这些企业家们及其家族对其企业的看法,与传统企业的老板兼经理们没有两样。而当家族的成员不再担任董事长或别的高级职务时，由该家族亲自挑选的亲密合伙人通常就会接任这些职务。老板兼经理的人以对自己事业的深刻了解而引起自傲，对这项事业，他们曾惨淡经营而白手起家。他们陷于日常经营的琐碎事务而无以自拔。他们亲自审阅各部门的报告和统计资料。他们几乎没有职员为其收集信息并提供专门的建议。他们对其属员的升迁、任用和解职，个人一时的喜好和客观分析的成分各占一半。

长期计划也是非常个人化的。杜克、斯威夫特、阿穆尔、克拉克和麦考密克等人在创立其庞大企业时，都是给人以深刻印象的、甚至是显赫的战略家。但是他们的行动只是个人对新的需要和机会的反应。他们并没有系统地为公司的持续成长作过计划。他们很少采用正式的资本拨款程序，也很少编制财务预算。在比较例行的现有作业和设备的扩充方面，他们只是根据中层经理所提出的特别要求而进行裁定。他们通常都批准这些要求。作为老板——并且是非常富有的老板，他们觉得没有理由否决这种扩充计划。恰恰相反，作为老板，他们能大发横财。还有什么投资能比这种投资——为了使现有资源更能赚钱而将利润再进行投资——更好的呢？基于这些原因，那些在中阶层管理方面进行了开拓性工作的企业，在发展高阶层管理的方法方面都很少建树。这方面的贡献是由从早期合并企业脱胎出来的、经理式的企业所完成的。

第十三章 高阶层管理：功能和结构

经理式的企业

现代高阶层管理的实践和程序，是从经由合并（而不是经由建立广泛的销售和采购组织）而形成的工业企业中发展起来的。合并的过程把更多的人（他们具有更为不同的背景）带进了高阶层管理。在新的合并企业中，一个家族或一个单一的合伙人集团很少能够占有全部具有投票权的股份。股份已被分散到各组成公司的老板和金融家以及促成了合并企业的发起人等的手中。当公司为了进行改组和统一利用各种设施、通过出售股票而筹措资本时，股份的持有情况就更为分散。合并后的公司所面临的管理问题，要比那些经由内部扩充而成长的公司所面临的问题更为复杂。各组成公司的设备需要重新安排，而对它们的管理则需要进行集中化。此外，对于一个合并企业来说，合并后的改组问题以及随后的实现纵向结合的问题，在在都需要持续不断的规划工作。

从横向结合策略向纵向结合策略的转移，使美国工业中第一次出现了经理式的企业。依照本书的术语，一家经理式的公司和一家企业主式的公司的不同之处在于：前者的高阶层管理和中阶层管理全由专职的支薪主管所掌握。企业的所有者不再管理企业。但有些富有实际经验的制造业者，他们帮助实现了合并，而且他们通常在具有一两位金融专家的建议的情况下，对新合并公司的各项设施进行合理的改革，他们理所当然地成了新公司高阶层管理的核心人物。虽然他们仍旧是大股东，但他们已不再像企业家式公司的老板那样控制了公司。此外，他们还聘用和提拔没有或只有少量股份的管理人员来担任新的职能部门和总部办事处的主管。

在进行合并以后的改组工作中，这些高层经理开始明确了自己特定的工作。管理的集中化促使他们建立统一的会计和统计监督制度。由于要雇用和分配管理人员，他们开始更系统地考虑关于评估管理人员绩效的问题。同时由于改组生产以及建立一个销售和采购网络，引起了许多而且常常是互相冲突的使用资本的要求，这种情况日益驱使这些高级主管必须加倍注意有系统的、人员和资本的长期分配计划。这些在合并和结合过程——这一过程有时需要好几年的时间——中形成的各种方法，在公司开始成长并和别的大型结合企业展开寡头垄断式的竞争时，得到了进一步的修正。

一旦管理集中化和纵向结合完成以后，管理权和所有权之间的分离就扩大了。广泛持有股票的、分散的所有者很少有机会参与任何一级的管理决策；而经理当中也只有少数几位拥有大量具有投票权的股份。这样一来，这种企业的高阶层管理和铁路公司的情况倒更为相似，而和那些经由内部扩张而成长的工业企业的情况，反而有差别了。

不过这些新的工业结合公司的高阶层管理和大铁路系统的情

况，仍然存在着重大的差别。虽然投资银行家和其他金融家的合并运动中相当活跃，但与他们在铁路事务中的作用相比，他们在这些新的工业企业的事务中起着一种影响较小的作用。原因之一是许多原来拥有并经营自己公司的、有经验的制造业者，在合并之后通常都留在董事会，并继续对高阶层管理的决策具有影响力。其次，这些工业企业所需要的资本少于铁路公司所需要者。而且在多数情况下合并的企业能够产生高于铁路公司所能产生的利润。由于它们对外来资金的经常需要较小，所以进入它们的董事会的金融家也较少，那些进入了董事会的金融家也不具有自己在铁路公司所具有的权力（尽管还具有否决权）。只是在极少数情况下，因为急需大量外来资金，致使金融家在董事会的名额超过了经理人员，不过这种情形越来越罕见了。

四家重要的合并企业——标准石油公司、通用电气公司、美国橡胶公司、杜邦公司——提供了对石油工业、重型机器制造业、橡胶工业和化学工业中最大公司进行详尽的个案研究的资料，这四家公司是美国最重要的工业集团中的四个企业。它们代表了不同的合并和不同的从横向结合向纵向结合转移的方式，以及由此而引起的不同类型的部门组织和经营实践。

在标准石油公司，其总部是以一种渐进的、特殊的方式建立起来的。它的经理们不太注意组织上的问题。也许由于这一原因，只有极少数公司模仿他们那种通过由各委员会协调的子公司而从事经营的计划。尽管他们的公司是现代合并企业中最早出现而且也是最有名的公司。至于通用电气公司则刚好相反。无论是经理人员还是金融家都对管理上的需要给予极大的关注。经理们都深切了解组织严密的优点。而金融家(他们在该公司中起着一种与他们自己在其他任何重要工业合并公司中同等重要的作用)则主张采用从铁路公司发展出来的那一套管理方法。由此而形成的集中的、按职能划分为各部门的组织结构,成了现代美国工业企业所采用的基本组织形式。

美国橡胶公司和杜邦炸药公司则为我们提供了一个对比的机会,前者说明了一家合并企业渐进的改组,而后者说明了一家合并企业剧变的改组。在这两家公司的合并过程中,外来的金融家都只起着无足轻重的作用。美国橡胶公司从横向结合向纵向结合转移的过程,甚至比标准石油公司还要缓慢,对组织上的事务,也更不注意,以致整整花了 20 年以上的时间才建立起集中化的管理制度。尽管如此,到 1917 年时,这种渐进的改组过程还是使美国橡胶公司的组织结构接近于现代多部门的管理形式。

杜邦公司在完成其合并企业的管理组织时,所花的日数刚好和美国橡胶公司所花的年数相等。1903 年,杜邦家的三个表兄弟将其小企业和许多家单一单位的小型家族公司合并。他们接着便彻底改组了美国的火药工业,并建立了一个把当时"最好的经营方式"尽纳其中的组织结构。杜邦公司的精明强干的经理人员继续完善这些经营方式,因而到 1910 年时,该公司已采用目前管理大型企业的、几乎所有的基本方法。

这四家合并企业的历史,与第一次世界大战以前美国工业中所发生的多数合并企业的历史极为相似。有些公司的合并过程是渐进的;有些公司建立新组织的速度和对组织结构问题的关心程度则和通用电气公司及杜邦公司不相上下。但是,到了 1917 年时,大多数的合并公司所采用的组织结构,都已与这两家创新的企业所设计出来的组织形式相类似。只有少数几家主要的合并公司采用了与标准石油公司及美国橡胶公司相似的组织结构。因此这四个公司的情况可以作为许多经由合并而成为现代多单位企业的范例。它们显示了19世纪晚期和20世纪初期的合并过程。它们也阐明了现代高阶层管理的经营程序是怎样以及为什么会发生的。

标准石油托拉斯

1882年1月2日成立的标准石油托拉斯,为这个强有力的标准石油联盟的各个成员,提供了一个监督并协调其各组成公司的经营、以及为整个集团确定投资决策的集中化组织。这种集中式的指导无法经由卡特尔(不论是正式的还是非正式的)而达成。联盟的各成员就与任何联营、卡特尔或同业公会的成员一样,除了彼此协调价格和生产计划以及安排联合装运和共同采购外,很难再有所作为。

在创立托拉斯时,它的创建者期望新的总部办事处能够管理一群子公司。他们并不打算合法地取消一些较大的公司,然后将它们合并为一个单一的企业。有些较小的子公司则被并入较大的现有的公司,或者被并入两家由州政府特许的新公司——纽约标准石油公司和新泽西标准石油公司。托拉斯的功能是协调、评估和计划各子公司的经营活动。随着托拉斯扩大其经营范围和进入新的市场以及获得新的原油来源,子公司的数目也在增加。

三个最大的经营加工业务的子公司，乃是经营着三个新建大型炼油厂的公司。这三大炼油厂提供了全世界五分之二的煤油供应。新泽西标准石油公司经营贝荣的炼油厂，俄亥俄标准石油公司经营克利夫兰的炼油厂、大西洋炼油公司则经营费城的炼油厂。而包括着普拉特公司、德沃公司、斯通和弗莱明公司、汤普森和贝德福德公司以及纽约标准石油公司在内的这些子公司（它们全都坐落于纽约州内），则经营大约 20 家较小的炼油厂，其中有许多是生产润滑油、石蜡、凡士林及其他的特殊产品。此外，坎登联合公司在巴尔的摩和西弗吉尼亚的帕克斯堡有炼油厂。中央炼油公司和阿肯姆公司则在宾夕法尼亚州西部和沿海地区有炼油厂。① 而且该托拉斯从一开始就把其油管输送工作委交国民运输公司负责监督和计划。

当托拉斯向前结合而进入营销和向后结合而进入原油生产时，使得它的经营企业的数量增加了。它成立了多家新的石油销售公司，包括肯塔基、衣阿华、伊利诺斯、明尼苏达等各州的标准石油公司和大陆石油公司。它还获得美国最大的两家批发公司——沃特斯和皮尔斯公司，以及切斯—卡利公司——的控制权。② 在东部，该托拉斯把营销功能交由现有的炼油公司——纽约、新泽西和俄亥俄各州的标准石油公司以及阿肯姆公司和大西洋炼油公司——负责。国外的营销和分配则由英美公司（一家英国有限公司）、美国石油公司（一家德国有限公司）、美德石油公司以及一些较小的全国性公司负责处理。每个子公司都被划定了一块它的经营领域。以后随着介入原油生产，标准石油公司又成立了若干原油生产公司——俄亥俄石油公司、南宾夕法尼亚石油公司、北宾夕法尼亚石油公司、联合石油公司、米德兰石油公司以及一些较小的公司。③

托拉斯所赖以监督并协调这许多具有不同功能的子公司活动的机构,是以较大的公司的高级主管为主而组成的各委员会。百老汇 26 号的总部办事处内有一批常设人员负责向各委员会提供建议和帮助。④这个由总部人员提供服务的委员会制度是为了应付持续不断的迫切需要而逐渐形成的。它并不是出自任何经过深思熟虑的计划的结果。

采用委员会制度来协调在不同公司中执行类似职能或活动的经理们的工作,乃是一种很自然的做法。即使在托拉斯成立以前,联盟的各成员已经在一个非正式的运输委员会中派有自己的代表,该委员会审查并建议和铁路公司协商的运费率上的改变。另一个早期的、非正式的委员会则帮助协调欧洲市场煤油的装运和销售。在托拉斯成立以后,这些委员会就作为运输委员会和外销委员会而正式成立。在建立托拉斯时,它的创建者还成立了一个制造委员会,用以改组并管理炼油能力。随后又成立了桶器委员会和制桶委员会,用以集中采购并确保托拉斯基本包装材料的统一规格。润滑油委员会成立于 1885 年,当时托拉斯决定将润滑油在纽约的销售事务加以集中。后来当托拉斯又经手营销活动时,它的高级主管们又于 1886 年成立内销委员会。生产委员会则于 1889 年介入原油生产时成立。⑤

这些委员会的成员们发觉自己需要一些常设人员的服务,以便提供必不可少的信息并检查委员会决议的执行情况。1886 年,有 11 个职能部门在百老汇 26 号设立了办公室。其中五个部门负责销售。[⑥]两个部门是处理国内贸易,其中一个负责包括俄亥俄在内的东部地区,另一个则负责南部和西部地区。第三个部门负责国外的销售。剩下的两个部门则负责润滑油的销售,同样也是一个负责东部地区,一个负责西部地区。另外有两个部门负责包装材料,既包括炼油厂,也包括 1886 年以后不断增加的大型加油站所需的包装材料。[⑦]还有一个部门负责检查和质量控制的事务。1886 年,在标准石油托拉斯开始自己生产其原油以前,有一个"原油贮存部门"在原油的购买和装运上,协助国民运输公司和约瑟夫・西普代理处(公司的采购组织)。剩下的两个职能单位是审计部门和法律部门。所有的职能办公室都要向各经营的子公司、托拉斯理事会的高层经理以及各协调委员会提供信息。

每一个职能委员会通常有一名高级主管负责委员会的日常活动,另外还有一名托拉斯理事会的成员,以及两三名重要子公司的主管,这些子公司和该委员会所要协调的活动有关。从理论上说,这些委员会只是起着顾问的作用。子公司和托拉斯总部的理事会可以拒绝采纳他们的建议和决策。但在实践中它们很少这样做。[⑧]

从一开始,这些委员会中最重要的一个就是负责监督并协调炼油作业的该委员会。根据拉尔夫・海迪和穆里尔・海迪的材料,对制造委员会的要求是,"确保在整个联合体的所有工厂中石油的稳定流量,并且要配合变动不已的原油供应和世界市场的起伏波动以调整所有的制造活动"。[⑨]在这项工作上,该委员会需要和西普采购代理处密切配合。制造委员会除了要负责协调产品流量以外,还被赋予"对所有与建造及制造有关的事项决定取舍"的权力。也就是说,它还要负责审核申请的费用,并且在该项费用得到批准后,负责监督新设备的建造和旧设备的维修。

随着标准石油托拉斯销售网络和原油生产的扩充,内销委员会和生产委员会也具有了不相上下的权责。至于油管输送方面,国民运输公司的高级主管也有同样的职责。就这样,职能委员会在职能部门的协助下,审查有关资源分配的提案,并协调生产和分配过程之间的流程。

全面管理的任务由一个九名理事组成的执行委员会负责。但后来的实际情况是,执行委员会是由每天在百老汇 26 号上班的所有理事所组成。[10]从一开始,理事们就认定其工作是评估各经营单位的业绩、选拔高层经理人员以及为长期计划作出最终决策并分配为实现这些计划所需的资源。

理事们依靠经营单位提供的会计和统计数据来评估业绩。所有的子公司都被要求能产生利润,而所谓利润就是销售价格和成本之间的差额。同时为了获致可比的成本数据,执行委员会在托拉斯成立后不久就制定了所有子公司都应采用的、统一的会计作业程序。该委员会为了协助其成员评估业绩和监督生产、流程和销售,还要接受从各职能部门送来的源源不断的报告。原油贮存部门每天要提出一份"原油报告",详列全美各地的总生产量、贮存量,标准石油托拉斯的总库存量,油槽和油井的流量、运输量、新的采购量,以及有关新油井的信息等的统计数据。[11]桶装部门则有装运和销售的每月"装桶和营销报告"。几个销售部门呈交的有关交货和销售的资料,除了列出标准石油托拉斯的产品外,还要列出其竞争时对手的产品。此外,制造委员会每月要呈交每个炼油厂的成本和产量的报告。

正如研究标准石油公司历史的历史学家所指出，对全面评估和监督工作极端重要的、统一的会计作业程序的推广过程，经证明是很缓慢的，有时还是很棘手的。托拉斯适时地发展出了计算精确而详尽的主要制造成本的方法，但有关销售费用、管理费用及其他企业一般管理费用的计算，则仍是一笔糊涂账。一直到进入 20 世纪相当一段时间，被定义为收入和经营费用之间的差额的收益，继续被作为评估财务业绩的标准。资产仍然用一种无系统可言的特殊方式记录。每个子公司计算折旧的方法都不同。一直到 1905 年，才开始下功夫“制定一套计算折旧的统一方法”。⑫ 在多数情况下，折旧所造成的贬值都被记入子公司的损益会计账目下。但即使存在这些缺点，托拉斯控制系统的效率并不亚于当时其他工业企业所采用的任何控制方法。与企业家式公司的高级主管相比，它的执行委员会和各协调委员会的成员及助理们，都具有丰富的经营活动的知识。

执行委员会在执行为将来的生产和分配进行规划以及资源的分配这一重要任务时，要比那些企业家式的企业的高层经理们来得有系统。电子公司提出的各项超过 5 000 美元的拨款，以及任何年薪超过 600 美元的经理的薪资调整，都要经该委员会批准。这些要求乃是由制造委员会、销售委员会和其他的委员会或者是由子公司本身所提出。⑬ 这种程序规定使执行委员会得以定期地并不断地审查并评估资金开销的内容和数额，以及经理们（尤其是中层和高层经理们）的业绩。

不过执行委员会在分配资源和奖励有功人员时，主要只是起着一个批准机构的作用。它很少主动提出和发展关于资本支出的计划。各子公司、委员会、职能部门和执行委员会本身都没有发展出资本支出预算,甚至连经营的预算也都没有。它们也没有为资本的分配规定特别的标准,也没有预测未来的财务需要,更没有计算一项投资的预期回收率。没有一个人或单位对需求、供应和技术的变化作过长期性的分析。

在拨款方面缺乏系统的程序,并不意味着理事们和经营单位的主管们在资金的分配上,就没有长时间的、且通常是激烈的讨论了。同时也并不表示执行委员会作为一个批准机构,理事们就没有实际的权力。它只是表明:长远的投资决策,并不是长期计划或策略的结果,它主要是由中层经理们根据不断变化的市场中、供应来源中和国内及国外竞争对手们活动中的即时发展而作出决定的。⑭

标准石油托拉斯(全国第一家大型结合的工业合并公司集团)的执行委员会所以未能为资本分配和其他的高阶层管理功能设计出有系统的作业程序,其主要原因是理事们皆忙于处理其他紧迫的事情。作为子公司的董事长或高级主管,他们必须全力应付该企业的日常营业活动。⑮与此同时,作为百老汇 26 号各种职能协调委员会的成员,他们还必须成为这种或那种职能的专家。此外,许多主要理事还要介入外界的生意活动。比如洛克菲勒本人就在 19 世纪 90 年代买下了美沙比牧场的大片地区,协助创立了科罗拉多煤铁公司,并且在美国亚麻籽油公司和其他的工业公司投资获利。亨利·M.弗拉格勒越来越介入铁路公司和佛罗里达的不动产生意,H. H.罗杰斯协助组建了一些重要的铜矿公司和铅矿公司，奥利弗·佩恩从财务上支持了杜克在烟草工业中实现的转变，而爱德华·T.贝德福德则成为谷物加工业的领导人。[16]这些身居高位的人根本没有时间、资料，甚至也不愿意很好地来考虑标准石油托拉斯的长远规划。此外，他们现有的、分布于全世界的生意所获取的源源不绝的高额利润，也使他们不急于要将资本的分配程序或高层经理的聘用程序加以系统化，或是更精确地规定子公司、总部人员和理事们所应处理的事务活动。

随着时间的流逝，这些理事们也从未特别下过功夫来改善他们高阶层管理的作业程序或其公司的综合经营结构。事实上，随着企业活动的扩大，其组织也日益变得复杂，甚至不合常理。此中的一个原因是，托拉斯于1893年被俄亥俄最高法院判为违法之后就解散了。而合法地位取代它的新泽西标准石油公司(是一家控股公司)却到1899年才成立。[17]也就是说，有整整七年时间，整个集团没有一个合法的、最高层的超级结构。这类法律上的行动对管理来说，并没有显著的直接影响。它只不过表示，执行委员会和各咨询性的协调委员会以后要改为非正式地开会而已。然而缺少一个总的合法机构，的确使管理改革丧失了信心。在标准石油集团成长的同时，各子公司也变得更为庞大，结合的程度更高，并更为独立自主。19世纪90年代，英美石油公司及其分支机构加拿大帝国石油公司控制了在它们地区内的原油供应。接着在1900年以后，加利福尼亚标准石油公司和路易斯安那标准石油公司在南部和西部遥远地方相继开辟了新油田，也控制了它们自己的原油供应。[18]随着这些子公司日益独立于百老汇26号，制造委员会也不再负责为整个企业协调炼油厂的流量和准备资本。它现在只给美国东北部的子公司提供这些服务。而各委员会和职能部门则变得更为庞大，它们的功能也变得模糊不清。海迪曾经描述了它们在 19 世纪 90 年代的情形：

> “高级主管们所依赖的、在百老汇 26 号办公的人员乃是一种非比寻常的、由不同成分组成的大杂烩。这个已经发展了一段时间的组织，继续反映出它是各个公司的杂乱的混合物，这些公司具有各自的历史渊源、个人的癖好、州政府的公司法规和税法。即使像多德这样一位头脑清楚的人（他是企业的总法律顾问），也无法道尽它的错综复杂。除了董事以外，所有重要的制造公司和许多比较次要的公司还在总部派有销售代理人，以处理内销的精炼油，外销的精炼油、西部市场的润滑油和东部市场的润滑油以及外销的……。同样，还有其他的人和单位也通过替几家公司执行专门的功能活动而影响了经济决策……。母公司中职能部门的设立并不都是合乎常理的……。个人的偏好、历史上的沿袭以及显然还有惰性的作用，这一切乃造成了这种表面上看来杂乱无章的安排。”⑲

直到 20 世纪 20 年代中期，这时标准石油托拉斯被最高法院判决解散已有十年以上，各经营单位、高级主管以及总部人员，才被纳入了一个合理的、有系统的结构。⑳不过即使是在那时，标准石油公司组织结构的大规模整顿，也是采取一种渐进的、特殊的方式。

从一建立开始，标准石油托拉斯的总部办事处就要比当时任何企业家式企业的总部办事处大得多。它拥有较多的高层经理和总部人员。这完全是因为这一总部办事处的成立，乃是为了协调、评估并计划许多家子公司的经营活动。反过来，总部办事处的庞大规模又日益需要聘用支领薪水的经理人员。总部办事处从一开始就是由支薪人员所组成。在19世纪结束以前，许多高级主管——也就是理事们（他们在1899年以后都成为董事）——都是支薪的高级职员，他们只握有托拉斯或其子公司的少量股票。亚历山大·M. 麦格雷戈、托马斯·C. 布什内尔、弗兰克·Q. 巴斯托、詹姆斯·A. 莫菲特、科顿·贝德福德、奥维尔·T. 韦林、劳伦·J. 德雷克及亨利·C. 福尔杰等，都属于此类人物。[21]与此同时，一些大的股东——奥利弗·佩恩、亨利·弗拉格勒、查尔斯·W. 哈克尼斯以及约翰·洛克菲勒和威廉·洛克菲勒等人——则越来越不过问百老汇26号的事。当美国的工业企业几乎仍然全部以个人的或企业家的方式管理其高层事务时，标准石油托拉斯正在迅速地成为由支薪的职员进行管理的企业。

标准石油企业（最初是一家托拉斯，后来成控股公司）创立了一种后来被称为功能性控股公司形式的管理组织结构。利用各子公司执行不同的经济功能，以及采用委员会和职能部门以协调并控制这些子公司的活动，这些都是为了要有效地组织由许多小公司组成的、庞大的结合企业集团而采取的正常和合理的方式。这种管理方式虽然在欧洲被广泛使用，但在美国，仿效的公司却少得令人吃惊。[22]另外两家最大的石油公司——辛克莱石油公司和泛美石油公司——所采用的倒是与之相类似的组织结构。美国钢铁公司虽然从来没有发展出类似标准石油托拉斯的总部人员和协调委员会，但也是通过功能性子公司（两三家结合的公司）来进行经营的。其他资产为2 000万美元或超过2 000万美元的公司（参照附录 A)而采用这种功能性控股公司形式的,在 1917 年时还有三家原生金属冶炼公司、三家采矿企业、新泽西锌公司和一家农业公司。

这些新的合并企业之所以没有仿效标准石油托拉斯组织结构的一个原因是,它们已经有了一个更清晰的模式——铁路公司。在 19 世纪 80 年代和 90 年代铁路进行扩张和改组时,铁路系统的建立者通常都把各公司结合进一个单一的、高度集中化的管理结构中,从而将这些公司纳入自己的系统,他们都不把这些公司作为合法的管理实体来对待。新的铁路系统并不依赖协调委员会。它们通过职能部门加以管理,利用分设权力机构和职能机构的方式来协调各管理层次的活动。在这些系统的最后的法律改组和管理改组中起着极端重要作用的投资银行家和其他金融家,都偏爱这种集中化的组织结构,而不愿采用那种拥有庞大的,独立的地区分部的分权式的组织。

即使那些遵循了标准石油托拉斯的合并、管理合理化和结合策略的早期托拉斯,它们在设立其管理作业程序时,也是向铁路公司借鉴之处多于向标准石油托拉斯借鉴的地方。像美国棉籽油托拉斯这样作是不足为奇的,因为铁路金融家在为其合并筹措资本方面,起了重要的作用。在这件事上,温斯洛和拉尼尔公司投资部门的查尔斯·拉尼尔成为董事会的主席,而该部门的一名资历较浅的成员爱德华·D. 亚当斯则成为公司的总经理。他们合法地消除了各组成公司,然后把该控股公司转变成为一个经由各职能部门而进行经营的、结合的、集中化的公司。[23] 1890 年亚当斯在百老汇 29 号公司的总部成立了国内销售部门、国外销售部门、采购部门、运输部门以及三个负责加工的部门——制造部门、精炼部门和棉籽饼及棉籽饼粉部门。为了合乎法律规章，亚当斯也在南部各州设立子公司，公司在该地区经营有70家以上的碾磨厂，但这些工厂继续由百老汇29号进行管理。此外，董事会又于19世纪90年代将成立于1887年的化学实验室加以扩大而成为一个独立的研究部门。[24]在管理方式上也是和铁路公司如出一辙，各经营部门直接向总经理报告，而会计和审计部门则向财务委员会报告。

至于国民铅托拉斯则没有把这种形态的组织结构原封不动地搬过来，因为外界金融家的影响微乎其微，而其董事长威廉·汤普森又曾经是标准石油托拉斯的高级主管。[25]汤普森开始时采用子公司和协调委员会的组织形态，但很快就建立了集中的、按职能划分部门的结构，和亚当斯一样，他把研究和发展工作交由一个独立的、总部的部门来管理。但他保留了两个正式的委员会有几年之久。一个是亚麻籽、亚麻籽油和亚麻籽饼委员会，它负责协调基本原料的流程，这种原料并不只是被用来生产油漆（该托拉斯的主要产品）及其他的最终产品，它还直接销售给批发商和零售商。另外一个是建造、修理和制造委员会，后来成为公司的资本拨款委员会。

汤普森和他的经理们在采用这种结构时，也许是受到了铁路公司以及当时新的企业家式的企业的范例的影响。因为在19世纪80年代晚期，那些公司已经设计出了它们的按职能划分部门的结构形式。几乎所有推动或实行合并的美国生意人都和铁路公司打过交道，并深知其组织形式，而辛格公司，麦考密克公司、阿穆尔公司和杜克公司的经验，在它们的公司以外鲜为人知。不管怎样，国民铅托拉斯和美国棉籽油托拉斯一样，都发觉铁路公司的模式，比标准石油托拉斯的模式更切合它们的需要。

通用电气公司

有许多理由可以认为，对美国现代工业管理的发展来说，创建了通用电气公司的合并活动，要比早期的托拉斯活动来得重要。通用电气公司是第一家重要的、由好几家机器制造公司合并而成的公司，也是最早完成结合的公司之一。它的产品和生产过程在技术上的先进与复杂程度，不亚于当时的任何公司。在通用电气公司的合并活动中，外界金融家起着与他们在美国任何工业的合并活动中同样重要的作用 。由于这一原因，铁路公司的影响也就特别强烈。金融家所以显得举足轻重，乃是因为电气制造商是与铁路无甚关系的美国工业家中，最先发现有必要到资本市场寻求资金，以便建立其合并企业者。

在新的电气设备工业里，技术上的发展要比其他的工业更为复杂，耗资更为巨大，也更为费时间。和杜克、克罗塞、海因茨、伊斯曼、辛格或洛克菲勒等不同，这些电气制造商无法利用新的持续作业方式来提高生产量，从而提供几乎是即时的高额现金流量。他们——托马斯·爱迪生、伊莱休·汤姆森和乔治·威斯汀豪斯——必须在能够大量销售他们的产品以前，首先形成一个生产发电机、发电站设备、电灯和使用电力的机器的结合的系统。

此外，一旦这一系统发展完成以后，这些企业还得资助那些使用其产品的中心电站的建造。他们采取的方式是购买当地小电力公司的股票，而这种财务资助，又迫使他们转向华尔街和国家大道去寻求财源。早在 1878 年，托马斯·爱迪生就从德雷克塞尔和摩根公司得到财务上的支持，该公司后来成为全国最重要的投资公司。而伊莱休·汤姆森则很快就得到了弗雷德里克·L. 艾姆斯、亨利·L. 希金森和 T. 杰斐逊·库利奇等波士顿资本家的支持，这些金融家也曾为铁路、电报以及随后的电话筹措资本。[26]乔治·威斯汀豪斯进入电气设备工业的时间稍为晚一些，1886 年，他通过发展出一种交流电系统而进入该工业，他成长的规模小于他的竞争对手。开始的时候，他打算只用现金交易的方式，出售其设备。不过到了 1889 年，他也不得不向匹兹堡的金融家寻求资助。1891 年，他又要求奥古斯特·贝尔蒙特公司以及李·希金森公司再度为他的公司筹措资本。[27]不难想象，摩根的公司、贝尔蒙特的公司以及李·希金森的公司都是十分熟悉铁路公司、电报公司和电话公司的管理的结构的。

通用电气公司成立于 1892 年 11 月，是由上述三家大电器设备制造商中的两家合并而成的。原来的爱迪生通用电气公司和汤姆森—豪斯顿电气公司本身也都是合并的产物。爱迪生通用电气公司成立于 1889 年，是由三家制造公司和一家由爱迪生的合伙人所拥有的专利公司，以及斯普拉格电气铁路和电动机公司合并而成。后者是制造电车的先驱者。曾经在爱迪生早期的某些发展上支持过他的亨利·维拉德——一名杰出的铁路金融家——是此次合并的撮合者。[28]维拉德在德国逗留了三年后，新近才又回到了美国。他在德国逗留期间，和实力雄厚的柏林德意志银行及西门子和海斯克公司建立了密切的关系。后者是德国首屈一指的电气制

造商,已开始在美国市场销售其产品。根据爱迪生的传记作者马修·约瑟夫森的材料,维拉德计划建立一个世界性的"卡特尔"。㉙

不过维拉德在合并以后,却把精力专注于这个新的美国企业。他开始对生产设备进行集中化管理,并建立了一个全国性的销售组织。他使新公司集中在斯克内克塔迪的大工厂里生产机器,而电灯和灯泡则集中在新泽西州哈里森的工厂进行制造。㉚这两家大工厂的工人很快就接近6 000人。担任第二副董事长的、年轻的塞缪尔·英萨尔是维拉德的追随者,他建立了一个拥有七个地区办事处的销售组织,每个办事处由一名地区经理领导,他监督并协调推销员和工程师的工作,推销员和工程师负责推销产品、签订合同、安装机器以及售后服务和修理工作。每一个经理都向英萨尔报告,后者在其助理中设有一小型的"情报部门"。两年后维拉德开始和汤姆森—豪斯顿电气公司进行合并的谈判。

汤姆森—豪斯顿电气公司当时是弧光灯行业里最大的公司,在资产额和产值上仅次于爱迪生通用电气公司而居第二位,而其销售力量则是该工业中最具效率的。㉛公司的董事长查尔斯·A.科芬在公司成立四年之后的1886年,完成了一个全国性的销售办事处网络。科芬在该年开始在原来的弧光灯以外,还进行其他电器产品的生产,包括一种完整的白炽灯系统,直流电动机产品系列、电车电动机以及交流发电机和变压器。他完成这些工作的手段,一是经由内部扩充,二是主要通过股票交易而买进了四家小公司。㉜科芬为推销这些系列产品而建立的销售部门,和爱迪生通用电气公司英萨尔所建立者不同之处在于:前者在波士顿总部为每种系列产品设有一名经理专责其事。正如哈罗德·帕瑟所指出:

“这些销售经理要负责归其管辖的产品的生产和销售之间的协调，以及新市场的开发”。[33]不久，各分支办事处也设立了负责各种产品销售的经理。

科芬想要扩大其公司产品系列的愿望，使他认真地考虑维拉德有关合并的提议。双方具有基本上相同的目标。“两家公司都希望扩充其较弱的产品系列，并且想开始制造那些大有希望的产品”。[34]专利是主要的障碍。在电车方面，爱迪生通用电气公司具有一套专利，而汤姆森—豪斯顿公司则具有另一套专利。在电灯和弧光灯设备方面，也面临同样的问题。

就在谈判进行时，为这项合并筹措资本的摩根财团的皮尔庞特·摩根决定由汤姆森—豪斯顿电气公司的人员来管理这家新的合并公司。虽然该公司的资本额和工厂生产能力都较小，它的高级主管却具有较强的管理和营销能力。[35]几乎就在通用电气公司刚告成立，摩根就要求维拉德辞职，并支持科芬出任董事长。随着维拉德的离职，英萨尔也离开了公司，而爱迪生也对电气事业心灰意懒了。原来在汤姆森—豪斯顿公司当董事的三名波士顿的金融家，仍然是新成立的通用电气公司的董事，而纽约的金融家，包括摩根、查尔斯·H. 科斯特（摩根的一名同伙人，并且是爱迪生公司的长期掌管财务者）、达赖厄斯·O. 米尔斯等人，则控制了新公司的董事会。

科芬将两家公司的组织合并成一个单一的、集中的结构。清理了几乎所有的20家子公司或科芬所谓的分公司的账目。[36]从公司概括的略图来看，新的组织结构显然是追随铁路公司的模式。设有第一副董事长负责营销，第二副董事长领导财务部门，包括财务主任办公室和会计、收款、信贷等单位。[37]不久又设有第三董事长负责制造和工程技术部门。到了1900年，将工程技术事项，或更正确地说，将有关产品设计的事项另行分开而成立一个独立的部门，仍由第三副董事长领导。

随着制造和工程技术部门的成立，科芬把生产集中在三个主要工厂中进行。电灯还是由新泽西州哈里森的工厂生产。斯克内克塔迪的工厂制造诸如大型发电机、电动机和涡轮机等特殊重型机器。林城的工厂则生产小型的、适合大量生产的产品，包括弧光灯、小型电动机、仪表等。因为每一家工厂处理的产品系列不同，所以各自负责自己的采购业务并安排材料进货的流程。基于同样的原因，两家较大的工厂都拥有自己的工程技术办公室以及随后设立的技术实验室。斯克内克塔迪工厂的技术实验室由一位数学教师查尔斯·P.斯坦梅茨领导，在林城工厂的技术实验室则由伊莱休·汤姆森领导。[38]

汤姆森—豪斯顿的销售组织成了新公司销售部门的核心。[39]两家公司的各分支办事处都被合并。总部办事处（现在设于斯克内克塔迪了）和各地的分支办事处继续为每种产品系列设有专责其事的经理。1892年时，各种不同的产品系列包括：铁路设备、照明器材、动力设备和一般配属物品（如保险丝盒、开关、插座等，通常是卖给电工、承包商、公用事业公司和制造厂商）。1895年，又增加了一个采矿设备的产品系列，而铁路设备该系列则于1908年分为牵引设备和铁路设施两个系列。1895年，公司成立了一个国外销售部门，管理在英国、法国、德国和加拿大各地子公司的国外销售业务。[40]

地区办事处和国外子公司的产品系列经理要向他们在总公司的上司报告，斯克内克塔迪各产品系列处处长都具有使生产和销售协调的同样职能。对于重型设备处和大型电动机处来说，则是要密切注意协调产品的流程。通用电气公司的销售量是很大的。1895 年时，该公司的客户已超过 10 000 个，加工的订单达104 000张。㊶

和标准石油托拉斯一样，通用电气公司设有正式的委员会，但所起的作用则大不相同。㊷两家企业的委员会都是用来改善从事相同的活动的经理间的联系。不过在标准石油托拉斯，委员会是由地位相等的成员所组成，他们开会以制定出对他们各自的子公司彼此都有利的决策和规章，而在通用电气公司，则是下属和他们的老板开会。制造委员会领导制造部门的副董事长任主席，成员包括工厂经理、林城和斯克内克塔迪的工程技术部门的主管和实验室的负责人。销售委员会也是由领导销售部门的副董事长任主席，成员有产品系列经理，国外销售经理和广告负责人。1903 年，当成立了总部研究实验室以后，又设立了一个类似的研究咨询委员会。㊸

这些委员会在每个月的会议上，讨论问题极为广泛的各项议题。在销售委员会里，成员们要考虑价格的制定，竞争对手的活动，市场的条件，顾客的需要和关切的事项，以及主要订单的加工情况。另外，委员会还要对所有 5 000 美元以上、25 000 美元以下的销售合同进行最后批准。制造委员会则要审查工厂有关成本、库存和产量的定期报告。它的成员要讨论产品的标准化、机器的标准化、选择加工新产品的工厂，以及确定工厂成本的方法等各项问题。在研究确定工厂成本的方法时，委员会很可能会密切注意弗雷德里克·泰勒和其他科学管理实践者的著作，他们当时正在研究发展一种新的成本核算和监督程序，这种程序乃是建立在预先决定的或“标准的”成本计算方式之上。

除了每月的委员会会议以外，制造部门和销售部门每年（后来改为每半年）还要举行一次会议，会议的地点在纽约或斯克内克塔迪，参加会议者则是总部的和地区的所有部门的经理。这种为期二三天，议程经过仔细安排的会议，能在成长中的公司中层经理阶层（他们专责处理一种单一的职能）之间，提供一种更直接的、亲自维持彼此间联系的方式。这种交流渠道还由于实行了下列两种措施而更为有效：一是由总部发出而传阅各处的各种信件和公告，另一则是由各地分支机构呈交总部的、数量更多的统计资料、报告和信件。

依靠这样的方式，使通用电气公司新的高层经理们能够通过其所建立的职能部门的组织，而在整个机构中确保有效的联系和控制。在企业家式的公司里，部门是由中层经理为了应付当前的需要而用一种特殊的方式建立起来的。而在通用电气公司，它的管理结构是由上面决定的。而且通用电气公司的这种管理结构，有许多地方显然都是仿效铁路公司，它的上下之间、权力和责任之间的关系，都是采用铁路公司的方法加以规定。铁路公司也是利用部门间的会议、偶尔也采行委员会形式，作为改善总部的中层经理和各地区低层经理之间联系的手段。

通用电气公司高阶层管理的设计，甚至比中阶层管理还要接近铁路公司的模式。高层经理——董事长和负责各主要职能部门

（销售、制造和财务）的副董事长——都在斯克内克塔迪的公司总部内相邻的办公室里办公。每人都有为数可观的助理人员襄助业务，并要向由外界金融家所控制的董事会报告。㊹和标准石油托拉斯一样，董事会的执行委员会是最高的决策机构。但是不同于标准石油托拉斯（而是和铁路公司相似），这个执行委员会完全由外界人士所控制。支薪的经理中只有两位——科芬和负责营销的副董事长尤金·格里芬——是董事会和执行委员会的成员。

通用电气公司执行委员会在其每个月的会议上，要审查薪资，批准组织上的改变和投票决定 25 000 美元以上的销售合同。㊺虽然薪资的增加要经其认可，但除了最高级主管的任用以外，其余人员的任用都由各部门经理自行决定。这是由于电气行业的高度技术性，只有他们才能充分判断其属员的真实水准。执委会还要批准有关资本拨款的方案。各工厂的确具有财务预算。但不论是帕瑟有关电气制造商的历史著作，还是其他有关该公司的文献，都没有介绍批准财务预算或者分配资本拨款的程序。不过现有的证据足以显示，通用电气公司执委会的功能非常类似 19 世纪后期铁路公司的执委会，或 20 世纪中期工业公司的财务委员会。由于执委会每个月只开一次会，并且几乎完全依赖内部管理所提供的信息，因而可以想象，它必然主要是一个批准方针的机构，而不是一个制定方针或制定计划的机构。它的成员包括诸如皮尔 J. P. 摩根和查尔斯·H. 科斯特等这样一些生意界忙人，他们在 19 世纪 90 年代改组了若干全国最重要的铁路系统。几乎从建立的第一天起，通用电气公司的主要决策者就不是外面的董事，甚至也不是担任执委会成员的董事，而一直是查理·科芬和领导各部门的副董事长,他们都是专职的、支领薪水的经理。

高层的支薪经理和执委会的成员们在行使其职权时,得到相当不少的一批财务人员和咨询人员的协助。[46]和铁路公司的情况一样,财务部门包括一个财务主任办公室,负责处理对外的财务事项,一个审计员办公室,负责处理内部财务事项。由于通用电气公司生意的性质所决定,它的收款部门和信贷部门要比铁路公司的同样部门来得大。还有一点和铁路公司相同的是,它的成本会计、固定资本核算和财务会计都是分开的。成本会计仍然属于制造部门和制造委员会的职权范围,而财务会计则归总部的会计室负责。[47]会计部门在确定公司的资产和负责以及成本时,还是采用铁路公司的一次计入法。在通用电气公司 1896 年的报告里曾有这样的记载:"它们(公司的设备)的全部维修开支都算在经营费用上"。[48]不过公司会对这些账目进行修正,所以在年度资产负债表上,账面价值所代表的是机器设备的置换价值,而非原始费用。公司在进行合并时曾对资本设备进行了估价,此后每隔两三年就利用一虽然是任意规定、但却经过仔细设计的折旧率,定期注销设备价值。与此同时,它又把能增加机器设备价值的日常开支加上去。没有迹象显示,通用电气公司的财务部门曾利用这些数据计算过全部投资的回收率。收益仍然被认为就是销售额和成本之间的差额。评估财务绩效的基本标准也仍然是收益对销售额的百分比(与铁路公司的营业比率相类似)。而回收率只是收益对已公开发行并售出的全部股票的比率。

通用电气公司总部办事处的职员,比当时铁路公司和其他工业公司总部的职员,发挥了更多的功能。除了一个不小的专利和法律部门外，公司又在 1897 年成立了一个宣传局，宣传公司内部和电气工业里各种广泛的发展。更重要的是，和美国棉籽油托拉斯及国民铅托拉斯一样，通用电气公司也有了自己的独立研究部门。㊾虽然汤姆森在林城、斯泰因梅兹在斯克内克塔迪都能够专心致力于更广泛问题的研究，但他们所领导的实验室都是设在工厂内，所以他们的技术员主要是从事和质量控制及检查有关的工作。科芬于 1895 年在斯克内克塔迪成立了一个为整个公司服务的、研究产品标准化问题的实验室。接着在 1901 年，他和他的同事又成立了一个研究实验室。为促成这个实验室而出了大力的人，全都是高层的支薪经理，而不是执委会的金融家，也不是职能部门的中层经理。㊿在一位受过德国训练的化学工程师、从麻省理工学院教员中聘请来的威利斯·R. 惠特涅的领导下，该实验室很快就在照明、真空管、X 射线和合金方面进行了首创性的研究。它的工作是为了改善产品和生产过程，而它的贡献最终导致了公司产品系列的扩大。

由此可见，由企业家式的公司于 19 世纪 80 年代首度发展出来的中阶层管理的实践，和铁路公司所发展出来的高阶层管理方法在通用电气公司结合起来了。和标准石油托拉斯的组织者不同，通用电气公司的组织者废除了以现有的子公司作为管理单位的办法，而代之以权力高度集中的管理结构。子公司仅仅是为了作为合法的形式及满足特定的法律需要的缘故，才被保留下来。通用电气公司的高级主管们要比企业家式的公司的高级主管，更仔细得多地规定了中层经理的权力和责任，以及他们之间的联系渠道。他们总部办事处的财务人员和咨询人员的人数也多得多。

在通用电气公司,由专职的支薪人员行使高阶层管理的功能,但董事会仍由外界金融家所控制,董事会仍具有类似大铁路系统的否决权力。除了和外界金融家具有不断的关系这一点以外,通用电气公司所建立的管理结构,成了(并且今天仍然是)组织一家现代结合的工业企业的标准方式。

美国橡胶公司

通用电气公司之所以能够比美国棉籽油托拉斯和国民铅托拉斯更顺利地采用集中的、按职能划分部门的经营结构,并不只是因为它的许多高级主管都是训练有素的工程师,以及它的金融家乃是铁路组织的、阅历丰富的研究者,更重要的是它是由早就具有职能部门的公司所合并合成的。除了金属加工业以外,几乎所有的合并都是在单一单位、非结合的制造公司之间发生的。只是在合并之后才发生结合。而且许多家公司从横向结合向纵向结合的转换过程,要比标准石油托拉斯、美国棉籽油托拉斯和国民铅托拉斯的同一过程慢得多。有些董事,例如美国糖业制造公司和一些早期的玉米产品公司的董事们,就是不愿意抛弃老式的横向结合的策略。这种维持旧式结构的努力,进一步推迟了新的管理结构的采用。各组成公司继续作为合法的单位照常经营。而合并企业的主管们也很少关注管理上的问题和需要,从而很少考虑别的公司或别的工业的管理模式。

美国橡胶公司就是这样的一种合并企业。虽然该公司成立于1892年,比通用电气公司的出现还早八个月,但它的经理们却花了将近 20 年的时间，才完成了一个和通用电气公司的管理组织堪与比拟的组织结构。创建合并企业的制造商本身没有多少工程方面的训练，而在财务上资助他们的金融家也和铁路管理没有直接的联系，所以两者都不注意长期的策略或组织结构。

在 1892 年合并以后，许多家小的胶鞋和手套公司的经营方式，仍然和合并以前没有什么两样。次年，该控股公司开始将采购作业加以集中化。[51]接着就加紧控制各子公司的制造工厂，到了 1895 年，它开始成立自己的、向批发商销售的地区销售办事处。很快它又买下大批发商号，并把它们变为由支薪主管所管理的分店。不久以后，它又开始向后结合，建立自己的油毛毡工厂、羊毛靴工厂及皮鞋五金工厂。然而就在它缓慢地转向纵向结合和集中化管理的同时，它继续采取买下对手的竞争策略。它最重要的一次买进是在 1898 年买下了波士顿胶鞋公司的控制权。后者是一家富有进取心的企业家式的企业，它建立了分布全国的、高效率的销售组织（在国外还有一家重要的办事处），并且是橡胶工业中最大的一家独立的公司。[52]

正如美国橡胶公司的年度报告所透露，实现管理集中化常常是很伤脑筋的。以前的独立工厂的老板们总不愿听从总部办事处的命令。而成为支薪经理的、从前的销售公司的主管们，也有同样的情绪。该公司 1896 年的年度报告中，在检讨公司的政策时曾这样指出："也许会和有些地区的利益发生抵触，从而可能在某些人中间造成一种敌意，但是对你们进行管理的原则乃是谋求全体的利益，而没有个人的任何动机"。[53] 1901 年，在公司成立了几乎十年之后，美国橡胶公司仍然处在转变的阶段。

直到 1901 年 5 月,随着一名新董事长的上任,才使得公司的高阶层管理,首次认真地考虑策略和结构的问题。[54]这位新人物,塞缪尔·P.科尔特是麻省理工学院的优等毕业生,在接受了一些法律上的训练,和具备了政治上和工业上的经验以后,他成了一家在 1892 年加入合并企业的橡胶公司的负责人。成为董事长以后,他决定要把美国橡胶公司转变成为一个现代工业公司。在营销方面,他要求大为扩充负责公司批发业务的分店,并指派一名在销售总部具有独立的办公室的经理去管理这些单位。在采购方面,他于 1904 年成立了通用橡胶公司负责购买生橡胶。这个组织很快地就在利物浦和伦敦,以及盛产橡胶的巴西和荷属东印度群岛设有办事处。到了 1909 年,公司在苏门答腊买下了它的第一座橡胶园。早在 1904 年,董事会就决定要自行生产硫酸,以供再生橡胶过程之用,并决定要拥有自己的铁路车队。接着,为了容纳扩大了的总部办事处,科尔特于 1904 年年底将总部迁入百老汇 42 号的一座大楼。

1902 年 9 月的组织图(图 9),勾划出了科尔特想要建立的橡胶公司组织结构的最初的设想。[55]它强烈地显示出了公司组织结构渐进性的发展。各组成公司仍然保留经营功能和合法的地位。中层经理在美国橡胶公司依然人数很少,而联系和上下之间的权责系统则模糊不清。波士顿胶鞋公司还没有被完全纳入合并企业的组织里。对各工厂的监督,也是微不足道的。公司继续依赖始于 1893 年的各厂长的定期会议来制定基本的政策和步骤。[56]总部销售部门的人员比制造部门的人员还多,包括一名广告经理和一个运输处,后者负责协调从工厂到批发商、有时还包括到大零售商之间的货物流程。财务会计尚未统一起来。许多经营单位显然不仅在法律上,而且在财务上也是自主的。1902 年时,整个公司才刚刚开始建立统一的会计制度。[57]

虽然在 1902 年时公司的高层经理的人数仍然很少,但它的总部办事处的组织,已渐渐和通用电气公司的组织相类似了。第一副董事长负责全面管理经营事务,第二副董事长负责财务。财务人员在不断增加。执行委员会是最高的决策单位。和通用电气公司的执委会不同,它的成员都是专职的经理。事实上,董事会的大部分成员也都已经是这种"内部的人"了。[58]

科尔特和其经理们在使其公司坚定不移地转向纵向结合和管理集中化的道路以后,他们就开始使经营多样化,以便充分利用其现有的设备和组织。传送带、胶皮管、绝缘材料和铺地面材料、薄膜和其他工业橡胶产品,以及最主要的、为供应新的汽车市场的轮胎等的生产,都显示出能比胶鞋拥有更多样化和更稳定的需求,胶鞋的市场具有季节性,并受到气候的制约。这些产品系列的发展,使公司得以充分利用其遍布世界的采购组织、新的化学公司、生产设备和总部办事处的广告和运输部门。美国橡胶公司因尝到了甜头又于 1905 年买下橡胶产品制造公司,这是一家成立于 1892 年、并于 1899 年进行改组和扩大的合并企业。[59]科尔特很快就合并了橡胶产品制造公司的制造业务,并成立了一个小规模的、单独的销售组织,专门销售具有和胶鞋极为不同的市场的产品,轮胎也是通过这个组织销售。随后,由于对轮胎的需求猛增,该销售网络也大为扩张。[60]

1912 年,公司成立了一个独立的、属于总部的开发部门,由曾经负责过测定和化验实验室(橡胶工业最早成立的实验室)的化学师雷蒙德·B.赖莱斯领导。该部门接管了全公司的化学实验和研究活动,很快就建立了一些自己的中央研究实验室,并且把研究领域扩大到橡胶生长、生橡胶加工以及产品的改进等方面。[61]

和标准石油托拉斯的情况一样,美国橡胶公司的高层决策人员也很少专门去考虑组织结构的问题。即使在塞缪尔·科尔特出任董事长以后,也没有对组织问题给予周密的、一贯的关注。诚然,公司也成立了各科办事处,雇用了一些经理人员,也就权责问题进行了划分,但这只是为了应付最先是由于公司实行向前和向后的结合,接着又由于公司向新市场的扩张而引起的即时的、常常还是紧迫的需要。

从 1917 年公司的组织图(图 10)可以看出,它的结构是渐渐趋向 20 世纪 20 年代所谓的多单位的形式。1917 年时,公司是通过一个结合的分部管理其原来的生意——胶鞋生产。另一方面,轮胎和工业橡胶产品则仍然通过一个单一的销售组织出售,虽然它们具有完全不同的市场。高层经理的人数已经增加,而总部的职能机构则包括有采购、研究和开发、运输、广告、法律事务和财务等办公室。但是总部的职能机构和各地区的经理之间,以及总部职能机构和执委会的各成员之间的关系并不明确。存在着职能和活动的重叠,以及上下联系和权责模糊不清的现象。这些现象一直到 20 世纪 20 年代晚期,当公司进行了一次彻底的管理改组以后才告结束。和标准石油托拉斯的经历一样,美国橡胶公司的经历也说明了一个同样的事实,即:除非对组织方面的事项给予密切关注,否则就会造成管理上的混乱。

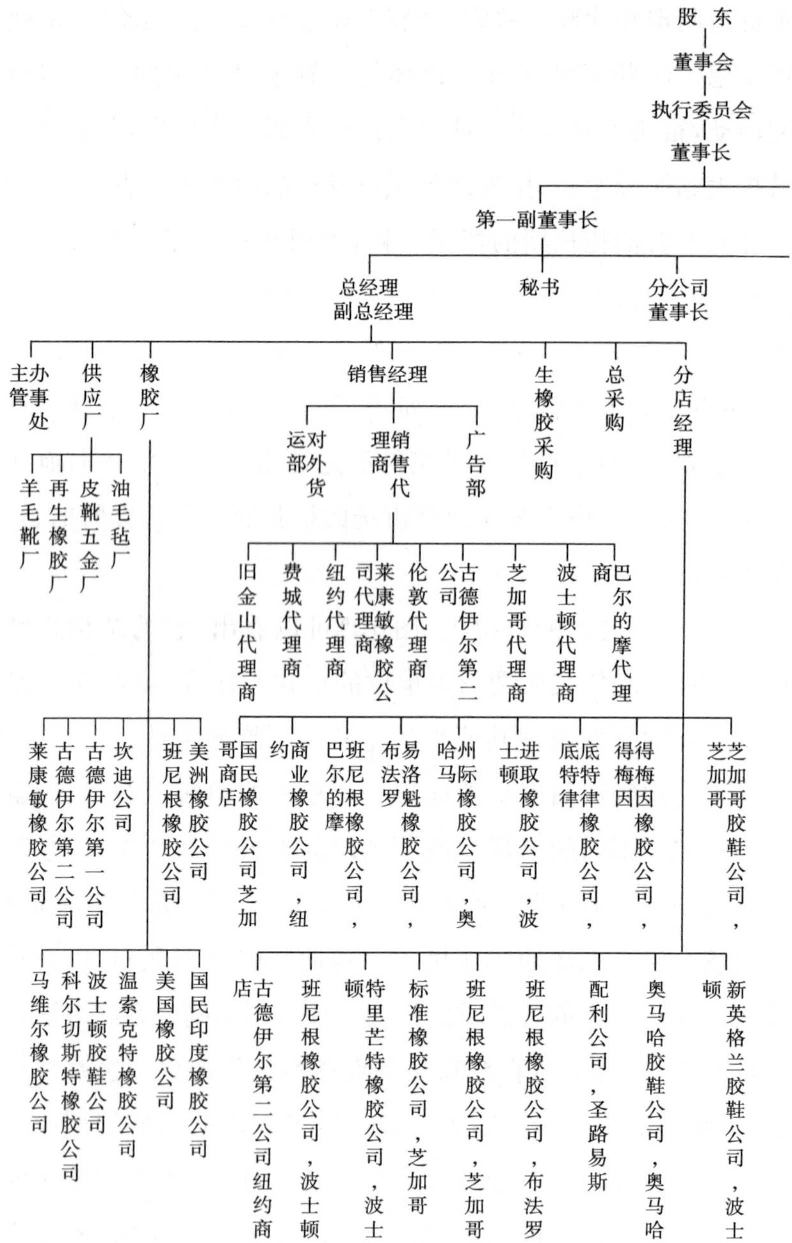

图 9　美国橡胶公司组织图，1902 年 9 月

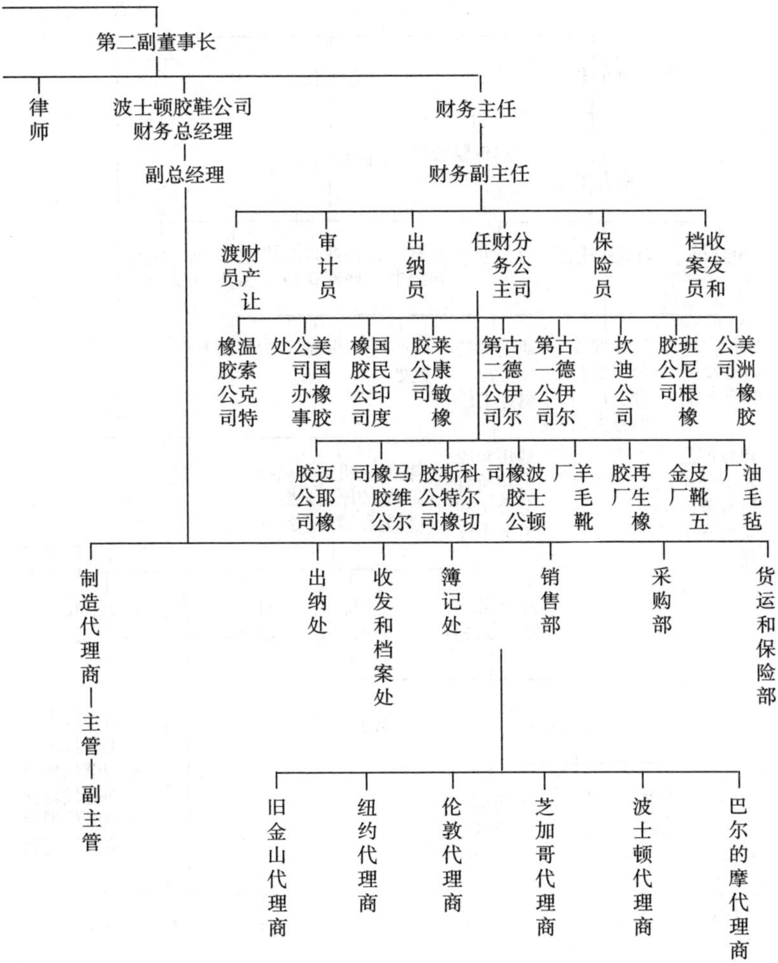
第二副董事长
律师
波士顿胶鞋公司财务总经理
副总经理
财务主任
财务副主任
财产让渡员
审计员
出纳员
分公司财务主任
保险员
收发和档案员
温索克特橡胶公司
美国橡胶公司办事处
国民印度橡胶公司
莱康敏橡胶公司
古德伊尔第二公司
古德伊尔第一公司
坎迪公司
班尼根橡胶公司
美洲橡胶公司
迈耶橡胶公司
马维尔橡胶公司
科尔切斯特橡胶公司
波士顿橡胶公司
羊毛靴厂
再生橡胶厂
皮靴五金厂
油毛毡厂
制造代理商—主管—副主管
出纳处
收发和档案处
簿记处
销售部
采购部
货运和保险部
旧金山代理商
纽约代理商
伦敦代理商
芝加哥代理商
波士顿代理商
巴尔的摩代理商

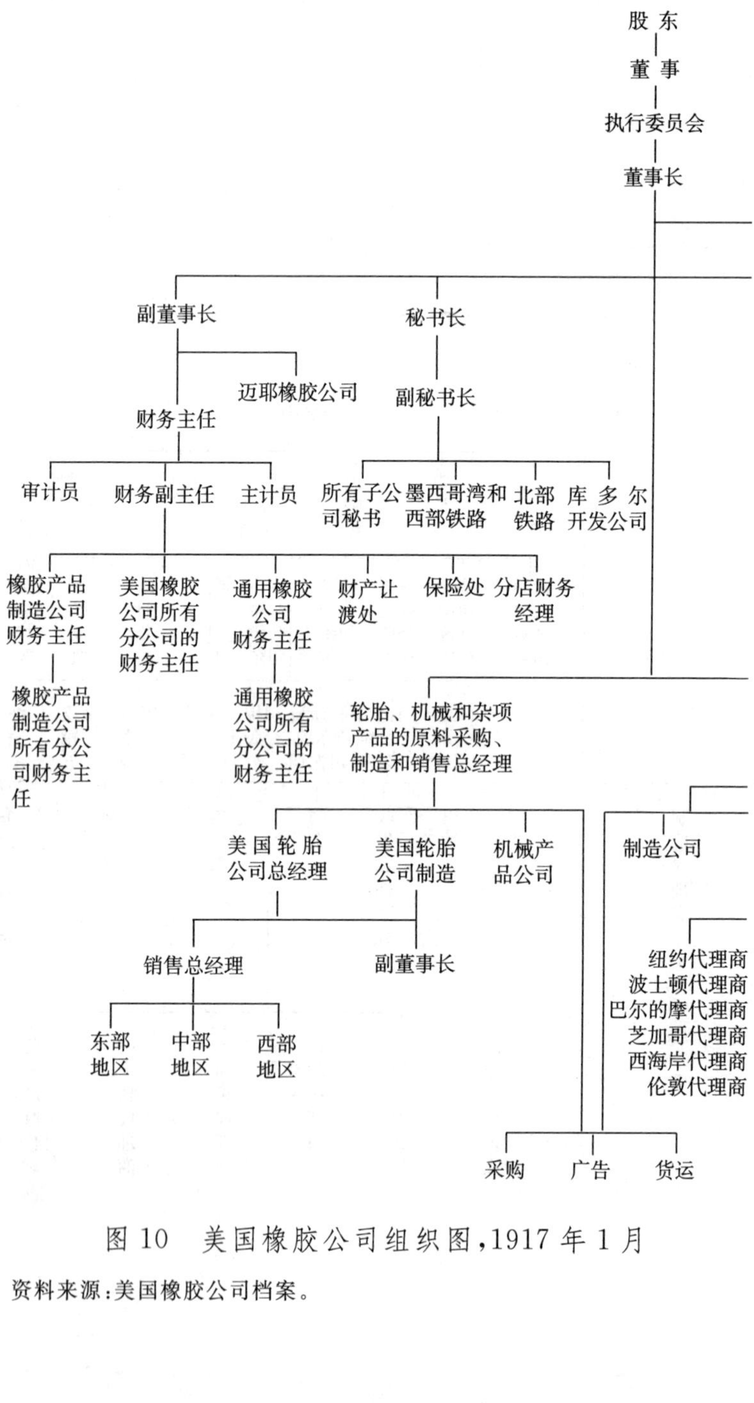

图 10　美国橡胶公司组织图，1917 年 1 月

资料来源：美国橡胶公司档案。

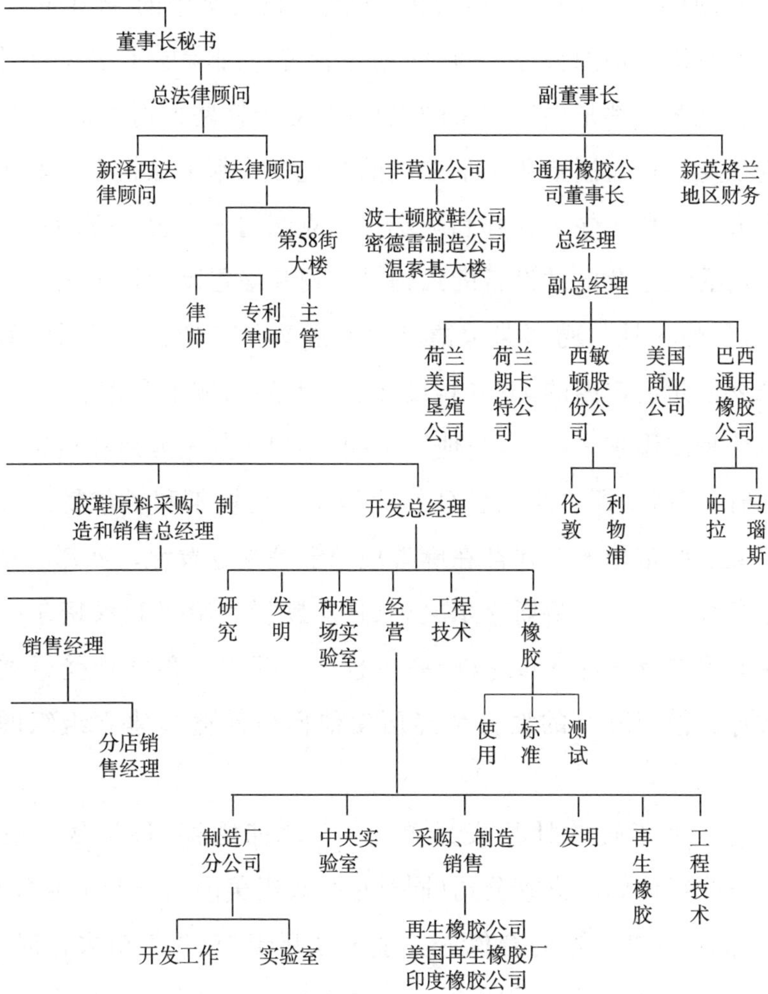
董事长秘书
总法律顾问
副董事长
新泽西法律顾问
法律顾问
第58街大楼
律师
专利律师
主管
非营业公司
波士顿胶鞋公司
密德雷制造公司
温索基大楼
通用橡胶公司董事长
总经理
副总经理
新英格兰地区财务
荷兰美国垦殖公司
荷兰朗卡特公司
西敏顿股份公司
美国商业公司
巴西通用橡胶公司
伦敦
利物浦
帕拉
马瑙斯
胶鞋原料采购、制造和销售总经理
开发总经理
销售经理
分店销售经理
研究
发明
种植场实验室
经营
工程技术
生橡胶
使用
标准
测试
制造厂分公司
中央实验室
采购、制造销售
发明
再生橡胶
工程技术
开发工作
实验室
再生橡胶公司
美国再生橡胶厂
印度橡胶公司

杜邦炸药公司

杜邦公司是迅速而又严格地完成从横向结合向纵向结合的转变，并将原本松散的工厂结合体，改造为权力集中的、按职能划分部门的组织结构的整体。[62]它的创建者曾仔细考虑了组织设计的问题。这些人都是训练有素的工程师，对于铁路公司和钢铁工业、电气工业及机器制造业中最先进的管理方式都了如指掌。其中有两个人——科尔曼·杜邦和阿瑟·莫克塞姆——曾经管理过生产电车用的轨道及电动设备的约翰逊公司和洛雷因钢铁公司。1896年，科尔曼·杜邦聘请弗雷德里克·泰勒在宾夕法尼亚州约翰城和俄亥俄州洛雷因的工厂中，设计了一套新的成本和控制系统。[63]第三位是皮埃尔·杜邦，当他于1899年加入其表兄弟在洛雷因的公司时，就高度评价这些管理作业程序。皮埃尔和科尔曼及其表兄弟艾尔弗雷德·杜邦都在麻省理工学院受过教育。杜邦公司的其他高级主管——哈斯克尔兄弟〔J.艾默里和哈里〕、汉密尔顿·巴克斯代尔及威廉·G.拉姆齐少校——都在工程学校受过类似的教育。他们所受的教育和经历使他们格外适合建立组织的工作。

这三个年轻的杜邦表兄弟——艾尔弗雷德、科尔曼和皮埃尔——改组他们的家族公司(同时也是改组美国的炸药工业)的机会，在他们的老一辈的合伙人尤金·杜邦于1902年初去世时，终于来临。当时，杜邦公司实在是一家小公司。只有六名股东，全是杜邦家族，它通过两个横向结合组织而和其他许多小的家族公司密切合作,以控制该项工业。[64]第一个横向结合组织是炸药同业公会。该会从1872年成立以后,为传统产品——黑色火药——制定了价格和产量。这个卡特尔发挥作用的时期超过了一世代,因为同业公会里较大的公司——杜邦公司、拉弗林和兰德公司以及哈泽德公司——都购买彼此公司的以及同业公会里较小公司的股票。在这种较新的炸药生意里,这几家公司还通过另一个横向结合组织——东方炸药公司,一家成立于1895年的控股公司——而保持其控制。

这三位表兄弟于1902年买下了这一家族公司的控制权以后,就放弃了横向结合的政策,而代之以管理集中化和纵向结合的政策。他们都认为,如果是以削价和买下竞争对手的方式来控制竞争,将会造成不必要的巨额耗费。这种策略意味着,该工业中一些主要的公司,常常不得不买下无计划的和多余的工厂生产能力,这些工厂的厂址往往不在能够最好地适应市场和供应条件的地点,而且也不具有最现代化的设备。1903年年初,这些表兄弟就已经制定了一套计划,要把炸药同业公会的会员和东方炸药公司的各组成公司合并成为一个单一的合并企业——杜邦炸药公司。一旦完成了法律上的安排,他们就计划合并制造部门,然后再建立自己的销售和采购组织。

他们的目标是支配炸药工业,其手段则是尽量做到最充分和最稳定地利用最有效率的工厂,使单位成本降到一般小竞争者无法达到的水准。在执行这一计划时,他们一直把他们的合伙人之一、阿瑟·莫克塞姆的建议铭记在心,后者力劝他们控制该工业生产能力的比重,不要超过60%。他的论点倒不是基于任何法律上的限制，而是他判断，过高的控制该工业生产能力的百分比，会使他们无法得到纵向结合的最大利益。1903年6月，莫克塞姆在给科尔曼·杜邦的信中写道：

> “我一直向我们的人力陈下面的论点。如果我们不择手段地买下所有的竞争者，而在本行业里形成了绝对的垄断，我们将得不偿失。制造业的本质就是稳定和充分的生产。国家对炸药的需求并不是一成不变的。假如我们把一切都据为己有，那么在滞销的时候，就得降低产量以适应需求的减少。可是假如我们只控制总数的60%，而且使这60%生产能力的成本低于其余生产能力的成本，那么当滞销发生时，我们还是可以让我们的资本得到充分运用，并且生产也能够达到饱和，因为我们可以夺取其余的40%生产能力的市场。换句话说，假如你的产品较便宜，并且只控制60%，那么你就可以指望经常都是全额生产。反之，假如你全部包了，滞销时，你就只好降低产量了。”[65]

为了确保全额和稳定的生产量，这三位表兄弟很快的就使这个新的合并企业，转变成可以认为是理想形态的、权力集中的、按职能划分部门的结合企业了。只要有可能，各成员公司都被合法地加以解散。只是在极少数情况下，少数股东或现有的合同关系使解散延迟或未发生。各成员公司的工厂都被纳入三个“经营部门”——黑火药、强力炸药（黄色炸药）和无烟火药（一种比黄色炸药更新的产品）——中的一个。现有的销售代理处由分支办事处取代，后者由支薪经理和雇员管理。因为新的强力炸药很危险，有效地使用这些炸药也需要特别技术，所以杜邦属下各公司的推销员通常都是受过训练的采矿工程师和土木工程师。他们的销售办公室和组织,成为该合并企业分支办事处网络的核心。刚开始的时候,总部有三名销售副经理管理三个不同地区的销售,但不久他们就成为类似通用电气公司的产品系列经理了。两名销售副经理分别领导黑火药销售和炸药销售。地区办事处也依此两种主要产品系列而划分为二。总部销售部门的第三个单位负责向陆军和海军出售作为发射剂的无烟火药。第四个单位则管理制造步枪子弹和霰弹所需的无烟火药的出售,它的对象是军火制造商。

杜邦公司的销售部门和三个经营部门的组织方式,与通用电气公司的情况大致雷同。它们的主管也是副董事长,也有其职能机构和部门委员会。每一个经营部门有自己的工程技术、研究、监督、人事和会计等职能机构。销售部门的职能机构包括一个广告局和情报局。[66]后者不断提供有关公司及其竞争对手的销售信息。它后来成为交易记录处,它也发给地区经理详尽的表格和程序表,以用来记录和分析需求的变化。除了部门委员会的定期会议之外,这些部门(又是仿效通用电气公司的模式)每半年在威尔明顿召开一次总部的和各地的经理的大会。在会上宣读和讨论有关部门政策、问题和重大事项的、范围广泛的文件。[67]

杜邦公司因为其制造过程和美国橡胶公司及一些对农产品加工的、企业家式的公司相类似,它只大量采购少数项目的材料。因此,和这些公司一样,它很快就成立了一个“基本材料部门”,专责采购。该部门不久就拥有并经营矿场和其他的原材料资源。[68]比如在1908年,公司消耗了美国市场卖出甘油的1/3或全世界供应量的6/1,以及全国市场30%的智利硝酸盐,或全世界供应量的 5%。公司到了 1911 年时已拥有自己的制造甘油和制造硝酸的设备,并且在智利买下大片硝酸盐矿。和美国烟草公司和肉类加工商一样,它还有一个较小的采购部门,专门采购基本材料以外的各种材料。1904 年,公司扩大了它的运输部门,由一名经验丰富的工业家、弗兰克·G. 托尔曼负责领导。[69]托尔曼马上就租用船只装运硝酸盐,并购买特殊的铁路车箱装运硝酸、硝酸盐和炸药。托尔曼和经营部门及销售部门的主管密切配合工作,承担了协调原料从智利的硝酸盐矿场经由生产过程直到各用户——建筑承包商、采矿和运输公司、军方采购员和步枪子弹及霰弹制造商——的主要责任。

公司也和其他的合并公司一样,由董事会的执委会领导。与标准石油托拉斯相似,公司是从内部筹措资本,所以董事会里没有外人参加。董事会包括三个表兄弟、业已卖出股票的、杜邦家族中老一辈的成员以及合并进来的公司里其他能干的制造炸药的人材,包括拉夫林和兰德公司的艾默力·哈斯克尔、查塔奴加炸药公司的弗兰克·康纳布尔和国际无烟火药公司的埃德蒙·G. 巴克纳上校。执委会每周开会一次,而不像通用电气公司那样每个月开一次会。它的成员包括董事长,科尔曼·杜邦和负责三个经营部门、销售部门和较小的开发部门及财务部门的副董事长。[70]

除了董事长以外,执委会的成员们都负有双重责任。作为副董事长,他们要对分管的职能部门的业绩负责。而作为执委会的成员,又要对公司作全盘性的管理。根据莫克塞姆于 1903 年起草的原始组织计划,上述第二项责任居于优先地位。根据这个计划,每名副董事长下面配备一名负责处理该部门日常作业的总监。而副董事长则将精力集中于全面性的政策制订、进行规划和工作评估上。因此杜邦公司的执委会和通用电气公司执委会不同之处在于,它的成员都是经验丰富的专职支薪经理。它和标准石油托拉斯执委会不同之处则在于,它的成员都能认识到日常管理工作和制订长远政策二者之间的区别,并且明确地坚持致力于后一项工作。

执委会在执行其工作时,并不单是依赖经营部门和销售部门上报的详细日度报表和各部门的许多专门报告,它还依赖开发部门提供的各种各样的数据,以及由财务部门所算出来的日益复杂的、关于成本会计和固定资本核算的资料。[71]杜邦公司的开发部门系由该新的合并企业的创建者中最富有想象力的阿瑟·莫克塞姆所领导,该部门在1904年就已经在完成着美国橡胶公司迟至1917年才开始完成的工作。杜邦公司的开发部门下设三个处。实验处管理公司设于威尔明顿附近的控制研究实验室;而原料处则密切注意公司的原料供应。1903年以后,它提供有关的信息并帮助计划和执行向后结合的策略。第三个单位是竞争处,它补充有关市场和竞争对手的信息,从而能对销售部门提供的、这方面的信息进行核对。开发部门的所有这三个处,给执委会提供了一个独立于销售部门和生产部门的信息来源。最后,开发部门还负责研讨公司的组织结构问题并提出改进意见。

杜邦公司设立的财务部门和通用电气公司的情况一样,包括出纳、会计、审计、信贷和收账等各处,以及两个较小的单位,工资处和不动产处。[72]在年轻的皮埃尔·杜邦领导下,当公司的合并完成时,财务部门的职员人数急剧增加。1903年夏季,财务部门的职员才12人，一年后即增加到200人以上。皮埃尔及其所属人员所面临的第一件工作是统一所有参加合并的公司的会计制度，为公司的所有工厂和办事处发展出一套相同的会计程序，并牢固地控制流动资本的稳定供应。

皮埃尔·杜邦和他的各位处长们在完成这些工作时，在现代工业会计方面进行了开拓性的工作。他们属于这样一批工业界人士，他们最早结束了成本会计、固定资本核算和财务会计三者之间长期互相分隔的现象。所以这样评价他们，至少部分原因是因为他们用现代工业资产的会计核算取代了"一次计入法"的核算办法。到1910年时，他们已发展出一套后来成为20世纪工业企业标准会计程序的会计方法和会计监督。

在成本会计方面，财务部门把精力集中于取得有关企业一般管理费用的、更精确的资料。[73]罗素·邓汉——皮埃尔的高级会计主管——在进入杜邦公司以前曾经和弗雷德里克·泰勒在伯利恒共事过。皮埃尔和科尔曼曾经在洛雷因钢铁公司对泰勒的成本计算和监督的方式有深刻的了解。皮埃尔的属员们利用这些方法以改善他们对企业一般管理费用的分析，包括像工头、经理及检查员等的间接劳动费用，以及用于维修、折旧、税金、动力、照明等上面的间接材料费用。企业一般管理费用还包括在事故保险、原料的利息费用、材料库存和其他存货以及工厂和设备以外的设施的折旧等项目上的支出。不过他们在这时候尚未建立起一套以总生产能力的一定百分比为标准数量，然后以这标准数量为基础的、完整的标准成本制度。除了决定"工厂成本"（直接费用和间接费用的总和）以外，财务部门还要算出维持开发部门、法律部门、采购部门和不动产部门的管理费用,以及确定这些费用如何分摊至公司的每一件产品。其次,确定实际的销售费用和采购费用也是财务部门密切注意的问题。财务主任办公室很快就为执委会准备了成本月报表,说明工厂成本、行政管理费用、销售费用和运输(运费和交货费用)费用分摊至公司制造的13种产品的情况。他们利用这种单位成本的连续数据,以监督各经营单位、各职能部门和整个公司的经营绩效。

在详细规定了成本以后,皮埃尔·杜邦和他的财务经理们就把注意重点转向更精确的利润的定义,以及与此有关的更精确的评估财务绩效的标准的问题。他们认为通用电气公司和其他新工业公司所发展出来的关于利润的标准定义——也就是盈余(销售额和成本的差额)和销售额或成本之比(用%表示)——都不恰当。(这是对铁路公司营业比率的修正。)他们声称这种标准是不完全的,因为它不能显示投资的回收率。邓汉曾经这样写道:"真正能够说明利润是太高还是太低的检验标准,是投资于此项生意的资本的回收率,而不是利润对成本的百分比"。[74]因为正如邓汉进一步指出那样,"一件只需要廉价的设备的商品,虽然其售价只比成本高出10%,它的投资回收率却要高于另一种售价为成本的两倍,但在昂贵的设备上进行制造的商品"。

为了算出这种回收率,根本的问题在于精确导出在固定资本上的投资额。采用铁路公司所使用、并为其他新的大工业公司所仿效的一次计入法的会计制度,就不能做到这一点,因为这种作业方式把许多固定资本上的支出都算作经营费用。为了能得到正确的投资金额，皮埃尔仔细地审查了 1903 年合并进来的所有财产的估价，并把它们记入一个用来登记“耐久投资”的、新的总分类账目。接着，他所领导的财务部门又设计出固定资本拨款程序，把所有新的基建费用都记入该账目(任何拆除的资产则记入贷方)。与此同时，财务部门也得到了越来越精确的有关库存、应收账款、各种证券和现金等的数据，它们构成了流动资本账目。根据这种固定资本和流动资本的资料，皮埃尔的财务部门到 1904 年时，已能向执委会提出公司 13 种产品中每种产品每个月的成本、收入以及总投资回收率的数字。几乎从现代杜邦公司建立的开始，公司的执委会就利用投资回收率作为评估绩效和进行计划的基本管理工具。

在第一次世界大战以前，财务部门进一步改进了这项指标，使它能更精确地反映出材料流经公司设备的速度和数量。唐纳森·布朗——皮埃尔的属员之一——最先指出，假如价格不变，则数量增加时，投资回收率将升高，而数量减少时，投资回收率也将降低。[75]生产率和库存周转率愈高，则投资回收率愈大。布朗把投资的这种流动率称为“投资周转率”。它的定义是销售量除以总投资额。布朗接着又使投资周转率和以销售量的百分比表示的盈利(至今仍然是美国工业界利润的标准定义)发生联系。他将投资周转率与按上述定义的利润相乘，就得到了投资回收率，它反映了该企业对其资源的使用强度。由布朗设计出来的这个公式(图 11)，至今仍然是杜邦公司及多数其他美国企业用来定义投资回收率所使用的方法。

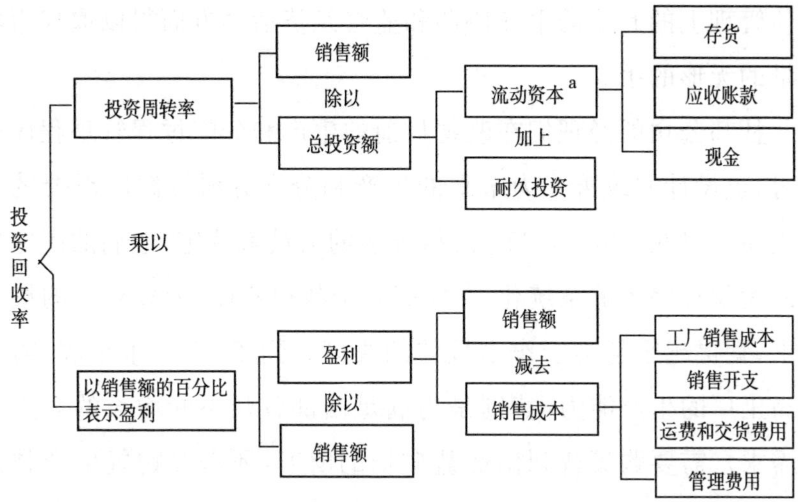

a 包括少量延期费用，本表未列出。

图 11　杜邦公司:影响投资回收的诸因素的关系

资料来源:T. C. 戴维斯:"杜邦公司是怎样评估其绩效的",载美国管理协会,《财务管理丛书》,No. 94:7(1950)。

杜邦公司在会计方法上的创新是一项具有重要意义的成就。他们首次将会计上的三个基本类型——财务会计、固定资本核算和成本会计——有效地结合成一体,从而有助于为现代的资产会计奠定基础。通过设计出投资周转率这一指标,杜邦公司的经理们得以明确地说明(而且是首次做到这一点),现代管理对利润率和生产率所作出的那部分基本贡献——通过对经由生产和分配过程的材料流程进行管理协调而得到的节约。利用这些创新,现代的企业经理已经完成了一些必不可少的管理方法,通过这些方法,才使管理上的有形的手在协调和监督经济活动方面得以取代市场力量的无形的手。

杜邦公司的经理们在改善目前的生产和分配过程管理程序的同时，也设计并改善了为未来的生产和分配分派资源所需要的管理程序。早在1904年11月，执委会的成员就认定，他们的固定资本的拨款程序不够系统化。[76]他们对于各种各样、为数众多的拨款要求，觉得越来越难于作出最佳的决策。到了1904年年底，需要提高工厂的生产能力(特别是为满足西部各州不断增长的对炸药的需求)、需要购买智利硝酸盐矿场的财产，还需要购置生产甘油和其他供应物的设备以及扩充研究实验室，处处都需要资本。正在那时候，又出现了可在欧洲买下一家子公司的机会。但固定资本上的支出又必须和红利政策以及流动资本的持续供应密切配合。由于经过了长时间的讨论而犹未能在资本的分配方面取得一致的意见，执委会要求财务主任拟定一套详尽的固定资本的拨款程序。因为皮埃尔·杜邦于1905年的大部分时间都在外国考察在智利和欧洲是否有的投资机会，所以这些程序一直到1906年早期才完全确定和实施。但其充分运用则是在公司的财务计划从1907年的经济恐慌所引起的短暂混乱中恢复过来之后。[77]

有了这套新的程序，执委会乃同意每个月至少召开一次全体会议讨论固定资本的拨款方案。议程都经过了细心的准备，各项报告也作到尽可能的精确。和例行的经营决策一样，例行的投资决策也交给一个由各部门总监组成的、新的经营委员会负责。必须由执委会批准的投资限额，从5 000美元提高至10 000美元。所有的拨款要求，除了必须具备详细的估计回收率的资料外，还要有详细制定的行动计划和成本的数据。厂址的选定需经销售部门、采购部门和运输部门的认可,以确保地点的决定和新设备的设计,都能获致最大的相对利益。最重要的是,皮埃尔在他的财务部门成立了一个办公室,由他的弟弟伊伦雷领导,专门负责审查并协调各种费用;向执委会和财务主任定期报告各账目的实际支出;并且随时掌握迄至目前为止的、"耐久投资"账目的总额。伊伦雷的助理人员还要预先审查各部门呈交执委会的提案和财务预算。这样一些监督措施使公司得以贯彻如下的政策:"假如同样的金额可以在公司别的方面得到更好的运用,那么就不会把这笔钱花在增添经营设备上"。[78]

1906 年以后,皮埃尔和执委会继续致力于使经营预算和固定资本投资预算的编制和批准程序系统化的工作。财务部门还开始进行长期的和短期的财务预测。其中最重要的是对纯利的预测,它决定了从保留下来的盈利中,可充作资本支出的最大金额究有若干。[79]这种预测是将销售部门预估的月销售量乘以会计部门预估的每种产品的、单位产品的纯利润。将这些纯利润的数据和负责拨款的办公室所提供的资料一起考虑,财务部门很快就能把公司今后 12 个月内每个月的现金预估情况按月送呈执委会。当然,需要根据实际结果定期对这些预测进行核对。这种信息增加了在不同的投资方案以及为这些方案筹措资本的不同方式之间,进行合理选择的可能性。

1911 年,当进行小规模的公司组织结构的改组时,皮埃尔和科尔曼·杜邦扩大了总部办事处的职能机构。[80]他们成立了一个直属总部的工程技术部门,负责设计和修建整个公司的新工厂、办公室、或其他设备，或者为上述设施的大修、小修和施工进行承包。化学研究原来属于开发部门，后来成了一个独立的单位。同样，不动产办公室也从皮埃尔的财务部门中分离出来，而成了一个独立的单位。随着在第一次世界大战开始时生产的大量扩充，执委会成立了一个总部人事部门，负责制定有关工人的招募、培训和升迁的政策，以及管理公司的退休金计划。[81]不久又成立了一个宣传部门（公共关系部门的前身），它要向董事长呈交报告。

随着各种职能机构的建立和固定资本拨款程序的趋于完善，杜邦公司几乎具备了当今现代工业企业一般管理所使用的所有基本的办公室和方法。和杜邦公司的情况一样，多数大工业公司的高阶层管理都是团体性的或集团性的管理。这种管理成了职业性的工作，因为它由专职的支薪经理所组成，公司的事业也就是他们的毕生的事业。这些高层经理很快就具有了类似杜邦公司的、庞大的总部职能机构的协助。在产品和生产程序的创新方面，这些公司是依靠总部实验室，而在实行由杜邦公司发展出来的成本会计和固定资本核算方面，则是依靠其财务部门。资产会计很快就取代了一次计入法，而成为大工业企业的标准会计方式。投资回收率成了广泛使用的评估绩效的标准；而固定资本拨款预算和财务预测则成为分配资源的标准程序。还在第一次世界大战相当久以前，杜邦公司的高级主管就把企业管理的各种方法加以融合和改善。这些方法是由铁路公司所首创，并由大量销售的商人、科学的工厂管理的实践者、早期的企业家式的企业的经理们以及最早的合并企业的推动者们加以进一步的发展。

经理式的企业日益增长的优势

在1917年的时候,几乎没有一家美国的工业企业具有和杜邦公司同样现代化的企业管理。许多合并公司都采取了美国橡胶公司的方式,在慢吞吞地完成着这种管理结构和程序。许多经由内部扩充、而非合并而成长的公司,都仍然由创建公司的企业家或其后裔所控制。然而在一世代之内,在通用电气公司开始、而在杜邦公司得到了完善化的管理形态,却已成为美国工业界现代大型企业的标准管理方式了。

由这些早期的合并公司所发展并使之完善的方法,之所以被广泛采用,乃是因为它们能使经理们有效地执行现代工商企业的两项基本功能——协调并监督当前的货品的生产和分配,以及为未来的生产和分配分派资源。在第一项功能的执行上,杜邦公司、通用电气公司以及在较小的程度上的标准石油托拉斯和美国橡胶公司,都是对已有的管理协调方法进行了改善。而在设计执行第二项功能的方法方面,则这些公司都是创新者。

在管理当前的经营活动时,这些公司完善了能够确保材料得以更快和更有效率地通过企业的各种方法。他们的手段是更精确地规定各职能部门高级主管的责任(他们要对中层经理的绩效直接负责);建立复杂的会计及其他监督系统;成立各种部门,以确保总部和各地区单位之间更清晰和更密切的联系。这些新的结构和监督,使高层经理得以更精确地评估中、下层经理的绩效,从而能更有把握地为高阶层管理选拔人员。

在未来的生产和分配分派资源时，新的方法扩大了高层经理考虑未来发展的眼界。亲自管理大型公司的企业家们和较小的、传统的企业的老板一样，习惯于根据当前的市场和商业条件来制定计划。杜邦公司及其他合并公司的经理们，由于建立了财务预算及其他制度化的固定资本的拨款程序，因而能够对未来看得更远。总部的销售部门和采购部门提供了对未来需求和供应能力的预测；财务部门为未来的财务条件提供预测；而开发部门则提供有关不断变化的技术的信息。随着建立大量生产工厂所需投资和时间的增加，这类计划工作越来越成为不可或缺的了。如果想使投资额达数千万美元、需时两三年才能动用的投资项目能有令人满意的回收率，就必须对长远的趋向进行详细的研究。

由高层经理和他们的职能机构所组成的、庞大的总部办事处建立以后，进一步加深了所有权和控制权之间的区别。筹划合并者、他们的亲密合伙人和他们的家族都无法提供经营合并企业所需的经理人材。当公司的早期的领导者退休以后，他们的职务就由支薪的职业经理所取代。到了 1917 年时，这四家公司都已在不同程度上成了经理式的企业。标准石油托拉斯的转变是完全而彻底的，哈克尼斯家族、普拉特家族、洛克菲勒家族以及其他大股东甚至都不再列席董事会。正如新泽西的一个法律顾问于 1913 年写给同事的信上所指出："在短期内，哈克尼斯和普拉特都会退休，他们的空位会被只有极少股份的人所补缺。正如你所知的，握有大量股票而以董事身份控制公司达 30 年之久的洛克菲勒家族，也已完全退休，只不过接受他们的红利，并在年度会议上投票而已"。[82]在美国橡胶公司，所有权和管理权之间的分离就没有那么明显。有些大投资商的代表仍然列席董事会;不过操大权的还是身兼董事的经理。六名高层支薪经理(董事长和五名副董事长)都是董事会的成员,而且执委会也包括其中的四名高层支薪经理,只有一名另外的董事。在通用电气公司,金融家和大投资商的代表仍然在董事会中占有多数。波士顿的银行家已超过了纽约银行家的人数。但是到了第一次世界大战时,科芬——这位老资格的职业经理——成了董事会的主席。大战以后,公司内部的人员在董事会的人数日渐增加,而金融家的人数则日趋减少。到了 1925 年,董事会 40%的成员是职业经理。到了 20 世纪 30 年代,其他大型工业企业的高层经理都开始取代金融家在董事会的席位。

在杜邦公司,到 1917 年时,公司的所有者仍然管理着公司。皮埃尔及其兄弟们通过控股公司的复杂网络,保持了对公司的控制。不过,杜邦家族成员只有本身是经验丰富的经理人员才得以参加执委会。他们都是麻省理工学院或其他工程学校的毕业生,并且也在公司工作了多年。事实上,就因为皮埃尔坚持杜邦家族成员除非够格,否则不能进入中阶层和高阶层管理,而引起了一场激烈的家族斗争。即使如此,执委会从一开始,七人中就有三四名非家族的成员。到了 20 世纪 30 年代,董事会中高层经理的人数已经超过了杜邦家族成员。

长期以来一直被公认为杰出的家族企业的杜邦公司,近年来也已成为经理式的企业了。今天确实有数以百计的杜邦家族成员或杜邦的姻亲都是合格的经理人员。可是只有少数人在公司里任职。只有一名杜邦家族成员任职于高阶层。杜邦家族仍然享有公司利润中的巨大份额。有五六名家族成员列席公司 25 人的董事会。杜邦家族仍然是所有者，但不再参与管理。他们不再作出重要的经营决策。

这种过程也同样发生于一些成功的、经由内部发展、而非合并而成长起来的结合企业。随着这些企业的市场和生产量的扩大，随着它们和组织更为良好的经理式的企业展开竞争，这些企业家式的公司乃开始扩充其总部的财务和职能机构，改组其财务部门，并且增设新的负责开发、人事和公共关系的职能部门。创业者和他们的家族成员通常只有当他们是管理阶层具有多年经验的合格经理时，才能留在高阶层管理中任职。

在这些公司和早期的经理式的企业中，创业者及其家族，或投资银行，或其他金融中间人都拥有大量的股票，所有者及其代表以董事会的财务委员会成员的身份，得以照顾其投资。财务委员会要定期审查公司的重大投资项目和公司的一般财务状况。但是如同铁路公司和公用事业的执委会一样，其权力基本上是消极性的。其成员可以不赞成提案，但却很少能够提出可供选择的政策和方案。假如职业经理的绩效不佳，除了另请高明外也别无其他选择。他们自己无法亲自管理该企业。因为和铁路公司的董事会相比，在工业公司的董事会中，外界人士更少，而公司内部的人士更多，金融家和大投资商对公司的影响力，还比不上投资银行的代表对大铁路系统的、即使是有限的影响力。

到了 1917 年，任何一种工业，只要管理的协调经证明比市场的协调效率更高，现代工业企业就会在该工业里繁荣成长。当时，这些企业的经理们已经为协调和监督日常的生产和分配，以及为未来的经济活动分配资本，建立了所需的组织并设计和改进了所需的程序。这些企业正在成为经理式的企业。那些开始在高阶层、中阶层和低阶层管理中作出决策的职业经理们,也开始把他们自己看成是一种专门职业的人员。

然而到了1917年时,现代工业企业仍然有其结构上的缺点,而且经理阶层也才只开始职业化。由杜邦公司和其他早期的经理式的企业所发展出来的、集中的、按职能划分部门的形式有两个严重的缺点。这两个缺点都不利于其经理们执行现代工业企业的两个基本功能——流程的协调和资源的分配。

首先,对流程的管理协调,只是根据对短期需求波动的粗略估算。需求的任何急剧变化,都会在通过企业的流程中的每个阶段上,造成存货的过剩或短缺。

其次,在集中的、按职能划分部门的组织里,负责长远资源分配的高层经理们,继续把精力集中于日常经营工作。即使是杜邦公司也无法消除这种情况,该公司执委会中分工负责各职能部门的副董事长的首要任务,本来明确规定是管理公司的全盘性事务,而配备给他们的部门总监则负责各该部门的日常工作。尽管有科尔曼以及其后皮埃尔·杜邦的一再告诫,这些高层经理们仍然宁愿把主要精力放在部门经营管理中更为眼前的问题和事件上,而不是放在那些似乎含糊不清而且也较不紧迫的事情——长远的规划工作和评价——上。[83]这些高级主管们作为各种专家几乎总是从他们的专业和他们部门的立场来评价公司的政策。因此,在新的工业企业里,政策的制订和计划的编制,通常是有利害关系的各方协商的结果,而不是根据公司全盘需要而作出的反应。高层经理们通常缺少作出有效的高阶层管理决策所需的时间、兴趣或信息。

此外,有些全国性的最重要的工业企业的高级主管,仍然不相信集中的、按职能划分部门的组织形式符合他们的经营需要。还有一些已经采用了这种组织形式的高级主管,则认为他们被该种组织束缚住了手脚。美国一些最大的工业公司——美国钢铁公司和标准石油公司——从未打算把它们的所有经营单位都置于一组职能部门的管理控制下。晚近的一些合并公司,例如联合碳化物公司和通用汽车公司也是如此。其他一些公司,包括阿穆尔公司、斯威夫特公司和美国橡胶公司,它们通过向新市场增加新产品的销售而进行扩张,开始感受到集中化的组织结构的束缚。它们已经开始成立半自主的结合的部门,以协调运往不同市场的货品流程。在这些公司中,没有一家明确地规定了其部门或子公司和总公司之间——也就是高阶层管理和中阶层管理之间——的关系。在许多情况下,高层经理们或者深深地陷入了对日常经营的管理和协调工作,以致对整个公司的经营情况了解很差;或者又走到了另一极端,不抓日常的经营管理,以致对各经营单位的活动和绩效心中无数。无论是哪一种情形,高级主管都无法有效地执行其高阶层管理的功能。

在第一次世界大战后的那些年里,这些大工业公司的经理们设计并改进了一种新的、综合的组织结构形式,以用来纠正这些缺点,这种结构形式使中层经理可以专心致力于生产和分配过程的管理和协调,而高层经理则集中精力从事整个公司的评价、规划和资源分配的工作。与此同时,这些工业公司经理所接受的训练和他们的景况也变得越来越职业化。这两种发展都进一步加强了大型工业企业及其管理者的经济势力。

第十四章　现代工商企业的成熟

到第一次世界大战时，现代工商企业已经进入了成熟期。庞大的运输和通讯系统已经历了一世纪或更久的时期。在生产和分配的需要促进了管理上的有形之手取代现有市场机制的那些工业中，这种新的企业组织形式已经牢固地建立起来。在技术不适应大量生产、分配也不需要特殊服务的那些工业中，则由大量销售的商人和日益增加的大量销售的零售商，协调着产品自供应者到消费者的流程。虽然大量销售的公司仍然是企业家式的企业，而且运输公司和通讯公司的董事会仍然被金融家所支配，但那些结合了生产和分配的工业企业却越来越成为经理式的企业了。其中有许多企业已经具备了现代巨型公司的一切基本特征。

早期经理式的企业的高阶层管理方法和程序的发展，标志着一场开始于 19 世纪 50 年代铁路公司的组织革命已达到高潮。到了第一次世界大战时，生产和分配的过程、管理这些过程的方法、执行这些过程的企业以及由此而形成的工业结构乃至经济本身的结构，这一切和 20 世纪 70 年代的情况相似的程度，远远超过了它们和 19 世纪 50 年代，甚至 70 年代的情况相似的程度。一个今日的生意人会对 1910 年时的生意界感到十分熟悉，但 1840 年时的生意界，对他来说却有如一个陌生、古旧和神秘的地方。这正如 1840 年时的一个美国生意人可能会发现，他对 15 世纪意大利的生意环境要比对 70 年后自己国家的生意环境更为熟悉一样。

第一次世界大战以后现代多单位工商企业的历史，乃是我们迄今为止所论述的该过程的一个延伸。这段历史包括各种已有的过程和程序的进一步改进，以及在 1917 年以前出现的基本趋势的继续。但这并不是说，这些后来的发展就不复杂、不创新、不重要了。[①]它只是表明第一次世界大战是一个恰当的分界点，它使我们可以对美国现代工商企业的兴起和早期成长过程的详尽研究，在此告一段落。

需要对三个重要的、但完全不同的发展过程进行分析之后，才能完成这段历史的论述。第一，第一次世界大战后的经济衰退显示出在大型结合的、工业企业的组织结构中，还存在着需要加以调整的重大缺点。最终形成的改进使得工业企业更有生气，并且通过使企业能更有效地进行日常的产品流程的协调和未来资源的分配，从而促进了企业的持续成长。第二，新的大型工业企业和销售企业的需要造成了管理工作的职业化，这和 19 世纪 80 年代及 90 年代时，铁路业的类似的需要所造成的后果极为相似。这种职业化促进了新管理方法的迅速推广，并且使经理人员把他们自己看成是一个独特的经济集团。最后，简要地描述一下从第一次世界大战直到目前的现代工商企业的成长过程，可以突出地表明，今日的大企业以及今日的经济受到了这段历史中管理机构变迁的多么深刻的影响。

使组织结构完善化

第一次世界大战后的经济衰退对许多新的工业公司和销售公

司具有毁灭性的影响。大部分公司都是在 19 世纪 90 年代的经济萧条后建立起来的。在 1893 年前创业的多数工业家，如肉类加工业者和美国烟草公司，即使在萧条时期也仍然在发展其经营活动。因此，从 1920 年夏天到 1922 年春天需求量突然而持续的下降，乃是现代工商企业所必须面临的第一次艰苦时期。经济衰退强烈地表明，必须具备当需求改变时，迅速调整流程的能力。它也表明了下述事实(虽然是以较不明显的方式)，高层经理人员未能有效地对此作出计划。高级主管仍然忙于日常的经营事务，未能预见到或作出应付需求量下降的计划。

需求的下降使大量销售的商人和大型结合的工业企业都感到惊讶。即使像肉类加工业者的企业(它们经常是用电报和电话通讯来协调供应和需求的)也都感到了困难。几乎没有一家公司能够迅速调整其存货。阿穆尔公司在 1902 年和 1921 年的亏损，迫使 J. 奥格登·阿穆尔(公司创建者菲利普·D. 阿穆尔之子)丧失了对其家族公司的控制，只能眼看着它由一个企业家式的企业转变为一个经理式的企业。② 一贯依靠加速库存周转率的、大量销售的零售商，也遇到了同样的困难。西尔斯和罗巴克公司无力支持其供应商的货款，只是在其董事长朱利叶斯·罗森沃德从其家族私人财产中拿出一笔钱来还债，才渡过了难关。③ 在化学工业和机器制造业中，大型综合制造厂和加工厂由于长期以来即经由生产和分配过程以取得昂贵的材料，因而遭遇到的困难也就最大。很少人能像亨利·福特一样，把未销出的存货负担转嫁到他们的经销商身上。福特能够强迫其经销商购买、支付未售出的汽车，如果他们不答应，就威胁将取消其宝贵的特准销售权。④ 绝大多数制

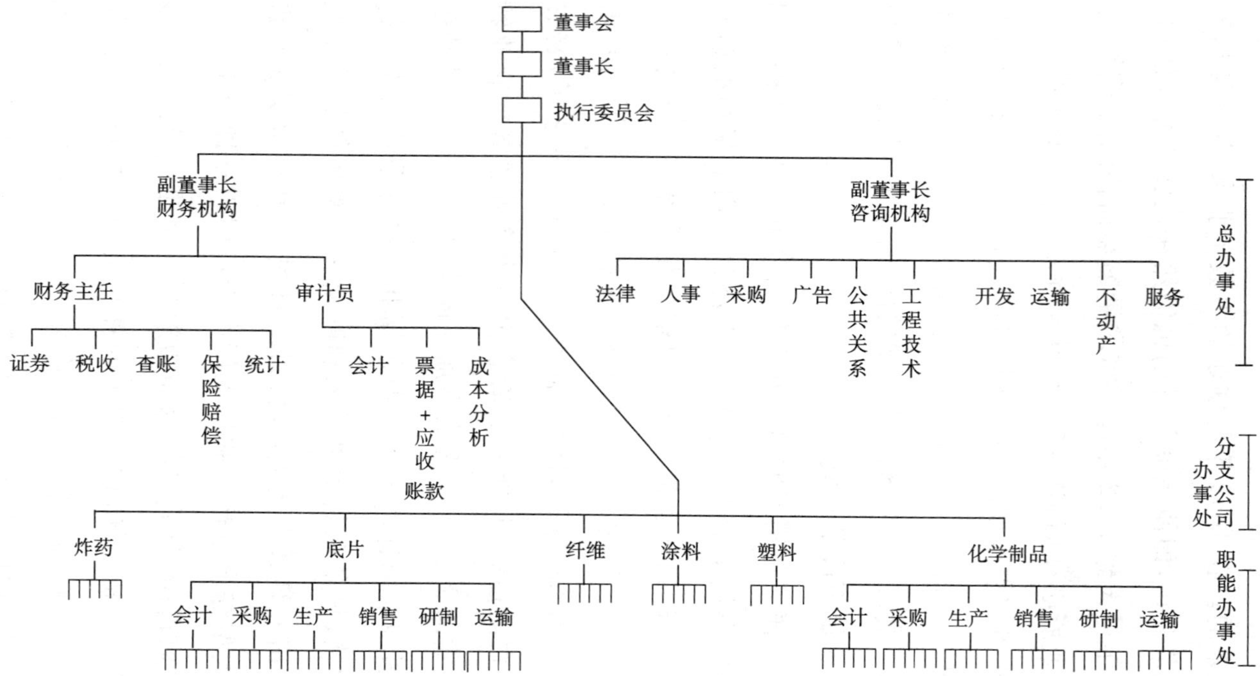

图 12　多分支公司结构：制造企业

资料来源：是本书作者为“美国：企业的演变”一文准备的，该文载于《剑桥经济史》，第 7 卷，1977 年。

造商都仿效通用汽车公司大大减低过量存货账面价值的办法。在1921年和1922年，通用汽车公司的存货账面价值减低额高达8 300万美元以上。

通用汽车公司和西尔斯和罗巴克公司，以及杜邦公司、通用电气公司、美国橡胶公司和其他大企业对1920—1921年存货危机的反应是：发展出一套能够按照仔细预测而得到的需求量来规定和调整其产品流量的方法。通用汽车公司和杜邦公司的组织者还采取了进一步的措施。他们创立了后来为人们所熟知的多分支公司结构（图12）。在这种类型的结构中，自主的分支公司继续将生产和分配结合起来，其手段是协调从供应者到被明确规定了的、不同市场的消费者的流程。这些分支公司是由中层经理领导，分支公司按总公司的产品系列来建立，各分支公司通过下设的职能部门而执行其功能活动。一个由高层经理所组成、并由许多财务和管理助理人员协助的总办事处，负责管理这些多功能的分支公司。总办事处监督各分支公司，要求后者的产品流量必须和需求量的变化相协调，并且也要求各分支公司在人事、研究、采购和其他功能活动方面要有相应的政策。高层经理还要评估各分支公司的财务和销售绩效。最重要的是，他们集中精力于资源的规划和分配上。

在通用汽车公司和杜邦公司所发展出的组织创新中，通用汽车公司的情况更能说明问题。和化工生产相比，在汽车生产中，使产品流量和变动着的需求量相适应的需要，更带有紧迫性，也更为复杂。在通用汽车公司，总办事处的建立可说是从零开始。由于通用汽车公司的改组者中，有许多人是来自杜邦公司，所以通用汽车公司的经历也表明了组织方法是如何从一个工业转移到另一个工业，并且被调整以适应稍有不同的需要。此外，由于通用汽车公司的高级主管把其成就发表于新的管理杂志上，所以他们的组织形式就成了其他企业后来改造其组织结构的标准模式。由于这些原因，通用汽车公司在第一次世界大战后改组的历史，为这段时间中美国现代工商企业的兴起提供了一个合适的和最后的研究实例。

1920—1921 年的经济衰退使通用汽车公司从一个企业家式的企业转变为一个经理式的企业。[⑤] 威廉·C. 杜兰特是一个怀有很大抱负的企业家，于 1908 年成立通用汽车公司，他对管理上的程序和需要不感兴趣。杜兰特是密歇根州弗林特的一名杰出的汽车制造商，他在 1904 年接管了别克汽车公司。到 1908 年时，其产量超过了 8 000 辆，成为全国最大的汽车公司。按照一位早期研究通用汽车公司历史的历史学家的看法，杜兰特对这一扩充的最大贡献是建立了一个全国性的销售组织。[⑥]

在实现成长策略时，杜兰特更喜欢采用买进的办法，而不愿自行建厂。1908 年成立通用汽车公司后，他控制了许多生产和分配汽车、卡车、零件和附件的企业。当杜兰特建立其庞大企业时，他并不打算把这些众多的活动置于集中化的控制之下。该公司总办事处的人员仍然只有杜兰特、两三名私人助理及其秘书。杜兰特既没有时间也缺乏信息来评估、协调和规划其子公司或整个公司的活动。在紧接着 1918 年 11 月停战纪念日后的繁荣时期中，该公司的各分支公司迅速扩大生产和存货量，以便使供应量能满足他们预期的日益增加的需求。这就是为什么在 1920 年 9 月，当汽车市场崩溃时,该公司不得不大亏老本来减低其存货的账面价值、濒临于破产边缘的原因所在。

与此同时,杜兰特本人也出现了私人的财务困难。为了稳住通用汽车公司的股票价格,到1920年11月时,该公司董事长积欠经纪商的贷款总额已接近3 000万美元。这些贷款是用通用汽车公司的股票来抵押担保的,而股票的价格却在暴跌。因此通用汽车公司的两个最大的投资者杜邦公司和摩根公司就安排接管杜兰特的债务及其所控制的许多股份。皮埃尔·杜邦于是成了董事长。这样任命的原因是因为杜邦公司在他的建议下,曾于1917年将它2 500万美元以上的战时利润投资于通用汽车公司。现在他希望使这笔投资能再产生利润。

在重新振兴通用汽车公司的过程中,杜邦与小艾尔弗雷德·P.斯隆密切合作,斯隆是一位有才能的工程师和管理者,当时他正管理着该公司的零件和附件单位。在开始的时候,斯隆和杜邦决定不建立单一的、集中化的、按职能划分部门的组织。该公司的活动太大、太多、太复杂、太分散,无法用该种组织形式加以控制。他们同意公司生产汽车、卡车、零件和附件的综合企业继续保持为自主的经营分支公司。然后,按照各分支公司所服务的市场来规定它们的活动。对五个汽车分支公司来说,市场是由价格来设定的。每个分支公司均按斯隆所谓的价格金字塔中单一的价格等级出售。卡迪拉克牌汽车的价格最高而产量最低,是金字塔的塔顶,雪佛兰牌汽车的价格最低而产量最高,是金字塔的底层。各分支公司的市场一经规定,杜邦和斯隆便开始用一总办事处来取代杜兰特的极小的私人总部,总办事处包括许多有力的高级主管和庞大的咨询机构和财务机构。

同时，杜邦和斯隆要求总办事处的高级主管设计出使目前产量和现有需求量相适应，并根据长远需求量分配资源的程序。改进了的协调方法是在1920年下半年迫切需要恢复对存货，特别是采购的控制这种形势下发展出来的。接受了上述任务的高级主管们，首先是要求各分支公司呈报下个月的和其后三个月的每月生产所需的材料、设备和劳力的预测数字。必须在总办事处批准了这些估计数后，各分支公司才能进行采购。这些预测很快就包括了为要完成预期产量而需投入的一切物资。到1924年时，这些投入量的预测已和新的财务部门所提供的年度需求量预测联系起来进行，新的财务部门由来自杜邦公司的唐纳森·布朗领导。年度投入量预测是在各分支公司与总办事处的共同努力下，为每个分支公司准备出来的。这些他们所谓的“分支公司指数”，不仅包括了所需材料和资本设备的采购和交货时间表及准备雇用的工人数，还包括了估算的投资回收率以及每种产品的价格。价格、单位成本和回收率都与决定于需求的产量有关。在草拟这些分支公司指数时，有关人员要算出国民收入的大小、商业周期的状态、需求中正常的季节性变动，以及预期的、各分支公司的各种产品系列的市场占有率。

作为产量和材料采购的根据的预测，要不断按照实际销售额进行调整。销售额的数据来自每十天一次由经销商提交的报表，以及由波尔克公司收集的每月新车登记数字。后者还提供有关通用汽车公司及其竞争对手的市场占有率的极为有用的信息。这些信息除了使公司可以做到，当需求发生了哪怕是很小的变化时，就能对产品流程作出立即的调整以外，它们还具有别的用途。将销售额、市场占有率和投资回收率的实际数字和估计数字加以比较，可以使预测技术更加准确。更重要的是，这种比较为监督各分支公司的绩效和公司为未来规划及分配资源的工作提供了另一个信息来源。通用电气公司、威斯汀豪斯公司、西尔斯和罗巴克公司也采用同样的（虽然常常是较不完整的）方法来控制存货、协调流程以及评估管理绩效。在美国，几乎所有的大型现代工商企业最后都采用了这些方法。

当新成立的财务机构和咨询机构设计着监督、协调和评估日常经营工作的统计信息时，斯隆、杜邦及其同僚则在研究进一步改进长期计划工作以及分配资本和经营资源的方法。其中最重要的一着就是把总办事处的高层经理们从日常的经营工作中解脱出来。皮埃尔·杜邦及其表兄弟科尔曼为了使高级主管将精力集中于长期规划工作和政策的制订，曾遇到不少困难，对此他是记忆犹新的。[7]而斯隆在回忆起各分支公司经理间以及他们和杜兰特间在为资本支出进行协商的情况时，更是牢骚满腹。

接管通用汽车公司之后，杜邦就把高阶层管理的决策权集中在一个由四人组成的执行委员会手中。这四个人是他本人、斯隆以及他在杜邦公司最信赖的两名同僚约翰·J. 拉斯科布和艾默里·哈斯克尔。皮埃尔在担任董事长后下达的第一批命令中，有一项命令曾着重指出："我确信90%的问题即使不与执行委员会磋商也会得到解决，而执行委员会各成员的时间才有可能完全用于研究公司总的方针和路线，并制定公司的总政策，至于管理工作和执行命令的责任，则应由各级权力机构和职能机构担负起来”。⑧

当公司的危机得到消除，比较例行的作业所赖以执行的新政策、程序和条例已经制订，皮埃尔·杜邦便着手扩大执行委员会。到1924年时，执委会已有十名成员，包括已经成为董事长的斯隆和杜邦（当时为董事会主席）、财务机构主管和咨询机构主管、两组副董事长——总主管——中之一名（这些副董事长各分工负责一组特定的分支公司）以及四名没有特定职务的高级主管。第十名成员是惟一的一名负有日常经营管理责任的经理。他就是别克牌汽车分支公司——公司最赚钱的分支公司——的经理。⑨虽有这一例外，执委会的成员仍然几乎全部由未负日常经营责任的高级主管组成。执委会的任务是详细审核和批准分支公司指数、评估分支公司绩效、在分析的基础上制定价格政策和公司的其他总政策，而最重要的是规划长远策略以及为实现这一策略的资源的分配。进行这项规划时，执委会要依靠布朗所领导的财务机构中一些训练有素的经济学家们所提供的长远的金融和经济预测。

在进行工作时，执委会利用咨询机构和财务机构来查验从各分支公司收到的资料。譬如，咨询机构各职能部门的专家就要“核查”在他们负责的各该特定职能范围内分支公司的活动和政策。因此，销售部门的主管要和许多分支公司的销售经理共同研讨销售政策、对销售的监督和程序；制造部门的主管则要和各分支公司的生产经理共同研讨同样的事务；在汽车设计、广告事务和其他活动方面，也是同样的情况。与此同时，职能部门的主管也要向各分支公司的经理和总办事处的高级主管提出专门的建议。

斯隆很快就察觉到，在职能机构、权力机构和高级主管这三者之间的交流和联系方面还存在许多问题。[10]职能机构和权力机构之间的摩擦常常造成严重的后果。在产品开发部门，情况尤其严重，具有执行权力的经理认为职能人员过于讲究理论，而职能主管则埋怨具有执行权力的经理从来不曾把眼光超过目前的生产计划。为了使这三种类型的主管——职能主管、具有执行权力的主管和总管主管——能够配合协调，斯隆设立了一些分支公司间的关系委员会以协调主要的功能活动：诸如产品开发、工厂管理、动力和维修、销售，以及为了建立产品声誉的广告。这些委员会都有自己的支薪职员，通常由执行委员会的一名成员任主席。总办事处咨询机构中负责各该功能活动的职能部门主管担任各该委员会的秘书，委员会还包括一些主要分支公司的相应职能主管。

利用这些方法，高阶层管理乃得以使自己摆脱日常经营的偏向和这方面的责任，但同时又和公司的广泛经营保持接触。政策和计划不再经由有力的经营部门或分支公司的主管经理间的磋商而作出，政策现在是由总部高层经理制定的，他们现在已把时间用于整个企业（而不是企业的某一部分）的重大事项，他们在思想上已认识了这样作的必要，而且也具备了这样作所需要的信息。

在 20 世纪的 20 年代和 30 年代，这种具有总办事处和自主的、结合的分支公司的结构类型，开始被（虽然是比较缓慢地）其他大型工业企业所采用。这种结构类型为合并企业提供了一种比控股公司或者把各成员公司合并成为一个单一的、集中的、按职能划分部门的结构更灵活和更有效的、可供选择的组织形式。一些控股公司如像联盟化学公司和联合碳化物公司在 20 世纪 20 年代采用了这种多分支公司的结构，而美国钢铁公司则在 20 世纪 30 年代采用了这种组织结构。那些经由生产新产品和打进新的地区市场而成长的企业(比如阿穆尔公司和美国橡胶公司在第一次世界大战前就开始在这样做),更广泛地采用了通用汽车公司的结构类型。随着由总主管和庞大的财务机构及咨询机构组成的总办事处的建立,随着根据预测的需求量来调整产品流程和日常经营活动这种方法的实行,现代工业企业的基本组织结构及管理程序实际上已经完成。

当然这些方法需要不断加以调整和改进。在这方面最重要的发展是部门间和部门内活动的协调。[11]由于一个公司的销售额已从 5 000 万美元增加到 5 亿,甚至 10 亿美元,因而其产品开发、产品流程的协调,以及市场销售活动都变得越来越复杂。为了协助这种短期的生产和分配的结合以及短期的材料分配,乃出现了专门从事各种协调工作的经理人员。诸如"项目规划经理"、"市场规划经理"、"多部门事务协调经理"和"流程规划经理"等,他们促进了材料、资金和各种意见经由整个企业而流动。

虽然人们在组织结构的类型方面,又发展出了许多变种,而且在近几年里,偶尔也有一些变种混合而成为一种模型的形式,但是在大型工业企业的管理上仅仅只有两种基本的组织结构。一种是集中的、按职能划分为部门的类型,它在第一次世界大战以前已为通用电气公司和杜邦公司所完善。另一种类型则是多分支公司的、分权化的结构,它最初是被通用汽车公司、接着在 20 世纪 20 年代被杜邦公司发展起来的。采用前者的公司主要是那些针对一种产品或地区市场、生产单一的产品系列的公司;而后一种结构类型则为那些针对许多产品和地区市场、生产几种产品系列的公司所采用。

管理的职业化

由通用电气公司、杜邦公司和通用汽车公司所发展出来的工业管理方法得到了迅速的推广。在20世纪20年代时,新的会计方法、预算方法和预测方法都已成为标准的作业程序了。一旦多样化的策略造成或加强了对多分支公司结构的需要,这种组织形式就会被迅速采用。

新方法得以迅速推广的一个原因是大工业企业经理人员的逐渐职业化。这种职业化的发生和发展,和19世纪70年代和80年代铁路经理职业化的情况以及19世纪90年代和20世纪第一个十年中机械工程师的职业化情况极为相似。职业团体纷纷成立,专业性刊物纷纷出版,在美国各主要大学和学院内也开始讲授专业性的课程。在20世纪早期,最早出现的这类团体、刊物和课程,乃是为了从事财务、市场营销和生产等各项职能活动的中层经理的需要,不久也出现了适应一般高层经理需要的这一切。

首先发展这种职业团体的是新企业内财务部门的支薪经理,部分原因是由于他们的活动与早期铁路和工厂经营的发展有着最密切的联系。美国现代会计职业的根源有两个:审计员和成本会计师。[12]铁路公司审计部门和会计部门的经理在19世纪80年代就成立了他们自己的全国性协会。在19世纪80年代和90年代时,投资银行家们曾自英国聘请了一些有执照的、公用事业的会计师到纽约来协助进行铁路业的改组。譬如,1890年时,英国的普赖斯和沃特豪斯公司在纽约开设一家分公司，该年代内还有其他的英格兰和苏格兰的公司也跟着在这样做。1897 年，这些公司的人员协助成立了美国公用事业会计师协会，包括铁路公司的审计员以及会计部门的主管。合并运动造成了工业界和铁路界对审计员和合格会计师的需要，从而促使该协会迅速发展。1905 年，这个已经在出版其会议记录汇编的协会，开始赞助《会计杂志》月刊的发行。1916 年，为了想把入会对象扩大到其他种类的会计人员，便改名为美国会计师协会，不过其成员仍然主要是审计员。

另一方面，成本会计的先驱者却是工业工程师，他们在使工厂管理制度化、并想使它更为科学化时发展了此项新的方法。20 世纪的头十年内，这些人继续把自己的工作经验发表在美国机械工程师协会的《学报》以及《工程新闻》和《美国机械师》等杂志上。亚历山大·H. 丘奇、哈林顿·埃默森、H. L. 阿诺德、利昂·奥尔福德以及其他成本会计的创新人士都在这些刊物上发表了许多文章，讨论企业一般管理费用的标准计算法、工厂负担费用和会计监督。⑬

在本世纪 20 年代时，各大学和学院都开始广泛讲授财务会计和成本会计。1900 年时，只有 12 所高等教育学府设有会计课程，而这些课程只不过是对商业簿记的概述。到了 1910 年，已有 52 所大学和学院讲授会计课程，1916 年时，其数目增为 116 所。⑭当时这些课程已经包括审计、公用事业会计和成本会计。有意思的是，第一个接受成本会计师为会员的协会是美国大学会计讲授者协会，它成立于 1915 年，第一次世界大战后改为美国会计协会。1926 年，当该协会发行《会计评论》时，已经又成立了一个单独的全国成本会计师协会。

在发展类似的职业性活动方面，市场营销稍为落后于财务和会计。商业刊物是从19世纪50年代开始多起来的，起初都是有关基本纺织品、五金、杂货、药品和其他行业的综合性刊物，接着又出现了比较专业化的刊物。可是这些刊物都集中讨论商品和市场。不久，在1888年，《印刷品》作为广告经理和广告公司的刊物而开始发行。不论是《印刷品》还是其他商业杂志，都不曾讨论在分配、营销和采购方面更为一般的方法及程序。而这些课题却是1915年成立的第一个全国市场营销协会历届会议的讨论内容。关于这些问题的文章先是出现在协会的《会议记录汇编》上，后来就发表在该协会发行的《市场营销杂志》上。在1910年建立起来的一些新的商业学校中，这些课题也是市场营销课程的基础部分。和成本会计师的情况一样，这些教师成立了第一个职业性的市场营销协会。⑮

工厂和生产经理的职业性组织和刊物都是从那些最初由机械工程师、电气工程师和其他工程师所建立的职业性组织和刊物中分离出来的。科学管理运动的带头人特别急于想找到一个比美国机械工程师协会更为志趣相投的组织。他们埋怨机械工程师协会过于注重工程而忽视管理。⑯于是一个很小的美国工业管理协会乃于1899年宣告成立。接着在1911年，弗兰克·吉尔布雷思成立了管理科学促进协会，它后来变为泰勒协会。不久又与工业管理工程师协会合并成管理推进协会。一直到第一次世界大战，这些管理协会的讨论重点都是工厂管理和生产过程组织技术。

可是在战后不久，一般的管理人员也很快地成立了自己的组织。1919年,行政管理协会的成立,为更为一般的管理问题的论文和讨论开辟了一个论坛。该协会的历届会议、它发行的《会议记录汇编》以及《行政管理杂志》月刊的内容,都受到了政府和私人的企、事业单位中管理人员的欢迎。不久在1925年,一个由人事问题专家组成的很小的协会经过改组而成为美国管理协会,它很快就成了美国生意公司中高阶层和中阶层管理人员最重要的职业性组织。该协会的会议和刊物的讨论重点乃是现代工商企业的全面管理、经营和监督的问题。

即使在1925年美国管理协会成立之前,就已经出现了一个专门讨论一般管理问题的主要期刊。战前,《工程新闻》就已刊载工厂管理以外的文章。1916年,该刊物改名为《工业管理》。在这以前,阿奇·W.肖办得很成功的一个专门讨论一般商业事务的期刊《系统》杂志,偶尔也刊登几篇有关企业管理的文章。到了1921年,对这方面文章的需要,导致了《管理和行政》杂志的发行,该刊物是专门为了满足公司管理的需要而编辑的。1924年,通用汽车公司的唐纳森·布朗、查尔斯·S.莫特以及其他高级主管们,就是在这个刊物上详细说明了在改组其庞大的企业时,他们所设计的组织控制和会计程序。[17]在20世纪20年代,许多公司管理方面的著名专家以及大公司的经理都曾在此刊物上写过文章。

现代管理学院的成立,对于新的多单位工商企业中管理的职业化有着最重要的意义。这种管理学院的出现,标志着一种当时还只是美国独有的教育的发展。19世纪末叶,企业管理教育只不过是讲授一些簿记方法和秘书方法,而且课程是设置在小的私立商业学校中,逐渐地一些公立高中也设立了这些课程。当时只有宾夕法尼亚大学本科于1881年成立的华登商业和财务学院才教授一些企业管理课程，课程内容也不过是商业会计和法律而已。在1899年以后的十年内，企业管理教育成了全国许多最著名的大学和学院课程的一部分了。芝加哥大学和加利福尼亚大学本科于1899年设立商学院。1900年，纽约大学也设立了商学院，而达特茅斯大学则成立了阿莫斯塔克管理和财务学院。[18]等到1908年哈佛大学成立自己的企业管理研究院时，专心化的、企业管理的研究生教育也开始迅速发展起来。

哈佛大学企业管理研究院最初设置的课程，表明了从一开始该研究院就是为大型多单位企业培养经理人员的。[19]其中三门必修课程——会计学、商法与契约法以及美国商业总论——反映了美国经济较古老的商业倾向。但是选修课程有运输公司管理、工业公司管理和销售公司管理。在铁路运输方面的选修课程有铁路组织及财务、铁路经营以及铁路运费制定。在财务方面有公司财务、银行业务以及人寿保险。到1914年时，美国商业活动的必修课程中有一门是市场营销，该课程集中讲授管理而非具体的交易或商品。正如研究哈佛大学企业管理研究院历史的一位历史学家对该课程所作的说明："市场营销包含了实物分配、需求激发、商品推销、价格制定以及与产品和服务的交换有关的其他活动等整个过程"。

从一开始，工业组织就是最受欢迎的课程之一，它并不局限于研究工厂管理。这门课程是由阿奇·肖建立起来的，肖把其在芝加哥的出版社交给属下经营之后，就来到了哈佛大学的企业管理研究院。起初肖大量依靠从外面请人来讲课。1910年，请来的人包括泰勒、埃默森、巴思、莫里斯·库克、查尔斯·戴以及C. H. 戈因，他们都是新的、系统化的、科学管理的实际工作者。来讲课的还有通用电气公司的两位高层经理，一个是W. C. 菲什，讲“分权化管理”，另一位是拉塞尔·罗布，讲组织结构，他的讲稿后来又作为专著出版。

在1911—1912年的学年中，研究院开设了一门关于经营政策的课程，它是根据院长埃德温·F. 盖伊和阿奇·肖的一系列讨论而决定设置的，“其目的是从高阶层管理的观点出发，发展出一套解决经营问题的方法”。[20]在阿奇·肖的极力敦促下，该课程和其他课程采用了类似于哈佛大学法学院实行的个案讲授法。经营政策很快就成了哈佛大学企业管理研究院的基础课程，而个案研究方法也成了主要的讲授方式。在发展个案及指定作业时，哈佛大学企业管理研究院和其他新成立的商学院的教师们都能很好地利用在1910年后大量出版的有关会计、财务、市场营销和工业组织的书籍，它们是由泰勒、戈因、罗布、肖、保罗·T. 彻林顿、德克斯特·金布尔、拉尔夫·S. 巴特勒、雨果·迪默、刘易斯·D. 哈尼、爱德华·D. 琼斯和其他许多人所写成的。

另一个职业化的迹象是管理顾问的出现。第一次世界大战以前，像泰勒、埃默和库克等这些工程顾问都已在执行职业化的顾问工作，而且其范围不限于工厂管理。到了第一次世界大战末，像阿瑟·利特尔公司、戴—齐默尔曼公司以及弗雷泽—托伯特公司都变成以管理为主而不是工程方面的咨询公司，[21]早在1911年，阿瑟·D. 利特尔就在建立技术实验室一事上，向通用汽车公司提出了建议。1921年，戴—齐默尔曼公司在一些帮助杜邦公司为通用汽车公司重新筹措资本的银行家的要求下，成为通用公司内部改组的顾问。弗雷泽—托伯特公司成立于1917年，是公司和政府机构改组的咨询公司。其早期的一位同僚和合伙人詹姆斯·O.麦金西于1925年成立了自己的公司，一直到今天它都是全世界最主要的管理咨询公司之一。到了20世纪20年代，一些类似的咨询公司都能在功能性的活动上（包括新的人事和公共关系事务）提供专门指导。

职业化的一些附属物——协会、刊物、大学的培养和各种专门顾问——在20世纪头十年的美国还几乎不存在。到了20世纪20年代，它们就全都蓬勃发展起来了。不过在那时，这些还只是美国所独有的现象，在第二次世界大战以前，它们在其他国家还谈不上有什么发展。和铁路界的情况极为相似，它们在美国工业中得到发展后，乃提供了各种交流和联系的渠道，通过这些渠道，经理们得以研究和探讨相似的问题和争端。而经由提供交流和联系以及个人的接触，它们又有助于公司经理们产生一种他们乃属于同一阶层的意识。由于出席和参加同样的会议，阅读同样的杂志，并为之写稿，以及在大学时曾经攻读同样的课程，使得这些经理人员开始具有共同的观点及共同的利益和关心的事物。

当然，这种职业化活动的影响是逐渐的。在20世纪20年代，这些协会都还很小，刊物发行量还不大，而且商学院毕业生的管理职位也都还低。可是到了20世纪中期，以管理作为其终生职业的支薪经理都已成为负责经营大型多单位企业的人，这些企业支配着美国经济的关键部门。

现代工商企业在两次世界大战期间的成长

现代企业之所以持续扩展的一个理由是:新的职业协会、刊物、专业课程和职业咨询机构使新的管理和行政程序得以迅速推广。当然,更重要的是不断进步的技术和日益扩大的市场使得多单位公司在美国经济中越来越大的部分内具有竞争优势。在多单位公司已经取得支配地位的工业中,它经由增添新的单位和使公司的某些活动及市场交易内部化而继续成长。而在多单位企业尚未变得强大的那些工业中,当生产过程和分配需要使得管理协调比市场协调具有更高的效率时,多单位企业就会出现、成长并繁荣昌盛。

在运输和通讯业内,铁路、电话和电报系统的经营和组织即使在进入了 20 世纪相当时间以后还是大致相同。即使又发生了某些合并,而且有些内陆线继续试图(通常都不能成功)取得它们自己的通往沿海地区的出路,但是大的地区性铁路系统的边界基本上没有改变。只是在第二次世界大战后,当铁路技术在客运及某些货运上开始显出落伍之时,美国铁路系统的图样才有了显著的改变。在通讯业务上,电话在长途通讯服务方面逐渐取代了电报。美国电话和电报公司在第一次世界大战后的经营方式依然与本世纪初极为相似,它的全国性的长途电话组织负责远距离的通讯,而 20 家左右的地区性子公司则负责当地的经营。后者仍然通过集中的、按职能划分为部门的结构来加以管理。[22]

第一次世界大战后的 20 年内,内燃机先是在全国客运方面、接着又在货运方面，开始打破铁路的控制。到第二次世界大战爆发时，大企业在新的运输形式中的地位日渐明显。航空运输业必须有精确的作业协调才能保证安全和高效率的经营，这正如80年前的铁路业一样，在民航局的同意和帮助下，几家周密地组织起来的企业开始在这方面取得支配地位。但是，在卡车、公共汽车和出租汽车的作业安排中，其精确程度的要求就低得多，也不需要太复杂的设备，所需投资也较少。所以在汽车运输业，即使在长途运输上，小公司也能有效地和大公司展开竞争。因此，当航空运输业正在形成寡头垄断的局面时，地面运输业的竞争却越来越激烈。

在大量营销和分配方面，零售商继续在损害批发商的情况下进行扩张。零售企业经由增加新的产品系列，甚至增加新的批发商店或店铺而发展。连锁商店成了发展最迅速的分配渠道。已有的连锁商店比其他类型的零售商店发展更快，而新成立的连锁商店也比新成立的百货公司或邮购公司还多。连锁商店打进了原先为批发商和小零售商所占有的药品、杂货和其他商品的市场，[23]使得百货公司也开始（尽管是非常犹豫不决地）于郊区设置分支公司来扩大其业务。

当邮购公司在农村的基本市场停止增长后，它们的业务简直是一落千丈。农村收入从1919年的146亿美元下降到1921年的86亿美元，1926年也只是回升到105亿美元。结果，邮购公司不管大小都开始建立连锁零售百货商店，以增加对城市和发展甚为迅速的郊区市场的销售。从1925年到1929年年末大萧条猛烈袭击的这段时期内，西尔斯和蒙哥马利·沃德都建立起了庞大的、全国性的连锁商店。到1929年年末，西尔斯已开设324家零售店，蒙哥马利·沃德则开设了将近500家零售店。[24]

这种扩充由于把更多的市场交易实现了内部化，使得这些企业可以更充分地利用其采购、运输和经营组织。西尔斯、蒙哥马利·沃德和一些连锁商店还实行了向后结合，收买工厂，以确保某些产品系列的稳定供应。然而，与第一次世界大战前的情况一样，制造业务在他们的整个经营中只占了很小一部分。只要有可能，他们总是宁愿进行采购，除非为了取得所要求规格的存货而有绝对必要时，他们才会去制造。不过他们在机器制造领域也确实发展出了新的设备，因为当他们开始大量销售家用器械、缝纫机和其他"大件"时，需要专门的销售服务。连锁商店马上就发现，如果他们要同这类机器的生产厂商竞争，就必须有自己的机构，以便进行服务和修理机器，并且向客户提供信贷和负责收款。[25]

因为大量销售的零售商无需在昂贵的资本设备上大量投资，他们一直依靠内部产生的高额现金流量来满足大部分流动资本和固定资本的需要。在第一次世界大战前为了建立新的邮购工厂以及为了度过1920—1921年的存货危机时，西尔斯和蒙哥马利·沃德诚然也取得了一些外部的资金。但是在1925年以后零售商店大扩充时，尽管购买土地和建造商店样样都得花钱，零售商是完全自己出资的。[26]因此，西尔斯和罗巴克公司的罗森沃德家族和蒙哥马利·沃德公司的索恩家族仍然控制着他们的企业。许多百货公司创建者的家族、大西洋和太平洋公司创建者的家族、伍尔沃斯家族、潘尼家族和其他连锁商店创建者的家族也都保持了对他们企业的控制。只有当他们想减轻其经营责任或分散其握有的股份时，他们才会开始放松其控制。[27]连锁商店财务需要的性质使大量销售的零售商保留在企业家式的企业这种形态上的时间，比结合的工业企业在这种形态上保留的时间要长得多。

虽然本书的研究并不包括探讨金融企业的持续成长和内部组织，但简单提一下它们也是经由变成多单位企业而扩充，似仍有必要。保险公司是金融公司中首先成为现代工商企业者。在保险公司发展的早期，人寿保险公司就具有类似于大量生产的机器制造厂商所具有的、对专业化营销工作的需要。㉘由于保险业性质上的原因，必须具有足够的保险客户来广泛分散其风险之后，保险公司才成为能够生存的金融企业。同时大量的业务也使它们得以经由把有关交易内部化和例行化而降低每张保险单的成本。但大量业务的维持有赖于推销员的直接兜揽，以及保持与客户不断的、密切的联系。正如早期的机器制造公司一样，在 19 世纪 80 年代和 90 年代，大部分保险公司开始以支薪雇员所经营和管理的分支办事处来取代庞大的销售代理处。几乎所有的保险公司都是通过三个基本的职能部门——销售、经营和投资——而进行管理。

早在 1900 年以前，美国保险业的结构就与农机制造业和肉类加工业的结构相似。三巨头——共同保险公司、公平保险公司和纽约人寿保险公司——支配了保险业，跟随其后的还有一些较小、虽然仍属很庞大的企业，诸如大都会保险公司、约翰・汉考克保险公司、埃特纳保险公司、康涅狄格共同保险公司、西北共同保险公司和宾夕法尼亚共同保险公司。三巨头很快就在海外建立了广泛的销售组织。20 世纪初，它们已在欧洲许多国家中跻于最大的保险公司的行列。一些较小的企业则停留国内而未向外发展。这些企业都是由创建者及其家族所控制，这又和销售公司以及那些依靠高额现金流量来筹措资本的工业企业的情况相同。

在20世纪里，人寿保险企业的结构和人寿保险业的结构都没什么改变。由于州政府加强了管理，并且各公司也采取了共同的法人组织形式(在这种形式下，客户成了股东)，这些公司都成了经理式的企业。甚至在第一次世界大战前，当欧洲各国通过了禁止外国，尤其是美国的保险公司在其境内经营的条例时，三巨头就已开始和其海外企业签订合同。在保险公司把精力集中于国内市场的同时，它们执行一种提供全系列服务的政策。不过它们并不想扩散到其他领域里去。与大部分运输公司和通讯公司一样，它们仍然是一个庞大的官僚企业，通过集中的、按职能划分为部门的组织结构来执行一种单一的主要活动。[29]

商业银行不像保险公司，它并不建立全国性的组织。这是因为银行通常只能在特许的州内执行业务之故。此外，1864年的全国银行法案和许多州的法律都禁止银行在其管辖范围内设立分行。19世纪时，除了纽约和芝加哥两地的商业银行以外，各地的商业银行都把自己看做是为当地居民服务的地方性机构。在1900年以后，由于经济(特别是城市)的发展，对银行服务的需要变得更为迫切了。譬如1913年，联邦储备局就允许全国性的银行在海外开设分行。[30]在州和全国的法律修改以后，美国的银行乃开始经由建立分行而成长。在当地法律仍然限制设立分行之处，银行便通过合并和形成连锁银行来创建多单位企业。就像销售公司的情况一样，银行家们发现，设置分散的办事处能更集约地利用总行的设备和吸引更多的客户。1900年时，设有分行的美国银行还不到100家。到了1919年，就有464家银行，经营着1 082家分行，而到1929年时，816家银行经营了3 603家分行。多单位企业在银行资源中的占有率从1919年的16％上升到1929年的46％。当时有许多银行还在海外设立了分行。虽然只是单纯经营银行业务，美国银行很快也像保险公司一样提供全系列的服务，它设有活期和定期存款、外汇经营、信托业务以及商业银行业务等经营部门。

第一次世界大战后，美国现代工商企业史上最重要的发展并非来自只从事单项基本活动——诸如运输、通讯、营销或金融——的企业，也不是来自仅仅从事制造的公司，它们乃是来自结合了生产与分配的、庞大的工业企业。在1917年以后的那些年里，这些企业的规模和数量继续在增长。随着地区性市场和全国性市场的扩大，随着技术的进步使得生产速度、生产量和库存周转率得以增加，结合企业乃进入它们在第一次世界大战以前只起着较小作用的那些工业。可是这些工业几乎都属于结合企业从一开始便已群集的、较大的工业组。当一些公司变成结合形态后，它们所在的该工业便变得更为集中化了。㉛

在第一次世界大战后的那些年里，大的结合公司开始采用为新的市场提供新产品的手段而扩充。这种多样化的策略是从“全系列”的概念引申出来的，许多早期的结合企业在1917年以前就已采用。许多美国公司仿效烟草工业、谷物工业、肥皂工业、肉类加工业、棉籽油工业、橡胶工业和铅处理工业中一些先驱者大企业的先例，都增加了产品系列，以便能更有效地利用它们的销售组织和采购组织，并且利用它们的制造或加工过程的副产品。正如肉类加工业者和其他制造厂商的情况所表明，集约地利用其销售组织将会导致增添新的生产设备，而副产品产量的扩大，又会造成新的销售设施和人员的增加。

可是，直到本世纪20年代，多样化才成为一种明确的成长策略。战前，只是当中层经理看到了某种相当明显的机会后，他才会作出特别决定来生产新产品。而在战后，高层经理开始有意识地开发新产品和新市场，以便充分利用现有的设备和管理能力。杜邦公司就是首先以这种方式实现多样化的企业之一，它这样做是为了要利用它的、在第一次世界大战需求刺激下已经大为扩充了的管理能力和设备。其他公司很快也都进行仿效。它们的目标同杜邦公司执行委员会及肉类加工公司经理们的目标一样，乃是更集约地利用全部(或部分)现有的组织。本世纪20年代中期国民收入的停滞不前及其在30年代的急剧下降，加强了开发新产品的需要。

新策略的目标是要以更有利的方式利用管理能力和设备，以确保企业的长期繁荣。几乎在所有的情况下，计划的拟定和执行都是由支薪的职业经理完成的。而且也是几乎在所有的情况下，完成这些计划所需的资本，是依靠从保留的盈利中拨款。如果没有这种扩充，其股息肯定会更高。

因此，企业经理多样化的策略便可能引起内部的争论，这与铁路公司在建立系统时的情况极为相似。维持目前的高额利润和确保长远的公司的稳定性，这两个互相冲突的目标可能会在工业企业董事会的内部引起争论，就像早期铁路业的情况一样。要在这一点上提出可靠的资料，还需进行许多研究工作。不过看来这种冲突并没有成为像当年铁路公司中的冲突那样公开化。大的工业企业与铁路企业不同，前者在执行成长策略的同时，仍然能够维持股息。即使在本世纪30年代大萧条时期，它们的寡头垄断地位使它们能够承受损失并赚取利润。此外，和当年铁路系统的建立相比，这种扩充所需要的资本较少，而且也是在一较长的时期中来筹措这些资本。只要这些企业的经理能继续定期支付适度的股息，则董事会财务委员会中的银行家，或者企业创建者家族的代表，或者大股东的代表就会冷静地、甚至热情地来对待这种成长了。而且由于扩充的筹资来源是依靠保留的盈利，而不是发行股票和债券，这实际上是增加了他们股票的价值。

实行多样化这一新策略时，经理们偶尔也买进一家能提供新的或补充的产品系列的公司，或者与之合并。不过在更多得多的情况下，这种扩充是经由内部成长的结果。这些经理还指望他们的研究机构（本来是为了改进产品和生产过程而建立这些研究机构的）能开发出特别适合于他们的生产过程或销售技术的新产品。

因此，企业研究机构这种新的功能，首先发展于在第一次世界大战时大企业就开始群集其内的那些工业组中，那是不足为怪的。1929年，2/3以上的研究人员集中在五个工业组内：电气机器占31.6%，化学制品占18.1%，电气机器以外的机器占6.6%，金属冶炼也是6.6%，橡胶工业占5.9%。[32]虽然食品公司和石油公司雇用的研究人员较少，但比那些劳动密集型、单一单位、竞争性的公司所雇用的研究人员仍然多许多。正如迈克尔·戈特在一篇详细的、有关产品多样化的论文中所指出，化学公司是本世纪30年代主要的实行产品多样化的企业，也就是说，它们所增加的新产品系列比其他任何工业组的企业所增加的要多。依次排在化学公司后面的是电气机器公司、运输设备公司、原生金属冶炼公司和橡胶公司。[33]此外，这些多样化企业所涉及的工业则按顺序为：化学工业、机器制造业、金属加工业、电气机器制造业、食品工业以及石料—玻璃—黏土产品制造业。这种互相交织的多样化格局一直继续到第二次世界大战以后。

从单个公司的历史来看，更能说明戈特所提出的上述比较普遍的论点。[34]在本世纪20年代里，一些化学公司诸如杜邦公司、联合碳化物公司、联盟化学公司、赫克力斯公司和孟桑托公司都介入了新的工业。上述每个公司都是在自己的特殊技术基础之上来实行多样化的（例如，杜邦公司的基础是硝化纤维化学，联合碳化物公司的基础是碳化学）。同年代，一些大的电气机器制造商——通用电气公司和威斯汀豪斯电气公司——在此以前本来是专门制造照明器材和动力设备，也实行多样化而介入各式各样的家电产品以及收音机和X射线器材的生产。在30年代的萧条时期，通用汽车公司（其他汽车公司则在较小的程度上）开始制造、销售柴油机车、附件、拖拉机和飞机。通过利用汽车工业所发展出来的组织和经营方法来生产和销售柴油机，通用汽车公司促进了使蒸汽机车在短短的十年内成为历史老古董的这一过程。金属生产商（尤其是生产铜和黄铜的公司）则仿效美国铝公司的做法而生产厨房用具和家用器具。有些橡胶公司则开始开发橡胶化学的潜力。其他公司则利用其分配网络来销售别的厂家所制造的各种各样的产品。也是在本世纪30年代，食品公司开始利用其销售设备来经销当时自己加工的新产品系列。

这些公司发现，新的多分支公司结构符合新策略的管理需要。

事实上，杜邦公司的经理们在1920—1921年的经济衰退时期，就已首次建立了这种结构以应付其多样化计划所造成的管理挑战。[35]公司介入涂料、染料、底片、纤维和化学制品的生产后，使现有集中的、按职能划分为部门的组织负担过重。这个结构由于力不从心，无法协调市场各不相同的、几种产品系列的货品流程，以及无法在这些彼此相异的生意种类之间分配资源而瓦解了。其结果是，杜邦公司在新投资方面的效益甚差，1921年，只有老产品炸药生意赚了钱。直到建立了单独的、自主的、结合的分支公司，以处理炸药、染料、赛璐珞产品、纤维和底片、涂料和化学制品以及人造丝的生产和分配以后，这些主要的产品系列才出现利润。因为杜邦公司长期以来就具有庞大且具效率的高阶层管理，因而在建立新的组织结构时，它并不像通用汽车公司那样将工作重点放在总办事处的建立上，而是着重于建立并规定新产品分支公司的功能和结构。

由通用汽车公司、杜邦公司以及后来的美国橡胶公司、通用电气公司、标准石油托拉斯和其他技术先进的工业中的企业所采用的多分支公司结构，使得多样化策略制度化了。这样一来，乃促进了美国经济中技术创新过程的系统化。这些企业中的研究部门要测定新产品进入市场后的销路如何，而这些新产品或者是由总公司的研究人员设计出，或者是由分支公司的研究人员设计出，或者甚至由公司外部的人员所开发。总办事处的高级主管解脱了日常经营决策后，就能有精力来确定，公司的经理们是否能从加工和分配这些新产品中赚取利润。如果他们认为其经理人员不能做到这点，他们通常就把这些新产品的专利权转让给其他公司。如果他们认为其经理人员可以完成这一任务，而且新产品的潜在市场与该公司目前的一个销售市场差不多，则指派现有的一个分支公司从事该种新产品的生产和销售。如果市场完全不同，则成立一个新的分支公司。虽然直到第二次世界大战爆发时，采用分支公司的组织结构的多样化工业企业仍然很少，然而它已成为美国现代工商企业最有生气的组织形式。

1941年以后的现代工商企业

在美国经济的许多部门中，尤其是在生产和分配的主要部门中，第二次世界大战使两次大战期间管理机构的发展达到了最高峰，并且奠定了战后现代工商企业和美国经济惊人成长的时期。[36]

首先，战争期间对新的、技术复杂的产品，诸如合成橡胶、高辛烷汽油、雷达、电子反潜艇装置以及各式各样武器的需求，促成了科学和技术知识的融合集中，并大大加快和推广了科学在美国工业中被系统地应用。结果，石油公司、橡胶公司、金属公司和许多食品公司都发展出了生产各种化学制品和合成物质的新生产能力。电气产品和无线电公司，不论是大公司、小公司、新公司、老公司，都购置了设备以生产各种电子产品。

其次，动员经济的需要，使得管理和控制的方法得到了融合和推广，这些方法以前主要是在多分支公司结构、按职能划分部门的大型结合企业中才得到了利用。战争期间，小型公司（通常只是作为较大公司下面的分包者）也都学会了进行预测、会计作业和存货控制的现代方法。

此外,战争带来了1929年以后的第一次充分就业。一个全国性的广大市场持续存在的远景,由于1946年年初国会通过了就业法而得到了进一步的保证,该法案使联邦政府承担下述义务:维持最高的就业水平以及由此而产生的最大的总需求量。这种支持全国性广大市场的义务的承担,加上工业技术和增加了的管理方法的知识的推广,所有这些都预示了一个战后经济的增长,而在利用这一经济增长方面,大型结合的和多样化的工业企业居于最有利的地位。

事实上,第二次世界大战后的这些年标志着现代工商企业的胜利。在联邦政府信守承担义务的有利形势下,总需求量在战后的20年间以一种健康的增长率稳步成长,国民生产总值(以不变的美元值计算)从1947年的3 099亿美元上升到1969年的7 271亿美元。[37]这种增长提供了一个历史上空前的庞大市场;地区性市场的规模变得与19世纪末全国性市场的规模一样大。在技术方面,电子革命(包括自动化)、高速电脑、新型塑料的发展、人造纤维、金属合金以及持续而有系统地把科学应用于工业上,这一切都增加了生产和分配的速度和数量,而且也扩大了应用管理上的有形之手的需要和机会。

在金融业和商业以及许多为消费者的服务业中,战后庞大的市场在刺激现代工商企业的发展上可能比技术的进步更为重要。新的电子设备诚然大为增加了工作的速度和数量。但同样重要的是通过分支机构的建立或购置而使市场交易日益内部化。银行业中,企业的成长是经由增加分行以及把大城市、郊区和州区域内的许多小银行合并进大的管理网络。在食品零售业中,连锁商店继续在蓬勃发展,同时新型杂货商店和超级市场都广受欢迎。旅馆、餐厅,甚至出租汽车等各种服务业的网络也是遍布全国。较老的大量销售的零售商——商品连锁商店、邮购公司和百货公司——都已变得很大而足以采用多分支公司的组织结构。它们大多按照地区,而不是按照产品系列来设立分支公司(见图 13)。由于连锁商店大量增长的结果,小型、单一单位的批发商和零售商以及旅馆和餐厅的数目,在第二次世界大战后减少的速度要比战前任何时期为甚。

在制造业和通讯业中,技术的影响最大。自动化、电脑、新材料(如塑料)增加了现有的大批量和连续作业工厂的产量,而且使得这些大量生产技术被引入许多尚未采用此项技术的、较老的工业内。因此,生产技术的进步促进了结合企业数量的持续增加,并由此而造成了人造纤维工业、造纸工业、玻璃工业和某些金属加工业中的寡头垄断形式。随着电视取代电影和收音机而成为最普及的大众传播工具,技术也改变了大众传播和娱乐工业。由于需要庞大的资本以及复杂的时间安排,几家大型电视广播连锁商(通常都是由无线电广播连锁商转变而成)很快就支配了该工业。在运输业中,第二次世界大战前由早期技术创新所促成的发展趋势加快进行了。航空公司的规模和复杂性都已增加,但公司数目未变。在卡车运输业中出现了更多的大公司,不过仍然是大公司和小公司同时并存的竞争局面。

技术对战后多样化的多行业公司的迅速成长和推广具有极其重要的意义。研究和开发工作所带来的明显效益,使得越来越多的结合企业转向经多样化而扩充的策略。它也促使已实行多样

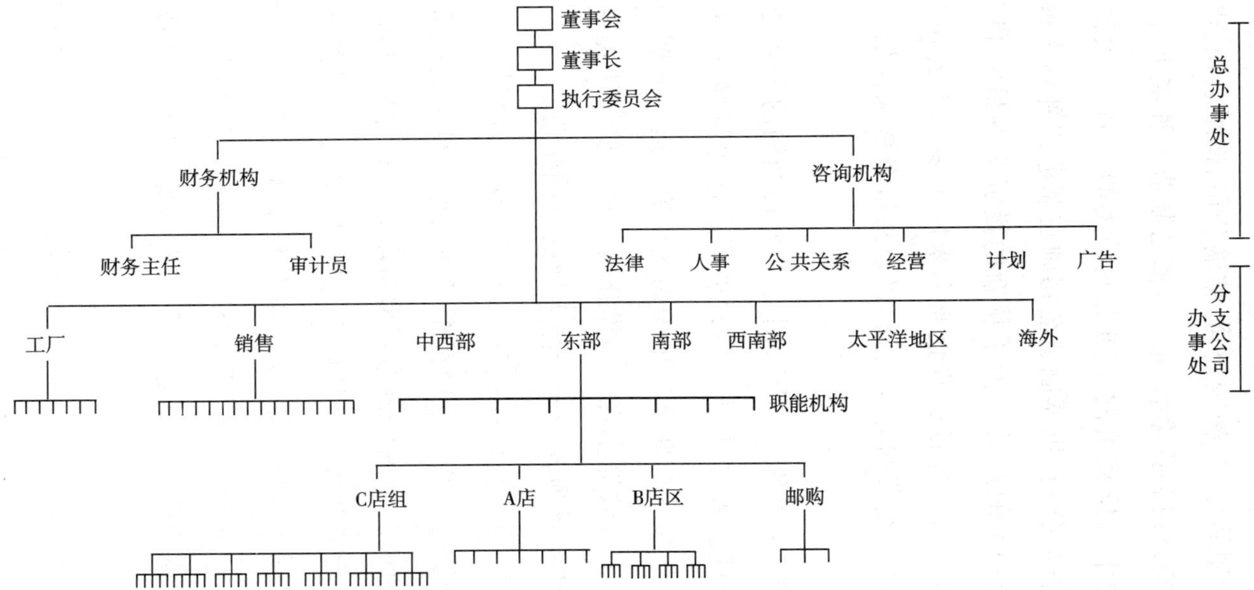

图 13 多分支公司结构:零售企业

资料来源:是本书作者为“美国:企业的演变”一文准备的,该文载于《剑桥经济史》,第 7 卷,1977 年。

化的公司进一步介入其他产品系列。到了本世纪60年代,几乎所有主要的化学制品公司、橡胶公司、玻璃公司、造纸公司、电气机器公司、运输车辆公司和许多食品公司都已制造十种或十种以上的、标准工业分类中四位数组的不同工业种类的产品。[38]大部分大型的金属公司、石油公司、机器制造公司则在制造三种到十种四位数组的不同工业种类的产品。为了从新的投资赚取最大利润,到本世纪60年代时,几乎所有这些企业都采用了多分支公司结构,它具有自主的、进行经营的分支公司,以及从事考核和计划工作的总办事处。

在本世纪50年代,一些采用分支公司结构的企业通过利用所谓的产品周期这种办法进一步改进了多样化策略。[39]这一策略就是要在一件产品从初期推出市场到完全成熟这一周期中获取最大的利润。一个有效地实现了多样化的企业总要设法拥有许多产品系列,每种产品系列各处于产品周期的不同阶段。

这种有助于使产品创新制度化的多分支公司结构,还使大型结合企业更易于适应联邦政府在军事和先进的科学硬设备方面的需求,并与迅速成长中的海外市场取得联系。在冷战期间,政府需要各种各样的武器装备——从航空母舰、导弹、潜水艇到常规的枪支和坦克,以及美国原子能委员会的核反应堆和美国国家航空及太空总署的宇宙飞船及其全部装备。为了应付这些市场,公司只需增添一个单独的或一组分支公司,以负责原子能、武器或总管政府订货就行了。

在现代企业最近的发展中,海外市场具有比战后政府的需求更为重要的意义。一些在1914年以前建立了海外领域的、大型结合的食品公司和机器制造公司，在第一次世界大战后继续保持了这些领域，常常还进行了扩充。在本世纪20年代时，少数石油公司、化学公司、橡胶公司和汽车公司仿效那些先驱者公司而向海外扩充。本世纪30年代的经济萧条减缓了向海外的扩充，而第二次世界大战则几乎完全使之陷于停顿。接着在本世纪50年代和60年代初，尤其是在欧洲共同市场开放之后，海外市场才开始大为活跃。美国在欧洲的直接投资从1950年的17亿美元上升至1970年的245亿美元。[40]这项在欧洲的第二次“美国的挑战”是由200家公司充当先锋，它们在美国公司海外的直接投资额中占了一半以上。这200家公司皆聚集于资本密集、技术先进的工业中，它们都是多样化的结合企业，接着又采用了多分支公司的组织形式。[41]

海外投资反过来又对多样化企业的结构产生影响。[42]当一个公司首次开始向海外扩充时，通常总要建立一国际分支公司来管理和协调海外的活动，并且向公司的高级主管提出有关投资决策的建议。可是，随着经营和投资问题的日益庞大和复杂，国际分支公司便被撤销了。如果产品分支公司相当强大，它们便接管国际分支公司中那些它们已在国内经营的产品系列。对于那些仍然集中经营一种它们占支配地位的产品系列——如像石油、铜、某些食品和饮料（如可口可乐）——的公司来说，则按不同地区来建立经营分支公司，每个分支公司负责全球一主要地区的经营事务。有少数几家多国公司还发展出了一种混合的结构形式，在这种结构中，海外的经理在某些事项上向地区分支公司呈报，而在另一些事项上则向产品分支公司呈报。在所有的情况下，多分支公司形式都从全国性发展为世界性的，长远的资源分配问题继续由总办事处作出决策，而日常生产的协调工作则继续由分支公司负责进行。

本世纪60年代时，美国的生意界出现了一种多样化、多分支公司的主要变种。这就是联合大企业。联合大企业在策略上（从而也就是在其投资的性质上）和组织结构上均与较老的、多工业的、多国企业不同。大型的多样化企业主要是经内部扩充而成长，也就是说，经在与它原来的产品系列有关的工业中进行设备和人员的直接投资而成长。它进入的市场都是其管理技术、工艺技术和销售技术及其组织的资源能使它自己具有竞争优势的那些市场。反之，联合大企业则完全是依靠收购现有的企业，而不是由向自己的设备和人员进行直接投资而扩充，且常常收购完全不相干领域的公司。除了少数几家大型的、尚未充分多样化的石油公司（它们正在寻求有利的投资）之外，进行收购的公司并不总是属于资本密集型、大量生产、大量分配的工业。相反，它们常常是属于小企业仍具有竞争性的那些工业，诸如纺织工业和海洋运输业，或者属于为个别订货生产专门产品的那些工业，诸如机床工业、国防和太空工业。[43]第一批联合大企业的创建人所以实行收购不相干领域公司的策略，乃是因为他们认识到，自己的工业继续成长的潜力有限，并且也知道多样化的产品系列和基于产品周期的策略的价值。税收方面的考虑，也是造成某种收购的部分原因，但往往不是实行这种新策略的基本原因。进行收购的公司通常购买尚未形成寡头垄断工业中的小型企业。因为许多这种小型企业都未成为彻底的经理式企业，收购公司有时能向它们提供新的管理和经营方法。

新的联合大企业的结构反映了它的成长策略。[44]它的总办事处很小，被收购的经营单位要比大型多样化企业的分支公司具有更多的自主权。联合大企业总办事处的不同之处并不在它的财务机构或法律机构的规模或其中的职员人数。事实上，许多联合大企业甚至比旧有的、多样化的大公司具有更多的财务和法律机构职员。这种不同是在它的咨询机构的规模和功能方面。联合大企业没有设立采购、运输、研究和开发、销售、广告或生产等职能部门。在纯粹办理法律和财务事项以外的、惟一的职能机构就是公司计划部门(亦即拟定投资策略的部门)。因此，与较老的大型多样化公司相比，联合大企业可以更加一心一意地集中精力从事新工业和新市场的投资，更易于从现有的工业和现有的市场脱身。但另一方面，联合大企业在监督和评估其分支公司的绩效以及采取措施改善其分支公司的经营活动方面，效果却差得多。它们既无人力、也无办法来帮助经营不善的分支公司进行整顿和提高。此外，由于联合大企业没有集中的研究和开发复杂技术的设备和专家，因而不能有规律地和系统地把新程序和新产品引进生产。联合大企业的经理人员都变成了几乎纯粹的、在长远的资源分配方面的专家。可是，他们又与银行和信托基金的经理有所不同，他们是进行直接投资，而且对该项投资的管理负有完全责任，他们不是进行间接的有价证券的投资，这种投资通常对经营绩效并不负有责任。

正如联合大企业的历史所显示，第一次世界大战后大型工商企业在经营和组织方面的改变，对于长远策略的制定和资源分派规划的影响程度，要比对短期的、日常经营活动的影响程度大。在结合企业(不管是分支公司或总公司)的组织内部,管理职能部门的方法不断得到改善,但并没有发生根本性的改变。协调产品流程和信息交流的方法愈来愈复杂。然而,不论是部门与部门间的,还是部门内部的活动,都没有发生根本的改变。另一方面,当采取多分支公司形式的多样化企业扩大其活动时,它们的高阶层管理组织也会因增加了一组高级主管而得到扩大(这些高级主管是被任命来负责许多从事经营活动的分支公司的)。新的联合大企业也设立了类似的总办事处,只是协助其工作的职能机构的人员较少。即使是那些尚未实现多样化的少数工业企业,以及大型、单功能的、大量销售和服务的企业也都扩大了自己的高阶层管理组织。20 世纪下半叶,高阶层管理已经形成集体管理,它的注意力越来越集中于长远的资源分配上。

现代工商企业支配地位的取得

第二次世界大战后,大型经理式的企业变得更为强大了。它在美国经济活动中所占的比重日益增加。在欧洲和世界其他地区的工业生产中,也占有越来越大的比重。1947 年,美国 200 家最大的企业(其中有许多尚未完全多样化或分支公司化)就占有制造业增加价值的 30%,和全部制造公司资产额的 47.2%。到了 1963 年,当这些企业的大部分都已采取新策略和新的组织结构之后,其增加价值占 41%,资产额占 56.3%。到 1968 年,后者上升为60.9%。[45]这些庞大的企业承担了非政府的各种基金的绝大部分,并且提供了工业研究和开发方面非政府人员中的大部分。这些公司都是第二次世界大战和20年冷战期间政府的主要承包商。它们也是向政府的原子能计划和太空计划提供硬设备的公司。它们还是继续对欧洲和其他海外生意人提出“美国的挑战”的公司。

上面对第一次世界大战后现代工商企业扩展的简短回顾，只不过暗示了该过程的多样性和复杂性。它并不能说明当大萧条、第二次世界大战、冷战或者商业周期的持续波动到来时，个别企业或者即使把该种管理机构作为整体来看所作出的反应——有些反应是成功的，而另一些则遭到失败。上面所作的简短回顾也不准备论述高效率和大量地利用资源时的成本和效益。

这一简短回顾的目的只是要强调下述事实：到本世纪20年代时，现代工商企业已在美国达到其成熟期。在管理的协调证明比市场的协调更为有利可图——亦即管理上的有形之手已经显示其价值——的那些经济部门中，现代工商企业继续得到了蓬勃发展和扩展。美国工商企业和美国经济中根本性的组织改变是在第一次世界大战前发生的；而且所以发生这种改变，乃是对19世纪中叶开始的、深刻的市场和技术改变所作出的一种反应。

结论:美国企业的管理革命

本书的研究并不仅限于探索一种机构的历史。它描述了一种新的经济功能——即经管理而进行流量的协调和资源的分配——的出现,以及执行这一经济功能的、经济人的一个新亚种——支薪经理——的诞生。技术的创新、人口的迅速增长和扩散以及人均收入的增加,使生产和分配过程更为复杂,同时也增加了经此两过程的物质流动的速度和数量。现有的市场机制通常已不再能有效地协调这些流量。新技术和扩大中的市场因而首次引起了管理的协调的必要性。为了执行这一功能,企业家建立了多单位工商企业,雇用了管理它们所需的经理人员。当新企业能够协调当前的物质流量使之成为有利可图后,经理人员还要为未来的生产和分配分派资源。随着技术变得更为复杂和具有更高的生产率,随着市场继续在扩大,这些经理人员乃承担了在美国经济最重要的一些部门中的指挥重任。

机构发展的一般格局

简单地总结一下机构发展的一般格局即能突出表明,这种新功能和新阶层的出现,对于了解美国经济史来说所具有的重要性。这种总结表明,历史经验是如何证实了本书在前言中所提出的几个一般论点。它为关心工业组织和公司理论的经济学家,以及关心美国经济中的新阶层及其势力不断增长的历史学家提出了研究的领域。虽然这一总结只涉及了美国的管理机构,但也能为分析和说明其他国家经济中管理机构的历史,提供有益的思路。

必须强调指出,多单位的工商企业乃是一种现代的现象。1840 年时,在美国还不存在这种企业。当时经济活动的规模尚未大到足以使管理的协调能比市场的协调具有更高的生产率,从而更为有利可图。建立多单位企业的必要和机会并不存在。少数现代公司的原型——纺织工厂和斯普林菲尔德兵工厂——仍然保持为单一单位的企业。最早期的多单位企业——美国银行——变得极其强大,并且也正是由于它的过于强大的势力,成了使其夭折的部分原因。一直到煤能提供廉价和方便的能源,以及铁路能提供迅速和有规律的全天候运输时为止,管理生产和分配过程的方法和 500 年前的管理方法基本上没有什么差别。所有这些过程(包括运输和财务)当时都是由老板自行管理的小型公司来执行的。

最早的现代企业是为了管理新的铁路公司和电报公司的作业而建立起来的那些企业。对列车运行和运输流量进行管理协调,这对于旅客的安全以及在横贯全境的铁路上高效率地运输各种各样的货物来说,乃是必不可少的。要在电报线路上传递数以千计的信息,这种协调也极为必要。在其他形式的运输和通讯中,如果运输量变化不大,或者运行速度较慢,则协调的必要性就较低,而大企业的出现也较慢。当轮船公司和城市运输公司的规模扩大后,它们很容易采用已由铁路业完善化了的程序。而当长途电话技术的发展使全国性的电话系统得以建立时,从事此项经营的企业则按照西部联盟公司的方式进行组织。

分配方面新的速度和数量导致了销售上的革命。多单位企业开始协调大为扩充了的、从生产者至消费者的货品流程。商品经销商、经营全系列产品的大批发商以及新的、大量销售的零售商(百货公司、邮购公司和连锁商店)把原有的抽取佣金的商人推到一边。他们所提供的管理协调,使他们能以低于被其取代的商人的价格出售商品,但仍能赚取比后者更多的利润。随着时间的消逝,大量销售的零售商又排挤掉了批发商,因为他们把更多的交易内部化了,从而能更直接和更有效地协调流程。

在生产上,最早的一批现代经理人员是出现在这样一些工业和企业中,它们的工艺性质允许把几个生产过程置于一个单一的工厂内来进行(亦即内部化)。最早的现代经理人员也出现在这样的工业中,一旦它们更集约地使用能源或者当机器、工厂设计和管理程序得到改进时,它们的产量就会猛增。当生产一定数量的产品所需工人数减少时,从事监督这些流程所需的经理人员数却在增加。大量生产的工厂于是变成经理密集型的企业。然而,只要这些工厂的产品能被新的大量销售的商人高效率地加以分配,则制造企业仍能保持小型。即使是这类最大新制造厂,只需 20 名左右的经理人员即可加以管理。

反之,如果大量销售的商人不能提供为分配制造企业所生产的大量产品所需要的服务,这个企业就会变大。当制造厂商建立了自己的销售和分配网络,接着又建立起自己的广泛的采购组织时,现代工业企业即宣告诞生。通过使大量生产和大量分配相结合,它们就能利用管理的手段协调货物从原料供应商经生产和分配过程直到零售商或最终消费者之间的高额流量。

在所有这些新企业——铁路公司、电报公司、大量销售商以及大量生产商——中,必须建立管理层级制,以便管理几个经营单位并协调和监督它们的活动。铁路公司在管理其庞大的地区性系统时,或者西部联盟公司在管理其全国性的企业时,都必须雇用大批的管理人员,其中包括几个级别的中层经理人员。另一方面,在销售企业和未结合的大量生产的企业中,以及在所有的轮船公司、城市运输公司和公用事业公司(除了其中最大的公司)中,管理层级制都还较小。但一旦一个企业把大量生产和大量分配相结合以后,其管理机构就会变得比运输企业和通讯企业的管理机构更大。

一旦这样一种管理层级制成功地接管了协调流量的功能,经理人员力求确保其本身作为创造利润机构的企业能获得成功这样一种愿望,就会构成要求其企业持续成长的强大压力。这种成长通常都是两种迥然不同的扩充策略的结果。一种策略是防御性的或消极的,其根源是希望确保安全。这种策略的目的是要防止供应来源或者产品和服务的销路被切断,或者是要限制新的竞争者进入该行业。另一种策略则是比较积极的。它的目的是增加新的单位,通过管理协调的办法,以做到更集约地利用现有的设备和人员。这种积极性的成长可以认为是生产性的扩充,而消极性的或防御性的成长则是非生产性的扩充。前者经降低单位成本而提高生产率,而后者则鲜能做到。

在铁路企业和电报企业的成长过程中,积极的和消极的这两种动机都具有重要意义。建立或收购进入其他主要商业中心的线路来扩充系统的做法,有助于确保现有设备和人员得到更充分的利用。在连接线路和现有运输的最高流量不能配套的情况下，效益尤其显著。这种扩充也用来防止客货运的基本来源被竞争的铁路公司夺走，或者防止竞争对手取得客货运来源。在全国基本运输网络一旦完成之后，建立或收购线路的做法就成了防御性的、而不是生产性的成长，这已经成了一条准则。由于现有线路的运载能力已能满足当前客货运量的需要，因而建立或收购另外的线路的做法，几乎完全是出自采取防御性措施的结果。这种扩充的代价要比由于更有效地协调了流量而可能得到的节约大得多。因此，19 世纪 80 年代和 90 年代庞大的铁路系统的建立，导致了铁路企业非生产性的、而不是生产性的扩充。

防御性动机对现代销售企业的重要性就较小。因为销售商通常都具有许多供应商，因此，他们很少有可能受到存货告竭的威胁。他们要想切断其竞争者的供应来源的机会也不多。只是在很少的场合下，当加工厂商无法按照自己所要求的价格、质量和数量提供产品时，销售商才会介入制造业。取得昂贵的制造工厂所付出的代价，一般都超过了由于能更有效地协调流量而得到的利益。也不存在需要实行向前结合的防御性动机。对批发商来说，收购他们的客户并没有什么好处。至于零售商，则已处在分配线的终端，并无向前结合的可能。

因此，大量销售的商人成长的基本策略，乃是一种生产性的扩充的策略。他们经过增添新的分支机构和新的产品系列而实现扩充，这样就使他们能够更充分地利用其集中化的采购设施、货品处理设施和管理设施。银行及其他金融和服务企业在 20 世纪也采取了一种类似的、生产性的扩充的策略。它们经过增添新的分行或分支机构而成为大型经理式的企业,这种做法使它们能够更集约地利用它们集中化的服务和设施。

当制造厂商感到现有的销售商不适合其分配需要时,他们就会介入大量分配的领域,对这些制造厂商来说,他们扩充的动机既是防御性的,又是生产性的。他们建立自己的销售组织、接着又建立自己的采购组织的最初动机是积极性的;在开始的时候,采购和销售网络的建立,对于保证实现管理的协调(这种协调是充分利用他们的生产设备所必需的)来说是必不可少的。这些制造厂商经过建立这种销售、采购和运输设施而使管理的协调成为可能,这是实现他们产品的大量生产和大量分配所必需的,但也给这些企业提供了一道强有力的、限制其竞争对手的屏障。

另一方面,向后介入以控制材料的结合,则往往是防御性的,而很少是生产性的。当供应商为数众多而且散处各地时(如像食品公司和烟草公司),则向后的结合就是生产性的。这时,建立广泛的采购网络,可以保持一个进入加工工厂的、易腐败和半易腐败产品的高额流量。但如供应商人数不多或者可由少数企业轻易控制,则扩充就是防御性的了。大量生产的厂商总想确保至少能控制某些原料或半成品原料的来源。他们也清楚,如果能阻止他人获得这些供应,对他们也是有利的。不过经过改进流程而带来的节约,往往不能抵偿此种投资所付出的重大代价。

在大型结合的工业企业的持续成长中,积极的动机将会出现,而且将比防御性的动机起着更大的作用。正如销售商一样,工业家会不断在国内和海外设置新的分支销售办事处。销售额的增加反过来又将导致制造设备的扩充和采购组织的扩大。这些工业公司也将增加新的产品系列，以便更集约地利用其采购、销售和加工设备。这种增加反过来又要求建立新的设备。销售副产品的市场和销售主要产品系列的市场是不同的，这就要求建立新的销售部门。为了更充分地利用分配网络而生产的产品系列，通常都需要建立新的制造和采购单位。不久这些企业便发现，只需生产和销售能够利用其技术能力和管理经验的产品，它们就能有利可图。像这样的向需要新市场的、新的产品系列的介入，并不是为了保护它们自己的供应来源或产品销路，也不是为了反对别人而采取的预防性措施。它们的目的乃是为了持续利用现有的资源并开发新的资源。

由于大型结合的工业企业要比销售企业、运输企业和通讯企业在更为广泛的地区上执行更为多样化的各种功能，所以持续成长的潜力也就较大。铁路公司和电报公司的设备和管理技巧不能轻易地转移到其他的经济活动中。销售公司则因在制造业的投资较少，而且也几乎不存在促使它们介入制造业的压力，因而依然保留为销售公司的状态。它们的扩充受到能够有效地利用其集中化的采购和其他设施的分支机构的数量的限制。金融公司和各种这类企业的情况也大致相仿。

反之，大型结合的工业企业由于具有庞大的销售、制造、采购、原料生产、运输和研究等各方面的设备，因而拥有更为广泛的各种资源可以转移到销售于其他市场的其他产品的生产和分配上。这些大型管理层级制中的高级主管曾在各种不同类型的经济活动中受过培训，因而和只执行一种基本功能——如金融、销售、运输和通讯——的企业中的高级主管相比，前者具有更高的制造新产品并在新市场中加以销售的能力。此外,由于大型结合的工业企业比其他种类的生意企业具有更多的、不同类型的经营单位,因而这些单位利用不足的可能性也就比较大。在这种企业内,所有的单位均以相同的速度和能力运转的情况是极为罕见的。这种不平衡现象造成了促使公司成长的经常性压力。① 不论企业是被利用现有的物质资源和人力资源的必要性所驱使,还是受到了可以利用其资源的新市场的来临的诱导,它的趋势总是向下述方向发展,即:现有的需求和技术将创造出管理协调的需要和机会。这种生产性的扩充生来就比防御性的扩充更为有利可图。企业向该方向发展的深度是与其资源的性质、经理人员的技能,以及这些资源和技能向其他新产品、新服务和新市场的可转移性密切相关的。

在对大量生产和大量分配进行管理协调能带来利润的那些工业中,少数大型纵向结合的公司很快就取得了支配地位。集中和寡头垄断的局面就会出现,这是管理协调的需要和追求利润的结果。如果市场和技术不能给制造企业或加工企业带来竞争优势,则大型的大量销售的零售商就会出现,越来越起着协调产品流程的作用。但由于这些流程的数量庞大而且复杂,许多小型供应商和分配商(包括掮客和货物转运商)继续对流程起着辅助和平衡作用。不过他们的功能补充了更大的经济体系,并且也被大量生产商和大量销售商的协调活动结合进了这个更大的经济体系之中。

虽然管理的协调是实现美国经济现代化过程中的一项基本功能,却很少受到经济学家的注意。许多人都满足于亚当·斯密的说法,认为劳动的分工反映了市场发展的程度。他们与乔治·施蒂格勒一样,认为技术和市场改进下的自然反应是企业活动的日益专业化以及这些企业所属该工业中纵向结合的解体。[②]这种分析对1850年以前的情况来说，有其历史正确性，但对于完成了运输和通讯方面基础设施后的经济体系却不适切。除了忽视历史的经验之外，这种观点还错在未能考虑下述事实，即：几乎由定义就可了解，如果想达到大量销售的市场所需要的高额产量，则日益增加的专业化必然要求有更为仔细的规划来协调。

经济学家也经常不能把管理的协调与公司理论联系起来。例如：通过仔细协调流经生产和分配过程的流量而造成的节约，要比通过增加生产或分配单位的规模(用资本设备或工人人数来表示)而造成的节约多得多。把企业仅仅定义为一个工厂或者即使是许多工厂、从而不考虑管理协调的作用的任何公司理论，都是远远脱离实际的。

此外，管理的协调也有助于说明一个被经济学家解释为残差的重要问题，那就是产出的增长额往往大于投入的增长额。毫无疑问，产品流量通过生产和分配过程的速度和均衡性，以及组织这些流程的方式必然会影响到产量和单位成本。除非经济学家能够对管理协调的功能加以分析，否则公司理论将仍然基本上是一生产理论。组织机构(生产要素通过它才得以结合)不仅调节着主要经济部门中当前的产品流程，它还要为未来的经济活动分配资源，因而更值得经济学家注意。

经理人员的支配地位

历史学家和经济学家都未能考虑现代工商企业兴起的影响。

他们曾经研究过创立现代工商企业的企业家,但大都是以道德观点而不是以分析观点来研究问题。他们所关切的不外是:那些人是剥削者(强盗企业家)还是创业者(工业政治家)。历史学家也曾执迷于金融家,这些金融家曾于一短暂时期内给运输企业、通讯企业和某些工业企业分配资金,因而看来好像控制了主要的经济部门。然而他们却几乎完全不曾注意经理人员,由于经理人员是在执行一种新的基本经济功能,所以他们在美国经济的运转中所起的作用,要比那些强盗企业家、工业政治家或金融家所起的作用重要得多。历史学家在观察美国经济体系的发展时,往往比较关注家族式(也即企业家式)资本主义的延续,而不关心经理式资本主义的扩展。

本世纪初期,美国的经济体系仍然含有金融的资本主义和家族式的资本主义的要素。经理式的资本主义尚未居于支配地位。如果设备的原始成本甚高,就像铁路、电报、城市运输公司和其他公用事业一样,则曾在企业的集资上起过重要作用的投资银行家和其他金融中间人就会继续参与未来资源分配的决策。如果初期的资本费用低且高额产量能够提供扩充的资金,就像大量销售商一样,则创立该公司的企业家及其家族就会继续在高阶层的管理决策中具有发言权。但是在1917年以前,企业家家族或银行的代表已经几乎从未参与为协调当前的产品流量所不需的,有关价格、产量、交货、工资和雇用人员等中阶层管理的决策。即使在有关资源分配的高阶层决策中,他们的权力也仍然基本上是属于消极性的。他们可以说不,但是除非他们本人也是同一工业甚或同一公司内具有长期经验、受过培训的经理,否则他们就既缺乏信息,又缺少经验提出正面性的抉择方案。

结合的工业公司内所有权和管理权的关系，反映了公司成长的方式。那些初期经过建立广泛的销售和采购组织而扩充的公司，其经历与大量销售商大致相同。由于内部产生的资金可以支付设备并为持续的成长筹措资本，企业的创建者及其家族乃能保持其控制。即使该企业转向金融市场寻求资金来补充保留的盈余以从事扩充，其家族依然是最大的股东，而且几乎总是拥有能保证其控制权的股份。

可是，除非企业家家族的成员本身受过职业经理的训练，他们就很难在高阶层管理中发挥重要作用。由于家族式企业的利润通常总能保证他们能有一笔很大的个人收入，这些家族也就缺乏经济刺激，懒得在经理职位晋升的阶梯上多花时间了。因此，在美国大型生意企业中，曾有两代以上的家族参与其公司的管理决策者只有少数几个企业。

这些工业企业的创建者和早期投资者的后裔继续获取成功的管理协调所带来的利润。事实上，大部分美国的财富就是从现代工商企业的建立和经营中得来的。这些家族仍然是经理式资本主义的主要受惠者，但是他们本身却不再介入总部机构的经营活动。到了 20 世纪中叶，几乎已经没有一个家族还能在对美国经济的发展具有极端重要意义的、有关协调当前产品流量和分配未来资源的决策上，具有直接的发言权。

在那些通过合并方式、而不是经由内部成长而变大的工业企业中也出现了类似的格局。曾经为生产的合理化和集中化，以及新的销售和采购组织的建立提供或代为设法取得资金的金融家，仍然是合并工业企业的董事。可是,他们对工业企业的董事会却很少再能具有像他们对铁路公司董事会那样强大的影响力了。工业企业进行最初的改组所需资本比建立铁路系统时所需资本要少,而且工业企业的利润也较大,可以作为内部筹措资本的来源。在少数几家最大的、而且最著名的合并企业——通用电气公司、美国钢铁公司、国际收割机公司、艾利斯·查默斯公司——中,来自金融界的外来董事人数要比来自管理阶层的内部董事多。但在大量食品企业、机器制造企业、化学企业、石油企业、橡胶企业和原生金属冶炼企业内,外界金融家在董事会中只占极少席位。其影响力只是在该企业决定金融市场寻求资本以补充保留盈利时才显现出来。除了像美国钢铁公司这样的少数几个明显的例外,经理人员很快也在那些原先是金融家具有影响力的企业中获得了指挥权。金融的资本主义在美国乃是一种实行领域不广、存在时间不长的现象。

到了20世纪中叶,即使是外来控制这一法律上的假设也逐渐消失。1963年,对200家非金融公司的研究表明,没有一家公司的股份被某一个人、某一家族或某一集团掌握80%以上。③没有一家公司是由某一个人所控制。200家公司中只有五家公司是由某一家族或某一集团通过掌握50%的股份而以多数实现控制。在另外的26家公司中,则由某一家族或某一集团通过掌握10%以上(但少于50%)的股份,或者利用控股公司或其他合法手段而以少数实现控制。1963年,200家最大的非金融公司中有169家或84.5%是由经理控制。这些公司中有五家公司的家族的确仍然具有影响力,但这是因为该家族乃是职业的、专职支薪高级主管，而不是由于他们所握有的股份之故。因此，到本世纪 50 年代时，在美国经济的一些主要部门中，经理式的公司已经成为现代工商企业的标准形式。在那些现代多单位企业已经取得支配地位的部门中，经理式的资本主义已经压倒了家族式的资本主义和金融的资本主义。

当家族和金融家在现代工商企业管理中的影响日益下降时，工人通过其工会代表对管理施加的影响力却增加了。可是，工会的影响力仅仅对管理决策中的某一些决策——由中层经理作出的有关工资、雇用、解雇和工作条件方面的决策——才具有直接作用。这类决策对于协调当前产品流量和分配未来资源等这样一些重大的问题来说，只具有间接的影响。

除了铁路之外，直到本世纪 30 年代，工人才开始对现代工商企业经理人员的决策具有影响力。在这以前，行业工会曾在一些劳动密集且带有技术性的行业中组织工人，获得了一些成功，但这些行业都不是现代工商企业蓬勃发展的领域，如雪茄、服装、帽子、制炉、造船和采煤等。他们把小型、单一单位、老板管理的公司中的车间工人组织进当地的、城市的和州的工会。这些地区性组织又组成全国性工会，后者再与许多其他全国性行业工会共同组成一个松散的美国劳工联合会。

可是，行业工会并未作出努力让那些管理协调已经获得成效的工业加入工会。在聚集了大型现代工业企业的、大量生产的工业中，多半是半熟练工人和非熟练工人。这些工业很少雇用熟练的手工业者。随着现代工厂的诞生，工厂经理及其职能人员从工头手中接管了有关雇用、解雇、晋升以及工资、工作时间和工作条件等事项的决策权。当企业成长后,就由中层经理掌握这些事项的决策权。总部新的人事部门中的高级主管负责解决政策性问题。直到本世纪 30 年代,这些中层经理人员在作出这些决策时,很少被迫认真考虑代表工人的工会所提出的要求。

即使有罗斯福政府的强力支持,美国劳工联合会仍然无法应付把大量生产工业中的工人组织起来这一挑战。④要想组织工会的运动获得成功,需要按工业——工厂和企业——的系统,而不是按地域——城市和州——的系统来改组工会。此外,行业工会也难以提出这样一个纲领,它既能对半熟练工人和非熟练工人具有吸引力,同时又能满足其熟练工人成员的需要。只是在 1936 年,当成立了工业组织委员会并且从美国劳工联合会分裂出来、并由此导致了一场工人队伍中的“内战”之后,一些大量生产的工业才开始广泛组织工会。也只有到那时,像汽车工业、机器制造业、电气工业、化学工业、橡胶工业、玻璃工业和原生金属冶炼业中大企业的经理人员才开始与工人代表共商决策。

即使如此,在本世纪 30 年代末期和紧接着第二次世界大战后的大规模组织工会的运动中,工会领袖很少(如果不是从未)试图参与除了直接影响工人生活以外的别的问题的决策。他们想要过问的仅是那些与工资、工作时间、工作条例、雇用、解雇和晋升有关的事务。即使是未能成功的、想要“查看公司账簿”的要求也是从下述观点出发,即:这是一种能使工会会员确信自己已得到了公司收入中公平的一份的手段。工会会员几乎从未要求参与有关产量、定价、计划安排和资源分配的决策。

在第二次世界大战刚结束后的那几年中,工人与企业管理当局争论的一个重要问题是，应该由经理人员还是由工会来掌握解雇工人的大权。1947 年通过了塔夫特—哈特利法案，规定由经理人员掌管解雇权。自此之后，这个特权从未再受到严重的挑战。也自那时起，工会就很少进行谋求更多“经理特权”的行动。

与工人代表、老板或金融家相比，政府官员，特别是联邦政府官员的行动，对企业的管理决策具有越来越大的影响。但是一般来说，这些影响是间接性的。他们只是在形成一种外部环境（企业就是在这样的环境中作出决策）方面施加影响，除非是在战时，这些官员只是偶尔亲自参与企业决策。由于市场经常是管理决策的主要因素，所以政府最重要的作用在于为现代工商企业的产品和服务建立市场。

在大萧条和第二次世界大战以前，州政府和联邦政府主要是通过税制、关税和管理立法来对现代公司施加影响。直到第二次世界大战以前，税制一直规定得很低，它对现代经理式的企业及其所属的该工业部门的增长率和发展方向只具有最低限度的影响。关税虽然保护着所有的工业，但是它在维护小型竞争性企业方面所起的帮助作用，要比它对那些已在利用速度的经济性并且在全球范围销售其产品的大型企业的帮助更大。反托拉斯立法和 1914 年成立的联邦商业委员会都一直在制止独占垄断并鼓励寡头垄断。成立于 1914 年的联邦储备局则对利率和金融市场施加影响，由此来影响经理人员的财务环境。新政时期通过的一批管理立法，减少了运输企业、通讯企业和公用事业企业管理当局在作出抉择时的选择余地。但是，除了对证券发行外，新的立法对于大量销售商和大量生产商在协调货品流量和资源分配方面的权力并没有规定什么限制。

在本世纪30年代和40年代内,政府在经济中的作用急剧扩大了。随着第二次世界大战的爆发,联邦政府首次成为美国生意企业最大的顾客。在此以前,除了第一次世界大战时一个短暂期间外,官方的采购,包括军用采购,仅占食品公司、机器制造公司、化学公司、石油公司、橡胶公司和原生金属冶炼公司等这些属于美国最大企业的销售额的很小部分。这表明,那种认为大企业的兴起与政府和军事开销有关(或与其金融和财政政策有关)的论点是不符合历史事实的。只是在第二次世界大战期间和战后,政府才成为工业产品的主要市场。战后年代中,虽然该市场甚为可观,但它是集中在少数工业上,诸如飞机工业、导弹制造业、仪器制造业、通讯器材工业、电子计算机工业和造船工业。⑤在其余的工业中,产品主要还是供应非政府的顾客。

对于现代工商企业的扩展和持续成长来说,政府在维持充分就业和高额总需求方面所起的作用,比政府的直接采购具有更为重要的意义。在这方面,也只是在第二次世界大战之后,政府才开始采取一种有系统的政策来维持需求量,从而支持了大量销售的市场。联邦政府承担起这个责任的一个原因是,大萧条已清楚地显示了私人经济没有能力维持一种复杂的、高度分化的、大量生产和大量分配的经济的持续成长。在本世纪20年代,庞大的新公司开始实行以需求来确定供应的办法。可是,它们无法维持这一总需求量,一旦需求下降,它们也无法使之回到原有水平。在该年代的中期和末期,当国民收入出现停止增长时,比较大的公司都维持现有的产量,或者稍为降低一点。但当1929年股票市场的崩溃耗尽了各种信贷并需求进一步下降时，这些大企业也完全束手无策了。当需求一跌，它们只能减少生产、遣散员工，取消对原材料的订货。这些措施又进一步降低了购买力和总需求量。正是这种有效地使供应与需求相协调的办法加剧了经济的下降，而且下跌的趋势愈演愈烈。在近四年内，国民收入减少了一半。通用汽车公司对 1931 年以及通用电气公司对 1933 年的预测更是可怕。它们只能以 25％的开工率运转。

惟一能够制止经济恶化的机构就是联邦政府。在本世纪 30 年代时，它开始承担了这个任务，不过非常勉强。一些政治家和政府官员的行动犹疑不决。就连一些获利最多的经理人员和生意界人士，也都属于对当时已采取少数措施的最直言不讳的批评者之列。一直到 1937 年的经济衰退时期，富兰克林・罗斯福总统及其财政部长亨利・摩根索，都仍在打算平衡预算并且终止政府对经济领域的干预。罗斯福及其内阁认为，大规模的政府开支和支持就业只是一种权宜的手段。1936 年，尽管还存在着高失业率，但罗斯福断定大萧条已经过去，乃削减了政府的开支。国民收入、生产和需求马上急剧下降。到那时，才有少数经济学家和政府官员以及为数更少的企业经理开始比较清楚地认识到政府支出与经济活动水平之间的关系。可是，政府能在维持经济成长和稳定中起作用这一事实被广大人士所接受，则是十年之后的事了。

在第二次世界大战期间，人们的态度改变了。战时经济动员使各公司经理人员聚集到华盛顿进行一项人类历史上最复杂的经济计划工作之一。该项经验减少了对政府在稳定经济中的作用所抱有的意识形态方面的忧虑。同时，惟恐出现战后经济衰退以及由此而造成大量失业的恐惧心理,使得责成联邦政府必须保持充分就业和高额总需求量的立法得到了支持。虽然有少数经理人员和企业家赞同该项立法,但是大部分却继续反对政府对生意程序的干预。1946年的就业法完全是靠自由主义者和劳工组织的共同努力才获得通过的。⑥但是,到了本世纪50年代,一般来说,生意人,特别是职业经理们,已开始认识到由国家承担一项保持高额总需求量的义务所能带来的利益。他们支持在1949年、1957年和1960年几次经济衰退中不论是民主党政府还是共和党政府所作的努力。当时政府力图通过各项财政政策,如建造高速公路、转移国防合同来保证经济的稳定性。

在执行这些政策时,政府官员并不打算取代经理人员在协调目前需求以及为未来分配资源方面的作用。他们只是在公司经理人员无法维持充分就业和高额需求量时才采取行动。联邦政府乃是作为一种最后手段的协调者和分配者。

在美国,工会和政府都未曾参与本书在前面曾加以探讨的、现代工商企业的基本功能。在协调当前产品流量以及为未来生产和分配进行资源分派的决策上,它们与老板或金融家的代表一样,没有什么直接的发言权。这些决策仍然决定于市场的形势。它们继续反映了经理人员的洞察力——如何利用技术和资本以适应其估计的市场需求量。

因此,经理式的资本主义乃是一种经济现象。它几乎得不到美国选民的政治支持。至少在本世纪40年代以前,现代工商企业是顶着民众和政府的反对而成长起来的。许多美国人——或许是大多数——都以怀疑的眼光来看大型企业。这种企业行使的集中化经济权力违反了民主的基本价值。它们的存在,阻挠了许多经济部门中的创业机会。它们的经理人员也无须(或有责任)对其权力的使用作出说明。

因此之故,具有几种不同形式的现代工商企业的出现,都引起了强烈的政治反应和立法行动。对铁路、三种大量销售的零售商——百货公司、邮购公司、连锁商店——和大工业企业的控制和管理,成了主要的政治争端。在 20 世纪的头十年内,有关对大公司的控制问题,事实上是当时首要的政治问题。抗议新型生意企业的活动,是由商人、小制造商、其他生意人,包括从事商业活动的农场主所领导的,这些人觉得其经济利益正受到新机构的威胁。其论点是基于传统的意识形态和传统的经济信仰,因而获得普遍的支持。可是到最后,这些抗议、政治运动和所产生的立法都未能阻挠新机构和管理它的新阶层的持续成长。

美国:经理式资本主义的策源地

现代工商企业已经出现在一切技术先进的市场经济中。类似的抗议(即使是更强烈的、意识形态上和政治上的反对)并未能阻止它在西欧和日本的出现和扩展。近年来在上述国家中,同样类型的多单位企业,利用类似的管理程序和组织结构,都支配了与当年美国相同的那些工业。⑦在这些工业中,一个新的经理阶层已承担起协调当前产品和服务的流量以及为未来生产和分配进行资源分派的责任。对欧洲和日本现代工商企业过去的历史以及现阶段经营情况的研究,向经济学家和历史学家提出了一项与分析美国情况同样重大的挑战。

可是在欧洲和日本,新机构出现的数量较少,而且至少在第二次世界大战结束以前,其扩展速度比美国慢。由于它来得较晚而且也较慢,所以其创建者和管理人士总是以美国的经验作为模式和先例。因此,对于把现代工商企业放在其国际背景下对它进行研究的经济学家和历史学家来说,有一个最重要的问题就是:阐明为什么这一机构在美国出现得如此迅速并蔓延得如此广阔。

美国所以成为经理式资本主义策源地的一个明显的(虽然还有待验证的)原因在于其国内市场的规模和性质。在 19 世纪下半叶,美国的国内市场是全世界最大的,而更为重要的是,它还是全世界成长最快的市场。1880 年,美国的国民收入及人口是英国国民收入及人口的一倍半。到 1900 年时,已为英国的两倍,而到 1920 年时,则为英国的三倍了。[8]正如西蒙·库兹涅茨仔细引用的资料所表明,在南北战争到第一次世界大战期间,美国人口和全国产品的增长率都始终远远高于其他技术先进的国家如法国、德国以及英国的同一增长率。

美国市场不仅比其他国家的市场更大、发展更快,而且还具有更高的同质性。美国的收入分配看来要比其他国家更为平均。市场的阶级界线不像欧洲那样明显。美国市场的特点还在于它是一个新开发的市场,几十年前这里有许多地方还是荒无人烟,因而新型的现代工商企业更易于建立,因为老的一套经营方法还来不及成为惯例和变得僵化。

这种迅速发展的、同质的、开放性市场的存在,不仅促进了大量销售商的兴起,也加速了新技术的采用。这个市场刺激了最基本的创新成果——铁路、电报以及把煤用于熔炼工业、铸造工业和精炼工业的新技术——的迅速推广。接着它又促使美国人成为发展大量生产的机器和组织的先锋。他们发展出机器(通常以欧洲创新为基础)来大量生产各种各样的产品。更为重要的是,他们是首先采用大量生产的方法来制造标准化的机器者。

西欧和日本的国内市场较小,发展也较缓慢,因而使得厂商采用新的大量生产技术的兴趣不高,也降低了促使他们建立庞大销售和采购组织的刺激作用。英国和法国的厂商继续依赖中间商处理比较传统性的货品,而这些货品也是以比较传统的手工方式生产的。虽然也出现了大的结合企业,但还是没有大到无法由少数老板亲自进行高阶层管理的地步,因而企业家式的企业以及随之而来的家族式资本主义继续在蓬勃发展。在德国和日本,生产和分配的结合比较常见,但是其较小的市场和现金流量减少了依靠从内部筹措资本的机会,所以就增加了对外来金融家——德国的大银行和日本的大财团(财阀)——的依赖性。经理人员继续和金融家分享高阶层管理的决策权。金融资本主义一直居于支配地位。

文化方面和社会方面的差异,在推迟大型经理式的企业以及随后的经理式资本主义的出现上,也起着一定的作用。建立在文化价值标准上的法律方面的差异,具有特别重要的意义。谢尔曼法案禁止小型家族公司形成卡特尔,结果加速了美国大企业的成长。在欧洲,各家族公司通过不同的手段——在英国是通过控股公司、在德国是通过卡特尔——结成联盟,以确保持续不断的利润。即使当欧洲的公司合并为结合的控股公司时,它们主要也是为了防御性的目的——确保销路和供应来源。这种公司实质上依然停留在联盟的水平,它并不雇用中层或高层经理人员来协调产品流量或分配资源。老板或其代表在每星期或每月的会议上确定价格、产量,并作出协调方面的决策。而在美国,这样的联盟是不合法的。谢尔曼法案和最高法院对它的解释,造成了一种强大的压力,迫使各家族公司把自己的经营合并成一个单一的、集中经营并由支薪经理管理的企业,这种压力在其他国家中并不存在。

在欧洲,阶级差别可能也是一种社会方面的差异。与美国的一些家族相比,欧洲一些家族要更为紧密地同提供其收入(这些收入是维持其社会地位所必需的)的公司融为一体。即使在结合了大量生产和大量分配的大型企业中,老板也雇用了中层经理人员来协调流量的情况下,其家族也要继续控制着高阶层管理。如果企业的扩充会导致个人控制权的丧失,则这些家族通常宁愿不要扩充。

自第二次世界大战以来,这些限制都消失了,经理式的企业在西欧和日本的扩展也就加快了速度。战时和战后的需求促进采用大量的新生产技术。随着国民生产总值的增加和收入分配的更为公平,国内市场迅速发展。欧洲经济共同体的诞生进一步扩大了市场。反对垄断和反对限制商业活动的法律使控股公司和家族公司卡特尔难以延续。阶级差别已变得模糊不清。雇用支薪的高层和中层经理人员的大企业,无论在规模上还是数量上都在增大。它们聚集的工业也同美国的情况极为相似——那些管理协调工作能带来利润的工业。随着现代经理式的生意企业在欧洲和日本的扩展,职业管理的各种附属物——协会、刊物、培训学校、咨询公司——都纷纷出现了。⑨

这种将国内和海外现代多单位企业的发展和经营进行比较的方法，还只是一种初步的尝试。要验证这些带有启发性的假设，还需要更多得多的资料。可是，现有的资料已能突出表明，进行管理协调和资源分配对具有现代先进技术的、城市的、工业的市场经济所具有的极端重要性，它也强调指出了对此种机构和经理阶层进一步研究的价值。

这种比较的方法确实是对现代工商企业的历史进行这种连续不断研究的适当方法。描述和分析新机构的历史以及新机构在不同国家中执行其基本功能的方式，有助于解释现代经济的组织规则并揭明文化观点、价值观、意识形态、政治制度和社会结构影响这些规则的方式。具有同样重要意义的是，这种研究能够在有关回答现代极端重要的问题的方法方面，提供一点线索。它也许可以使人得到启发，那些受过狭隘训练的经理们（他们必须管理现代复杂的经济中的生产和分配过程）是怎样能成为一种对其行为——具有深远影响的行为——负责的人的。

附录 A 和附录 B

附录 A:1917 年资产额为 2 000 万美元或 2 000 万美元以上的工业企业

名次[a]	公司名称	资产额（百万美元）	类型[b]	结构[c]	备注[d]
10 组和 12 组:采矿公司[e]					
29.	智利铜公司	136.0	—	—	(Insuf.)可能为一销售组织
32.	联合煤炭公司	127.8	I	FD	
42.	匹兹堡煤炭公司	112.9	I	FD	
50.	费城和雷丁煤铁公司	100.0	I	FD	(Inc.)
60.	卡路梅特和亥克拉采矿公司	85.8	I	FD	(Inc.)
67.	李海煤炭和航运公司	81.4	I	FD	具有几个公用事业和运输业的子公司
68.	犹他铜公司	80.8	SF	Ex	
85.	格林·加纳尼亚铜公司	59.1	SF	Ex	
91.	联合维德扩大采矿公司	55.4	SF	Ex	
100.	联合维德铜公司	50.0	SF	Ex	
102.	卡路梅特和亚利桑那采矿公司	49.4	SF	Ex	
105.	克利夫兰—克利夫斯铁公司	46.9	I	FD	
113.	格伦·奥尔登煤炭公司	45.0	—	—	(Insuf.)
116.	鼓舞联合铜公司	44.6	SF	Ex	
119.	习罗·德·帕斯柯铜公司	43.9	SF	Ex	
125.	李海谷煤炭公司	42.7	I	—	具有一个销售子公司
133.	李海和威尔克斯—巴雷煤炭公司	40.4	I	FD	
148.	金田联合采矿公司	36.7	I	FD	
152.	雷联合铜公司	35.9	SF	Ex	
157.	邦克·希尔和沙利文采矿和选矿公司	35.0	SF	Ex	
175.	内华达联合铜公司	32.7	SF	Ex	
177.	迈阿密铜公司	32.4	SF	Ex	
189.	伯温—怀特煤炭采矿公司	30.0	—	—	(Insuf.)

名次[a]	公司名称	资产额（百万美元）	类型[b]	结构[c]	备注[d]
200.	霍姆斯太克采矿公司	28.6	SF	Ex	
209.	埃尔克·霍恩煤炭公司	27.4	SF	Ex	（Inc.）
233.	克林奇菲尔德煤炭公司	24.7	I	—	具有几个功能性子公司
240.	中国铜公司	24.3	SF	Ex	
254.	坡林亨他斯燃料公司	21.9	I	FD	
271.	联邦采矿和熔炼公司	20.2	SF	Ex	
275.	贾米森煤和焦炭公司	20.0	SF	Ex	
13 组：石油及瓦斯开采					
48.	大草原石油和瓦斯公司	102.6	SF	Ex	
61.	俄亥俄石油公司	85.4	SF	Ex	
151.	加利福尼亚石油公司	36.0	SF	Ex	
162.	得克萨斯太平煤炭和石油公司	35.0	SF	Ex	正在转向结合
168.	休斯敦得克萨斯石油公司	34.1	SF	Ex	石油和木材
205.	南宾夕法尼亚石油公司	27.9	SF	Ex	（Inc.）
278.	斯凯尼—森基石油公司	20.0	SF	Ex	正在计划结合
20 组：食品及类似产品					
4.	阿穆尔公司	314.1	I	FD	
5.	斯威夫特公司	306.3	I	FD	
28.	美国糖业制造公司	137.3	I	FD	
43.	玉米产品制造公司	112.0	I	FD	
49.	威尔逊公司	102.0	I	FD	
57.	莫里斯公司	91.1	I	FD	
76.	美国瓶业公司	73.5	I	FD	
79.	卡达希肉类加工公司	64.7	I	FD	
90.	制酒证券公司	55.7	I	—	法定延期。准备建立职能部门结构
93.	大西方糖业公司	54.0	—	—	（Insuf.）
97.	古巴美国糖业公司	51.4	I	HC(f)	
103.	博登炼乳公司	47.5	I	FD	具有两个分支公司
126.	美国棉籽油公司	42.4	I	FD	具有几个生产副产品的子公司
130.	安修斯啤酒酿造联盟	41.5	I	FD	
134.	老人牌麦片公司	40.0	I	FD	
155.	美国制冰公司	35.2	I	—	具有几个功能性和地区性部门
165.	弗莱施曼公司	34.5	I	FD	

名[a]次	公司名称	资产额（百万美元）	类[b]型	结[c]构	备注[d]
169.	加利福尼亚肉类加工公司	33.7	I	FD	
186.	美国甜菜糖公司	30.5	I	FD	(Inc.)
194.	皇家发酵粉公司	30.0	I	FD	
196.	标准谷类加工公司	29.3	I	FD	(Inc.)
207.	布思渔业公司	27.5	I	FD	
212.	可口可乐公司	27.0	I	FD	
214.	犹他—爱达荷糖业公司	26.7	I	FD	
220.	利比、麦克尼尔和利比公司	26.0	I	FD	
223.	南方棉籽油公司	25.9	I	—	(Insuf.)
226.	海因茨公司	25.0	I	FD	
228.	希利茨饮料公司	25.0	I	FD	
236.	纽约华德面包公司	24.6	—	—	(Insuf.)
242.	联邦糖业制造公司	23.8	I	—	(Insuf.)
246.	赖利公司	23.0	I	FD	
247.	匹兹堡啤酒公司	22.9	I	FD	
259.	卢斯—怀尔斯瓶业公司	21.3	I	FD	
279.	沃什伯恩—克罗斯比公司	20.0	I	FD	
357.	美国糖胶树胶公司	15.1	I	FD	
21 组:烟草制造厂					
18.	美国烟草公司	164.2	I	FD	
44.	利格特和迈耶斯公司	111.2	I	FD	
81.	罗利拉德公司	63.4	I	FD	
111.	美国雪茄公司	45.0	I	FD	
146.	雷诺兹烟草公司	37.4	I	FD	
153.	通用雪茄公司	35.7	I	FD	
22 组:纺织产品					
36.	美国毛织品公司	123.0	I	D	外销由分支办事处进行 内销由佣金代理商进行
128.	太平洋工厂	42.4	SF	Mfg	
195.	美国纱线公司	29.8	SF	Mfg	
237.	阿林顿工厂	24.4	SF	Mfg	
238.	普利茅斯绳索公司	24.4	I	FD	
249.	美国制造公司	22.3	I	FD	(Inc.)
263.	瀑布河铁工厂	20.6	SF	Mfg	一家以前为纺织品印花的铁工厂

名次[a]	公司名称	资产额（百万美元）	类型[b]	结构[c]	备注[d]
23组:服装及有关产品					
163.	克卢特和皮博迪公司	34.9	I	FD	
213.	哈特和沙夫纳和马克思公司	26.9	I	FD	(Inc.)
235.	国民斗篷和服装公司	24.7	—	—	(Insuf.)
24组:木材和木材制品,家具除外					
21.	韦尔豪泽木材公司	153.2	I	FD	
221.	红河木材公司	26.0	I	FD	
232.	长铃木材公司	24.8	I	FD	
257.	波特拉契林业公司	21.6	—	—	(Insuf.)
265.	大南方木材公司	20.5	I	FD	
26组:纸及有关产品					
70.	国际纸公司	77.6	I	FD	
131.	美国书写纸公司	41.3	I	FD	
139.	比米斯兄弟纸袋公司	39.2	I	FD	
193.	大北方纸公司	30.0	I	FD	
199.	西弗吉尼亚纸浆和纸公司	28.7	I	FD	
243.	克朗·威拉梅特纸公司	23.6	I	FD	(Inc.)
274.	布朗公司	20.0	I	FD	
27组:印刷和出版					
158.	赫斯特出版公司	35.0	SF	Mfg.	
166.	柯蒂斯出版公司	34.2	SF	Mfg.	
269.	巴特里克公司	20.3	—	HC	(Inc.)
28组:化学制品					
8.	杜邦公司	263.3	I	FD	
20.	联合碳化物和碳公司	155.9	I	HC	具有几个产品分支公司
55.	弗吉尼亚—卡罗来纳化学公司	94.4	I	FD	(Inc.)
66.	美国农业化学公司	82.1	I	FD	具有几个结合型的子公司
73.	新泽西锌公司	75.0	I	FD	具有集中的销售组织
83.	普罗克特和甘布尔公司	62.8	I	FD	
86.	国民铅公司	58.7	I	FD	具有几个生产以后顺序各阶段产品的子公司
88.	通用化学公司	56.9	I	FD	
104.	联合药品公司	47.4	I	—	为一连锁零售商店
114.	巴雷特公司	44.9	I	FD	
117	国民苯胺和化学公司	44.2	I	FD	

名[a]次	公司名称	资产额（百万美元）	类[b]型	结[c]构	备注[d]
122.	美国工业酒精公司	43.5	I	HC(i)	
138.	美国亚麻籽油公司	39.4	I	FD	
150.	国际农业公司	36.4	I	FD	(Inc.)
154.	西美特—索尔维公司	35.6	I	—	具有两个分支公司正向分支公司结构转变
176.	赫尔克里士炸药公司	32.5	I	FD	
180.	联合染料植物公司	31.9	I	HC(i)	具有几个地区性结合型子公司
192.	格拉赛立化学公司	30.0	I	FD	
197.	艾特纳炸药公司	29.0	I	FD	
217.	阿特拉斯炸药公司	26.1	I	FD	
266.	舍温—威廉公司	20.4	I	FD	具有一个地区性结合型子公司
29 组:石油精炼和煤产品					
2.	新泽西标准石油公司	574.1	I	HC(f&i)	具有几个结合型和非结合型的子公司
14.	纽约标准石油公司	204.3	I	FD	不生产原油
24.	得克萨斯公司	144.5	I	FD	
26.	墨西哥湾石油公司	142.9	I	FD	
34.	印第安纳标准石油公司	126.9	I	FD	正在介入原油生产
35.	加利福尼亚标准石油公司	126.9	I	FD	
37.	马格诺利亚石油公司	122.8	I	FD	不生产原油
45.	俄亥俄城市瓦斯公司	110.0	I	FD	具有公用事业子公司是一个石油钻探取岩芯企业
56.	辛克莱石油和精炼公司	93.8	I	HC(f)	
64.	泛美石油和运输公司	83.0	I	HC	具有几个功能性和地区性子公司
69.	联合石油公司	80.6	I	FD	
71.	加利福尼亚联合石油公司	77.5	I	FD	
72.	真空石油公司	76.1	I	FD	不生产原油
84.	大西洋炼油公司	60.7	I	FD	
95.	中西部炼油公司	52.4	I	FD	
106.	皮尔斯石油公司	46.7	I	FD	
110.	科斯顿石油公司	45.5	I	FD	

名次[a]	公司名称	资产额（百万美元）	类型[b]	结构[c]	备注[d]
124.	东弗吉尼亚石油公司	42.7	I	FD	具有几个生产和油管运输的子公司
132.	通用沥青公司	40.9	I	FD	
160.	加利福尼亚壳牌石油公司	35.0	I	FD	
178.	通用石油公司	32.2	I	FD	
229.	太阳石油公司	25.0	I	FD	
261.	石油生产和精炼公司	20.9	I	FD	主要经由外部销售单位销售
262.	标准石油公司	20.7	I	FD	不生产原油
30 组:橡胶产品					
9.	美国橡胶公司	257.5	I	FD	具有几个结合型的分支公司
22.	古德里奇公司	146.1	I	FD	
65.	古德伊尔轮胎和橡胶公司	82.5	I	FD	
96.	费尔斯通轮胎和橡胶公司	51.6	I	FD	
129.	菲斯克橡胶公司	41.9	I	HC(f)	
31 组:皮革及其产品					
23.	中央皮革公司	145.3	I	FD	(Inc.)
112.	恩迪科特和约翰逊公司	45.0	I	FD	
120.	美国兽皮和皮革公司	43.9	I	FD	
149.	国际皮鞋公司	36.6	I	FD	
32 组:石料、黏土和玻璃产品					
127.	哈比森—沃克耐火材料公司	42.4	I	FD	
142.	匹兹堡厚玻璃公司	38.7	I	FD	
188.	阿特拉斯波特兰水泥公司	30.0	I	FD	
208.	李海波特兰水泥公司	27.5	I	FD	
230.	欧文制瓶机器公司	24.9	I	FD	
272.	美国窗用玻璃公司	20.0	I	FD	
33 组:原生金属冶炼工业					
1.	美国钢公司	2 449.5	I	HC(f&i)	
3.	贝斯利汉钢公司	381.5	I	FD	
6.	米德维尔钢与军械公司	270.0	I	FD	
10.	费尔普斯·道奇公司	232.3	I	FD	
12.	阿纳康达紫铜公司	225.8	I	FD	
13.	美国熔化和精炼公司	221.8	I	FD	具有几个地区性分支公司

名次[a]	公司名称	资产额（百万美元）	类型[b]	结构[c]	备注[d]
19.	琼斯和劳克林钢公司	159.6	I	FD	
27.	肯尼可特紫铜公司	142.2	I	—	(Insuf.)
39.	共和钢铁公司	122.3	I	FD	具有两个结合型的地区性分支公司
40.	拉卡瓦那钢公司	117.3	I	FD	
47.	美国铝公司	104.0	I	FD	
53.	扬斯敦薄钢板和钢管公司	97.0	I	FD	
54.	科罗拉多燃料和铁公司	95.3	I	FD	
58.	美国坩埚钢公司	90.3	I	FD	
59.	美国熔化、精炼和采矿公司	88.7	I	HC(f)	
82.	国际镍公司	63.1	I	FD	
87.	内陆钢公司	57.4	I	FD	
107.	拉贝利铁工厂	46.5	I	FD	
109.	布里尔·希尔钢公司	45.9	I	FD	或许为一小的销售组织
135.	汉纳公司	40.0	I	HC(f)	
137.	特朗布尔钢公司	40.0	SF	Mfg.	(Inc.)
141.	美国钢铸件公司	38.9	I	FD	
164.	匹兹堡钢公司	34.7	I	FD	
179.	伍德沃德铁公司	32.0	I	FD	
184.	美国铸铁管和铸件公司	31.3	I	FD	
187.	美国轧钢公司	30.3	I	FD	
203.	联合合金钢公司	28.0	I	FD	
206.	斯洛斯—谢菲尔德钢铁公司	27.8	I	FD	
211.	圣约瑟夫铅公司	27.1	I	FD	
241.	马克制造公司	24.0	I	FD	
248.	惠林钢铁公司	22.4	I	FD	
250.	罗杰斯·布朗铁公司	22.3	I	FD	
251.	奥蒂斯钢公司	22.3	I	FD	
253.	美国金属公司	22.0	I	HC(f)	
268.	美国锌、铅熔炼公司	20.3	I	FD	
270.	唐纳钢公司	20.2	I	FD	
276.	卢肯斯钢公司	20.0	I	—	
277.	约翰·罗布林父子公司	20.0	I	FD	
280.	惠太克—格莱勒斯公司	20.0	I	FD	
34 组:除了军用器材、机器和运输设备以外的金属加工产品					
31.	美国金属管壳公司	133.1	I	FD	

名[a]次	公司名称	资产额（百万美元）	类[b]型	结[c]构	备注[d]
94.	格雷恩公司	53.8	I	FD	
101.	韦尔顿钢公司	50.0	I	FD	
108.	美国黄铜公司	46.1	SF	Mfg.	小型销售组织
143.	国民搪瓷模压产品公司	38.6	I	FD	
172.	斯科维尔制造公司	33.5	—	—	
183.	国民巅峰公司	31.3	I	FD	
222.	大陆罐具公司	25.9	I	FD	(Inc.)
244.	吉列特刀片公司	23.5	I	FD	
256.	标准卫生器材公司	21.7	SF	Mfg.	(Inc.)
267.	美国闸瓦公司	20.3	I	FD	
35组:电器机器以外的机器					
7.	国际收割机公司	264.7	I	FD	
15.	辛格公司	192.9	I	FD	
74.	联合制鞋机器公司	74.1	I	FD	法定延期
77.	迪尔公司	69.9	I	FD	
92.	艾利斯—契尔摩公司	54.8	I	FD	
136.	科珀斯公司	40.0	I	FD	(Inc.)
140.	凯斯打谷机公司	39.2	I	FD	
144.	温切斯特连发武器公司	37.8	I	FD	
147.	奈尔斯—贝门特—庞德公司	37.3	I	FD	
156.	巴布考克和威尔科克斯公司	35.1	I	FD	
167.	英格索尔—兰德公司	34.2	I	FD	
173.	阿德凡斯—路姆利公司	33.2	I	FD	
181.	沃辛顿泵和机器公司	31.9	I	FD	
182.	雷敏顿打字机公司	31.6	I	FD	
190.	巴勒斯加法机公司	30.0	I	FD	
198.	莫兰耕作机公司	28.9	I	FD	
201.	美国冷却器公司	28.1	I	FD	
202.	奥蒂斯升降机公司	28.0	I	FD	
210.	埃默森—布兰廷翰公司	27.4	I	FD	(Inc.)
227.	雷明顿枪支公司	25.0	I	FD	
239.	布利斯公司	24.4	I	FD	(Inc.)
252.	计算—列表—记录器公司	22.2	I	FD	
255.	安德伍德打字机公司	21.8	I	FD	
264.	默根特勒行型活字铸造机公司	20.6	I	FD	
285.	费尔班克斯—摩尔斯公司[f]	19.6	I	FD	

名次[a]	公司名称	资产额（百万美元）	类型[b]	结构[c]	备注[d]
286.	国民收银机公司[f]	19.6	I	FD	
36 组:电气机器					
11.	通用电气公司	231.6	I	FD	
17.	威斯汀豪斯电气制造公司	164.7	I	FD	
38.	西方电气公司	122.6	I	FD	
174.	维克多留声机公司	33.2	—	—	(Insuf.)
234.	蓄电池公司	24.7	I	FD	(Inc.)
37 组:运输设备					
16.	福特汽车公司	165.9	I	FD	
25.	普尔曼公司	143.3	I	FD	(Inc.)
30.	通用汽车公司	133.7	I	—	具有几个结合的分支公司
33.	美国列车和铸件公司	127.2	I	MD	
41.	威利斯汽车公司	113.2	I	FD	
51.	雪佛兰汽车公司	97.2	I	FD	
62.	美国机车公司	84.1	I	FD	
75.	鲍德温机车公司	73.8	I	FD	
78.	史蒂倍克汽车公司	69.6	I	FD	
89.	联合汽车公司	56.3	I	FD	
98.	马克思韦尔汽车公司	50.8	I	FD	
99.	道奇兄弟公司	50.0	I	FD	
115.	锻压钢材车厢制造公司	44.7	I	FD	
118.	威斯汀豪斯气力制动器公司	44.0	I	FD	
121.	帕卡德汽车公司	43.6	I	FD	
123.	铁路钢质弹簧公司	43.0	I	FD	
145.	纽约造船公司	37.7	SF	Mfg.	
161.	标准钢列车公司	35.0	I	FD	(Inc.)
171.	美国造船公司	33.6	SF	Mfg.	
185.	纽波特新造船和干坞公司	31.1	SF	Mfg.	
204.	联合油轮运输公司	28.0	I		具有某些制造厂的运输企业
215.	柯蒂斯飞机和引擎公司	26.3	SF	Mfg.	
216.	托德造船公司	26.3	SF	Mfg.	
218.	标准零件公司	26.1	SF	Mfg.	
219.	皮尔斯·阿罗汽车公司	26.0	I	FD	
224.	怀特卡车公司	25.5	I	FD	
245.	纽约气力制动器公司	23.4	I	FD	(Inc.)

名[a]次	公司名称	资产额（百万美元）	类[b]型	结[c]构	备注[d]
260.	威廉—克兰普父子造船和引擎公司	21.1	I	FD	
273.	布里格斯制造公司	20.0	I	FD	
38 组：仪器和有关产品					
80.	伊斯门·柯达公司	63.9	I	FD	
39 组：杂项制造商					
231.	衣阿连—韦伯钢琴和自动钢琴公司	24.8	—	—	(Insuf.)
258.	钻石火柴公司	21.5	I	FD	
农业					
46.	联合水果公司	109.8	I	FD	
63.	古巴蔗糖公司	83.3	SF		
159.	米勒和勒克斯公司	35.0	SF		
170.	洲际橡胶公司	33.7	SF	HC	地区附属机构
225.	大西洋水果和糖公司	25.0	I	HC(f)	无销售附属机构
运输和分配（因而未包括在上述内容中）					
52.	格雷斯公司	97.0			
191.	拉斯基公司	30.0	I	HC(f)	

资料来源：此 278 家公司之名称乃取自托马斯·R. 纳文发表于《商业历史评论》(70 年秋季号)中，美国 500 家最大企业的汇编资料数据和备注取自各公司报告和摩迪的《工业证券手册》。

a. 名词是按 278 家最大工业企业的资产额大小而排列。

b. I 代表纵向结合的企业；SF 代表单功能的企业。

c. FD 表示具有职能部门的结构；HC 表示为一控股公司，HC(f)表示为一具有功能性子公司的控股公司；HC(i)表示为一具有结合型子公司的控股公司；Ex 表示单一部门、开采业；Mfg. 表示单一部门，制造业。

d. (Inc.)表示资料虽不足，但能说明该公司所属的类型和结构。(Insuf.)表示资料不足，不能说明该企业所属的类型和结构。备注则对其类型或结构提供补充材料。

e. 这些两位数组的工业种类编号是美国人口调查局在其标准工业分类中使用的。

f. 正文中所提到的资产额少于 2 000 万美元，但接近此数的企业。

附录 B:1917 的资产额超过两亿美元的铁路系统

铁　　路	英里数[a]（线路长度）	1917 年资产额（百万美元）
纽约中央线，包括克利夫兰、辛辛那提、芝加哥和圣路易斯公司及中部密歇根铁路	12 413	1 786
宾夕法尼亚铁路公司	12 129	2 663
大西洋海岸铁路公司，包括路易斯维尔和纳什维尔公司	12 090	756
艾奇逊，托皮卡和圣塔非公司	11 291	847
南太平洋公司，包括中部太平洋公司	11 208	1 788
芝加哥、密尔沃基和圣保罗公司	10 313	691
芝加哥、伯灵顿和昆西公司，包括科罗拉多和南部公司	9 373	729
芝加哥、岩岛和太平洋公司	8 297	402
大北部公司	8 264	761
芝加哥和西北公司	8 095	593
联合太平洋公司	8 003	1 034
密苏里太平洋公司	7 302	405
南部公司，包括莫比尔和俄亥俄公司	6 983	716
北太平洋公司	6 534	736
圣路易斯—圣塔非公司	5 165	359
巴尔的摩和俄亥俄公司，包括辛辛那提、汉密尔顿和德顿公司	4 949	841
中部伊利诺斯铁路，包括中部佐治亚铁路	4 766	566
密苏里，堪萨斯和得克萨斯公司	3 869	284
海岸公司	3 461	221
丹佛和里奥格朗德公司	2 610	263
沃巴什铁路	2 519	224
切萨皮克和俄亥俄公司	2 478	398
伊利铁路	2 259	600
诺福克和西部公司	2 086	343
纽约、纽黑文和哈特福特公司	1 995	694
李海谷公司	1 449	201
里丁铁路	1 127	500

资料来源：摩迪著《投资分析：第一部分——1918 年的蒸汽铁路》（纽约，1918 年）。按照摩迪的解释，英里数为经营路线的长度。资产额为每个母公司及其子公司的资产总和。

a. 上述公司所经营的、最重要的轨道英里数（171 028）是 1917 年美国全部铁路公司所经营的、最重要的轨道英里数（259 705）的 65%。

注　　释

前言:看得见的手

① Lance E. Davis and Douglass C. North, *Institutional Change and American Economic Growth* (Cambridge, Eng., 1971)与 Douglass C. North and Robert Paul Thomas, *The Rise of the Western World* (Cambridge, Eng., 1973).

② John Higham, with Leonard Kreiger and Felix Gilbert, *History* (Englewood Cliffs, N. J., 1965), pp. 231—232.

③ Richard Coase, "The Nature of the Firm", *Economica*, n. s., 4: 386—405 (1937),该文对经营单位所以内部化的原因提供了最早的分析。他的研究由 Oliver Williamson 所发展,特别在其 *Corporate Control and Business Behavior* (Englewood Cliffis, N. J., 1970) p. 7 中。关于企业内流程协调和资源分配有启发的文章是 Kenneth J. Arrow, "Control in Large Organizations", *Management Science*, 10: 397—408(1964年4月); H. Leibenstein, "Allocative Efficiency Versus X-Effiiciency", *American Economic Review*, 56: 392—415(1966年6月); A. A. Alechian and H. Demsetz, "Production, Information Costs, and Economic Organization", *American Economic Review* 62: 777—795(1972年12月);和 G. B. Richardson, "The Organization of Industry", *Economic Journal*, 83: 883—896(1972年9月)。

④ Werner Sombart, "Capitalism", *Encyclopedia of Social Sciences* (New York, 1930), III, 200。虽然很少人论及协调和资源的分配以及公司内活动的性质,但有关现代工商企业的官僚主义性质及企业经理的目标和动机的文章可谓汗牛充栋。可是,这些论述几乎从未注意到管理层级制的历史发展和相应时期内经理人员的作用和职能。

⑤ James Burnham 在其 *Managerial Revolution* (New York, 1941)书中是第一个描述及分析该现象者。他在第7章曾对美国企业的管理阶层下过定义,但未能描述该阶层或使其获得权力的机构的历史。

第一章　传统的商业企业

① Adam Smith, *Wealth of Nations*, Modern Library ed. (New York, 1937), p. 432.

② Stuart Bruchey, *Robert Oliver, Merchant of Baltimore, 1788—1819* (Baltimore, 1956), pp. 370—371.

③ 由 Douglass C. North and Robert Paul Thomas, *The Rise of the Western World* (Cambridge, Eng., 1973), pp. 53—55, 134—143, 149—150, 155—156, 可得一简略的了解，更详细的资料参阅 Raymond de Roover, "The Organization of Trade", M. M. Postan and H. J. Habakkuk, *The Cambridge Economic History* (Cambridge, Eng., 1963), III, 49—58 和 Herman Van der Wee, *The Growth of the Antwerp Market and the European Economy* (The Hague, 1969), pp. 323—324, 328—368.

④ 除特别提出者外，本章内之统计数字来自美国人口调查局，*Historical Statistics of the United States, Colonial Times to 1957* (Washington, 1960).

⑤ Sam Bass Warner, *The Private City* (Philadelphia, 1968), pp. 5—6。另外，对研究殖民时期的制造业极有参考价值的书为 Victor S. Clark, *History o-Manufacturers in the United States, Vol. I, 1607—1860* (New York, 1928)，特别是第 8 章与第 9 章。

⑥ 美国人口调查局，*Historical Statistics* p. 761 和 Howard N. Eavenson, *The First Century and a Quarter of the American Coal Industry* (Pittsburgh, 1942), pp. 32—34.

⑦ 研究殖民时期商业活动的最好的一本书为 Stuart Bruchey 的 *The Colonial Merchant* (New York, 1966)，特别是第三部分与第四部分；以及他的另一本书 *The Roots of American Economic Growth* (London, 1965), pp. 55—63. 具有参考价值的书还有：Bernard Bailyn, *The New England Merchants in the Seventeenth Century* (Cambridge, Mass., 1955), chap. 7; Virginia D. Harrington, *The New York Merchant on the Eve of the Revolution* (New York, 1935), pp. 51—73；和 James B. Hedges, *The Browns of Providence Plantation: The Colonial Years* (Cambridge, Mass., 1952).

⑧ 除 Bruchey 的书外，特别值得一提的还有 Aubrey C. Land, "Economic Behavior in a Planting Society: The Eighteenth Century Cheasapeake", *Journal of Southern History*, 35:464—485(Nov. 1967) 和 James H. Soltow, "Scottish Traders in Virginia, 1750—1775", *Economic History Review*, 12:83—99(1959).

⑨ Warner, *Private City* 第 18 页，指出在 1774 年的费城中区，经商的包括 23 位小店主，19 位商人，两位药剂师，两位烟草商和一位杂货商。Harrington, *The New York Merchant*, pp. 58—70，对纽约市商业中专业化的产生情形有所叙述。

⑩ Arthur H. Cole, *Industrial and Commercial Correspondence of Alexander Hamilton* (Chicago, 1928) 对 1791 年美国制造业的情况作了详细介绍。

⑪ 这个故事可以在 Douglas C. North, *The Economic Growth of the United States, 1790—1860* (Englewood Cliffs, N. J. 1961) 一书中找到。另外，Stuart Bruchey,

Cotton and the Growth of the American Economy, 1790—1860 (New York, 1967)书中也提供了有关这些发展的文献以及棉花生产和交易的统计资料。此处引用的统计数字摘自 Bruchey 书中的表 3A 与表 3H。Robert G. Albion, *Rise of New York Port* (New York, 1939), p. 99, 所列美国于 1821 年的出口总额达到 5 400 万美元。其中棉花占 2 000 万美元，烟草占 500 万美元，面粉占 400 万美元。由 John R. Harris 编辑的 *Liverpool and Merseyside, 1820—1850* (Liverpool, 1969)书中，刊于第 184 页的 D. M. Williams, "Liverpool Merchants and the Cotton Trade, 1820—1850", 一文中提到英国棉花进口总额中美国所占的比重。Bruchey 的表 2B 显示出了更高的百分比。

⑫ 棉花种植区作为西部农作物的一个市场的意义，乃是美国经济史学者历来争论的主要题目。有关这方面的重要文章有：Diane L. Lindstrom, "Southern Dependence Upon Interregional Grain Supplies: A Review of Trade Flows, 1840—1860", 收于 William N. Parker 编辑的 *Structure of the Cotton Economy of the Antebellum South* (Washington, 1970) pp. 101—113; 和 Albert Fishlow, *American Railroads and the Transformation of the Antebellum Economy* (Cambridge, Mass., 1965), pp. 275—288. 争论重点在于 19 世纪 30 年代后，当时南部的棉花种植区已达到相当程度的自给自足。但仍有迹象表示，直到 19 世纪 30 年代，下密西西比河流域开始形成的棉花种植区乃是美国西北部骡、马匹和粮食的一个市场，尤其是当种植园主将其精力完全投注于农地的清理与棉花种植上时。当时在河流上航行的有一种用以运货的大型平底船，几乎没有证据能证明这些粮食的目的地是在东部，农产品似乎沿河售卖。John G. Clark 指出在 1820 年时大约半数有案可查的粮食与面粉货运量是运往新奥尔良，也有许多是运往西印度群岛和亚拉巴马州及佐治亚州的新兴棉花种植区。另一方面，烟草、铅与大麻则是经由新奥尔良运往东部，不论在新奥尔良还是在东部，都是采取寄售方式。同时许多由西部运往南部的货品是从肯塔基州与田纳西州运往更南方。持否定态度的经济学者认为这种交易是地区内部的交易而非地区间的交易。参阅 John G. Clark, *New Orleans, 1718—1812: An Economic History* (Baton Rouge, La., 1970), pp. 301—303; 和他的 *The Grain Trade in the Old Northwest* (Urbana, 1966), chap. 2, 特别是第 47 页至 48 页；以及 Lewis E. Atherton, "The Pioneer Merchant in Mid-America", *The University of Missouri Studies*, 14: 90—102 (April, 1, 1939).

⑬ Albion, *New York Port* 主要是第 2 章至第 6 章。

⑭ Albion, *New York Port*, pp. 40—41, 99—104, 114—115; Harold Woodman, *King Cotton and His Retainers* (Lexington, Ky., 1968), chaps. 1—2. John R. Killick, "Bolton Ogden & Co.: A Case Study in Anglo-American Trade, 1790—1850", *Business History Review*, 48: 501—519 (Winter 1974)对一家作为英国纺织厂代理商而开始的企业进行了仔细的考察。在 Frances Gregory, *Nathan Appleton: Merchant and Entrepreneur, 1779—1861* (Charlottesville, Va., 1975)第 2—5 各章中也描述了新罕布什尔

州乡下一个小店铺主成为波士顿商人的故事,他为了偿付英国进口纺织品的款项而寻求合适的出口货物,终于在 1804 年介入了棉花贸易。另外,Stuart Bruchey 在他的 *Cotton and the Growth of the American Economy* 中再一次提供了富有价值的文献与资料。

⑮ Norman S. Buck, *The Development of the Organization of Anglo-American Trade, 1800—1850* (New Haven, 1925), P. 16. 本段提及的统计数字引自 Buck。Allan R. Pred 在 *Urban Growthy and the Circulation of Information: The United States System of Cities, 1790—1840* (Cambridge, Mass., 1973) 一书中第 195 页的数字与之相近。Pred 列出了纽约的 918 家佣金公司和 417 家一般商行,新奥尔良为 375 家与 8 家,波士顿为 89 家与 142 家。

⑯ 下文取材自 Woodman, *King Cotton*, chaps. 2—6;特别是第 19 页。Bruchey 的 *Cotton and the Growth of the American Economy*, pp. 255—263,提供了棉花代理商的信件、账目以及日常工作的文件资料。

⑰ Woodman, *King Cotton*, pp. 34—35。Woodman 断言:"人们怀疑,是否还有任何公司在美国——不论在北方或南方——或海外不收预付款的。"同时参阅 Buck, *Anglo-American Trade*, pp. 13, 17—19, 89—91,佣金商人的陈述载于第 13 页。

⑱ Woodman, *King Cotton*, pp. 119.

⑲ Woodman, *King Cotton*, p. 25—26.

⑳ 在 Lewis E. Atherton 的 *The Southern Country Store, 1800—1816* (Baton Rouge, 1949) 一书中,对小店铺主的作用进行了很好的描述。同时参阅 Woodman, *Cotton Kingdom* chap. 7,和 Clarence H. Danhof, *Change in Agriculture: The Northern United States 1820—1870* (Cambridge, Mass., 1969), pp. 29—31, 39—41,该书指出北部一般店铺在分配系统中起着类似的作用。

㉑ Clark, *New Orleans*, pp. 302—304. Clark 在第 303 页指出,在其 *Grain Trade* 一书中,他曾经"错误地提及这些发展是经过划分清楚的不同阶段,由简入繁。事实上,所有这些阶段的要素在 19 世纪头十年的初期就都已存在"。这种情形似乎一直持续到 19 世纪 40 年代,小店铺主与农人继续以平底船沿河做买卖。与此同时,由密西西比河流域延伸到东部各港口的销售中间人网络已得到了充分的发展。

㉒ Clark, *Grain Trade*, p. 54;以及 44 页、61 页的图表(每五蒲式耳小麦转变为一桶面粉)。进一步的资料请参阅 Thomas Odle, "Entrepreneurial Cooperation on the Great Lakes: The Origin of the Methods of American Grain Marketing", *Business History Review*, 38: 440—443 (Winter 1964)。Stuart Bruchey, "The Business Economy of Marketing Change, 1790—1840: A Study of Sources of Efficiency", *Agricultural History*, 46: 211—226 (January 1972),和 Morton Rothstein, "Antebellum Wheat and Cotton Exports: A Contrast in Marketing Orgnization and Economic Development", *Agricul-*

tural History, pp. 91—100 (April 1966),这两本书都对棉花与谷物交易的发展和效率做了有启发的比较。

㉓ Clark, *Grain Trade*, pp. 119—120,同时参阅 Ralph W. Hidy, *The House of Baring in American Trade and Finance* (Cambridge, Mass., 1949), pp. 257—258,以及 Rothstein,"Antebellum Wheat and Cotton Exports," pp. 94—95.

㉔ Douglas North 估计 1821—1830 年的十年间几种产品的年平均进口额为:棉纺织品 830 万美元,轧制铁板与铁条 180 万美元,其他金属制品 50 万美元,咖啡 510 万美元,糖 430 万美元,糖蜜 220 万美元,茶叶 240 万美元,葡萄酒 150 万美元,烈性酒 150 万美元。North, *Economic Growth* p. 287.

㉕ 这种类型商号的代表为 Bolton Ogden & Co.,它是英国纺织厂在美国的一家代理商。该公司最初由欧洲进口一般商品并与西印度群岛有广泛的贸易关系,但 1815 年后则将全部精力集中于英—美贸易上,因而棉花出口成为其主要业务。它也进口高级纺织品、陶器、各种金属,但将标准规格的纺织品生意交给批发商去做。Killick, *Bolton Ogden & Co.*, pp. 501—519。布朗公司遵循了类似的发展模式。Edwin J. Perkins, *Financing Anglo-American Trade: The House of Brown, 1800—1880* (Cambridge, Mass., 1975), chaps. 2—4.

㉖ 本段资料引自 Elva Tooker, *Nathan Trotter, Philadelphia Merchant, 1787—1853* (Cambridge, Mass., 1955).

㉗ Albion, *New York Port*, pp. 238, 248—249,以及 p. Glenn Porter and Harold Livesay, *Merchants and Manufacturers: Studies in the Changing Structure of Nineteenth Century Marketing* (Baltimore, 1971), p. 57.

㉘ 引自 Arthur H. Cole, *The American Wool Manufacture* (Cambridge, Mass., 1926), I, 214.

㉙ Ira Cohen 在"The Auction System in the Port of New York, 1817—1837", *Business History Review*, 45: 488—510 (Winter, 1971)一文中对拍卖的兴起与衰落以及对贸易所造成的影响有一段极有启发性的叙述。同时参阅 Albion, *New York Port*, pp. 276—280,此处的统计数字引自 Albion 一书的 279 页以及 Cole, *Woolen Industry*, I, 156, II, 216。正如 Cohen 所指出(495 页),纽约拍卖制度的急速扩展发生于 1818 年与 1826 年之间。1818 年时全美国 10% 的进口货物由拍卖售出,至 1826 年增至 26%。1826 年时,几乎 53% 的纽约港的进口货物均由拍卖售出。

㉚ Albion, *New York Port*, P. 410。1835 年,总价值达 2 380 万美元的货物由纽约市的拍卖售出,其中纺织品为 1 520 万美元(美国制品占 250 万美元);杂货、五金制品、药品为 310 万美元,几乎全部来自欧洲;由更远地方运来的茶叶与丝为 420 万美元;酒与烈性酒为 90 万美元,大部分来自欧洲;以及 40 万美元的各种杂货。咖啡、糖与糖蜜显然并不由拍卖销售,通常由新奥尔良而非纽约或其他东部港口以运送到密西西比

河流域。至19世纪30年代,拍卖的重要性已不如往昔,1840年,拍卖仅销售了13%的美国进口货物、22.5%的纽约进口货物。Cohen,"Auction System",p. 496.

㉛ Dogget's *New York Business Directory for 1846 and 1847* (New York, 1947), Part II; Albion, *New York Prot*, pp. 421—422;和 *Dogget's Directory* for 1840 and 1841; *O'Brien's Philadelphia, Pennsylvania Directory* for 1850;以及 *Green's St. Louis Directory* for 1850. 圣路易斯的指南表明,1850年时,这座美国内陆最大且最古老的城市共有108名佣金商人,29名纺织品批发商,80名"纺织品批发商兼零售商",以及101名"高档食品杂货商"。零售商与批发商的分化于1850年才开始在圣路易斯出现。Porter and Livesay, *Merchants and Manufacturers*, pp. 27—34, 52—53,对不同种类产品批发商的作用,进行了极好的描述。

㉜ James B. Hedges, *The Browns of Prouidence Plantation: The Nineteenth Century* (Providence, 1968), chap. 9. 作者在这里描述了作为"为公共利益服务的私人企业"的银行、保险公司、收费道路和运河等的创设。该章还提出了一极好的个案研究,说明较老的一般坐商如何介入银行业与运输业。此外,可参阅 Fritz Redlich, *The Molding of American Banking, Men and Ideas* (New York, 1951), I. 7—8, 31;和 Stuart Bruchey, "The Historical Development of the Corporation in the United States," *Encyclopaedia Britannica* (Chicago, 1963), pp. 525—528.

㉝ Hedges, *The Browns, the Nineteenth Century*, p. 135.

㉞ Redlich, *The Molding of American Banking*, II, 68—69; Tooker, *Nathan Trotter*, chap. 10; Albion, *New York Port*, p. 249.

㉟ 其他的重要英国商号还包括:Isaac Low & Company and Ewart, Meyers & Co. of Liverpool; Anthony Gibbs & Company of London;以及 Dennis-town & Company and Pollock Gilmore & Company of Glasgow. 参阅 D. M. Williams "Liverpool Merchants and the Cotton Trade", pp. 192—196, 200—201。有关巴林家族和伦敦其他公司参阅 Hidy, *House of Baring*,特别是第4章与第5章。Perking, *House of Brown*, chaps. 2—5.

㊱ 引自 Redlich, *Molding of American Banking*, I, 47.

㊲ 关于银行的统计数字来自美国人口调查局, *Historical Statistics*, p. 623 和 Bruchey, *Roots of American Growth*, p. 145.

㊳ Herman E. Krooss and Martin R. Blyn, *A History of Financial Intermediaries* (New York, 1971), pp. 57—63.

㊴ *House Reports* no. 460, 22d Cong., 1st Sess. (1832), p. 316.

㊵ Catterall, *The Second Bank*, pp. 112—113, 502。该三个月的利润为49 800美元,190 750美元,741 800美元。Catterall 指出,"1827年7月至1828年7月,国内票据贴现总金额为22 084 222美元,利润为451 203.17美元,而1822年的利润为95 240.25美元"。Thomas P. Govan 的 *Nicholas Biddle, Nationalist and Public*

Banker,*1786—1844* (Chicago,1959),对本问题提供了有启发的资料,而 Peter Temin 在 The Jacksonian Economy (New York,1969),chap. II,用现代经济学者的观点对银行在美国经济中的作用进行了深刻而简洁的剖析。Redlich 在 *Molding of American Banking*,127—145,将比德尔的作用概括为美国早期的中央银行家。于 Vol. 2,337 页至 343 页,Redlich 描述了当比德尔银行于 1836 年成为州的特许银行以后,比德尔作为一名投资银行家而起的先驱者作用。

㊶ 这些发展在 Perkins 对 Browns 的研究中均有提及,尤其是第 4 章。

㊷ North,*Economic Growth*, p. 50; Albion, *New York Port*, pp. 270—274; George Rogers Taylor, *Transportation Revolution*, *1815—1860* (New York, 1951), pp. 322—323 和 R. Caryle Buley, *The American Life Convention*, *1906—1952* (New York,1953),pp. 26—50.

㊸ James F. Shepard and Gary M. Walton,*Shipping*,*Maritime Trade and the Economic Development of Colonial North America* (Cambridge,1972),特别是第 4 章与第 9 章。

㊹ 有关定期商船和后来定期邮船的开端,见 Robert G. Albion,*Square Riggers on Schedule*:*The New York Sailing Packets to England*,*France and the Cotton Ports* (New York,1938),chaps. 1—3.

㊺ "集船东、船务代理和管理于一身的新兴专家"的最好的例子为 Charles Morgan。Morgan 生于康涅狄克州,1815 年开始从事船用杂货生意,1819 年后拥有船只和邮船的股份。1819 年至 1846 年间他成为 18 条邮船的股东之一,航行于十条不同的航线,同时还至少拥有 15 艘主要是招揽沿海货运的不定期货船。他的合伙人都是像他一样的来自纽约或康涅狄克的年轻人。James P. Baughman,*Charles Morgan and the Development of Southern Transport* (Nashville,1968),pp. 8—13。同时参阅 Albion, *Port of New York*,pp. 243—250,and Robert G. Albion,"Early Nineteenth Ship Owning:A Chapter of Business Enterprise",*Journal of Economic History*,I:I—II (May 1941). Albion 指出,"每艘船均为一独立的经营实体。"(见第 2 页)

㊻ Williams,"Liverpool Merchants and the Cotton Trade",pp. 199—201.

㊼ Taylor,*Transportation Revolution*,chap. 4 和 Louis C. Hunter,*Steamboats on the Western Waters* (Cambridge, Mass., 1949),chap. I,尤其是第 24、33 页以及第 308—313 页。同时参阅 Albion,*New York Port*,chap. 8 和 Wheaton J. Lane,*Commodore Vanderbilt* (New York,1942),pp. 29—38.

㊽ Taylor,*Transportation Revolution*, pp. 24—26, 48—52 和 Carter Goodrich, *Government Promotion of American Canals and Railroads*, 1800—1890 (New York, 1960),chaps. 2—4.

㊾ Harry N. Scheiber,*Ohio Canal Era* (Athens,Ohio,1969),p. 252;Odle,"Entrepreneurial Cooperation",pp. 443—444.

㊿ Pred,*Urban Growth*,特别在第 3 章至第 5 章中,作者根据不断减少的信息交流和运输的成本及所需时间,指出了日益增长的交易部门的效率。

51 根据 Robert E. Gallman 的估计,到 1840 年时,美国的人均收入已超过法国 40%—65%,并与英国相近。Paul David 估计在 1800 年至 1840 年间,实际人均国内生产以 55%—62%的增长率增长(增长率太高,可能有误。——译注)。Robert E. Gallman,"Gross National Product, 1834—1909", National Bureau of Economic Research, *Output, Employment, and Productivity in the United States After 1860* (New York, 1969), pp. 5—7,和 Paul David,"New Light on a Statistical Dark Age: U. S. Real Product Growth Before 1840", *American Economic Review*, 57:294—306(May 1967).

52 Pred,*Urban Growth*, p. 51.

53 Perkins, *House of Brown*, pp. 40—43; Killick, "Bolton Ogden Co." p. 5. 有关 Astor 资料参阅 Kenneth W. Porter, *John Jacob Astor, Businessman* (New York, 1931), II, 741—751. 第 750 页的图表显示美国毛皮公司在其存在期间合伙关系的变化。该公司成为股份有限公司,主要是因为它和两家大的英国贸易公司——赫德森湾公司和西北公司——进行国际谈判的结果。

54 引自 Albion, *New York Port* p. 264。Morison 教授估计在 18 世纪 90 年代波士顿最忙碌的商人花费在会计室的时间每天不超过三小时。Samuel Eliot Morison, *The Maritime History of Massachusetts* (Boston, 1920), pp. 190—191. 这个看法为 Arthur H. Cole 所支持。Arthur H. Cole, "The Tempo of Mercantile Life in Colonial America", *Business History Review*, 33:277—300 (Autumn 1959).

55 关于会计室及其组织以及管理会计室的股东的活动情况,Albion 在 *New York Port*, pp. 260—265 中作了很好的描述。19 世纪初期商人的工作情形在 Bruchey 书中有详尽的报道。Bruchey, *Oliver*, 特别是第 2 章和第 3 章。

56 Albion, *New York Port*, p. 264.

57 这方面的材料来自 John Mair, *Book-Keeping Methodized: or A Methodical Treatise of Merchant-Accounts According to the Italian Form*, 8th ed. (Edinburgh, 1765)。该书为 18 世纪末期 19 世纪初应用最为广泛的教科书之一。通过对存放于哈佛大学企管研究所贝克图书馆及他处的当时公司记录的核查,证实了 Mair 所介绍的方法当时确为一般公司所普遍采用。Mair 归入损耗账或偶尔归入流水账的项目,在 19 世纪初期的美国一般被称作日记账。我至为感谢 Bruchey 教授使我得以引用 Mair 的资料并以他在商业簿记上的渊博知识给予我许多有关会计问题的宝贵意见。

58 Mair, *Book-Keeping Methodized*, p. 17.

59 此处及以下引文均引自 Mair, *Book-Keeping Methodized*, pp. 1—2.

⑩ Bruchey, *Oliver*, pp. 136—139.

⑪ Sidney Pollard, *The Genesis of Modern Management* (Cambridge, Mass., 1965), p. 213; Roy J. Sampson, "American Accounting Education, Text Books and Public Practices Prior to 1900", *Business History Review*, 34:459—464 (Winter 1960).

⑫ Bruchey, *Oliver*, p. 141.

⑬ 较为专业化的商人比早期的一般商人更注意记录利息费用。Woodman, *King Cotton*, pp. 363—367, 以及 Nathan Trotter manuscripts, Manuscript Division, Baker Library, Graduate School of Business Administration, Harvard University.

⑭ Mathew A. Crenson, *The Federal Machine* (Baltimore, 1975), pp. 104—115; 和 Albion, *New York Port*, pp. 217—218.

⑮ Pred, *Urban Growth*, chap. 2. Albion 在 *New York Port*, pp. 281, 329, 331 中举出许多这类商业新闻的例子，包括现行价格表的刊登。North and Thomas 在 *Rise of the Western World*, p. 136 中提到了现行价格表在欧洲的早期发展。

⑯ Redlich, *Molding of American Banking*, I, 55, II, 11—12. 至 19 世纪 50 年代，乡间的银行家也仿效东部大城市的银行家将贴现与贷款的决定权授予董事长或出纳，而不再授予董事会。

⑰ 在贝克图书馆的手稿部门藏有好几套银行账目，其中最完整的一套是普利茅斯银行的账目(它的流水账真正是一部日记账，而现金流水账则是一部真正的流水账)。马萨诸塞州第一国民银行的账目也具有很高的价值。

⑱ N. S. B. Gras, *The Massachusetts First National Bank of Boston*, 1784—1934 (Cambridge, Mass. 1937), pp. 62—63, 80, 93.

⑲ 贝克图书馆藏有 1823 年至 1827 年波士顿商业保险公司的整套账簿。

⑳ Albion, *New York Port*, pp. 270—274; 引文在第 272 页。

㉑ N. S. B. Gras and Henrietta M. Larson, *Casebook in American Business History* (New York, 1939), p. 179. Perkins, *House of Brown*, p. 238 (also p. 36), 该书根据几个合伙公司中五名较重要合伙人联合资本的年度变化以计算各该合伙公司的利润。

㉒ Redlich, *Molding of American Banking*, I, 113—124. 并参阅 Reginald C. McGrane, *The Correspondence of Nicholas Biddle* (New York, 1919), pp. 34—40.

㉓ Hunter, *Steamboats on the Western Rivers*, p. 308, also pp. 110—112.

㉔ Lane, *Commodore Vanderbilt*, p. 67.

㉕ Hunter, *Steamboats on the Western Waters*, p. 362.

㉖ Albion, *Square Riggers on Schedule*, pp. 100—101, and chap. 6。另一方面，19

世纪40年代末期和19世纪50年代时，每艘远洋轮船的造价达到40万美元。

⑦ Ronald E. Shaw, *Erie Water West: A History of the Erie Canal, 1792—1854* (Lexington, Ky., 1966), p. 198. Shaw估计每一匹马的成本为25至80美元，干草料每吨5美元。

⑧ Hunter, *Steamboats on the Western Waters*, p. 311. Albion在"Early Nineteenth-Century Shipowning"一文中对沿海及远洋贸易的合伙形态作了极好的说明。1850年在纽约长期登记的帆船中，24%由一位船东单独拥有，47%由两人至四人共同拥有，29%由五人或五人以上共同拥有。在这些帆船中，3%是由船长一人独资拥有，35%为船长和他人共同拥有(第4页)。至于轮船的情形，个人独资拥有的比例高达44%，两人至四人共同拥有者占41%，五人或五人以上共同拥有者占15%，其中2/3成立了股份公司。这其中(除去最后一类)完全为船长拥有者为13%，船长与他人共同拥有者占34%。Albion在*Square Riggers on Schedule*, pp. 108—109也论述了邮轮公司的经营程序。

⑨ Hunter, *Steamboats on the Western Waters*, pp. 322—325, 342—347.

⑩ Lane, *Vanderbilt*, chap. 4.

⑪ Albion, *Square Riggers on Schedule*, pp. 28—35, 45—48, Appendix X.

⑫ Scheiber, *Ohio Canal Era*, p. 252，在这里系指拥有一两艘船只以及有"大船队"的货运者。在Shaw的*Erie Waters West*, pp. 198—199, 216—217曾谈到大船队通常由10艘或12艘船组成。

⑬ Daniel H. Calhoun, *The American Civil Engineer* (Cambridge, Mass., 1960), pp. 54—78.

⑭ Calhoun, *The American Civil Engineer*, p. 71; Shaw, *Erie Waters West*, pp. 90—91; Scheiber, *Ohio Canal Era*, pp. 70—72. 有关切萨皮克和俄亥俄运河公司的资料参阅Walter S. Sanderlin, *The Great National Project: A History of the Chesapeake and Ohio* (Baltimore, 1946), pp. 126—127. 当时的建筑工人除"荷兰人与本地人"外，尚有许多来自爱尔兰的工人，见第117—122页。工人总数以及本国工人与外国工人所占比重，书中并未提到。

⑮ Scheiber, *Ohio Canal Era*, p. 70; 和Roberts, *The Middlesex Canal*, chap. 5.

⑯ 派驻当地的工程师通常不是决定运河位置及监督工程的人。Calhoun, *American Civil Engineer*, pp. 73—74.

⑰ 有关伊利运河的管理，在Shaw的书中有极详尽的叙述。见Shaw, *Erie Waters West*, chap. 13，本书引文摘自第245页。至1819年运河法案通过后，修筑运河的财务管理转给了运河基金委员会，成员包括主计官、州政府干事、检察长、财务长和副

州长等。Nathan Miller, *The Enterprise of Free People* (Ithaca, N. Y. 1962), p. 71.

⑱ Shaw, *Erie Water West*, p. 250.

⑲ Shaw, *Erie Waters West*, p. 245. 19 世纪 40 年代末期，承包大规模修缮工程的会计作业已发展出更详尽的程序。伊利运河划分为 12 段，每一段设有一修缮监督，直接向州政府工程师、测量师及运河董事会报告(第 252 页)。

⑳ Shaw, *Erie Waters West*, p. 253，主计长和运河基金委员会更为重要的作用在 Miller 书中有所介绍。Miller, *Enterprise of A Free People*，尤其是第 5—8 章。

㉑ Louis Hartz, *Economic Policy and Democratic Thought: Pennsylvania 1776—1890* (Cambridge, Mass., 1948), pp. 148—160; Scheiber, *Ohio Canal Era*, chaps. 3, 7; Sanderlin, *The Great National Project*, pp. 135—137, 184—186, 208—209. 马里兰州在切萨皮克和俄亥俄运河公司中握有控制权，由其任命董事会。Sanderlin 强调该公司完全缺乏有效的管理组织。

㉒ Pred, *Urban Growth*, p. 93. 1839 年，随着佐治亚铁路的通行，纽约至新奥尔良的邮件可在 9 天内抵达。

㉓ Thomas C. Cochran 在其 "The Business Revolution", *American Historical Review*, 79: 1449—1466 (January 1975) 中认为这些在机构方面的改变极具革命性，它们是 1840 年后在美国发生产业革命的重要基础。不过在仔细阅读该文后，可以看出作者强调了如下思想，即：改变机构的这场革命只是改善了现有的经营机构、作业程序和手续，它并没有设计出新的一套，就像 1840 年后在产品的生产和分配中所发生的那样。

第二章　传统的生产企业

① 在机器收割机出现以前，一个人收割的最大面积在东部是 20 英亩，西部是 30 英亩。当时可供雇用的固定工人并不多，这类雇工通常都是在钱赚够后就自行耕种。同时也不能保证在收获季节能雇到临时工。Clarence H. Danhof, *Change in Agriculture: The Northern United States, 1820—1870* (Cambridge, Mass., 1969)，特别是第 6 章。有关美国劳力短缺及其对技术改变的影响的权威性研究，见 H. J. Habakkuk, *American and British Technology in the Nineteenth Century* (Cambridge, Eng., 1967).

② Victor S. Clark, *History of Manufacturers*, Vol. I 1607—1860 (New York, 1929), pp. 438—440. Danhof, *Change in Agriculture*, pp. 16—22.

③ Albert Gallatin, *Report on Manufacturers Communicated to the House of Representatives*, April 19, 1810, 11th Cong., 2d Sess., reprinted in the *New American State Papers, Manufacturers* (Wilmington, Del., 1972), I, 126, also 125, 127, 136—137.

④ Clark 在 *History of Manufacturers*, I, 440—442 中，就美国的制造业情况提出了一摘要说明，而 Arthur H. Cole 的 *Industrial and Commercial Correspondence of Alexander Hamilton* (Chicago, 1928)则提供了有关 1791 年美国制造业的详尽资料。Volume I of *American State Papers*, *Manufacturing* 提供了 1817 年时美国制造业的详细资料。James P. Baughman 在 *The Mallory's of Mystic* (Middletown, Conn., 1972), chap. I 中精彩地介绍了 1816 年后制帆工匠的工作及其店铺的情况。

⑤ Howard Eavenson, *The First Century and a Quarter of the American Coal Industry* (Pittsburgh 1948), chaps. 5—7.

⑥ 有关 19 世纪初建筑业的研究并不多。可供造船方面的参考资料有 Robert C. Albion, *Square Riggers on Schedule* (Princeton, 1938), chap. 4，特别是第 93—95 页，和他的另一本书 *Rise of New York Port* (New York, 1939), chap. 17 以及 John G. B. Hutchins, *American Maritime Industries and Public Policy, 1789—1914* (Cambridge, Mass., 1941), chap. 4. 房屋建筑方面则有相当丰富的新英格兰建筑承包商的账目藏于哈佛大学贝克图书馆。

⑦ George Rogers Taylor, *The Transportation Revolution* (New York, 1951), pp. 216—220.

⑧ Blanche Hazard 的 *The Boot and Shoe Industry in Massachusetts Before 1875* (Cambridge, Mass., 1921)仍是研究制鞋工业最好的一本书，同时也是关于美国实行外包工制度的最详尽的研究。本书摘要曾以"The Organization of the Boot and Shoe Industry Before 1875,"的标题刊登于 *Quarterly Journal of Economics*, 27: 236—262 (February 1913), Alfred D. Chandler, Stuart Bruchey, and Louis Galambos 的 *The Changing Economic Order* (New York, 1968), pp. 167—184 予以再版。此处及后面注释中的引文系摘自再版的文章。

⑨ Hazard, "Organization of the Boot and Shoe Industry", pp. 175—177.

⑩ Hazard, "Organization of the Boot and Shoe Industry", p. 178.

⑪美国人口调查局，*The Eighth Census of the U. S.*, *Manufacturers* (Washington, D. C., 1853), pp. xc-xcii，和 U. S. Congress, House, *Executive Document* no. 208, 22d Cong., Ist Sess., "Documents Relative to the Manufacturers in the United States", Collected by the Secretary of Treasury (Louis McLane), 2 Vols. (Washington, D. C., 1833)；以下简称 *McLane Report*. 此报告提及在麦秆产品的制作中，广泛采用了这种带回家做的方法。

⑫ 例如，Hazard, *Boot and Shoe Industry in Massachusetts*, pp. 51—52, 58—63.

⑬ 磨粉业参阅 Clark, *History of Manufacturers*, I, 179—181 木材加工业参阅 I, 467—476. Nathan Rosenberg, "America's Rise to Woodworking Leadership", in Brook Hindle, ed., *America's Wooden Age* (Tarrytown, N. Y. 1975), pp. 37—55 提供了有关木材加工业的详尽资料。

⑭ John Joseph Murphy,"Entrepreneurship in the Establishment of the American Clock Industry,"*Journal of Economic* History,26:169—186 (June 1966).两段引文摘自第173、180页。John T. Kenney在*The Hitchcock Chair* (New York,1917),chap. 3描述了椅子制造业中的类似的经营方法。

⑮ 例如 William Lathrop,*The Brass Industry in the United States* (Mt. Carmel, Conn. ,1926),chap. 3和 Theodore F. Marburg "Management Problems and Procedures of a Manufacturing Enterprise 1802—1852"Ph. D. diss. ,Clark University,194.

⑯ 取材于 McLane Report。我深为感谢 Edwin J. Perkins 收集了缅因州和其他几个州铁匠数目的资料。有关19世纪40年代以前金属生产业及金属加工业的情形参阅 Alfred D. Chandler,Jr. ,"Anthracite Coal and the Beginnings of the Industrial Revolution in the United States",*Business History Review*,46:143—181 (Summer 1972),特别是第145—148页以及159—165页。

⑰ 瑞典的一位同时代学者 E. G. Danielsson 在其著作 *Anteckningar om Nora Amerika Fri-Statenas jerntillverkning samt handel med jeronch stalvaror* (Stockholm, 1845),p. 72对运输成本与燃料成本的差别有所分析。此项研究的摘要已收入 Chandler,"Anthracite Coal",pp. 160—163.

⑱ Peter Temin, *Iron and Steel in Nineteenth Century America* (Cambridge, Mass. ,1964),p. 15.

⑲ Louis C. Hunter,"Heavy Industries Before 1860",in Harold F. Williamson, ed. ,*The Growth of the American Economy* (New York,1951),p. 178.

⑳ Chandler,"Anthracite Coal",p. 147.

㉑ 在 *McLane Report* 中,这部分资料最为充实。有关加工品方面的资料参阅 James E. Walker,*Hopewell Village:A Social and Economic History of an Iron Mining Community* (Philadelphia,1961),特别是第153—154页。

㉒ 有关 Browns Slater 的经历以及机器纺纱的引进与推广,在 James B. Hedges 的 *The Browns of Providence Plantation:The Nineteenth Century* (Providence,1968), pp. 158—172中有详尽的论述。Caroline F. Ware 的 *The Early New England Cotton Manufacture* (New York,1931),chap. 2提供了较为普遍的看法。"Samuel Slater and the American Textile Industry,1789—1835",N. S. B. Gras adn Henrietta M. Larson, eds. ,*Case Book in American Business History* (New York,1939),pp. 217—221也具有参考价值。

㉓ Gallatin,"Report on Manufacturers, 1810", pp. 125, 136—137.还可参阅 Clark,*History of Manufacturers*,I,535—536.

㉔ Gallatin,"Report on Manufacturers,1810",pp. 125,132—133.有关在战争及禁运期间工业的扩展,参阅 Ware,*Early New England Cotton Manufacture*,chap. 3和

Hedges, *Browns, the Nineteenth Century*, pp. 170—174.

㉕ Hedges, *The Browns, the Nineteenth Century*, p. 172.

㉖ Hedges, *The Browns, the Nineteenth Century*, p. 173.

㉗ 有关波士顿制造公司的组成经过,在 Ware 的 *New England Cotton Manufacture*, chap. 4 和 Nathan Appleton and Samuel Batcheler 的 *The Early Development of the American Cotton Textile Industry*, ed. George Rogers Taylor (New York, 1969), pp. xviii-xx, 7—16 等书中均有详细的叙述。还可参阅 George S. Gibb 的 *The Saco-Lowell Shops* (Cambridge, Mass., 1950), pp. 7—14 和 chap. 2, 以及 Frances W. Gregory, Nathan Appleton, *Merchant and Entrepreneur*, 1779—1861 (Charlottesville, Va., 1975), chap. 10.

㉘ Ware, *New England Cotton Manufacture*, pp. 66, 140—141.

㉙ 有关洛厄尔镇的建立,参阅 Ware, *New England Cotton Manufacture*, pp. 80—85; Gibb, *Saco-Lowell Shops*, chap. 3; Appleton and Batcheler, *American Cotton Industry*, pp. 17—30; 和 Gregory, *Nathan Appleton*, chap. 11.

㉚ 美国人口调查局, *The 8th Census of the United States, Manufactures* (Washington, 1865), pp. xviii-xxi 对大型面粉厂的扩散有简明扼要的叙述。还可参阅 Clark, *History of Manufacturers*, I, 551—552.

㉛ Ware, *New England Cotton Manufacture*, pp. 148—151. 随着时间的流逝,股份对外出售,但控制权仍主要由创建者的家族及其后裔所掌握。

㉜ 费用并非是阻止织布机推广的因素。动力织布机的供应并无问题。1820 年时,售价低至每台 70 美元。黑石河无法供应推动一组织布机与纺纱机所需的动力。Hedges, *The Browns, the Nineteenth Century*, p. 182; Ware, *New England Cotton Manufacture* pp. 72—77, 85—86; Gibb, *Saco-Lowell Shops*, pp. 42—48.

㉝ Arthur H. Cole, *The American Wool Manufacturer* (New York, 1926), I, 97—107, 113—117. Cole 从 *McLane Report* 中列举出 9 家雇用职工超过 100 人的公司,见第 256—257 页。他在第 156—160 页和第 210—212 页叙述了销售情况。

㉞ 本段与 Chandler's "Anthracite Coal"第 143—146 页极为近似,该文提供了更详细的资料。感谢我的儿子 Alfred D. Chandler III 将 *McLane Report* 中资产为 5 万美元以上的公司编纂成表。他详细列出了每家公司的名称、所在地、出产的产品、动力来源、法人形式、固定资产、流动资本、员工人数及成立日期。

㉟ 收集在四卷集的 *American State Papers, Manufacturing* 文献中的一篇评论,只提到了极少数未包括在 1832 年 *McLane Report* 内的大制造企业。它们包括 John Amelung 失败了的玻璃工厂,位于马萨诸塞州剑桥、资本额为 10 万美元的制革厂,具有同样资本额、位于马萨诸塞州罗克斯伯里的肥皂工厂。该文提到两家制帽厂(一家位于康涅狄格州的丹伯里,一家位于马萨诸塞州的查尔斯河沿岸)。这些工厂显然是

使用手工劳动及传统工具的主要工厂，见第 39—42 页，第 125—127 页。

㊱ Peter Temin，"Steam and Water Power in the Early Nineteenth Century"，*Journal of Economic History*，26：189 (January 1966).

㊲ 一位优异的观察者，在其写于 1828 年的著作中，估计在英国操作一台蒸汽机的成本为在美国沿海操作同样机器所需成本的五分之二，"然而在匹兹堡，恰好相反，由于煤炭产量丰富，蒸汽动力的费用约为英国的四分之三。"Zachariah Allen，*The Science of Mechanics* (Providence，1829)，p. 351.

㊳ 例如，Baughman 在 *Mallory's of Mystic*，chap. 1 对制帆业中这种生产与会计方法作了极好的描述，特别是第 17—18 页。在 19 世纪 50 年代，当美国造船业达到其繁荣高峰时，平均一个造船厂的工人数为 14 人。见 U. S. Senate，35th Cong.，2d Sess.，Exec. Doc. no. 39，"Digest of the Statistics of Manufacturers According to the Returns of the Seventh Census"，p. 141.

㊴ Sidney Pollard，*The Genesis of Modern Management* (Cambridge，Mass.，1965)，pp. 30—37，和 Raymond de Roover，"A Florentine Firm of Cloth Manufacturers"，*Speculum*，16：3—33 (January，1949).

㊵ 这类账目的范例见哈佛大学贝克图书馆的 Howard and Niles (# 641)，Captain John Belcher (# 642)，和 Ebenezer Belcher (# 427).

㊶ Pollard，*Genesis of Modern Management*，p. 214.

㊷ Hazard，*Boot and Shoe Industry*，pp. 175—176.

㊸ Ware，*New England Cotton Manufacture*，p. 50—51.

㊹ Ware，*New England Cotton Manufacture*，p. 51.

㊺ Pollard，*Genesis of Modern Management*，pp. 25—30.

㊻ Mark Schmitz，"Economic Analysis of Antebellum Sugar Plantations in Louisiana"，Ph. D. diss.，University of North Carolina，1974，pp. 124—127，该文指出在 1850 年时，路易斯安那州的 329 个甘蔗种植园中，只有 5.8%不是由老板——包括遗孀和不是根据遗嘱的继承者——亲自管理的。Schmitz 在第 160 页写道："1860 年的数字表明，在甘蔗种植业的总人数中，不亲自管理的老板人数约超过 100 人。此数目可能乃一上限，由于其过于以大型农场为对象，而大型农场通常均不是由老板亲自经营"。Schmitz 和 Joseph N. Menn(后者在其研究路易斯安那州大的黑奴拥有人的著作中)都强调了南方种植园的相似性。

㊼ Robert William Fogel and Stanley L. Engerman，*Time on the Cross* (Boston，1974)，I，211. 由于许多种植园没有驻守的白人监工，Fogel 和 Engerman 断定，"在大多数大型种植园中，雇主以外的最高管理阶层多为黑人。"他们拿不出什么证据来证明这种管理不是由老板亲自进行，因为在需要严密监督的时候，老板很容易亲临现场进行管理。正确地说，Fogel 和 Engerman 只不过是强调了白人雇主除了雇用白人外，也同

样愿意雇用黑人"临工"以协助他们实现这些管理功能。他们还认为白人雇主将监督种植园及其劳力的大权交给他们信任的黑奴,然而其据以作出结论的统计数字的可靠性,非常值得怀疑。参见 Paul David 和其他学者的著作 *Reckoning with Slavery* (New York,1976),pp. 83—86.

㊽ William K. Scarborough,*The Overseer*:*Plantation Management in the South* (Baton Rogue,1966),pp. 10—11. Stanley Engerman 利用 William Parker 和 Robert Gallman 从 1850 年人口调查手稿目录所作成的南方农业情形的计算机磁带,提供给我一份 5 229 家南方生产棉花的农场的印出样本。在这 5 229 家农场中,只有 21 家在黑奴以外拥有 10 万美元以上的资产(指土地、房屋、机械和牲畜),其中 16 家在路易斯安那州。8 家拥有 20 万美元以上的资产,其中 2 家拥有 30 万美元以上的资产。根据 Engerman 的资料,大种植园内黑奴的价值通常等于或低于所有资产的价值。如未计算黑奴在内的农场资产为 10 万美元,则加上黑奴后的总值至多为 20 万美元。在该样本的农场中,11 家有 100 名以上的黑奴,5 家有 150 名以上的黑奴,1 家有 300 名以上的黑奴。

㊾ Scarborough,*The Overseer*,p. 10. 在该书第 68—70 页中,Scarborough 提供了一个极好的、关于管理种植园的规则的例子。另外一套规则取自仍居住在佐治亚州的 Alexander Telfair 的密西西比种植园,该套规则刊登于 Ulrich B. Phillips 编辑的 *Plantation and Frontier* (New York,1958),再版于 Stuart Bruchey 的 *Cotton and the Growth of the American Economy* (New York,1967),pp. 180—182. 在该套规则中,35 条规则中有 23 条是关于黑奴管理,10 条是关于地里的工作,另外 2 条规则一为每月须寄送一详细的报告至萨凡纳,一为须保持一份系统的农场的日志或日记。规则中几乎没有提到机械的管理,原因可能是只有熟练的黑奴工匠始可操作机械。

㊿ Scarborough,*The Overseer*,p. 74. 有关其他南方种植园的类似论述见 Bruchey,*Cotton and the Growth of the American Economy*,pp. 183—188.

(51) Scarborough,*The Overseer*,pp. 80—81.

(52) Scarborough,*The Overseer*,pp. 71.

(53) Thomas P. Govan,"Was Slavery Profitable?"*Journal of Southern History*,8:516—535 (November 1942).

(54) 早期的炼铁种植园和詹姆斯河沿岸的某些煤矿,其管理方法大致与南方生产一般用品的种植园相同。前者见 William A. Sullivan,*The Industrial Workers in Pennsylvania* (Harrisburg,1955),pp. 59—71;后者见 Eavenson,*American Coal Industry*,chap. 6.

(55) Gibb,*Saco-Lowell Shops*,pp. 32,37—38,47,261. 19 世纪 50 年代,环锭细纱机代替了翼锭精纺机。见第 192 页。

(56) David J. Jeremy,"Innovation in American Textile Technology during the Early Nineteenth Century",*Technology and Culture*,14:40 (January 1972). 还可参阅 Lance

E. Davis and H. Louis Stettler III,"The New England Textile Industry,1825—1860, Trends and Fluctuations",National Bureau of Economic Research,*Output,Employment and Productivity in the United States after 1800* (New York,1966),pp. 227—232. 引文见第 230 页。

(57) Francis W. Gregory,"The Office of the President in the American Textile Industry",*Bulletin of the Business Historical Society*,26:122—134 (September 1952),这种情形也存在于纺织机械制造业中(见 Gibb,*Saco-Lowell Shops*,pp. 183—186,220—221)。

(58) Henry A. Miles,*Lowell,As It Was and As It Is* (Lowell,1845),pp. 76—84. 这种不同层次楼面的安排经常因机器的重量与所需动力而改变。有时织布安排在下层地下室,一层楼为梳棉,二层楼为纺纱,三层楼为精整与仓库。感谢 Meritt Roe Smith 提供本资料。

(59) 本段及随后两段引文均摘自 James Montgomery,"Remarks on the Management and Government of Spinning Factories",in *The Carding and Spinning Masters Account;or the Theory and Practice of Cotton Spinning* (Glasgow,1832),与一篇前言一同再刊登于 *Business History Review*,42:219—226 (Summer 1968),pp. 221,224. 这篇文章在美国广泛流传,是促使当时位于缅因州索科的约克制造公司邀请 Montgomery 至美国"改善其工厂及管理方法"(见第 219 页)的原因之一。Montgomery 最有名的著作为 *A Practical Detail of Cotton Manufacturers of the United States* (Glasgow and New York,1840).

(60) 本处与以下的论述,是在查阅了新英格兰一些最主要纺织公司的账目后而概括出的(资料藏于哈佛商学院贝克图书馆)。这些纺织公司包括:Slater Mills,the Boston Manufacturing Company,the Lawrence,Hamilton,Tremont,Suffolk,Amoskeag,Nashua,Lancaster,Dwight,Lyman,Pepperell,以及 Dover mills. Paul F. McGouldrick 曾在 1958 年 12 月 26 日发表了一组极好的"Notes on Cotton Textile Records at the Baker Library",贝克图书馆的手稿部主任保留有其中的一篇原稿。Harry C. Bentley and Ruth S. Leonard 的 *Bibliography of Works on Accounting by American Authors* (Boston,1934),Vol. I,对于 19 世纪最末期以前的纺织业的会计丝毫未曾谈及。

(61) 按件计酬时,工资额是利用"加速机、翼锭精纺机、助卷机和打磨机上计数器标示出的工作完成量"而加以确定。每到周末,"临工将账目转录于一块,每一工人都能清楚看到的、悬挂于室内的木板上。工人的月薪均由此而确定"。Miles,*Lowell*,pp. 80—81.

(62) McGouldrick,"Cotton Textile Records",p. 3.

(63) Paul F. McGouldrick,*New England Textiles in the Nineteenth Century:Profits and Investments*(Cambridge,Mass.,1968),第 116 页,作者指出,当对固定资本进行销账时,其数额确实十分接近实际情况。还可参阅 Ware,*Cotton Manufacture*,

pp. 155—156.

㊽ H. Thonmas Johnson, "Early Cost Accounting for Internal Management Control: Lyman Mills in the 1850s", *Busimess History Review*, 46:472 (Winter 1972),该文指出,Lyman Mills 直到 1875 年才具备计算这类数据的原始资料。然而 John Lozier 曾给我看过 Lyman Mills 在 1850 年后九个月的、每码布在人工、棉花和修理等项目上的成本报告书。这张单子上由 1850 年 4 月至 12 月 28 日的单位成本计算方法是将每一项目的总现金成本除以生产出的棉布的码数。至 1852 年,Lyman Mills 已有每磅棉花生产棉布的码数及每星期每台织布机织出棉布的码数的资料。

㊾ 贝克图书馆中有关纺织公司的所有记录中,只有一家公司向股东提交定期的财务报告,这也是惟一的一家订有公司规章的公司,公司规章规定必须提交此种定期报告。

㊿ McGouldrick, *New England Textiles*, 第 144 页。McLane Report 强调纺织业的经营费用较固定成本为高。以 Lowell 厂为例,每年的流动资本占整个投资资本的 35%—55%。因此每二至三年公司花费在经营费用上的金额等于其投资在建筑及机器上的金额。

⑰ Ware, *New England Cotton Manufacture*, pp. 142—145. 1845 年,两家最主要的销售合伙公司(包括 A. A. Lawrence 和 J. I. Page & Company)买下了美国最大且最悠久的纺织机械公司 Lowell Machine Shop(见 Gibb, *Saco-Lowell Shops*, pp. 183—185).

⑱ Ware, *New England Cotton Manufacture*, pp. 178—188. Mason 与 Lawrence 公司的账目载于第 186 页。下面这篇文章很好地评论了纺织工业中销售代理商的作用,Hansjorg Siegenthaler, "What Price Style? The Fabric Advisory Function of the Dry Goods Commission Merchant, 1850—1880", *Business History Review*, 41:36—39, 59—60 (Spring 1967).

⑲ Gregory, *Nathan Appleton*, pp. 242—251, 258—261. Mills 由于过度扩张而于 1857 年宣告破产。

⑳ 以下关于轻武器工业及 Springfield Armory 在组织创新方面的叙述,主要参考 Paul Uselding, "An Early Chapter in the Evolution of AmericanIndustrial Management, 1795—1833",收于 Louis P. Cain 和 Paul Uselding 主编的 *Business Enterprise and Economic Change* (Kent State, Ohio, 1973), pp. 51—84. 另有一篇有价值的专家讨论会的论文见 Johns Hopkins University, May 1967, by Russell I. Fries, "Springfield Armory, 1794—1820: An Early Industrial Organization"。另外 Felicia Deyrup, "Arms Makers of the Connecticut Valley", *Smith College Studies in History*, 33 (1948), pp. 43, 48, 220—221 对早期私人承制商有所叙述。还可参阅 *McLane Report*, I. 1030—1031.

㉑ Merritt Roe Smith, "The Harpers Ferry Armory and the 'New Technology' in America,1794—1854”,第 67—68 页,未出版。

⑫ 本处及以下引文摘自 Colonel James Dalliba,“Armory at Springfield”,November 5,1819,*American State Papers*,*Military Affairs*,II,548. 感谢 Merritt Roe Smith 提供这些引文。

⑬ 从 1817 年至 1833 年,每个生产工人的年产量略低于 60 支“旧式步枪等量物”(musket equivalents)。在 1815 年到 1833 年的这些年中,工人数保持在 231 人至 250 人之间,每个生产工人的年产量只有四年曾增加到 65 支。见 Uselding“American Industrial Management”,p. 60。由于 Springfield 枪支厂尚未发展到有此需要,而其他公司也没有高额的产量和复杂的制造技术,因此还没有一家美国公司发展出如 1772 年 Josiah Wedgwood 所设计的详细且繁琐的成本会计方法。见 Neil McKendrick,“Josiah Wedgwood and Cost Accounting in the Industrial Revolution”,*Economic History Review*,pp. 45—66(April 1970). Wedgwood 的方法对英国制造商的会计实践似乎没有产生什么影响——至少 McKendrick 没有提供任何证据。Deyrup 在“Arms Makers”,p. 119 指出政府兵工厂与私人承制商是用“含糊不清的方法”来计算成本。

⑭ Joseph W. Roe,*English and American Tool Builders* (New Haven,1916),chaps. 11 and 15,特别在第 139 页与第 187 页,作者描述了武器制造商及其后裔的“家谱”。这些图表显示这些人如何将兵工厂变成枪支工厂,随后再变为缝纫机工厂及机床制造厂。

⑮ 新的经济史学者们均强调需求是促进 19 世纪前半期工业扩展的主要因素,例如,Robert Zevin,“The Growth of Cotton Textile Production after 1815”,和 Robert William Fogel and Stanley L. Engerman,“A Model for the Explanation of Industrial Expansion During the Nineteenth Century:With Application to the American Iron Industry”. 这两篇文章均收于 Robert William Fogel and Stanley L. Engerman,*The Reinterpretation of American Economic History* (New York 1971),pp. 122—146,148—162.

⑯ Deyrup 在“Arms Makers of the Connecticut Valley”,pp. 120 指出仅有一家私人武器制造厂——即 Eli Whitney 工厂——于 1830 年前即相当活跃,到内战时期还在营业。还可参阅 Thomas C. Cochran,“The Business Revolution,”*American Historical Review*,79:1452 (December 1974).

⑰ Chandler,“Anthracite Coal”,特别是第 149—174 页。关于产量、价格以及费城至波士顿的运输的统计资料,见第 153—158 页。有关一个个别的城市在这些年中工业化的补充分析见 Carol E. Hoffecker,*Wilmington*,*Delaware*:*Portrait of an Industrial City* (Charlottesville,Va.,1974),特别是第 14—35 页。

⑱ Temin,*Iron and Steel*,pp. 87—90,264—266.

⑲ Roe,*English and American Tool Builders*,pp. 138—140,173—185,202—215,247—252,以及 James T. and Nathan P. Ames and William and Colman Sellers 等

人的概况，见 Dumas Malone 主编的 *Dictionary of American Biography* (New York, 1946)I,248—250,XVI,574—577.

⑳ 至 1850 年，玻璃工厂的平均工人数为 62 人，棉纺织厂为 92 人，轧铁工厂为 60 人，炼铁工厂为 51 人。"A Digest of the Statistics of Manufacturers ... According to the Returns of the Seventh Census", U. S. Senate, 35th Cong., 2d Sess., Exec. Doc. no. 39, pp. 138—140.

第三章 铁路：第一个现代工商企业 19 世纪 50 年代～19 世纪 60 年代

① 例如，正如研究 Chesapeake and Ohio 运河的历史学家 Walter S. Sanderin 所指出，该运河的董事们"不愿意与运输生意扯上任何关系"。*The Greater National Project*: *A History of the Chesapeake and Ohio Canal* (Baltimore 1946), p. 190. Middlesex 运河的船队在 1808 年至 1818 年出售时拥有 6 至 9 条船。Christopher Roberts, *The Middlesex Canal*, 1783—1860 (Cambridge, Mass., 1938), pp. 137—138. 这种一般性结论的一个重要例外是东宾夕法尼亚州生产无烟煤的公司。

② 这些发展可以在下列书中找到：Edward C. Kirkland, *Men, Cities and Transportation* (Cambridge, Mass., 1948), I, chap, 4; 和 Julius Rubin, "Canal or Railroad?" *Transactions of the American Philosophical Society*, n. s., Vol. 51, part 7 (November 1961). Rubin 强调，即使在证实蒸汽机车确实可用以前，对陆上运输来说，铁路已是可能代替运河的一个重要选择。至于 1825 年宾夕法尼亚州议员决定舍铁路而修建运河系统的一个原因是："对多用途铁路缺乏经验，无法判断此种大规模计划"。这是"通向未知的冒险的一步"(见第 56 页)。同时有些议员对州政府经营铁路公司的可能性表示了关心。

③ George Rogers Taylor, *The Transportation Revolution* (New York, 1951), pp. 24—26, 48—52.

④ 有关这一时期铁路技术特别有启发性的参考资料，见 Kirkland, *Men, Cities and Transportation*, I, 284—313.

⑤ 例如，Lowell 工业中心创始人之一的 Patrick Tracy Jackson 估计，铁路代替运河后节省下的时间及金钱等于把 Lowell 迁移到距波士顿十英里以内的地方。George S. Gibb, *The Saco-Lowell Shops* (Cambridge, Mass., 1950), p. 74.

⑥ 美国人口调查局，*Historical Statistics of the United States, Colonial Times to* 1957 (Washington, D. C., 1960), pp. 427—429; Taylor, *Transportation Revolution*, p. 32.

⑦ Taylor 在 *Transportation Revolution*, p. 53 指出，在地形平坦的地带，运河成本低于铁路。Rubin 在"Railroads and Canals", p. 30 指出，当时人们均强调铁路运输如何缩短了城市间的距离。而所有有关运河的叙述则都着重指出其高昂的维持费用，特

别是一再发生河水泛滥的问题；如 Sanderlin，*The Great National Project*，pp. 191—193.

⑧ Stanley Legerbott，"United States Transport and Externalities"，*Journal of Economic History*，26：444—446 (December 1966)；italics added. Robert William Fogel 在其开拓性著作 *Railroads and American Economic Growth*：*An Econometric History* (Baltimore，1964)中声称，铁路并非经济成长的必要因素。1890 年以前，社会储蓄"用于铁路各项支出的……低于国民生产总值的 5%"(第 223 页)。Fogel 的论点已被一些新的经济史学家所反驳，如前述 Legerbot 的文章；和 Peter D. McClelland，"Railroads，American Growth and the New Economic History：A Critique"，*Journal of Economic History*，28：102—123 (March 1968)；以及 Paul David，"Transportation and Economic Growth：Professor Fogel On and Off the Rails"，*Economic History Review*，20：507—525 (December 1969). Fogel 几乎把注意力完全集中在运送季节性谷物时铁路运输和运河运输的差别，以及铁路对于铁的需求所造成的影响。在计算二者在成本上的差额时，Fogel 对于转运中货物的损失、转运成本、运输缓慢造成的费用、冬季水路停航和资本费用等项目均仅做最粗略的估计。Fogel 对存货成本的讨论更令人困惑。David 指出，1890 年时，如要在芝加哥的 Union Stock Yards 堆放存货，需要一万英亩的面积，或该年芝加哥私人可利用土地的一半(第 512 页)。Fogel 对阻碍工厂生产扩充的两大原因，维持昂贵的存货和冬季劳动力的闲置不用均没有加以分析。

⑨ Kirkland，*Men，Cities and Transportation*，pp. 161，162.

⑩ Roberts，*Middlesex Canal*，p. 160.

⑪ Harry N. Scheiber，*Ohio Canal Era* (Athens，Ohio，1969) pp. 302，304. Scheiber 书中的第 2 章对 19 世纪 50 年代铁路的迅速成功作了极好的分析。Hartz 在他的 *Economic Policy and Democratic Thought*，pp. 161—180 中亦叙述了宾夕法尼亚运河系统类似的失败。美国人口调查局，*Historical Statistics*，p. 455 提供了伊利运河货运的资料。还可参阅 Sanderlin，*The Great National Project*，chaps. 11，12.

⑫ Louis C. Hunter 在 *Steamboats on the Western Rivers* (Cambridge Mass.，1949)，chap. 12 叙述了 19 世纪 50 年代铁路如何接收了原来由轮船运载的货运。

⑬ 美国人口调查局，*Historical Statistics*，p. 484，有关电报与电话的发展经过详见第 6 章。

⑭ Carter Goodrich，*Government Promotion of American Railways and Canals，1800—1890* (New York，1960)，p. 270. 铁路数字取材于 Henry Varnum Poor 编纂的股票与债券一览表，收于 Alfred D. Chandler，Jr.，*Henry Varnum Poor，Business Editor，Analyst and Reformer* (Cambridge，Mass. 1956)，pp. 207—210. 实例参阅 *American Railroad Journal*，32：784 (December 3，1859).

⑮ Alfred D. Chandler, Jr., ed., *The Railroads: The Nation's First Big Business* (New York, 1965), p. 16.

⑯ Evelyn H. Knowlton, *Pepperell's Progress: A History of a Cotton Textile Company* (Cambridge, Mass., 1948), p. 32.

⑰ Alfred D. Chandler, Jr. 在"Patterns of Railroad Finance, 1830—1850", *Business History Review*, 28:248—263 (September 1954)中叙述了纽约压倒费城和波士顿而成为美国金融中心的过程。由此而引起的美国资本市场制度化方面更详细的资料见 Chandler, *Poor*, chap. 4. Dorothy R. Adler 的 *British Investments in American Railways* (Charlottesville, Va., 1970), chaps. 1—3 提供了有关英国投资家回到美国市场的补充资料。

⑱ Herman E. Krooss and Martin R. Blyn, *A History of Financial Intermediaries* (New York, 1971), pp. 56—57, 86—87.

⑲ 关于大承包商的出现见 Chandler, *Poor*, pp. 112—113, 313, 和 Thomas C. Cochran, *Railroad Leaders, 1843—1899* (Cambridge, Mass., 1953) pp. 99—100, 111—114. 关于各种具体的承包商见 John B. Jervis, *Railway Property* (New York, 1861), chap. 4; Henry W. Farnum, *Henry Farmnn* (New York, ca. 1889), 特别是第 41—45 页, 第 54—55 页。

⑳ *American Railroad Journal*, 26:488 (July 30, 1853). Seymor 和 Morton 在前者去世前不久组织了一家建筑公司。该公司于 1855 年和 1856 年在 *American Railroad Journal* 上刊登如下广告:"本公司准备承包国内任何地区的铁路工程并供应设备;同时提供工程师、承包商;机车、车厢;铁路建造所需的铁材、轨座、道钉、转辙器等。"公司还"备有各种铁路股票出售或贷款……按照个人投资意愿代客卖买大量有价值的铁路和其他股票"。ARJ, 28:509 (August 11, 1855). 该公司定期在杂志上刊登修筑中的铁路及欲出售的铁路的股票。

㉑ 有关拉特普、麦卡勒姆和汤姆森的简略的背景介绍(和资料来源)见 Alfred D. Chandler, Jr., "The Railroads: Pioneers in Modern Corporate Management", *Business History Review*, 39:16—40 (Spring 1965); 有关豪普特、杰维斯、麦克莱伦和惠斯勒的背景介绍, 则见 Dumas Malone 新编 *Dictionary of American Biography* (New York, 1946), VII, 400, XI, 59—60, 581—582, XIX, 72.

㉒ 摘自 Kirkland, *Men, Cities and Transportation*, I, 338. 有关早期铁路经营的详细资料见 J. Knight and Benjamin H. Latrobe, *Report on the Locomotives and the Police and Management of Several of the Principal Railroads in the Northern and Middle States* (Baltimore, 1838), pp. 4, 13—19. Knight 和 Latrobe 指出当时波士顿和伍斯特铁路雇用了 51 名管理人员(意指未参与建筑工作者)。

㉓ Stephen Salsbury, *The State, the Investor, and the Railroad: Boston & Albany, 1825—1867* (Cambridge, Mass., 1967), pp. 182—184. 在随后的第 9 章 "The Western Railroad in Crisis: An Operating Man's Nightmare"开始的几页中叙述了危机和为了应付危机而发生的组织上的改变。

㉔ Salsbury, *Boston & Albany*, pp. 186—187.

㉕ Ibid., p. 187.

㉖ Ibid., p. 157.

㉗ 这两条铁路的比较和资料来源见 Chandler, *Poor*, p. 320;和 Edward H. Mott, *Between the Ocean and the Lakes: the Story of the Erie* (New York, 1899), p. 483.

㉘ Daniel C. McCallum, "Superintendent's Report", in *Annual Report of the New York and Erie Railroad Company for 1855* (New York, 1856), 摘自 Chandler, *The Railroads*, 第 101 页。McCallum 报告的许多内容均再版于此著。

㉙ *Organization of the Service of the Baltimore & Ohio R. Road, under the Proposed New System of Management* (Baltimore 1847), p. 3;和 the *Twentieth Annual Report of the President and Directors to the Stockholders of the Baltimore & Ohio Rail-Road Company* (Baltimore, Md., 1846), pp. 11—14. 下文中许多有关第一批铁路管理机构的建立的资料见 Alfred D. Chandler, Jr., "The Railroads: Pioneers in Modern Corporate Management", *Business History Review*, 39: 16—40 (Spring 1965).

㉚ *Twenty First (1847) Annual Report* of the Baltimore & Ohio, p. 13.

㉛ 此段及下段引文摘自 *Organization ... of the Service of the Baltimore & Ohio Rail-Road, 1847*.

㉜ *Twenty-First (1847) Annual Report of the Baltimore & Ohio Rail Road*, p. 13.

㉝ 本段及下段引文摘自 *Organization ... of the Service of the Baltimore and Ohio Rail-Road, 1847*.

㉞ *Report of the Directors of the New York and Erie Railroad Company to the Stockholders in November 1853* (New York, 1853), p. 48—48.

㉟ 它包括 5 个区段及 2 条短的支线(每条支线都略短于 20 英里)。

㊱ 本处及以下引文摘自 McCallum "Superintendent's Report" in the *Erie Annual Report (1855)*, 再版收于 Chandler, *The Railroads*, pp. 102—105.

㊲ Chandler, *Poor*, pp. 147—148.

㊳ 本段及下段引文摘自 McCallum "Superintendent's Report" in *Erie Annual Report (1855)*, p. 79.

㊴ 摘自 Chandler, *Poor*, p. 147, *from American Railroad Journal*, 27: 549 (September 2, 1854).

㊵ Chandler, *Poor*, pp. 148, 153; *American Railroad Journal*, 29: 280 (May 3, 1856); *Atlantic Monthly*, 2: 641, 651—54 (November 1858).

㊶ Sidney Pollard, *The Genesis of Modern Management* (Cambridge, Mass., 1963), chap. 7, 和"The Genesis of the Managerial Profession: The Experience of the Industrial Revolution in Great Britain", *Studies in Romanticism*, 4: 57—80 (Winter 1965). Pollard的分析仅写到1830年，并未考虑英国铁路经营对管理所产生的影响。*Genesis of Modern Management*, p. 132.

㊷ *Fifth Annual Report of the Pennsylvania Rail-Road (1851)*, pp. 42—85 和 James A. Ward, "Herman Haupt and the Development of the Pennsylvania Rail-Roal", *Pennsylvania Magazine of History*, 95: 73—97 (January 1971), 特别是第78页与86页。

㊸ 这些部门的活动见 *Pennsylvania Rail-Road Company: Organization for Conducting the Business of the Road, Adopted December, 26, 1857* (Philadelphia, 1858), pp. 9—16.

㊹ *Pennsylvania Rail-Road Company: Organization ... 1857*, p. 7. 此外，该手册规定了财务部门与管理部门的关系。"由会计部门下达给运输部门的命令先送至总主管处，由它直接分配和执行"(第11页)。

㊺ 例如，*By-Laws and Organization for Conducting the Business of the Pennsylvania Rail-Road Company, to Take Effect June* 1, 1873 (Philadelphia, 1873), pp. 20, 25—26. 当工程竣工后，原为铁路保养部门主管的总工程师便成为"顾问工程师"性质的职员。

㊻ 有关这些铁路的管理结构方面的资料摘自这些铁路公司在19世纪50年代的年度报告。其中有些极有价值的资料，包括一张组织图，见 David Lee Lightner, "Labor on the Illinois Central Railraod, 1852—1880," Ph. D. diss., Cornell University, 1969, pp. 68—73.

㊼ 英国铁路的部门组织结构在 Ray Morris, *Railroad Administration* (New York, 1920), chap. 6 中有详细的介绍。

㊽ 纽约中央线是由几条小型铁路合并而成，并由商人和金融家所主持，它的较不正规的部门组织的资料见 Chandler, "The Railroads: Pioneers in Modern Corporate Management", pp. 38—39.

㊾ 例如，1856年时中部伊利诺斯铁路公司有44名职员和3 501名雇工(其中800人参与新建工程)。Lightner, "Labor on the Illinois Central Railroad", p. 27. 1852年，巴尔的摩与俄亥俄铁路公司的西部支线尚未完全通车时，已雇用了63名经理。其中4名属于高层管理人员(董事长、总主管、财务主任和总工程师)，9名属于中层管理人员，其余50名属低层管理人员，包括车间工头、修理工人及专职客货运代理人。这些资料由 Harold W. Geisel 所编纂，为1967年约翰·霍普金斯大学的荣誉论文。

㊿ *Pennsylvania Railroad Company*:*Organization* ... *1857*. p. 11. 账目详列于第21—23页。

(51) 分别为 The *Fourth*,(*1851*),the *Fifth* (*1851*),the *Seventh* (*1853*),and the *Tenth* (*1856*) *Annual Report* (*s*) *of the Pennsylvania Rail-Road*, pp. 60—61, 103—104, 74—76.

(52)有关19世纪50年代营业比率的应用见 Chandler, *Poor*, p. 139; 20世纪后的应用则见 Willam J. Ripley, *Railroads*: *Finance and Organization* (New York, 1915), pp. 112—115.

(53) Kirkland, *Men*, *Cities and Transportation*, I, 340—344, II, 332—335. Poor 于1849年最早鼓吹的活动之一为敦促铁路公司另设基金作为更新和置换设备之用。见 Chandler, *Poor*, p. 50.

(54) 本处及以下引文摘自 *Ninth Annual Report of the Pennsylvania Rail-Road* (*1855*), p. 15.

(55) 本处及以下引文摘自 *Tenth Annual Report of the Pennsylvania Rail-Road* (*1856*), p. 12.

(56) "Proceedings of the Convention of Railroad Commissioners Held at Saratoga Springs, New York, June 10, 1879", Appendix 21, 是一本藏于哈佛大学贝克图书馆的小册子。有关导致此次会议的统一会计方法运动的背景资料见 Kirkland, *Men*, *Cities and Transportation*, II, 335—339.

(57) 诚如一位研究会计的历史学者所强调:"从长期而言,一次计入法的会计作业会低估资本的消耗。"Richard P. Brief, "Nineteenth-Century Accounting Era" *Journal of Accounting Research*, 3:21 (Spring 1968). Brief 在这篇文章中对一次计入法的会计作业作了精辟的分析, Brief 的另一篇文章"The Evolution of Asset Accounting", *Business History Review*, 40:1—23 (Spring 1966)可作为上文的补充。具有参考价值的还有 L. E. Andrade, "Accounting Thought in the United States, 1815—1860", 收于 J. Van Fenstermacher 主编的 *Papers Presented at the Annual Business History Conference*, *February 26—27, 1965* (Kent, Ohio, 1965), pp. 113—120.

(58) McCallum, "Superintendent's Report", 原载纽约与伊利铁路公司的年度报告(1855年)中,再版收于 Chandler, *The Railroads*, p. 107.

(59) *Dictionary of American Biography*, VI, 387—388.

(60) 特别要参考 Albert Fink, *Cost of Railroad Transportation*, *Railroad Accounts and Government Regulation of Railroad Tariffs* (Louisville, Ky., 1875) 再版收于 Chandler, *The Railroads*, pp. 108—117. 还可参阅 Fink, *Investingation into Cost of Transportation on American Railroads*, *With Deductions for its Cheapening* (Louisville, 1874), 和他的另一本著作 *Cost of Railroad Transpor*, *tation*, *Railroad Accounts*,

and Governmental Regulation of Railroads (Louisville,1875). 另一位优秀的工程师 Charles Ellet,也曾在19世纪40年代早期对铁路成本做过仔细的分析,后发表于 *American Railroad Journal* 上。与麦卡勒姆和菲什相较之下,他的著作的影响比前两人要小得多,这可能因为他的实际经验不如他们丰富,以及由于在他著书时美国铁路还没有发展出具有广泛运输网络的巨大营运单位。Chandler,*Poor*,pp. 38,296.

㉑引自 Chandler,*The Railroads*,p. 115. 不同分支费用的百分比见第110—111页。

㉒1879年于纽约出版。Kirkman 还出版了诸如 *Railway Disbursement* (New York,1877);*Railroad Revenue and Its Collection* (New York,1877,revised 1887);和 *Railroad Service:Trains and Services* (New York,1878)这样一些书籍。

第四章 铁路的联营与竞争 19世纪70年代～19世纪80年代

① George Rogers Taylor and Irene D. Neu,*The American Railroad Network*,*1861—1890* (Cambridge,Mass.,1956),pp. 52,93.

② Joseph Nimmo,Jr.,*Report of the Internal Commerce of the United States* (Washington,1879);pp. 9,97—98. Nimmo 指出至1875年,在圣路易斯与圣保罗间的密西西比河上已有12处架有桥梁。

③ 早在1854年,会合于纽约州特洛伊的三条铁路便已修筑且联合经营环形铁路。有关环形铁路的资料见 Henry Varnum Poor,*Manual* (*s*) *of the Railroads of the United States* for the late 1870s and early 1880s.

④ *American Railroad Journal*,27:532—539,605,663—664,810 (August 26, September 23,October 21,December 23,1854),and 28:197—198 (March 31,1855).

⑤ *Eighth Annual Report of the Directors' of the Pennsylvania Rail Road Company to the Stockholders*,*February 5th*,*1855* (Philadelphia,1855),p. 13. 以后将仅注明各年报告的提出日期。

⑥ Stephen Salsbury,*The State*,*the Investor*,*and the Railroad*:*The Boston & Albany*,*1825—1867* (Cambridge,Mass.,1967),pp. 127—130.

⑦ *Tenth Annual Report of the Pennsylvania Rail Road* (1857),pp. 74—75; Edward C. Kirkland,*Men*,*Cities and Transportation* (Cambridge,Mass.,1948),I. 352.

⑧ 总主管于宾夕法尼亚铁路公司第五次年度报告内的报告。*Fifth Annual Report of the Pennsylvania Rail Road* (1852),pp. 82—83,104. Kirkland,*Men*,*Cities and Transportation*,I,353—354.

⑨ Taylor and Neu,*American Railroad System*,p. 69;Alder Hatch,*American Express*:*A Century of Service* (New York,1950),pp. 15—54.

⑩ 造成这种改变的一个原因是快运公司提供了一个筹措资本的途径,这种筹资乃是为了购置为满足被战争扩大了的运输而需增加的设备。另一原因是纽约线的快运公司联盟要求的费用低于公定运费。*Twenty-Sixth Annual Report of the Pennsylvania Railroad Co.*, *March 11*, *1873*, p. 28;由第 28—31 页仔细叙述了其资助联合铁路运输公司的原因。还可参阅 *Nineteenth Annual Report of the Pennsylvania Railroad Co.*, *February 20*, *1866* pp. 22—23,和次年 2 月 19 日发表的年度报告,第 27—29 页。

⑪ William B. Wilson, *History of the Pennsylvania Railroad Company* (Philadelphia, 1899), II, 66—69; *Report of the Investingating Committee of the Pennsylvania Railroad Company Appointed by Resolution of the Stockholders at the Annual Meeting held March 10*, *1874* (Philadelphia, 1874), pp. 121—122. 第 122 页描述了帝国运输公司的规模,该公司出版的 *The American Fast Freigh System Presented by the Empire Transportation Company* (Philadelphia, 1876), pp. 16—23 中也作了同样的描叙。根据这本小册子,联合铁路运输公司成立于 1863 年,帝国运输公司成立于 1865 年。(帝国运输公司以平台支架车皮装运石油桶和石油箱。)

⑫ 本段及下两段资料主要取材于 Taylor and Neu, *American Railroad System*, pp. 69—76. 摘自国会委员会的引文,见第 72 页。有参考价值的还有 Kirkland 的 *Men, Cities and Transportation*, I, 500—501, 和 Louis C. Hunter 的 *Steamboats on Western Rivers* (Cambridge, Mass., 1949), p. 349.

⑬ 在所剩的 4 家公司中,2 家与铁路公司保持联系,美国快运公司与巴尔的摩和俄亥俄铁路公司有联系,韦尔斯·法戈公司与伊利铁路有联系。(Nicoll & Roy Company), *The Manual of Statistics*, 1895 (New York, *1895*), pp. 256, 257, 279, 280.

⑭ Taylor and Neu, *American Railroad Network*, pp. 74—75, 97. 第一张直达运输提货单出现于 1853 年由辛辛那提至大西洋港口的运输。还可参阅 Kirk-and, *Men, Cities and Transportation*, I, 497—498.

⑮ Nimmo, *Internal Commerce*, pp. 148—149, 196—197.

⑯ John B. Jervis, *Railroad Property* (New York, 1861), pp. 206—208。以及 Marshall Kirkman, *Railroad Revenue* (New York, 1887), book III, chap. 7.

⑰ 有关列车记录员办公室的活动参阅列车记录员协会刊登于 *Railroad Gazette* 的通知——如 22:202, 421, 475(1890)——即能详细了解。该协会成立于 1876 年。还可参阅 Stover, *American Railroads*, p. 156.

⑱ Stover, *American Railroads*, pp. 152—159, 对于这种标准化提供了极好的摘要说明。Edward C. Kirkland, *Industry Comes of Age: Business, Labor and Public Policy, 1860—1897* (New York, 1961), pp. 47—51, 也是一篇上乘的论述。在铁路会

计师协会、铁路委员和州际商业委员会等各方面合作下促成的会计作业的统一见 Alfred D. Chandler, Jr., *Henry Varnum Poor: Business Editor Analyst and Reformer* (Cambridge, Mass., 1956), pp. 262—263. Frederick Warner Allen, "The Adoption of Standard Time in 1883——An Attempt to Bring Order into a Changing World",耶鲁大学 1970 年大学生优等论文。在论述铁路中层管理人员在发起和完成一场涉及所有美国人生活的变革中所起的关键作用方面,该文提供了一个很好的个案研究。

⑲ *Railroad Gazette*, 17:378 (1885). 下段引文在第 413 页与 589 页。其他协会的会议内容可查阅 19 世纪 70 年代与 80 年代 *Railroad Gazette* 的索引和其他铁路杂志。特别是有关工厂的标准化、安全性和经济性、设备、会计、交通及铁路调度的资料可参考 *Railroad Gazette*,总机械师部分见 17 期第 394—395 页(1885);铁路监工见第 677—678 页;总车厢制造师见第 378 页;铁路代理商见第 300 页及第 764 页;流动稽查员见第 589 页;列车记录员见第 475 页;总客运及票务代理商见 15 期第 193—194 页(1883);铁路电报主管见 22 期第 458 页(1890);铁路主管见 22 期第 693—694 页(1890)。并参考 Stuart Morris, "Stalled Professionalism: The Recruitment of Railway Officials in the United States, 1885—1940", *Business History Review*, 48:317 (Autumn 1973).

⑳ Morris, "Recruitment of Railway Officials"在这方面提供了极好的资料。他从 1885 年 500 名一般铁路职员的典型调查中得出结果如下:18.4% 人员的铁路生涯从高层职位开始;29.6% 从办事员开始;6.2% 从信差和办公室勤杂工开始,8% 从电报收发员开始;5.8% 从代理人(包括车站代理人、货运代理人、客运代理人等)开始;11.6% 从"助理工程师"(主要为修路工和测链员)开始;6.2% 从机械师学徒开始;4.2% 从司闸工和司炉工开始;2.8% 从工人和分段工长开始;0.2% 从律师开始;其他占 7.0%(第 323 页)。

㉑ Daniel H. Calhoun, *The American Civil Engineer: Origin and Conflict* (Cambridge, Mass., 1960), pp. 182—190,叙述了内战前企图形成协会的早期努力。Calhoun 指出在 1843 年以前,美国学院中培养正规工程师的仅有西点军校与两所较小的学院——Rensselaer Polytechnic Institute 和 Norwich University (第 37—46 页)。

㉒ Albert Fishlow, "Productivity and Technological Change in the Railroad Sector, 1840—1910", in National Bureau of Economic Research, *Output, Employment and Productivity in the United States After 1800* (New York, 1966), p. 629.

㉓ Fishlow, "The Railroad Sector", p. 626. 以下引文见第 629、633 页。

㉔ Fishlow, "The Railroad Sector", pp. 644—645.

㉕ 例如,见 Albert Fink, "Classification of Operating Expenses", from the annual report of the Louisville & Nashville Railroad for the year ending June 30, 1874,再版收

于 Alfred D. Chandler, Jr., *The Railroads: Te Nation's First Big Business* (New York, 1965), pp. 110—111.

㉖ Maury Klein, "The Strategy of Southern Railroads", *American Historical Review*, 73:1052—1068 (April 1968), 和 *The Great Richmond Terminal* (Charlottesville, Va., 1970), pp. 16—26.

㉗ *Eleventh Annual Report of the Pennsylvania Railroad Company, Febru-ary, 1858*, p. 14. 被宾夕法尼亚铁路公司收购股票的西部连接铁路还包括梅斯维尔和大桑迪公司以及斯普林菲尔德、弗农山和匹兹堡公司；见 Henry Varnum Poor, *History of the Railroads and Canals of the United States* (New York 1860), pp. 471—474; *Sixth Annual Report of the Pennsylvania Railroad Company, February 7, 1853*, pp. 21—26; *Seventh Annual Report of the Pennsylvania Railroad Company, February 6, 1854*, pp. 6—7, 18—20. 宾夕法尼亚铁路公司拥有的上述两条连接铁路的股票于 1858 年脱手。George H. Burgess andMiles C. Kennedy, *Centennial History of the Pennsylvania Railroad* (Philadel-phia, 1949), pp. 236—237. 有关巴尔的摩和俄亥俄铁路和纽约中央线在西部连接铁路上的投资见 Poor, *History of Railroads*, pp. 580—582 和 Edward Hungerford, *The Story of the Baltimore & Ohio Railroad, 1827—1927* (New York, 1928), II, 68, 110—111. 有关这些西部铁路的资料，参阅 Richard C. Overton, *Burlington Route: A History of the Burlington Lines* (New York, 1956), chaps. 3, 4; Thomas C. Cochran, *Railroad Leaders, 1845—1890: The Business Mind in Action* (Cambridge, Mass., 1953), pp. 35—41; *Annual Report of Michigan Central Railroad Company to the Stockholders, June 1855* (Boston, 1855), pp. 7—8, 10; Arthur M. Johnson and Barry E. Supple, *Boston Capitalists and Western Railroads* (Cambridge, Mass., 1967), Chaps. 8, 11; Alvin F. Harlow, *The Road of the Century: The Story of the New York Central* (New York, 1947), pp. 251—252, 255—259(这几页提到最后合并进纽约中央线的几条西部连接线的早期历史); Carlton J. Corliss, *Main Line of Mid-America: The Story of the Illinois Central* (New York, 1950), pp. 23—25, 38—41, 143—149; W. H. Sennett, *Yesterday and Today—A History of the Chicago & Northwestern Railway System* (Chicago, 1910), pp. 9—42. 至 1853 年，佐治亚铁路在西部连接铁路上的投资几达 100 万美元。John F. Stover, *Railroads of the South* (New York, 1961), p. 27. 纽约中央线也投资了相近的金额。Klein, *Richmond Terminal*, pp. 73—74.

㉘ 见注 4 引文。

㉙ Chandler, *Poor*, p. 151; Cochran, *Railroad Leaders*, p. 164.

㉚ *Twenty-Fourth Annual Report of the Pennsylvania Railroad Company, February, 21, 1871*, p. 17.

㉛ Paul W. MacAvoy, *The Economic Effects of Regulation: The Trunk Line Railroad Cartels and the Interstate Commerce Commission Before 1900* (Cambridge, Mass., 1965), pp. 26—27.

㉜ Klein, "Strategy of Southern Railroads", pp. 1055—1057.

㉝ Julius Grodinsky, *The Iowa Pool* (Chicago, 1950), p. 17 和 Nimmo, *Internal Commerce*, pp. 175—177.

㉞ Nimmo, *Internal Commerce*, pp. 161—183; Lee Benson, *Merchants, Farmers and Railroads* (Cambridge, Mass., 1955), pp. 39—40; Gabriel Kolko, *Railroads and Regulation, 1877—1916* (Princeton, N. J., 1965), chap. 1; and MacAvoy, *Economic Effects of Regulation*, pp. 39—41.

㉟ 本段及前段引文见 *Twenty-Eighth Annual Report of The Pennsylvania Railroad Company, March 9, 1875*, pp. 41—42. 并参见 MacAvoy, *Economic Effects of Regulations*, p. 39.

㊱ Kirkland, *Men, Cities and Transportation*, I, 498—500.

㊲ Benson, *Merchants, Farmers and Railroads*, pp. 41—54; MacAvoy, *Economic Effects of Regulation*, pp. 50—56.

㊳ Kirkland, *Men, Cities and Transportation*, I, 508—510; D. T. Gilchrist, "Albert Fink and the Pooling System", *Business History Review*, 34: 34 (Spring 1960); *Thirty-First Annual Report of the Pennsylvania Railroad Co. March 25, 1878*, pp. 69—70.

㊴ Stover, *Railroads of the South*, pp. 151—152; Kirkland, *Men, Cities and Transportation*, II, 176—179; Maury Klein, *History of the Louisville & Nashville Railroad* (New York, 1972), pp. 76—78.

㊵ 芬克在 *The Railroad Problem and Its Solution: Argument of Albert Fink before the Committee on Commerce of the U. S. House of Representatives, in Opposition to the Bill to Regulate Interstate Commerce, January 14, 15, and 16, 1880* (New York, 1882), pp. 44—46 中相当详细地描述了他的工作。还可参阅 Gilchrist, "Albert Fink and the Pooling System", p. 35, and MacAvoy, *The Economic Effects of Regulation*, pp. 53—56.

㊶ Gilchrist, "Albert Fink and the Pooling System"(下个句子中的引文摘自第 36 页); *Testimony of Albert Fink (before) United States Senate Committee on Labor and Education, New York, September 17, 1883* (np, nd), pp. 344—345; 以及 MacAvoy, *Economic Effects of Regulation*, p. 58.

㊷ Fink, *The Railroad Problem*, p. 21.

㊸ Nimmo, *Internal Commerce*, pp. 174—175, 和 "Information furnished by J. W. Midgley Esq.", dated April 28, 1878. 还可参阅 Supplementary statement by Mr. J. W.

Midgley (June 21,1879),printed as Appendices 4 and 5 of *Internal Commerce*,以及 Riegel,*Story of Western Railroads*, pp. 157—159, 165—170, 199—200, 208—211, 217—220. *Testimony of Albert Fink ... Sept. 17,1883*,pp. 5—8;T. Addison Busbey, *Biographical Directory of the Railroad Officials of America* (Chicago,1906),II, 412.

㊹ Fink,*The Railroad Problem*,p. 24.

㊺ 本处及以下引文摘自 Fink,*The Railroad Problem*,p. 21. 芬克向国会委员会提出的陈述显示其决心促使当局立法,使联营协议成为有法律效力的正式契约。G. R. Blanchard,*Traffic Unity*,*Popularly Called "Railway Pools"* (New York,1884),pp. 19—20,30 表明了当时对谋求联营合法化运动的广泛支持和提出的论据。同时见 Benson,*Merchants, Farmers and Railroads*, pp. 233—235, 和 Kolko, *Railroads and Regulation*,pp. 26—29.

㊻ Grodinsky,*Jay Gould*,chaps. 11,16,18;Gilchrist,"Albert Fink and the Pooling System",pp. 41—42.

㊼ 摘自 Kirkland,*Men,Cities and Transportation*,I,512—513.

㊽ Gilchrist,"Albert Fink and the Pooling System",p. 43;Grodinsky,*Joy Gould*, pp. 368—369.

㊾ 摘自 Gilchrist,"Albert Fink and Pooling System",p. 46. 有关 Midgley 的困难的叙述,见 Riegel, *The Story of Western Railroads*, pp. 165—170, 199—200, 208—211.

㊿ Kolko,*Railroads and Regulation*,chap. 4. Kolko 认为:铁路公司终于慢慢看出,它们无法通过自己的努力给铁路业带来稳定;大多数铁路领袖均支持 1887 年管理州际商业的法案;他们由此得到了稳定所带来的利益。这些论点促成了对这一重要课题进行新的调查,它们受到了尖锐的反驳。例如,Edward A. Purcell,Jr. 在"Ideas and Interests:Businessmen and the Interstate Commerce Act",*Journal of American History*,54:561—578 (December 1967)一文中,证实铁路界人士对此问题的意见并未完全一致。Albro Martin 在"The Troubled Subject of Railroad Regulation in the Gilded Age—A Reappraisal",*Journal of American History*,61:339—371 (September 1974)一文中表明,如果说铁路界人士当时曾希望政府给予什么帮助,那就是使联营合同具有法律效力。但 1887 年通过的法案相反地却宣布联营为非法,1890 年的 Sherman Antitrust Act(按照最高法院在 1897 年和 1898 年的 Trans-Missouri 和 Joint Traffic decisions 中的解释)进一步规定,即使在不存在联营情况下的、非强制性的、维持公定运费的协议也属非法。Martin 指出,既然这些走向稳定的道路都行不通,铁路界人士便迫切地采行惟一的方法——正式合并。在他的 *James J. Hill and the Opening of the Northwest* (New York,1976),296—297,409—410,537 一书中,Martin 证实早在 19 世纪 80 年代中期,铁路界重要人物如 Great Northern 的 James J. Hill 和投资银行家

Henry L. Higginson 对于联营或运费联盟等已失去信心，转而寄希望于赶快合并铁路公司成为有限的几个稳定而和谐的系统。对有关政府的规章的起源、执行和完成方面的研究成果进行了最好的综述的是 Thomas K. McCraw，“Regulation in America：A Review Article”，*Business History Review*，49：159—183 (Summer，1975).

⑤Martin，“Troubled Subject of Railroad Regulation”，pp. 350—351，358.

第五章　建立庞大的自给系统　19 世纪 80 年代～20 世纪头 10 年

① 在其 *Railroad Leaders，1845—1900：The Buisness Mind in Action* (Cambridge，Mass.，1953)一书的附录中，Thomas C. Cochran 把 60 名铁路公司董事长的生涯作成摘要。其中有 28 名是经理人员，几乎毕生致力于铁路业，有 32 名未经管理阶梯而步入高职位。后者几乎全是股东或股东代表。由于下面即将提到的原因，这种比例随不同的时期而改变。19 世纪 50 年代时，股东代表当董事长的较多，而在 19 世纪 90 年代时，职业经理当董事长的较多。见第 4 章注 2。

② 这个术语是由 Alfred S. Eichner 在 *The Emergence of Oligopoly：Sugar Refining as a Cass Study* (Baltimore，1969)，p. 2 中首次提出。

③ Julius Grodinsky，*Jay Gould：His Business Career，1867—1892* (Philadelphia，1957)，chap. 3；Wheaton J. Lane，*Commodore Vanderbilt：An Epic of the Steam Age* (New York，1942)，chaps. 9—10.

④ 本段及下段之数据摘自 Grodinsky，*Gould*，chap. 3；Lane，*Vanderbilt*，chap. 11；George H. Burgess and Miles C. Kennedy，*Centennial History of the Pennsylvania Railroad Company，1846—1946* (Philadelphia，1949)，pp. 198—200；及 Charles Francis Adams，Jr.，and Henry Adams，*Chapters of Erie and Other Essays* (New York，1871)，pp. 398—406.

⑤ Grodinsky，*Gould*，pp. 56—65. Burgess and Kennedy，*Centennial History of the Pennsylvania Railroad*，p. 46. 引文摘自 *Twenty-Third Annual Report of the Board of the Pennsylvania Railroad Co. to the Stockholders*，February 15，1870 (Philadelphia)，p. 17. 后面将只注明宾夕法尼亚铁路公司年度报告的编号及日期。

⑥ Grodinsky，*Gould*，pp. 65—66. 下段引文摘自第 65 页。另见 Lane，*Vanderbilt*，pp. 264—270.

⑦ *Report of the Investigating Committee of the Pennsylvania Railroad Company Appointed by Resolution of the Stockholders at the Annual Meeting Held March 10th，1874* (Philadelphia 1874)，p. 45.

⑧ *Report of the Investigating Committee*，p. 161. 经理人员在宾夕法尼亚铁路公司董事会中的开始取得优势，在 James A. Ward 的“Power and Accountability on the

Pennsylvania Railroad, 1846—1878", *Business History Review*, 49: 37—59 (Spring 1976)一文中有详细描述及分析。

⑨ 关于扩充策略及随后的法律改组见:Ward,"Power and Accountability on the Pennsylvania,"pp. 45—61; *Twenty-Third Annual Report ... of the Pennsylvania Railroad Co ... February 15, 1870*, pp. 15—20; *Twenty-Fourth Annual Report ... of the Pennsylvania Railroad Co .... February 21, 1871*, pp. 17—27; *Twenty-Fifth Annual Report ... of the Pennsylvania Railroad Co .... February, 20, 1872*, pp. 14—20;和 Burgess and Kennedy, *Centennial History of the Pennsylvania Railroad*, pp. 195—240.

⑩ *Twenty-Fourth Annual Report of ... the Pennsylvania Railroad Co ... February 21, 1871*, pp. 18—21; *Twenty-Eighth Annual Report of the Pennfylvania Railroad Co .... March 9, 1875*, p. 38.

⑪ *Twenty -Fifth Annual Report of ... the Pennsylvania Railroad Co .... February 20, 1872*, pp. 27—28. 美国轮船公司的董事长是 H. J. Lombaert,他是宾夕法尼亚铁路公司副董事长。对国际航海公司的投资见 *Thirtieth Annual Report of ... the Pennsylvania Railroad Co .... March 13, 1877*, p. 37.

⑫ *Twenty-Sixth Annual Report of ... the Pennsylvania Railroad Co ... March 11, 1873*, pp. 29—32.

⑬ 费城和雷丁铁路公司的年度报告摘自 Dumas Malone, *Dictionary of American Biography* (New York, 1946), VII, 461. 这个政策后来导致雷丁铁路及中部新泽西公司及特拉华和拉卡瓦纳公司的财务困难。Edward C. Kirkland, *Industry Comes of Age: Business, Labor and Public Policy 1860—1897* (New York, 1961), pp. 82—83.

⑭ *Twenty-Seventh Annual Report of ... the Pennsylvania Railroad Co. ... March 10, 1874*, p. 28.

⑮ Ibid, p. 46. 后来宾夕法尼亚铁路公司对标准钢公司进行了少量投资(25 360美元)。*Thirtieth Annual Report of ... the Pennsylvania Railroad Company ... March 17, 1877*, p. 40. 当时已对宾夕法尼亚钢厂投资 735 100 美元,对普尔曼卧车公司投资 770 000 美元。

⑯ *Twenty-Third Annual Report ... of the Pennsylvania Railroad Co. ... February 15, 1870*, p. 18 强调:"对于超过密西西比河的路线,我们没有兴趣。"

⑰ 引文摘自 *Report of the Investigating Committee of the Pennsylvania Railroad ... by Resolution of ... March 10, 1874*; p. 75. 第 75—77 页描述了宾夕法尼亚铁路公司对华盛顿和凯罗以南的路线具有兴趣。*Twenty-Seventh Annual Report of ... the Pennsylvania Railroad Co. ... March 10, 1874*, pp. 34—35; Burgess and Kennedy, *Centennial History of the Pennsylvania Railroad*, pp. 279—281 及 Maury

Klein, *The Great Richmond Terminal* (Charlottesville, Va. 1970), pp. 61—64,进行了更详尽的叙述。为了把南部连接里士满和亚特兰大的许多铁路聚合,宾夕法尼亚铁路公司成立了控股公司——南方铁路证券公司——以控制几家铁路之股权。当时宾夕法尼亚铁路公司拥有该控股公司价值达 783 734 美元的股份,以及单独的经营公司的债券和股票。

⑱ *Dictionary of American Biography*, XVI, 500—501; Grodinsky, *Jay Gould*, pp. 115—117. 汤姆森对西部铁路的兴趣可从他曾在一个短时期内出任杜布克和太平洋公司的董事长一事看出来。Carlton Corliss, *Main Line of Mid-America* (New York, 1950), p. 146.

⑲ *Twenty-Eighth Annual Report of ... the Pennsylvania Railroad Co. ... March 9, 1875*, p. 43; Ward, "Power and Accountability on the Pennsylvania", pp. 54—55. 斯科特继续保持他在得克萨斯和太平洋公司的私人股权,他担任该公司董事长直到 1880 年,同一年他也自宾夕法尼亚铁路公司董事长的职位退休,他是在 1874 年 6 月汤姆森死后继任宾夕法尼亚铁路公司董事长的。

⑳ 此资料摘自宾夕法尼亚铁路公司 1870 年 2 月 15 日的年度报告到 1874 年 3 月 10 日的年度报告中的财务主任的报告部分。

㉑ Burgess and Kennedy, *Centennial History of the Pennsylvania Railroad*, p. 303.

㉒ Henrietta M. Larson, *Jay Cooke, Private Banker* (Cambridge, Mass., 1936), pp. 315—317; Fritz Redlich, *The Molding of American Banking: Men and Ideas* (New York, 1951), II, 360.

㉓ Burgess and Kennedy, *Centennial History of the Pennsylvania Railroad*, pp. 219—222, 279—281.

㉔ James Dredge, *The Pennsylvania Railroad: Its Organization, Construction and Management* (London, 1879)指出 1877 年宾夕法尼亚铁路公司(匹兹堡以东各线)的职工总数为 18 000 人,而该年是 19 世纪 70 年代经济萧条中情况最差的一年。匹兹堡以西各线总长度约为其以东各线总长度的三倍。1877 年,匹兹堡以东各线经营长度为 1 071 英里,而以西各线为 3 407 英里,见 Henry Varnum Poor, *Manual of Railroads for the United States for 1878* (New York, 1878), pp. 309, 340. 匹兹堡以西各线不像东部繁忙,所以保守的估计是这些线路具有 32 000 名职工。这样一来,可以认为,在比较正常的经济发展时期,宾夕法尼亚铁路系统的职工人数至少为 55 000 人。Burgess and kennedy 在 *Centennial History*, p. 807,认为在 1889 年时,该公司(匹兹堡以东各线)有职工 44 000 人。当时整个系统的职工总数至少有 10 万人。1910 年,Burgess 和 Kennedy 首次提出了整个系统的职工人数,数目为 215 000 人。

㉕ Henry Varnum Poor, *Manual of the Railroads of the United States for 1870—1871* (New York, 1870), p. 169; Edward Hungerford, *The Story of the Balti-*

more & Ohio Railroad Company, 1827—1927 (New York, 1928), II, 68, 106—108, 155, 220—227; Grodinsky, *Jay Gould*, pp. 169—332.

㉖ Hungerford, *Story of the Baltimore & Ohio*, II, 125—127 and 74—79.

㉗ Hungerford, *Story of the Baltimore & Ohio*, II, 126.

㉘ *Dictionary of American Biography*, IV, 132—133; Lane, *Vanderbilt*, pp. 270—273; Grodinsky, *Jay Gould*, pp. 105—106; Alvin F. Harlow, *The Road of the Century: The Story of the New York Central* (New York, 1947), pp. 283—284, 370.

㉙ Lane, *Vanderbilt*, pp. 273—274; Harlow, *Road of the Century*, pp. 290—293. 范德比尔特是在什么时候出售他在这些铁路的股份的，这一点还不清楚，但显然他对俄亥俄和密西西比铁路、沃巴什铁路的股权兴趣不大，因为在19世纪70年代萧条时这两条铁路都曾发生问题，财产曾被监管。

㉚ Grodinsky, *Gould*, p. 209.

㉛ Grodinsky, *Gould*, pp. 154—158.

㉜ Harlow, *Road of the Century*, pp. 237—258.

㉝ Frederick Lewis Allen, *The Great Pierpont Morgan* (New York, 1949), pp. 43—45; N. S. B. Gras and Henrietta M. Larson, *Casebook in American Business History* (New York, 1939), pp. 552—553.

㉞ Cochran, *Railroad Leaders*, pp. 130—132, 307, 335, 433; Grodinsky, *Gould*, p. 229; Richard C. Overton, *Burlington Route: History of the Burlington Lines* (New York, 1965), p. 154.

㉟ Grodinsky, *Gould*, pp. 226—229; Overton, *Burlington Route*, pp. 166—169; 和 Julius Grodinsky, *Transcontinental Railway Strategy*, 1869—1893 (Philadelphia, 1962), chaps. 5, 7.

㊱ 引自 Grodinsky, *Gould*, p. 229.

㊲ 引自 Cochran, *Railroad Leaders*, p. 433. 一个月后，1879年12月30日，珀金斯给福布斯写道："迟早密苏里河以西各线会延伸，它们将逐渐与密苏里河以东各线结成一体，铁路联营时代已经过去，它只是解决铁路难题的一个步骤罢了。"关于福布斯反对珀金斯的情况，见 Cochran, *Railroad Leaders*, pp. 337—338.

㊳ Grodinsky, *Gould*, chaps. 7, 8; Overton, *Burlington Route*, pp. 154—158.

㊴ Grodinsky, *Gould*, chaps. 9—13, 16—21; *Transcontinental Strategy*, chaps. 8—11; Overton, *Burlington Route*, pp. 166—175; Robert E. Riegel, *Story of Western Railroads* (New York, 1926), chap. 11.

㊵ Grodinsky, *Gould*, p. 354.

㊶ Grodinsky, *Gould*, chaps. 22, 26—27, 29.

㊷ Harlow, *Road of the Century*, chap. 13, 及 Grodinsky, *Gould*, chap. 18.

㊸ Cochran, *Railroad Leaders*, pp. 29, 478.

㊹ Harlow, *Road of the Century*, chaps. 13, 16, 17; Allen, *Morgan*, pp. 50—55.

㊺ Edward Hungerford, *Men of the Erie* (New York, 1946), pp. 204—205. 伊利铁路在1884年取得自己到芝加哥的干线。由于与辛辛那提、哈密尔顿和代顿公司紧密联合，使得伊利铁路原有的大西洋和大西部公司的路线能进入辛辛那提。

㊻ 引自 Cochran, *Railroad Leaders*, p. 137.

㊼ 伯灵顿铁路的扩充和合并经过见 Overton, *Burlington Route*, chaps. 10—11; Arthur M. Johnson and Barry E. Supple, *Boston Capitalists and Western Railroads* (Cambridge, Mass., 1967), chap. 13.

㊽ 关于伯灵顿铁路公司、密尔沃基铁路公司、罗克艾兰铁路公司和西北铁路公司的互相影响的扩充策略，在 Grodinsky, *Transcontinental Strategy*, esp. chaps. 8, 15, 16; 及 August Derleth, *The Milwaukee Road: Its First Hundred Years* (New York, 1948), pp. 126—128, 133—137 中都有极好的描述；Grodinsky, *Transcontinental Strategy*, p. 126 中强调 Merrell 是"财产扩充的策划人"。

㊾ 最好的资料来源还是上面引用的 Grodinsky 著作的各章，另外资料见 Stuart Daggett, *Railroad Reorganization* (Boston, 1908), pp. 214—317.

㊿ 除了 Grodinsky 著作的各章以外，见 William H. Sennett, *Yesterday and Today: The History of the chicago & Northwestern Railway System* (chicago, 1910), pp. 63—69.

51 Grodinsky, *Gould*, p. 526.

52 Richard C. Overton, *Gulf to Rockies: The Heritage of the Fort Worth and Denver-Colorado and Southern Railways 1861—1898* (Austin, Texas, 1953), chaps. 10 对联合太平洋铁路公司在此时期的策略作了极好的概述，另外值得一看的是 Grodinsky, *Transcontinental Strategy*, chaps. 14, 16. 在亚当斯管理期间联合太平洋铁路系统增加了3 000英里的铁路。

53 关于圣菲公司的历史及其与南太平洋公司的关系，见 Riegel, *Story of the Western Railroads*, ch. 12; Grodinsky, *Transcontinental Strategy*, chaps. 10—12, 14—16; Johnson and Supple, *Boston Capitalists and Western Railroads*, chaps. 14—15; 和 Leslie L. Waters, *Steel Trails to Santa Fe* (Lawrence, Kans., 1950).

54 Riegel, *Story of the Western Railroads*, p. 179.

55 在对其股东解释为何他还要采取另一种耗费甚大的步骤时，斯特朗指出那些地理位置极为良好，最适于连通到芝加哥的铁路"早已侵入我们在堪萨斯的领域"。因而任何令人满意的协议都难以达成了。"一项运输协议，即使在最好的情况下也总是不确定的和无法令人满意的，而且通常不是被忽视就是遭到唾弃……此种合同的历史表明,只是在符合签订者双方利益时,合同才会有效,只要任何一方觉得是项负担时,它就会被破坏。此外,不管如何仔细地拟定这种协议,规定给破坏协议者以重罚,然而是否能对破坏协议者一方强制执行是令人怀疑的,因为法律本身就不赞成这种合同,认为它违反公众利益,因为运输公司要求绝对的行动自由。"见 *Fifteenth Annual Report of the Atchison, Topeka and Sante Fe Railroad Company for 1886*, p. 27. 翻过两页后该报告又说:"事实上我们似乎是以自己的惰性在诱发这些入侵,而不以积极作为向这些入侵发起挑战。"珀金斯试图通过福布斯劝导圣菲公司的董事们不要建造另一条通往芝加哥的铁路,使用伯灵顿铁路即可。但未能成功。见 Overton, *Burlington Route*, pp. 188—190.

(56) 最好的资料见 Grodinsky 的 *Transcontinental Strategy* 尤其是第 17 章。

(57) Klein, *The Great Richmond Terminal*, p. 24. 此资料和其 *History of the Louisville & Nashville Railroad* (New York, 1972),提供了 19 世纪 80 年代有关南部铁路系统的建立极好的资料。他的基本研究结果在其"Strategy of Southern Railroads", *American Historical Review*, 78: 1052—1068 (April 1968)一文中得到了精辟的概括。John F. Stover, *The Railroads of the South, 1865—1900* (Chapell Hill, N. C., 1955),尤其是第 10、11 章和第 198—203 页、第 220—221 页的资料也很有用。

(58) Stover, *Railroads of the South*, pp. 203—204, 261—273; E. G. Campbell, *The Reorganization of the American Railroad System, 1893—1900* (New York, 1938), pp. 214—216, Joseph T. Lambie, *From Mine to Market Place: The History of Coal Transportation on the Norfolk and Western Railway* (New York, 1954),尤其是第 1、5、7 章。

(59) Edward C. Kirkland, *Men, Cities and Transportation: A study in New England History* (Cambridge, Mass., 1948), I, 波士顿和奥尔巴尼公司见第 368—376 页,第 381—386 页,波士顿和缅因公司见第 16 章;纽约和新英格兰公司见第 17 章;纽黑文公司见第 18 章。

(60) Kirkland, *Men, Cities and Transportation*, II, 31.

(61) Stuart Daggett, *Railroad Reorganization*, p. v.

(62) 哈佛商学院,"J. P. Morgan, 1837—1913", Case No. 4—371—572, BH 202, p. 23.

(63) Paul M. MacAvoy, *The Economic Effects of Regulation: The Trunkline Railroad Cartels and the Interstate Commerce Commission Before 1900* (Cambridge, Mass., 1965), pp. 111—119; Gabriel Kolko, *Railroads and Regulation, 1887—1916* (Princeton, N. J., 1965), chap. 3.

(64) MacAvoy, *Economic Effects of Regulation*, pp. 123—125.

⑥⑤ 引自哈佛商学院个案"J. P. Morgan,"p. 22.

⑥⑥ Overton, *Burlington, Route*, p. 221. 该书指出，当一些公司于1892年退出之后，"西部运输协会实际上已不存在，而没有联营津贴的自我管制这一最为雄心勃勃的企图也随之而消逝了。"

⑥⑦ MacAvoy, *Economic Effects of Regulation*, p. 144. MacAvoy 叙述了1887—1890年(第125—144页)和1889—1893年(第144—164页)间卡特尔的活动情况。铁路货运收入从1893年的8.29亿美元降至1894年的6.99亿美元，而且一直到1898年为止都没有超过8亿美元。见美国人口调查局 *Historical Statistics of the United States, Colonial Times to 1957* (Washington, D. C. 1960), p. 431. 客运收入也一样，在1893年为3.015亿美元，一直到1899年为止，甚至都未能恢复到1891年(2.812亿美元)的水平(见第430页)。

⑥⑧ MacAvoy 在 *Economic Effects of Regulation*, pp. 183—191 叙述了1897—1899年间管制和卡特尔化的失败。还可参阅 Kolko, *Railroads and Regulation*, pp. 80—83.

⑥⑨ 引自 William Z. Ripley, *Railroads: Finance and Organization* (New York, 1915), p. 461.

⑦⓪ Ripley, *Railroads*, pp. 480—485; Klein, *Louisville & Nashville*, pp. 311—314; Daggett, *Railroad Reorganization*, chap. 9.

⑦① 哈里曼与希尔的经历在以下著作中均有描述：Overton, *Burlington Route*, 第14章, Campbell, *Reorganization of American Railroad System*, 第6—7章, Ripley, *Railroads*, pp. 491—516, 最近的、也是最精辟的描述则见 Albro Martin, *James J. Hill and the Opening of the Northwest* (New York, 1976), 第15—17章。

⑦② 这些数字来自 Stover, *American Railroads* (Chicago, 1961), p. 135 和 Ripley, *Railroads* 第14—15章，表4进行了修正。John Moody 在其 *Truth about the Trust* (New York, 1904), pp. 431—442 中描述了六个此种集团(希尔的路线包含在摩根集团中)。他计算出它们的总里程数为164 000英里，同时列举出独立公司的里程数为37 500英里，其中5 532英里属于两家新英格兰的铁路公司(第440页)。

⑦③ Kolko, *Railroads and Regulation*, pp. 88—101.

⑦④ *United States Congress, Senate Document*, 243, III (1905)自第16卷断断续续地至第19卷，第3291页。Kolko 在其 *Railroads and Regulation* (pp. 118—144)中声称，虽然铁路界人士确实反对强硬的 Esch-Townsend 法案，却支持较温和的 Hepburn Act. 但是他提出的支持后者的铁路经理仅为 Stickney 和宾夕法尼亚铁路公司的 Cassett.

⑦⑤ John M. Blum, *The Republican Roosevelt* (Cambridge, Mass., 1954), pp. 87—105; Kolko, *Railroads and Regulation*, p. 147; 及 Ripley, *Railroads*, pp. 481—

483.

76 Gabriel Kolko 坚持认为萧条后的合并运动和早期的联营一样，都无法“对不断下跌的运费建立有效的控制”。他又说：“如果把‘所有’路线都考虑在内，就可以知道对主要铁路公司的政治行为有重大影响的是美国铁路系统的扩散而不是集中。”（单引号乃 Kolko 所加）。见其 *Railroads and Regulation*，p. 88. 他的根据是经营的铁路数在 1900—1907 年从 1 224 增至 1 564，而在 1900 后的 10 年中，独立铁路公司数只从 847 降到 829。然而他显然知道是里程数和资本额表示的规模，而不是公司数决定着集中。他同一段中指出，“规模较大的铁路和银行商几年来已拥有或控制几乎近三分之二的里程数”。他没有提出任何数据来反驳 Moody，Ripley，Daggett 和州际商业委员会的详细报告。而他们都有充分的证据显示在 Hepburn Act 通过前，美国铁路系统已有了集中现象。Kolko 这个开拓性研究的最大缺点是他未能认识到 19 世纪 80 年代早期之后，系统建立作为在铁路竞争中取代联营的一种方法的重要性。看来他是假定 20 世纪头 10 年的竞争与 19 世纪 80 年代早期的竞争大致相同。

77 C. E. Perkins，Memorandum on railroad organization，May 1883（C. E. Perkins Letter Book # 6，p. 341—342）. 除非特别注明，这里所引用的珀金斯和伯灵顿公司其他人员的信函都取自该公司档案。我感谢 Richard C. Overton 使我能有机会利用这些档案。

78 S. F. Van Oss，*American Railroads as Investments*（New York，1893），p. 235.

79 *Report of the Investigating Committee*（1874），pp. 48—53. 东部系统也经营了 408 英里长的运河。宾夕法尼亚铁路公司主管发现在其新系统边缘有一些“自己经营”的连线较为方便。

80 *Twenty-Fifth Annual Report ... the Pennsylvania Railroad Co. ... February 20，1872*，p. 16.

81 *By-Laws and Organization for Conducting the Business of the Pennsylvania Railroad Company ... to Take Effect June 1，1873*（Philadelphia，1873），pp. 13—15；*By-Laws and Organization for Conducting the Business of the Pennsylvania Company*（Philadelphia，1881），pp. 10，22. 最初，宾夕法尼亚铁路公司的总经理也是副董事长。后来，当系统成长后，公司便有一名负责经营的副董事长和一名总经理。

82 *Organization ... of the Pennsylvania Company*（1881），pp. 10—11，14. 将 Henry Varnum Poor，*Manual of the Railroads of the United States for 1872—1873*（New York，1872），pp. 255—256，561—562 中所列出的宾夕法尼亚铁路公司的职员表与狭长区域线的职员表加以比较，可以看出 T. D. Messler 与 William Thaw 居于两家铁路公司的同样职位。

83 以下各段资料来自 *Organization ... of the Pennsylvania Railroad Com-*

pany (1873),*Organization . . . of the Pennsylvania Railroad Company* (1881),和"The Relations of the Pennsylvania Railroad Company to Other Organizations in Which it holds an Interest",*Railroad Gazette*,15:45—46 (1883). 后者再刊于 Leland H. Jenks,"Multi-Level Organization of a Great Railroad",*Business History Review*,35:339—343 (Autumn 1961).

(84) *Organization ... of the Pennsylvania Railroad Company* (1873),p. 14.

(85) "Historical Development of the Organization of the Pennsylvania Railroad",*Railroad Gazette*,14:766ff (1882),再刊于 Leland H. Jenks,"Early History of a Railroad Organization",*Business History Review*,35:163—179 (Summer 1961). 引文摘自第 174 页。

(86) 譬如,*Organization ... of the Pennsylvania Railroad* (1873),pp. 16—17,20,及 *Organization ... of the Pennsylvania Railroad Company* (1881),p. 26.

(87) *Organization ... of the Pennsylvania Railroad Company* (1873),pp. 9—11 中有所描述。此段所有引文均摘自第 10—11 页。

(88) "Historical Development of ... the Pennsylvania Railroad"载于 Jenks,"Early History",p. 174.

(89) *Organization ... of the Pennsylvania Company* (1881),p. 5;"Relations of the Pennsylvania Railroad",载于 Jenks"Multiple-Level Organization of a Great Railroad",p. 342.

(90) *Report of the Investigating Committee* (1874),p. 167. 下面该引文摘自 Frank H. Spearman,*The Strategy of Great Railroads* (New York,1904),p. 25.

(91) 此处和以下引文摘自珀金斯于 1883 年 5 月所写的备忘录,见伯灵顿档案中 C. E. Perkins, Letter Book #6, pp. 348—349. Overton 在其 *Burlington Route*, pp. 177—182 中,曾概括了珀金斯管理的思想,见第 170—171 页。他概述了最初改组的结构。Alfred D. Chandler,Jr. , *The Railroads:The Nation's First Big Business* (New York,1965),pp. 118—125,重印了珀金斯 1885 年所写的"Organization of Railroads"备忘录的一部分。在 1883 年 6 月 4 日给 T. J. Potter 的备忘录上,珀金斯强烈反对设立一名全系统的交通经理的设想。

(92) 珀金斯给 T. J. Potter 的备忘录,1883 年 6 月 4 日。伯灵顿记录。

(93) Perkins,"Organization of Railroads"(1885),p. 25. 为了尽量确保地方一级的权威,珀金斯一直坚持分设权力机构和职能机构的组织原则必须贯彻到最低一级的管理,见该备忘录,第 7 页。

(94) 1883 年 5 月 12 日珀金斯给 T. J. Potter 的备忘录,见伯灵顿记录。

(95) 珀金斯关于高级主管人员政策的备忘录未指明日期,但写于 1883 年 5 月(C. E. Perkins,Letter Book #6,pp. 338—340). 其他的铁路董事长完全同意。见 Cochran,*Railroad Leaders*,pp. 81,138 的引文。

(96) 此处和以下各处引文摘自1883年5月珀金斯论述第三副董事长责任的第二备忘录。珀金斯将此备忘录寄给T. J. Potter,Potter在几天以后接掌了副董事长之职位。在Potter看过此备忘录并提出一些修正和改动后,珀金斯便把修改过的草稿打成书面材料,见1883年5月12日、22日珀金斯给Potter函件。在备忘录中所用的字是"第三"而不是"第二副董事长",然而第三副董事长的头衔只是暂时提出的。按照珀金斯本来的计划,其任务是要由第二副董事长来执行。1883年春天,珀金斯指派J. C. Peasley为第二副董事长,因他想培养此人以取代Potter或A. E. Touzalin,后者当时为波士顿公司第一副董事长,见Cachran,*Railroad Leaders*,pp. 434—435.不久Peasley成为第一副董事长掌管财务,而第二副董事长则执行珀金斯在这些备忘录上所列之工作。

(97) C. E. Perkins,"Organization of Railroads"(1885),p. 17,及pp. 15—16.另外可参阅珀金斯在1883年5月论述铁路组织之备忘录。(C. E. Perkins,Letter Book #6,pp. 341—342). Kirkman对于庞大铁路系统管理效率上的问题进行了深入的分析。他描述了最后所导致的失败是怎样促进了一种效率差得多的、非正式组织的成长,见Kirkman,*Railroad Expenditures*,I. 238—243.

(98) Perkins,"Organization of Railroads"(1885),p. 17.珀金斯补充道:"这是一个重要的想法,也是不能使一个单位太大的另一个甚好的理由。私人的交往能促进更好的了解,人们喜欢这种人来领导。"

(99) 珀金斯给T. J. Potter的备忘录,1883年3月3日,伯灵顿的记录。

(100) 决定一铁路公司是否具有分权化结构最快的方法是核对Henry Varnum Poor的"List of Officers of Operating Railroads in United States and Canada,and of the Chief Railroads in Mexico",该文最初出现于*Poor's Manual*,1891年版。它列举了所有铁路公司的高级主管及其职称。具有"分权化"结构的铁路是指其至少有两个单位,每个单位有自己的总经理或总主管,下设一名直接归其管辖的、负责运输的职员,如果总办事处无负责运输的职员,则该单位还必须配属有一名副董事长。另见Henry Varnum Poor,*Manual of the Railroads of the United States for 1891* (New York,1891),pp. 916—944,1365—1369.普兰特铁路公司的结构见Henry S. Haines,*American Railway Management* (New York,1897),pp. 157—160.

(101) Cochran,*Railroad Leaders*,p. 29;Harlow,*Road of the Century*,pp. 332—333.如此做时,威廉·范德比尔特是仿效其父亲孔莫多尔·范德比尔特的先例。孔莫多尔在取得湖岸铁路后,即任命其女婿克拉克为湖岸铁路董事长,但给予总经理詹姆斯·德弗罗以"完全控制公司、它的业务、它的维护和改良"的大权。德弗罗掌管包括财务在内的所有活动。财务主任向他呈交报告。(Cochran,*Railroad Leaders*,p. 313)克拉克死后,孔莫多尔便把财务交由纽约中央线的财务主任和审计员掌管;不久又把其单一的执行和财务委员会的四个成员——他自己、威廉、理查德·谢尔和奥古斯都·谢尔——安插到湖岸铁路公司的董事会上。见Lane,*Commodore Vanderbilt*

(New York,1942),pp. 272—274.

⑩② 引自 Cochran,*Railroad Leaders*,p. 478. 财务部门和这些铁路的董事们之间的相互联系,可以通过比较 *Poor's Manual* 中所列出的这些年中铁路主管人员的名单而得知。

⑩③ 纽约中央线系统主要铁路高级主管之间关系以及他们与纽约总部的关系,可从 Henry B. Ledyard 与 James H. Rutter 的通信中得知,见 Cochran 的 *Railroad Leaders*,尤其是第 370—391 页、393—394 页、398 页、400 页、456 页。该信函表明 H. J. Hayden 是纽约中央线的第三副董事长。

⑩④ 对伯灵顿铁路各项操作程序和设备标准化的发展的最佳分析见 Sherry H. Olson,"Economies of Reorganizaiton in Railroad Consolidation",1970 年约翰·霍普金斯大学未出版稿件。关于宾夕法尼亚铁路公司实验室的工作部分见:Howard R. Bartlett,"The Development of Industrial Research in the United States,"in National Resource Planning Board,*Research——A National Resource* (Washington,D. C. ,1938—1941),II,26—27.

⑩⑤ Harlow,*Road of the Century*,p. 337;以及柯尼利厄斯·范德比尔特(威廉的弟弟)给约翰·纽厄尔的信函,见 Cochran,*Railroad Leaders*,pp. 409,476—477.

⑩⑥ Riegel,*Western Railroads*,p. 151. 还可参阅 Grodinsky,*Gould*,pp. 598—599.

⑩⑦ Ray Morris,*Railroad Administration* (New York,1920),pp. 54—63.

⑩⑧ 有关摩根进行的几次改组机构的详细情况见 Campbell,*Reorganization of the American Railroad System*,尤其是第 5、6 章。特别值得一读的是 John W Brackett,"Morgan's Reorganized Railroads:How They Were Controlled"1959 年麻省理工学院未出版论文。Klein 在 *Richmond Terminal*,pp. 269—284 中提供了补充资料。哈佛商学院个案"J. P. Morgan",pp. 23—26 概述了摩根的改组工作程序。关于库恩和洛布的情况,见 Campbell,*Reorganization of American Railroad System*,pp. 209—211,245—247;及 Klein,*Louisville & Nashville*,pp. 220—221,241—243,252—258. 关于基德尔和皮博迪的情况,见 Vincent P. Carosso,*Investment Banking in America* (Cambridge,Mass. ,1970),pp. 34—37. 正如 Poor 的"List of Officers Operating Railroads"(载于 *Manual of Railroads for the United States for 1898*)所指出,伊利铁路、雷丁铁路、切萨皮克和俄亥俄公司和南部铁路公司均为集中化的组织形式。

⑩⑨ Cochran,*Railroad Leaders*,pp. 46—48,对这些年该铁路的历史有简短描述,第 317 页提到了菲什所担任的职位。Corliss 的 *Main Line of Mid-America*,pp. 206—225. 有更详尽的叙述。

⑪⓪ Minutes of the Executive Committee Meeting, April 5,1888. 除非特别注明者,所有论及中部伊利诺斯铁路的资料均取自该公司存于 Newberry Library,Chicago,Illinois.之档案。还可参阅 B. F. Ayer and S. Fish to E. T. Jeffery,June 6,1888;E. H. Harriman to S. Fish,June 11,1888;J. Dunn to E. T. Jeffery,June 7,1888.次年春天,对新组织结构的最后定案工作交给一个由各种财务主管和法律主管组成的独立小组负责进行。正如 1889 年 5 月 15 日董事会一次会议的记录所指出:"兹成立一个由董事长、副董事长、财务主任、两名总律师、总经理和总审计员组成的委员会,以便立即着手对公司业务部门进行分类;详细说明各部门的主管或代理;明确规定各部门的权力和职责;董事长要将最后讨论结果付印并发给每位董事一份"。

⑪ A. W. Sullivan(代理总主管)给 J. C. Welling 的函件,1889 年 10 月 12 日;C. A. Beck(代理总经理)给 J. C. Welling 的函件,1889 年 10 月 24 日。

⑫ T. J. Hudson 给 J. C. Welling 的函件,1889 年 10 月 5 日。还可参阅 J. Dunn(董事长助理)给 A. F. Barnard 的函件,1884 年 10 月 21 日,以及 Corliss,*Main Line of Mid-America*,pp. 215—216.

⑬ 最终确定的组织结构在一标题为"Code of Rules for Conducting the Business of the Illinois Central Railroad Company"的文件中得到了描述,该文件于 1889 年 12 月 16 日为董事会所接受,见该日之 Minutes of Board of Directors. 巴尔的摩和俄亥俄铁路公司在库恩和洛布主持下进行改组之后,也在前一年建立了极为近似的组织结构。见 *Annual Report of the Baltimore & Ohio for 1889*. Morris 在 *Railroad Administration*,pp. 50—52 提供了一有用的组织图,同时还描述了诺福克和西部铁路公司的此种结构。

⑭ Haines 在 *American Railway Management*,pp. 159—167 描述了早在 1881 年时经营部门编制预算的情况。然而,只要看一下 20 世纪初哈里曼铁路公司经理人员经营费用的批准程序,就可以知道该铁路公司呈报的乃是过去的费用,而不是预期的费用,而且资本的分配是以个人化的、特殊的方式进行。见 Morris,*Railroad Administration*,pp. 236—239.

⑮ Ripley,Ray Morris 和其他在本世纪 20 年代初从事著作的铁路财务和组织权威学者,包括 Cleveland,Powell 和 Stuart Daggett 等人,均未提及系统的资本分配程序。Morris 在 *Railroad Administration*,pp. 61—62 描述了哈里曼铁路公司一种特殊的、非正式的个人化的资本分配方式。

⑯ Morris,"Stalled Professionalism",pp. 330—332.

第六章 完成基础设施的建设

① Robert G. Albion,*The Rise of New York Port* (New York,1939),chap. 15;John G. B. Hutchins,*The American Maritime Industries and Public Policy,1789—1914,an Economic History* (Cambridge,Mass.,1941),pp. 343—368.第一家经营横渡大西洋的轮船的是英国的大西部铁路公司。塞缪尔·孔纳德的航运公司于 1840 年开

始定期航行于利物浦和波士顿间。1847 年一家由美国人倡议、德国人出资所拥有的航运公司开始航行于纽约和不来梅间。1849 年又成立了一家驶往勒阿弗尔的轮船公司。

② Hutchins,*American Maritime Industries*,p. 486.

③ 同 2,第 16 章。

④ 同 2,第 539 页。

⑤ 同 2,第 567—570、573 页;James P. Baughman,*The Mallorys of Mystic: Six Generations in American Maritime Enterprise* (Middletown, Conn., 1972),pp. 179—200;William L. Taylor,*A Productive Monopoly: The Effect of Railroad Control on New England Coastal Steamship Lines, 1870—1916* (Providence,1970),尤其是第 7、8 章。

⑥ Baughman,*Mallorys of Mystic*,p. 204.

⑦ Baughman 在 *Mallorys of Mystic*,pp. 202—206,221—224 描述了大西洋、墨西哥湾和西印度航运公司的经营组织。

⑧ Hutchins,*American Maritime Industries*,pp. 537—539;和 N. S. B. Gras and Henrietta M. Larson,*Casebook in American History* (New York,1939),pp. 566—590.

⑨ 例如,Taylor,*Productive Monopoly*,pp. 88—89.

⑩ 本节论述城市运输的资料主要来自 Charles N. Cheape III,"The Evolution of Public Transit,1880—1912:A Study of Three Cities",Ph. D. diss.,Brandeis University,1975. 最有用的补充资料是 Harold C. Passer 的 *The Electrical Manufacturers, 1875—1900* (Cambridge,Mass.,1953),第 16—17 章。

⑪ Cheape,"Evolution of Public Transit",pp. 12—13,该文载有 1890 和 1902 年各种不同的运输形式所经营的街道铁路里程数百分比。

⑫ Cheape 在"Evolution of Public Transit",pp. 241—242 描述了波士顿的西端街道铁路公司的组织结构,Passer 的 *Electrical Manufacturers*,pp. 247,252—253 叙述了该公司的形成。Cheape 在 pp. 110—112 还描述了纽约的大都会街道铁路公司的组织结构。*Street Railway Journal*,12:515 (Sept. 1896)刊登了后者的组织图。

⑬ 纽约、费城和波士顿市政府、金融商和公共运输公司经理人员的关系见 Cheape,"Evolution of Public Transit",关于芝加哥的情况见 Paul Barrett,"Public Policy and Private Choice:Mass Transit and the Automobile in Chicago between the Wars",*Business History Review*,49:491—494 (Winter 1975).

⑭ 此资料来自 *Report of the Postmaster General for 1847, December 6, 1847*, Exec. Doc. no. I,p. 1311;和 *Report of the Postmaster General for 1857, December, 1, 1857*,p. 863. 这些年的报告已装订成一册藏于哈佛大学普西图书馆。

⑮ 美国人口调查局,*Historical Statistics of the United States, Colonial Times to 1957* (Washington,D. C.,1960),p. 498. 邮票是在 1847 年开始采用。1851 年邮局卖

出 1 246 张邮票，1852 年卖出 54 136 张邮票(第 497 页)。

⑯ Matthew A. Crenson, *The Federal Machine: Beginnings of Bureaucracy in Jacksonian America* (Baltimore, 1975), pp. 104—115. 在巴利的继承者肯德尔的管理下，第三单位分成合同室和检查室。见 Leonard White, *The Jacksonians: A Study in Administrative History, 1829—1861* (New York, 1963), chaps. 11—12, Gerald Cullinan 的 *The Post Office Department* (New York, 1968), chap. 4, 仅增加了少量关于邮政管理的资料。对 1840 年前邮政经营的最佳分析见 Allan R. Pred, *Urban Growth and the Circulation of Information: The United States System of Cities, 1790—1840* (Cambridge, Mass., 1973), chap. 3. 这些研究都没有论述 19 世纪 50 年代邮局组织的改变。

⑰ 美国人口调查局，*Historical Statistics*, p. 497.

⑱ *Report of the Postmaster General for 1849, December 3, 1849*, Exec. Doc. no. 5, 798.

⑲ *Report of the Postmaster General, December 4, 1850*, Exec. No. 1, pp. 424—426. 引文摘自第 425—426 页。

⑳ *Report of the Postmaster General, December 5, 1854*, p. 617 声称："许多铁路公司都想很好地为公众服务，它们专门拨出一节车厢给邮局使用；然而在绝大多数情况下，车厢都被政府和快运公司瓜分占用，否则一部分车厢就被铁路当局占用，邮袋和行李一起堆放一端，车厢的其余部分就变成吸烟室了。"第 618—619 页描述了新的分配系统。

㉑ 本段资料来自 Robert L. Thomson, *Wiring a Continent: The History of the Telegraph Industry in the United States, 1832—1866* (Princeton, 1947), p. 241, chaps. 20, 27；及 White, *The Jacksonians*, pp. 456—457.

㉒ *Annual Report of the Western Union Company for 1869*, pp. 16—18. 还可参阅 *Western Union Telegraph Company, Rules, Regulations and Instructions* ... (Cleveland, 1866).

㉓ 此段资料来自 Grodinsky, *Gould*, pp. 148—158, 203—205, 269—285, and chap. 23, 以及 Mira Wilkins, *The Emergence of Multinational Enterprise* (Cambridge, Mass., 1970), pp. 47—48. Elisha P. Douglass, *The Coming of Age of American Business: Three Centuries of Enterprise* (Chapel Hill, 1971). 第 34 章简要叙述了 19 世纪电话和电报公司的营业史。

㉔ 这些改变可以在西方联合公司 1880 年到 1883 年董事长的年度报告中看出来。古尔德本身未居任何职位。他允许诺文・格林继续担任董事长，并令其子乔治・古尔德为副董事长。格林一直充当挂名头头。

㉕ Lester G. Lindley, "The Constitution Faces Technology: The Relationship of the National Government to the Telegraph,1866—1884”,Ph. D. diss. ,Rice University,1970,该文对电报业中政府与该工业的关系进行了最佳的描述及分析。

㉖ 关于电话的资料来自 Albert B. Paine,*In One Man's Life*:*Being Chapters of the Personal and Business Career of Theodore N. Vail* (New York,1921),chaps. 12—15,18—31,36—39;Arthur S. Pier,*Forbes*,*Telephone Pioneer* (New York,1953),chaps. 10—16;Alvin F. Harlow,*Old Wires and New Waves* (New York,1932);N. R. Danielian,*AT & T*:*The Story of Industrial Conquest* (New York,1939);Robert V. Bruce,*Alexander Graham Bell and the Conquest of Solitude* (Boston,1973),chaps. 22—23;and Rosario J. Tosciello,“The Birth and Early Years of the Bell Telephone System,1876—1880”,Ph. D. diss. ,Boston University,1971. 特别有用的是 Donald T. Jenkins,“A Schumpeterian Analysis of the Origins of the American Telephone Industry”,seminar paper,Harvard,1974. 该文的根据有一部分来自 Federal Communications Commission 1938 年的报告 *Proposed Report*,*Telephone Investigation* (Washington,D. C. ,1938),以及美国电话和电报公司的信函档案。John Brooks,*Telephone*:*The First Hundred Years* (New York,1976)则很好地概括了上述及另外一些已发表的著作。

㉗ Harlow,*Old Wires*,p. 382;Jenkins,“Schumpeterian Analysis”,pp. 21—30.

㉘ Jenkins,“Schumpeterian Analysis”,pp. 47—59.

㉙ FCC *Report*,Exhibit 1130 A, p. 91;Jenkins,“Schumpeterian Analysis”,pp. 59—61,此处系叙述 1902 年后的扩充;还可参阅 FCC,*Report*,pp. 96—103. Danielian 在 *A. T. & T.*,*The Stroy of Industrial Conquest*,pp. 46—49 指出,“运输大王”怀德纳和埃尔金斯。在攫取贝尔系统一事中所起的作用与古尔德在铁路界所起的作用相似,促使波士顿投资者接受摩根的财援。

㉚ 1911 年美国电话和电报公司的年度报告中,第 27—29、36—46 页详细描述了这一组织。在该报告中,维尔细分了中央管理机构和联合公司的作用及功能。美国电话和电报公司 1911 年年度报告上指出:“‘管理’(由美国电话和电报公司负责)是集中化的,中央管理机构对于所有的分支机构和部门的一般事务(无论是管理方面的还是法律方面的)均有合法的决定权,这种管理可以由行动现场以外的地方作出决策。‘经营’(由各联合公司负责)是执行性的,联合公司在对当地问题采取行动和进行经营方面具有最高权力,但要对中央管理机构负责。经营可以被分由几个部门执行,它们彼此间具有经营上的联系,但不存在领导关系”。(第 36—37 页)。

㉛ 1917 年时,私人的公用事业公司发电能力为 841 万千瓦,而市政府的发电站的发电能力仅为 58 万千瓦(6.0%),见美国人口调查局,*Historical Statistics*,p. 510.

㉜ Forrest McDonald,*Insull* (Chicago,1962),pp. 138—145,149—156,225—

228,231—232,248—252,提供了电气公用事业在系统建立方面具有启发性的例子。

㉝ 1906年,西方联合公司的资本额为9 660万美元,美国电话和电报公司为2.76亿美元。该年纽约市电车公司(当时为全世界最大的城市交通公司之一)的资本额为1.141亿美元,纽约联合煤气公司为8 000万美元。该年铁路公司之资产额见表4。

㉞ George H. Burgess and Miles Kennedy 在 *Centennial History of the Pennsylvania Railroad Company* (Philadelphia,1949),p. 807 中指出1891年匹兹堡以东各线的职工总数为51 750人。匹兹堡以西各线由于里程数较长,所以雇用的职工一定大于此数。见第5章注24。有关1893年宾夕法尼亚铁路公司的统计数字见表3及 *47th Annual Report for the Year 1893 of the Board of Directors of the Pennsylvania Railroad to the Stockholders,March 15,1894* (Philadelphia,1894),p. 27.有关美国政府的各项统计数字见美国人口调查局,*Historical Statistics*,pp. 718,721.

第七章 大量分配

① John G. Clark,*Grain Trade of the Old Northwest* (Urbana,III.,1966),p. 120.

② 至1876年,总数为2.247亿蒲式耳中,只有3 250万蒲式耳是经由水运抵达七个主要海港的。Joseph Nimmo,*First Annual Report of the Internal Commerce of the United States* (Washington,D. C.,1877),pp. 118—119.后来庞大的铁路系统使得湖泊运输恢复生机,因为后者现在是在结合的铁路运输网中发挥作用。

③ Guy E. Lee "History of the Chicago Grain Elevator Industry,1840—1890", Ph. D. diss.,Harvard University,1938,p. 38.有关谷仓的资料取材自该论文,尤其在第2章至第5章。

④ Clark,*Grain Trade*,p. 259.

⑤ S. S. Huebner,"Functions of Product Exchanges",*The Annals of the American Academy of Political and Social Sciences*,38:1—2 (Sept. 1911),提供了谷物交易所的创立日期。并参见"The Exchanges of Minneapolis,Duluth,Kansas City,Mo.,Omaha,Buffalo,Philadelphia,Milwaukee and Toledo",作者姓名不详,见同卷《年刊》第237、245、250页。

⑥ Morton Rothstein,"The International Market for Agricultural Commodities, 1850—1873",收于 David T. Gilchrist 和 W. D. Lewis 主编的 *Economic Change in the Civil War Era* (Charlottesville,Va.,1966),pp. 67—69.

⑦ Thomas Odle,"Entrepreneurial Cooperation on the Great Lakes:The Origin of the Methods of American Grain Marketing",*Business History Review*,38:451—454

(Winter,1964).摘自纽约立法报告的引文见 Odle 一文的第 453 页。

⑧ 关于谷物交易的期货及套头交易见 Rothstein,"International Market", pp. 68—71. S. S. Huebner,"Functions of Produce Exchanges",24—32,此书对于谷物、棉花和其他交易中为避免因价格波动造成损失而采取的套头交易做法,有极佳的扼要说明。

> 套头交易可定义为一种方法,谷物商同时签订两份性质相反但相应的合同,一份是在交易市场签订,一份是在投机市场签订。为了抵消可能因价格波动造成的任何损失,谷物商以某价格在现货谷物市场采购若干数量的谷物后,立刻在投机市场进行卖空交易,预定在他认为方便的、今后某一日期进行同等数量谷物的交货,以此作为预防措施。不过在现货交易行为因货物脱手而结束后,投机市场的卖空交易也必须终止,亦即买进同等数量的期货作为抵消。如果搞套头交易的商人不想从事投机,则上述两份合同就应同时签订,并同时终止(第 24 页)。

⑨ Lee,"Chicago Grain Elevator Industry", chaps. 8—10, 13,详细地考证了这些规章。Tonathan Lurie,"Private Association, Internal Regulation and Progressivism: The Chicago Board of Trade, 1880—1923", *Journal of American Legal History*, 26:219—222 (1972)概略地叙述了内部管理的开始。

⑩ Rothstein,"International Market", pp. 66—67,以及 Rothstein's Ph. D. diss.,"American Wheat and the British Markets, 1860—1905", Cornell University, 1960, pp. 267—272.

⑪ Harold D. Woodman, *King Cotton and His Retainers: Financing and Marketing the Cotton Crop of the South, 1800—1925* (Lexington, 1968), p. 273。以下资料大部分取自 Woodman 一书之第 23 章"The Decline of Factorage"。

⑫ 除了 Woodman 书中第 289—294 页有关于棉花交易和期货采购的叙述外,参阅 Arthur R. Marsh,"Cotton Exchanges and Their Economic Functions", *The Annals of the American Academy of Political and Social Science*, 38:253—280 (Sept. 1911).

⑬ Woodman, *King Cotton*, pp. 293.

⑭ Woodman, *King Cotton*, pp. 288—289.

⑮ 例如, E. H. Carhart,"The New York Produce Exchange", *The Annals of the American Academy of Political and Social Science*, 38:215—221 (Sept. 1911).

⑯ S. S. Huebner,"The Coffee Market", *The Annals of the American Academy of Political and Social Sciences*, 38: 296—302 (Sept. 1911),和 Thomas D. Clark, *Pills, Petticoats* and Plows (Indianapolis, 1944), p. 167.

⑰ Lewis E. Atherton, *The Frontier Merchant in Mid-America* (Columbia, Mo., 1971), p. 98.

⑱ 引自 Fred M. Jones,"The Middleman in the Domestic Trade of the United States,1800—1860",*Illinois Studies in Social Sciences*,XXI,No. 3(Urbana,III.,1937),p. 15.

⑲ Robert W. Twyman,*History of Marshall Field & Co.*(Philadelphia 1954),p. 31.

⑳ Twyman,*Marshall Field*,pp. 51—56.

㉑ Clark,*Pills,Petticoats and Plows*,chap. 1,对边境商业中心的批发商和南部乡间小店铺主的关系有极好的说明,并详细地描述了南部乡间小店铺的兴起。Joseph Nimmo,*Report on the Internal Commerce of the United States*(Washington,D. C.,1879),pp. 86—96,对圣路易斯、辛辛那提和路易斯维尔等地的批发贸易,提供了极有用的资料。

㉒ Glen Porter and Harold C. Livesay,*Merchants and Manufacturers:Studies in the Changing Structure of Nineteenth Century Marketing*(Baltimore,1971),pp. 137—147. 还可参阅 Alfred D. Chandler,Jr.,and Stephen Salsbury,*Pierre S. du Pont and the Making of the Modern Corporation*(New York,1971),pp. 71—72,140—141;William H. Becker,"The Wholesalers of Hardware and Drugs,1870—1900",Ph. D. diss.,Johns Hopkins University,1969,p. 31.

㉓ Elva Tooker,*Nathan Trotter,Philadelphia Merchant,1787—1853*(Cambridge,Mass.,1955),pp. 64—65,225.

㉔ Harry E. Resseugie,"Alexander Turney Stewart and the Development of the Department Store,1823—1876",*Business History Review*,39:315,320(Autumn 1965).

㉕ Twyman,*Marshall Field*,p. 54.

㉖ 有关 Field 的销售见 Twyman,*Marshall Field*,pp. 29—30,有关其竞争者的活动见第 47、55—56 页。

㉗ 有关 Hood,Bonbright and Company 的资料见 N. S. B. Gras and Henrietta M. Larson,*Casebook in American Business History*(New York,1939),pp. 495—496. 另有关两大五金批发商的资料见 Becker,"The Wholesalers of Hardware and Drugs",pp. 70—71,85—86,和他的另一篇文章"American Wholesale Hardware Trade Associations,1870—1900",*Business History Review*,45:194—195(Summer 1971);Fred C. Kelley,*Seventy-five Years of Hibbard Hardware:The Story of Hibbard,Spencer and Bartlett & Co.*(np. 1930);有关 Shieffelin Brothers & Co. and McKesson & Robbins 二公司的资料见 Edwin T. Freedley,*Leading Pursuits and Leading Men:A Treatise on the Principal Trades and Manufacturers of the United States*(Philadelphia,1854),pp. 119—121. 珠宝业、杂货和药品贸易的大批发商名录见 Chauncey Depew,ed.,*1795—1895:One Hundred Years of American Commerce*(New York,1895),pp. 591,

598,617—619.

㉘ 有关这些公司总办事处的规模和情况见 Twyman,*Marshall Field*,pp. 46—47,96—97;Becker,"The Wholesalers of Hardware and Drugs",pp. 70—71,85. Harold F. Williamson and Arnold R. Daum,*The American Petroleum Industry*:*The Age of Illummation*,*1859—1899* (Evanston,III.,1959),pp. 543—544 详尽地描述了 1878 年圣路易斯全系列产品石油批发商的情况。

㉙ Freedley 在其 1854 年的著作 *Leading Pursuits and Leading Men*,第 156 页曾作了如下的描述:"许多批发商都在每个主要旅馆中雇用一至数名年轻人作为旅行推销员……他们注意客户有如一只狡猾的动物等待其猎物……当乡下商人抵达旅馆后,立刻被他们的殷勤所迷住,被投合其胃口的噱头和热情所吸引,他受到哄骗和引诱,最后终于落入圈套"。

㉚ 推销员的作用和职能见 Clark,*Pills*,*Petticoats and Plows*,chap. 6;Becker,"The Wholesalers of Hardawre and Drugs",pp. 118—124,249—255;and Twyman,*Marshall Field*,pp. 11—12,52—53,92—95.

㉛ Twyman,*Marshall Field*,pp. 27,99.

㉜ Resseugie,"Alexander Turney Stewart",p. 316.

㉝ Twyman,*Marshall Field*,p. 65;和 Becker,"The Wholesalers of Hardware and Drugs",pp. 85—86.

㉞ Twyman,*Marshall Field*,pp. 98,102—103,110;Resseugie,"Alexander Turney Stewart",p. 319;Gras and Larson,*Casebook in Business History*,p. 481.

㉟ Becker,"The Wholesalers of Hardware and Drugs",chaps. 3 and 5.

㊱ Francis J. Reynolds,*American Business Manual*,Vol. I,*Organization* (New York,1914,first edition 1911),pp. 179—187,详述了 20 世纪初叶一批发商的内部组织结构;还可参阅 Becker,"The Wholesalers of Hardware and Drugs",pp. 93—94,232—234.

㊲ Twyman,*Marshall Field*,pp. 33—37;Becker,"The Wholesalers of Hardware and Drugs",pp. 104—107,229.

㊳ James Madison,"The Evolution of Commercial Credit Reporting in Nineteenth Century America",*Business History* Review,48:167—168,174—176,184 (Summer 1974).(Dun & Bradstreet),*Dun & Bradstreet*:*The Story of an Idea* (New York,1966)没有增添什么新资料。

㊴ Twyman,*Marshall Field*,p. 36.

㊵ Reynolds,*American Business Manual——Organization*,pp. 237—242.

㊶ Theodore N. Beckman,*Wholesaling* (New York,1926),chap. 19 中对库存周转的技术上的定义和利用进行了有启发的分析;还可参阅 Paul D. Converse and Harry

H. Huey, *The Elements of Marketing* (New York, 1940), pp. 610—618.

㊷ Twyman, *Marshall Field*, pp. 50—51.

㊸ Twyman, *Marshall Field*, pp. 118—119.

㊹ Harry E. Resseugie, "The Decline and Fall of the Commercial Empire of A. T. Stewart", *Business History Review*, 36: 268—270 (Autumn 1962), pp. 260—286.

㊺ Becker, "American Wholesale Hardware Trade Associations", p. 197, 和"The Wholesalers of Hardware and Drugs", pp. 61, 226, also pp. 55, 57. 19 世纪 80 年代时，药品批发商的人数约为 200 人；五金批发商的人数较多，纺织品批发商的人数则更多一些，大约将近 500 人。40 年后的 1925 年，开始有了关于批发商人数的精确数字，当时的纺织品批发商为 3 200 人，五金批发商 2 800 人，药品批发商为 1 680 人。杂货批发商的人数总是最多，为 8 200 人。而糖果批发商人数为 3 200 人，珠宝批发商为 2 000 人，靴子、鞋子类批发商为 1 738 人，也都按比例地超过了 19 世纪 80 年代的人数。19 世纪 80 年代的资料引自 Becker, "American Wholesale Hardware Trade Association", p. 197 和"The Wholesalers of Hardware and Drugs", pp. 55 57 61 226. 还可参阅 Beckman, *Wholesaling*, p. 7. 1925 年的数字摘自 R. L. Polk Company 为 J. Walter Thompson Company 所做的一次调查。Beckman 引用的另一次调查是 Crowell Publishing Company 于 1922 年进行的，该次调查中每一项目的数字均高得多。鉴于 Polk 公司是专门进行这类调查的，它的数字可能较为精确。

㊻ Harold Barger, *Distribution's Place in the American Economy Since 1869* (Princeton, 1955), pp. 69—71. Barger 在第 11 页写到："尽管有了实际的需要……1879 年时尚没有百货公司。"在下面引用的大部分论文或书都是在 Barger 的书出版后写成的，它们均认为当时百货公司已稳固地建立起来。

㊼ Herbert A. Gibbons, *John Wanamaker* (New York, 1926), I, 238—239. 有关 Stewart 的资料见 Resseugie, "The Decline and Fall ... of A. T. Stewart", pp. 268—270 和"Alexander Turney Stewart", p. 320. 还可参阅 Twyman, *Marshall Field*, pp. 175—177.

㊽ 有关百货公司的创立日期见 John William Ferry, *A History of the Department Store* (New York 1960), chap. 3, 以及 Resseugie 的两篇论文，在前注中已引有。

㊾ Ralph M. Hower, *History of Macy's of New York, 1858—1919* (Cambridge, Mass., 1943), p. 43.

㊿ 美国人口调查局，Ninth Census, Vol. I, *The Statistics of the Population of the United States* (Washington, D. C., 1872), p. 380.

⑤① Ferry,*The Department Stroe*,chap. 4 及 Hower,*Macy's*,p. 211,叙述了 R. H. White and Woodward & Lothrop 的情况。Richard W. Edwards,*Tales of the Observer* (Boston 1950),chaps. 1—2 中有一些 Jordan Marsh 的资料。

⑤② Twyman,*Marshall Field*,pp. 43—44,108—111.

⑤③ Hower,*Macy's*,pp. 102—103,161—162.

⑤④ Resseugie,"Alexander Turney Stewart",pp. 302—322;Hower,*Macy's*,pp. 48—57;J. H. Appel,*The Business Biography of John Wanamaker* (New York, 1930),pp. 43—48,107—119;Gras and Larson,*Casebook in American Business History* pp. 482—483(有关 Chicago 的 The Fair 及 Washington 的 Woodward and Lothrop 的情况)and pp. 483—496(有关 Wanamaker 的情况)。

⑤⑤ Ralph M. Hower,*The History of an Advertising Agency*,*N. W. Ayer & Son at Work*,*1869—1939* (Cambridge,Mass.,1939),pp. 58,214.

⑤⑥ Resseugie,"Alexander Turney Stewart",p. 302;Reynolds,*American Business Manual——Organization*,pp. 187—200,对于 20 世纪初叶百货公司的内部结构有极好的评述。

⑤⑦ Hower,*Macy's*, p. 117.

⑤⑧ Hower,*Macy's*, p. 115.

⑤⑨ Hower,*Macy's*, pp. 220—230.

⑥⓪ Twyman,*Marshall Field*,pp. 26—27.

⑥① Hower,*Macy's*,有关梅西公司的采购组织见第 112、242—243 页,制造部门见第 244—251 页。除了制造服装及其他布制产品外,梅西公司还介入了雪茄烟、卡片和香水的制造,有一段时间甚至租了一家自行车厂。然而梅西公司自己制造产品的价值从未超出其销售总金额的 10%(第 247 页)。

⑥② Twyman,*Marshall Field*,pp. 118—119,175—176;Hower,*Macy's*,pp. 185—188. 这一库存周转率仅限于完全为梅西所拥有的百货公司,不包括他租赁的百货公司。

⑥③ Gras and Larson,*Casebook in Business History*,pp. 483.

⑥④ Twyman,*Marshall Field*,p. 120;Hower,*Macy's*,p. 156;Barger,*Distribution's Place*,p. 117. 对百货公司抗议的性质以及百货公司为辩护而提出的论据可以在 1899 年于工业委员会提出的证言中找到极好的实例说明。见 *Report of Industrial Commisson* (Washington,1901),VII,451—465,697—698,736(辩护一方的情况);705—711,723—727(抗议一方的情况)。

⑥⑤ Boris Emmet and John E. Jeuck,*Catalogues and Counters*:*A History of Sears*,*Roebuck and Company* (Chicago,1950),pp. 19—22. 下文有关 Sears Roebuck and Company 早期历史的评论几乎完全取自 Emmet 和 Jeuck 卓越的研究。W. L. Braham, *The Romance of Montgomery Ward and Company* (New York, 1929)对于 Montgomery Ward and Company 的研究来说,没有什么价值。由于 Emmet 和 Jeuck 的研究优异且缺乏 Montgomery Ward and Company 的资料,此处有关美国邮购公司兴起的分析是以西尔斯为主,实际上也是 19 世纪 70 年代与 80 年代 Ward 公司经历的重演。

⑥⑥ 例如,梅西公司早在 1879 年即开始通过产品目录销售,但当时规模还小:见 Hower, *Macy's*, pp. 164—177. 另外两家邮购公司 Speigels 和 National Cloak and Shoe 亦仿效西尔斯而进入该行业。见 Orange A. Smalley and Frederick D. Sturdivant, *The Credit Merchants: A History of Speigel, Inc.* (Carbondale, III., 1973), chaps. 3—5; Emmet and Jeuck, *Catalogues and Counters*, p. 171.

⑥⑦ Emmet and Jeuck, *Catalogues and Counters*, p. 104.

⑥⑧ Emmet and Jeuck, *Catalogues and Counters*, p. 172.

⑥⑨ Emmet and Jeuck, *Catalogues and Counters*, p. 127.

⑦⓪ Emmet and Jeuck, *Catalogues and Counters*, pp. 39, 119, 240—244. 由西尔斯控制的工厂所出产货品的销售价值很少达到其净销售额的 10%。

⑦① Emmet and Jeuck, *Catalogues and Counters*, p. 128.

⑦② Emmet and Jeuck, *Catalogues and Counters*, p. 132.

⑦③ Emmet and Jeuck, *Catalogues and Counters*, p. 172; Hower, *Macy's*, p. 332; 和 Twyman, *Marshall Field*, pp. 175—177.

⑦④ Emmet and Jeuck, *Catalogues and Counters*, p. 163.

⑦⑤ Emmet and Jeuck, *Catalogues and Counters*, pp. 150—163, 187—189.

⑦⑥ Daniel Bloomfield, *Chain Stores* (New York, 1931)中谈到了在不景气来袭前对连锁商店攻击的性质,以及新政的实施更为加强了对连锁商店的抗议。另可供参考的有 Godfrey M. Lebhar, *The Chain Store: Boom or Bust?* (New York, 1932).

⑦⑦ A & P 的早期历史曾由 Progressive Grocers Magazine 的编辑撰文讨论过,见 Progressive Grocers Magazine, *A & P: Past, Present and Future* (New York, 1971), pp. 2—21; 以及 Godfrey M. Lebhar, *Chain Stores in America, 1859—1962* (New York, 1963), pp. 25—27. 另外 Lebhar 在第 27—30 页上叙述了 A & P 的仿效者及竞争者。

⑦⑧ 关于 Woolworth 及其仿效者的经历见 Lebhar, *Chain Stores*, pp. 36—43 和 pp. 15—18.

⑦⑨ Lebhar, *Chain Stores*, pp. 43—47; Barger, *Distribution's Place*, p. 140; Smalley and Sturdivant, *Credit Merchants*, pp. 42—43.

⑳ 有关连锁商店组织及经营管理的资料大部分取材于 William J. Baxter, *Chain Store Distribution and Management* (New York 1928)，特别是第 132—137、143—145、155、161—164 页。

第八章　大量生产

① Albert Fishlow, *American Railroads and the Transformation of the Ante-Bellum Economy* (Cambridge, Mass., 1965), pp. 141—149.

② Victor S. Clark, *History of Manufacturers in the United States*, *I*, *1607—1860* (New York, 1916), p. 574, and *II*, *1860—1893* (New York, 1929), p. 447.

③ Carroll D. Wright, "The Factory System of the United States"，美国人口调查局，*Report of the United States at the Tenth Census* (June, 1, 1880) (Washington, 1883), p. 548.

④ H. Thomas Johnson, "Early Cost Accounting for Internal Management Control: Lyman Mills in the 1850's", *Business History Review*, 46: 466—474 (Winter 1972). 可能其他工厂亦有类似的账目，但在现存的文献和账目中尚未找到什么证据。

⑤ David J. Jeremy 在"Innovation in American Textile Technology during the Early 19th Century", *Technology and Culture*, 14: 40—76 (Jan. 1973) 中指出创新的主要阶段是在 1850 年以前，它是随着联合工厂的迅速成长而来到的。Clark, *History of Manufacturers*, II, 101—102, 111—112, 386—389；本段末了关于不断增加的生产量的估计见 388 页。

⑥ 有关因工人技术的提高而导致新英格兰纺织工厂生产率提高的探讨参见 Paul A. David, "Learning by Doing and Tariff Protection: A Reconsideration of the Case of the Ante-Bellum United States Cotton Textile Industry", *Journal of Economic History*, 30: 421—601 (Sept. 1970) 和他的另一篇文章 "The 'Horndal Effect' in Lowell, 1834—1865: A Short-Run Learning Curve for Integrated Cotton Textile Mills", *Exploration in Economic History*, 10: 131—150 (Winter 1973).

⑦ Edwin T. Freedley, *Leading Pursuits and Leading Men* (Philadelphia, 1856), pp. 111. 有关 19 世纪 90 年代密歇根州弗林特市马车制造厂的描述见 Carl Grow, *The City of Flint Grows Up* (New York, 1945), pp. 29—36, and Lawrence R. Gustin, *Billy Durant*, *Creator of Ceneral Motors* (Grand Rapids, Mich., 1973), pp. 41—48.

⑧ 包括圆锯、横锯、开榫机、刨床、钻孔器、车床和榫接机。Polly Anne Earl, "Craftsmen and Machines" in Jan M. G. Quimby and Polly Anne Earl, *Technological*

Innovation and the Decorating Arts (Charlottesville, Va., 1974), pp. 307—329. 还可参阅 Nathan Rosenberg, "Americans Rise to Woodworking Leadership", 收入 Brooke Hindle 编辑的 *America's Wooden Age* (Tarrytown, N. Y., 1975), pp. 37—55.

⑨ Richard B. Tennant, *The American Cigarette Industry* (New Haven, 1950), pp. 17—20. Nannie May Tilley, *The Bright-Tobacco Industry, 1860—1929* (Chapel Hill, N. C., 1948), pp. 575—576. B. W. E. Alford, *W. D. & H. O. Wills and the Devolopment of the U. K. Tobacco Industry* (London, 1973), pp. 143—149.

⑩ 这三家的历史见第 9 章。

⑪ 此段引文为 John Storck and Walter D. Teague, *Flour and Men's Bread* (Minneapolis, 1952)第 16 章的标题。该书第 14—16 章中描述了美国面粉加工中的剧烈变革，这一变革从把法国和匈牙利的技术(特别是清粉机)应用于美国的需要开始，通过磨粉机和渐次心磨技术的采用而向前推进一步，最后以发展出采用全套磨粉机和渐次心磨技术的自动面粉厂而告完成。有关这一变革的简短分析见 Charles B. Kuhlman, "Processing Agricultural Products after 1860", 收入 Harold F. Williamson 编辑的 *The Growth of the American Economy*, 2d ed. (New York, 1951), pp. 437—440.

⑫ Kuhlman, "Processing Agricultural Products", p. 439.

⑬ Earl C. May, *The Canning Clan* (New York, 1937), pp. 350—351. 关于其他罐头制造商的资料见第 9 章。

⑭ Jacob Schmookler, *Invention and Economic Growth* (Cambridge, Mass., 1966).

⑮ 技术发展的详细资料可参考下列二人合著的有关工业史的卓越研究，Harold F. Williamson and Arnold R. Daum, *The American Petroleum Industry: The Age of Illumination 1859—1899* (Evanston, III., 1959), 特别是第 9、11、18 各章。

⑯ Williamson and Daum, *American Petroleum Industry*, p. 285.

⑰ Williamson and Daum, *American Petroleum Industry*, p. 282.

⑱ Allan Nevins, *Study in Power: John D. Rockefeller, Industrialist and Philanthropist* (New York, 1953), I. 70—75.

⑲ Alfred S. Eichner, *The Emergence of Oligopoly: Sugar Refining as a Case Study* (Baltimore, 1969), pp. 32—39.

⑳ Williams Haynes, *American Chemical Industry: Background and Beginning*, I (New York, 1954), 253; 第 16 章描述了硫酸制造中的剧烈变革。还可参阅 Williamson and Daum, *American Petroleum Industry*, p. 284. 有关铅白、棉籽油和亚麻籽油的资料见 Chauncey Depew, ed., *One Hundred Years of American Commerce* (New York, 1895), pp. 438—440, 451—453. Haynes, *American Chemical Industry*, I. 200, 也对铅白

制造技术的发展作了很好的描述。

㉑ Thomas C. Cochran, *The Pabst Brewing Company* (New York, 1948), 产量数字见第54页及第73—74页；生产技术见第5章。

㉒ Williamson and Daum, *American Petroleum Industry*, p. 616.

㉓ Ralph W. Hidy and Muriel E. Hidy, *Pioneering in Big Business, 1882—1911* (New York, 1955), pp. 71—73, 100—107.

㉔ Cochran, *Pabst Brewing Company*, p. 95.

㉕ Peter Temin, *Iron and Steel in Nineteenth Century America: An Economic Inquiry* (Cambridge, Mass., 1964), p. 112.

㉖ Temin, *Iron and Steel*, p. 109. 刊登于 *American Railroad Journal* 的广告声称 Cambria Iron Works 的资本额为100万美元。

㉗这些企业分别为伊拉斯塔斯·科宁和约翰·温斯洛的奥尔巴尼铁工厂(1865年)，宾夕法尼亚铁路公司轧制轨道的子公司——宾夕法尼亚钢厂(1866年)，A. B. 斯通的克利夫兰轧钢公司(1868年)。1871年至1873年间开工的五家钢铁厂，它们是：克利夫兰轧钢公司的芝加哥分厂，E. P. 沃德的北芝加哥轧钢厂，莫雷尔的坎布利尔铁工厂，乔利埃特钢铁厂和伯利恒铁工厂。1875年至1876年间开工的三家钢铁厂，它们是：卡内基的埃德加·汤姆森钢铁厂，W. W. 斯克兰顿的拉卡瓦纳钢公司和瓦尔肯钢铁厂。Temin, *Iron and Steel*, p. 171.

㉘ Joseph Frazier Wall, *Andrew Carnegie* (New York, 1970), pp. 312—313. 霍利设计了11座酸性转炉中的6座，并对其他3座的设计提供意见，最后两座则是直接仿自其设计。Temin, *Iron and Steel*, p. 133.

㉙ Temin, *Iron and Steel*, p. 135.

㉚ *Metallurgical Review*, I: 332—333 (Dec. 1877), italics added. Robert Longsbon 是 Henry Bessemer 的合伙人与连襟。

㉛ *Engineering*, 26: 21—22 (July 12, 1878).

㉜ *Engineering*, 25: 295 (April 19, 1878); italics added.

㉝ Temin, *Iron and Steel*, p. 159.

㉞ 此两段引文摘自 Temin, *Iron and Steel*, pp. 164—165. 卡内基对技术革新的赞助在 Harold Livesay, *Andrew Carnegie* (Boston, 1974), pp. 114—117 中有简单扼要的描述。

㉟ 投资金额、生产量和雇用人数的数字取材自 Temin, *Iron and Steel*, pp. 166—167。焦炭数字摘自 Sam H. Schurr, Bruce C. Netchert 等人合著的 *Energy in the American Economy* (Baltimore, 1960), p. 73. 在煤的使用量中，炼焦是仅次于铁路的最大用煤户。铁路在1895年消耗了2 930万吨煤，1905年消耗了1.093亿吨煤。

㊱ John Fritz, *The Autobiography of John Fritz* (New York, 1912), p. 126.

㊲ 对于卡内基的铁路事业给予了精辟说明和正确评价的是 Livesay, *Carnegie*, pp. 29—42，较详细的叙述见 Wall, *Carnegie*, chaps. 6—7; Andrew Carnegie, *The Em-*

pire of Business (Garden City, N. J., 1933), pp. 291—296 也具有参考价值。

㊳ Temin, *Iron and Steel*, p. 174.

㊴ Wall, *Carnegie*, pp. 314—316, 329. 对卡内基企业的整个组织叙述最好的是 James H. Bridge, *The Inside History of the Carnegie Steel Company* (New York, 1903), chap. 18.

㊵ Wall, *Carnegie*, p. 329. Wall 指出 Shinn 是 Allegheny Valley Railroad 的副董事长。在 Henry Varnum Poor, *Manual(s) of the Railroad of the United States* 中, Shinn 在 1871—1874 年的头衔是"宾夕法尼亚公司的总代理"。Poor 亦将其列为 Allegheny Valley Railroad 的职员。

㊶ Bridge, *Inside History*, pp. 84—85. Bridge 书中报道 Standard Oil Company 使用此种会计制度。

㊷ Wall, *Carnegie*, p. 342.

㊸ Bridge, *Inside History*, p. 95 和 84—85, 106—107; George A. Wood, *The Voucher System of Book Keeping* (Pittsburgh, 1895) 中举出了 Carnegie Steel, Allied A. C. Frid Company, Pennsylvania Company 和 Westinghouse Electrical and Manufacturing Company 使用凭证的实例。

㊹ Wall, *Carnegie*, p. 342.

㊺ Wall, *Carnegie*, p. 336.

㊻ Bridge, *Inside History*, p. 85.

㊼ Livesay, *Carnegie*, pp. 110—114; Bridge, *Inside History*, pp. 84—85; Wall, *Carnegie*, pp. 337—345.

㊽ Bridge, *Inside History*, p. 97.

㊾ Livesay, *Carnegie*, pp. 99, 110—111; Andrew Carnegie, *Autobiography of Andrew Carnegie* (Boston, 1920), p. 182. 工程师包括一名土木工程师，一名驻场工程师和一名总工程师。*Bulletin of the American Iron and Steel Association*, 9:274 (Sept. 10, 1875).

㊿ Bridge, *Inside History*, pp. 95—102; Wall, *Carnegie*, 635.

51 部分这些工业之工厂组织详细情况可查阅 Charles H. Fitch, "Report on Manufacture of Hardware, Cutlery and Edge Tools" in the *Tenth Census* (1882), 和 Fitch, "Report on Manufacture of Interchangeable Mechanisms" 亦收于 *Tenth Census* 中。有关火炉制造工厂的类似分析见 Henry Metcalfe, "The Shop Order System of Accounts", *Transactions, American Society of Mechanical Engineers*, 7:439—468 (1886).

52 Fitch, "Report on Manufacture of Interchangeable Mechanisms", p. 33.

(53) John W. Roe, *English and American Tool Builders* (New Haven, 1916), chaps. 14—16;特别有价值的是新英格兰枪支制造商与其他金属加工厂的"系谱",第139、187页。Charles H. Fitch在其1882年发表于*Tenth Census*的报告"Report on Manufacture of Interchangeable Mechanisms"第25—26页中写道"铣床的普遍制造仅仅是25年或30年前的事,在20年前,只有3家大规模生产的铣床制造厂。1855年后由于枪支与缝纫机制造厂的迅速成长而产生的对铣床的需求,绝大部分是由哈特福德的George S. Lincoln公司所供应。林肯型遂成为一种有名且标准的机器。"Robert S. Woodury, *History of the Milling Machine* (Cambridge, Mass., 1960),以大量资料论证了Fitch和Roe提出的论点。Woodbury书中所描述的许多机器均是在1848—1855年间发展出来的,他并且将发明通用铣床的功劳归诸于Brown and Sharpe公司的John R. Brown,Brown系根据Robbins and Lawrence公司的Frederick W. Howe于1852年所设计的铣床加以改良而成(第38—50页)。19世纪70年代,该通用铣床经进一步改良而能适应更重的工作如机车和蒸汽机的制造所提要求。Woodbury的其他著作还提到了钟表工业与枪支工业在促成切齿轮机与磨床的广泛应用方面的重要性。*History of the Gear Cutting Machine* (Cambridge, Mass., 1959), part III, *History of the Grinding Machine* (Cambridge, Mass., 1959), pp. 31—71.

(54) 有关内部承包制及其与论件计酬、论日计酬的关系参见Fitch,"Report on Manufacture of Hardware, Cutlery and Edge Tools" in *Tenth Census*, p. 4; Felicia Deyrup, "Arms Makers of the Connecticut Valley", *Smith College Studies in History*, 33 (1948), pp. 101—102; Alden Hatch, *Remington Arms* (New York, 1956), pp. 188—189; Fitch, "Report on Manufacture of Interchangeable Mechanisms" in *Tenth Census*, pp. 33—35; Harold Williamson, *Winchester: The Gun that Won the West* (Evanston, III., 1952), pp. 85—91, 136—138;和John Buttrick, "The Inside Contract System", *Journal of Economic History*, 12:205—221 (Summer 1952). 该制度也为造船业和采矿业所采用。Edward C. Kirland, *Industry Comes of Age* (New York, 1961), p. 347. 制鞋业在某种程度上也曾采用内部承包制,但不久即废弃不用。Blanche Hazard, *The Boot and Shoe Industry in Massachusetts Before 1875* (Cambridge, Mass., 1921), pp. 122—123. Constance M. Green, "Light Manufacturers and the Beginning of Precision Manufacture" in Williamson, *Growth of the American Economy*, p. 208,认为在纺织工厂的精整车间,偶尔也采用内部承包制,但并未就这一论点提出引证。

(55) Williamson, *Winchester*, p. 87.

(56) Fitch, "Report on Manufacture of Interchangeable Mechanisms", pp. 33—34.

(57) Henry R. Towne, "The Engineer as an Economist", *Transactions, American*

Society of Mechanical Engineers, 7:429—430 (1886). 该学会成立于 1880 年。

58 Metcalfe, "Shop Order System of Accounts", pp. 440—441 Metcalfe 的演讲概括地说明了一年前他在纽约出版的那本书, *The Cost of Manufactures and the Administration of Workshops, Public and Private*. Joseph A. Litterer 曾把 Metcalfe 的思想放在一个更大的背景中进行研究, 见 Joseph A. Litterer, "Systematic Management: Design for Organizational Recoupling in American Manufacturing Firms", *Business History Review*, 37: 378—379 (Winter 1963).

59 Metcalfe, "Shop-Order System of Accounts", p. 451.

60 Metcalfe, "Shop-Order System of Accounts", pp. 463—465, 和 *Cost of Manufactures*, pp. 142—143. 还可参阅 S. Paul Garner, *Evolution of Cost Accounting to 1925* (University, Ala., 1954), pp. 244—245, 256—257, 325—326.

61 Oberlin Smith, "Inventory Valuation of Machinery Plant", *Transactions, American Society of Mechanical Engineers*, 7:433—439 (1886). Smith 的背景和兴趣见 Monte A. Calvert, *Mechanical Engineer in America, 1830—1910* (Baltimore, 1967), pp. 81—83, 114, 153—154, 170—178.

62 *Transactions* 第 7 卷, 泰勒的资料见第 475—476 页, 安德森的资料见第 471—475 页, 菲奇的资料见第 471 页。菲奇在其"Manufacture of Interchangeable Mechanisms" in the *Tenth Census*, p. 35 一文中提到 Wilson Sewing Machine Company 采用的类似的制度。

63 例如, Henry L. Binsse, "A Short Way to Keep Time and Cost", *Transactions, American Society of Mechanical Engineers*, 9:380 (1888).

64 Williamson, *Winchester*, p. 91; 和 Buttick, "Inside Contract System," pp. 209—210. 在金属加工业中, 锻工车间和铸工车间的工作通常是由熟练工人负责, 按件计酬, 但装配车间的工作则是按日计酬。Williamson, *Winchester*, pp. 88, 490. 不过火炉制造厂是一个例外, 那里是装配工而不是零件制造工在实行内部承包制, 但制模工是按件计酬。Metcalfe, "The Shop-Order System of Accounts", p. 466.

65 Henry R. Towne, "Gainsharing", *Transactions, American Society of Mechanical Engineers*, 10:600—620 (1889).

66 Daniel Nelson, *Managers and Workers* (Madison, Wis., 1975), pp. 52—53.

67 曾在米德维尔钢公司(生产专门的重型机器、机床、规格化的桥梁结构和其他钢材)服务的泰勒, 于 19 世纪 70 年代末期在该公司中首创用于控制的车间—订货制度, 并于 1884 年成立"计件单价制定部门"。描述弗雷德里克 · W. 泰勒及其事迹的著作已有很多, 标准本的传记为 Frank B. Copley 的 *Frederick W. Taylor, Father of Sci-*

entific Management, 2 Vols (New York, 1923), 但内容缺乏批判和分析。有关其思想和生平事业的简明扼要的概述可参阅 David A. Wren, *The Evolution of Management Thought* (New York, 1972), chap. 6. 对于泰勒制度的发展和影响分析得最好的是 Hugh C. Aitken, *Taylorism at Watertown Arsenal: Scientific Management in Action, 1908—1915* (Cambridge, Mass., 1960), chap. 1. 可供参考的尚有 Daniel Nelson, "Scientific Management, Systematic Management, and Labor, 1880—1915", *Business History Review*, 49: 479—500 (Winter 1974). Calvert, *Mechanical Engineer*, pp. 9—10, 173, 176 提到了泰勒的良师, William Sellers 作为机床工业的革新者和机械工程职业的领导人所起的重要作用。

⑱ Frederick W. Taylor, "A Piece-Rate System, Being a Step toward Partical Solution of the Labor Problem", *Transactions, American Society of Mechanical Engineers*, 16: 856—883 (1895).

⑲ Frederick W. Taylor, *Shop Management* (New York, 1911), pp. 41—43 和 "Piece Rate System", pp. 865—866.

⑳ Frederick W. Taylor, "Shop Management", *Transactions, American Society of Mechanical Engineers*, 24: 1337—1456 (June 1903). 此处提出的思想在其另一本著作 *Shop Management*, pp. 95—105 中得到了充分的发挥。

㉑ Taylor, *Shop Management*, p. 104.

㉒ Taylor, *Shop Management*, pp. 110—111. 计划部门的概念直接来自米德维尔公司计件单价制定部门所完成的工作。(Taylor, "Piece Rate System", pp. 877). 泰勒于 *Shop Management* 一书中第 112—120 页谈到了计划部门的功能;还可参阅第 64—66 页。计划部门的其他活动包括:经营一个信息局、联络系统和邮局交货系统的管理、成立意外事故仲裁会和紧急订单处理部门。

㉓ Taylor, *Shop Management*, pp. 116—117. 应有专人负责改善制度内不妥之处(第 120 页)。

㉔ 有关这些早期作家对于工厂在结合和协调方面的管理的意见,见 Joseph A. Litterer, "Systematic Management: The Search for Order and Integration", *Business History Review*, 35: 472—474 (Winter 1961). 丘奇的论述载于第 472 页。Litterer 在他的"Systematic Management" (1963), pp. 385—387 一文中认为新的专业化功能的形成导致了各种管理人员的出现。Wren 在其 *Management Thought*, pp. 183—184, 188—189, 191—192 中,精辟地介绍了奥尔福德,罗布和丘奇著作的概要。丘奇将其经验与思想集中于其著作 *The Science and Practice of Management* (New York, 1914) 中。有关丘奇的资料还可参阅 Joseph A. Litterer, "Alexander Hamilton Church and the Development of Modern Management", *Business History Review*, 34: 211—225 (Summer 1961), 引文摘自第 213 页。

㉕ Daniel Nelson, *Managers and Workers* (Madison, Wisc., 1975), p. 72,

Nelson 考查了 29 家工厂中实行泰勒制度的情况，结果只有 6 家设有职能工头，而且还不是专职的。

⑯ Harrington Emerson, *Efficiency as a Basis for Operations and Wages* (New York, 1911) (a compilation of articles) 和 *Twelve Principles of Efficiency* (New York, 1913). Wren 在 *Management Thought*, pp. 169－172. 对埃默森的思想作了很好的概括。引文及本段转引自 *Management Thought*, pp. 170—171，后者引自上述第一本书。

⑰ Hugo Diemer, *Industrial Organization and Management* (New York, 1914), pp. 39—41.

⑱ (Yale and Towne Manufacturing Company), *Fifty Years of a Successful Industry, 1868—1918* (Stamford, Conn., 1919), pp. 46—47.

⑲ 泰勒和其他人将这些创新视为对铁路现行制度的改善。泰勒在 1898 年 9 月描述自己在伯利恒钢公司引进成本会计制度时写道："笔者认为，一般来说，根据制造业的特殊情况而加以修改了的铁路会计制度，乃是最好的簿计方法。"Copley, *Taylor*, II, 360—361，和 Litterer, "Systematic Management" (1963), pp. 381—382.

⑳ Garner, *Evolution of Cost Accounting to 1925*, chap. 5. 有关丘奇的标题为"Proper Distribution of Establishment Charges"的一系列文章，见第 129—130、148、212—213、223、227 页。关于甘特的贡献，见 Alex W. Rethe 编辑的 *Gantt on Management* (New York, 1961), pp. 152—164.

㉑ Copley, *Taylor*, I, chaps. 7—8; Aitken, *Taylorism at Watertown*, pp. 29—32, 102—104.

㉒ 有关引进流动装配线的经过，下述文献中有生动的描述：Allen Nevins and Frank E. Hill, *Ford: The Times, The Men and The Company* (New York 1954), chap. 18; Horace L. Arnold and Fay L. Faurote, *Ford Methods and the Ford shops* (New York, 1915), pp. 129—140 与 360—370.

㉓ Calvert, *Mechanical Engineer*, chap. 6, and pp. 210—211.

㉔ Calvert, *Mechanical Engineer*, chap. 9，对于始自 19 世纪 70 年代的机械工程标准化运动，有精彩的论述。如同 Wren 所指出，泰勒的基本目的之一是促进方法与程序的标准化。*Management Thought*, p. 146.

㉕ Calvert, *Mechanical Engineer*, pp. 135—138.

㉖ Calvert, *Mechanical Engineer*, chaps. 3—5.

第九章　现代工业公司的出现

① Robert H. Wiebe, *The Search for Order, 1877—1920* (New York, 1967)，特别是第 2—3 章，第 5—6 章。

② 关于早期香烟工业的历史以及杜克在发展香烟工业上所起的作用，有许多资料可以参考，特别有用的是 Richard B. Tennant, *The American Cigarette*

Industry (New Haven, 1950), 尤其是第 2 章; 还有 Nannie M. Tilley, *The Bright-Tobacco Industry* (Baltimore, 1948), 尤其是第 7、8、13 章; Glenn Porter and Harold Livesay, *Merchants and Manufacturers: Studies in the Changing Structure of NineteenthCentury Marketing* (Baltimore, 1973) 第 13 章; 以及 Patrick G. Porter, "Origins of the American Tobacco Company", *Business History Review*, 43: 59—76 (Spring 1969).

③ Tilley, *Bright-Tobacco Industry*, pp. 559, 573—576, 和 Tennant, *Cigarette Industry*, pp. 19—24.

④ Porter, "Origins of the American Tobacco Company", pp. 65—67 描述了杜克的采购和销售组织的兴起和持续成长。第 12 章描述了它们的经营情况。

⑤ Tennant, *Cigarette Industry*, pp. 24—26, 和 Porter, "Origins of the American Tobacco Company", pp. 71—74, 描述了公司间的竞争以及美国烟草公司的成立经过。

⑥ 美国烟草公司的经历在 Tennant, *Tobacco Industry*, 第 3 章有简明扼要的叙述。

⑦ 有关这家公司的主要资料来源为 Herbert Manchester, *The Diamond Match Company* (New York, 1935), 补充资料为 Ohio Columbus Barger, "The Match Industry", 后者被收入 Chauncey Depew, *One Hundred Years of American Commerce* (New York, 1895), pp. 465, 以及 Diamond Match, *Commemorating the 75th Anniversary of the Diamond Match Company, 1881—1956* (np, 1956), pp. 4—8.

⑧ Manchester, *Diamond Match Company*, p. 64; Barber, "The Match Industry", p. 462. Barber 对自动火柴制造机作了极好的描述。

⑨ Barber, "The Match Industry", p. 462, 和 Mira Wilkins, *The Emergence of Multinational Enterprise* (Cambridge, Mass., 1970), pp. 100. 177.

⑩ Dumas Malone 编辑的 *Dictionary of American Biography* (New York, 1946), XIII, 143, 和 John Moody, *Manual of Industrial and Miscellaneous Securities, 1900* (New York, 1900), p. 630.

⑪ 见第 8 章。

⑫ Arthur E. Marquette, *Brands, Trademarks and Good Will* (New York, 1967), p. 33. 该书提供了燕麦片工业的大部分资料。特别是第 18—19、30—33、40—44 页, 第 4 章和第 80 页。Harrison J. Thorton, *The History of the Quaker Oats Company* (Chicago, 1933) 补充了一些资料, 特别其第 4 章和第 5 章, 另外 Richard E. Day, *Breakfast Table Autocrat: The Life and Times of Henry Parsons Crowell* (Chicago, 1946) 也提供了一些补充资料。还可参考 John Stork and Walter D. Teague, *Flour for Man's Bread* (Minneapolis, Minn., 1952), p. 274.

⑬ 见 Marquette,*Brands,Trademarks,and Good Will*,第 4 章、第 5 章描述了美国谷类食品公司的成长。

⑭ 贝尔的计划和成就见 Gray, *Story of General Mills*, 第 4 章。Storck and Teague, *Flour for Man's Bread* , p. 254,则叙述了皮尔斯伯里向后的结合。

⑮ Earl C. May, *The Canning Clan* (New York,1937),pp. 351—353. 还可参阅 Robert C. Alberts, *The Good Provider: H. J. Heinz and His 57 Varieties* (Boston, 1973),p. 49.

⑯ 论海因茨的最好的书是 Alberts, *The Good Provider*;特别是第 62、91—94 页。E. D. McCaffery,*Henry J. Heinz: A Biography* (New York,1923)没有补充什么新内容,但在第 106—107 页提供了在 1919 年海因茨去世时,有关该公司活动规模的甚为有用的统计资料。该公司当时已雇有 6 323 名职工;拥有 25 座分厂,其中包括在加拿大和西班牙各一座分厂,87 个半加工产品站,85 个腌渍站,拥有并经营 258 节铁路车厢(1919 年处理了 17 011 节车厢的货物)、952 名售货员和 55 个分支办事处和仓库。该公司还拥有自己的瓶、箱和罐厂以及种子农场。May, *Canning Clan* ,pp. 341—346,则提供了一些关于坎贝尔汤料公司的资料。

⑰ 关于炼乳厂商的资料见 Joe B. Franz, *Gail Borden ,Dairymaker to a Nation* (Norman ,Okla. ,1951),chaps. 15—16;Martin L. Bell, *A Portrait of Progress: The Business History of the Pet Milk Company from 1885 to 1960* (St. Louis,1962), chap. 2;和 Jean Heer,*World Events ,1866—1966 :The First Hundred Years of Nestle* (Rivaz,Switzerland,1966),chap. 6,尤其是第 72—77 页。

⑱ James W. McKie, *Tin Cans and Tin Plate* (Cambridge,Mass. ,1950),pp. 103—107.

⑲ Charles Wilson,*History of Unilever* (London,1959),pp. 17,203—204,以及 Hower,N. W. *Ayer & Sons* ,p. 58. Marquette, *Quaker Oats* ,第 21 页,指出在 19 世纪 80 年代时,除了象牙牌肥皂外,还有 Babbitt 和 Fairy 牌子的肥皂。

⑳ Williams Haynes, *American Chemical Industry* , VI,*The Chemical Companies* (New York,1949),342—344;公司出版的 *Into a Second Century With Proctor & Gamble* (Cincinnati,1934),特别是第 8—19 页,第 31—36 页,以及 Alfred Lief,"*It Floats",The Story of Proctor and Gamble* (New York 1958),chaps. 1,4—7.

㉑ Samuel Colgate,"American Soap Industry",收入 Depew, *One Hundred Years of American Commerce* ,p. 426.

㉒ Reese W. Jenkins,"Technology in the Market: George Eastman and the Origin of Amateur Photography", *Technology and Culture* ,16:1—19 (Jan. 1975). 详见其 *Images and Enterprise: Technology and the American photographic Industry ,1839—*

1925 (Baltimore,1975),chaps. 4—6.

㉓ Oscar Edward Anderson,Jr., *Refrigeration in America* (Princeton,1953), pp. 49—50.有关牛肉加工工业兴起最好的简明评述是 Mary Yeager Kujovich,"The Refrigerator Car and the Growth of the American Dressed Beef Industry", *Business History Review*,44:460—482 (Winter 1970),Kujovich's Ph. D. diss.,"The Dynamics of Oligopoly in the Meat Packing Industry,an Historical Analysis", Johns Hopkins University,1973,提供了此处所用的大部分资料。有些数据可从刘易斯·F.斯威夫特与 Arthur Van Vlissington 合著的 *The Yankee of the Yards: The Biography of Gustavus Franklin Swift* (New York,1928),和 R. A. Clemen, *The American Livestock and Meat Industry* (New York ,1923)取得。在收集历史资料的政府报告中,最好的是 U. S. Bureau of Corporations 的 *Report of the Commissioner of Corporations on the Beef Industry,March 3,1905* (Washington,1905).斯威夫特在铁路沿线设立制冰厂作为其经营网络之一部分,并获得从五大湖取冰块的权利,见 Kujovich,"Refrigerator Car and American Dressed Beef Industry", p. 467.

㉔ Kujovich,"Refrigerator Car and American Dressed Beef Industry",pp. 473—481,和 Thomas C. Cochran, *Railroad Leaders, 1845—1890* (Cambridge, Mass., 1953),pp. 156,387—391.介绍阿穆尔公司情况较好的是"Armour & Company, 1867—1938",in N. S. B. Gras and Henrietta Larson, *Case Book in American Business History* (New York,1939),pp. 623—643,该个案经由 James P. Baughman 于 1966 年作重大修改后而列为 Harvard Business School Case ICH 13G 231BH 138. 1886 年其创建人乔治·H.哈蒙德逝世后,该公司停止国内的扩充,开始专门从事在海外以冷藏船运输的业务。 733

㉕ Thomas C. Cochran, *The Pabst Brewing Company* (New York,1948),pp. 171—173.本段其他资料来自 Cochran 关于其他厂商历史的叙述,尤其第 4、6—7 章(关于广告代理商见第 129—131 页)。

㉖ 到 1894 年时,帕布斯特公司在这种财产上的投资即超过 200 万美元,见 Cochran, *Pabst*,p. 144.

㉗ 美国人口调查局, *Report ... on Beef Industry*, pp. 50—51.亦见 Baughman, "Armour & Co.",pp. 2 and 6,以及 Cochran, *Pabst*,pp. 83—86.

㉘ 缝纫机制造业的资料来自 Andrew B. Jack,"The Channels of Distribution for the Innovation: The Sewing Machine Industry in America", *Explorations in Entrepreneurial History*, 9: 113—141 (February 1957)以及 Robert B. Davies,"Peacefully Working to Conquer the World: The Singer Manufacturing Company in Foreign Markets,1854—1889", *Business History Review*,43:299—346 (Autumn 1969),以及 1976 年纽约出版的一本书,该书书名相同,但日期为 1854—1920。承蒙 Davies 让我看了作为该书基础的,更长得多的手稿。有用的资料还有 Wilkins, *Multinational Enterprise*, pp. 37—45，和 Daniel Boorstin，*The Americans*：*The Democratic Experience*（New York，1973），pp. 193—196.

㉙ 格罗弗和贝克公司的分支办事处列举于 Edwin T. Freedley，*Leading Pursuits and Leading Men*（Philadelphia，1857），p. 537. 辛格公司的分支办事处则见 Jack，"Channels of Distribution"，pp. 116—124.

㉚ Jack，"Channels of Distribution"，p. 129；Davies，*Singer in Foreign Markets*，p. 21. 在该手稿中，Davies 指出在 1859 年时 *Hunt's Merchants' Magazine* 估计 25 家公司生产了 37 000 部缝纫机，其中惠勒和威尔逊公司占 40%，辛格公司占 27%，格罗弗和贝克公司占 24%，而 *Scientific American* 指出在 1862 年总共生产 195 000 部缝纫机。

㉛ Wilkins，*Multinational Enterprise*，pp. 43；Davies，*Singer in Foreign Markets*，pp. 62—66.

㉜ Davies，*Singer in Foreign Markets*，pp. 58—61；Wilkins，*Multinational Enterprise*，pp. 42—44.

㉝ 感谢 Frederick V. Carstensen 教授给我辛格公司分支办事处数目的资料。该项数字是 1879 年的，汉堡除外，汉堡分支办事处在 1880 年才成立的。

㉞ 引自 Wilkins，*Multinational Enterprise*，p. 41. 关于建造工厂的情况，见 Davies 的文章"Singer in Foreign Markets"pp. 314—317，和该书 pp. 78—80.

㉟ 根据 19 世纪 80 年代一份美国商业刊物的看法，在 5 家在英国进行竞争的美国缝纫机公司中，辛格公司"在完善其组织结构方面所花的心血最多"；引自 Davies 书之手稿，第 134 页(亦参见该书第 83 页)。

㊱ Cyrus Hall McCormick III，*The Century of the Reaper*（New York，1933），p. 60. 该书以及由 William T. Hutchinson 根据麦考密克公司大量资料而写成的、上下两卷的麦考密克传记（New York，1930 and 1935），对麦考密克、其公司和竞争对手均作了详细叙述。关于其销售组织，见下册第 704—718 页以及 McCormick，*Century of the Reaper*，pp. 45—53，81—83. Carstensen 教授提供了一些甚有价值的补充资料，包括工厂产量数字。

㊲ Hutchinson，*McCormick*，II，698—700，728；McCormick，*Century of the Reaper*，pp. 75—77.

㊳ Hutchinson，*McCormick*，II，第 25 章和 U. S. Bureau of Corporations，*The International Harvester Co.*（Washington，1913），pp. 335—340，370—371.

㊴ 本段资料来自：McCormick，*Century of the Reaper* 有关这些公司的叙述；U. S. Bureau of Corporations，*International Harvester*，特别是第 45—56 页，第 188—189 页；公司刊物"The Story of John Deere". *Moody's Manual* 中的年度报告和所列举的资料，这里所列举的收割机公司，除了第一家以外，均已成为国际收割机公司的组成部分了。

㊵ (Fairbanks,Morse & Company),*Pioneers in Industry*: *The Story of Fairbanks,Morse & Company* (Chicago,1945),pp. 28—36,41—42,53—56.

㊶ 关于 NCR,见 Samuel Crowther,*John H. Patterson*,*Pioneer in Industrial Welfare* (New York,1926),尤其是第 6—7 章和第 16 章。亦见 Isaac F. Marcosson,*Wherever Men Trade* (New York,1945),特别是第 33—46 页及第 60 页。Marcosson 在第 39 页指出,1885 年只卖出 64 台收银机,1887 年时,在使用的收银机已有 5 400 台,1890 年增加到 16 400 台。

㊷ Alden Hatch,*Remington Arms* (New York,1956),chap. 24. 引文摘自 169 页。

㊸ 该公司于 1893 年吸收了两家小公司后易名为联合打字机公司。雷明顿仍为商标名。1913 年又恢复其老名称雷明顿打字机公司。

㊹ 电气公司资料来自 Porter and Livesay,*Merchants and Manufacturers*,pp. 184—192;Harold C. Passer,*The Electrical Manufacturers* (Cambridge,Mass. ,1953),特别是第 9、17、19—20 章,以及 Passer,"Development of Large Scale Organization: Electrical Manufacturing around 1900",*Journal of Economic History*,12:378—395 (Fall 1952).

㊺ 关于奥蒂斯升降机公司的情况,见 L. A. Peterson,*Elisha Graves Otis*,*1811—1861* (New York,1945),p. 13—16;David Shannon,"The Annals of Vertical Transportation",这是一份未出版的手稿,完成于 1953 年,现藏于哈佛大学贝克图书馆;以及 Wilkins,*Multinational Enterprise*,p. 46. 关于西方电气公司的情况,见 Wilkins,*Multinational Enterprise*,pp. 51,200. 关于约翰逊公司的情况,见 Michael Massouth,"Technological and Managerial Innovation: The Johnson Company,1823—1898",*Business History Review*,50:46—48 (Spring 1976).

㊻ 关于巴布科克斯和威尔科克斯及林克·贝尔特机械公司的资料来自 Porter and Livesay,*Merchants and Manufacturers*,pp. 182,183;Moody 的 *Manuals*;以及 Davies 的 *Singer in Foreign Markets* 手稿,p. 148. 关于沃辛顿公司的情况,见 Moody 的 *Manual*,1900,pp. 616—617;关于诺顿公司的情况,见更后的 *Manuals* 及 Wilkins,*Multinational Enterprise*,pp. 212—213. 沃辛顿公司在 1899 年成为国际蒸汽泵公司。

㊼ Jenkins 对于伊斯曼柯达组织的创立和成长的评述(*Images and Enterprise*,第 8—11 章)提供了一个很好的、说明这种销售和研究组织也能给生产较复杂消费品厂商带来优势的个案研究。

㊽ Charles M. Wilson,*Empire in Green and Gold* (New York,1947),pp. 99,168—173.

㊾ 有关这些公司的资料来自 Moody 的 *Manuals* 以及 Harris E. Starr 编辑的 *Dictionary of American Biography*,supp. I(New York,1946),p. 715.

㊿ Charles H. Candler,*Asa Griggs Candler* (Atlanta,Ga. , 1950),chaps. 4—5.

第一个分厂是在得克萨斯州达拉斯，不久费城有一个，洛杉矶亦有一个。1906 年，芝加哥、哈瓦那、多伦多亦设立。

⑤① 除了 Moody 的 *Manuals* 和年度报告外，关于迪克公司和巴勒斯加法机公司的情况，见 Boorstin 的 *The Americans*, pp. 400, 204—205，和 Porter and Livesay 的 *Merchants and Manufactures*, pp. 183, 193（1895 年巴勒斯卖出 284 台加法机，1906 年卖出 5 000 台）。

⑤② 这些公司之情况，见 Moody 的 *Manual*, 1900, pp. 677, 624, and 305—306；进一步的资料见更后的 *Manuals* 和 Wilkins, *Multinational Enterprise*, pp. 212—213。

⑤③ Boorstin, *The American*, pp. 341—342，概括了利比和欧文的成就。利比曾在欧文的工厂中发明了他的装瓶机。更后的发明使得利比一欧文企业变成板玻璃工业企业。

⑤④ 例如，Harold F. Williamson, *Winchester: The Gun that Won the West* (Evanston, III., 1952), pp. 177—183. 有关其他公司的资料来自 Moody 的 *Manuals* 和年度报告。

⑤⑤ Porter and Livesay, *Merchants and Manufactures*, pp. 144—145.

⑤⑥ Porter and Livesay, *Merchants and Manufactures*, pp. 140—144 和 Joseph Frazier Wall, *Andrew Carnegie* (New York, 1970), pp. 667—671.

第十章　经由合并的结合

① William Letwin 曾经指出："谢尔曼法案在授权司法部长对违反者提出起诉，并给予受害者控告权时，是远远超越了习惯法的，因而可以积极地加强竞争。该法案的作用远比其草拟者原先的设想要大。它并不像其草拟者所想的那样，仅仅是宣布了习惯法。几乎可以说这个法案促进了习惯法的建立，即使是按照其草拟者的说法，该法案促进了这样一种信念的传播，即：他们写进谢尔曼法案的对垄断的反对程度与习惯法经常表现出来的对垄断的反对程度相等。"见 *Law and Economic Policy in America: The Evolution of the Sherman Act* (New York, 1965), p. 52.

② Milton Friedman and Anna J. Swartz, *A Monetary History of the United States, 1867—1960* (Princeton, 1963)，第 2 章对于此种相互作用提供了权威性的说明："不管人们同意的是哪一种对国民产值的估计，主要结论都是相同的：那就是产量异常迅速的上升把货币储备的异常缓慢的增长转变为价格的迅速下跌。"（第 41 页）。价格数据来自美国人口调查局，*Historical Statistics of the United States, Colonial Times to 1957* (Washington, 1960), p. 115. 这些指数中是以 1910—1914 年的价格指数为 100。

③ William H. Becker, "American Wholesale Hardware Trade Associations,

1870—1900", *Business History Review*, 45:182—185 (Summer 1971); Henry Demerest Lloyd, "Lords of Industry", *North American Review* 31(June 1884), 重印于 Peter d'A. Jones 编辑的 *The Robber Barons Revisited* (Boston, 1968), pp. 1—9; Hans B. Thorelli, *Federal Antitrust Policy*, (Stockholm, 1954), pp. 73—76.

④ 此种卡特尔的经营实例可见于 William J. Ripley, *Trusts, Pools, and Corporations* (Cambridge, Mass., 1905), 第 1 章(盐)、每 2 章(威士忌酒)、第 3 章(圆铁钉)、第 4 章(钢和铁); 还可参阅 Alfred D. Chandler, Jr., and Stephen Salsbury, *Pierre S. du Pont and the Making of the Modern Corporation* (New York, 1971), pp. 57—62. 而 Victor S. Clark, *History of Manufacturers in the United States, 1869—1893*, Vol. II (New York, 1929) 之索引则列举了许多同业公会。

⑤ Ralph W. Hidy and Muriel E. Hidy, *Pioneering in Big Business* (New York, 1955), pp. 40—49; Thorelli, *Federal Antitrust Policy*, pp. 76—83. 还可参阅 Thomas R. Navin and Marion V. Sears, "The Rise of a Market for Industrial Securities, 1887—1902", *Business History Review*, 24:112—116 (June 1955); Alan Nevins, *Study in Power: John D. Rockefeller, Industrialist and Philanthropist* (New York, 1953), I, chap. 21.

⑥ Thorelli, *Federal Antitrust Policy*, pp. 84—85; Alfred S. Eichner, *The Emergence of Oligopoly: Sugar Refining as a Case Study* (Baltimore 1969), pp. 148—150; James C. Bonbright and Gardner C. Means, *The Holding Company* (New York, 1932), pp. 56—57. 19 世纪 90 年代时, 纽约、宾夕法尼亚和特拉华都仿效新泽西州的做法, 放宽了对一般公司法的限制。

⑦ 在全国范围内经营的托拉斯可能还有, 但数目一定不多。有些较小的地区性托拉斯可能也经营州际业务。其证券能够在各大城市证券交易所进行交易的惟一地区性托拉斯是芝加哥和圣路易斯煤气托拉斯。Letwin 在 *Law and Economic Policy*, p. 70, 提到信封托拉斯、盐托拉斯、油布托拉斯、铺路沥青托拉斯、学校写字用石板托拉斯、纸袋托拉斯和纽约肉业托拉斯。虽然除了纽约肉业外, 这些行业都有同业公会在管理着卡特尔, 但我尚未找到任何证据显示这些同业公会具有托拉斯的法律形式。

⑧ 论述标准石油托拉斯兴起的文献很多。最有用的是 Hidy and Hidy, *Pioneering in Big Business*, pp. 14—23 以及 Harold F. Williamson and Arnold R. Daum, *The American Petroleum Industry: The Age of Illumination, 1859—1899* (Evanston, III. 1959), 第 14、16 章。Nevins, *Rockefeller*, I, 第 3—12 章补充了一些很详细的资料。可是这些资料都未指出横贯各区域的管线的建立加速了托拉斯的形成。下一段中的引文摘自 Nevins, *Rockefeller*, I, 175. 关于标准石油托拉斯与湖岸铁路的谈判, 见 Nevins, *Rockefeller*, I, 89 和 Williamson and Daum, *American Petroleum Industry*, pp.

305—306.

⑨ Williamson and Daum, *American Petroleum Industry*, pp. 416—421 和 Hidy and Hidy, *Pioneering in Big Business*, pp. 18—19, 40—41; 46—47.

⑩ Williamson and Daum, *American Petroleum Industry*, p. 473 指出为 89.7%.

⑪ Williamson and Daum, *American Petroleum Industry*, pp. 489, 509, 519.

⑫ Williamson and Daum, *American Petroleum Industry*, 第 17 章详细说明了建造横贯区域的管线的石油企业，最早是东弗吉尼亚石油管道运输公司，接着为标准石油托拉斯。

⑬ 特许证被宾夕法尼亚铁路公司的托马斯·斯科特所取得，他把该特许证作为一种可以用来控制宾夕法尼亚铁路公司南部各线的手段，见 Williamson and Daum, *American Petroleum Industry*, p. 452; Bonbright and Means, *Holding Company*, pp. 58—61.

⑭ Hidy and Hidy, *Pioneering in Big Business*, pp. 40—46. 该书谈到有 41 家公司加入托拉斯，但仅列举出 40 家。

⑮ Nevins, *Rockefeller*, I, 393.

⑯ Williamson and Daum, *American Petroleum Industry*, pp. 474—475, 483—484.

⑰ Hidy and Hidy, *Pioneering in Big Business*, pp. 87—88; Williamson and Daum, *American Petroleum Industry*, pp. 558, 619—620.

⑱ Williamson and Daum, *American Petroleum Industry*, chap. 25; 和 Hidy and Hidy, *Pioneering in Big Business*, pp. 108—121.

⑲ Williamson and Daum, *American Petroleum Industry*, pp. 637－661.

⑳ Williamson and Daum, *American Petroleum Industry*, chap. 22; Hidy and Hidy, *Pioneering in Big Business*, chap. 7.

㉑ 关于东弗吉尼亚石油管道运输公司的情况，见 Williamson and Daum, *American Petroleum Industry*, pp. 452—456, 581—582; John Moody, *Moody's Manual of Industrial and Miscellaneous Securities, 1900* (New York, 1900), p. 1011.

㉒ 关于纯油公司的情况，见 Williamson and Daum, *American Petroleum Industry*, pp. 576—581.

㉓ 关于美国棉籽油托拉斯的资料来自该托拉斯极为详尽的年度报告，该报告被 *The Manual of Statistics—Stock Exchange Handbook, 1894* (New York, 1894), p. 257 描述为："以提供有关其经营和财务状况的完整和坦率的资料著称。"亦见 Clark, *History of Manufactures*, II, 519—523, 和 R. Chaney, "The Cotton Seed Oil Industry", 收

于 Chauncey Depew 编辑的 *One Hundred Years of American Commerce* (New York, 1895),pp. 452—455. 被收购的肥皂工厂之一是费尔班克斯的先驱公司。

㉔ 关于南方棉籽油公司的情况,见 Clark, *History of Manufacturers*, II, 521—522,关于利弗公司,尤尔金斯公司和范登堡公司的情况,见 Charles Wilson, *The History of Unilever* (London, 1954), I, 203—204, II, chap. 11.

㉕ William P. Thompson,"The Lead Industry",收于 Depew 编辑的 *One Hundred Years of American Commerce*, p. 440; Hidy and Hidy, *Pioneering in Big Business*, pp. 60—69; Mira Wilkins, *The Emergence of Multinational Enterprise* (Cambridge, Mass., 1970), p. 185,以及该企业的年度报告。

㉖ Clark, *History of Manufacturers*, II, 371, 523—524,及其 *History of Manufacturers*, III, 1893—1928 (New York, 1929), 284,以及 19 世纪 90 年代(特别是 1894 年和 1899 年该两年的)每年出版的 *Manuals of Statistics* 中关于经营情况的概述。

㉗ 美国亚麻籽油公司 1900 年 7 月 31 日会计年度之年度报告。

㉘ 有关威士忌托拉斯的经历及其各组成公司的成功的资料来自各该公司的年度报告和 Jeremiah W. Jenks and W. E. Clark, *The Trust Problem* (New York, 1917), pp. 141—149. Alfred D. Chandler, Jr. 在"The Beginnings of Big Business in American Industry", *Business History Review*, 33:10—11(Spring 1959) 一文中概括地描述了该托拉斯的经历。

㉙ Eichner, *Emergence of Oligopoly*, chaps. 5, 7, and 8.

㉚ Clark, *History of Manufacturers*, III, 274,和 Eichner, *Emergence of Oligopoly*, p. 344. 1907 年的数字中,美国糖业制造公司占 49.9% 的份额,国民糖业制造公司占 10.8%,后者是一个被前者控制的公司。

㉛ Eichner, *Emergence of Oligopoly*, pp. 226—228.

㉜ Eichner, *Emergence of Oligopoly*, chaps. 9, 10, and pp. 264—273. 有关美国糖业制造公司进入古巴之资料,见 Wilkins, *Emergence of Multinational Enterprise*, p. 115 和 Eichner, *Emergence of Oligopoly*, p. 309.

㉝ Eichner, *Emergence of Oligopoly*, chap. 11, and pp. 345—349. 如同 Eichner 所指出:"政府起诉的目的在一定程度上已因美国糖业制造公司第一任董事长在 1907 年的去世而达到。"(第 307 页)。当时,美国糖业制造公司除了抛售其甜菜糖公司的股份外,亦抛售其古巴—美国糖业公司中所握有的 12% 的股份,古巴—美国糖业公司成立于 1906 年,为蔗糖公司(第 309—311 页)。在第 325—328 页,Eichner 描述了已完成结合的企业。到 1917 年时,有 13 家独立的、互相竞争的糖业公司。

㉞ Gene M. Gressley, *Bankers and Gentlemen* (New York, 1966), pp. 259—266.

㉟ Arthur S. Dewing, *Corporate Promotions and Reorganizations* (Cambridge, Mass., 1914). chap. 5; Clark, *History of Manufacturers*, II, 461—462.

㊱ Dewing, *Corporate Promotions and Reorganizations*, Chap. 6.

㊲ Navin and Sears, "Market for Industrial Securities", pp. 116—121.

㊳ 第一家投资银行为美国棉籽油托拉斯的改组筹资，第二家投资银行为美国糖业托拉斯的改组筹资，第三家及为国民绳索托拉斯的改组筹资，第四家为美国亚麻籽油托拉斯的改组筹资。见美国棉籽油托拉斯在19世纪90年代(特别是1891年)各年的年度报告；Eichner, *Emergence of Oligopoly*, p. 151；见 Dewing, *Corporate Promotions*, pp. 121—122 (有关国民绳索托拉斯的情况，还用了 Vermilye & Company 的资料)及 *Manual of Statistics*, 1894.

㊴ 由于纯控股公司(即仅掌握股份而无经营设备的控股公司)的合法性尚未经法庭正式肯定；19世纪90年代早期大部分合并企业是经由购买加入合并企业的各公司的财产(专门为此目的而发行股票)而完成的。该年代末期，纯控股公司的形式开始更广泛地被采用。见 Bonbright and Means, *Holding Company*, pp. 67—72。

㊵ Navin and Sears, "Market for Industrial Securities", pp. 116—126.

㊶ Thorelli, *Federal Antitrust Policy*, pp. 294—303.

㊷ Ralph Nelson, *Merger Movements in American Industry, 1895—1956* (Princeton, 1959), pp. 33—34.

㊸ Thorelli 的 *Federal Antitrust Policy* 曾评述了本段所提及的一些主要例子以及北方证券公司的例子，见 pp. 445—448, 458, 462, 466—475. 还可参阅 Eichner, *Emergence of Oligopoly*, pp. 184—187, 及 Letwin, *Law and Economic Policy*, pp. 152—155, 161—181, 207—227.

㊹ Navin and Sears, "Market for Industrial Securities", pp. 129—136.

㊺ 例如，Chandler and Salsbury, *P. S. du Pont*, pp. 112—114.

㊻ 美国饼业公司1901年的年度报告(1902年1月3日提出)。该公司的经验简述于 Chandler, "Beginnings of Big Business", pp. 11—13.

㊼ Ralph M. Hower 在 *The History of an Advertising Agency* (Cambridge, Mass., 1939), pp. 115—116 指出这种考虑对艾尔父子公司的重要性，并且说明了一场新的全国性宣传运动是怎样发动的。

㊽ 淀粉联合公司和葡萄糖联合公司的历史见 Dewing, *Corporation Promotions*, chaps. 3—4.

㊾ Hidy and Hidy, *Pioneering in Big Business*, pp. 318—319.

㊿ Shaw Livermore, "The Success of Industrial Mergers", *Quarterly Journal of Economics*, 50:94 (Nov. 1935).

(51) *Moody's Manual of Industrial Securities*, 1900, pp. 682—683.

(52) Livermore,"Industrial Mergers",pp. 68—95.在列举重整旗鼓的公司时,利弗莫尔仅举出继续采用原来名称的公司,而未指出失败后另起新名称改组而成功的公司。所有重整旗鼓的公司均列于表 6。表 6 中,利弗莫尔把显著成功的公司也归入成功的公司类,而早期的失败和晚期的失败也都归入一类:失败。我未列入那些在 1905 年以前又成为其他合并企业一部分的合并公司。

(53) Navin and Sears 在"Market for Industrial Securities",p. 123.曾加以描述。

(54) 烟草工业只出现了一家合并企业,但该公司——美国烟草公司——垄断了该工业;在这四组中,有几千家小公司继续在竞争。

第十一章 结合完成

① Thomas R. Navin,"The 500 Largest American Industrials in 1917", *Business History Review*,44:360—386 (Autumn 1970). Navin 花了很多时间查找股票为少数几个人所控制而又未列在股票交易所的公司。他核查了 1968 年 *Fortune* 杂志所列举的所有 500 家大公司之前身公司,并查询了 Poor 的 *Register of Corporations*, *Directors and Executives*. 但是,他可能遗漏了一些公司。他所整理的材料中最明显的遗漏是多兰斯家族所控制的坎贝尔肥皂公司以及制造油印机的迪克公司。附录 A 中的资料来自 Moody 的 *Manual of Industrial Securities* 及各公司之年度报告。除非特别注明,本章在叙述各公司情况时,其资料均来源于此。

② 第三家公司是 Weyerhaeuser Lumber.

③ 根据 S. J. Prais and C. Reid 的说法,1919 年美国 100 家最大企业的产值占制造业净产值的 22%。见 Leslie Hannah 编辑的 *Management Strategy and Business Organization in Britain: A Historical and Comparative View*(London,1976),pp. 5—6. 可以假设附录 A 中另外 178 家公司至少占制造业净产值的 5%。

④ Dean Witten & Company,*California Packing Corporation: A Study of Impressive Progress* (np,nd),pp. 13—14.

⑤ Mira Wilkins, *The Emergence of Multinational Enterprise* (Cambridge, Mass.,1970),pp. 120,212,216.在糖果和糕饼业,其模式大致相同。国民糖果公司和新英格兰糕饼公司在建立销售组织后,成功地与贝克巧克力公司、惠特曼公司以及赫尔希公司展开了竞争,后面这三家公司最初都是经由纵向结合而成长的。还可参阅 Lewis Untermeyer, *A Century of Candy Making*, *1849—1949* (Cambridge, Mass., 1947),pp. 82—88;Glenn Porter and Harold C. Livesay, *Merchants and Manufacturers* (Baltimore,1971),p. 220,及公司年度报告。

⑥ Richard B. Tennant, *The American Cigarette Industry* (New Haven,1951), pp. 80,94—95.

⑦ Harold F. Williamson and Ralph L. Andreano,"Competitive Structure of the

American Petroleum Industry, 1880—1911: A Reappraisal”，对这一时期内石油工业中的结合情况作了很好的概括，该文收入 Ralph W. Hidy 编辑的 *Oil's First Century* (Cambridge, Mass., 1960)，还可参阅 Harold F. Williamson and Others, *The American Petroleum Industry: The Age of Energy, 1899—1959* (Evanston, III., 1963)第 1 章。该书第 2—7 章对详细过程进行了按年的叙述和分析。John C. McLean and Robert William Haight 在 *The Growth of Integrated Oil Companies* (Boston, 1954)，第 3 章补充了一些进一步的资料。

⑧ George S. Gibb and Evelyn H. Knowlton, *History of Standard Oil Company (New Jersey), The Resurgent Years, 1911—1927* (New York, 1956), pp. 8—9.

⑨ Ralph L. Nelson, *Merger Movements in American Industry, 1895—1956* (Princeton, 1959), pp. 43—45.

⑩ Williamson and Others, *American Petroleum Industry*, p. 165. 在该页所引用的 30 家公司的表中，有 22 家与表 7 中的公司相同。表 7 中只有一家公司不在 Williamson 所列的表中，即石油生产和精炼公司。Williamson 所列公司的总炼油产量占全部炼油产量的 71.6%。8 家不在表 7 中的公司的总产量占 3.8%。由于不在 Williamson 所列表中的那一家公司的产量至少占 0.5%，所以表 7 中炼油公司的总产量占全部炼油产量的 68.3%。

⑪ Williamson and others, *American Petroleum Industry*，第 63 页为 1919 年数字，第 564 页为 1931 年数字。

⑫ 另两家主要石油公司——菲利普石油公司和大陆石油公司(后者为以前的标准石油公司)——是 1917 年的大企业，但未列入表 7 中，因其资产少于 2 000 万美元。

⑬ Wilkins, *Emergence of Multinational Enterprise*, chap. 10; Mira Wilkins, *The Maturing of Multinational Enterprise* (Cambridge, Mass., 1974), pp. 84—88, 113—122.

⑭ Wilkins, *Emergence of Multinational Enterprise*, pp. 141, 188, 214, and 216.

⑮ 根据利弗莫尔的看法，美国书写纸公司财务上遭到了失败，而联合纸袋和纸公司 (Navin 表中的 288 号)则属于勉强成功。

⑯ Navin, “500 Largest American Industrials”, pp. 375—376.

⑰ 这里所列出的化学公司除了联合染料植物公司外，Williams Haynes 在 *American Chemical Industry: The Chemical Companies* (New York, 1949), Vol. VI 中对它们的发展过程都作了描述。有关联合染料植物公司的资料来自 *Moody's Manuals*. 有些工业用化学制品公司也向消费者出售产品。譬如通用化学公司是生产工农业用化学制品和硫酸的厂商，但也出售各种杂项用品和“Ryson”牌发酵粉。

⑱ 杜邦公司、弗吉尼亚—卡罗来纳化学公司和西美特—索尔维公司的历史是这

种向后结合的极好的例子。见 Wilkins, *Emergence of Multinational Enterprise*, pp. 98—99; Alfred D. Chandler and Stephen Salsbury, *Pierre S. Du Pont and the Making of the Modern Corporation* (New York, 1971), 特别是第 9 章, 以及 Haynes, *The Chemical Companies*, pp. 10—11。还可参阅弗吉尼亚—卡罗来纳公司和西美特—索尔维公司的年度报告。

⑲ Harris E. Starr, ed., *Dictionary of American Biography*, supp. I (New York, 1946), p. 345, 及公司年度报告。

⑳ James W. McKie, *Tin Cans and Tin Plate* (Cambridge, Mass., 1959), pp. 83—92. 美国金属管壳公司的市场占有率自 1901 年的 90%降到 1913 年的 50%。不久即自横向结合策略转向纵向结合策略(第 86 页)。

㉑ Mira Wilkins, "An American Enterprise Abroad: American Radiator Company in Europe, 1895—1914", *Business History Review*, 43:326—346 (Autumn 1969) 提供了一个公司如何建立其海外机构的极好的叙述。F. A. McKenzie, *The American Invaders* (London, 1901), pp. 49—52, 则介绍了联合制鞋机器制造公司如何在 1902 年成功地支配了英国市场。

㉒ 惟一例外是托德造船厂, 它在纽约区有两个分厂, 西雅图一个分厂。

㉓ Walter Adams, *The Structure of American Industry* (New York, 1954), pp. 163—164.

㉔ Joseph F. Wall, *Andrew Carnegie* (New York, 1970), 第 20 章, 尤其是第 767—773 页。Henry R. Seager and Charles A. Gulick, *Trusts and Corporation Problems* (New York, 1929), 第 13 章对美国钢公司的成立作了很好的概述。第 216—219 页则说明结合策略是怎样促成了这一由几家合并公司进一步合并而形成的庞大企业。

㉕ Gertrude G. Schroeder, *The Growth of the Major Steel Companies* (Baltimore, 1953)第 2—4 章, 以及 Alfred D. Chandler, Jr., *Strategy and Structure: Chapters in the History of the Industrial Enterprise* (Cambridge, Mass., 1962), pp. 331—337. Schroeder 考虑了 12 家"主要"公司——"三巨头"(美国钢公司、伯利恒钢公司和共和钢铁公司)以及 9 家较小的独立公司。除了沙伦钢公司外均在表 8 中, 而该公司成立于 1900 年。Schroeder 没有把科罗拉多燃料和铁公司或路肯钢公司包括在内。

㉖ Edward L. Allen, *Economics of American Manufacturing* (New York, 1952), pp. 114—115. 以及 Chandler, *Strategy and Structure*, pp. 327—330.

㉗ Wilkins, *Emergence of Multinational Enterprise*, pp. 87—89, 185, 212, 215—216; Chandler, *Strategy and Structure*, pp. 337—340.

㉘ 更详细的分析见 Alfred D. Chandler, Jr., "The Structure of American Industry in the Twentieth Century: A Historical Overview", *Business History Review*, 43: 293—298 (Autumn 1969).

㉙ Wilkins, *Emergence of Multinational Enterprise*, pp. 211—217.

㉚ Wilkins, *Emergence of Multinational Enterprise*, p. 201.

㉛ 在不到两年之内就有下列3本书在伦敦出版：Fred A. McKenzie, *The American Invaders* (1901); B. H. Thwaite, *The American Invasion* (1902); and W. T. Stead, *The Americanization of the world* (1902). Wilkins, *Emergence of Multinational Enterprise*, p. 71.

㉜ 表9资料来自 Chandler,"Structure of American Industry in the Twentieth Century", pp. 255—298,尤其是由 P. Glenn Porter and Harold C. Livesay 所作之表。这些表是利用卡普兰列出的这些年中100家最大的企业。卡普兰提出的公司中有不少不是工业公司。但至少有81家是工业公司,因而该表说明了在这些特定年份中最大的81家工业公司。另外,Richard C. Edwards 也进行了一次同样的研究,但利用的是另一种大公司表,见他的那篇极好的文章:"Stages in Corporate Stability and Corporate Growth", *Journal of Economic History*, 35: 428—457 (July 1975).

Chandler,"Structure of American Industry", pp. 258—259 for 1929, 1939, 1947, and 1963 关于集中化的工业的数据与 G. Warren Nutter and Henry A. Einhorn, *Enterprise Monopoly in the United States: 1899—1958* (New York, 1969), p. 78 中的数据相似。惟一重大差异是石油工业,Nutter 和 Einhorn 认为石油工业不是集中化的工业。这可能是他们把石油产品和煤炭产品列在一起之故。Williamson 那本历史著作中的详细资料和联邦商业委员会的报告都强调了石油精炼业,尤其是汽油业中的集中化性质。

㉝ Robert T. Averitt, *The Dual Economy: The Dynamics of American Industry Structure* (New York, 1968), pp. 38—44. 由于大型结合的工业企业的广泛建立,可能会使制造业部门的生产率有所提高。John W. Kendrick, *Productivity Trends in the United States* (Princeton, N. J., 1961), pp. 70—71 指出:"本世纪20年代制造业的生产率有显著的加速提高现像。"他提出了几个造成这种提高的原因:大量或"连续"生产技术的采用、科学管理运动的推广、学院或研究院企业管理著作的增加、有组织的工业研究和开发工作的兴起、劳动力平均所受教育程度的提高。除了最后该项以外,所有这些因素都是现代工业企业的组成部分,企业通过对生产和分配过程的管理和协调,把这些活动统一于一个单一的机构内。

㉞ Navin,"500 Largest American Industrials in 1917", pp. 369—385.

㉟ 此四家公司是中央皮革公司、美国亚麻籽油公司、Pierce Oil 和 Emerson-Brantingham (一家农具公司)。

㊱ Navin,"500 Largest American Industrials in 1917",pp. 369—385.

㊲ Lance Davis,"The Capital Markets and Industrial Concentration: The U. S. and U. K. ,a Comparative Study",*Economic History Review*,19:255—272 (August 1966). Nelson, *Merger Movements*,pp. 89—100,Nelson 强调他的"发现对下面的理论提供了有力的、虽然不是决定性的支持,该理论认为大规模资本市场的发展是支持合并运动所必不可少的。"(第 94 页)他又说:"可是,从铁路改组在资本市场这些变化中所起的早期重要作用来看,工业合并企业可能是资本市场这些变化的受惠者,而不是引起这些变化的原因"。(第 99 页)

㊳ Reese V. Jenkins, *Images and Enterprise: Technology and the American Photographic Industry 1839—1925* (Baltimore,1975),p. 184. 伊斯门在 1896 年 4 月 23 日的备忘录上这样提出问题和策略:"我曾经想过,要想维持在照相器材业的领先地位,主要得靠迅速而连续的改变和改良,根据这一目标,我建议在照相机厂成立实验部门,并且要提高其效率。如果我们每年都能推出改进了的产品,就没有人能赶得上我们并和我们竞争。别人能够与我们竞争的惟一方法只是生产我们原来所做的产品而已。"

㊴ 有关这些公司建立研究组织的历史的描述,见 Haynes, *The Chemical Companies*. 约翰斯·霍普金斯大学 Leonard S. Reich 关于在美国公司中工作的、拥有博士学位的科学家的研究也提供了一些补充资料。

第十二章 中阶层管理:功能和结构

① Nannie Tilley, *The Bright-Leaf Tobacco Industry, 1860—1929* (Chapel Hill,1948),pp. 303—306;Glenn Porter and Harold C. Livesay, *Merchants and Manufacturers* (Baltimore,1971),pp. 203—204.

② P. Glenn Porter,"Origins of the American Tobacco Company", *Business History Review*,43:65—70 (Spring 1969) 对杜克的销售、采购和制造程序作了提纲挈领的说明。Richard Tennant, *The American Cigarette Industry* (New Haven,1950),pp. 19—25,简明扼要地评述了美国烟草公司的形成。Robert F. Durden, *The Dukes of Durham, 1865—1929* (Durham,N. C. ,1975) 根据其家族的书信文件提供了不少重要的细节。可供参考的还有 Maurice Corina, *Trust in Tobacco* (New York,1975),第 3—4、6—8 章。

③ Porter and Livesay, *Merchants and Manufacturers*,pp. 203—204,207—208; U. S. Bureau of Corporations, *Report of the Commissioner of Corporations, Report on Tobacco Industry, Part I ... February 25, 1909* (Washington,1909),pp. 256—257.(以下简称为 B. of C. Report on Tobacco Industry)

④ 根据手册，该公司将地址改为第五街 111 号的第一年是 1898 年。见 *Manual of Statistics 1899* (New York,1899). 在此之前该手册以百老汇街 45 号为美国烟草公司的地址。

⑤ 有关 Cobb 的情况，见 Tilley, *Bright-Leaf Tobacco Industry*, pp. 298—299；有关 Harris 的情况，见 John B. Jenkins, *James B. Duke, Master Builder* (New York, 1929), p. 163；有关总法律顾问 W. W. Fuller 的情况，见 Jenkins, *Duke*, pp. 163, 165—168.

⑥ B. of C. *Report on Tobacco Industry*, pp. 165，指出该年出口的香烟高达 12.2 亿支，同时 *Report of the Commissions of Corporations on the Tobacco Industry, Part III, Prices, Costs and Profits, March 18, 1915* (Washington, 1915), p. 155 亦指出 1898 年国内生产量为 25.6 亿支香烟。还可参阅 Tennant, *Cigarette Industry*, pp. 40—41.

⑦ Mira Wilkins, *The Emergence of Multinational Enterprise* (Cambridge, Mass., 1970), pp. 91—92; B. of C. *Report on Tobacco Industry*, I, 69—70, 83—84, 88, and chap. 8. 还可参阅 B. W. E. Alford, *W. D. & H. O. Wills and the Development of the U. K. Tobacco Industry* (London, 1973), pp. 217—220.

⑧ 在 B. of C. *Report on Tobacco Industry*, I, 252—256 中，有一段极好的对该公司烟叶部门的描述。还可参阅 Livesay and Porter, *Merchants and Manufacturers*, pp. 207—208.

⑨ Tennant, *American Cigarette Industry* pp. 52—53. 1894 年 4 月，英国最大的烟草制造商——威尔斯——开始关心美国烟草公司在烟叶市场上日渐增加的势力，但经过一番调查后，威尔斯认为"美国烟草公司在其购买烟叶时还不能够支配价格"。Alford, *Wills*, p. 251.

⑩ 采购组织在 Amsterdam Supply Company 的名称下而具有法人的合法地位。其活动见 B. of C. *Report of Tobacco Industry* I，第 265—266 页以及第 259 页。经由该公司采购的货品均收取 2% 的佣金；1906 年以后，佣金减为 1%。

⑪ B. of C. *Report on Tobacco Industry*, I, 256—258，提纲挈领地说明了销售部门的组织。引文摘自第 257 页。Porter and Livesay, *Merchants and Manufacturers*, pp. 205—210. 有关在国外分支机构工作的旅行推销员的情况，见 Alford, *Wills*, p. 215.

⑫ B. of C. *Report on Tobacco Industry*, III, 171.

⑬ B. of C. *Report on Tobacco Industry*, I, 257.

⑭ Jenkins, *Duke*, pp. 168—169.

⑮ Jenkins, *Duke*, p. 169.

⑯ 关于成本之资料系来自 Bureau of Corporations 的调查员,他们“可以自由查阅公司的账簿和账目,包括成本记录在内”。B. of C. *Report on Tobacco Industry*,III,32,and also XXV.

⑰ B. of C. *Report on Tobacco Industry*,III,158.引文摘自第 160 页。

⑱ Corina,*Trust in Tobacco*,pp. 56—57;Tennant,*Cigarette Industry*,pp. 33—34. Tennant 对于杜克的征服烟草工业作了极好的扼要说明,见其书第 26—39 页,而 Durden 的 *Dukes of Durham* 中第 4 章则有极为详细的描述。关于 Cobb 的支持见该书第 64—65 页。

⑲ Jenkins,*Duke*,p. 94. 部分无投票权的优先股已于 1895 年以前由创建人在成立公司时售出。Thomas R. Navin and Marion V. Sears,“The Rise of a Market for Industrial Securities ,1887—1902”,*Business History Review*39:131 (June 1955).美国烟草公司成立时,新公司之资本额为 2 500 万美元,其中 1 500 万美元为普通股,1 000 万美元为优先股。至 1895 年时,又增加发行了 1 000 万美元的股票以用于杜克对烟草工业的征服上。

⑳ Jenkins,*Duke*, chap. 8;Durden *Dukes of Durham*,pp. 66—70 和 Mark O. Hirsch,*William C. Whitney*,*Modern Warwick* (New York,1948). pp. 544—550.

㉑ 有关杜克打进英国的细节见 Jenkins,*Duke*,chap. 10;Corina,*Trust in Tobacco*,chaps. 5—6;B. of C. *Report on Tobacco Industry*,I,chap. 8. 另外 Alford,*Wills*,pp. 255—277 则介绍了这段经历中英国方面的情况。还可参阅 Wilkins,*Emergence of Multinational Enterprise*,pp. 92—93. Sherman G. Cochran 在“Big Business in China:Sino-American Rivalry in the Tobacco Industry,1890—1930”,Ph. D. diss.,Yale University,1975 一文中详细地说明了香烟贸易的来临和英美烟草公司在中国的成长。

㉒ Tennant,*Cigarette Industry*,p. 31 和 B. of C. *Report on Tobacco Industry*,I,chap. 23,11,10.雪茄公司所取得的最大的市场占有率是 1903 年的 14. 6%(I,420—423).

㉓ Jenkins,*Duke*,p. 90.

㉔ 有关 19 世纪 80 年代末期及 90 年代一些大的肉类加工商的分析和他们在该行业中所起的作用,见 Mary Yeager Kujovich,“The Dynamics of Oligopoly in the Meat Packing Industry:An Historical Analysis ”,Ph. D. diss.,Johns Hopkins University,1973,chap. 4.

㉕ Bureau of Corporations,*Report of the Commissioner of Corporations on the Beef Industry*,March 3,1905 (Washington,1905),pp. 65—70.

㉖ B. of C. *Report on Beef Industry*,p. 25. 阿穆尔公司的资本额为 2 000 万美

元，阿穆尔肉类加工公司的资本额为750万美元。斯威夫特亦拥有500万美元的债券。

㉗ B. of C. *Report on Beef Industry*, p. xix. 1903年斯威夫特屠宰了160万头牛，410万头猪和230万头羊，阿穆尔屠宰了130万头牛，350万头猪，150万头羊。莫里斯屠宰了80万头牛，120万头猪和80万头羊。

㉘ B. of C. *Report on Beef Industry*, p. 209.

㉙ Arthur Graydon, "The Second Generation of Business, II: From One-Man Power to Organization", *System: The Magazine of Business*, 12:220 (Sept. 1907) 对此图表有很好的注释。

㉚ B. of C. *Report on Beef Industry*, pp. 17—18.

㉛ B. of C. *Report on Beef Industry*, pp. 15—16. *Report of the Federal Trade Commission on the Meat-Packing Industry* (Washington, 1919), III, 88ff, 对于购买程序有极好的描述。

㉜ (James P. Baughman), "Armour &Co., 1868—1914", Harvard Business School case No. ICH 13G 231 (1966), P. 12. 还可参阅 Kujovich, "The Meat Packing Industry", pp. 133—134, 167—168, 290—295.

㉝ B. of C. *Report on Beef Industry*, p. 21.

㉞ 此处及以下引文摘自 B. of C. *Report on Beef Industry*, pp. 207—209.

㉟ B. of C. *Report on Beef Industry*, pp. 208, 251—253; 参阅 160—167, 181—188.

㊱ B. of C. *Report on Beef Industry*, p. 253. 以下引文分别摘自第210页与269页。

㊲ B. of C. *Report on Beef Industry*, pp. 270—271, 277—278.

㊳ *System* 书中的组织图对此有极好的描述。还可参阅 B. of C. *Report on Beef Industry*, pp. 21—24, 115—118.

㊴ Kujovich, "The Meat Packing Industry", p. 310.

㊵ Baughman, "Armour & Co.", Harvard Business School case, p. 9. 肉类加工业者并未介入皮革的制造，但在皮革加工业者开始合并时，J. 奥格登·阿穆尔为了保护其市场，曾协助组织了中央皮革公司中几个主要合并工厂中的一个。

㊶ 参照 Grayden, "Second Generation", p. 220. 之组织图。

㊷ B. of C. *Report on Beef Industry*, pp. 50—51. Louis F. Swift and Arthur van Vilissingen, Jr., *Yankee of the Yards: The Biography of Gustavus Franklin Swift* (New York, 1929), pp. 80—81.

㊸ Graydon, "Second Generation", p. 224.

㊹ Kujovich, "The Meat Packing Industry", p. 200, 216—237. 肉类加工业者的销

售量超过限额时，得付一"平均"费给联营组织，以补偿销售量未达限额者。

㊺ Kujovich,"The Meat Packing Industry",第 5 章详细介绍了国民肉类加工公司的经历，而第 359—362 页则评述了 1902 年 4 月对肉类加工业者的起诉。

㊻ Wilkins, *Multinational Enterprise*, pp. 189—190; Kujovich,"The Meat Packing Industry", pp. 308—317.

㊼ Harold F. Williamson and others, *The American Petroleum Industry: The Age of Energy, 1899—1950* (Evanston, III., 1963), pp. 235—240 中叙述了第一次世界大战前结合的石油公司之间的竞争，以及它们对价格领导、广告活动和服务设施的依赖。

㊽ 有关辛格公司以后的经历，见 Wilkins, *Multinational Enterprise*, pp. 37—45; Andrew B. Jack,"Channels of Distribution for an Innovation: The Sewing Machine in America", *Explorations in Entrepreneurial History*, 9: 113—141 (February 1957); 和 Robert B. Davies,"Peacefully Working to Conquer the World: The Singer Manufacturing Company in Foreign Markets, 1854—1889", *Business History Review*, 43: 299—346 (Autumn, 1969), 或参见作者一本同名的书，但研究年份为 1854—1920 年 (New York, 1976).

㊾ Davies, *Singer in Foreign Markets*, p. 59—65.

㊿ Wilkins, *Multinational Enterprises*, pp. 44. 下段引文摘自 Davies,"Singer in Foreign Markets", 第 311 页。第三段引文摘自 Davies 著作的手稿，第 130 页。

(51) Carstensen 表示未能按时交货是后来辛格公司扩展到俄国市场时销售失利的主要原因。Frederick V. Carstensen,"American Multinationals in Russia", Ph. D. diss., Yale University, 1976, p. 115.

(52) Davies, *Singer in Foreign Markets*, p. 59. 整段引文摘自 Davies 的手稿，第 130 页。

(53) Davies, *Singer in Foreign Markets*, p. 77, 和 Wilkins, *Multinational Enterprise*, p. 44.

(54) 引自 Wilkins, *Multinational Enterprise*, p. 43.

(55) 有关辛格公司在 1910 年的资料取材自 Lynn G. Wright,"A Study of the Singer Agency Organization", *Printers' Ink*, 72: 3—7 (July 28, 1910).

(56) Wilkins, *Multinational Enterprise*, p. 44; Davies, *Singer in Foreign Markets*, pp. 110—114, 128—129.

(57) Carstensen,"American Multinationals in Russia".

(58) 有关麦考密克公司销售组织的情况，见 William T: Hutchinson, *Cyrus Hall McCormick, Harvest, 1856—1884* (New York, 1935), pp. 704—718. Carstensen 也向

我提供了重要的补充资料。

(59) U. S. Bureau of Corporations, *International Harvester Company* (Washington,D. C. ,1913),有关交通的资料见第 331 页,有关信贷及收款的资料见第 278—280 页,第 340—342 页;以下简称 B. of C. , *Harvester Co*.

(60) Cyrus McCormick, *The Century of the Reaper*(New York,1931),pp. 98—99;B. of C. , *Harvester Co*. ,pp. 336—339. 1902 年的数字见第 327 页。

(61) 下列文件对麦考密克公司的销售机构、总办事处的组织和管理情况作了极好的描述:"Statements Made by Mr. Stanley McCormick and Mr. Bentley to Mr. Perkins,July 27,1902,in New York City"和"Statement Submitted to Bankers by McCormick Harvester Machine Co. in 1902",Exhibits I & II,B. of C. , *Harvester Co*. ,PP. 327—342.

(62) Hutchinson, *McCormick*, *Harvest*, chap. 15;Carstensen,"American Multinationals In Russia",pp. 171—172. 麦考密克公司之海外市场组织在其公司 1902 年对银行家所作的报告中有简明的叙述。B. of C. , *Harvester* Co. ,pp. 333—342. 至 1910 年时,该公司在拉丁美洲已拥有 20 家经销商,非洲有 3 家,新西兰 1 家,欧洲 21 家,惟独亚洲尚未设立。

(63) Hutchinson, *McCormick*, *Harvest*, pp. 698—700. 1883 年,采购部门"一年约经手 5 000 吨的铁与可锻铸铁,18 英里长的熟铁管,130 英里长的链条,241 000 码的帆布,以及 48 000 加仑的亚麻籽油、松油、油漆和猪油。从英国伯明翰和谢菲尔德进口的钢为匹兹堡工厂的产品所取代,认为其品质相同"。

(64) B. of C. , *Harvester Co*. , PP. 190—194. 1902 年 Stanley McCormick 给 George W. Perkins 的信上说公司正设法"取得更精确的确定制造成本的方法"(第 329 页)。

(65) B. of C. , *Harvester Co*. ,p. 67.

(66) Navin and Sears 在"The Market for Industrial Securities",p. 168 认为克拉克家族掌握了辛格公司的股份。Davies 则指出辛格的家族仍继续控制着公司的大宗股票。

(67) B. of C. , *Harvester Co*. ,p. 96 载有参加 1902 年合并企业的各公司资本额的评估。麦考密克公司为 2 950 万美元,迪林公司为 2 850 万美元,其他小公司在 350 万至 900 万美元之间。1902 年麦考密克估计 Massey-Harris 公司的资本额为 900 万美元(第 331 页)。相比之下,Wood 公司(第 491 页)显得较小。

(68) Helen M. Kramer,"Harvesters and High Finance: Formation of the International Harvester Company", *Business History Review*, 38:283—301(Autumn 1964); McCormick, *Century of the Reaper*,有关技术竞争的资料见第 70—73 页,有关市场竞

争的资料见第 6 章。

⑥⑨ John R. Garraty, *Right-Hand Man: The Life of George W. Perkins* (New York,1957),pp. 127—128.

⑦⓪ B. of C., *Harvester Co.*, p. 238; Carstensen, "American Multinationals in Russia", p. 238; Garraty, *Perkins*, pp. 143—148.

⑦① B. of C., *Harvester Co.*, pp. 49—55. 有关 Allis-Chalmers 公司的情况,见 Alfred D. Chandler, Jr., *Strategy and Structure* (Cambridge, Mass., 1962), pp. 370—371.

⑦② Wilkins, *Multinational Enterprise*, pp. 102—103, 208, 212—213. Carstensen 的"American Multinational Enterprise in Russia"对国际收割机公司的经历作了精辟的论述。

⑦③ Harold C. Passer, *The Electrical Manufacturers, 1875—1900* (Cambridge, Mass., 1953), p. 263.

⑦④ Wilking, *Multinational Enterprise*, pp. 212—213.

第十三章 高阶层管理:功能和结构

① 有关托拉斯及子公司的形成,见 Ralph W. Hidy and Muriel E. Hidy, *Pioneering in Big Business, 1882—1911* (New York, 1955), pp. 40—51.

② Hidy and Hidy, *Pioneering in Big Business*, pp. 112—116, 144—153, 193—200; Harold F. Williamson and Arnold P. Daum, *The American Petro leum Industry: The Age of Illumination, 1859—1899* (Evanston, III., 1959), pp. 687—689.

③ Hidy and Hidy, *Pioneering in Big Business*, pp. 182—185.

④ 委员会制度的演变参见 Hidy and Hidy, *Pioneering in Big Business*, pp. 59—68, 90, 和 Ralph W. Hidy, "Large Scale Organization: The Standard Oil Company (New Jersey)", *Journal of Economic History*, 12: 411—429 (Fall 1952), 特别是第 416 页及 419 页。

⑤ Hidy and Hidy, *Pioneering in Big Business*, pp. 68—75, 88, 197.

⑥ Hidy and Hidy, *Pioneering in Big Business*, pp. 70, 191.

⑦ 至 19 世纪 80 年代末期,经管桶、箱、罐及共他包装器材的两个部门实行合并而置于 George H. Hopper 的管理之下。

⑧ Hidy and Hidy, *Pioneering in Big Business*, pp. 61—62.

⑨ 本处及以下引文摘自 Hidy and Hidy, *Pioneering in Big Business*, pp. 62, 87—88.

⑩ Hidy and Hidy, *Pioneering in Big Business*, pp. 57—59, 66—68, 71—75.

⑪ Hidy and Hidy,*Pioneering in Big Business*,pp. 72—73.

⑫ Hidy and Hidy,*Pioneering in Big Business*,pp. 612—638,对于 1911 年以前标准石油公司的会计作业提供了很好的描述。引文系出自该公司审计员之手(第 624—625 页)。

⑬ Hidy and Hidy,*Pioneering in Big Business*,pp. 58,72,介绍了薪资和资本拨款的批准程序。

⑭ 例如,Hidy and Hidy,*Pioneering in Big Business*,pp. 195,198. 还可参阅 Williamson and Daum,*American Petroleum Industry*,chap. 22.

⑮ Hidy and Hidy,*Pioneering in Big Business*,p. 229.

⑯ Hidy and Hidy,*Pioneering in Big Business*,pp. 26,197,228,231,316.

⑰ Hidy and Hidy,*Pioneering in Big Business*,pp. 218—232.

⑱ Hidy and Hidy,*Pioneering in Big Business*,pp. 324—325.

⑲ Hidy and Hidy,*Pioneering in Big Business*,pp. 329,331.

⑳ Alfred D. Chandler,Jr. ,*Strategy and Structure* (Cambridge,Mass. ,1962), chap. 4.

㉑ Hidy and Hidy,*Pioneering in Big Business*,pp. 314—322.

㉒ 有关广泛利用设于欧洲的功能性控股公司的情况,见 Bruce R. Scott,"The Industrial State:Old Myths and New Realities",*Harvard Business Review*,51:133—149 (March-April 1973).

㉓ 美国棉籽油公司的年度报告,特别是 1891 年 11 月 5 日(第 16 页)及 1892 年 11 月 3 日(第 17 页)这两份报告。关于 E. D. Adams 的资料取材自 *Who Was Who* (New York,1942).

㉔ Williams Haynes,*American Chemical Industry*:*Background and Beginnings*. I (New York,1954),196.

㉕ 国民铅公司的年度报告,特别是 1894 年的报告。可惜的是在国民亚麻籽油公司(即后来的美国亚麻籽油公司)的年度报告中,几乎没有关于该公司组织和管理的资料。

㉖ Harold C. Passer, *The Electrical Manufacturers*, *1875—1900* (Cambridge, Mass. ,1953), pp. 28—29, 85—86, 101—102, 104, 322; Matthew Josephson, *Edison* (New York,1959),pp. 358,383. 库利奇曾任 Amoskeag Mills 的财务主任和艾奇逊、托皮卡和圣菲铁路公司的董事长。参见 Allen Johnson 编辑的 *Dictionary of American Biography* (New York,1946),IV,395.

㉗ Passer,*Electrical Manufacturers*, chap. 9; H. G. Prout,*A Life of George Westinghouse* (New York,1922),pp. 275—276; Arthur S. Dewing,*Corporate Promotions and Reorganizations* (Cambridge,Mass. ,1914),pp. 167—175. 被威斯汀豪斯公司于 1889 年买下的那家美国电气公司,很早便得到了公平人寿保险公司的财政资助。

Passer,*Electrical Manufacturers*,p. 147.

㉘ Passer, *Electrical Manufacturers*, pp. 85—86, 102—104, 219—221, 248—249,321—322;Forrest McDonald,*Insull* (Chicago,1962),pp. 39—42.

㉙ Josephson,*Edison*,p. 353.

㉚ Harold C. Passer,"Development of Large Scale Organization:Electrical Manufacturing around 1900",*Journal of Economic History*,12:379—381 (Fall 1952);McDonald,*Insull*,p. 42.

㉛ Passer,*Electrical Manufacturers*,pp. 26—31.

㉜ Passer,*Electrical Manufacturers*,pp. 52—57,233.

㉝ Passer,"Large Scale Organization",p. 382.

㉞ Passer,*Electrical Manufacturers*,p. 325.

㉟ Josephson,*Edison*,pp. 362—366;McDonald,*Insull*,pp. 49—51.

㊱ The Annual Report for General Electric Company dated Jan. 31,1894,pp. 8—9.

㊲ Passer,*Electrical Manufacturers*,pp. 322—324;"Large Scale Organization",pp. 382,383;和 1895 年元月 31 日 1896 年元月 31 日及 1897 年元月 31 日的通用电气公司各该年的年度报告。该公司 1900 年元月 31 日的年度报告显示电气和制造部门在该年分成了两个自主的部门,它们仍都隶属于负责制造的副董事长之下。感谢 James Baughman 提供我有关通用电气公司内部组织和会计作业的资料。

㊳ Kendall Birr,*Pioneering in Industrial Research*:*The Story of the General Electric Research Laboratory* (Washington,D. C. ,1957),p. 31.

㊴ Passer,"Large Scale Organization",pp. 385—386;Passer,*Electrical Manufacturers*,pp. 323;以及 1894 年元月 31 日的年度报告。关于更后的销售部门的补充资料,参见那些年的年度报告。

㊵ Mira Wilkins,*The Emergence of Multinational Enterprise* (Cambridge,Mass. ,1970),pp. 95—96;John W. Hammond,*Men and Volts*:*The Story of General Electric* (Philadelphia,1941),pp. 57,69—76.

㊶ Passer,"Large Scale Organization",p. 386.

㊷ 有关销售委员会和制造委员会的工作情况,见 Passer,"Large Scale Organization",pp. 384—389,关于研究委员会的情况,见 Birr,*Pioneering in Industrial Research*,p. 69.

㊸ Birr,*Pioneering in Industrial Research*,pp. 68—69.

㊹ Passer 在 *Electrical Manufacturers*,pp. 322—323,和"Large Scale Organization",pp. 382—383 中谈到其董事会和执行委员会的作用和组成。

㊺ Passer,"Large Scale Organization",p. 384.

㊻ (G. E.),*Professional Management in General Electric* (np. ,1953),p. 55.

㊼ 该公司接受了由汤姆森—豪斯顿电气公司首创的成本会计制度并进一步加以发展。参阅 Passer,*Electrical Manufacturers*,p. 324.

㊽ 1896 年元月 31 日通用电气公司的年度报告,第 18 页。该报告声称,"销账"工作至该年宣告完成,因而账目也就可以真正反映重置价值。通用电气公司继续使用此会计制度至第一次世界大战。

㊾ Birr,*Pioneering in Industrial Research*,pp. 31—33;John A. Miller,*Workshop of Engineers* (Schenectady,1919),pp. 1—20;(G. E.),*Professional Management*,p. 57. 关于出版局的情况,见 Passer,"Large Scale Organization",p. 384.

㊿ Birr,*Pioneering in Industrial Research*,pp. 30—31.

(51) 美国橡胶公司 1894 年 4 月 17 日的年度报告,第 4—7 页;1895 年 5 月 21 日的年度报告,第 4—5 页;1896 年 5 月 25 日的年度报告,第 3—8 页;以及 Glenn D. Babcock,*History of the United States Rubber Company* (Bloomington,Ind. ,1966),chap. 2.

(52) Babcock,*U. S. Rubber*,pp. 26,38—39.

(53) 美国橡胶公司 1896 年 5 月 25 日的年度报告,第 8 页。

(54) Babcock,*U. S. Rubber*,pp. 53—60,67—70,87—89,和美国橡胶公司 1902 年 5 月 26 日的年度报告,特别是第 5—8 页;以及 1904 年 5 月 17 日的年度报告,第 8—11 页。

(55) Babcock,*U. S. Rubber*,pp. 64—65.

(56) 美国橡胶公司 1894 年 4 月 17 日的年度报告,第 4 页。

(57) Babcock,*U. S. Rubber*,pp. 128—129;美国橡胶公司 1904 年 5 月 17 日的年度报告,第 10 页。

(58) 这三个外部董事中的两个,Elias C. Benedict 和 Anthony N. Brady 均为金融家,但二人均与铁路的金融无关。美国橡胶公司的年度报告中列有该公司之董事、职员和执行委员会的成员。关于 Benedict 和 Brady 的资料来自 *Who Was Who*.

(59) Babcock,*U. S. Rubber*,pp. 44—48,73—75;美国橡胶公司 1911 年 5 月 16 日的年度报告,第 8—10 页。

(60) 1911 年,美国橡胶公司成立了由其独家拥有的子公司——美国轮胎公司。Babcock,*U. S. Rubber*,p. 115. 1917 年的组织图(见图 10)显示了该子公司如何配合其总公司的管理制度。

(61) Babcock,*U. S. Rubber*,pp. 133—135.

(62) 有关杜邦公司经由合并而建立的资料几乎全部取自 Alfred D. Chandler,Jr. ,and Stephen Salsbury,*Pierre S. du Pont and Making of the Modern Corporation*

(New York,1971),chaps. 3—5. 该分析系根据杜邦公司保存的档案及 Eleutherian Mills Historical Library (Greenville,Wilmington,Del.)收藏完备的关于皮埃尔·杜邦、科尔曼·杜邦以及杜邦公司其他高级职员的文件资料。

(63) Chandler and Salsbury,*P. S. du Pont*,p. 62;Daniel Nelson,"Scientific Management,Systematic Management and Labor,1880—1915",*Business History Review*, 48:484n (Winter 1974);和 Michael Massouh,"Technological and Managerial Innovation:The Johnson Company 1883—1898",*Business History Review*,50:66—67 (Spring 1976).

(64) 参见 Chandler and Salsbury,*P. S. du Pont*,p. 93.

(65) 引自 Chandler and Salsbury,*P. S. du Pont*,p. 93.

(66) 有关经营及销售部门的建立的情况,见 Chandler and Salsbury,*P. S. du Pont*,pp. 137—141;以及 Chandler,*Strategy and Structure*,p. 59.

(67) Ernest Dale and Charles Meloy,"Hamilton Macfarland Barksdale and the Du Pont Contributions to Systematic Management",*Business History Review* 36:127—152. 1911 年,皮埃尔·杜邦和科尔曼·杜邦建立了一系列的职能委员会(其成员大部分来自执行委员会),以协助为各职能部门制订政策的工作。但这个实验只进行了很短的时间。Chandler and Salsbury,*P. S. du Pont*,pp. 304—315.

(68) Chandler and Salsbury,P. S. du Pont,pp. 141—142,和第 9 章,特别是第 232—233 页,第 238—240 页,第 244 页。

(69) 托尔曼曾服务于科利斯蒸汽机厂,卡内基钢公司,耶鲁和汤恩公司,以及布朗起重机公司等。参见 Chandler and Salsbury,*P. S. du Pont*,p. 641.

(70) 执行委员会开始时的情形参阅 Chandler and Salsbury,*P. S. du Pont*,pp. 125—137.

(71) Chandler and Salsbury,*P. S. du Pont*,pp. 142—143.

(72) Chandler and Salsbury,*P. S. du Pont*,pp. 143—147.

(73) Chandler and Salsbury,*P. S. du Pont*,pp. 151—155,和 Thomas Johnson,"Managerial Accounting in an Early Integrated Industrial:E. I. du Pont de Nemours Powder Company,1903—1912",*Business History Review*,49:184—204 (Summer 1975). Johnson 的精辟论文把杜邦公司中会计制度的发展摆在它们的更大的背景中加以考察。Michael Chatfield,*History of Accounting Thought* (Hinsdale,III.,1974),书中第 8、12、13 章谈到了杜邦公司所作出的各种会计革新的重要性。

(74) 本处及以下引文摘自 Johnson,"Managerial Accounting",p. 188.

(75) Chandler,*Strategy and Structure*,P. 67:Alfred P. Sloan,Jr.,*My Years*

With General Motors (New York, 1964), pp. 140—148. T. C. Davis, "How the Du Pont Organization Appraises Its Performance", American Management Association, *Financial Management Series*, no. 94, pp. 3—7 (1950), Davis 在文中对布朗公式作了最好的说明。

⑯ Chandler and Salsbury, *P. S. du Pont*, pp. 132—133.

⑰ Chandler and Salsbury, *P. S. du Pont*, pp. 164—168, 203—204, 251—255.

⑱ Johnson, "Management Accounting", p. 187.

⑲ Johnson, "Management Accounting", pp. 189—190.

⑳ Chandler and Salsbury, *P. S. du Pont*, pp. 303—306, 310—311.

㉑ Chandler, *Strategy and Structure*, pp. 73—75, 127; Chandler and Salsbury *P. S. du Pont*, pp. 470—471.

㉒ George S. Gibb and Evelyn H. Knowlton, *History of Standard Oil Company (New Jersey): The Resurgent Years 1911—1927* (New York, 1956), p. 38; Chandler and Salsbury, *P. S. du Pont*, pp. 343, 357—358; 以及通用电气公司和美国橡胶公司的年度报告。杜邦公司于1919年指定的9人执行委员会中，只有两名是家族成员。参阅 Chandler, *Strategy and Structure*, p. 73.

㉓ Chandler, *Strategy and Structure*, pp. 61, 64—65, 105—106, 294—297.

第十四章　现代工商企业的成熟

① 我曾写过一本书专门研究这三类发展中的一类，但那项研究只评述了该过程的一小部分，见 *Strategy and Structure*.

② N. S. B. Gras and Henrietta M. Larson, *Casebook in American Business History* (New York, 1939), pp. 630—640.

③ Boris Emmet and John E. Jeuck, *Catalogues and Counters: A History of Sears, Roebuck and Company* (Chicago, 1950), pp. 198—215.

④ 福特汽车公司和通用汽车公司对1920—1921年存货危机的反应见 Lawrence H. Seltzer, *A Financial History of the American Automobile Industry* (New York, 1929), pp. 114—118, 197—202.

⑤ 通用汽车公司的改组经过在 Alfred D. Chandler, Jr., *Strategy and Structure: Chapters in the History of the Industrial Enterprise* (Cambridge, Mass., 1962)第3章和 Alfred D. Chandler, Jr., and Stephen Salsbury, *Prerre S. du Pont and the Making of the Modern Corporation* (New York, 1971), 第19—21章及 Alfred P. Sloan, Jr., *My Years with General Motors* (New York, 1969)第3—8章中有详细描述。杜邦公司所碰到的类似问题和反应见 Chandler, *Strategy and Structure*, pp. 91—113; 有关西尔斯和罗巴克公司的情况，则见 Emmet and Jeuck, *Catalogues and Counters*, pp. 201—202 和 Chandler, *Strategy and Structure*, pp. 231—232; 有关通用电气公司和威

斯汀豪斯公司的情况，见 Chandler，*Strategy and Structure*，pp. 363—369.

⑥ Arthur Pound，*The Turning Wheel*（Garden City，N. Y.，1934），pp. 87，364—365.

⑦ Chandler and Salsbury，*P. S. du Pont*，pp. 303—315；Chandler，*Strategy and Structure*，pp. 61，64—65，105—106. 此二书评述了杜邦的经历。Sloan，*My Years with General Motors*，pp. 27—29，作者回忆了他的经历。

⑧ 杜邦在 1920 年 12 月 29 日对职员、主任、部门主管的讲话，引自 Chandler，*Strategy and Structure*，p. 140.

⑨ Chandler，*Strategy and Structure*，pp. 157—158. 1924 年末，没有明确的行政职务的执行委员会委员包括拉斯科布和费希尔三兄弟，费希尔三兄弟是因通用汽车公司于 1924 年收购了能控制费希尔车身公司的股份而加入通用汽车公司董事会的。见 Chandler and Salsbury，*P. S. du Pont*. pp. 576；Sloan，*My Years with General Motors*，p. 161. 劳伦斯·费希尔在接掌卡迪拉克分支公司时仍为执行委员会之一员。另一方面，别克分支公司的总经理不久就离开了执行委员会。见通用汽车公司 1925 年 1 月和 1927 年 4 月之组织图及 Defense Exhibit G. M. 2 and 3，*United States v. E. I. du Pont de Nemours & Company*，*General Motory Corporation*，*et al.*，U. S. District Court for the Northern District of Illinois，Eastern Division，Civil Action No. 49 C-1071（1953）. 1925 年 1 月组织图中的人员和 1924 年的情况几乎完全一样。

⑩ Sloan，*My Years with General Motors*，chaps. 5，7.

⑪ E. Raymond Corey and Steven H. Star 的 *Organization Strategy：A Marketing Approach*（*Boston 1971*）一书对大型工业企业的各管理部门中最近的组织变化作了全面的研究。

⑫ Michael Chatfield，*A History of Accounting Thought*（Hinsdale，Ill.，1974），pp. 125—126，150—153；Michael Chatfield 编辑的 *Contemporary Studies in the Evolution of Accounting Thought*（Belmont，Calif.，1968），第 12、15、16 章（为 James Don Edwards 所作），第 15 章（为 C. A. Moyer 所作）。

⑬ Chatfield，*History of Accounting Thought*，第 12 章；Chatfield 编辑的 *Evolution of Accounting Thought* 第 17 章（为 S. Paul Gardner 所作）。

⑭ Chatfield，*History of Accounting Thought*，p. 153.

⑮ J. E. Hagerty，"Experiences of an Early Marketing Teacher"，*Journal of Marketing*，1：20—27（July 1936）. Hugh E. Agnew，"The History of the American Marketing Association"，*Journal of Marketing*，5：374—379（April 1941）. 感谢 Joseph d' Cruz 向我提供了这些资料。

⑯ Monte A. Calvert，*The Mechanical Engineer in America*（Baltimore，1967），pp. 275—276；Daniel A. Wren，*The Evolation of Management Thought*（New York，1972），p. 165.

⑰ Chandler，*Strategy and Structure*，pp. 421—422.

⑱ Melvin T. Copeland, *And Mark an Era: The Story of the Harvard Business School* (Boston, Mass., 1958), pp. 15—16.

⑲ 本段资料来自 Copeland, *And Mark an Era*, pp. 21—26; Herbert Heaton, *A Scholar in Action: Edwin F. Gay* (Gambridge, Mass., 1952), pp. 77—78;以及企管研究所所长对大学校长的年度报告,收藏于哈佛商学院贝克图书馆。特别有用的是第115—117页1910—1911学年报告。本段最后的引文摘自 Copeland, *And Mark an Era*, p. 43 有关保罗·彻林顿的市场学课程的发展见 Hagerty, "An Early Marketing Teacher", pp. 21—22.

⑳ Copeland, *And Mark an Era*, p. 43.

㉑ 有关利特尔公司、托伯特公司、戴和齐默尔曼公司的特殊工作,见 Chandler, *Strategy and Structure*, pp. 121, 240—243; Chandler and Salsbury, *P. S. du Pont*, p. 514. 弗雷泽的自传 *First Forty Years* (np, 1957)则提供了有关管理顾问这一专业的兴起情况的有用资料。

㉒ 直到最近几年,贝尔公司都是采用分成职能部门的组织,包括:会计、编号、交通、工程、设备、广告、销售。只是从60年代末期以来,才开始实验采用其他组织结构形式。见 AT&T, Executive Department, Corporate Planning Studies Division, "Organization Issues: Fall Presidents' Conference", November 1973, pp. 34—39. 到了1973年时,在22个地区性子公司中,美国电话和电报公司已控制了15个子公司的全部股份。在剩下的7个子公司中,有5个子公司的股份被母公司控制了88%—99%。此外,美国电话和电报公司还拥有并经营西方电气公司和贝尔电话实验室。见1973年年度报告第17页。但在1920年,它把西方电气公司海外业务的全部股份售给了国际电话和电报公司。见 Mira Wilkins, *The Emergence of Multinational Enterprise* (Cambridge, Mass., 1970), p. 50, 和 Mira Wilkins, *The Maturing of Multinational Enterprise* (Cambridge, Mass., 1974), p. 71.

㉓ Godfrey M. Lebher, *Chain Stores in America, 1859—1962* (New York 1963).

㉔ Emmet and Jeuck, *Catalogues and Counters*, p. 345. 关于农民收入的下降,见前书第315页。还可参考 Jim Potter, *The American Economy Between the World Wars* (New York, 1974), pp. 27—30, 32—33.

㉕ Emmet and Jeuck, *Catalogues and Counters*, pp. 503—520.

㉖ Emmet and Jeuck, *Catalogues and Counters*, pp. 656—659.

㉗ 譬如,为了分散风险和投资,法林家族和拉扎勒斯家族成立了联盟百货公司。他们并不打算把这些公司置于集中的控制之下。事实上直到第二次世界大战以后,公司并不存在中央的采购机构,也不存在一个全面的中央计划和评估机构。弗雷德·拉扎勒斯当时已清楚地认识到下述做法的价值,即:利用多分支公司结构把公司转变成具有比经理式企业(它具有一个协调、评估和计划不同的地区办事处的活动的总办事处)更高效率的组织形式。通过分支公司的建立,联盟百货公司开始迅速成长起来。

见 Richard Hamermesh,"Federated Department Stores Inc: A Historical Analysis of Strategy and Structure from 1945 to 1960",未出版的讨论会论文,哈佛商学院,1973 年秋天。

㉘ 这些发展载于 Morton Keller, *The Life Insurance Enterprise, 1885—1910* (Cambridge, Mass., 1963)第 1、4—5 章。关于海外扩充和后来的收缩,见 Keller 该书第 6、7 章和 Wilkins, *The Emergence of Multinational Enterprise* pp. 64—65, 103—107;及 Wilkins, *The Maturing of Multinational Enterprise*, pp. 43—44. John A. Garraty, *Right-Hand Man; The Life of George W. Perkins* (New York, 1957)第 3 章详细描述了纽约人寿保险公司分支办事处系统的建立,第 4 章描述了该公司向欧洲的扩充。

㉙ 关于公平人寿保险公司集中的、按职能划分为部门的组织结构的描述,见 R. Carlyle Buley, *The Equitable Life Assurance Society of the United States, 1859—1964* (New York, 1967), pp. 853—857, 1250—1252, 1293—1295. 其结构在 20 世纪基本上没有改变,虽然在 1953 到 1958 年间有过一次重大改组。

㉚ Wilkins, *The Maturing of Multinational Enterprise*, p. 19. Herman E. Kroos and Martin R. Blyn, *A History of Financial Intermediaries* (New York, 1971), pp. 159—160, 229—230,美国人口调查局, *Historical Statistics of the United States, Colonial Times to 1957* (Washington, D. C., 1957), p. 635,对具有分行的银行数估计较高:1900 年为 119 家,1920 年为 1 281 家,1929 年为 3 353 家。

㉛ Alfred D. Chandler, Jr., "The Structure of American Industry in the Twentieth Century", *Business History Review*, 43:255—297 (Autumn 1969),特别是表 1,此表是 P. Glenn Porter 和 Harold C. Livesay 所作,第 283—290 页,在第 258—259 页进行了总结。

㉜ 作者为 Nester E. Terleckyj,由 Harriet J. Helper 协助写成, *Research and Development, Its Growing Composition* (New York, 1963),引自 *Economic Convention Hearing before Subcommittee on Antitrust and Monopoly of the Committee of the Judiciary*, United States Senate, 89th Cong., 1st Sess. (Washington, 1965), part III, p. 1139,就研究和开发部门的开支和雇用的人员来说,投资格局仍保持大致相仿。本世纪 30 年代以来,惟一在研究和开发上获得了大量拨款和人员的工业部门是飞机制造业、导弹工业和科学仪器制造业。见 National Science Foundation *Research and Development Industry, 1973* (Washington, 1975), table B-36, p. 51; National Science Foundation, *Science Indicators, 1974* (Washington, 1975), figures 4—5, p. 88.

㉝Michael Gort, *Diversification and Integration in American Industry* (Princeton, 1962), pp. 42—45.

㉞ Chandler, *Strategy and Structure*, pp. 342—378. Chandler, "Structure of

American Industry",第290—298页由Porter和Livesay所作之表2中,显示了约80家全国最大企业在1900、1919、1929、1935、1948和1960各年实行多样化的形式。

㉟ Chandler, *Strategy and Structure*, pp. 78—113.

㊱ 本节取材自Alfred D. Chandler, Jr.,"The United States: The Evolution of Enterprise", Peter Mathias编辑的*Cambridge Economic History*, Vol. 7 (Cambridge, Eng., 1977)之最后几页。

㊲ *Economic Report of the President: Transmitted to the Congress, February, 1971* (Washington, 1971), p. 198.

㊳ Chandler, "Structure of American Industry", pp. 297—298.

㊴ William C. Goggin在"How the Multidivisional Structure Works at Dow Corning", *Harvard Business Review*, 52:55—56 (Jan.—Feb. 1974)一文中分析了一个实行多样化生产的企业是如何通过多分支公司结构的复杂形式而利用产品周期的策略。Louis T. Wells, "A Product Life Cycle for International Trade?" *Journal of Marketing*, 32:1—6 (July 1968)则说明了产品周期的概念如何影响多国籍企业的策略。

㊵ Wilkins, *Maturing of Multinational Enterprise*, p. 330.

㊶ Lawrence E. Fouraker and John M. Stopford, "Organizational Structure and Multinational Strategy", *Administrative Science Quarterly*, 13: 110—113 (June 1968).

㊷ John M. Stopford and Louis T. Wells, Jr., *Managing the Multinational Enterprise* (New York, 1972), chap. 5.

㊸ Staff Report of the Federal Trade Commission, *Economic Report on Corporate Mergers* (Washington, D. C., 1969), chap. 5. 最有用的是Neil H. Jacoby, "The Conglomerate Corporation", *The Center Magazine*, 2:40—53 (July 1969).

㊹ Norman Berg, "Corporate Role in Diversified Companies", Harvard Business School Working Paper (HBS 71—72, BP_2)对大型多样化企业和联合大企业的结构作了极好的比较。

㊺ Federal Trade Commission, *Corporate Mergers*, p. 176. 200家最大企业在制造业和采矿业资产中的占有率在1947年为44.2%,1963年为55.3%,1968年为58.6%。Oliver F. Williamson, *Corporate Control and Business Behavior* (Englewood Cliffs, N. J., 1970), pp. 6—8,提供了在销售和人员雇用方面的类似数字。

结论:美国企业的管理革命

① Edith T. Penrose, *The Theory of the Growth of the Firm* (New York, 1959), chap. 5.

② George Stigler,"The Division of Labor Is Limited by the Extent of the Market",*Journal of Political Economy*,59:185—193 (June 1951).

③ Robert J. Larner,"Ownership and Control in the 200 Largest Non-Financial Corporations,1929 and 1963",*American Economic Review*,56:777—787 (Sept. 1966). Larner 更后的一本书 *Management Control and the Large Corporation* (New York, 1970)则扩大其研究而包括了所有 500 家最大的公司。他发现其管理控制的基本形式与他早先研究的 200 家最大公司的情况相同。Philip J. Burch 在 *The Managerial Revolution Reassessed: Family Control in America's Large Corporations* (Lexington, Mass.,1972)一书中对 Larner 进行了反驳,但却几乎不能对其基本假设——经理人员经营着美国经济的主要部门——提出反证。Burch 根据只需拥有 4%—5%的股份即算控制的标准,他发现在 *Fortune* 杂志列出的 1965 年 500 家最大企业内的 200 家中,有 43%可能是由经理人员所控制,17.5%可能为家族所控制,39.5%或许也是为家族控制。在可能为家族所控制的范畴中,他把新泽西标准石油公司、索可尼美孚石油公司、加利福尼亚标准石油公司和印第安纳标准石油公司都列为可能为洛克菲勒家族所控制(印第安纳标准石油公司还受 Blaustien 家族的控制),虽然洛克菲勒家族并未进入董事会或担任中高层经理的职务。Burch 未能说明拥有 4%—5%股份的"家族、家族集团或某个富有个人"如何影响企业内协调流程和资源分派的决策,他只是指出在大部分家族公司中,家族成员多年来都"居于重要的主管职位"。他对这些并未加以解释,但显然包括担任董事职务者。Burch 的资料只是表明了:许多有钱的美国人投资于大公司的证券上,协助创立了公司的某些企业家的家族依然占有可高达 5%的该公司的股份,而且这些家族的成员通常也在该企业中担任职务。Bruch 的资料有助于论证下述事实:有钱的家族、特别是现代工商企业创始人的家族,他们是经理式资本主义的受惠者,但却没有什么证据显示这些家族能对这些现代资本主义企业以及这些企业活动于其中的该经济的经营管理作出任何基本决策。

④ 有关劳工组织和政府维持总体需求的政策的各段取自于 Alfred D. Chandler, Jr.,"The Role of Business in the United States: A Historical Essay",*Daedalus*,98: 35—38 (Winter 1969).

⑤ *Report of President's Committee on the Impact of Defense and Disarmament* (Washington,D.C.,1965),第 1 章,重印于 James L. Clayton,*The Economic Impact of the Cold War* (New York,1970),pp. 54—64. 1960 年的 81 家最大企业在 60 年代 25 家最大军用订货厂商中只占 12 家。共中 4 家是飞机公司,且通用飞机引擎公司的军用订货在销售额中的比重自 57%上升到 88%。Sperry-Rand 公司向政府的销售额占其产量的 35%。3 家电气和电子公司(通用电气公司、威斯汀豪斯电气公司、美国无线电公司)政府采购额占其产量的 13%—19%(未列在表中的国际电话和电报公司及美国电话和电报公司的军用订货各占其销售额的 19%和 9%)。剩下的 3 家公司中,IBM 的

军用订货占其销售额的 7%，通用汽车公司的这一比重为 3%，福特公司的菲尔科分支公司为 3%。81 家公司之名称表取自 Alfred D. Chandler, Jr.，"The Structure of American Industry in the Twentieth Century"，*Business History Review*，43：297—298 (Autumn 1969). 主要的签订合同厂商的名录取自 Clayton，*Economic Impact of the Cold War*，table 12，p. 44，关于军事开支对工业研究和开发的影响，见 Clayton，pp. 147—164.

⑥ Stephen K. Bailey，*Congress Makes a Law* (New York，1950)，chaps. 2，5.

⑦ Leslie Hannah，ed. *Management Strategy and Business Development：A Historical and Comparative Study* (London，1976)；Herman Daems and Herman van der Wee，eds.，*The Rise of Managerial Capitalism* (The Hague，1974)；Keiichiro Nakagawa，*Strategy and Structure of Big Business* (Tokyo 1976)；Derek F. Cannon，*The Strategy and Structure of British Enterprise* (Boston，1973)；Robert J. Pavan，*Structure Strategie delle Impresse Italiane* (Bologna，1976)；G. P. Dyas，"The Strategy and Structure of French Enterprise"，Ph. D. diss.，Harvard Business School，1972；和 H. I. Thanheiser，"The Strategy and Structure of German Industrial Enterprise"，Ph. D. diss.，Harvard Business School，1972.

⑧ Simon Kuznets，*Economic Growth of Nations：Total Output and Production Structure* (Cambridge，Mass.，1971)，pp. 38—40，和 W. S. and E. S. Woytonsky，*World Population and Production* (New York，1973)，pp. 383—385.

⑨ Alfred D. Chandler，Jr.，"The Development of Modern Management Structure in the U. S. and the U. K."收于 Hannah 编辑的 *Management Strategy and Business Devolopment*，第 1 章，简要地评述了英国的经历。

译名对照表

三 画

马格纳姆 Magnum,I.
马洛里,亨利 Mallory,Henry
马里斯,罗宾 Marris,Robin L.
马西森 Matthiessen C. F.
马特森 Matson
马布尔 Marble
马西,威廉 Marcy,William L.
马什,乔丹 Marsh,Jordan
马丁,奥尔布罗 Martin,Albro

四 画

巴布科克和威尔科克斯 Babcock and Wilcox
巴布科克斯 Babcox
巴克斯代尔,汉密尔顿 Barksdale,Hamilton
巴克纳,埃德蒙 Buckner,Edmund
巴克,雅各布 Barker,Jacob
巴特勒 Butler,W. H.
巴特勒,拉尔夫 Butler,Ralph S.
巴斯托,弗兰克 Barstow,Frank
巴雷特 Barrett
巴比特 Babbit,B. T.
巴伯,俄亥俄·哥伦布 Barber,Ohio Columbus
巴杰,哈罗德 Barger,Harold
巴里,威廉 Barry,William T.
巴思,卡尔 Barth,Carl
巴林 Baring
贝德福德,爱德华 Bedford,Edward T.
贝德福德,科顿 Bedford,Cotten
贝尔蒙特,奥古斯特 Belmont,August
贝尔特,林克 Belt,Link
贝尔,亚历山大 Bell,Alexander G.
贝尔,詹姆斯 Bell,James S.
贝西默,亨利 Bessemer,Henry
贝克尔,威廉 Becker,William H.
贝克,乔治 Baker,George F.
韦伯斯特,西德尼 Webster,Sidney
韦德利,威廉 Wadley,William
韦尔斯,戴维 Wells,David A.
韦林,奥维尔 Waring Orville
戈莱特,罗伯特 Goellet,Robert
戈萨吉,查尔斯 Gosage,Charles
戈特,迈克尔 Gort,Michael
戈因 Going,C. H.
邓肯,谢尔曼 Duncan,Sherman
邓汉,罗素 Dunham,Russell
邓恩 Dun,R. G.
比德尔,尼古拉斯 Biddle,Nicholas
比德尔,托马斯 Bidde,Thomas
比彻 Beecher,E. B.
瓦特,乔治 Watt,George
瓦格纳 Wagner

五 画

布朗,亚历山大 Brown,Alexander
布朗,唐纳森 Brown,Donaldson

布朗,希普尔　Brown,Shiple
布朗　Brown,D. S.
布雷德利,菲尼亚斯　Bradley,Phineas
布雷德利,艾伯特　Bradley,Albert
布雷兹特里特　Bradstreet
布雷迪,安东尼　Brady,Anthony N.
布赖恩特,莱恩　Bryant,Lane
布莱斯,卡尔文　Brice,Calvin
布希,阿道弗斯　Busch,Adolphus
布希,安修塞尔　Busch,Anheuser
布什内尔,托马斯　Bushnell,Thomas
布什　Bush
布莱克斯顿　Blackstone,T. B.
布莱克韦尔　Blackwell
布卢明代尔　Bloomingdale
布兰廷翰,埃默森　Brantingham,Emerson
布鲁奇,斯图尔特　Bruchey,Stuart
布里奇,詹姆斯　Bridge,James H.
布萨克,詹姆斯　Bousack,James
布尔曼,詹姆斯　Boorman,James
布利斯　Bliss,E. W.
布洛克　Bullock
布思　Booth,A
弗拉格勒,亨利　Flagler,Henry M.
弗拉格,阿扎赖亚　Flagg,Azariah C.
弗里茨,约翰　Fritz,John
弗里克　Fricke
弗雷泽,乔治　Frazer,George F.
弗林特,查尔斯　Flint,Charles R.
弗格森　Ferguson
艾姆斯,弗雷德里克　Ames,Frederick L.
艾瑟顿,刘易斯　Atherton,Lewis E.
艾夫里特,罗伯特　Averitt,Robert T.
艾利斯-查默斯　Allis-Chalmers
艾默里　Amory
艾尔　Ayer,N. W.
加勒廷,艾伯特　Gallatin,Albert
加勒特,约翰　Garrett,John W.
加勒特,罗伯特　Garrett,Robert W.
加尔布雷思　Galbraith,J. K.
加维,利安德　Garvey,Leander
加里,埃尔伯特　Gary,Elbert
皮尔斯伯里　Pillsbury
皮尔斯　Pears
皮科克,亚历山大　Peacock Alexander
皮博迪,乔治　Peabody,George
皮里　Pirie
卡内基,洛克菲勒　Carnegie,Rockefeller
卡内基,安德鲁　Carnegie,Andrew
卡达希　Cudahy
卡森　Carson
卡普兰　Kaplan,A. H.
古尔德,乔治　Gould,George
古尔德,杰伊　Gould,Jay
古德曼,柏格多夫　Goodman,Bergdorf
本德尔,亨利　Bendel,Henry
本杰明　Benjamin
本森　Benson,L.
兰德　Rand
兰普　Lamp
兰比　Lambie
卢肯斯　Lukens
卢斯-怀尔斯　Loose-Wiles
尼曼-马库斯　Nieman-Marcus
尼兰,耶尔　Kneeland,Yale
汉密尔顿,亚历山大　Hamilton,Alexander
汉考克,约翰　Hancock,John
丘奇,亚历山大　Church,Alexander H.
丘纳德,塞缪尔　Cunard,Samuel
甘布尔　Gamble
甘特,亨利　Gantt,Henry
史密斯,霍默　Smith,Homer

六　画

米勒,罗斯韦尔　Miller,Roswell

米勒，刘易斯　Miller，Lewis
米尔斯，达赖厄斯　Mills，Darius O.
米尔斯　Mills，J. K.
米德维尔　Midvale
米奇利，约翰　Midgley，John W.
米恩斯，加德纳　Means，Gardiner C.
西布利，海勒姆　Sibley，Hiram
西布利　Sibley
西尔斯，理查德　Sears，Richard W.
西尔　Seal
西蒙，富兰克林　Simon，Franklin
西摩，霍雷特罗　Seymour，Horatro C.
西普，约瑟夫　Seep，Joseph
约翰逊，约瑟夫　Johnson，Joseph
约翰逊，阿瑟　Johnson，Arthur，M.
约翰逊，威廉　Johnson，William
约翰　John A.
约瑟夫森，马修　Josephson，Matthew
约伊克，约翰　Jeuck，John E.
托马斯·罗伯特，保罗　Thomas Robert，Paul
托马斯，萨缪尔　Thomas，Samuel
托雷利，汉斯　Thorelli，Hans B.
托尔曼，弗兰克　Tallman，Frank
托伯特　Torbert
托德　Todd
汤姆森-豪斯顿　Thomson-Houston
汤姆森，J. 埃德加　Thomson，J. Edgar
汤姆森，伊莱休　Thomson，Elihu
汤普森，威廉　Thompson，William
汤，亨利　Towne，Henry R.
伍德沃德　Woodward
伍德曼，哈罗德　Woodman，Harold D.
伍德，沃尔特　Wood，Walter A.
伍尔沃思，弗兰克　Woolworth，Frank W.
吉尔克里斯特　Gilchrist
吉尔布雷思，弗兰克　Gilbreth，Frank
吉尔曼，乔治　Gilman，George F.
吉拉德，斯蒂芬　Girard，Stephen
吉本斯　Gibbons
亚当斯，查尔斯·弗朗西斯　Adams，Charles Francis
亚当斯，爱德华　Adams，Edward
亚当斯，阿尔文　Adams，Alvin
亚当，亨利　Adam，Henry
亚伯拉罕　Abraham
伊斯门，乔治　Eastman，George
伊莎贝拉　Isabella
伊伦雷　Irénée
伊夫　Ive
多姆，阿诺德　Daum，Arnold
多德　Dodd，S. C. T.
多林，奥托　Doering，Otto
多兰斯　Dorrance
安德伍德　Underwood
安德森，约翰　Anderson，John W.
安休瑟　Anheuser
休梅克，费迪南德　Schumaker，Ferdinand
休特，马文　Hughett，Marvin
邦布莱特　Bonbright
邦萨克，詹姆斯　Bonsack，James
齐默尔曼　Zimmerman
乔治　(Hartford)，George L.
朱厄尔　Jewel
华德，萨缪尔　Ward，Samuel

七　画

克拉克，霍勒斯　Clark，Horace F.
克拉克，詹姆斯　Clarke，James C.
克拉克，查尔斯　Clark，Charles P.
克拉克，爱德华　Clark，Edward
克拉克，约翰　Clark，John G.
克拉夫林　Claflin，H. B.
克罗韦尔，亨利　Crowell，Henry P.
克罗斯比　Crosby

克罗普,本森　Cropper,Benson
克罗格　Kroger
克莱蒙特　Clermont
克莱德,威廉　Clyde,William P.
克莱顿　Clayton
克莱因　Klein
克雷斯吉　Kresge,S. S.
克雷斯　Kress,S. H.
克劳德,克拉夫　Crowder,Clough
克洛西尔　Clothier
克兰　Crane
麦克莱恩,路易斯　McLane,Louis
麦克莱伦,乔治　McClellan,George
麦克罗里,约翰　McCrory,John G.
麦克纳米,鲍恩　McNamec,Bowen
麦克劳德　McLeod,A. A.
麦克尼尔　McNeil
麦克森　McKesson
麦卡勒姆,丹尼尔　McCallum,Daniel
麦卡弗依,保罗　MacAvoy,Paul
麦高尔德里克,保罗　McGouldrick,Paul F.
麦格雷戈,亚历山大　McGregor,Alexander
麦金西,詹姆斯　MacKinsey,James O.
麦肯齐,乔治・罗斯　KcKenzie,George Ross
麦考密克,赛勒斯　McCormick,Cyrus H.
麦凯,约翰　MacKay,John W.
沃德,艾伦・蒙哥马利　Ward,Aaron Montgomery
沃德-布什内尔和格莱斯纳　Warder,Bushnell and Glessner
沃德,本杰明　Ward,Benjamin C.
沃德　Ward,E. P.
沃辛顿,亨利　Worthington,Henry R.
沃辛顿　Worthington
沃尔桑　Waltham
沃尔,约瑟夫・弗雷泽　Wall,Joseph Frazier
沃克,威廉　Walker William H.
沃克　Walker J. H.
沃纳梅克,约翰　Wanamaker,John
沃特索斯　Waterhouse
沃什伯恩,卡德瓦拉德・科尔登　Washburn,Cadwallader Colden
沃纳,萨姆・巴斯　Warner,Sam Bass
阿穆尔,菲利普　Armour,Philip D.
阿穆尔,J.奥格登　Armour,J. Ogden
阿尔比恩,罗伯特　Albion,Robert G.
阿尔米　Almy
阿克曼,威廉　Ackerman,William K.
阿克斯,柯林斯　Axe,Collins
阿普尔顿,内森　Appleton,Nathan
阿迪斯顿　Addyston
阿巴克尔　Arbuckle
阿斯特,约翰・雅各布　Astor,John Jacob
阿诺德　Arnold,H. L.
利文斯顿,罗伯特　Livingston,Robert
利弗莫尔,肖　Livermore,Shaw
利弗　Lever
利夫赛,哈罗德　Livesay,Harold
利特尔,阿瑟　Little,Arthur D.
利比,爱德华　Libbey,Edward D.
杜邦,艾尔弗雷德　du Pont,Alfred
杜邦,科尔曼　du Pont,Coleman
杜邦,皮埃尔　du Pont,Pierre
杜邦,尤金　du Pont,Eugene
杜克,詹姆斯・布坎南　Duke,James Buchanan
杜克,本杰明　Duke,Benjamin
杜兰特,威廉　Durant,William C.
库克,莫里斯　Cooke,Morris
库克,杰伊　Cooke,Jay

库兹涅茨,西蒙　Kuznets,Simon
库利奇,T. 杰斐逊　Coolidge,T. Jefferson
库恩　Kuhn
里格尔,罗伯特　Riegel,Robert
里格里,威廉　Wrigley,William
里夫斯,戴维　Reeves,David
里德尔　Riddle
里奇　Rich
希利托,约翰　Shillito,John
希金森,亨利　Higginson,Henry L.
希费林　Schieffelin
希恩,威廉　Shinn,William P.
希尔,詹姆斯　Hill,James J.
怀特,蒙塞尔　White,Maunsel
怀特　White,R. H.
怀尔兹,乔治　Wildes,George
怀德纳,彼得　Widener,Peter A. B.
肖尔斯,克里斯托弗　Sholes,Christopher L.
肖,罗纳德　Shaw,Ronald E.
肖,阿奇　Shaw,Arch W.
亨特,艾尔弗雷德　Hunt,Alfred
亨特,路易斯　Hunter,Louis
亨廷顿,科利斯　Huntington,Collis P.
李,罗斯韦尔　Lee,Roswell
李　Lee
坎德勒,阿萨　Candler,Asa
坎贝尔　Campbell
伯利(小)　Berle A. A. Jr.
努斯鲍姆,艾伦　Nusbaum,Aaron E.
苏兹贝格　Sulzberger
纳尔逊,拉尔夫　Nelson,Ralph
彻林顿,保罗　Cherrington,Paul T.
沙伊伯,哈里　Scheiber,Harry
纽沃尔,约翰　Newall,John
劳伦斯　Lawrence,A.
芬克,艾伯特　Fink,Albert
狄龙,西德尼　Dillon,Sidney
辛格　Singer,I. M.

八　画

拉扎勒斯,弗雷德　Lazarus,Fred
拉扎勒斯　Lazarus,R.
拉特罗布,本杰明　Latrobe,Benjamin
拉特,詹姆斯　Rutter,James H.
拉福莱特,罗伯特　La Follette,Robert M.
拉斯科布,约翰　Raskob,John J.
拉思伯恩　Rathbone
拉尼尔,查尔斯　Lanier,Charles
拉姆齐,威廉　Ramsay,William
范德比尔特,科尼利厄斯　Vanderbilt,Cornelius
范德比尔特,孔莫多尔　Vanderbilt,Commodore
范德比尔特,威廉　Vanderbilt,William H.
范德韦德　Van der Weyde,P. H.
范登伯格　Van den Burgh
范登堡　Van den Berg
范西克尔,塞缪尔　Van Sickle,Samuel
范奥斯　Van Oss,S. F.
罗斯福,富兰克林　Roosevelt,Franklin D.
罗斯福,西奥多　Roosevelt,Theodore
罗巴克,阿尔瓦　Roebuck,Alvah C.
罗杰斯,亨利　Rogers,Henry H.
罗宾斯　Robbins
罗布,拉塞尔　Robb,Russell
罗思柴尔德　Rothschild
罗森沃德,朱利叶斯　Rosenwala,Julius
帕布斯特　Pabst
帕特森,约翰　Patterson,John H.
帕尔默,波特　Palmer,Potter
帕金斯　Parkins

帕瑟,哈罗德　Passer,Harold C.
迪林,威廉　Deering,William
迪林　Deering
迪默,雨果　Diemer,Hugo
迪尔,约翰　Deere,John
迪克　Dick,A. B.
迪普　Depew
法戈,威尔斯　Fargo,Wells
法戈,威廉　Fargo,William C.
法纳姆,亨利　Farnum,Henry
法林,爱德华　Filene,Edward A.
法勒,詹姆斯　Farrell,James V.
杰克逊,华盛顿　Jackson,Washington
杰克逊,安德鲁　Jackson,Andrew
杰克逊,托德　Jackson,Todd
杰维斯,约翰　Jervis,John B.
杰维斯　Jervis
金布尔,弗雷德里克　Kimball,Frederick J.
金布尔,德克斯特　Kimball,Dexter
金特纳,刘易斯　Gintner,Lewis
金贝尔,亚当　Gimbel,Adam
金,约翰　King,John
英曼,威廉　Inman,William
英曼,约翰　Inman,John
英萨尔,塞缪尔　Insull,Samuel
英格索尔-兰德　Ingersoll-Rand
凯布尔,兰塞姆　Cable,Ransom R.
凯洛格　Kellogg
凯勒,莫顿　Keller,Morton
凯斯　Case,J. I.
波拉德,西德尼　Pollard,Sidney
波斯通　Postum
波尔克　Polk,R. L.
波特,P.格伦　Porter,P. Glenn
欧文斯,迈克尔　Owens,Michael J.
欧文斯　Owens
欧文,迈克尔　Owens,Michael J.
佩恩,奥利弗　Payne,Oliver H.
佩奇,詹姆斯　Paige,James W.
耶基斯,查尔斯　Yerkes,Charles T.
耶鲁　Yale
坦南德,理查德　Tennant,Richard
肯德尔,阿莫斯　Kendall,Amos
林克-贝尔特　Link-Belt
奈特　Knight,E. C.
庞德　Pond
武斯特　Worcester,E. D.

九　画

哈里曼,埃德华　Harriman,Edward C.
哈里曼,埃德华　Harriman,Edward H.
哈里斯,威廉　Harris,William R.
哈里　Harry
哈斯克尔,艾默里　Haskell,Amory
哈斯克尔,哈里　Haskell,Harry
哈特福德,乔治·亨廷顿　Hartford,George Huntington
哈特,伊利　Hart,Eli
哈克尼斯,史蒂文　Harkness,Steven V.
哈克尼斯,查尔斯　Harkness,Charles
哈夫迈耶,亨利　Havemeyer,Henry O.
哈泽德,布兰奇　Hazard,Blanche
哈尔西,弗雷德里克　Halsey,Frederick W.
哈钦斯,约翰　Hutchins,John G. B.
哈蒙德,乔治　Hammond,George H.
哈比森-沃克　Harbison-Walker
哈登,威廉　Harden,William F.
哈尼,刘易斯　Haney,Lewis D.
科尔盖特　Colgate
科尔特,塞缪尔　Colt,Samuel
科尔曼　Coleman
科内尔,埃兹拉　Cornell,Ezra
科内尔,阿朗索　Cornell,Alonzo
科斯特,查尔斯　Coster,Charles

科利斯　Corliss
科宁，伊拉斯塔斯　Corning, Erastus
科芬，查尔斯　Coffin, Charles
科克，克朗　Cork, Crown
科布，约翰　Cobb, John B.
威尔逊，托马斯　Wilson, Thomas
威尔逊，查尔斯　Wilson, Charles
威尔斯　Wills, W. D.
威尔科克斯　Wilcox
威廉森，哈罗德　Williamson, Harold F.
威廉森　Williamson, O. E.
威金斯，托马斯　Wiggins, Thomas
威金斯，米拉　Wilkins, Mira
威斯汀豪斯，乔治　Westinghouse, George
威斯汀豪斯　Westinghouse
威伯，罗伯特　Wiebe, Robert H.
洛克菲勒，威廉　Rockefeller, William
洛克菲勒，约翰　Rockefeller, John D.
洛克伍德，莱格兰德　Lockwood, Legrand
洛厄尔，弗朗西斯·卡伯特　Lowell, Francis Cobot
洛思罗普　Lothrop
洛德　Lord
洛布　Loeb
费尔班克斯　Fairbanks
费尔班克斯　Fairbanks, N. K.
费希洛，艾伯特　Fishlow, Albert
费希尔，劳伦斯　Fisher, Lawrence
柯克曼，马歇尔　Kirkkman, Marshall
柯克兰，爱德华　Kirkland, Edward C.
柯林斯，爱德华　Collins, Edward A.
柯达，伊斯门　Kodak, Eastman
施莫克勒，雅各布　Schmookler, Jocob
施蒂格勒，乔治　Stigler, George
施利茨　Schlitz
珀金斯，查尔斯　Perkins, Charles E.
珀金斯，埃德温　Perkins, Edwin J.
珀金斯，乔治　Perkins, George W.
查尔斯　Charles
胡德　Hood
派克　Peck

十　画

莫里斯，斯图尔特　Morris, Stuart
莫里斯，威尔逊　Morris, Wilson
莫里斯，纳尔逊　Morris, Nelson
莫里斯，雷　Morris, Ray
莫尔斯，查尔斯　Morse, Charles W.
莫尔斯，塞缪尔　Morse, Samuel F. B.
莫顿，阿尔瓦　Morton, Alvah C.
莫顿，布利斯　Morton, Bliss
莫克塞姆，阿瑟　Moxham, Arthur
莫菲特，詹姆斯　Moffet, James
莫雷尔　Morrell
莫特，查尔斯　Mott, Charles S.
莫恩　Moen
莫林　Moelin
格里斯沃尔德　Griswold, G.
格里斯沃尔德，约翰　Griswold, John N. A.
格林尼尔　Grinnell
格林，诺文　Green, Norwin
格里芬，尤金　Griffin, Eugene
格里诺　Greenough
格罗丁斯基，尤里乌斯　Grodinsky, Julius
格罗弗　Grover
格迪斯，彼得　Geddes, Peter
格雷斯　Grace
莱曼　Lehman, E. J.
莱曼　Lyman
莱格博特，斯坦利　Legerbott, Stanley
莱迪亚德，亨利　Ledyard, Henry B.
莱特，利瓦伊　Leiter, Levi
莱特，菲尔德　Leiter, Field
莱西　Lacy
埃尔金斯　Elkins

埃尔金斯，威廉　Elkins，William I.
埃默森，哈林顿　Emerson，Harrington
埃文斯，奥利弗　Evans，Oliver
埃默特，鲍里斯　Emmet，Boris
埃克，托马斯　Ecker，Thomas T.
诺顿，埃德温　Norton，Edwin
诺顿，爱德华　Norton，Edward
诺顿　Norton，O. W.
诺顿　Norton
诺贝尔　Nobel
诺思，道格拉斯　North，Douglass C.
海因茨　Heinz
海因茨，亨利·约翰　Heinz，Henry John
海迪，拉尔夫　Hidy，Ralph W.
海迪，穆里尔　Hidy，Muriel E.
海斯　Hays，S.
特鲁斯代尔，约翰　Truesdale，John B.
特怀曼，罗伯特　Twyman，Robert W.
特罗特，内森　Trotter，Nathan
特明，彼得　Temin，Peter
特里，伊莱　Terry，Eli
泰勒，弗雷德里克　Taylor，Frederick W.
泰勒，迈伦　Taylor，Myron C.
泰勒，摩西　Taylor，Moses
康斯特布尔，阿诺德　Constable，Arnold
康纳布尔，弗兰克　Connable，Frank
班伯格　Bamberger
班克罗夫特　Bancroft
钱德勒，小艾尔弗雷德　Chandler，Alfred
高尔顿，道格拉斯　Galton，Douglas
爱迪生，托马斯　Edison，Thomas A.
桑巴特，韦尔纳　Sombart，Werner
恩格曼，斯坦利　Engerman，Stanley
朗斯彭　Longsbon
索恩，乔治　Thorne，George A.
夏普　Sharpe

十一画

菲奇　Fitch
菲奇，查尔斯　Fitch，Charles A.
菲奇，查尔斯　Fitch，Charles H.
菲尔普，安森　Phelps，Anson G.
菲尔德，马歇尔　Field，Marshall
菲什，施托伊弗桑特　Fish，Stuyvesant
菲什　Fish，W. C.
菲斯克，吉姆　Fiske，Jim
梅特卡夫，亨利　Metcalf，Henry
梅里尔，谢尔本　Merrill，Shelburne S.
梅森，爱德华　Mason，Edward
梅西，罗兰　Macy，Rawland
盖茨，弗雷德里克　Gates，Frederick T.
盖茨，约翰　Gates，John W.
盖伊，埃德温　Gay，Edwin F.
曼德尔　Mandel
曼尼，约翰　Manny，John H.
基德尔　Kidder
基普，亨利　Keep，Henry
维拉德，亨利　Villard，Henry
维尔，西奥多　Vail，Theodore N.
萨金特，英格索尔　Sergeant，Ingersoll
理查德，卡尔文　Richard，Calvin
勒曼，奥里奇　Lurman，Oelrich

十二画

斯威夫特，古斯塔夫斯　Swift，Gustavus F.
斯威夫特，刘易斯　Swift，Lewis F.
斯威夫特，威廉　Swift，William
斯特劳布里奇　Strawbridge
斯特劳斯　Straus
斯特朗，威廉　Strong，William B.
斯特恩　Stern
斯密，伦诺克斯　Smith，Lennox
斯密，奥伯林　Smith，Oberlin

斯密,亚当　Smith,Adam
斯科特,托马斯　Scott,Thomas A.
斯科特,汤姆　Scott,Tom
斯科维尔　Scoville,J. A.
斯普雷克尔斯,克劳斯　Spreckels,Claus
斯普林菲尔德　Springfield
斯图尔特,罗伯特　Stuart,Robert
斯图尔特,亚历山大　Stewart,Alexander T.
斯托克,约翰　Storck,John
斯托弗,约翰　Stover,John F.
斯沃特谢尔德　Swartschild
斯坦梅茨,查尔斯　Steinmetz,Charles P.
斯卡巴勒,威廉　Scarborough, William K.
斯蒂克尼　Stickney,A. B.
斯克兰顿　Scranton,W. W.
斯金纳,弗朗西斯　Skinner,Francis
斯莱特,塞缪尔　Slater,Samuel
斯派尔　Speyer
斯隆,小艾尔弗雷德　Sloan, Alfred P. Jr.
斯通　Stone A. B.
奥斯本　Osborne,D. M.
奥斯本,威廉　Osborn,William
奥尔福德,利昂　Alford,Leon P.
奥尔特曼　Altman,B.
奥克赖特,理查德　Awkwright,Richard
奥弗顿,理查德　Overton,Richard C.
奥蒂斯　Otis
奥利弗　Oliver
奥格登　Ogden V.
奥顿,威廉　Orton,William
普尔曼　Pullman
普尔,亨利·瓦农　Poor,Henry Varnum
普赖姆,拿撒尼尔　Prime,Natharniel
普赖斯,雷蒙德　Price,Raymond
普雷斯顿,安德鲁　Preston,Andrew J.
普兰特,亨利　Plant,Henry
普拉特,查尔斯　Pratt,Charles
普罗克特　Procter
普罗维登斯　Providence
普西　Pusey
惠特尼,威利斯　Whitney,Willis R.
惠特尼,威廉　Whitney,William
惠特尼,亨利　Whitney,Henry
惠特利,伊莱　Whitley,Eli
惠特曼　Whitman
惠斯勒,乔治　Whistler,George
惠勒　Wheeler
谢尔,奥古斯都　Schell,Augustus
谢尔,理查德　Schell,Richard
谢尔曼　Sherman
谢菲尔德,约瑟夫　Sheffield,Joseph
谢伊　Shay,J. B.
温斯洛　Winslow
温斯洛,约翰　Winslow,John
温切斯特　Winchester
博斯特　Bost
博斯特威克,杰贝兹　Bostwick,Jabez A.
博尔顿,奥格登　Bolton,Ogden
博登　Borden
道斯,戴维　Dows,David
道奇,格林维尔　Dodge,Greenville M.
塔潘,刘易斯　Tappan,Lewis
塔夫特-哈特利　Taft-Hartley
琼斯,威廉　Jones,William
琼斯,爱德华　Jones,Edward D.
鲁宾逊　Robinson,J. W.
鲁特,伊莱沙　Root,Elisha K.
富尔顿,罗伯特　Fulton,Robert
蒂格,沃尔特·多温　Teague, Walter Dorwin
黑尔,哈姆林　Hale,Hamlin
彭尼　Penney

十 三 画

福布斯，约翰·默里 Forbes, John Murray
福布斯，威廉 Forbes, William H.
福尔杰，亨利 Folger, Henry C.
福盖尔，罗伯特·威廉 Fogel, Robert William
福特，亨利 Ford, Henry
赖特，理查德 Wright, Richard B.
赖特，理查德 Wright, Richard M.
赖特，赛拉斯 Wright, Silas
赖特，卡罗尔 Wright, Carroll D.
赖特，约翰 Wright, John A.
塞尔弗里奇，哈里 Selfridge, Harry
塞勒斯 Selles
塞耶，纳撒尼尔 Thayer, Nathaniel
塞奇，拉塞尔 Sage, Russell
塞尼，乔治 Seney, George I.
蒙图尔 Mountour
蒙哥马利，詹姆斯 Montgomery, James
雷诺兹 Reynolds, R. J.
雷明顿 Remington
鲍恩 Bowen
鲍莫尔 Baumol, W. J.
詹金斯，里斯 Jenkins, Reese
蔡斯，安德鲁 Chase, Andrew J.
瑞安，托马斯·福琼 Ryan, Thomas Fortune
瑙文，托马斯 Navin, Thomas R.

十 四 画

赫奇斯，詹姆斯 Hedges, James B.
赫德森 Hudson, J. L.
赫茨勒 Hutzler
赫伯恩 Hepburn
赫尔西 Hershey
赫西，奥贝德 Hussey, Obed
赫恩，约翰 Hearn, John A.
豪斯顿 Houston
豪兰德 Howland
豪尔，拉尔夫 Hower, Ralph M.
豪，伊莱亚斯 Howe, Elias
豪普特，赫尔曼 Haupt, Herman

十 五 画

德雷克，埃德温 Drake, Edwin L.
德雷克，劳伦 Drake, Lauren
德雷克塞尔，安东尼 Drexel, Anthony
德弗罗，詹姆斯 Devereaux, James H.
德鲁，丹尼尔 Drew, Daniel
摩根 Morgan
摩根，朱尼厄斯 Morgan, Junius S.
摩根，J. 皮尔庞特 Morgan, J. Pierpont
摩根索，亨利 Morgenthau, Henry

十六画以上

霍普金斯，约翰 Hopkins, Johns
霍伊特，杰西 Hoyt, Jesse
霍利，亚历山大·莱曼 Holley, Alexander Lyman
霍比，西拉 Hobbie, Selah R.
穆尔，威廉·亨利 Moore, William Henry
穆尔，詹姆斯 Moore, James H.
穆迪 Moody
默根特勒 Merganthaler
戴维斯，兰斯 Davis, Lance E.
戴，查尔斯 Day, Charles

图书在版编目(CIP)数据

看得见的手:美国企业的管理革命/(美)小艾尔弗雷德·D.钱德勒著;重武译.—北京:商务印书馆,2017
(汉译世界学术名著丛书:120年纪念版:珍藏本)
ISBN 978-7-100-14211-3

Ⅰ.①看… Ⅱ.①小… ②重… Ⅲ.①工业企业管理—美国 Ⅳ.①F471.25

中国版本图书馆CIP数据核字(2017)第137540号

汉译世界学术名著丛书
(120年纪念版·珍藏本)

看得见的手

——美国企业的管理革命

〔美〕小艾尔弗雷德·D.钱德勒 著
重武 译
王铁生 校

商务印书馆出版
(北京王府井大街36号 邮政编码100710)
商务印书馆发行
南京爱德印刷有限公司印刷
ISBN 978-7-100-14211-3

2017年12月第1版 开本710×1000 1/16
2017年12月第1次印刷 印张49
定价:215.00元